Katharine Graham

我的一生略小于美国现代史

PERSONAL HISTORY

凯瑟琳·格雷厄姆自传

[美] 凯瑟琳·格雷厄姆-著
萧达-译

后浪出版公司

民主与建设出版社
·北京·

谨以此书献给本书中最重要的几个人：

我的父母尤金·迈耶和艾格尼丝·迈耶，

我的丈夫菲利普·格雷厄姆，

我的孩子伊丽莎白·韦默思（拉莉）、唐纳德、威廉和史蒂芬

父亲与祖父母

我们在芒特基斯科的家

父母在日本（上图）和西部（左图和右图）度蜜月

母亲在佛像前抱着我,其他三人是 　我在游艇上
我的哥哥姐姐

和父亲一起

史泰钦拍摄的全家人的照片

家庭晚宴

露丝

弗洛里

碧丝

菲尔的父母在菲尔的出生地，南达科他州的特里（上）

菲尔及其姐姐和父母在路上（中）

年轻的猎手（下）

1931年，菲尔毕业纪念册上的照片（上）

1942年，菲尔和他的父亲、弟弟比尔（下）

我们的婚礼

菲尔参军期间

我与拉莉和唐

《邮报》20世纪60年代本地新闻编辑室

艾森豪威尔总统和菲尔（中）在华盛顿元老队的棒球比赛现场

在林登·约翰逊的大牧场

菲尔与肯尼迪总统在科德角

跟随戈德华特竞选途中

与鲍比·肯尼迪

与杰姬·肯尼迪

与布什总统

与克林顿总统

70岁生日派对上的全家福：
从左至右，依次为史蒂夫、拉莉、唐、我和比尔

与沃伦·巴菲特

目录

第一章	/ 1
第二章	/ 25
第三章	/ 59
第四章	/ 75
第五章	/ 87
第六章	/ 103
第七章	/ 113
第八章	/ 129
第九章	/ 139
第十章	/ 155
第十一章	/ 177
第十二章	/ 201
第十三章	/ 245
第十四章	/ 267

第十五章	/ 299
第十六章	/ 317
第十七章	/ 345
第十八章	/ 367
第十九章	/ 401
第二十章	/ 417
第二十一章	/ 451
第二十二章	/ 469
第二十三章	/ 497
第二十四章	/ 527
第二十五章	/ 551
第二十六章	/ 585
第二十七章	/ 625
第二十八章	/ 651

| 致　谢 | / 678 |
| 出版后记 | / 681 |

PERSONAL HISTORY

第一章

我父母的人生轨迹首次交汇于纽约第 23 大街的美术馆。那是 1908 年,林肯的诞辰日。尤金·迈耶(Eugene Meyer)32 岁,不过只做了几年的生意,他却已经赚得了数百万美元。艾格尼丝·恩斯特(Agnes Ernst)只有 21 岁,刚刚从巴纳德学院(Barnard)毕业,亭亭玉立。她是当年的《纽约太阳报》(New York Sun)的自由撰稿人,不仅经济独立,而且还能贴补家人。她对艺术颇感兴趣,也正因此缘由去参加了日本版画(Japanese Prints)展。对于那个年代的女子来说,她的趣味和工作全都不落凡俗。

父亲驾着斯坦利蒸汽汽车(Stanley Steamer,最早的汽车之一)前往华尔街,路上遇到了一位平时不是很热络的熟人,埃德加·科勒。科勒看起来虚弱又沮丧,父亲不由心生怜意,所以决定送他一程。父亲表明自己会在日本版画展览场馆停车,科勒决定陪同他前往。

进入美术馆的时候,他们遇到了两位正在往外走的朋友。两个人调侃这次展览说:"里面有一个女孩在参观展览,她比墙上的任何艺术品都更加漂亮。"进入场馆后,科勒和父亲立刻就注意到了那个女孩。她是身材高挑的年轻女子,金发碧眼,看起来倔强、充满活力而又自信非常。我母亲始终记得她那天的装扮,因为她觉得这身"套装"影响了自己的命运。母亲身穿灰色花呢套装,戴着鹰羽装饰的松鼠皮帽,想必靓丽极了。父亲在见到她的那一刻,转身对科勒说,"这个将会是我要迎娶的女孩。"

"你是在开玩笑吗?"科勒问道。父亲回答说,"我一生之中还从来没有这么认真过。"科勒觉得他们以后可能不会再有遇到女孩的机会了,便怂恿我父亲前去搭讪。"不行,那样只会冒犯到她,把事情弄糟,"父亲回答。于是,两个男人约定,以后无论谁先碰到女孩,都要把她介绍给对方。

仅仅在一周后,科勒打电话给我父亲说,"猜猜发生了什么事?""你遇到那个女孩了,"父亲脱口而出。"混蛋,让你猜中了,"科勒回答。母亲巴纳德学院的同学在家中举办聚会,聚会上有《风流寡妇》(*The Merry Widow*)的业余演出,母亲扮演丹尼洛伯爵(Count Danilo),而科勒也参加了这次聚会。表演结束后,母亲卸去了戏装,科勒认出她就是美术展上的那个女孩。他向母亲做自我介绍,并告诉母亲他与我父亲间的约定,还为他们三个人安排了一顿午餐。

科勒履行了诺言,让我父亲和母亲认识了彼此。1910年,林肯的诞辰日,距离父亲在美术馆首次见到母亲整整两年后,他们结婚了。当我回顾生命的漫长过往,如果有什么东西自动浮现出来的话,那就是机遇和偶然对我们的命运的影响。因为正是这一连串的偶然,才有了后来的事情。

父亲来自显贵的犹太人家庭,家族的许多代人都生活于法国的阿尔萨斯-洛林。我们家族出了许多拉比(rabbis,意为先生、夫子,犹太人对师长和有学识者的尊称——译者注)和民间领袖。我的高祖父雅各布·迈耶(Jacob Meyer)曾获得荣誉军团勋章,他其实是犹太公会(Sanhedrin)成员。拿破仑一世(Napoleon I)称犹太公会为犹太名人团体,这个团体与犹太人市民权利的确认有很大关系。

我的祖父名叫马克·尤金·迈耶(Marc Eugene Meyer),大家都叫他尤金。他于1842年出生在斯特拉斯堡,是曾祖父第二位太太的四个孩子中最年幼的一个。曾祖父去世后,曾祖母身无分文。祖父14岁便辍学了,然后和兄弟姊妹一样外出工作以供养家庭。祖父先是为布卢姆两兄弟工作,他们在阿尔萨斯拥有一家店铺，而令人难以置信的是，他们在密西西比州的唐纳森维尔还有一家店铺。两兄弟之一表示要前往美国，彼时，还很年轻的祖父决定一同前往。途经巴黎时，布卢姆将祖父介绍给了拉扎德兄弟公司（Lazard Frères）的亚历山大·拉扎德（Alexandre Lazard），后者又将祖父引见给了他们在旧金山的合伙人。1859年9月，祖父花费110美元，买下三等舱的船票，然后乘坐当时最快的明轮船（side-wheeler）离开欧洲来到纽约。接着，他乘坐蒸汽船自纽约到达巴拿马，又乘坐火车穿越地峡，最终搭乘蒸汽船抵达了旧金山。当时，旧金山只有五万人左右。祖父在那里待了两年时间，一边学习英语，一边在拍卖行工作，他还存下了一点小钱。1861年，祖父搬到了洛杉矶，因为拉扎德兄弟的表亲说他在那里的商店缺少店员。祖父曾经描述说，当时的洛杉矶只有三四千居民，且大多数都是外国人。城中有四座砖房，其余则是屋顶开裂的土坯房。没有铺砌好的街道，也没有下水道。饮用和灌溉水全部来自沟渠。接下来的22年里，祖父一直留在洛杉矶。

开始时，祖父担任店员和记账员，居住在杂货店的里屋。有时，他抱着枪睡在柜台上，以保护货物。祖父可靠稳重的名声逐渐传播开来，因为当时没有银行，新结交的朋友开始将金钱交予他保管。不到三年的时间，祖父就成为了杂货店的普通合伙人（general partner，即无限责任合伙人——译者注），而杂货店的名号"巴黎城"（The City of Paris）也愈发响亮。不到十年，祖父和他的兄弟康斯坦特就接管了这家店铺。他开始放贷，成为了一家银行的董事和洛杉矶社交俱乐部（Los Angeles Social Club）的组织者，此外，身为治安委员会（Vigilance Committee）的成员，他还帮助维持当地的法律和秩序。祖父是城市供水系统的创始人，涉足房地产和矿业投资，并兼任法国领事代理人。1867年，他迎娶了16岁的哈丽特·纽马克（Harriet Newmark）。女方父亲是拉比，他亲自主持了婚礼。婚礼过后，新婚夫妇在新家中准备了丰盛的晚餐，其中就包括冰淇淋，对于洛杉矶人来说，这可是新鲜玩意儿。

我父亲生于1875年，全名为尤金·艾萨克·迈耶（Eugene Isaac Meyer），名字分别取自我的祖父和曾祖父。他是家中的长子，前面有三个姐姐，罗莎莉、爱丽丝和弗洛伦斯。他后面还有四个弟弟妹妹：两个女孩露丝和艾琳，两个男孩沃尔特和最小的埃德加。祖母哈丽特并不如祖父那样健康，她长期体弱多病，也许是因为仅仅32岁便已经成为8个孩子的母亲,而当时的医疗水平又非常有限,或者是因为她多少患有抑郁症,还可能是两者兼而有之。正因此,父亲年幼时,比他大六岁的姐姐罗莎莉充当了母亲的角色。罗莎莉姑姑很早便离开学校,帮助抚养弟弟妹妹。

这些早年境遇帮助我理解了父亲的个性。据我所知,祖父非常严厉,而且并非特别慈爱,真正的母职人物是近乎同龄的温柔敏感的姐姐,但她却并没有准备好承担起被强加在自己身上的权威,在重压下变得不知所措。这些孩子不可能得到太多父母的关爱,因为父亲总是雄心勃勃,而真正的母亲又缺席不在。我父亲从来都不善于处理亲密的人际关系;感情存在于心,却无以言表。

1884年初,父亲随家人搬回旧金山,当时这座城市已经有22.5万人,相较于洛杉矶,它可以为庞大的迈耶家庭提供更好的教育与医疗设施。这里也要更加安全。我记得父亲讲述过他在洛杉矶的早年岁月,那时候所有人都随身携带手枪,且几乎每晚都会有人被枪杀。祖父也许对搬家之事非常满意,但尚且只是八岁小男孩的父亲很快就陷入困境。他孤僻而好斗,还被家人逼迫着穿一些看起来"不同凡常"的衣服——包括白色硬挺的阔翻领衬衣。学校里高年级男孩会把低年级男孩围在圈子中,让他们相互殴斗。直到有男孩鼻血横流时,殴斗才能结束,而那个流鼻血的可怜男孩,通常就是我父亲。为图自卫,父亲迫于无奈学习了一些格斗技巧,却一直因为举止粗鲁而受到祖父的严厉呵斥。这些遭际令父亲变得坚韧。为了让祖母远离旧金山的雾气,改善身体健康状况,父亲一家搬到了阿拉梅达,在那里,年少的尤金击败了当地的恶霸,这个人之前一直霸占操场。这场胜利的后续效应却并不美好,父亲成了学校和家庭中的捣蛋头目。他带领年幼的弟弟妹妹对抗管家,调皮捣蛋,戏弄女孩,尤其是骚扰可怜的罗莎莉姑姑。

阿拉梅达并没能让祖母的身体好转,并且,它太偏僻了,对祖父的生意并无太大帮助。很快地,全家人又搬回了旧金山。这是父亲第三次转学。在眼睛被棒球砸到后,父亲被禁止玩耍,理由是这会令祖母担心。橄榄球和在附近湖中划船同样遭到禁止。不过,他可以参加击剑课程,并向绅士吉姆·科比特(Jim Corbett)学习拳击。科比特后来成了世界重量级拳击冠军。然而,他为了宣传而将上课的照片刊登在了报纸上,于是,这些活动全都遭到了禁止。父亲在学校的日子仍旧艰难，他要忍受犹太鬼的蔑称，同样遭到羞辱的还有被称为意大利佬、爱尔兰佬和中国佬的同学。

这个家庭属于犹太教改革派（Reformed Jewish），父亲接受了犹太史、希伯来语和宗教意义的教育，但当要行受诫礼（bar mitzvah，**犹太教庆祝男子满十三周岁和进入犹太教团体的典礼——译者注**）时，他拒绝了。在被要求宣称"全然信仰"（perfect faith）时，父亲说，"我相信部分教义，但我并非对它们全都坚信无疑。"父亲从未有过明确的宗教信仰，但后来却参与了犹太教的慈善团体、事业以及国际事务。不过，他不是犹太复国主义者（Zionist），并坚信自己的身份首先是美国公民。

父亲不爱上学，但读过很多书。他以班级第三名的成绩从初级中学毕业，祖父却责备他没能拿到第一名，因为祖父知道，这个男孩根本没有用功学习。后来，祖父越来越多地让父亲参与到商业会议、政治讨论和高级金融融资中，这激发了他真正的学习热情。

同我父亲一样，罗莎莉姑姑成长为了坚强并极具控制欲的人。她嫁给了西格蒙德·斯特恩，而她的大妹妹爱丽丝则嫁给了西格蒙德的弟弟，亚伯拉罕。斯特恩兄弟是李维·斯特劳斯（Levi Strauss）的外甥，后者在淘金热（Gold Rush）高峰期来到旧金山，向矿工出售用于制作帐篷的厚重粗斜纹布。最终，这些粗斜纹布并没有做成帐篷，而是变成了带有铆钉的裤子，李维·斯特劳斯凭借这些裤子获得了大笔财富，"李维斯"（Levi's）这一品牌也风靡世界。斯特劳斯终生未婚，负责打理其生意的斯特恩兄弟继承了这家公司。后来，西格蒙德和罗莎莉姑姑又将这家公司交给了他们的女儿艾丽斯，及其丈夫沃尔特·哈斯，此后，这家公司一直掌握在他们家族手中。

现在，旧金山也成为父亲两位姐姐的家，她们在婚后建造了两座紧邻的大房子。然而，拉扎德兄弟公司给予了祖父合伙人身份，尽管全家人都不愿意离开旧金山，但祖父却觉得这次邀请是很好的机遇。1893年，全家人搬到了纽约。当时父亲17岁，刚刚完成加州大学伯克利分校第一学年的课程。第一次，父亲见识到了美国的辽阔和纽约的庞大。彼时，纽约有350万人口，囊括了各类奢侈的享乐和反差强烈的贫民窟。

5

父亲在拉扎德公司担任信使，一心盼望某天能够接替祖父在那里的职位。他临时抱佛脚参加耶鲁大学的入学考试，只有三周的准备时间和伯克利分校的普通推荐信，但他还是被录取了，并且此后的生活变得极度紧张起来。父亲只认识很少的人——他是来自西部的孤独犹太男孩——所以，他把全部时间都用在学习上，并修读了许多额外课程，只是偶尔才去体育馆锻炼一下。毋庸置疑，这些既是为了弥补社交生活的缺失，又是源自他追求卓越的动力。父亲进入了美国大学优等生荣誉学会，并凭借额外学分跳过第三学年，最终只花费两年时间便大学毕业——在250人的班级中排名19。那时，他还不满20岁。

短暂回归拉扎德公司后，父亲去国外待了一年半，在德国、英国和法国的银行中实习。他首先来到巴黎，那里的实习工作没有报酬，但他获得了一枚漂亮的珍珠领带夹。在我早期的童年记忆中，父亲一直戴着那枚领带夹。因为直到21岁前始终没有抽烟，祖父奖励了父亲600美元，父亲开始用这些钱来投资。多年以后，父亲同我们这些孩子立下了相同的约定，但我相信没有人认真对待这件事情，或者我们没有人能够做到21岁前不尝试抽烟。毫无疑问，对于我们而言，他许诺的1000美元的价值，远没有当时600美元在他心中的价值高。

父亲成年独立后的第一次锻炼，出现在从欧洲归来后。祖父培养他，当然希望他能够进入拉扎德公司。但父亲回来后发觉什么都没有改变：一年半的银行从业经验毫无用武之地。他的初始薪资是每周12美元，且增长缓慢。此外，他为其姐夫乔治·布鲁门塔尔工作，后者是个很难相处的人，自高自大且脾气火爆。父亲从未真正喜欢过这个姐夫。布鲁门塔尔是优秀的外汇交易银行家，后来成为了拉扎德公司在美国的主管，成功更胜以往。他的妻子是父亲最爱的姐姐弗洛伦斯（家里人都叫她弗洛里）。

我最初知道布鲁门塔尔一家人时，他们冬季生活在纽约，夏季居住在法国或者地中海的游艇上。在纽约，他们巨大而精心装饰的房子占据了半个街区，还设有室内游泳池。弗洛里每年从法国购买大量的服装，有时，她从顶楼取下箱子为前往巴黎收拾行李时，竟然会发现上次旅行带回的一箱子衣服尚未拆封。父亲曾经玩笑式地向乔治抱怨母亲在衣服方面的浪费，夸张地声称母亲几乎从不曾重复穿一件衣服。乔治转过头来，极其真诚地说道，"尤金，你从来没指望过你妻子同一件衣服穿两次吧？"

弗洛里拥有完美身材——一次圣诞节，他们没有寄卡片，而是寄送了她精致的脚和脚踝的石膏模型。弗洛里只有一个孩子，乔治不允许她给孩子喂奶，以免破坏她美丽的体型，但这个孩子很早便夭折了，为此她始终耿耿于怀。

可能是对乔治·布鲁门塔尔没有好感，也可能是天性喜好独来独往，父亲开始脱离祖父为其铺设好的道路。他在其他领域经历了许多的冒险和试错——曾经利用晚上时间攻读法律，但却感到厌烦。后来，父亲偶然读到一本书，威廉·爱德华·哈特波尔·勒基（William Edward Hartpole Lecky）著作的《人生地图》（The Map of Life），书中建议说，"人的一生应该被视作整体来规划，其中每一阶段都是下一阶段的序幕。"父亲依此制定了一项概略规划。前20年已经结束——它们可以被概括为"求学"。20至40岁间应该致力于成长和经历人生，这个过程中他将获得"才能"、婚姻和家庭。40至60岁是运用自身知识和经验的时期，而行事的前提就是"如果可能的话，献身于公共服务"，父亲写道。他将会在60岁退休，然后优雅地老去，并帮助年轻一代。

父亲环顾拉扎德的一切，甚至将目光放在了他父亲身上，此时，他比任何时候都更加确信自己人生规划的正确性。拉扎德的官僚作风已经药石罔效，老年人掌控一切，聪明的年轻人毫无出头的机会。巴黎的合伙人统治了这家公司。父亲和许多年轻女子约会，但其中只有一位是他真正动心的。这名女子便是艾琳·昂特迈耶，律师塞缪尔·昂特迈耶之女。我相信，这是他在遇到母亲前唯一真正经历的浪漫爱情。然而，当时在拉扎德，父亲每月只有200美元的薪水，他知道这点钱根本无法供养妻子，而我也相信，艾琳的父母有着同样的想法。

此时，由不抽烟而得来的金钱已经在投资中获得回报，父亲总共积攒下了5,000美元。通过投资铁路股票，这笔钱已经增值到了5万美元，然后向祖父摊牌，表明了离开拉扎德，独立创业的决心。这是剑拔弩张的一刻。祖父认为自己为父亲的前途操劳终生，而父亲的决定无疑是否认了他的努力。父亲进一步告诉祖父，他将会在证券交易所购买席位，祖父表示不会给予他任何帮助，但父亲声称，他已经攒够了必需的5万美元，可以自己做到这件事情。祖父说，"尤金，你这是在赌博。"这便是祖父对资本市场的看法。

7

离开拉扎德后，父亲迅速踏出第一步，但却遇到了麻烦：他在不知情的情况下加入了一家投机商号——欺诈性的经纪人事务所。父亲发觉同事的本质后，立即离开了。这是一次重大挫折，但现在祖父开始支持父亲，表示想要给父亲投资的基金，并希望家族的其他成员也都去投资。甚至连布鲁门塔尔也参与了。

经历这次的不利开局后，父亲躲到棕榈滩反省过错，在那里，他制定了"商业拓展计划"。这份备忘录概述了一项简单却异常高尚的策略，包括与最优秀的人合作、购入熟悉的证券、持有它们以及保持建设性。这些思考引导他于1904年开办了自己的公司，尤金·迈耶公司（Eugene Meyer and Company）。渐渐地，父亲开始在华尔街崭露头角，自己与合作方都取得了不俗的成绩。等到1906年，父亲已经赚得数百万美元。刚开始，他要与知名大公司竞争，这其中必然会有诸多困难。不过，经过一段时间后，他渐渐认识了这些大公司的老板。我总是听父亲说，他最崇拜爱德华·亨利·哈里曼（E. H. Harriman）。哈里曼是埃夫里尔（Averell）的父亲，举足轻重的大人物。在哈里曼、摩根（Morgan）以及其他大人物面前，我想父亲会觉得自己非常渺小和拘谨，而当这些人开始注意到他的作为时，他一定也颇觉得意。父亲曾援引他们其中一人的说法，"小心迈耶那个家伙，他会赚走所有的钱。"

父亲的投资哲学之一，就是深入研究上市公司——首先对其同类公司做详尽的经济分析。他一生之中的典型习惯，就是在做出决断前弄清事实真相。事实上，尤金·迈耶公司是全华尔街最早设立市场研究部的公司。随着时间的推移，父亲愈发擅长分析经济趋势。他预见了市场的恐慌和剧烈波动，当推断出经济崩溃即将来临时，他便会及早抽身。尽管赚取了大笔财富，父亲仍旧勇于承担风险，有两次他都血本无归，至少以华尔街的标准来看是如此。

父亲对家人尽职尽责，始终如一，他庞大的财富允许他去改善祖父母的生活水平。整个迈耶家族关系紧密，且斗志昂扬。父亲与罗莎莉姑姑的关系尤其亲密。1906年，可怕的地震和火灾袭击了旧金山，整座城市与外部世界的电话通信被切断。父亲决定立刻动身前往那里，看看能帮上些什么忙。他往钱包里塞上3万美元，带着一个小手提箱和一把手枪，在纽约搭上火车出发了。

罗莎莉、爱丽丝以及她们的家人全都安然无恙。他们和聘用的佣工共计28

人，全都来到罗莎莉姑姑家中，躲避了两天。随着大火的临近，他们先是转移到卫戍地，接着跑到金门公园，后又搬到他们其中一人在费尔奥克斯租的夏日别墅。在那里，父亲找到了他们。父亲走近他们时，罗莎莉姑姑抬头望着他，说道，"尤金，我知道你会来的。"

父亲很早就喜欢上了收藏，他对丢勒（Dürer）和惠斯勒（Whistler）的蚀刻版画，美国作家的原稿第一版，以及林肯书信尤其感兴趣。父亲结识了雕塑师加特森·博格勒姆（Gutzon Borglum），当时他正在创作林肯的头像，父亲主动请求买下它，并将它捐赠给了国家。西奥多·罗斯福总统答应了博格勒姆的请求，将雕塑陈列于国会大厦前，首先将其置于白宫展览。因此，父亲平生第一次来到华盛顿，并见到了罗斯福总统。他在写给罗莎莉姑姑的信中，极有洞见地指出，"罗斯福必须建立一套货币机制，以防止出现我们最近经历的恐慌。我希望自己能够去处理这些问题。但毫无疑问，即便我丢下公司业务，依循长期规划直接参与管理政府事务，这些问题也仍旧会存在。"

1908年2月，就是这个男人进入了美术馆：成功的商人，对艺术充满兴趣，原稿收藏家，怀揣着对公共经济问题的建设性思考。他非常富有，但却关注贫穷问题。他拥有高尚的价值观念，抱负远大，但也独来独往，是紧迫感十足的工作狂。他重视家庭，尽管与父亲和姐夫乔治·布鲁门塔尔关系复杂。他天性羞涩，但同时又脾气暴躁。在大学、华尔街和社会上，他必然曾因种种歧视而受到伤害，但他坚强、聪慧、能干、风趣且充满自信。

尤金·迈耶在美术馆见到的那个年轻女子热衷于先锋艺术，且自认为有些放荡不羁。她同样坚定而自信，但另一方面，她又完全以自我为中心。1887年，母亲在纽约出生，母亲的家族根源与父亲在某些方面相似，在另外一些方面又截然相反。这些差异促成了他们之间错综复杂的亲密关系。

就外祖父的家世而言，他们世代都在德国北部的汉诺威担任路德派神职人员，至少最近的那段时期都是如此，家人中也有不少败坏家族声誉之人。恩斯特家族的人英俊、天资聪慧、充满斗志，但不幸的是，他们往往酗酒成性。曾外祖父卡尔·恩斯特（Karl Ernst）是汉诺威王朝末代君主的教士，1866年，汉诺威

9

被普鲁士人征服后,他将七个儿子送出德国,以躲避兵役。七人中有六人来到美国,其中就包括我外祖父。来到纽约后,外祖父成为了律师,之后他说服前来旅游的露西·施密特(Lucy Schmidt)留下来嫁给自己。外祖母同样来自德国北部,她家族中的人大多数都是水手和商人,三个世纪以来,他们一直生活在不来梅附近的小村庄中。

母亲在当时还是小乡村社区的佩勒姆高地长大,就位于纽约市外,全家人搬到那里时她才3岁。母亲曾经描述过那里的氛围,在那里,她被教导得拘谨、朴素且充满家人的特质。她写道:

> 路德派父母有着古怪的执念——我们越是憎恶去做某事,做这件事就越有利于拯救我们的灵魂……我们食用摆放在面前的食物,却不能够抱怨,即使它令我们作呕。我痛恨缝纫课,但每周六的早晨,我都会被强制关在屋子中一个小时,去缝纫褶边……然而,我们生活中的真正磨难,还是每天早上都要浸的冷水浴,无论寒暑,父母认为这有利于塑造坚强的性格。

母亲完全习惯了这种沐浴礼的功效,直到结婚后才停止做这件事情。

直到母亲六七岁时,外祖父弗雷德里克(Frederick)才成为她生命中的重要角色。母亲对他的最初记忆是,"工作勤奋的律师,给予家人的生活虽然简朴但却非常舒适。"她的家人从不谈论金钱,这种传统也被传递给了我们。外祖父的影响逐渐在母亲的生活中占据主导地位,她自称形成了"不同寻常的恋父情结"。母亲称外祖父拥有"闪耀的人格",而这种品质绝对照亮了母亲的童年生活。外祖父常常带母亲散步,欣赏日出,与她谈论音乐、诗歌和艺术。他谈论瓦格纳的"指环"中的乐趣,在房子周围唱起莫扎特的咏叹调,尤其是《唐璜》(Don Giovanni)中的一段。我清楚地记得这段曲子,因为在她晚年我们一起去观看歌剧时,她曾兴奋地将其哼唱出来。父女俩必然是相互迷恋的。不幸的是,随着时间的流逝,外祖父变得风流放荡,沉溺酒色,并停止支付家用。母亲觉得自己受到了背叛。童年时她敬爱之人被替换成了她口中的"阴沉的身影,像梦魇一样萦绕着我的青春"。

除了家庭作业以外,母亲和三个哥哥还要在家中学习德语和数学。当同一班级的比尔和母亲准备读高中,而弗雷德要上大学时,全家人搬到了纽约,以享受更好的免费公共教育。母亲不得不适应新生活,停止与男孩们打闹,进入一所女子中学。然而,莫里斯高中趣味盎然的学习环境令她迅速成长,在那里,她学习了拉丁文、希腊语、古代史、数学、法语以及美国和英国文学。

整个高中时代,母亲与外祖父的关系持续恶化,因为外祖父变得更加耽溺于饮酒作乐,也更加忽视工作和家庭。他不再赚钱谋生,而是去写作书籍和戏剧,母亲直言不讳地形容这些东西为"极其业余"。家中的账单无人支付,外祖母变得愈发焦虑不安。这无疑对母亲的生活造成了重大的情感冲击。一切事情都颠倒过来了,母亲对外祖父由敬爱变成羞愧,甚至是憎恨。最糟糕的是,曾经教育母亲热爱学习的外祖父,如今已经不再关心她是否去上学。他甚至想要母亲去工作,以供养家庭。母亲对外祖父的这些感情持久而痛楚,尽管经常向我们谈起外祖父,但她却很少提及这些阴暗面,只是做些微暗示。我最终意识到,母亲对男人的矛盾心态就是源自这样的经历。她对性关系的概念既感吸引,又非常排斥。即便如此,母亲的桌子上一直保存着外祖父的照片,那是个英俊的男人。

与外祖父关系疏远的有益一面,是让母亲意识到必须努力学习赢得奖学金,以进入大学,并赚钱应对日常开支。努力工作还能帮助她消除恐惧——她总是担心自己在许多方面与外祖父太过相似,同时也拥有他的某些缺点。

母亲赢得了奖学金,并于1903年进入巴纳德学院学习,起初修读数学与物理,后来转向了哲学与文学。她特立独行又玩世不恭,最终被贴上了"太缺乏责任感"的标签,以致无法获得接下来的奖学金,此时,她决定赚取必需的150美元,以重回巴纳德学院完成第二学年的课程。那时候,她每天至少工作12个小时。早上和午后,她是浸信会夏季学校的负责人。下午6点至10点,她负责打理哈德森·吉尔德收费图书馆。母亲所在学校的主管宣布,两名"地狱厨房"(Hell's Kitchen,纽约市最棘手的一个地区)地区的男性负责人被迫离职,他们将以双倍工资聘用志愿者,而此时,母亲仍旧缺少50美元;她主动申请并得到了这份工作。第一天,她走进骚乱的教室,将一名14岁的男孩驱逐出去才得以扭转局面。然而,这名男孩原来是帮派头目,他的帮会成员(教室中一半的男

11

孩）全都跟了出去。母亲很快弄清了状况，她充分利用被驱逐出去的帮会头目及其主要对手，让这两个人站到她这一边，帮助维持秩序，最终完全掌控了复杂的局面。那时她不过 17 岁。

回到大学后，学院告知母亲，他们最终决定授予她奖学金。这真是上天的恩赐。她不必再通过教课来挣得额外的金钱了，并且，她还可以向外祖母提供生活费用，对此，外祖父如今已经漠不关心了。自此之后，母亲的大学生活一帆风顺，她很受欢迎，许多男孩都倾心于她。母亲曾经说过，"这样的恩赐令我心高气傲、自我中心到了极点……接下来的许多年里，我很大程度上都只爱我自己，在生活治愈这种自我陶醉前，它给我和他人带来了许多痛苦。"坦率地说，生活从未治愈她的自我迷恋。

因为有两学分的课程尚未修完，母亲被迫回到学校继续读大四，但这原来却是伪装起来的幸运，正是在这最后一年，她对优秀男性首次产生了理性而又高度情绪化的迷恋，并且，这些男性大多都擅长艺术或文学。母亲经常会与那些才华横溢的男性建立起异常亲密的友谊，而这其中的激情又会令她心力交瘁。我曾经听父亲抱怨说，"家中总会有陌生人。"

母亲的第一个迷恋对象是约翰·杜威。作为大学哲学学会主席，母亲曾邀请杜威发表演讲，并透过他女儿伊芙琳加深了对他的了解。伊芙琳是母亲的同班同学，她有时会邀请母亲到她家中共进晚餐。母亲阅读了杜威的所有著作。她认为，杜威所倡导的高水平生活令她与"大学生活中的挫败、磨难、沮丧达成了和解"。"我相信，如果不是杜威富有启发性的识见治愈了我的心性不定，那么，我将永远不会嫁给我的丈夫，他是上天赐予我的最好礼物。"

母亲告诉家人她想要去做新闻记者，后来她对此事记录道，"母亲落下了眼泪，父亲沉着脸说：'我宁愿你已经死了。'"在那个年代，受教育的女人要么去教书，要么做文职工作，只有那么几个女人成了记者，而且大多还是写感伤文章的。因此，母亲首次为《纽约太阳报》担任自由撰稿人，并开始工作时，这的确可以说是一项壮举。她做的是"计件工作"，这令她倍感压力，要费尽心思获取或编造足够多的故事来供养家庭。她的收入高时每周 40 美元，低时每周只有 5 或 10 美元。但她坚持了下来，并很快以"太阳报女孩"而闻名。

第一章

某天，为寻求新闻素材，母亲来到了第五大道291号的一家新建的现代美术馆。在那里，摄影作品首次被视为艺术品展出。并且，以阿尔弗雷德·施蒂格利茨（Alfred Stieglitz）和爱德华·史泰钦（Edward Steichen）为首，包括画家乔治亚·欧姬芙（Georgia O'Keeffe）、约翰·马林（John Marin）和马里厄斯·德·扎亚斯（Marius de Zayas）在内的摄影分离主义者都在此陈列。母亲认为，这些真正的先锋派艺术家是很好的新闻素材。那里的思想和人物都令她兴奋异常（这些人后来被称为"291"），以至于忘记了余下的工作，坐在那里不间断地谈了6个小时。母亲并不认同政治激进派，但对291团体领导的艺术反叛却窝心至极。她在那里结识了许多知己，尤其是史泰钦，还有玛丽恩·贝克特（Marion Beckett）和凯瑟琳·罗兹（Katharine Rhoades）；母亲和后两个人被称为"美惠三女神"（Three Graces）。我的名字也是取自凯瑟琳·罗兹。

从那时起，母亲的艺术和社会生活便丰盈了起来。父亲已经向母亲表达了爱慕之情，但他似乎不过是众多殷勤求爱者之一，若非他的财富以及这可以为母亲带来的种种好处，母亲甚至不会认真考虑他。财富带给母亲的一项重要好处，就是让她梦寐以求的欧洲旅居生活有了一个同伴，这件事情她筹谋已久。母亲已经借得500美元，她认为这足以支撑六个月的生活，但就在临行前两天，她向父亲这位富有的新求婚者表示，她的好友伊万杰琳·科尔——朋友们都叫她南希——无力负担同行的旅费。父亲同样希望母亲能有个女伴和保护人，便也借给了南希同行的旅费。1908年8月4日，两名女孩踏上了前往法国的旅程。

母亲不顾父亲以及其他至少两位追求者的劝阻，来到了欧洲，这让她远离了家庭问题，并置身于一个全新的世界。母亲离开期间，外祖父要为供养家庭之事忧心。在欧洲，母亲沉浸于博物馆、剧院、芭蕾舞、音乐和歌剧的丰富生活，常常排队数小时购买门票。两名女孩，艾格尼丝和南希，在巴黎找到了一套四室公寓，每月租金36美元，包括食物、洗衣和其他杂费。这套公寓很快成为各国学生的聚会场所。每周工作半天的清洁女工可以挣到30美分，包括5美分的小费。

母亲进入艺术和文学界的唯一真正导师是史泰钦，但只是他一人便足够了；当时，史泰钦和家人正居住在法国。借助史泰钦，母亲见到并结识了许多当时居住在法国的艺术家和知识分子。正是在那里，她与史泰钦建立了更为深厚的友谊。后来的生活中，史泰钦与母亲以及我们全家人始终关系亲密。母亲遇到了里奥·斯坦因（Leo Stein）及其妹妹格特鲁德。母亲欣赏甚至崇拜里奥，但她觉得格特鲁德只是在"招摇撞骗"，因此对其嗤之以鼻。母亲开始了解法国当代音乐家，达律斯·米约（Darius Milhaud）和埃里克·萨蒂（Erik Satie）是其中翘楚。毕加索的作品被母亲摒弃为华而不实。在巴黎，她真正敬佩的女性是居里夫人，她们在同一个地方学习击剑，因此一周会见两次面。母亲觉得这是一个需要她去赶超的女人——居里夫人真正地激励了她。

母亲在巴黎结识的两位更为重要的朋友是布朗库西（Brancusi）和罗丹（Rodin）。布朗库西同样成了母亲以及我们全家人终生的好友。罗丹是由父亲介绍给母亲认识，当时父亲正途经巴黎。罗丹风流成性，喜欢挑逗年轻女子，某天，他锁住工作室的门，拔掉电话线，开始拥抱我母亲，这令她大为惊慌。母亲恳求他说，她爱的是他的伟大作品以及教诲，她不想要失去这种爱。令人惊讶的是，罗丹接受了这样的说法。但他仍旧无法理解，为什么母亲不愿意裸体坐在马背上，手握标枪，帮助他创作"波阿狄西亚"（Boadicea），不过，他还是将母亲置于了自己的庇护之下。

母亲爱上了巴黎。她在拉丁区纵情作乐，在巴黎圣母院和沙特尔大教堂参加大弥撒，学习歌唱，上法语课，聆听数不尽的讲座，并为她的青春、际遇和不羁的生活而欣喜。她记录巴黎生活的日记，展示了高尚的价值观、娓娓道来的学问以及对艺术和思想界正在发生的一切的极大热情。

在日记中，带着纡尊降贵和明显冷淡的态度，母亲将父亲描绘成了富有的犹太公子哥。从自欧洲寄回的诸多信件来判断，她将父亲视为南希和其他朋友的放贷人，以及为左岸（Left Bank，位于巴黎塞纳河[Seine]左岸，是作家、学者和艺术家的汇集之所——译者注）学生团体享用大餐埋单的人。父亲曾前去巴黎看望母亲，次数不多，而他之所以受到欢迎，大抵还是因为带所有人去银塔餐厅（Tour d' Argent）大吃了一顿。

母亲并没有认真地将父亲当作追求者来对待，在旅居欧洲的整段时期里，她一直给奥托·默克尔写信。默克尔是德裔美国人，母亲家的朋友，居住在纽约。母亲似乎觉得已经将自己托付于他。她将自己与默克尔的所有往来信件都保存了下来——他一定是退回了母亲的信件。默克尔显然在逃避，他表示要去看望母亲，却始终没有来，母亲对此失望至极，但似乎并未将此事放在心上，继续充满热情地给他写信，详述自己的生活以及他们的未来。某一次，母亲说她为"我们的图书馆"购买了一本精美的初版书，而这些钱原本是为购买毛皮大衣而节省的。任何读到这些信的人都能够看出，默克尔已经失去了爱意，和所有单相思的故事一样，母亲并没有领悟到他的躲避和日益冷淡、稀疏的回信所传达出的信息。

1909年2月，南希回美国了，母亲搬到公寓六楼的一个房间里，既没有浴室，又没有暖气。她通过向《纽约太阳报》和某些杂志（包括《圣尼古拉斯》，她还为这家杂志拍摄了一些照片）寄送新闻报道来赚取旅居欧洲的资金。那年春天，她跑去伦敦过复活节，十分偶然的机会，她进入了一间满是中国画的屋子。就这样，她突然不可思议地"爱上了中国艺术，完完全全地一见倾心、无可救药而又矢志不渝"。她决心要探索这种"生活态度"，触摸其"最深层次的本质"，接下来的数年里，她也的确这样做了。

母亲之后去了德国、奥地利和意大利，经过这样令人兴奋的游荡后，她最终回到家中，面对令人沮丧的问题。母亲一边要忠于狂放不羁的艺术家朋友，一边要应付我父亲重新点燃的关爱之情，这让她倍感撕裂。并且，她必然已经发觉那个可怕的事实——她挚爱的默克尔不再钟情于她。不管怎样，她对父亲越来越感兴趣了。在华道夫-阿斯多里亚酒店吃午餐时，母亲告诉父亲，她觉得有必要回欧洲认真考虑一番。父亲认定塔夫脱政府所遭遇的问题将会导致经济衰退，于是将资产全部置换成了现金，静待华尔街不可避免的动荡，他对母亲说，"我已经决定独自离开一段时间。"父亲告诉了母亲他计划花一段时间来周游世界。

"为什么，你要离开多久？"母亲以痛苦而惊讶的口吻问道。

"嗯，最少六个月，"父亲回答说。

在那一瞬间，母亲意识到父亲或许不会永远等她。她迅速回应道，"我和你一起去。"

"我知道，"父亲回答。"我给你买好票了。"

三周后，他们在母亲的家中结婚了，婚礼采用了非常简单的路德派仪式，只有双方的家人出席。甚至连纽约的报纸都提及了双方好友的错愕。当时，父亲34岁，而母亲则只有23岁。母亲的动机是什么？还有，父亲的动机又是什么？母亲嫁给父亲是为了逃避家庭问题，为了安全感，还是为了金钱？当然，母亲坦言她的决定与父亲的金钱不无关联。她在自传中坦言：

> 对于我而言，嫁给任何一个穷人都是不可能的。我能给予丈夫的嫁妆只有我父亲和我自己的债务。我向尤金坦承，我与父亲的关系是永恒的梦魇，这让我摆脱了内心深处的紧绷状态。我深刻地意识到，我在这个世界上不再孤身一人，而其中额外的福佑是，自此以后，我将从沉重的债务中解脱出来。任何人都不应低估经济独立的重要性。

可以肯定的是，母亲的经济得到了保障：父亲在去度蜜月前就还清了外祖父的债务，而且还慷慨地赡养他，直至他在1913年去世。外祖母同样生活安逸。

当然，母亲终生都在以她特有的方式爱着父亲。她敬重他，钦佩他的智慧、实力以及领导才能。也许，母亲在欧洲所记的一段日记提供了一些洞察，让我们知晓为什么她会嫁给他，以及她强烈的自我意识：

> 我昨天写信给尤金，祝贺他的生日。这是我所写过的最出色文字。如果我对他的人格曾有任何疑虑，那么，它也被这样的事实一扫而空了——他要求我展现出崇高的一面。这于我而言是最严峻的考验。

就父亲而言，他做好了结婚和组建家庭的准备。母亲的照片证明了她惊人的美貌，她还是个充满智慧的年轻女子，拥有众多的追求者。从美术馆的第一次相见，父亲便为之目眩、倾心，发起了有耐心的攻势。

父亲的犹太人身份困扰到母亲了吗？我想必然是的。在自巴黎写给家人的信中，她提及了这一事实。母亲有着深厚的路德派背景，但她却并非特别笃信宗教，不过，显然，她潜意识中也隐藏了那个时期的反犹主义思想，至少在一定程度上是如此。我觉得，从母亲的角度来看，父亲的实力和魅力盖过了他是犹太人的事实。我还认为，她当时太过年轻以致不切实际，又向来无视家庭规范我行我素，才会觉得父亲的犹太人身份不会影响到自己。我只能推测，她过于自我和自信，以至于在嫁给父亲时，觉得自己不会被视为犹太人，反倒父亲会被视为非犹太人。然而，纽约的社会歧视还是触痛了这场婚姻，母亲因此而深受伤害。

毫无疑问，母亲嫁给父亲的决定混杂了多种原因。不管怎样，这场婚姻令所有人都大为惊愕，还有许多人相信它不会持续太久。但有一件事情我可以肯定：尽管父母的婚姻曾承受压力，遭遇酸楚，但他们从未心生悔意。

几年前，父亲在纽约州芒特基斯科镇买下了一座农场，这对新婚夫妇在那里逗留了两周，接着便带上仆人乘坐私人列车——宪法号，开始了环游世界的蜜月之旅。他们穿越美国，在蒙大拿停下车，探望父亲开采铜矿的朋友，"大比尔"汤普森。母亲佩戴着她的结婚礼物，一串完美匀称的珍珠项链。珍珠并不是特别大，但当时养殖珍珠还没有出现，这些大珍珠已经非常罕见了；母亲后来一直佩戴着这串项链。根据家里的传言，等到他们要离开时，汤普森太太面向她丈夫说道，"比尔，你看到那串珍珠了吗？"从比尔那里获得肯定的答复后，她质问道，"那么，你觉得你该做些什么呢？"

新婚夫妇到达了旧金山，在那里，他们用一周的时间拜访了迈耶家族在加利福尼亚的成员。等到要离开的时候，母亲的女仆仍未进入状态。罗莎莉姑姑找到了一位受过训练的保姆，她想要旅行，也愿意做任何必需的事情，尽管对母亲的需求一无所知。因此，玛格丽特·艾伦·鲍威尔女士取代了那位无法令人满意的女仆。鲍威尔是位经验丰富的保姆，淳朴得体，信奉基督教科学派。对于我们迈耶家的孩子而言，这是最幸运的事情，因为鲍威丽——我们都这样称呼她——一直留在我们家中，将我们所有人带大。

等到父母结束蜜月之旅，回到纽约，母亲也已有了身孕。父亲重回华尔街，母亲则不得不做出必要的调整，以适应已婚女人的身份。一夜之间，她发觉自己过着富裕的生活，并且还要管理家庭事务。有一次，她坐在专人驾驶的车里，思索着对我说，"这真的是我吗？"正如她曾经承认的那样，她经历过一段艰难的岁月，尤其是在早些年里，那时距离我出生时日尚多（我是她五个孩子中的第四个）。她很少去思考，在夫妻和亲子关系中，婚姻所带来的责任。恐怕她一生都没有能够弄清楚这些。

她似乎将婚姻视为一纸契约，她将永远坚守，并且，她以自己的方式做到了。在她看来，她的责任是生育和抚养孩子，管理家庭事务，并在需要的时候履行女主人的职责。除此之外，她决心要保持自身的个性和精神生活，这和许多当代女性相仿，但却超前于她的那个时代。在自己的世界中，她我行我素。后来，她在回忆录中解释了当时的感受：

> 对于婚姻突然强加的责任，我从内到外地抵触抗拒。最初的那些年里，我觉得似乎整个世界都在密谋抹除我的个性，将我投入名叫"女人"的通用模具中铸造。许多已婚的大学同学都放弃了智识上的兴趣，转而在洗尿布、下厨房的日常琐碎和对生活自鸣得意的满足中迷失自我。我下定决心，绝不让这样的事情发生在自己身上。我想要有个大家庭，但我同样也想要继续作为个体来生活。

我相信，母亲在婚姻中经常感到极度的不快，尤其是一开始的时候。她去看心理医生，并且对其极度依赖。她学习中国艺术和中文，与"291"艺术家们保持联系，发展收藏现代艺术品的兴趣，试图借助这些来逃避婚姻和母亲身份中的所有问题。她遇到了实业家和先锋收藏家查尔斯·朗·弗利尔（Charles Lang Freer），这个人对她的一生都有着重大影响。他们在中国艺术展相遇，弗利尔了解母亲的兴趣后，邀请她到底特律参观他的藏品。母亲回应说，"下周我要生孩子，不过，在此之后，我会尽快过去的。"父亲陪伴母亲一同前往了，并且，他也成为了弗利尔的好友。

从 1913 年 1 月到弗利尔去世，母亲一直得到他的指导，并同他一起收藏艺术品。他们经常瓜分弗利尔的私人代表从中国运回的物品。1911 至 1913 年间，母亲一直在哥伦比亚大学学习中文，在接下来的 5 年中，通过中国学者的帮助（她经常在芒特基斯科的住所中招待这位学者），她收集了大量研究材料，以分析儒学、道教和佛教对唐宋两个朝代的发展所做的贡献。1923 年，母亲出版了著作,《中国绘画:李龙眠的思想与艺术思考》(Chinese Painting as Reflected in the Thought and Art of Li Lung-Mien,李龙眠即李公麟,宋代著名画家,号龙眠居士,擅长画山水佛像——译者注),以展示她的研究成果。母亲将这本书献给了弗利尔,不幸的是,弗利尔已于1919年去世。在弗利尔遭受病痛折磨的漫长时间里,母亲多次去探望他。弗利尔弥留之际,为他在华盛顿的美术馆指定了5位托管事,我父母都位列其中。

作为心灵的另外一个出口,母亲进入哥伦比亚大学攻读了生物、经济和历史的研究生课程。在那里,她见到并结识了历史学家查尔斯·比尔德(Charles Beard)和玛丽·比尔德。比尔德夫妇、约翰·杜威等人创办了以自由开明为宗旨的社会研究新学院,母亲谦逊地为其提供资金,1919年学院开课后,她还帮助促成了心理学课程的开设。

与此同时,母亲与"291"团体的接触更加频繁,并开始与史泰钦一起推广现代艺术,尤其是约翰·马林的作品;史泰钦不断从巴黎将自己的油画作品寄送过来。母亲协助创办了以那家美术馆命名的期刊,"291",并成了这一美国首份先锋派杂志的编辑。在第一个孩子——大姐弗洛伦斯出生之时,母亲就已经投身到了这些活动中。母亲后来告诉我们,她原本是打算给孩子喂奶的,只不过在"校外活动"的忙碌中忘记了回家,等跑回家的时候,可怜的鲍威丽正在抚慰大声哭闹的宝宝。

母亲为婚姻苦苦挣扎的最初几年间,父亲在生意上也遇到了一些挫折。他大举进入刚刚萌芽的汽车业,向美国汽车公司投入巨资,生产麦克斯韦牌汽车。这家公司曾陷入困境,父亲帮助将其重组为麦克斯韦汽车公司,但该公司的经营状况仍旧没有改观。父亲在铜矿业的大笔投资也尚未收获成功,就这样,他首次感受到了经济拮据。父母之前搬到了位于第70大街和林荫大道交会处的一栋高档大房子中。为了紧缩开支,他们卖掉了这栋房子,并搬入圣瑞吉斯酒店的一整个楼层中——这里并非贫民区,但足以引发谣言,让人们怀疑华尔街的青年才俊业已深陷窘境。

父亲最终自麦克斯韦汽车公司的糟糕状况中脱身,并获得了可观的利润,这让他保持了对汽车行业的信心。此后不久,他明智地投资了费希尔车身公司

（Fisher Body Company），并取得成功。该公司由七位能力出众的兄弟经营。后来，费希尔车身公司被卖给通用汽车，父亲当时选择了现金而非股票，因而错过了成为通用汽车最大股东的机会。

与此同时，父亲犯下了另外一个并不太严重的错误。他与好友伯纳德·巴鲁克（Bernard Baruch）投资了一家金矿，名叫阿拉斯加朱诺。金矿的价值起起落落，在某些位置发现的是水，而非金子。出于某种原因，父亲为我们所有孩子投资了这家金矿，并将此事告知了我们。多年来，阿拉斯加朱诺的价值始终是餐桌上的谈笑主题，我们还会讨论每个孩子是否获得了盈利。然而，它的价值一再跌落，直至完全消失。后来，我和菲尔将我们的黄金猎犬取名为朱诺，以纪念这座金矿——显然，这条狗是更成功的投资。

父亲对铜矿、汽车以及后来的化工业的投资表明，他的追求不仅仅是赚钱，还想要参与开拓新领域。父亲非常敬佩爱德华·亨利·哈里曼，铁路刚刚兴起时，哈里曼就建造了一条。这才是父亲渴望去做的事情——在一个行业诞生之初去参与它。詹姆斯·拉塞尔·维金斯（James Russell Wiggins）担任《邮报》主编时，父亲曾经问他，如果可以做任何想要做的事情的话，他会做些什么。拉塞尔回答说，他觉得自己会去记录历史，而父亲则回应说，"我不一样，我会抢先创造历史。"

婚后的最初几年，除了生意问题外，父亲还遇到了一些个人问题和不幸。其中最糟糕的是失去最年幼、最疼爱的弟弟埃德加。埃德加同时还是父亲的合伙人。他和家人搭上了泰坦尼克号，轮船沉没时，他将妻子和女儿推上了最后一艘救生艇，之后便随船沉入海底。当时他只有28岁。父亲是埃德加最大的兄长，几乎扮演着父亲的角色，当然也是良师益友。埃德加的罹难令父亲悲痛不已，父亲并没有多少关系亲密的人，而埃德加便是其中之一。

当然，他还有我母亲，在他需要的时候，母亲总是坚定地站在他身后。然而，母亲似乎日益厌恶操持家务，愈发抗拒社会责任，生孩子的痛苦也令她颤抖和沮丧。弗洛伦斯出生时，母亲询问产科医生，为什么会有人生第二个孩子。她自己写道，"我成为了一位尽责但缺乏爱心的母亲。"

等到1914年，母亲已经生下来了第二个女孩，伊丽莎白（Elizabeth）——

我们都叫她碧丝（Bis）。母亲很恼火，她觉得自己的个性正遭摧毁，于是父亲鼓励她到国外散心。他们最初打算一同前往，但不断聚集的战争阴云令父亲深感忧心，他决定留在家中照看业已十分庞大的生意。此外，鉴于母亲在适应家庭和婚姻过程中遭遇的挫折，他们都觉得有必要保持距离，于是，他们商定母亲独自去欧洲旅行，且他们会经常通信。的确，母亲一生都认为透过一定的距离来交流会更轻松些，并且，她与我们面对面的交流不会多过透过信件的交流。我对此已习以为常。

母亲步入晚年，而我成为中年人后，出于某种原因，她突然将1914年在国外时与父亲的通信交予了我。我并不清楚其中的缘由。在这些信件中，他们两人的紧张关系暴露无遗。两人不加掩饰地表达彼此的分歧——父亲毫无缘由的愤怒与嫉妒，以及母亲矛盾的情感。

母亲给父亲的第一批信件写于1914年5月，当时，她正乘坐德国邮船"爱国号"前往不来梅。母亲在第一封信件中责问父亲，为何邮船开动前很早他便离开了。她非常伤心，在信的最后写道，"吻我的孩子们。我把心留在了你和她们的身上。"然而，她似乎很快就忘却了离开他们的悲伤，因为她的下一封信满是船上丰富的社交生活的细节——来自费城的斯托茨伯里夫人气度不凡，完全将母亲吸引住了。母亲在详述社交生活之余，还写下了更为亲密的话语。她在信中问道：

> 你会放下我暂时抛下你的事实，而深情地思念我吗？这是个非凡的时代，即使对于婚姻关系来说也是如此。在我思考事情的这段时间，我希望你不要失去对我的信心，不要停止对我的爱意。这一切都只会让我对你的感情更加明晰，因而也更加美好。

欧洲之旅的大部分时间，母亲都是在重建学生时代的艺术生活。在柏林、维也纳和巴黎，她阅读书籍，欣赏艺术品，并购买它们。她与德·扎亚斯一同去观看她所谓的"超现代艺术"（ultra-moderns）。她"期望被震撼"，尤其是被毕加索的作品震撼，因为她听说毕加索在用"墙纸、报纸和其他实物来构建图画"。她发现他的作品"如生活般浩瀚迷人",并买下了一小幅静物画,有"水管、玻璃、瓶子和一些葡萄",葡萄被放置于木屑之中。她称这幅画为"真正的艺术品",并为其支付了 140 美元。

很快地,母亲犯下了致命的错误,令她与我父亲的关系更趋恶化。她去故友艾尔弗雷德·冯·海梅尔(Alfred von Heymel)的公寓中喝茶。在母亲还是学生的那年夏天,经由她的前男友奥托·默克尔介绍,他们在柏林相识。

母亲本以为从这么远的距离写信会让事情变好,然而事实并非如此。她在信中提及的这次无女伴的拜访,引发了最老套的争吵。母亲不经意地告诉父亲,她独自一人去了冯·海梅尔的公寓,又补充说他不必惊讶,因为那个地方"到处都是佣人"。然后便是父亲的两封回信(全都被精心保存),充满了不可遏制的愤怒和重复性的指责——"独自一人去男人的公寓"。

母亲发电报并回信说这是个误会,试图加以解释,但这些都徒劳无益。细节对于父亲来说并不重要,重要的是他必须去信任她。他枚举母亲其他考虑不周的事件。他觉得自己希望母亲感受到的自由,已经被滥用了,如果她真的在意,她就能够想象到自身行为欠妥的后果。难以置信的是,在说完这些后,父亲表示希望"这些话语听起来不像是说教",信尾还签上了"以最深情的爱"。

对冯·海梅尔的这次拜访,招致了父母间的误解,但母亲仍旧继续旅行和写信。她告诉父亲,她觉得自己的全部存在都献给了生活,而父亲则全都献给了工作。她还说,她没有全身心地委身于父亲,但这并非全然都是她的错误:"我们经常见不到面。我们居住在闹市中,而非铸造自己的圣地。"她甚至认为他们的城市别墅都反映了彼此间的距离:"没有空间能让他人感到你和我是在真正地生活。"她向父亲承认,过去的一年她极度地不安和不满,也感受到了父亲的无所适从:"我并不责怪你。只有失明的男人才会对这个离开你的女人安心,但当这个女人回家时,我想你会放下心来的。"

事实上,在旅行期间所写的信件中,母亲试图表达对父亲的关切,并剖析自身,但却收效甚微。在最后一封信中,父亲抱怨母亲并没有像承诺的那样经常写信,她总是匆匆忙忙,等回到家中时必然会是疲惫不堪,而非精神焕发。这封信的结尾写道:

你说"高兴些，记住我永远都愿意为你做一切事情"。这是一种巧妙的表达，我确信你会这样做的——如果你凑巧想到了什么的话。毕竟，有心才是最重要的。

母亲的欧洲之旅的最后一周是在史泰钦家度过——那是位于沃兰吉斯的一栋简美小筑。而她的这次旅行也超过了两个月。史泰钦在家中种植了飞燕草（delphiniums），这是他终生的嗜好。母亲无事可做，写信给父亲说，"越来越不放心你，不放心孩子，不放心厨师，不放心没有新鲜保存的草莓……"

母亲依照承诺，于7月31日搭乘荷兰邮轮返家，这是极为幸运的事，因为两周后一战就爆发了，这艘轮船也成了当时最后离开欧洲的几艘船之一。第一次马恩河战役中，史泰钦的家临近德军意图突破的前线阵地。史泰钦完全没有意识到自身所处的危急之境，拍电报询问我父亲应该怎么办。父亲坚定地回答，"建议即刻有序撤离。"史泰钦一家勉强得以离开欧洲，来到我父母位于芒特基斯科的家中避难。

在回家的路上，母亲做了个噩梦，梦到自己变身成了外祖父，不负责任、自私自利，以致毁了全家人和自己的生活。她下定决心不要变成那样。事实上，尽管有那些暴风骤雨般的通信，离家的这些日子似乎还是起到了作用。母亲返家时承诺会坚守这场艰难的婚姻，竭力令它有所改观。她在一封信中提到，要好好休养调整，以承受更多的"宝宝事务"。我猜测她的设想是每两年生一个孩子，的确，一年后她生下了哥哥比尔。再过两年后，1917年6月16日，我出生了。

PERSONAL HISTORY

第二章

依照父亲的"人生地图",此时正是他将注意力转向公共服务的时候。在我出生前的那几年,父亲开始在纽约做半公职的工作。1913年,他当选为纽约证券交易所管理委员会委员,并努力在金融界促成他所拥护的变革。随着欧洲战事的威胁日益逼近,以及美国参与战争的可能性日益加大,各类恐慌开始冲击证券交易,父亲积极协助稳定市场。

例如,1914年秋天,欧洲战争威胁到了纺织工业,主要原因在于当时美国90%的染料都是由德国染料企业联盟供应。父亲向曾在德国接受训练的化学家威廉·杰勒德·贝克尔斯(William Gerard Beckers)博士提供贷款,帮助他购买工厂设备,建设急需的实验室,以继续染料生产的实验。1916年,贝克尔斯的公司与另外两家企业合并,组建为国家苯胺与化学公司(National Aniline and Chemical Company),一战后过了几年,父亲通过谈判使该公司与四家老公司合并。整合后的企业——联合化学与染料公司(Allied Chemical and Dye Corporation)——在整个大萧条时期从未遗漏一次分红。1931年,父亲持有的股份价值达到4300万美元,每年的股息后来被用于填补《华盛顿邮报》的亏损。

父亲遭遇过多次金融挫折,但甚至在联合化学与染料公司取得巨大成功前,他就已经积累了巨量财富。等到1915年,父亲的资产估值在4000万到6000万

25

美元之间。赚取金钱是令人愉快的事情，但从来都不是他的首要目标。父亲一生都在做的事情，就是寻找令他的金钱服务于公共利益的途径。父亲加入了许多社会福利机构。他还是西奈山医院（Mount Sinai Hospital）的董事长，他对心理健康的兴趣也表现在了出资开办诊所上。他在母校耶鲁大学设立了一项基金，以训练年轻人参与公共服务。与此同时，他开始谋求为政府部门工作的机会。父亲是共和党人，为共和党的竞选活动和事业做出了贡献，但他当前还看不到任何为政府工作的机会，因为担任美国总统的是威尔逊。1916年，父亲参与支持查尔斯·埃文斯·休斯（Charles Evans Hughes）与威尔逊竞选总统，当然，最终休斯以微弱的劣势失败。

选举过后不久，父亲甚至更加渴望为政府工作，因为他肯定美国将会被卷入战争之中。他表示愿意为好友路易斯·布兰德斯大法官和伯纳德·巴鲁克，甚至是威尔逊本人提供服务。在没有特定职务的情况下，父亲去了华盛顿，每年只领取一美元的象征性薪水。经历了并不成功的开端后，他最终在七位总统手下获得了各类任命和高级政府职务。起初，父亲效力于原材料委员会（Raw Materials Committee）和总军需品委员会（General Munitions Board），两者最终被合并为战时工业委员会（War Industries Board）。

父亲在1917年初离开纽约，来到华盛顿。母亲六月生下我后，在芒特基斯科度过了那年夏天。十月份，母亲来到华盛顿与父亲会合，他们租住在K街的大房子中。接下来的四年，他们把我们这些孩子留在了纽约，而给出的解释则含糊不清；譬如，华盛顿太过拥挤、当时出现了流行性肺炎、他们认为自己不会在那里待太久。这四年中，他们有三年时间主要留在华盛顿，只是偶尔回来探视一下。父母声称他们不知道要在那里待多久，但这是讲不通的，因为父亲一到华盛顿就辞去了证券交易所管理委员会委员的职务，放弃了数家公司的董事职位，并卖掉了所有可能致使他陷入利益冲突的股份。事实上，1917年8月，他还决定彻底解散其投资银行。因为甚至在那时，他就已经知道自己将会更多地参与美国财政部（United States Treasury）的事务。他只留下一间小办公室来管理私人生意，并聘请了几个人来帮助自己买卖股票和缴税。

1917年，我们占据了第五大道820号大楼的整个顶层，以及其下一层一半的空间，我就是在那里出生。我们——在日记中，母亲常常用"宝贝们"来指代我们——和鲍威丽一起住在第五大道的这座公寓中。比尔出生后，家庭教师安娜·奥斯（Anna Otth）加入了我们。我无法回忆起在纽约的生活，并且，因为那时我还是个婴儿，早年与父母的分离和代养对我的影响是所有孩子中最小的。只有心理医生能够评估出它们对我哥哥姐姐的影响。多年以后，哥哥接受了精神分析，为成为心理医生做准备，他回想起这段分离后非常恼火，怒气冲冲地质问母亲为何可以在孩子们尚且年幼时将他们丢在纽约。母亲说，"嗯，你们都已经上学了。"然而，父母第一次前往华盛顿时，三个年长的孩子只有2岁、4岁和6岁，而我不过几个月大。

来到华盛顿后，母亲的生活有了大幅度的好转。她首次成为团队的一分子，在这座陌生的城市里，她和父亲都是新人。华盛顿的反犹歧视似乎比纽约要温和一些。并且在华盛顿，母亲找到了展露才华的空间，这与许多迄今仍旧因为被视为男性的附庸，而觉得这座城市乏味丑陋的女性不同。

母亲依然保持着原来的兴趣，尤其是对中国艺术，她甚至在自传中承认，"我痴迷于翻译中文典籍，且正在撰写关于中国艺术哲学的著作，因而从未想过要为这场战争做出积极贡献。坦白说，我对第一次世界大战完全置身事外。"但与此同时，母亲却果断地投身到了华盛顿的社交生活中，部分原因是她乐在其中，而且融入社会生活有助于扩张父亲的利益。

搬到华盛顿后，母亲开始记录另外一本日记，其中清晰地表达了她对父亲的挚爱。她经常担心父亲的才华不被充分认可，并不断记录父亲事业上的进步和对其能力的信心："他是如此伟大，我希望在这个因无能和玩弄权术而造成的混乱局势中，他能够发挥更大的作用。"

尽管母亲从未承认过，且常常口是心非，但她显然会为新结识的各类朋友而兴奋。父母或独自，或共同出席晚宴、午餐以及茶会，几乎没停歇的时刻——包括著名的"内德与艾弗琳·麦克林周日午餐会"（Ned and Evalyn McLean Sunday lunches），它能够容纳80～100人，会有一整支管弦乐团为来宾演奏乐曲；午餐会在麦克林的"国度"——友谊地（Friendship）举办，它位于华盛顿的威斯康星大道，如今那里是麦克林公园（McLean Gardens）的所在地。几个月过去了，母亲在日记中提到的人物愈发地杰出或高雅，开始时是茜茜·帕特森（Cissy Patterson），当时她还被称为吉齐茨基伯爵夫人（Countess Gizycki）。茜茜吸引了母亲的注意，她这样描述茜茜："狮子鼻、红头发，机智幽默，魅力四射，身为女人还能要求些什么呢？她狡黠如猫，我要小心提防，以免被抓伤，但在铭记这一点的同时，我还想要看看她都有什么花样。"

与在巴黎时一样，母亲很快认识了许多卓越的人物：巴鲁克、布兰德斯、法兰克福特（Frankfurter）。法兰克福特又带母亲认识了小奥利弗·温德尔·霍姆斯（Oliver Wendell Holmes, Jr.）、伊莱休·鲁特（Elihu Root）和查尔斯·埃文斯·休斯。母亲自己曾经说，她遇到了赫伯特·乔治·威尔斯（H. G. Wells），并试图获得他的欣赏。母亲还与史瑞尼瓦西·萨斯特里（Shrinivasi Sastri）调情，他是来自印度的代表，于 1922 年到华盛顿参加九国和平会议。在日记中，母亲对自我深刻剖析，她提到感觉自己并非总是处于最佳状态，"但当我喜欢某个人时，我会愚蠢地想要让自己光彩夺目，没有满足的时候。"

母亲还结识了爱丽丝·罗斯福·朗沃思（Alice Roosevelt Longworth，*美国总统西奥多·罗斯福之女——译者注*）及其丈夫尼克。她对朗沃思夫人（后来我们都称她为 L 夫人）总是怀揣着矛盾情绪，L 夫人对她也同样如此。父亲和 L 夫人成了好朋友，之后又成为桥牌牌友，但母亲始终与她保持距离。"多么敏锐却贫瘠的头脑！"某次母亲与她会面后写道。"这一点与她的父亲完全一样，也让我更好地了解了西奥多·罗斯福……她的思想无疑令冬季看起来有趣多了。"1920 年，她们出席了同一场聚会，母亲形容爱丽丝，"正处于非常淫荡的情绪中。她吃了三块排骨，讲述了惊悚的故事，最后还用深低音歌唱：'没有人开垦我，我是荒芜的，我是荒芜的。'"母亲尽管不断批评她，但也会有所保留地赞美。"她机敏之中有着某种令人沮丧的东西，"母亲写道。

母亲似乎满足于沉浸在忙碌的社交生活中，但日记里却满是尖锐的批评，既针对这座城市，也针对栖身其中的人们："华盛顿全然没有有识之士，这一点毋庸置疑"；"罗斯福（富兰克林——时任海军助理部长）非常平易近人，但其妻子（埃莉诺）却和所有官员妻子一样趾高气扬"；"我怀揣着沮丧的心情回到家中，因为这场晚宴上，人与人之间的交流乏味至极。"

母亲也许鄙夷晚宴，但却为生活的"广度和深度"雀跃不已。某个时刻她宣称，"最终, je m'en fiche de Mt. Kisco（法语，意为'我不在乎芒特基斯科了'——译者注）。我真的确信，那种不正常的精神状态消失了"——这是她唯一一次提及，那里的势力行径伤害了她。

母亲的日记还表明，母职并不完全是她的首要任务。她几乎不曾单独提及我们任何一个孩子。我的名字（或者，我应该说是名字的首字母）第一次出现在日记中是在1920年2月，那是我出生后的两年半："宝贝们（比尔和K）这周占用了我一些时间。昨天吃早餐时尤金说，'K将会成为伟大的女性。'四岁半的比尔说，'她不会成为女性，她将会成为女士。'K说：'不，我不会，我会成为女性。'"

日记中会零散地提到孩子们来华盛顿拜访，或父母到纽约探望的事情。这些记述的焦点是我们学到了多少知识，以及我们在鲍威丽和萨季斯·科尔曼（Satis N. Coleman）夫人的照顾下的成长。科尔曼是一名教师，后来因为对儿童的早期音乐训练的方案而成名。她相信音乐教育理应对性格塑造、家庭生活和社会做出贡献。姐姐们都拉小提琴，科尔曼帮助她们学习小提琴时，会先教她们用雪茄盒制作小提琴式的乐器。而我则敲着不同水量的玻璃杯。1918年12月，母亲写道，"孩子们在科尔曼夫人影响下取得的进步，以及他们开心的样子让我欣喜。"母亲来纽约时往往还会带些人过来，而我们——尤其是弗洛里和碧丝——则会为他们跳舞或表演。母亲似乎将这类事情视作幸福童年要素，会捎带评述所有被孩子们娱乐的人，以及"他们无意识的快乐"，或所有人都"陶醉于才艺、潜力和弥漫其间的稚气快乐"。这些言论例证了她以自身期许的方式看待事物的秉性。

由于母亲日常关爱的缺失，我们愈发依赖于鲍威丽。她给了我们拥抱、安慰、人际交往的情感，甚至是母亲所没有的爱。她善良而智慧，更重要的是能温暖人心。鲍威丽始终在我们的身边，敏感地解决我们的问题，抚平我们的疼痛，即使她的方法有些不同寻常。

母亲并不太信任医生——我年幼的时候几乎没有看过医生——而鲍威丽是虔诚的基督教科学派（该派认为物质是虚幻的，疾病只能靠调整精神来治疗，并称此为基督教的科学——译者注）信徒，因而她根本不承认疾病。如果我们说我们肚子疼或患感冒了，鲍威丽会说，"要相信会好起来的"——然后便离开了，我们必须忍受所有的疾病，甚至是发烧。我得腮腺炎时，的确留在了家中而没有去学校，并得到准许在沙发上躺了半天。另外一次医疗问题是篮球反弹扭伤了手指，肿得像雪茄那么大。母亲派来了她的女按摩师，这位可爱的瑞典女士只看了一眼，便建议我去看医生。医生用夹板固定了我的手指。我读高一时，整个冬季都咳嗽不止。家人对此不以为意，但学校中的人都议论纷纷，因为我的咳嗽声太聒噪了。最终，快到春天时，母亲认为我去大西洋城度个周末会让病情好转。她打发我与法国女家庭教师奥斯一起去了海滨的一家宾馆养病。整个周末都下着寒冷的雨，我们的钱也花光了。只是在30年后，我被确诊出肺结核时，医生才发现肺上的疤痕表明我之前曾受过疾病的侵袭。

幸运的是，我向来身体健康，且体格出色。鲍威丽的哲学深植于我的头脑的好处是，如果真的遇到了什么麻烦，我也倾向于忽视它，且始终能够安然度过微小的磨难。一年一年地过去了，我在学校的出勤记录非常完美，毫无疑问，周围始终有病菌四处传播。

我越长越大，已经不再依赖鲍威丽，并开始与奥斯小姐有更多接触，她有些散漫，但尽心尽力，心地善良。她很温柔，不过我们长大后，她就无法约束我们了。我们小时候敬爱的另外一个人是家庭司机阿尔·菲利普斯（Al Phillips），我们都叫他菲尔，他同样影响了我们。他是我们的朋友、伙伴、监督者和保护人。

在华盛顿待了一年后，母亲带我们去芒特基斯科度夏；接着，她回到华盛顿，住在了乔治·范德比尔特（George Vanderbilt）夫人的家中，"一个比去年更加迷人的栖身之所"。由于担忧华盛顿的冬季环境，母亲再次决定将孩子们留在纽约。她在日记中为自己的决定辩护："流感正在全国肆虐，死亡率很高，而华盛顿的境况更为糟糕。到处都有人死于纯粹的轻视，由于没有殡葬人员料理，死尸随处可见。"

母亲开始了新一轮的社交聚会。她参与创办了一家女士午餐俱乐部，并记下了1920年首次聚会的情景："我们讨论了'战争造就的最杰出人物是谁？'哈德（Hard）夫人支持列宁，而哈里曼夫人推选胡佛。有时，讨论的情绪会很激烈……我们决定在下次会议讨论'针对俄国的封锁是否应解除。'整体来说这很有趣，俱乐部的女人是华盛顿最有智慧的。"爱丽丝·朗沃思被故意从受邀名单中略去。

父亲开始在华盛顿展露才华，他接连进入战时工业委员会和战时储蓄委员会（War Savings Committee），并于1919年1月成为战时金融公司（War Finance Corporation）的主席。1920年5月，该公司的业务陷入短暂停顿，父母暂时搬回了纽约，这也是他们最后一次居住在纽约。华盛顿以其政治魅力俘获了他们。他们倾倒于华盛顿的开放，以及母亲所谓的"这里的生活给予我们兴味的张力"。在纽约，父亲漫不经心地考虑着购买密苏里太平洋铁路公司（Missouri Pacific Railroad）的可能性，或者与阿道夫·奥克斯（Adolph Ochs）合作，后者邀请他加入《纽约时报》（*The New York Times*）主管商业运营，但仅此一个方面并不能引起他的兴趣。

1920年，共和党赢得了选举，人们开始谈论我父亲回归华盛顿的可能。大多数来自华尔街的反对者认为政府干预太多，他们促成了一场国会斗争，最终，战时金融公司重新运转，哈定总统将我父亲委派到该公司。1921年3月，父亲当选为常务董事。新的任命让父母意识到，他们会在华盛顿再待上几年，于是，那年秋季返回华盛顿时，他们将我们也都带上了。我们全家人终于生活在了一起。

母亲又精神抖擞地投身于社交和政治生活，她发现在他们缺席了一段时间和政府更替后，她必须重新确立他们的地位。例如，她在短时间内完成了300次交际拜访，这意味着在对方家中留下一角折叠的名片，表明是亲自到访所留。她鄙夷这样的举动，声明这样做"不仅是为了尤金更广泛的人脉，也是因为我必须将我们重新放回社交地图……这种游戏比任何人所愿意承认的都更加需要毅力和勇气。"她在日记中透露，"我无法隐藏这样的事实——我比这里的大多数女人都更富同情心，趣味更严肃。"事实上，母亲的这些话千真万确。

至于我，我四岁时华盛顿成了我的家，且始终未变。起初，我们搬到了一座大而阴暗的红砖房子中，位于康涅狄格大道。母亲在日记中将其描述为，"庞大、陈旧、空空荡荡的房子"。她补充说："孩子们对半乡村的生活很满意，我们都很高兴能重新生活在一起。"我最早的记忆就是关于这座房子的，我对它很是喜欢。

房子是不规则的维多利亚式建筑,餐厅有彩色玻璃做成的凸窗。它租借自伍德沃德与洛思罗普百货商店的伍德沃德一家,洛思罗普家在一个街区之外建造了同样巨大的石房子。房子周围的土地达至了街区的长度,院子因此也成了所有街坊的游乐场地。

我与父亲就未来生活的最早协商就发生在这座康涅狄格大道的房子中,那时我8岁左右。他不断问我,等我长大后,是否愿意做他的秘书。我对秘书是什么或要做些什么一无所知,但整件事情的概念让我厌恶。那时,父亲对我而言既遥远又陌生,我远远地爱着这个男人,但心中却有很大的隔阂。我的回应始终是坚定的不愿意。我能意识到这只是逗趣的话,但也很清楚那不是我想要做的事情。然而,我有一个储蓄罐,其中可以塞入5美分、10美分和25美分的硬币,等到这些钱总和达到巨额的5美元时,它就会弹开;我已经将微薄的零用钱积攒了数个月,且只要5美分就可以将这笔巨额财富纳入我的掌控下。我问父亲是否可以给我5分钱,他说,"好,那你现在愿意做我的秘书了吗?"我同意了。我为了5分钱而出卖了自己。父亲偶尔会提及这个未来的约定,这令我有些困惑和焦虑,但从未想过毁信背约,并一直被称为父亲的未来秘书。

在大家庭中,做最大或最小的孩子似乎是最难的。我们家当然也是如此。长女弗洛伦斯——母亲度蜜月时怀上,并于1911年出生——是迈耶家唯一的古典美女。弗洛里聪慧而柔弱。喜欢艺术和文学,总是斜倚着读书。依据母亲的理念,迈耶家的女孩应该充满斗志,体格强健。弗洛里两者皆无。网球场上,弗洛里总是戴着阔边花式帽,以向家人表明,她根本没有认真对待。弗洛里不喜欢运动,她先是沉浸于音乐之中,后来——事实证明这已经太晚了——又迷恋上了舞蹈。1935年,在马克斯·莱因哈特(Max Reinhardt)的《永恒之路》(*The Eternal Road*)中,弗洛里完成了首次专业演出。父母关注并支持弗洛里跳舞,但在成长过程中,弗洛里从未自他们那里得到自身所需要情感支持。她与母亲的关系曾经非常难堪,毫无疑问,这是因为母亲缺乏担任家长的经验和兴趣。16岁时,弗洛里试图与人私奔,司机菲尔阻止了她。我的整个童年时期,弗洛里都是一个遥远但极具吸引力的人物。而对弗洛里而言,在我们都长大之前,我根本不存在。

不管多么不情愿，弗洛里还是屈从了父母的意愿，但晚两年出生的碧丝却从未停止过叛逆。"我的全部生命都用来犯罪了，"碧丝后来对我说，"我反抗大人。"她憎恨父母施加在她身上的权威，并以任何可能的方式以牙还牙——她找到了许多种方式。多年后她说道，"我很大程度上都在过着胡作非为的生活。"

碧丝有句口头禅，"你要没做过……你就白活了"，这样的态度既让她麻烦不断，又引导她去持续冒险。任性妄为是碧丝的生命维持剂，她曾经参加滑稽歌舞表演（包括滑稽性短剧、脱衣舞等——译者注）和摔跤比赛。碧丝还很小的时候，她觉得如果不典当些什么东西的话，她就白活了，于是从母亲房间中偷了条项链，并让阿尔·菲利普斯开车带她和朋友穿越波多马克河，到达弗吉尼亚州的罗斯林。罗斯林当时还是城乡结合部的交易中心，尘土飞扬的街上有一排典当商铺。"先生，这些珠宝能当多少钱？"碧丝命令式地询问一脸茫然的当铺老板。"小女孩，"老板回答说，"我建议你将项链还给你母亲。"碧丝和朋友转过身来，发现菲尔在门口笑得前仰后合。

碧丝在男孩中很受欢迎。她16岁进入瓦萨学院，之后继续在慕尼黑和巴纳德学院深造。她经常带富有魅力的男人回家参加家庭聚会，每到此刻，我那些平凡的年轻男友就会相形见绌。

1915年，尤金·迈耶三世（Eugene Meyer III）出生了。任何背负了如此姓名的男孩，日子都不会好过，比尔（我们都这样称呼他）也不例外，尤其是随着他年龄渐长。在任何家庭中，做五个孩子中的唯一男孩都会很困难，我们家尤其如此，这既是因为父亲的不易亲近和声名显赫，也是因为母亲应付男性时的笨拙。不过，母亲对比尔的出生欣喜万分。她一直想要个儿子，且自己也承认，她感受到了"荒谬的成就感"。

碧丝还很年幼时，她就找到，或者说招募比尔做志同道合的叛逆伙伴。他们两人组成了一个团伙；和碧丝一样，比尔以挑衅的姿态面对成人世界。有一次，我们全家外出乘游艇游玩，只有比尔留在家里学习开飞机，并得到了飞行执照。他告诉母亲有些东西要向她展示。母亲屏息静气，担心那会是结婚证书，与之比较起来，飞行执照似乎积极多了。接着，比尔开始了"展示"，他驾驶飞机在我们位于芒特基斯科的房子上空盘旋，并用机翼的忽上忽下来示意。

从能够记事起，我就崇拜哥哥姐姐们，尤其是碧丝和比尔。我迫切地渴望能够加入他们的冒险生活，并极度艳羡碧丝肆无忌惮的做派。我甚至希望成为她。我嫉妒她的自信、独立、敢作敢为以及与家人决裂和冲突的决心。我也想要潇洒不羁起来，但我没有那样独特的天赋和勇气，还总是因为被动接受他人安排而遭受嘲弄。碧丝百无禁忌，而我则循规蹈矩。无论碧丝和比尔去哪里，我都会请求他们带上我，但我自己却一本正经。自然而然地，他们开始将我视为累赘。

更糟糕的是，我年幼时是世界上最卑劣的搬弄是非者——完全意识不到自己在做些什么。我告发哥哥姐姐并不是因为小气，意图报复，或是讨好父母。我仅仅是不知道自己已经僭越原则。我很少参与他们的活动，所以也无法理解这些活动是要保密的，我仅仅是在闲言碎语。四岁的时候，在芒特基斯科，有一次我泄露了他们的事情，碧丝、比尔和弗洛里把我带到了浴室中，并小心翼翼地用胶带封住了我的嘴。碧丝回忆道，"大大的泪珠子从胖胖的脸颊下滚落，这几乎令我心软。我很难过，但我们的做法是正义的。"

身为五个孩子中的老四，父母渴求完美的态度以及抚养我们的古怪方式，异乎寻常地没有影响到我。与哥哥姐姐相比，我更是被父母从远处监管。就某些方面而言，这是非常幸运的，因为孤单长大的我没有经受太多的约束和父母的高压手腕。

等到我成长的时候，孩子们和家长的战争已经结束。不只是因为父母更加忙碌，杂事缠身，也是因为我的一贯做法是取悦他们。后来我才发觉，这种奇怪的顺从让我比哥哥姐姐都更加自由：他们的叛逆让他们更多地受到家族神话和期望的束缚和影响。不知道为什么，哥哥姐姐在反抗家长权威的同时，也更加深陷于家庭教养的负面影响。因此，我成了家中的幸运儿；我既不用承受母亲初为人母的不适应，又避开了她中年精神创伤的冲击（妹妹露丝深受其害）。我受到了某种形式的保护。运气让我成了幸存者，并给予我力量，但在当时，我真正想要的是在哥哥姐姐们那遥远而刺激的世界中获得一席之地。碧丝后来扼要地指出，我"得到了保护，却也受到了欺骗"。

我的困境更多地与缺少他人的指导有关，因为我差不多是自己在情感上摸索长大，并自己去找出应对这种情境的方法。尽管周围环境极度奢华，但我过着有规律的生活，并在许多方面保持简朴。学校、课程、旅行和学习这些构成了生活的边界。唯一在身体上与我亲近的人是鲍威丽，七岁大的时候，我就已经不再对她有情感依赖。从那时起，我就只靠我自己了。

我们之中最年幼的妹妹——露丝，于1921年7月在芒特基斯科出生。我被领去看刚出生的婴儿，她就躺在客房的床上。孩子如何降生，或者她从何处来，这些我都毫无概念，我也不记得自己是否好奇。我只是对她充满敬畏，她的小手指蜷缩着。

我们家最小的孩子露丝的出生，固化了我与哥哥姐姐的分隔状态，他们将我和露丝视作一对婴孩。露丝是个迷人的孩子，我嫉妒她金发碧眼，面容姣好，而我却长得黝黑矮胖。我曾用一个假设来测试家人：如果发生了火灾，我们所有人都会聚集在露丝的房间，因为我们所有人都会首先冲过来救她。没有人反驳这个假设，也没有人明白我做此假设的真正用意。

我与露丝被归为一组还有另外的原因。我们都仍旧处于鲍威丽的照管下，而哥哥姐姐已经不再需要照料。直到12岁前，我还与露丝分享同一个房间。当有客人来吃晚餐时，我和露丝必须提前一小时单独吃饭，这样的事情几乎每晚都在发生。每年夏天，父母都会带着三个年长的孩子去欧洲旅行，或者，隔年去西部露营，而我直到9岁才得到准许加入年长队伍。其他人外出享受刺激的冒险体验时，我和露丝却被留在芒特基斯科，与家庭教师待在一起。

作为五个孩子中最小的一个，露丝得到父母的照顾和关心甚至更少，只有家庭教师或者说保姆在倾听她的需要。因为我们总是被视为单独的同伙，而我又比她大4岁，我自然而然地成了她的小妈妈，或者，至少也是重要的导师。她愈发地羞涩、文静、谦卑。大多数时候，她都是生活在自己的世界中，并最终成为了天赋出众，钟情骑术的女骑手。她的注意力全都放在了名叫蟋蟀的史宾格犬（Springer spaniel）和家庭教师奥斯小姐身上。她非常喜爱奥斯小姐。露丝15岁时，史宾格犬死了，几乎于此同时，家庭教师也被解雇。不用说，露丝心都碎了。奥斯小姐离开后，露丝写信告诉我：

我非常非常想念她。如果某个不太熟识的人问我，母亲和奥斯小姐更爱哪一个，我可能会回答说更爱母亲，但我只会告诉你一个人，我更爱奥斯小姐。你知道，我可以和她真正地讨论事情，真正地亲密交流。我想我也可以和母亲交谈，可是天啊，事后我会觉得自己非常渺小。

我太能够理解她的感受了。母亲后来记述下了这些故事，并把文章卖给了女性杂志。我气愤于她以这种方式利用女儿的伤痛，但她平静地告诉我，她已经将文章拿给露丝看了，露丝很喜欢。我当时并不相信，但事实证明她是对的。母亲去世后，我和露丝仔细搜看她的文件，重新找到了这篇文章。我愚蠢地把它撕了，一见到它，我所有的愤怒就全都回来了。多年后，露丝告诉我，她很不高兴我撕掉那篇文章，并觉得我是心存妒忌，因为文章是关于她而非我的。家庭关系的复杂微妙令人难以理解。这次事件当然也动摇了我的道德自信。

我的童年生活主要在华盛顿的家里和芒特基斯科的夏日别墅中度过。那时候，从华盛顿经纽约到达那个乡村需要八小时，但我们经常这样旅行。这样的长途跋涉由母亲策划，携带上五个孩子，几只金丝雀，以及所有的行李。马匹则单独运送。

这座乡村大房子的环境美妙极了，欢快的气氛弥补了温暖的不足。父亲还单身时购买了一座旧农场，之后逐年扩充它，直至其面积达到巅峰时的700英亩。它是我童年生活的一大组成。最初，这里有座美丽的旧式农舍，父亲将它利用了起来，父母结婚后的最初几年间，全家人夏天都会来这里住。后来，他们决定建造更大的房子。

1915 年，查尔斯·普拉特（Charles Platt）设计建造了新房子。母亲的好友弗利尔曾邀请他在华盛顿建造东方艺术（Oriental-art）美术馆。新建的石房子适合全年居住，这样父亲就可以乘坐汽车或更完美的通勤火车去华尔街上班。自从父母 1917 年搬到华盛顿后，我们就只是在初夏至初秋这段时间住在这里。

新房子——周围环绕了大量的树木，全都是移植而来——矗立在原本荒凉的小山上，俯瞰着那座陈旧的农舍。在另一个方向，这座房子可以俯瞰到拜拉姆湖，它不仅能为纽约城供水，也是我们每年夏季划船和钓鱼的地方。我们一直称这座新古典主义的乡间别墅为"农场"，因为父母把它视作农场，而且这里的确有普通的农活要做。这里有猪、鸡以及泽西种（Jersey）乳牛。乳牛给了我们生牛奶、脱脂乳以及丰富的奶油。山脚下有广阔而多产的花园和菜园，保证我们吃到新鲜的蔬菜，并欣赏到华丽的花簇，房子周围到处都是花朵，每天都在更新和替换。鲜花甚至被送到我们在华盛顿先后住过的房子，等到冬季，农场大量的产品被用卡车运送到我们在华盛顿的家里。到了夏季，我们至少需要十几个人来照看花园。还要有十几个人来打理农场。他们全都依照单身汉的生活方式居住在旧农舍中。

别墅本身很大，但线条简单，它的设计理念庄重高贵，但也保持了随性的气质。别墅的建造材料是自采石场的巨大岩石上炸下的粗糙浅灰色花岗岩，然后石匠再将它们凿刻成巨大的砖形板，房子的建造花费了两年的时间。我相信，美国劳工联合会（American Federation of Labor）的主管塞缪尔·冈珀斯曾不得不过来解决建造过程所牵涉的两个工会的管辖权争议——石匠工会和砖匠工会。

别墅的房间都很大。大部分卧室都有屏风隔出的凉台。别墅内建造了室内游泳池、保龄球馆和网球场。房子的一端紧挨着美丽、规整的花园，花园尽头是分隔开的古典风格的甜橙温室。两座巨大的意大利式鸟池坐落在池塘的两旁。池塘的两端种着巨大的荷花，而中间则生长着水百合。

最令人赞叹的是一架巨大的管风琴，琴管迂回穿过房子的每一层。周日的早晨，父亲喜欢以高声弹奏《更近我主》（*Nearer my god to thee*）的方式吵醒我们，表达让"所有人起床"的意思。我们也都有大钢琴，且管风琴和钢琴配有机械附件，可以自动弹奏乐曲。我们拥有大量的钢琴纸卷（piano rolls，自动钢琴上用于控制琴键的穿孔纸带——译者注），其中许多都是帕德列夫斯基（Paderewski）的曲子，他也是我母亲的好朋友。我的主要童年记忆，便是飘荡在房子中的李斯特的《匈牙利狂想曲》（*Hungarian Rhapsodies*）。

母亲为没有请室内装潢师而自豪。她和普拉特一起挑选了家具，结果这些家具稀奇古怪且不太实用。他们两人都很高，自然也为起居室选择了高大的椅子。父亲比母亲要矮上几英寸（1英寸=2.54厘米——译者注），有些椅子父亲坐在上面脚几乎够不着地。没有一个房间的床前配有合适的阅读灯,也没有一个桌子配有合适的椅子或电灯。父亲曾大声抱怨卧室中没有阅读灯——我想父亲最终是自己去买了一盏。就合适的光照和舒适的椅子而言,母亲的卧室是整栋房子中唯一既漂亮又宜居的一间。

在房子的一层,所有房间都没有足够的椅子供彼此亲密之人坐下交谈,只有父亲书房外的室外走廊是例外。我们大致就靠着这个门廊活着,它是开放的,不过有屋顶。晚餐过后,我们总是聚集在父亲的书房中。那里同样只有两把大椅子,放置在壁炉的两旁。父亲的桌子、椅子和沙发远在房间的对面角落,所以,每晚大家交谈时都不得不搬来额外的椅子,放置在壁炉附近。

母亲不仅从来没延请过室内装潢师,而且东西摆放好以后,她就从来没有再动过,只是在我们这些孩子长大后,才重新调整了房间的布置。起初,我和露丝以及保姆(后来是家庭教师)生活在一起,我们睡觉的房间有门廊,隔壁是游戏室。弗洛里、碧丝和她们的家教生活在相似的房间中。父母在大厅的尽头有一个套间。比尔和他的家教住在三层。

整座房子挂满了巨幅的中国画。在最大的那间起居室中,有一个桌子摆满了母亲收集到的青铜器、花瓶和其他物品,漂亮至极。她的书房里有两件布朗库西的作品——壁炉架上的《达那伊德》(*Danaïde*)和门上的《金发的女黑人》(*Blonde Negress*)。书房里还摆放着白色大理石雕塑《空中飞鸟》(*Bird in Space*),它的木质底座由布朗库西在我们的花园中雕刻。那是他第一次来到美国,并和我们一起住在芒特基斯科时完成的。我记得自己就坐在布朗库西的旁边看着,他一边雕刻,一边同我们交谈。

我和露丝长大许多后,一家人很多时候就在一起吃饭了,尤其是周末父亲从华盛顿回来后。我们有两个餐厅。如果家里宾客很多,我们就在大理石地板的内餐厅用餐,它更大也更正式,不过这种情况很少。如果只有家里人和几位朋友,我们就会在"外餐厅"就餐,这里能够容纳 20 人左右。外餐厅摆放有绿色的威尼斯式(Venetian)配套家具,四周都是大玻璃窗,可以看到房子外的梯田和树林。这间餐厅中只摆放了一件装饰品,布朗库西创作的雕塑,是对母亲的复刻。不消说,这是一座非常抽象的黑色大理石雕塑,布朗库西称之为《女王不傲慢》

(*La Reine pas Dédaigneuse*)。许多人都嘲笑它,还有人将其描述为马儿肿大的膝盖。它在布朗库西的展览中只出现过一次,碧丝在这次展览上听到有人评论说,"那是什么玩意儿?"她扭头面向那个可怜的大惑不解的陌生人说道,"先生,那是我母亲!"我一直都觉得这座雕塑美丽极了。

在我年幼的时候,家里有10到12个佣人。他们大多都已经待了很长时间,并成了我们的熟人、心腹和好友。每间卧室都有两个铃,可以用它们来召唤女佣或男管家。我从来没用过它们,不过,我想姐姐们应该用过,父母当然也用过。此外,家里还有司机菲尔,马倌及其助手,他们要照管八九匹马。

农场负责人约翰·康明斯(John Cummins)监管这里,在他下面是园丁主管查尔斯·罗思(Charles Ruthven),一位苏格兰绅士。罗思居住在此地的一座漂亮的白色农舍里,他的女儿珍和儿子乔治是我在芒特基斯科的玩伴。马倌及其妻子住在另外一座小农舍里,而阿尔·菲利普斯及其妻子住在车库上面的寓所里。他们的儿子汤姆是我和露丝的另外一个玩伴。我们在一起的时光非常开心,上午上课,下午则去果园采摘水果和乘坐干草马车。

我对芒特基斯科始终怀揣着矛盾的情感。一方面,我深深地爱着它,并在这里度过了快乐的童年时光,这在很大程度上要感谢农场上的孩子们。随着年龄渐长,也就是12岁到18岁之间,我仍旧认为农场很美妙,因为这是我童年时就有的想法,但于现实之中,整个少年期我在附近都没有朋友,完全是孤身一人。

直到多年后我才意识到,我们几乎完全与世隔绝了。周末或其他时间,我们会有很多的访客,但我们在当地几乎没有社交生活。只是在后来我才了解到,父母承受了当地反犹主义的压力。我相信,他们起初建造这座大房子时,定然已经被警告会遭遇社交上的冷落。事实上,他们从来都没有收到过邻居的邀请,也被排除在乡村俱乐部之外,直到俱乐部破产倒闭时他们才收到入会邀请(我想俱乐部不过是想要我父母帮忙)。但我从未去过俱乐部,甚至没有见过它。

直至母亲去世前,我曾无数次回来探望那里,有时是和儿女们,他们也很喜欢这座农场,有时是看望父母。我仍期待着回到那里,只为在踏入宽敞美丽的前厅时,让痛苦的现实再浮现五分钟。我愈是年老,就愈是不喜欢农场的孤寂,但在童年时代,它就像我十岁时写信给父亲所说的那样,是"美妙的老地方"。

读五年级那年,我们家搬离了伍德沃德的房子(这座房子已经被卖掉了),搬入了马萨诸塞大道的红砖房子中,距离杜邦环岛有两个街区。我去学校的路程稍长了一些。我每天早晨带着旱冰鞋沿大道走,大概要穿越八个街区的上坡路。回程路则轻松得多,我呼啸着一路下滑,一手拿着书包,留出另一只手在每个转角抓住街灯柱,以免冲到大街上去。

在马萨诸塞大道暂居了两年后,我们搬到了前驻法大使亨利·怀特(Henry White)的大房子中,房子坐落于第16大街外的新月城1624号。我当时上七年级,这座房子是我真正成长的地方,我在华盛顿的家,也是母亲晚年的寓所。

父亲先是租了这房子几年,之后才于1934年买下它。这座位于新月城的房子由著名建筑师约翰·拉塞尔·波普(John Russell Pope)于1912年设计,最初有四十间屋子。这是座非常宏伟庄重的房子。主层中唯一有些温馨的房间是书房,在那里我们度过了大部分时光。我和妹妹露丝又住到了同一个房间中,不过等到姐姐们都去上大学时,房子被重新整修,我也得到准许可以选择自己的房间,并装饰它。我说想要它更具现代风格。一位独特的现代设计师便为我建造了灰浆壁炉,并将其涂刷为白色,不带壁炉台,房间摆放了量身定制的现代家具,非常精美。这与古色古香的房子构成了古怪的反差,且是其中唯一的宜人之地。这座房子中满是切宾代尔式的家具,以及名画和雕塑——塞尚(Cézannes)、马奈(Manet)、雷诺阿(Renoir)、布朗库西、罗丹(Rodin)的作品,以及楼上大厅中马林(Marin)的伍尔沃斯(Woolworth)水彩系列。前厅有一扇华美的中国屏风,一尊青铜佛像,一面镀金镜子。这面镜子后来进入了白宫,与另外一面成对的镜子凑到了一起。

我当时没有意识到,这座新月城的房子的氛围吓坏了我的一些朋友。一位朋友记得,有一次在大餐厅中吃午饭,只有我们两人和我的家庭教师;男管家和一名女佣则在旁伺候。母亲在这里用餐时,饭菜端上来后都会先摆放到她面前,她立即用餐,且吃得非常迅速,每次最后一个人的菜还没端过来她便吃完了。我们称那个不幸的座位为"饥饿角",并竭力避免坐在那个位置上。我们习惯了将一只手放在盘子上;否则,在叉子从我们嘴边返回前,盘子就会被撤走。时至今日，我吃饭的速度仍旧很快。很奇怪儿时的习惯能保持如此之久。

我读高中的时候，好友玛丽·金特里（Mary Gentry）来我家过周末，她始终记得独自一人下楼吃早餐的情景。当时，她坐在空荡荡的餐厅里，男管家过来问她想要吃些什么。她非常害怕，只想到了葡萄干。男管家端来葡萄干，将其放在玛丽面前，之后便站在了她的椅子后面。玛丽记得每咬一口都会有回音自各个角落传来，这让她深感恐惧。玛丽父母不在家的时候，她还是会过来陪我过周末，但她告诉我她再也没有下楼吃过早餐。

不论是住在华盛顿还是农场，我们都会十分忙碌。我们始终有严苛的课程安排要遵守，放学后和暑假也会有许多计划好的活动。我们会花很多时间骑马，尤其是在围绕着农场的数英里（1 英里为 1.6 公里——译者注）的小径上，或者是在华盛顿的岩溪公园（Rock Creek Park）。九岁的时候，《华盛顿明星晚报》（*Washington Evening Star*）刊登了我骑在皮特身上的照片——皮特是我的小马——并赞扬我是"技艺高超的女骑手"。我其实不太擅长骑马，也不是很喜欢。但骑马是我们日常生活的一部分，我不得不这样做。

我们有音乐课程，它延续了科尔曼夫人的传统。我们甚至还有仪态课，因为家人觉得我驼背太严重——现在也如此，尽管我上了那些课程。我们还接受了达尔克罗兹（Dalcroze）教学法的指导，它是一种舞蹈，能够赋予你节奏感。我仍旧记得，手臂要按三拍舞挥动，而脚要以两拍舞踏步。这并不简单。

我们还有法语课，教授课程的女士和我们一同生活了许多年。她不是我们家的亲戚，但与我们同姓，叫做加布里埃尔·迈耶。周末的时候，我们会被叫去用法语背诵诗文。如今 70 年过去了，我仍旧能够背诵拉封丹（La Fontaine）的《寓言诗》（*Fables*）中的片段，以及西哈诺·德·贝杰拉克（Cyrano de Bergerac）的某些演讲，他是我所崇拜之人。在我 9 岁那年，迈耶小姐出于某种原因离开我们去了法国。高中的时候我继续学习了法语，如今说起来也相当流利，但其实这仍旧是我在 9 岁时的水平。

体育运动是我们的课程的重要部分。到了夏季，哥哥比尔会有很多家教，其中有一位负责教授制作和放风筝。比尔甚至还有摔跤老师，姐姐碧丝偶尔会跑去上课。我们长大一些后，网球课就成了长期项目。20 世纪 30 年代初的几年间，每到夏季就会有位专业网球手和我们生活在一起,做我们的教练,主要教授碧丝。我每天会上一小会儿课。

每隔一年,我们都会有夏季露营活动,尽管至少会有一位家庭教师陪伴我们,但母亲还是会积极参与进来。父亲从未曾像母亲那般喜爱露营,他不喜欢寒冷,那会令他感到不适。他会骑马在荒野中跑上十分钟,然后面向向导问道,"这附近有电话吗?"(当然,现在会有的)。后来有一次露营,到了晚上,浑圆的月亮将天空照得透亮,我听父亲喊道,"有人能把月亮关了吗?"

母亲在日记中记述了比尔的第一次露营,其中包含了某些她很少用以形容儿女们的负面言辞。母亲描述说他们——我因为太小而不能去——经常吵架,并且需要耐心调教,"我没有意识到他们已经变得如此自私,完全是被宠坏了。"管教三个孩子与管教两个完全不同,这让母亲极为苦恼,并将他们比作一篮子鳗鱼。

母亲认为这些旅行能够让我们更加亲近现实生活,也更加独立。她曾经告诉我们,这是一种向我们展示大房子之外的生活的方式。我想确实是这样,但其效果有限。前往加利福尼亚的旅行中,有五位农场工人,十一匹乘骑马,十七匹驮马——不是什么艰苦磨炼。

我参加了最后一次野营旅行,那是 1926 年 8 月,我们去了加拿大的落基山脉(Rockies)。我们骑马翻越山岭,并在晚上露营,偶尔还会去钓鱼娱乐。同样地,还是有许多驮马携带我们的行李,并有牛仔为我们搭建帐篷。我们这些孩子跟着向导捕鱼,而父亲却感染了风寒。母亲在日记中简要地记录了这次旅行,以下叙述代表了她强加给我们的一些思考:

> 爬山非常辛苦,但也让我再次领悟到这样的事实——人在恢复体力后能够前进得更远。这一点非常有趣。我觉得这对于所有人来说都是重要的教训,因为它同样适用于精神努力。大多数人终其一生都没有发现,这种重振旗鼓便能走得更远的现象存在于所有需要付出努力的领域。无论是精神还是肉体的努力,许多人一出现疲乏便选择了放弃。正因此,他们永远领略不到竭尽全力后的光荣与欣喜……

第二章

爬山是母亲最爱的消遣之一,但她从未能将这种激情灌注于我们身上。

有些年份我们会去欧洲旅行,我的第一次欧洲之旅出现在 11 岁。我最初写作并保留下来的日记,就包括对这次欧洲之旅的记录,那是在 1928 年的夏天。我们从法国前往德国、奥地利、瑞士、意大利,然后再返回法国。我的日记呈现了 11 岁孩子的所有兴趣点:指出我们所在的古老邮船伯伦加莉亚号的船舱是"鲸鱼王子的套房";数出埃菲尔铁塔每两层之间的台阶数量;复述拿破仑的棺材运抵荣誉军人院(Les Invalides)后,重新开棺的故事。我记得,当母亲和弗洛里、碧丝爬到山顶时,我却被迫和露丝留在瑞士的酒店中,还有,当哥哥姐姐同父母去意大利时,我却继续逗留在瑞士。这些事情更加让我认为,我被排除在哥哥姐姐的队伍之外。父母认为我和露丝还没到欣赏博物馆藏品的年龄;我们和家教留在度假酒店中,参加酒店为小客人安排的娱乐活动。有一张老照片拍摄了化妆舞会上的场景,我记得那次其实非常有趣;我打扮成了养鹅女,而露丝就是我的鹅。

我们在马恩河游泳,并参观了巴黎圣母院和凡尔赛宫,但我对这次旅行唯一真正深刻的记忆是,我和父亲一同乘车,窗户全都关闭着,父亲吞云吐雾,车内弥漫着令人窒息的雪茄烟味。父亲只抽雪茄,那种用古巴烟草制作的粗大昂贵的雪茄,并且是一根接一根地点燃。在狭小的空间里,如关着窗户的车内或火车车厢中,这几乎无法忍受,但我逐渐习惯了,或者,至少也是甘心忍受了。他在登喜路公司拥有私人储藏桶,公司员工会把他喜爱的品牌的雪茄装入其中。他还有自己专享的烈性波旁威士忌(bourbon),酒桶上面刻有他的名字。我至今还保留了其中的一个桶盖。

首次欧洲之行的三年后,我们又回到欧洲,并在德国花费了更多时间。于我而言,最令人难忘的经历是拜访爱因斯坦的家。我把这件事记录在信上,并寄给了留在国内工作的父亲:

> 我想母亲已经告诉你,我们见到了爱因斯坦。他既崇高又朴素!他的头发像个鸡窝,穿着宝蓝色"全身"套装,手里还拿着烟斗。他妻子不让他抽雪茄……他们的房子非常简单,但漂亮极了,就在湖边。他独自驾船出行。船底平展宽阔,即使他心不在焉,船只也不会倾翻。如果人们看到船只在湖

中打圈，那么，他们就会知道有新的理论正在成形。

1929年，父亲在怀俄明州凯利市的提顿山谷买下了一座牧场。牧场名叫红石牧场，非常美丽，但在当时看来异常偏远，自罗克斯普林驾车200英里才能到达，最后30英里还是蜿蜒的山路。红石牧场700英亩（1英亩约为0.4公顷——译者注）的草地恰好坐落于美丽的提顿山山脚下，那是一片引人注目的红土山脉。买下牧场的同年九月，父亲带着我、弗洛里和比尔前往那里，那时我12岁，我们骑马、钓鱼、远足、射击。我们都是青少年，忙于各种各样的活动，因而并不太热衷于前去牧场，尽管，我们在看到它的一瞬间就爱上了它。几年后，因为我们始终对牧场兴味索然，父亲便卖掉了它，这令我非常伤心。

旅行和才艺课程构成了我们所接受的非正式教育的主体。就某些方面而言，我们接受的正式教育与非正式教育一样稀奇古怪。我们家还在纽约的时候，哥哥姐姐已经就读于开明的林肯学校。等我们搬到华盛顿后，他们就转去了弗莱德学校。我在一家蒙台梭利学校开始接受教育，它的教学理念同样开明。学校鼓励我们以自己的节奏发展兴趣——换言之，在任何想要的时候，做最喜欢做的事情。我从学习系鞋带开始，逐步发展为大量阅读，这让我很是享受；我不喜欢数学，并竭力避开了它们。我接受了韵律舞蹈课的教育，这种舞蹈要用到花式扎染围巾，但最终结果是我成了倒立和侧手翻的高手。从幼儿园到三年级，我都是在那里度过，等到离开时，我各项杂技娴熟老练，数学运算却笨拙生涩。

8岁时，我进入波托马克学校读四年级，学校离我们家只有两个街区的距离。波托马克是私立的传统小学，因此，我是从无拘无束、自由放任的环境来到了规范严谨的学校；这里的桌子都成排摆好，教学日有安排妥当的课程，还有家庭作业，而最糟糕的是，我们要学习分数，这对我而言就像是门外语。

对于新来的女生来说，在波托马克上学并不容易。我在那里最初几年的生活很是孤单。我感到窘迫、格格不入又与众不同，尤其是在穿着没有人穿的螺纹短袜时。这是最后一个男女同班的年级；从五年级到八年级（波托马克最高只到八年级），就只有女生了，这和我高中就读的马德拉中学（Madeira），以及大学所在的瓦萨学院最初两年一样。

第二章

波托马克学校带来了我人生中第一次重大适应调整——它教会了我成长中的重要一课：无论置身于何种环境，都要努力融入其中。我必须去观察他人在做些什么，然后去效仿他们。我要应对我的孤独，我的与众不同，并变成他人那样。我多少有些形单影只，直至第二年，也就是五年级时，我想出了通过邀请他人到家里做客来结交朋友的方法。罗斯·海德（Rose Hyde）因此成了我最好的朋友，尽管，我第一次邀请她时措辞并不得体："罗斯，我叫了所有的人，但她们都不能来。你可以来吗？"她来了，这是我们长期友谊的开始。

七、八年级时，我结交了其他一些朋友：朱丽亚·格兰特和玛德琳·郎。她们都是军官的女儿，其中朱丽亚还是格兰特总统的孙女。六年级，我们开始学习南北战争的历史，学生们拿来了她们参战亲属的照片。罗斯带来了她曾祖父的照片，他是南部联盟军的神职人员。朱丽亚拿来的是格兰特将军斜倚在树上的著名照片。"猜猜他为什么倚在那棵树上，"罗斯开起了玩笑。"因为他喝醉酒站不起来了。"朱丽亚将她打倒在地。罗斯的母亲不得不写信向格兰特夫人道歉，此事才得以平息。

我十二三岁时，朱丽亚和玛德琳来芒特基斯科的农场拜访了我。我第一次有来我家过夜的客人，兴奋极了。我不知道该如何接待她们，所以不断询问母亲，"我们该怎么做？"因为这个愚蠢的问题，我受到了母亲的严厉训斥——我们自己就有游泳池、网球场和保龄球场。考虑到这样奢侈的环境，母亲的态度完全可以理解，但我感到了一种局促不安的愉悦，且不知如何处理。

早年学习的舞蹈和杂耍令我动作敏捷。等到五年级的时候，我的协调能力非常出色，并成了团队运动的佼佼者。波托马克的学生被分成了两队，红队和蓝队。两队在游戏、赛跑、排球和其他运动项目上竞争激烈。我属于红队，喜好发号施令，我一直没觉察到这个特质，直到有一天，普瑞莎小姐——体育老师，我非常喜爱她——把我拉到一边，告诉我如果我不去过多地指挥他人的话，她会考虑让我做红队队长。一瞬间，我仿佛听到自己在怂恿他人，下达命令。我采纳了她的建议，真是奇迹，我成功了！我成了队长。这项小小的成就让我心中暗自满足。我首次获得了社交上的成功，这表明我身上的某种特质在发挥作用。

八年级时，我被送去了明妮·霍克斯小姐的舞蹈学校。我太羞涩了，上课成了一种磨难，身高更是为我增添了苦恼。我长高了——班里个子最高的几个孩子之一——脚也变得非常大。在此期间，母亲突然变得节约了——也可能是真的不愿购物了——因此，我穿着碧丝穿过的两套裙子去舞蹈学校。我仍旧记得，一件是浅桃红色的天鹅绒裙子，另一件是红色丝绸裙。家人觉得丝绸裙后背露得太多了，就用其他材质的布料补了一下，非常扎眼。为了整体效果，家庭教师为我购买了一双金色童鞋。其他女孩拥有平底轻舞鞋和泡泡袖。我的鞋则是高跟鞋，商店中只有这双大小合适——让我的身高至少增加了两英寸。这种古怪的身影当然高过了小男孩们，灾难性的结果可想而知。

大约在同一时期，我们女孩都开始函购香皂和香波，并在操场上交易它们。和朋友们一样，我也收集了喜爱的电影明星的照片，有葛丽泰·嘉宝和玛琳·黛德丽，我在周末会去看她们的电影。我记得德语版的《再度坠入爱河》(*Falling in Love Again*)，它是《蓝天使》(*The Blue Angel*)中的歌曲。我们还如饥似渴地阅读电影杂志。

和大多数年轻人一样，我也会有幻想，但我甚至在那时就意识到这不可能实现。我的幻想之一是能当上模特就好了。我曾经向高中好友南希·怀特表达了这一想法，她反问道，"给什么做模特呢？房子？"这把我送回了现实。我想，我还和许多孩子分享过"成名"的幻想，也许不是电影明星（尽管我也曾虚无缥缈地幻想像黛德丽那样踏入房间），而是以某种方式取得成功，让人们都认识我。奇妙的是，"水门事件"之后，这种幻想在小范围内实现了。我始终觉得这令人难以置信，既感愉快又有些难为情，不过，母亲自负的阴影让我对现实保持了清醒。

读高中时，我来到了马德拉中学。高一时，学校在华盛顿的杜邦环岛附近。父亲非常钦佩马德拉的创办者露西·马德拉·温（Lucy Madeira Wing），他为这家学校提供资金，并协助将其迁移到弗吉尼亚州美丽的新地址，那时我读高二。我因此而成为了寄宿生，只在周末回家。多年后，父母将他们拥有的、毗连学校的178英亩土地捐给了学校。

迈耶家的女孩全都不经思索地被送至了马德拉中学。马德拉小姐拥有超前的理念，并试图开阔我们的眼界。例如，她相信上帝是女性。她以圣经课为幌子，试图让我们了解贫穷。她利用威严的讲坛，努力将我们塑造成罗斯·海德所谓的"萧伯纳式费边主义者"（Shavian Fabian）。学校本身确实展现出了平等主义精神。我们的校服有助于掩盖不同的家庭条件，此外，我们通常都不知道或关心任何人的社会地位。不过，不足为奇的是，我们的家庭背景都相差不多。大萧条曾在我们周围肆虐，但并未对家庭造成重大打击。"贫困党"被组建起来，并向社会福利基金捐赠收入。

在那个恪守教条的年代，马德拉小姐采纳了组织严密的管理方式。她在学校集会上演讲时，经常会谈到她的座右铭："处变不惊，善始善终。"充满了清教徒的紧迫感。寄宿生可以去城里的一家百货商场购物，但在售鞋部必须要有女伴从旁保护，因为是男人帮你试鞋。我的朋友珍·罗林斯收到了室友和室友父亲的午餐邀请。"不可以，"女舍监说，"你不能和室友的父亲外出。"原因很明显，几年前，一名女生和另一名女生的父亲私奔了。

尽管向来安分守己，我却参与了一项违规活动。我加入了秘密社团，"处女到底"——我不得不承认，这是奇怪的追求。午夜时分，我们这些处女起床，披上马德拉小姐从法国修道院采购的厚重雨衣，徒步一英里来到树林，埋葬了一双橡胶套鞋——这一举动的含义如今我已忘却。我毕业后，"处女到底"繁荣了许多年，直至一名女生向马德拉小姐告了密，她因为没有被吸纳为会员而妒火中烧。

学校每年举办两次舞会。当然，男孩是不允许参加的，因此，所有女孩穿上晚礼服，戴上襟花，彼此搭配跳舞。这类舞会中，我这样的高个女孩跳舞时会占据主导，后来的生活中，我感到很难和男性舞伴配合。

我在社交上的发展非常缓慢。我很多年都没有机会认识男孩。高中时的一个新年前夜，我16岁，与家人参加艾弗琳·沃尔什·麦克林举办的著名舞会。哥哥很贴心，陪我跳起了舞蹈。因为我几乎谁都不认识，我们就跳了一曲又一曲。灯光最终熄灭了，电子显示牌上亮起了文字，"新年快乐"。《友谊地久天长》（Auld Lang Syne）的歌曲响起，哥哥望着我说道，"这将会是我最后一次和你共度新年夜。"

我的一生略小于美国现代史　PERSONAL HISTORY

　　17岁的时候，我决心学习如何吸引派对或舞会上的单身男子。我发觉，如果你对愚蠢的笑话放声大笑，并表现得很活跃，像是玩得非常开心的样子，那么，男孩子就会觉得你有吸引力。我无耻地运用了这一技巧。我假装开心，也受到了一定程度的欢迎，因此开始逐渐出入华盛顿的派对。我还学会了如何摆脱某个男孩的"纠缠"，因为那会是一场噩梦。我认识一两位哥哥在华盛顿读书时的朋友，也会有男孩偶尔邀请我参加派对和观看电影。在瓦萨学院时，我有几次受邀去男子学院过周末。但直到数年后进入芝加哥大学，我才找到了真正的男性朋友和男朋友，因为羞怯和处理亲密关系的无能，他们中的许多人还被我吓跑了。

　　我非常努力，以便和马德拉的其他同学保持相同的高度。我参加了排球、曲棍球和田径校队，还进入了合唱团。我被要求学习钢琴课程，大约一年的时间里，我每天都在练习贝多芬的同一首奏鸣曲——《热情奏鸣曲》(*Appassionata*)的第二乐章。同学们都怕极了练习室中传来的永无改变的钢琴声，但在这一过程中，我的确学习到了一些曲式结构的东西。我还演出了戏剧社创作的独幕剧。我扮演英俊的公爵，这个家伙导致了许多人的死亡。

　　我对新闻工作很感兴趣，并加入了学校杂志的编辑队伍，杂志名被贴切地取为《闲谈者》。尽管我们的目标是"有影响力且震撼人心"，但杂志对天气的关注丝毫不逊色于社会问题。许多广告也刊登在了上面，其中一篇的标题为"为那些发展着的曲线，在'红色卫地'寻找一处乐园"，在马德拉，我作为高年级学生还第一次获得了被广泛认可的成功。令我大感意外的是，我当选了高年级学生会主席。我从来没想过广受喜爱或被他人认可之类的事情。它令我欣喜若狂，而父亲甚至比我更开心。

　　在学校里，我们更加关心体育运动、朋友和假期，而非真实世界。事实上，在早年求学生涯中，我对政治漠不关心。1932年总统竞选期间，我记得参与了一场辩论，依循父母的共和党观点，我表达了对胡佛的支持。我甚至不知道自己在说些什么；我只知道父亲在胡佛政府做事，而我信任父亲。我的同学罗宾·肯珀是詹姆斯·肯珀（James Kemper）之女。詹姆斯·肯珀是著名的芝加哥民主党人士，罗宾也因此而支持罗斯福。我们都应支持自己的父母，这似乎理所当然。

　　高中生活尽管成功，但在马德拉经受的历练却不足以应对此后我将踏足的生

48

活。我仍旧觉得自己怪异、害羞，且没有太多朋友。但显然，同学们看待我的方式与我自己不同。我的毕业纪念册上描述了一个喜爱大笑，走起路来颇有男子气概的女孩。同学们对我的预言是："凯将会是新闻界的大人物。"但我并没有为自己设想这样的未来，事实上，我根本没有设想未来。相较于开辟自己的事业，我始终在做的是努力适应自己所置身的生活。我更想要去开拓新途径，想要像碧丝那样放荡不羁，大胆冒险，但我选的附加在班级纪念照下的诗句揭示了我的另一面："那些关于她、源自她的一切，理应被解读为真正的高贵。"换言之，自命清高。

1921 年，母亲遇到了威廉·卢肯斯·沃德（William Lukens Ward），旧时代最有识见的政治领袖之一。他管理着威斯特彻斯特县，那是芒特基斯科镇的所在地。他鼓动母亲更积极地参与该县的共和党政治活动。沃德成为了母亲的导师、支持者、领导和密友，并说服她更多地投身到公民事务中来。母亲对沃德的理念表现出的热情，以及她和父亲对公共服务的热衷，意味着我们成长过程中始终受到这样的信念的影响——无论你的职业是什么，你都会不自觉地想到公共问题，并在关注共同体利益或公共服务过程中回报社会，这也是你必须要做的事情。

很快地，沃德创建了县娱乐委员会（Recreation Commission），由五位女士担任委员，母亲任主席。在母亲的领导下，委员会开始为贫困阶层的儿童举办夏令营。她在全县范围内组建合唱团，还每年都为成人和儿童举办大型音乐节，而这个音乐节原本不过是在大帐篷下的活动。接着，在母亲的大力鼓动下，沃德修建了县活动中心，于 1930 年 5 月投入使用；它是位于白原市的一座巨大多功能会堂，如今仍在使用。活动中心可以举办各种演出，从戏剧和音乐会，到家禽和其他动物的表演。多年来，母亲主持了那里的各类活动，包括纽约大都会歌剧团的演出。当时适逢一年一度的家禽表演，举办地在地下室中，为了保证歌剧女主角的演唱不会被公鸡的啼鸣打断，母亲草草策划了一个方案，她让人在笼子中加装硬纸板，这样公鸡就无法昂首打鸣了。

母亲还参与了共和党的政治事务，她工作积极，到 1924 年时已经成了共和党代表大会（Republican Convention）的代表。后来，母亲涉足的事务越来越多，开始为她支持的候选人和事业四处游说。1924 年的大选期间，我们创作了一首诗:"库利奇和道斯,库利奇和道斯。如果母亲离去,他们就是缘由。"母亲收到进入州政府的邀请,还有许多妇女支持她竞选国会议员,她都拒绝了,理由是"丈夫和家庭是我首先要考虑的"。1933年,我与母亲出席了富兰克林·罗斯福的首次就职演讲,看到罗斯福走到国会大厦前,发表他的著名演说。我清楚地记得母亲望着胡佛颓然离去的背影,这与志得意满的罗斯福形成了鲜明的对比,后者满面春风地站在演讲台上,雨过天晴,强烈的阳光洒在他英俊、红润的脸庞上。母亲转过头来,对我说,"等着吧,四年后我们就会重回白宫。"这些话显然毫无远见。母亲在情感上尤其痛恨罗斯福。

父亲也参与了共和党的政治事务,尽管,他并没有那么积极热心。事实上,父亲在不受党派控制的事务上同时为两党服务,包括战时工业委员会、农业贷款委员会(Farm Loan Board)和联邦储备委员会(Federal Reserve Board)。到20世纪20年代中期,他通过在战时金融公司的工作,帮助振兴了美国农业。战时金融公司在向农场主和牲畜养殖户发放贷款上拥有特殊权力。1925年初,父亲清理了金融公司的账目,这一非凡成就收获了广泛的认可。梅洛·蒲赛在为我父亲写作的传记中叙述道:

> 迈耶交给财政部一张4.99亿美元的支票。它最终被送至了国家档案馆(National Archives),因为人们相信它是世界历史上开立的最大数额支票……战时金融公司借出了7亿美元——3亿用于战争目的,1亿用于资助战后出口,3亿用于援助农场主——没有任何损失,且有足够的利润来支付其所发行的债券的利息,以及自财政部获得的基金……很多人都在说他将美国农业自灾难中拯救了出来。

我童年时,父亲忙于各种政府事务,母亲大多数时候都不在家。等他们回到家中,我们与他们的见面也会很拘谨。母亲总是在床上吃早餐,父亲同样在卧室吃,就在母亲身边的小桌子上。我们会上楼和他们交流一小会儿,之后便各自离去。午后,母亲有时会带我们其中一人到公园兜风,或者,让我们到她的卧室聊天,但这种情况很罕见,相隔也很久,且大多数时候这种交流都是单向度的。尽管如此，我非常喜欢这些时刻，曾经还评论说既然她这么忙，也许我们应该提前预约——这种稀奇古怪的想法后来被她多次提起。

父母大多数时候都是外出吃晚餐，或者在家中精心设宴，款待客人。有时，我会在母亲换衣服、做按摩或修指甲时看望她。母亲的高贵优雅和惊人美貌令我赞叹不已，每当她衣着典雅地出席学校活动时，我都会暗自骄傲。然而，尽管我在年幼时就已经深深地爱上了母亲，但与此同时，我也对她感到敬畏和恐惧。常年以来，我都因为太过畏惧她，而从来没有考虑过忤逆她的意愿。在极少的例外中，因违背她意愿而吞食的苦果令我刻骨铭心。我11岁时第一次参与了欧洲之旅，母亲让我和比尔去邮船的理发室中理发。我们另有计划。比尔让我告诉母亲，理发室排着长队，我们要等会儿再去。我不假思索地执行了他的命令，在一生之中，我做过太多这样的事情。母亲不知如何竟发现理发室中根本没人排队，因而严厉斥责了我说谎的行为，而我甚至不知道自己说谎了。最终，我被独自关在了舱房里。我难过极了，但这段插曲给我留下了难以磨灭的记忆，让我知道了说实话的重要性。

几年后，读高一时，我再次在理发问题上犯错——我违背母亲的意愿，剪掉了自己长长的黑色卷发。我怀揣着战战兢兢的心情等待她的反应，而她却没有注意到这种变化，我有些困惑，甚至觉得受到了羞辱。最终，我提醒了她，她却耸耸肩不屑一顾，留下茫然无措的我。我可是鼓足了勇气才这样做的啊！

父母时而苛刻万分，时而不以为然，做子女的也只能察言观色。父母在大大小小的方面都影响了我们。他们的某些习惯潜移默化地影响着子女，你虽能用力擦去，但却会留下印记。我无意识地从母亲那里继承的一个古怪习惯，就是小事上的多疑和心胸狭隘。母亲在某些方面挥霍无度，但她却会抱怨收到的小账单，认定那些人是在欺骗她。她买皮草时会说，"你得留心些，因为你选择了这一件，他们会给你换成另一件。"她还说，"如果你要给珍珠项链换线，那么你必须坐下来看着他们，确保所有珍珠都能拿回来。"她在给佣人加薪时也非常吝啬。她完全就是厌恶赠予，即便赠予的内容不过是赞美或鼓励。我同样变得不愿意花钱，阴暗地怀疑他人占我便宜，还无法享受给予的乐趣。

嫁给菲尔·格雷厄姆（Phil Graham）后，我克服了许多这样的习惯，因为菲尔极其慷慨大度。某些我从未能改掉的古怪习惯继承自父亲。尽管我们生活开支巨大，父亲却对某些小花费特别固执。他热情地鼓吹小处节省——物尽其用，绝不浪费，能拍电报绝不打电话，能写信的话自然是最好了。睡觉前关闭每一盏灯，这样的强迫行为我保留至今。独自一人住在房子中时，我会完全无法忍受有灯开着。我会在大厅和楼梯间来回巡视，以确保所有的灯都已关闭。我告诉自己停下来，这根本不重要，但还是会去把亮着的灯全关闭。

某些反面事例给我留下了深刻教训。年幼的时候，成年人的行为时常会令我觉得不可思议。我记得，我曾对某些看到的事情感到震惊和错愕，并默默发誓长大后绝不像他们那样做。例如，母亲遇到电影院排起长队时，会径直走到售票处，说道，"我是《华盛顿邮报》的尤金·迈耶夫人。"接着便要求直接进场入座。那个时候，的确会有人带她进去。我却尴尬得无地自容，恨不得找个地缝钻进去。这件事情影响深远，时至今日，如果我进入餐厅后，领班没有给我找好位子，而是将我带到了"西伯利亚"，我也不会和他争辩。我只会温顺地前往西伯利亚。

随着时间的推移，母亲在情绪上似乎愈发受到煎熬。她日益沉迷于与生命中的各个男人的友谊。但我相信，其中只有一人真正令母亲产生了情爱，这个人就是威廉·沃德。母亲不断患上感冒、肺炎或其他各种疾病，每一次患病，她都会给予自身极大的关注，并变得自哀自怜、情绪化，要求和接待他人的频繁探望，而我们则在一旁嘘寒问暖。

母亲还开始酗酒，有时早上 10 点便开始了，她生命中至少有一段时期是如此。这个问题让父亲十分忧心，并且，对于他和我们所有人来说，这是一项不断加剧的负担。甚至母亲饮酒的方式也有些怪异。地下室中有一个上了锁的老式酒柜，只有父亲一人有钥匙，因而他必须一趟趟地去地窖中取酒，这样也能够知道母亲到底饮了多少。当然，劝诫从未取得任何效果。奇怪的是，母亲从不自己购买威士忌，或者向父亲索要钥匙。

母亲对我们的影响常常都互相矛盾。我们会因为取得的成就而受到鼓励，但她却非常自负，甚至会践踏我们刚刚萌芽的兴趣或热情。如果我说喜欢《三个火枪手》(The Three Musketeers)，她会回应说除非我像她那样阅读法语版本，否则

第二章

不可能真正领悟其中的妙处。母亲直至去世的那一周都在读书——哲学、历史、传记,以及所有英国、美国、法国、德国和俄国的经典文学。她对读轻小说的人嗤之以鼻,更不消说垃圾读物和消磨时间的作品了。

四年级至五年级的那个暑假,我独自一人待在芒特基斯科别墅三层的房间中,将几乎所有的时间都用来了阅读。我通读了大仲马的所有作品、路易莎·梅·奥尔科特(Louisa May Alcott)的八卷作品(从《小妇人》开始)、《金银岛》以及名叫奈普(Knipe)的人所写的激动人心的冒险小说。我最后一统计,发现大约已经读了100本书,于是写信告诉父母,我正在"积极地畅游书海"。我感到开心极了。不幸的是,这种对于阅读的早期热情在五年级之后便销匿了,直至后来偶尔拾起书本。再后来,我喜欢上了电影杂志、《红皮书》(Redbook,美国女性杂志——译者注)和《时尚》(Cosmopolitan,针对女性读者的时尚类杂志——译者注)。更晚一些时,我恢复了阅读热情,尤其喜爱狄更斯的《远大前程》和陀思妥耶夫斯基的《罪与罚》。

母亲为我们设定了不可能企及的高标准,这造成了巨大的压力,也损毁了我们的能力,令我们甚至不能完成自己设定的恰当目标。大致上,我想我们都会觉得没有达到她的期望和要求,而她带给我们的不安全感和缺乏自信迁延多年。但不管对我们有着怎样的疑虑,她呈现给世界的家庭图景始终毫无瑕疵。她创造并维持了子女完美无缺的神话。在她看来,我们都是幸福快乐,是会讲两种语言的优秀学生。事实上,她在某种程度上为我们感到骄傲。她过去常常将我们比作流行小说《永恒的少女》(The Constant Nymph)中的人物。那本书讲述了一个古怪、喧闹却也疯狂搞笑的家庭,全家人因此还被称为桑格马戏团。她散布的其他神话,还包括迈耶家的女孩更聪明、更富魅力、更有趣、更伶俐、更成功,凡此种种,简言之,都是出类拔萃的人。最重要的是,她觉得我们要与众不同,富有智识,甚至是特立独行。

此外,父母期望我们能够在社交上取得成功,这很难界定和阐明。对迈耶家的女孩来说,在学校和派对中大受欢迎必不可少。不论实情如何,我总是会说自己在聚会上玩得很开心,然而事实常常恰恰相反。如果父亲或母亲来学校看我,我想我将不得不召集一群朋友,这样至少表面看来我颇为合群。

我们还很年幼时，当时拥有《邮报》的麦克林夫妇举办了儿童聚会，他们向来宾赠送了非常贵重的礼物，甚至是手表。母亲告诉我这样的做法非常粗俗，她不会让我的姐妹参加。母亲的朋友建议说，出席这次聚会也许会非常重要，而母亲则回答，"我希望我的孩子成为那个受欢迎的人。"

母亲看待事情的这种倾向，同样意味着她轻视平庸人、凡常事以及琐碎生活。这种对平凡事物的负面态度也成了我自己的特质，且令我惶惑不安。我知道自己并非就是什么超凡脱俗的人物。我还知道，我想要融入这个世界——让周围的人都喜欢我。但和哥哥姐姐一样，我承继了许多家庭的哲学。记得读大学时，我和好友玛丽·金特里（Mary Gentry）行走在瓦萨校园中，我问她，"你喜欢这里的女孩吗？""喜欢，"她答道。这曾使我短暂地怀疑自己的标准存在问题。我觉得应该居高临下地俯视善良的普通人，并且只喜欢那些特立独行的聪明人。我花了很长时间才不再执着于与众不同，不再认为平凡或普通是一种罪责，并能够就各类人的本身之所是去欣赏他们。

我无法宣称母亲是真正爱我们的。直到母亲弥留之际，我在她眼中都是成功的，而或许，这才是她所钟情的。然而，尽管母亲有着种种复杂性，但在整个童年时期，我都与母亲更加亲近，而非那个遥不可及、难以相处的父亲。我喜欢他，但总是会有隔阂。事实上，他在孩子中间很高兴，与我们相处时也很有趣，但总会有些不自在。最亲密的时候，他会把我们当小孩子一样放在膝盖上，在我们耳边摇晃手表。我和露丝还很小的时候，他会在早餐前来到我们的卧室，陪我们嬉笑打闹一小会儿。

父亲缺乏亲密的天赋，但在许多方面，他的支持与爱还是能直抵我的心灵。父亲在没有使用任何言语的情况下，表达了对我的信任，这是生命中最令我感受到支持的事情。它拯救了我。然而，我只是在追忆往昔时才认识到这一点，因为我们之间的关系需要时间来滋养。

我们家很少谈及敏感的话题，其中三个尤其是禁忌——金钱、父亲的犹太人身份以及性。我们家所有人都从未提及过这三个话题。事实上，我们从不谈论任何难以启齿或私密的事情。谈论金钱或我们的财富令我们反感，与人们的想象

第二章

不同，我们过着颇为清苦的生活，这也许有些古怪。我们没有太多炫耀性的物品，或是精致的玩具和衣服。弗洛伦斯 11 岁时，母亲在日记中叙述说，她为弗洛里购买了非常简单的生日礼物，"书籍、果仁糖和其他小物件"。母亲感到自己有些吝啬，但她也认为，"延续他们幸福命运的最佳方式，就是限制他们对财富的渴望。"

与班上的大多数女孩相比，我拥有的东西要更少，尤其是衣服。我在小学时用的简易衣柜中，只有两件上学穿的无袖连衣裙和衬衫，以及一件最好的连衣裙。零用钱上，父母也对我们严格限制。碧丝从瓦萨学院发给父亲的电报让我记忆犹新——"快寄零用钱，否则将破产。"父亲回复说，"破产吧。"我唯一记得的与金钱有关的讨论就是，父母告诉我不能只做富家小姐，必须做些事情，参与一些有益的、能创造价值的工作；你不能也不应该一事无成。工作始终是我生命的一部分。记得有一年大家都在过圣诞假期，我却在联邦储备委员会学习绘制曲线，那时我大概 15 岁。

母亲对金钱的矛盾心理，以及金钱带给她一切无疑都令她不愿意去谈及金钱。1922 年，母亲去参观犹他州的铜矿，这座铜矿为父亲积累了巨量财富。母亲在日记中写道："铜矿的景观很有趣，但通往铜矿的村庄却令我震惊……这是金钱的来源，我将它们用于购买中国艺术品，但一想到我们使用的金钱竟出自这样的环境，我就会惊愕不已。"

值得注意的是，我们拥有一半犹太血统的事实从未比金钱谈论得更多。我完全不知道反犹主义这回事，这也许令人难以置信；我也不知道父亲是犹太人。我不认为这是有意安排的，我相信他们没有否认或隐藏父亲的犹太人身份，也并不以此为耻。但这个话题足够敏感，所以，他们既没有去解释它，也没有以此为荣。事实上，我们在圣公会圣约翰教堂拥有席位——总统的教堂，位于拉法叶广场——但主要原因在于教区长是我们家族的朋友。我 10 岁的时候，我们迈耶家的孩子全都在家接受洗礼，以满足虔诚的路德教外祖母的心愿，她认为如果不经历这样的程序，我们全都会下地狱。但大抵而言，宗教并非我们生活的一部分。

我的犹太人身份很少被提及，记得其中一次出现在我十一二岁的时候。我们在学校中为朗读《威尼斯商人》选择角色，一位同学建议我扮演夏洛克，因为我是犹太人。我曾天真地询问母亲，我们是不是百万富翁——学校里有人指出我父

55

亲是；和那次类似，我也询问母亲，自己是不是犹太人，以及其中的意味。她一定是回避了这个话题，因为我不记得她的回答。不只是我对宗教抱有疑问，姐姐碧丝回忆说，有一次她在我们位于纽约的公寓中吃午饭，有许多客人在场，她不假思索地问道，"嘿！你们说的那个耶稣是谁？"

直到上大学时，我的犹太人身份才给我带来麻烦。当时一名来自芝加哥的女孩正要离开瓦萨，有人问她是否愿意见同样来自芝加哥的犹太女孩，她回答说，"不行，在芝加哥，你不能让犹太人进你的家。"这引发了争执。我最好的朋友康妮·迪莫克后来告诉我，那个女孩当着我的面这么说真是过分至极。只是在那时我才"恍然大悟"——那是 1935 年，希特勒已经开始影响世界。

性是我们家从不谈论的第三件事情，在很长的一段时期里，我对性都一无所知。我不知道性交是什么，也不知道小孩是如何被怀上的。事实上，严苛的课程计划、训练和体育运动，似乎都是为不让我们过多思考性的问题而安排的。我曾经问母亲，性交过程究竟发生了些什么，并告诉她我已经学习了精子和卵子，但不知道具体过程是怎样的。母亲回答，"你没看到过街上的狗吗？"不幸的是，我没有看到过，但我脱口而出说，"当然见过。"对话也因此而结束。母亲最后主动告诉了我月经，或者说"成为真正的女人"的事情。"别担心，妈妈，"我答道，"几个月前它就发生了。"

因为这些事情从未被谈论过，我几乎对它们全都浑然不知——金钱、宗教以及性。多么怪异：我当然知道我们家的房子很大，有很多佣人，但却不知道我们很富裕，正如不知道我们是犹太人。这种看似十分诡异的事情，对于我们也非常有益。同样古怪的是，我们也没有学习到处理生活实践方面的问题。我不知道如何处理最简单的任务。我不知道如何打扮、缝纫、烹饪、购物，最为重要的是，不知道如何与各种各样的人交往，对年轻男子就更是如此了。我和家教一起买过一些小东西，但在成长过程中，我很多时候都是接手姐姐们的礼服；直到 18 岁，母亲才带我去波道夫古德曼（Bergdorf Goodman）选购法国服装。那里的服装精致复杂、华丽典雅，根本不适合我这个年龄，且对于只需衣着得体的年轻人来说是一种浪费。我们最终也没有找到可供日常穿着的衣服。

我向来衣食无忧，得到的照顾也无微不至。事实上，母亲始终在提醒我们，我们有多幸运，对父母有多亏欠，父亲在照顾我们这些孩子上多么富有远见，多么出色。我们也的确很幸运。我们享有大量特权，父母拥有坚定的价值观，他们激发了我们对于艺术、政治和阅读的兴趣。但在这所有之外，我产生了无能和自卑的感受，不止面对母亲时，面对哥哥姐姐同样如此。随着年龄的增长，我觉得对自己的优点和能力有了客观的认识。我不是特别美丽。我很早便长得很高，因此自我感觉有些笨手笨脚。我不觉得自己能够变得出类拔萃，并确信永远都吸引不到自己喜欢的，且父母和哥哥姐姐不会觉得屈尊俯就的男子。

由于家庭的混乱状态，以及与父母和外部世界的奇异隔绝，我们这些孩子只得自己在情感和智识上学习成长。我们的生活充满了矛盾情感，很难找到确切的身份。这样的一个早期例子是：某天，游戏室的电话铃响了，没有大人在场，碧丝战战兢兢地拿起电话，说了声"喂"；一个男人的声音不耐烦地问道，"你是谁？你是谁？"碧丝回答，"我是家庭教师照看的那个女孩。"因为古怪的成长方式，这是她唯一能够想到的描述自身的方式。

正因此，我们究竟是谁，抱负为何，这些问题在认知和社交上始终令我们焦虑不安。奇异童年带来的更加微妙的影响是，我认为自己从来没有把事情做对过，这也是我们这些孩子或多或少都会有的感觉。我说的话合适吗？我穿的衣服得体吗？我有魅力吗？这些问题让我焦虑不安，自我沉溺，有时甚至会将我浸没其中。成年后的很长一段时间里我仍旧如此，直至最终，我对沉湎于过去彻底失去耐心。

PERSONAL HISTORY

第三章

1933年6月，父亲收购了《华盛顿邮报》。当时，我们没有人能够意识到，这个事件将会为我们的生活带来怎样巨大的转变。这家报纸已经陷入困难，主要原因在于其拥有者爱德华·比尔·麦克林（Edward Beale McLean）漫无方向的经营方式。爱德华是个衣冠楚楚的花花公子，爱丽丝·朗沃思后来描述他是"没有志气、没有个性的可怜人"。内德（爱德华的昵称）曾是哈定总统的扑克牌和高尔夫玩伴，但他们间的关系最终破裂，原因在于内德及其报纸牵扯进了"蒂波特山油田丑闻"（Teapot Dome）。

内德1916年继承《邮报》，并于15年后失去它，在此期间，他对报纸的新闻内容和商业经营不闻不问。内德带着情妇参加编辑会议，至少他的妻子艾弗琳在离婚诉讼中是这样陈述的。至于内德的新闻敏感性，艾弗琳回忆道，"他不曾有任何的新闻意识——甚至是人咬了狗，接着又咬了内德·麦克林。"艾弗琳娘家家业雄厚。她是矿业大亨的女儿，居住在豪华别墅中，举办奢侈的派对，拥有并佩戴着著名的"希望之星"（Hope diamond，重达45.2克拉，是全球最大的蓝宝石——译者注）。"希望之星"据说会为其拥有者带来厄运，这似乎在艾弗琳的身上得到了应验。艾弗琳下定决心要将《邮报》留给儿子，因而多次拒绝他人的收购报价——并敦促丈夫也这样做——其中至少有一次来自我父亲。

59

事实上，父亲在表现出对《邮报》和其他报纸的兴趣前，就已经多次尝试进入新闻业。早在 1925 年，父亲发现赫斯特（Hearst）在华盛顿有两家报纸，且都在亏损，他觉得赫斯特可能会愿意出售其中一家，并尝试收购于早晨发行的《华盛顿先驱报》(*Washington Herald*)。

四年后的 1929 年，父亲试图以 500 万美元收购《邮报》，他觉得这个报价已经很高，控股《邮报》的美国证券信托公司（American Security Trust Company）不可能会拒绝他。但他们的确拒绝了。其他的报价，包括 1931 年两次 300 万美元的报价，也全都遭到拒绝。这是因为艾弗琳·麦克林的坚持——尽管离婚诉讼和法庭交锋已经开始。然而，内德从其父亲那里继承的原本利润丰厚的报纸业绩持续下滑。管理不善的《邮报》负债超过了 50 万美元，并被迫与 1932 年 3 月进入破产管理程序，这家公司甚至无力支付新闻纸的费用，将会被公开拍卖。

与此同时，1930 年 9 月，父亲被胡佛任命为联邦储备委员会的主席。这项工作的任务就是扭转大萧条的颓势。父亲开始掌控美国国内外的银行和金融政策。他构思了复兴金融公司（Reconstruction Finance Corporation），起草成立该公司的法案，为法案在国会的通过保驾护航，并担任这家新信贷机构的主席——为确保法案的通过，法案上专门注明了由他担任主席——同时保留联邦储备委员会主席的职务。但在上午管理一家机构，下午管理另一家机构，且都正处于大萧条的最糟糕时期，这令父亲殚精竭虑，几乎在巨大压力之下崩溃。母亲去见胡佛总统，表示这些无法忍受的工作负担不能再继续下去，必须在父亲完全倒下前减轻他的职责。在日记中，母亲生动地描述了这次会见总统的经过：

> 昨天……尤金的身体极度疲劳。白宫的重担让他备受折磨……我秘密约见了胡佛，告诉他如果不将尤金从参议院的贪婪中解救出来，尤金将会被彻底压垮。胡佛被我彻底唬住了。计划成功了，我敢肯定，从现在开始胡佛面对尤金时将会态度会更加审慎。我没有责难胡佛任何事情，但却迫使他至少暂时性地与尤金站到一起——这种事情不会永恒不变，因为他的秉性决定了他会为一时的地位和目标而不惜牺牲任何人，付出任何代价……我之前只听尤金说过他与总统关系紧张，但在与总统聊天过程中，总统一开始就强调

说,"尤金·迈耶是我得到的最有价值的人才。"这令我大感吃惊。我的首要任务是让尤金一切顺利。

最终,国会于 1932 年通过了《紧急救济与建设法案》(Emergency Relief and Construction Act),将联邦储备委员会和复兴金融公司的主席职位相分离,并允许父亲放弃后者。这稍稍减轻了父亲身上的压力。

富兰克林·罗斯福于 1932 年秋天当选总统,当然,这为受胡佛任命的父亲带来了新的问题。父亲觉得他所做的一切是为了公众利益,因而不应该辞职——尽管胡佛想要他这样做。胡佛多次敦促父亲在罗斯福就职前辞职,母亲对此行为的解读极为切中要害:

> 也许他希望尤金像个东方的寡妇,陪伴主人葬身火海。我猜胡佛进入政治坟墓的同时,希望带着所有的家臣、家眷,甚至是宠物狗一同陪葬,就像伊朗人或塞西亚人首领一样。

父亲可能有类似的想法,但他无意让联邦储备委员会主席的工作看起来像是政治职位,他认为它不是,也不应该是。另一方面,父亲觉得留在政府部门中已经没有任何意义,因为他感到自己正在开始捕风捉影,疑神疑鬼。罗斯福邀请父亲留任美联储主席,父亲同意了,但在 3 月底,他向罗斯福递交了辞职信。在他看来,罗斯福的罪状太多了,其中某些还非常突出:美元实验,漠视金本位制,缺乏制定经济和金融政策的经验——不得不说的是,每一位总统都缺乏这种经验。

正因于此,《邮报》的破产成为了父亲的一次良机——正值他准备离开政府之际。他和母亲显然讨论了收购《邮报》的可能性,因为母亲在 5 月 7 日的日记中提到了这件事情,几乎就在收购前一个月,这也是罗斯福接受父亲辞职申请的前一天:

> 他(尤金)突然决定购买《邮报》。如果他成功了,这将会引起轰动,我们也会因为这次有智谋的行动而赢得声誉。我最初有些不情愿,因为它意

味着很快就会有繁重的工作要做，但现在毕竟也不是逍遥度日的时候。它同时也意味着巨额的支出，但钱不拿来花又可以做些什么呢？

然而，在这篇日记写作了一段时间后，父亲仍旧未决定购买《邮报》。相反，他所做的第一件事情是回归芒特基斯科。在退隐后的第二周，父亲自楼上走下，摩挲着楼梯栏杆，声称上面有灰尘。他抱怨房子的管理有不足之处，母亲则回应说，"尤金，是时候去买下《邮报》了。"1934年，父亲向美国报业编辑协会（American Society of Newspaper Editors）解释了发生的事情：

和昔日的东方哲学家一样，我决心离开混乱烦恼的世界，去享受田园生活的平和和静谧。这种归隐的情绪只持续了两周，而且，我相信家人也认为这种沉思冥想的生活不适合我。

讽刺之处在于，正是父母的老朋友茜茜·帕特森（埃莉诺·梅迪尔·帕特森 [Eleanor Medill Patterson]）的到访，激励了父亲去重新思考购买《邮报》一事。茜茜的兄长乔·帕特森（Joe Patterson）是《纽约每日新闻》（New York Daily News）的创始人，那是当时非常优秀的一家通俗报纸；茜茜的表兄罗伯特·麦考密克上校（Robert McCormick）则是《芝加哥论坛报》（Chicago Tribune）的老板和发行人。

麦考密克家的女人坚强而智慧，茜茜完美地继承了这些品质。她是法国人口中的"相貌普通却有独特魅力的女子"（jolie laide）——面部特征丑陋，但却仍旧不失美丽。茜茜住在杜邦环岛的大厦里，如今的华盛顿俱乐部（Washington Club），她是赫斯特的早报《先驱报》的编辑，后来还成了午报《华盛顿时报》（Washington Times）的编辑和发行人。她先是从赫斯特手中租赁经营这两家报纸，最终又将它们购买下来，并合并成了一份全天报纸。1933年的彼时彼刻，她清楚地意识到了一件重要的事情：她的未来取决于谁拥有《华盛顿邮报》。

茜茜知道父亲先前有意收购华盛顿地区的报纸，她过来询问父亲，现在是否有意购买邮报，事实上，恰恰是她的问题重新唤起了父亲的兴趣。这次父亲变得坚决了，他来到华盛顿认真筹备此事。很多人都知道父亲曾经愿意为《邮报》出价500万，因此他不想要暴露身份，以免推高拍卖会上的出价。他找来律师小乔治·汉密尔顿替他竞拍，并指示汉密尔顿在任何人出价之后，立即加价5万或10万美元，以表明永不放弃的决心，在出价到达80万美元后，立刻转为每次加价2.5万美元。他在场外告知汉密尔顿最后的出价会在150到170万美元之间，然后便派遣汉密尔顿代表自己出席拍卖会。父亲则继续留在新月城，与好友和终生助理弗洛伊德·哈里森一起隐藏在公众视线之外。

1933年1月1日，拍卖会在宾夕法尼亚大道E大街《邮报》华丽的灰色办公楼前的台阶上举行，仅仅是父亲草率归隐的几周之后。当日，聚集在大楼台阶前的人包括：内德·麦克林已分居的妻子艾弗琳，穿着黑色衣服，佩戴着希望之星；她的两个儿子；她的朋友爱丽丝·朗沃思；大卫·布鲁斯（David Bruce），当时是安德鲁·梅隆（Andrew Mellon）的女婿；《华盛顿星报》的总裁维克多·考夫曼（Victor Kauffmann），及其业务经理弗莱明·纽伯德（Fleming Newbold）；麦克林家、赫斯特以及其他出价人各自的代表。拍卖会上的唯一拍卖品就是华盛顿五家报纸中现状最糟糕的一家的所有遗留物：降至五万份的发行量，别致而生机尽失的古旧大楼，美联社（AP）授予的特许经营权——一言以蔽之，负债60万美元的衰败报纸。

在茜茜的鼓动下，麦克林夫人的代理人和赫斯特的律师们成了汉密尔顿仅有的竞价对手，但麦克林夫人在竞价达到60万美元后便即退出。赫斯特的人紧跟汉密尔顿出价，直至竞价达至80万美元。汉密尔顿则依照指示加价到了82.5万美元。赫斯特必定已经指示他的竞价人在80万美元时收手，因为就是在这个价格他们也退出了。茜茜·帕特森请求拍卖人推迟裁决，这样她就可以打电话给赫斯特，获得更高出价的授权。茜茜获得了三分钟的时间，但接着汉密尔顿就威胁说要退出竞标。毫无疑问，赫斯特1933年时资金匮乏，最终拒绝了跟价竞拍。拍卖人一锤定音，代表匿名竞拍人的汉密尔顿获得了标的。父亲就此以82.5万美元购得《华盛顿邮报》，而五年前他的报价是500万美元。

《邮报》深刻地影响了我和家人未来的生活，但这次收购行为最令我惊愕的地方还在于我对此事一无所知。无论在收购前还是收购后，家中都没人提及此事，他们甚至没有意识到我还不知道这件事。

　　拍卖会进行时，我刚刚在马德拉读完高中三年级，且仍旧留在那里，准备参加大学入学。南希·怀特住在隔壁房间，她是汤姆·怀特（Tom White）的女儿。汤姆是赫斯特名下所有公司的总经理，赫斯特最得力的助手，同时也是茜茜·帕特森的密友（也有人说是情人）。我父亲多年参与公共服务，而南希父亲对新闻业始终关注，所以，我和南希自然很好奇《邮报》拍卖的事情，我们讨论拍卖会上的事情，并猜测那位匿名买家是谁。大学入学考试结束后，我回到芒特基斯科的家，家人都已经来这里度夏了。我们闲坐在门廊里的时候，母亲和父亲聊起了"你什么时候接手《邮报》"的话题，在我的想象中，父亲是匿名购买人的可能性微乎其微，于是我茫然不解地询问母亲她在说什么。她回答说，"亲爱的，没有人告诉你吗？你爸爸买下了《邮报》。""没有啊，"我回答，"根本没人提到过。"

　　我发现这件秘密后不久，这件事情就公开了。收购之后隔一段时间才公布新的拥有者是有必要的，这样法庭才能够审批这桩交易。父亲同意法庭将裁定日期延迟十日，日期将满之际，艾弗琳·麦克林的律师查尔斯·埃文斯·休斯试图重新竞拍。此时，管理人报告说匿名竞标者准备支付现金，法院最后敲定了这笔交易。1933年6月13日，父亲成功收购《邮报》的消息出现在了《邮报》的头版头条上。

　　我第一次踏足《华盛顿邮报》的办公楼是在那之后的一两天。我和哥哥比尔随父亲从芒特基斯科来到华盛顿，并在晚上参观了大楼，那些带领我们参观的人一定非常紧张。经历了麦克林时代末期的艰难境况后，只有基干员工留了下来——几位非常优秀的员工维持了报纸的发行，另外一些人则无处可去。

　　大多数人都积极地看待报社易主的事情，至少见诸报端的观点是如此。然而，私下里却有人心存疑虑，怀疑《邮报》是否能成为一份无党派的报纸，以及华盛顿排名第五的报纸在无经验的出版人手中能否经营成功，这样的疑虑迁延多年。针对后者，美国最有才华的独立出版人加德纳·考尔斯（Gardner Cowles）警告父亲，华盛顿是晚报占主体的城市，政府员工很早就要去上班，下午四点半才能回家。他认为所有的早报都难有任何作为，尤其是《邮报》，《星报》在这个城市中占据了统治地位。父亲虔诚地回答考尔斯，"这个伟大国家的首都需要一份好报纸。我相信美国人民，如果他们知道事实真相，我们就能够依靠他们去做正确的事情。我将会给予他们无偏差的真相。思想如果是正确的，那么任何东西都将无法阻止它。"

至于像尤金·迈耶这样的共和党人能否维持报纸的无党派性的问题，父亲从一开始就强调，《邮报》将会是独立的。在父亲掌控《邮报》的声明中，有几项关键陈述奠定了尤金·迈耶的报纸的基调。他表示提高报纸质量是他的目标，而做到这一点的方法就是保持独立性。他解释说，在收购《邮报》的过程中，他只代表自己行事，没有任何人、团体或组织在背后鼓动。当时很多人对这些论述不以为然，但它们却是千真万确的，父亲竭力使公众确信《邮报》不会成为玩物：它不会是共和党的喉舌，也不会被用于挑战富兰克林·罗斯福（后来它的确多多少少那样做了）。

甫一接手，父亲便非常兴奋。眼前的挑战似乎焕发了他新的活力。父亲取消了接管者先前实施的减薪10%的决定，并告诉员工只要"表现出色"，他们就全都能保住工作，员工的士气立即大增。然后，父亲环顾四周，很快便开始面对自己争取来的废墟般的严峻现实——报纸版面数量减少，人才大量流失，发行量和广告数量锐减，你甚至不知道第二天印刷机是否还会继续开动。在父亲被宣布为新老板的那天，《邮报》只有18个版面、19个广告栏以及不多于两个版面的分类广告。父亲曾经说道，这是一家"精神上、道德上、实体上全面破产"的报纸。

最初，在重组这份报纸过程中，父亲天真地以为，既然他在商业上和政府部门里均获得了成功，那么，他也就能够将自身所学应用于新闻领域。尽管他不了解新闻报纸，但他觉得只要加大投资，加强管理，局势肯定就能够被扭转过来。但事与愿违，接下来的数年间充满了苦苦挣扎和灰心丧气，投入了金钱却始终收效甚微。父亲获得了一些非常宝贵的经验。进入新闻业的花费仅仅是一系列资金枯竭和精神压力的开始，而这样的情况持续了二十年之久。在那些年的艰苦鏖战中，父亲无数次怀疑自己能否成功。他有时会在我们面前哀叹，甚至还说要卖掉《邮报》，但我认为，父亲并不是认真的。

父亲质疑自身的时刻和《邮报》最困难的时刻几乎同时来临。他旧日的好友茜茜·帕特森非常懊悔于失去的黄金机遇，如今在激烈的竞争中对父亲实施了重大打击，引发了两人间的公开冲突。茜茜令其表兄麦考密克将《邮报》的漫画专栏转交给自己，从而重创《邮报》。麦考密克不仅经营着《芝加哥论坛报》，还拥有实力最强大的报业辛迪加（syndicate，向各报刊同时出售稿件，供同时发表的企业——译者注），向世界范围内的报纸出售专题稿件，而茜茜本人也是《论坛报》的股东。茜茜让辛迪加通知我父亲，《邮报》的转手令四部最流行漫画（分别为安迪·甘普 [Andy Gump]、狄克·崔西 [Dick Tracy]、汽油巷 [Gasoline Alley] 和温妮·温克尔 [Winnie Winkle]）的连载合同失效。这些漫画将会刊登在《先驱报》上，茜茜还得意扬扬地大肆宣传这一转变。

父亲从来不看漫画，他询问《邮报》的业务经理马克斯此事是否重要。父亲这个外行对影响报纸发行量的因素完全缺乏了解，这令马克斯深感震惊。他明确地告诉新老板，漫画对于报纸的发行量至关重要——其重要性甚至超过如今——也的确是《邮报》最好、最重要的资产。父亲立即向茜茜提起了诉讼。

接着，茜茜致电父亲说，这些漫画由她的兄长乔·帕特森策划，而她与麦考密克和帕特森的关系给予了她处置这些漫画的权力。父亲则指出，在华盛顿，他才是那个拥有处置权的人。茜茜回应说，"这意味着一场战斗。"

事实的确如此。漫画版权的诉讼战持续了两年，也结束了父母与茜茜长期以来的亲密关系。父亲首先在纽约赢得了临时限制令，禁止《先驱报》刊登那些漫画，但限制令后来遭解除，有一段时间里，两家报纸都刊登了那些漫画。后来，茜茜赢了，《邮报》转而向出售稿件的辛迪加提起诉讼，并于1934年7月在纽约赢下了针对《芝加哥论坛报》讼案，当时法官裁定《邮报》是漫画版权的法定拥有者。针对《先驱报》的讼案在华盛顿开审，1935年3月，哥伦比亚特区美国联邦上诉法院（U.S Court of Appeals）得到了相同的结论。茜茜将该案件上诉至最高法院（Supreme Court），但却未被受理。1935年4月10日，父亲赢得了胜利。

最终判决下来后，茜茜被禁止在《先驱报》刊载漫画，她请求父亲准许她在周日刊载计划好的漫画，因为这些彩色漫画被提前印出，已经到她手中。由于积怨太深，父亲在授权的同时设立了条件，要求她感谢《邮报》，并注明从此以后，那些漫画只会出现在《邮报》上。这自然遭到茜茜的拒绝，而且在不久之后，她出于报复寄给了父亲一个包装精致的花箱，里面有用兰花包住的包裹，包裹之中则是一块生肉；茜茜写了张卡片，以阐释这磅肉的蕴意——"为了不让你失望。"这种满含恶意的对夏洛克的影射，表明了这场冲突的鲜血淋漓。从那时起，茜茜以任何可能的方式不断挑衅父亲和《邮报》。只要《邮报》犯错，她就会从旁煽风点火。最终，父亲打电话对她说，"茜茜，如果你再不停止诋毁我，我就会向他人揭穿你的真实面目。"

诉讼结束后的第 22 个月，《邮报》的漫画连载合约到期，茜茜最终拿到了那些漫画的版权。她和我父亲多年没有再说过话，除了有一次，他们都受邀参加副国务卿萨姆纳·韦尔斯的夫人举办的晚宴。副国务卿夫人并不知道两人间的紧张关系。我的好友露薇·皮尔森也出席了宴会，她后来告诉我，父亲和茜茜坐在一起聊了大半夜。

围绕漫画版权的讼战进行的同时，父亲努力工作，期望能够改善报社的境况，使其具备财务上的偿付能力。他很快意识到报纸行业与自己所知的其他行业不同——你不能够采用普通的改善业务的方法，然后静待结果。他不知道该怎样做才能令报纸取得商业成功，尤其是在华盛顿拥有如此多的报纸的情况下。

父亲真正拥有的是一套成熟完备的理念，他将其初步阐述在了 1934 年的一篇社论中，随后几年间的演讲过程中又对其加以完善。父亲认为报纸是公共信托，意在服务于民主国家的大众。父亲希望《邮报》能够超越其辉煌时期的成就，且"以非凡品质独领风骚"。在 1935 年 5 月 5 日的演讲中，他阐述了自己从一开始就坚持的几项原则，并将其归纳如下：

1. 报纸的第一使命，是报道最大程度被探明为事实的真相。
2. 关于美国和国际社会的重要事务，报纸要倾其所能地报道出全部真相。
3. 作为新闻媒介，报纸理应恪守低调绅士义不容辞的行为准则。
4. 报纸刊出的内容理应老少皆宜。
5. 报纸要为读者和公众负责，而非报社拥有者的私利。
6. 在追求真相过程中，报纸要做好为公众利益而牺牲自身经济利益的准备。

  7. 报纸不应与任何特殊利益结盟，且在报道公共事务和公众人物时要公平、自由、审慎。

  这些原则是父亲信念的核心和灵魂，然而，如何将它们付诸实践才是真正的挑战。父亲首先着手进行的是寻找需要的人才，让他们承担其令《邮报》起死回生的重任。一开始时，他并不知道哪些人是优秀人才，或者如何去寻找他们。等他真的找到了合适人选——他听说过或物色到的一些新闻记者——说服他们为一家颓败不堪的报纸工作却又成了几乎不可能的事情。此外，新闻界人士仍旧不确定父亲的真实动机。许多人认定他是要办一家共和党报纸，或者，至少也是要指摘罗斯福政府，尽管这与他的声明相悖。父亲总是说，华盛顿的竞争对手不断散播谣言，加大了他寻找一流人才的不确定性和难度。

  寻找工作人员的活动仍在继续，包括社论和新闻撰写人，以及经营人员。新加入的员工水平参差不齐；还有一些人被雇佣来提供建议和评估。《邮报》的经营问题从一开始就令父亲头疼不已。他从《旧金山新闻》（*San Francisco News*）雇用了尤金·麦克莱恩（Eugene MacLean）做总经理，监督除社论版外的所有内容。麦克莱恩在《邮报》只待了两年。父亲发现，麦克莱恩虽是优秀记者，但却在为公司培养人才上毫无建树。他认为麦克莱恩懒惰、嗜酒且沉溺女色。麦克莱恩有一次来芒特基斯科拜访，我完全被他吓到了，我们本来在认认真真地谈论报纸，他却突然抓住我，亲吻了起来，而我当时只有 17 岁。这件事我没有告诉任何人。

  父亲对广告一无所知，但在起初犯过错误后，他雇用了一流的业务主管，唐·伯纳德（Don Bernard）。父亲从《诺克斯维尔旗帜》（*Knoxville Banner*）挖来了伯纳德，这个人最终帮助他恢复了混乱的经营秩序。新闻编辑方面也由黑暗迎来了曙光，因为父亲很快就找到了亚历山大·琼斯（Alexander F. Jones）——大家都称呼他为凯西（Casey）。凯西于 1935 年 11 月来到《邮报》，出任新的总编辑，他正是《邮报》所需要的人才。凯西来自新闻专业的名牌大学，他优雅、稳重、雷厉风行且朴实无华，总是能够抓住重大新闻，是过渡期里的完美人选。凯西为编辑工作带来了真正的专业精神和新闻标准，也为报纸管理和出版引入了技术知识和专业技能。父亲和凯西·琼斯继续招兵买马，有时甚至支付高于当时水准的工资，聘用了许多对《邮报》未来极为重要的人员。他们逐渐认识到首都报纸的重要意义，并开始组建独立的国家新闻编辑团队来全面报道政府新闻，尤其是联邦政府的事务。开始时，父亲也看到了报纸的本地内容的重要性，特别是考虑到华盛顿古怪的管理方式。

在体育新闻方面，父亲受益于之前麦克林时期的留任者，雪黎·波维奇（Shirley Povich）。波维奇是优秀的体育记者和编辑，于1921年受聘于内德·麦克林，他还曾在缅因州给内德做球童。从事新闻工作70多年后，波维奇仍旧时常回到办公室，偶尔为报纸写上一篇稿子。波维奇后来讲了个故事，透露了父亲对另外一个领域的无知，这一点和他当年对漫画的不了解如出一辙。1934年，当地的棒球队元老队战绩不佳，只拿到了美国职业棒球联盟比赛的第七名。父亲认为，既然球队在1933年夺冠，那么，他们就应该年年捧杯才对，他询问波维奇，棒球俱乐部存在什么问题。"投球，是投球的问题，迈耶先生，"波维奇回答。"告诉我，这也许对《华盛顿邮报》有益，买一个投手要花多少钱？"父亲天真地询问。他已经逐渐地认识到，体育新闻对于报纸发行量的重要性。

在那个时代，华盛顿的居民经常通过观看E大街《邮报》大楼上的巨大记分牌，来了解棒球场上发生的事情；比分是用粉笔写成。父亲偶尔会自己从电报人员那里拿过比分，交给记分人员。有一次，古斯·葛塞林（Goose Goslin）打出全垒打，并赢下了一场重大比赛。父亲要求记分员先不要公布分数，等他赶过来才写，好让他可以看到聚集在那里的大批观众欢呼雀跃的样子。

父亲了解到辛迪加所能提供的稿件有限，且会造成报纸缺乏自身风格，于是决心让《邮报》尽可能地保持独创性。他关注的一个领域是妇女版，创建者是富有学识的编辑玛尔维娜·林赛（Malvina Lindsay），同时她还开设有"巾帼不让"（The Gentler Sex）的专栏。父亲觉得《邮报》为女性提供的内容沉闷枯燥，于是开始组建写作团队，他认为这个写作团队理应"为华盛顿女性写作，身处华盛顿女性之间，关注华盛顿女性的兴趣"。甚至购买《邮报》尚不足一年，他就已经认为，妇女版的重整旗鼓是《邮报》的最大成就之一。

父亲雇佣女性写作妇女版,让她们在报社中发挥重要作用,这在那个年代并不寻常。他对心理疾病和精神卫生很感兴趣,于是去寻找心理医生为那些存在相关问题的人写作咨询专栏。然而,他无法吸引到心理医生来做这份工作,最终,他选定了妇女版记者伊丽莎白·杨(Elizabeth Young)来写作专栏。最初的几个月里,杨的工作得到了心理医生的指导,她使用的笔名是玛丽·霍沃斯(Mary Haworth)。杨才华横溢,她的专栏成为了《邮报》上最受欢迎的栏目,一年收到的咨询来信超过2万封。

父亲另一个成功的首创是刊登读者民意调查。那时,乔治·盖洛普(George Gallup)博士刚刚成立美国民意研究中心(American Institute of Public Opinion),他的民意调查还未受到重视。父亲善于逻辑思考,且始终重视调查研究,他率先与盖洛普签订合约,并在头版刊登他的民意测验。

最重要的是,自入主《邮报》的那一刻起,父亲就致力于社论版的发展。他认为社论版作为美国生活中的一股重要力量,其影响力和威信都在下滑,而重新焕发社论版的活力将会成就《邮报》——社论版在首都的重要性远超这个国家的其他地区。他总是向编辑们强调,要避免情绪化、报复性和党派性的言论。他还发誓说,绝不会仅仅因为是政府政策就盲目赞同,绝不屈服于政府官员的控制,并且会避免"群众心理的微妙影响"。父亲具备自己的理念,但挑战在于寻找真正出众的社论版主编,这个人要和他分享共同的理想和抱负。

父亲多次尝试从其他报纸雇佣高知名度的作家,后来,他开始寻找"朝气蓬勃、尚未定型的年轻人",并选定了费利克斯·莫利(Felix Morley),后者于1933年12月加入《邮报》。莫利曾是罗德奖学金获得者(Rhodes Scholar,罗德于1902年设立,为美国、德国或英联邦国家的学生提供到英国牛津大学学习的奖学金——译者注),以及伦敦经济学院的研究员。他还曾担任《巴尔的摩太阳报》(Baltimore Sun)的社论作者和驻外记者,并写作有关国际联盟(League of Nations)的著作。作为小说家克里斯托夫·莫利(Christopher Morley)的弟弟,费利克斯聪慧、有才学,且是贵格会(Quaker)教徒。父亲再次开创传统,与莫利达成协议,永远不会要求他写作他不认同的东西。《邮报》发行人将这一传统沿用至今。父亲还与莫利约定,在关键时刻,发行人保留其观点得以发表的权利。两人发展成为同僚关系，这种关系一直延续至美国参加二战前夕，当时两人出现强烈的意见分歧——莫利的反战观点令他成了孤立主义者。

《邮报》的重大发展是独立声音的建立，这也是它的首个显著特征。莫利很快开始在社论版和《邮报》上崭露头角。1944 年，《财富》杂志刊出文章回顾《邮报》的发展历史，写道，"随着他的到来，《邮报》的社论版迅速开始具备洞见、活力和威信。"莫利自己开创了另一个流行传统——社论作者自己完成部分采访，并向进行报道的记者和外界消息人士了解信息，在形成观点前细致研究相关事件的正反两面说法。

正如父亲曾经与凯西为新闻报道所做的那样，如今他开始和莫利打造优秀的社论团队。他们聘请了杰出的经济和金融作家安娜·扬曼（Anna Youngman），她曾经是威尔斯利学院的教授和纽约联邦储备银行（Federal Reserve Bank）的研究员。扬曼的头发灰白，剪得像男人一样短；她头脑冷静，诚实正直。莫利留下了麦克林时代的一位不可多得的人才，默洛·蒲赛，他于 1928 年来到《邮报》，工作了 38 年。默洛充满智慧，略微保守，在退休前，他始终是报社的稳定力量，帮助《邮报》赢得了 1936 年的普利策社论写作奖（Pulitzer Prize for editorial writing），这也是《邮报》第一次获得该奖。父亲的传记后来就是由他写作。

母亲甚至也开始尝试写作社论。1935 年 10 月，她将一篇文章交给了莫利，说道，"如果我的处女作太过生涩，请把它们丢到一边，直到我的作品不需你做太多修改再采用它们。我不熟悉媒体，这让我有些放不开。"显然，母亲还没有放不开到不去尝试它们。她还给主编写了一些言辞挑衅的信，其中一篇的结语是，"想要你们写作更多优秀专栏的人"，落款是"乔纳森·斯威夫特"。

《邮报》的社论开始对国会和政府产生影响，它经常质疑政府部门的作为，但父亲声称，它支持的举措与反对的举措一样多。《邮报》投入到了各个方面的战斗中，对抗父亲认为会引发通货膨胀的政策，以及政策的制定者——罗斯福、自然资源局（NRA）、雷克斯·塔格维尔（Rexford Tugwell）和亨利·华莱士（Henry Wallace），捍卫证券交易委员会制定的、有助于保护投资者免遭金融欺诈的规则，清理华盛顿隐蔽的贫民窟，并力挺罗斯福于 1937 年发表的"隔离"演说。

父亲期望《邮报》能够保持独立性和客观性，但有人评论说，头版乍一看像是美联储公告。似乎有许多编辑和记者在刻意讨好父亲，报道他们认为父亲会喜欢的内容。事实上，在父亲担任出版人之初，工作人员持续将注意力放在报道金融、银行和税制问题上。不过，他们很快发现，父亲非常重视报纸的独立性以及记者、编辑（在其原则限制内）的自主权。父亲制定了一套的制度，给予管理者两方面的自主授权——编辑和业务，前提是他们要依照父亲的标准和雄心行事。由于《邮报》最近五位出版人中的三位——父亲、菲尔·格雷厄姆以及我自己——开始时都在不同方面缺乏经验，这成了管理报社的唯一切实可行的方法。不过，我至今仍旧相信，报纸最好就是由编辑来主导。

单是在1935年，父亲就亏损了130万美元。从那年起，他邀请母亲入股《邮报》，两人共同承担盈利和亏损，父亲占股93%，而母亲占股7%。尽管有这些损失——如今部分可用于免税——但也卓有成效，不过，这些成效更多地表现在新闻方面而非发行量和广告上。

显然，父亲对尽善尽美的追求延伸至了商业方面。他要求广告营运人员研究广告客户的需求，并真诚地去满足他们。父亲非常希望广告客户了解《邮报》在社论版方面的转变，并竭力去促成此事。但发行量上的成功却迟迟没有到来，直至10年后二战结束。

1935年，父亲开始了解到报纸行业的真正意味。逐渐地，工作队伍开始成形，并在当时表现出色。父亲引入了更好的字体，还提高了图像印刷质量，以此来提高报纸的可读性。他扩建了E大街上的办公楼，为其增加了一座侧楼，并在隔壁的芒西大楼租借了一些地方。他甚至自己报道一些新闻，或者，至少是向记者提供消息。正是他向《邮报》透露，英皇爱德华八世（King Edward VIII）打算迎娶离异的美国女性沃利斯·辛普森（Wallis Simpson），而这最终成了独家新闻。他为自己泄露的内部消息变成轰动性新闻而自豪不已，就像多年后的我一样。

最初几年间，《邮报》大楼的围墙中似乎充斥着麻烦、亏损和艰难挣扎，许多人来了又走，或者挫败逃离，或者另谋高就，但报纸在逐渐取得进步，且这些进步显而易见，参议员亚瑟·范登堡（Arthur H. Vandenberg）称赞《邮报》是"过去12个月中，我注意到的进步最惊人的报纸。"有意的买家不时出现，包括安德鲁·梅隆和沃尔特·温切尔（Walter Winchell），这些人都被父亲断然拒绝。

另一方面，父亲于 1936 年尝试从赫斯特手中购买《华盛顿先驱报》，但遭遇失败，原因是茜茜·帕特森听说了协商中的交易，并致电赫斯特，哭泣着请求他拒绝此事。没有什么东西得来轻易。

自从 1933 年首次参观报社起，《华盛顿邮报》就成了我生命中恒久不变的一部分。我们家拥有它，关切它，并全身心地投入到它日常运作的琐事中。父亲是报纸的拥有者、发行人和新成立的华盛顿邮报公司的总裁，同时，他也成为了最出色的业务员，从不错过任何出售广告的机会，还会向出租车司机推销报纸。他时常打电话给新闻编辑部询问新事件，经常出席完晚宴后，穿着礼服便去巡视报社的工作。

母亲的热情和参与程度丝毫不逊色于父亲。署有她名字的文章经常出现在报纸上，尤其是早些年。母亲的关切程度在寄给父亲的便函上显露无遗，她抱怨说，一次去乡村，她发现《邮报》的邮箱比其他华盛顿的报纸都要更少。她停下来，询问路上的行人以找出原因所在，并报告说，"《华盛顿邮报》失去了大量订阅者，因为长期以来报童都很不负责。当地居民认为，只要稍加注意，雇佣好的报童，发行量就可以轻易提升。"

我最早在 1934 年夏天开始为《邮报》工作，当时正值高中毕业，上大学前。我主要在妇女部担任复印员和信使，还同两位优秀的女编辑玛尔维娜·林赛和玛丽·霍沃斯成了好友。从那时起，我便偶尔到《邮报》做暑期工。

收购《邮报》一年后，我进入大学，并和父母就《邮报》的事情不断通信。我每天阅读《邮报》，评论它，鼓励它，甚至批评它，而父母，尤其是父亲，详细地告诉了我正在发生的事情。我发觉自己全身心地参与到了推动《邮报》发展的努力中。我觉得当时的自己涉世不深、不谙世故且毫无主见，但令我惊讶的是，我似乎对报纸及其内容拥有许多独立的见解。譬如，我 17 岁那年写信给父母说：

我一直都在认真阅读《邮报》。我觉得它的确在逐渐变好。"人情味"原来充斥了报纸，令人觉得非常尴尬，这种特色如今在新闻中越来越淡化了。

即使有纽约报纸摆在面前，我也会无意识地拾起《邮报》……我觉得你们有一件事情是疏忽了，你们曾在一个版面上表现出整个社会歌舞升平的景象，却在其背面刊登社区福利基金（community chest）广告，描绘了流落街头的小孩的悲惨生活。这也许是迫于无奈，也许是无心之失，但其结果却令人吃惊——特别是我会想到失业者。但这不过是细枝末节的事情。整体来看，你们应该受到鼓励。

多年以后，菲尔的心理医生指出了我对《邮报》的关切之深，他说我和菲尔存在相同的问题：过度关心报纸。我以一生中最轻描淡写的态度告诉他，他恐怕对此无能为力了。

PERSONAL HISTORY

第四章

1934年秋季，我来到瓦萨。我不假思索便选择了这里，在做出决定时，我根本没有其他想法。那个时候，瓦萨就是最"时髦"的地方。许多马德拉的前辈都在这里，还有碧丝，我总是希望能够效仿她。我来到校园开始大一生活时，比尔和碧丝正一起居住在伦敦的小公寓里。比尔在伦敦经济学院读大三，父母对他在耶鲁的学业感到失望，因而将他送到了那里。比尔曾加入跳水队，且是技艺高超的运动员；然而，他当时正在试读期里。在伦敦，他的老师是父亲的好友哈罗德·拉斯基，一位才华横溢、行为怪异的左翼教授和知识分子。

碧丝在慕尼黑念完了大三。她剪掉了迷人的长发，做了些研究，继续拉小提琴，并在不同国家享受着被至少一两位求爱者追逐的生活。碧丝没有回到瓦萨，她去为英国电影制作者亚历山大·科达（Alexander Korda）工作，与剧作家好友山姆·贝尔曼（Sam Behrman）一起参与《猩红色的繁笺花》（*The Scarlet Pimpernel*）的制作。

弗洛里正在练习跳舞，她的希腊舞伴至少比她矮了一英尺（1英尺 ≈ 0.3米——译者注）。母亲在新月城举办派对，这也成了弗洛里最早的几场演出之一。1935年5月，母亲给我写了封风格独特的信，描述了那场聚会：

真希望你也能来参加我的盛大宴会。彼得太太（瑞士大使的夫人）说这是她在华盛顿见过的最精彩的派对。弗洛里在露台上跳舞，因为我们最后发觉，会客室还是太小了。天空下着蒙蒙细雨，我们不得不在所有东西上都遮个巨大的篷布。朱尔斯（Jules，男管家）患上了肾结石，在派对前一天去了医院，罗伯特（Robert，另一位男管家）刚刚切除阑尾。但我无视一切困难。我们顺利举办了聚会，迈耶家在社交场合中的地位又提高了许多。

哥哥姐姐都在大胆闯入真实世界，但我却依旧不谙世故，难以放开手脚。新的社交圈子和活动领域看起来都很合适和正确，但我却觉得它们令人困惑。我有些不知所措。有段时间，我感到很难集中精神去工作和学习。心灵不断迷失在我要去哪里，要做些什么，以及如何不孤独的问题中。此外，我正在应对独立生活的困难，这种困难源自我早已习以为常的衣食无忧的生活。我的时尚意识非常淡薄，只有几件定做的雅致礼服，还是由母亲挑选，日常穿着的衣服则根本没有。上大学之前，我动身去买衣服，却完全不知去哪里买，或者我会需要些什么，最后莫名其妙地买了些裙子和毛衣。开学后的最初几周，我一直穿着一件黄色开襟毛衣，直到感恩节才有人提醒我该洗洗它了。我注意到有女孩的毛衣晾晒在衣架上，但既没有意识到应该学习她们，也不知道如何去学习。在家里，总会有人拿走脏掉或丢在一旁的衣服，接着它们便会重新出现在抽屉中。我解决问题的办法是把黄色毛衣交给了洗衣工人，自己则从来没有学习过洗衣服。

这种对现实问题的无知适用于日常生活的方方面面，无论是洗衣做饭、化妆购物，还是管理金钱。我必须从生活、从现实的挫折难堪中学习，还有向朋友们请教。即便如此，我还是得以稀里糊涂地应付过去，并在大一那年学到了许多东西。特别是，我开始认识到困扰着罗斯福政府的问题。"罗斯福新政"（New Deal）首次变为现实，我开始从较为具体的角度关注它。家里的氛围是反对罗斯福的，父亲的反对方式理性而克制，母亲则有些感情用事，因此，我从未听过真正支持新政的言论。我身处在学院教授们、瓦萨校报（我竭力想要加入）的激进女孩们以及新交的好友康妮·迪莫克（后逐渐变为激进左派）中间，逐渐开始转而支持新政的目标。事实上，迈耶家的三个孩子（我、比尔和碧丝）全都拥护起了新政。我们的观点致使我们与父母，尤其是母亲，展开了激烈的政治辩论。

也许是由于保守的性格，我逐渐发展出了一套相当稳定的思想，它贯穿我的一生，并伴以不时的调整。我曾经相信，且现在仍旧相信，资本主义对于热爱自由的社会来说是最有效的，相较于其他社会经济系统，它能够给更多的人带来更多的经济繁荣，但我们必须设法帮助有需要的人。当时，这些想法令我成了虔诚的罗斯福拥护者，并支持他的三度连任竞选活动。

大一学习德语时，我成了托马斯·曼（Thomas Mann）的狂热粉丝，尤其喜欢他的中篇小说《托尼奥·克鲁格尔》（*Tonio Kröger*）。在小说中，曼讲述了托尼奥的普鲁士父亲与热血、情绪化的南德意志母亲之间的分歧，以及这种分歧对托尼奥造成的矛盾心理和内心冲突。两个对立之人的拉扯所带来的撕裂感令他觉得自己与众不同，而他渴望能够像其他人一样。这可能是，也可能不是对这个可爱故事的正确解读，但这却是它打动我的地方。我着迷于这样的主题，觉得自己就是故事的亲历者，于是买下英文译本，飞快地读完。作为德语初学者，我不愿意也无能力阅读原版。

我就这样学习着。但我的学习成绩并不稳定，而且学得有些杂乱无章。我未做好准备便读了大学，缺乏专心读书所需要的自律，以及参与研究、思考问题和写作论文所需要的技能。严厉到不近人情的教授露西·特克斯特曾要求我写一篇历史论文，而这件事情就是很好的例证。我写信给父母，讲述了这场冲突：

> 仍旧十分不同意历史老师的观点。目前我的想法也许太笼统，但我觉得她的想法太局限了，也就是说，她教了10年的历史，已经太久了。我们目前有许多论题，可以选择任何喜欢的来写。我选中了中世纪的女性地位问题，追溯自德国至英国的撒克逊人各民族的相似风俗，并阐明意大利、法国、德国和英国的不同点。因为她们刚刚才取得权利，所以，在此期间去做这件事情对我而言非常有趣，并且，也许等到我们研究她们时，我会再次感兴趣。我知道这项工作内容庞杂，而她想要我只选择一位女性进行研究。如果我选择一位女性，那么她必然会很著名，因而也会成为例外，这可不是我想要的。不管她怎么说，我会选择自己的论题。即使最终结果不好，我也要

把想要写的东西写出来。这一切也许会导致不好的评分，因为我们彼此厌恶——我以自己的方式学习历史，并乐在其中。

青年人的无知和傲慢，以及我刚刚萌芽的对女性地位的兴趣在这里展露无遗。我和我讨厌的特克斯特小姐在这篇准备不足的论文上遭遇失败。她怀疑我只是草草地完成工作，而这也的确是事实。她说，"嗯，迈耶小姐，读出你的论文。"我读完后，她说，"这是一篇很好的引言，接下来的呢？"然而，这就是我所做的全部工作。她给了我一个D，我因而也成了试读生。对这次难堪的失败我深感愤恨，但也意识到，这至少部分是我应得的结果。

母亲没有怪责我，相反，她对学校大为不满。她从迈阿密海滩写信对我说：

> 我与麦克拉肯（瓦萨学院当时的校长）争吵了一番，因为他们通知我你的历史课不达标。麦克拉肯博士向我保证，这个分数不会影响你，你也可以确信这一点。与此同时，你要努力学习，严守我批评这位女士的秘密。我给汤姆森院长写了封信……我非常愤怒，他们居然胆敢寄给我你历史课不合格的成绩单，如果他们不立即更正此事，我就让瓦萨不得安宁。

收到这封信后，我颇为尴尬，尽管也放下了一些担忧。我最担心的是，母亲对院长和校长的严厉指责会为我带来压力。我必须努力赶上好学生，还要写一篇一流的论文。最终，我结束了试读期，并通过了这门课程。

大一学年中程，我开始觉得学业轻松了许多，也感到大学生活正变得愈发有趣和富有活力。但母亲似乎可以超越我的每一项成就，这样的事实让我觉得难以接受。上大学期间，母亲似乎总是已经读过那些指定给我的书——阅读、吸纳、评论、丢弃，甚至熟记它们。大一那年春天，我写信告诉父亲，我正在阅读托尔斯泰对于"艺术功能"的看法，并发觉"他的大多数思想与母亲一致。"我这样表达，而非用相反的方式表达，这是多么奇怪。

我和康妮越来越热衷于政治讨论，这让我的情绪平静了许多。我们反对纽约州参议院的一项议案，这项议案规定所有州政府资助的公共机构（大学也包括在内，因为它们是免税的）都要宣誓效忠宪法。赫斯特是这项议案的重要拥护者，并受到美国退伍军人协会（American Legion）的支持。我写信告诉父亲，"爸爸，我听说你在这个问题上不同意我的观点。然而，这个根本不是学院共产主义……我觉得这很荒谬。你不能通过拒绝认识共产主义来铲除它。"

我被任命为大学政治俱乐部的财务主管，我想要拒绝，担心这是通往成为"奥什科什女性俱乐部（Oshkosh Women's Club）主席"之路。但后来，我写信告诉父母：

> 另一方面，朋友们都很漂亮、风趣、友善。这些女孩只想着当前问题，以及如何将美国变为共产主义国家，我想她们做的某些事情一定会非常有趣。她们中的许多人都非常激进，但也有一些极富才智的人。在这样的喧嚣中，我微弱的保守声音肯定无法被倾听，但纵狗斗熊（baiting the bears，十七世纪流行于英国的游戏，驱狗去咬绑着的熊，后被禁止——译者注）也很有趣。

那年夏天，我打算去旧金山拜访在马德拉时的好友珍·罗林斯。我仍旧留着她的邀请信，信中描述了我们要做的美妙事情——与她的男性朋友们去爬山、观看竞技表演，这些全都令人神往。然而，某天晚上，我的梦想突然破灭了，父母提醒我，西部出现了非常严重的脊髓灰质炎疫情，并坚持不让我去。我记得，我当时流着泪告诉他们，再次在芒特基斯科独自度夏简直不可忍受。

父母想到了一个方法——让我去郊区报纸韦斯切斯特报业的一家连锁报社工作。韦斯切斯特报业原本的拥有者是诺埃尔·梅西（Noel Macy），后被甘尼特（Gannett）收购。我急切地答应了下来，并前往《弗农山庄阿格斯》（*Mount Vernon Argus*）工作。我每天开着雪佛兰敞篷车上下班，那是我的第一辆车。这份工作没有薪水，但我很享受，也很喜欢同事们。我做的都是接电话和传消息等不太体面的工作，有时也写些基本报道或通知——包括一篇关于女医生的报道，刊登出来时还署了我的名字。我把它寄给父亲，父亲回信鼓励我说："我觉得你写得很好，至少对我来说非常专业。"我喜欢这份工作，因为它让我非常忙碌，可以暂时离开农场，并给予我条理清晰的生活和对于工作的概念。

我惊讶地发现，报业公会（Newspaper Guild）已经正式抗议我免费为《阿格斯》工作，尽管公会会员个体有意私下和解。公会负责人向我传达的信息是：

> 我想澄清一下，我们对于你个人没有敌意。你选择了这一领域，并为在这一领域获取成功而努力，那些认识你的人对此非常欣赏。我们的行动意在抗议任何雇佣员工却不支付薪水的出版商……我希望你能理解我们的用意。

与此同时，母亲的好友发来消息说，"我已经听说公会对你的责难。都怪那个可恶的共产主义分子多蒂·勒布（Dotty Loeb），他是主席和主要的煽动者，也是这件事情的祸源，尽管……一些来自佩勒姆的女人和编外新闻记者（按篇幅计酬的记者——译者注）也发了些牢骚……公会不会放过任何能小题大做的事情。"这是我初次经历工会政治。

大学时代，我同父亲愈发亲密，而和母亲则日渐疏远。父亲非常害羞，不善于表达感情，但我发觉他始终在做着这样的尝试。1935 年秋天，我即将离家去瓦萨读大二，父亲写信说："很快你就要去学校，而我要去华盛顿，只能在明年的假期再见面，我真是讨厌想起这样的事情。"第二年夏天我去了欧洲，他再次写信说，他正前往"孤独的农场，不会再有凯特在那里逗我开心"。父亲以及后来的菲尔·格雷厄姆，是为数不多的几个称呼我"凯特"的人。

读大二时我 18 岁。在前一年，社交生活和智识同政治生活的冲突就已经显现，如今更是加剧。女子初入社交界的聚会非常流行，华盛顿对此也很认可，有些人仍旧花费整年的时间到不同城市参加聚会，那里可能有她们的亲人，或其他人际关系。我自己的初次登场只限于感恩节的茶舞会，以及 12 月 26 日的一场舞会，舞会非常精彩，房子被装饰成了希腊主题，我的希腊礼服与那种氛围很相称，它是金色的，而非传统的白色。

我已经学会了如何帮助确定邀请名单和事项安排。母亲建议邀请约瑟夫·艾尔索普（Joseph Alsop）——《先驱论坛报》（Herald Tribune）年轻而才华横溢的记者，母亲最近刚刚认识他。母亲的描述激起了我的好奇心，等到入座吃晚餐时，我把他安排在我身边。然而，母亲遗漏了一项重要事实，约瑟夫身材矮小，体重却有 250 磅。此外，他极为精明老练。我被他的外表所惊吓，也无力去应对他成熟的思想和风度，尽管，我拿出最出色的表现熬过了晚餐时间。后来，我们变成了持续一生的忠实好友，但这是一个古怪而别扭的开始。

派对结束后第二天，我和康妮搭火车去俄亥俄州哥伦布市参加美国学生联合会（American Student Union）的成立会议。这加剧了我在两个世界间感受到的矛盾情绪，但它们都能让我兴致勃勃。我们被要求为瓦萨的《综合新闻》报道此事，当时我们两人都在该报工作。联合会是共产主义与社会主义学生团体、自由主义者以及激进主义者的联合，他们愿意同彼此友好相处，并为反对法西斯主义而与无党派学生合作。它就像是旧的政治世界正在发生的事情的缩影，其中相同的团体组成人民阵线（Popular Front），试图对抗希特勒的崛起。

我们遇到了来自达特茅斯的朋友，他们的观点与我们多少有些相似，我们还同巴德·斯楚伯格（Budd Schulberg）、埃迪·赖安（Eddie Ryan）以及比尔·伦纳德（Bill Leonard）度过了一段美妙时光。后来，巴德·斯楚伯格成了作家和电影制作者，埃迪·赖安加入了《邮报》，而比尔·伦纳德则成了哥伦比亚广播公司（CBS）的新闻负责人。一天晚上，我们出去喝点东西，回到会场后却发现，来此地做观察员和记者的我，已经被提名进入全国执行委员会（National Executive Committee）。这是左翼派系耍的一个很容易被识破的计谋，目的是确保有足够多明显独立的自由主义成员，令自身更具说服力。我的第一反应是立即删掉自己的名字，但转念一想，还是接受了这一委派。对于被提名的事情，我有着完全清醒的认识，知道自己正在被利用。但与此同时，我发觉现在的情景既有趣又陌生，准备静观其变，弄清楚其中的究竟。

我告诉父亲自己进入了委员会后，他给我写了一封长信，论述记者不应加入组织，并建议我"身上的标签越少越好"。在回应他的忠告时，我平静而坚定地说，我很赞赏他对问题的全盘考量，并同意他的大部分观点，尤其是群体思维中存在着特定的危险。我也认为标签容易招致麻烦，但解释说，如果我在此刻辞职，相关各方都会很为难。父亲立即回信，他赞同我的说法，并在结尾处写下了为人父母的立身原则，那是我读过的最简单、最中肯的箴言。它对我意义重大，甚至今天仍旧如此:"在某些时候,父母直接指明行事原则,也许能够帮助孩子。我不认为强硬地建议你去做某事会对你有益。我甚至觉得不需要建议你什么,因为我相信你能做出很好的判断。我所能为你做的,是偶尔指出某些已经在我思想中演变得可靠而务实的原则,倘若你能够理解并赞同这些原则,那么就应让你自己去应用它们。"

这个问题原本可能成为我们争执的焦点,但它却最终没有伤害到我们。这是很好的例子,它表明了我与父亲的相处方式,以及我们彼此间的关心和关爱。他也许想要温和地劝服我不要加入包含有共产主义者的团体。但他没有固执己见。

另一方面,母亲坚定了立场,真真正正做起了政治工作。1936年春天,她参与了阿尔夫·兰登(Alf Landon)的广播竞选活动,尽管父亲有意劝服她远离此事。和往常一样,母亲以全部热情投入了这场活动中。那年春天,母亲写信给我,以她特有的兴奋情绪描述了当时的工作:"兰登是一记本垒打。比那些写手对他的刻画重要得多。我必须做些什么。"后来,母亲仍旧沉醉于她为兰登的形象所做的贡献,并写道:"我正在国家电台联播做关于兰登的谈话节目。非常热烈、有趣。兰登的提名演讲很好,但我始终能够让他更进一步,因为他还不习惯于演讲。我禁不住会想,如果我帮助他取得成功,他会如何看待自己。"她已经如此盲目,就在选举前夕,她仍旧认为兰登可能击败罗斯福。

母亲深度介入共和党竞选活动,与此同时,她还在《市政厅》(Town Hall)节目中发表演讲,它是由罗斯福夫人主持的著名电台讨论节目。一如既往地,母亲提前写信给我,以确保我会收听,为激发我的兴趣,她还补充说会捍卫学生联合会,并嘲讽老师和学生的誓言。我很高兴她可能在演讲中提及美国学生联合会,但也非常担心她接下来会说的话。事实上,她在新政问题上与罗斯福夫人出现争论。在下一封信中,母亲表达了我的沉默带给她的情感伤害:"我从你的沉默中可以判断出,你并不太关心我的演讲,但就整个世界而言,我是一位英雄。在离开大厅前,我就开始收到电报,等我们回到酒店,又有许多长途电话打过来,其中有一个是碧丝打来的,她非常热情。仰慕者的来信如雪片一般,所有的信件都表现出了赞许之意,有的甚至充满激情。信件中对罗斯福夫妇透露出的敌意令人难以置信。我附上一封典型的信件供你消遣。"这是我和母亲的又一次单向对话，内容全部都是她新近演讲的压倒性成功——大众的喝彩，数千人要求演讲稿副本。这种自欺欺人和对阿谀奉承的急切需求令任何形式的交流都愈发艰难，而且不只是我，我想我们所有人都有如此感觉。

1936年春天，我参与组织了一场全国性和平罢课活动。恰好在这个时候，又有事情发生了，它加剧了我的思想分裂。瓦萨的高年级学生邀请我和康妮，同其他少数几个被选中的少女一起参加"雏菊花环"（Daisy Chain）仪式——据宣称是以外貌姣好和其他优秀标准为参考，但其实是因为她们喜欢你。我们有些难为情，因为雏菊花环是已经过时了的活动，但私底下我们还是很开心。我们创作了一首领受诗来平复忸怩的情绪，诗被命名为"囚禁者致上层社会"。这首诗只有第二节留存了下来：

我们感谢36班，
她们用"美丽"将我们桎梏。
在阶级斗争中，我们必须选择
无产阶级，或是你们。
但我们不会成为专制的祸因。
我们将组建起雏菊花环。

母亲收到这首诗的副本后，热情地评价了诗文，并将其哲理化，"在这个民主国家，没有什么能比被推选而获得某种头衔更令人印象深刻；名人才有权威，唉，这是糟糕现象而非好事。看看富兰克林（当然是指富兰克林·罗斯福）。我们唯一所能期望的，就是没有优点的名人最终变得让人倒胃。"

大二那年的夏天（1936年夏），我和康妮计划去苏联旅行。母亲的第一反应是非常赞许，但父亲却激烈反对。我为苏联之旅辩护，礼貌地说明我们可以预订苏联国际旅行社（Intourist）组织的愉快而廉价的旅行，并把这家旅行社称为可靠的俄罗斯官方旅游局。我还为自己的辩词添油加醋，说我们将把在苏联的停留时间缩短为两周。我们会在初夏出发，那时康妮的家人仍在西欧，因此如果出现麻烦，他们也足以就近帮助我们，而且我会在九月前回来，并与父亲一起在《邮报》度过九月。

父亲不认可我的说辞。他发电报表示只同意我去西欧，接着又写信解释了理由：

> 现在正值多事之秋，比你所能认识到的更加动荡。你知道，我不会轻易拒绝你的请求——你平时做事非常理性，我总是很乐意让你做喜欢做的事。就目前的形势而言，我不能放任你去那么遥远的东欧，除非我有时间能够在你遇到麻烦时，全身心地投入到解救你的活动中。我现在还没有那样的空闲。我非常爱你。也许某一天，你可以和我一起去那里。

我和康妮六月末动身去欧洲，我们组建起了庞大的旅行队伍，有康妮的父母，她的四个姐妹，以及一名女佣。她的父亲不断向法国搬运工喊道，"Neuf personnes et vingt-neuf pièces de baggages。"（法语，意为"9个人，29件行李"）

我们首先抵达伦敦，尽管意识到了政治形势的严峻，但我发现那里真是欢乐的地方，每个人都在为国王花园派对兴奋不已。在巴黎，社会党人莱昂·布鲁姆（Léon Blum）是人民阵线政府的总理，这里的政治氛围非常浓重，而因为我们是在巴士底日（Bastille Day）前一天到达这座城市，四周的情势就更是可想而知了。除了通常的阅兵式外，还有人民阵线的示威游行，其中展现的公众力量留给我前所未有的深刻印象。两支独立的游行队伍最终会合，高唱歌曲进入巴士底广场。大约75万人所倾注的气势，很容易让人想象到曾经发生在同一地点的场景。

我和康妮加入了队伍，和一群面包师聚在一起，走了许多个小时。后来，我们一同被拉入相反的方向，便就此脱离了人民阵线的队伍，去与爱丽丝姑姑吃午饭了。丈夫死后，爱丽丝姑姑离开了旧金山，她在巴黎的一座装饰精美的房子中定居下来，并成为了成功而卓越的社会名人。一段时间后，爱丽丝嫁给了巴西驻法国大使，路易斯·德·苏扎丹塔斯（Luiz de Souza-Dantas），因为工作资历更老，他被选为外交使团团长，地位显赫。上午的游行与爱丽丝的日常活动形成了鲜明的对比，我和康妮离开游行队伍后直接去和她吃午饭，这令她大为高兴。进餐时，她不断对我们说，告诉某某公主和某某爵士，我们上午都做了些什么。

　　此次的旅行异常丰富多彩。在巴黎，某天晚上，我带着康妮去和布朗库西吃晚饭。我非常渴望见到他，疯狂地按着门铃，门开后立即便冲入了画室，却只看到一张陌生的面孔。年轻气盛的我喊道，"天啊，布朗库西在哪里？你又是谁？"原来他是画家亨利·马蒂斯（Henri Matisse）的儿子——皮埃尔·马蒂斯，他留下来和我们一起吃了晚餐。我们四个人在布朗库西全白色的画室中吃饭，坐在大理石石块上，中间是更大张的大理石板做成的桌子。等到用餐时，布朗库西拿出了巨大的白而光亮的纸板，将它像垫布一样铺在桌子上。在我的记忆中，我们所吃的一切也都是白色的，尽管我敢肯定这不是事实。

　　我们回到英国参加牛津大学的学生会议，并与哈罗德·拉斯基共进午餐，之后便去了萨尔茨堡，母亲已经为我们预订了布里斯托尔酒店，以及那里的音乐节的门票。我听从父亲的指示，只留在西欧游玩，所以和康妮就此分手，她去了苏联。看着她独自离开，进行更伟大的冒险，我感到非常悲伤，但我不记得曾因为被禁止与她同行而产生任何怨恨情绪。我接受了父亲的意见。

PERSONAL HISTORY

第五章

　　那年夏天的晚些时候，我和父亲一起乘火车去芒特基斯科。我提议下一年去伦敦经济学院学习（就像哥哥比尔那样），父亲立即表示反对。他认为比尔在智识上还太年轻，太不成熟，无法将欧洲社会问题纳入自己的思考，而我也是如此。不过，他告诉我，他能够理解我为何想要离开瓦萨，如果我要去这个国家的任何城市，他都不会干涉。我很困惑，根本想不到伦敦之外的其他选择。但我觉得必须立刻答应下来，而非像往常那样瞻前顾后，于是草草做出了决定。我想起了芝加哥大学，但这不是因为突然心血来潮，想要认真学习，而是脑海中浮现了罗伯特·梅纳德·哈钦斯（Robert Maynard Hutchins）的形象，我是在翻阅《红皮书》杂志时看到的他的照片——芝加哥大学年轻、英俊、活力四射的校长。照片下附加了一则简短介绍，说他正在改革学习程序，以新颖、有趣的观念颠覆大学教育，该校正在酝酿一场智识的革命——或者类似的东西。我翻阅杂志时并没有太留意它，但现在我很快把事情拼凑到了一起：它地处中西部（我从未离开过东部沿海地区），男女合校，而且身在城市之中。"好的，"我说，"我就去芝加哥了。"

　　事实上，我也没有能够思考更多，距离火车上的对话不足一个月，我便来到了芝加哥。我没有预见到这次决定的重要性，也没有意识到等待着我的会是怎样的生活，直到完全置身其中。父亲陪同我来到芝加哥，帮我办理入学，寻找居所，但他离开后，我要独自一人面对陌生的环境，在这成千上万个学生中只有一两个泛泛之交。幸运的是，我没有时间和精力去展望孤单生活；否则，我很可能早已经退却了。我向自己保证，只在这里待一年，并可以随时回到瓦萨——事实上，我告诉学校我还会回去，以此来给自己留出后路。然而，生活逐渐步入了正轨，这所大学也让我感到惬意。最终，我找到了自己的道路，一天天地爱上这个地方，并一直留到了毕业那天。

我住在校园边上的国际公寓中，里面都是外国学生、研究生以及我这样的转校生。我们都在自助餐厅吃饭，坐在圆桌边，这制造了结交朋友和认识各色人等的机会。不久之后，我遇到泰洛·汉纳福德，并和她成了室友。泰洛来自温内特卡，从莎拉·劳伦斯学院转校而来，我和她志趣相投，我们逐渐聚集了一群好朋友。我和泰洛都迷上了研究生西德尼·海曼，他经常出现在公寓里。起初，我和西德尼谈论起了我们都钟爱的托马斯·曼，一谈就是几个小时，这加深了我们的友谊，并在此后伴随我许多年。我们这群人的"乐趣"就是谈笑、交流思想、合唱歌曲以及在学校汉利啤酒店坐上几小时。啤酒店里有个很长的吧台，前面摆了一排小方桌子，上面铺着红白相间的格子桌布。你可以和朋友们坐在那里，点上一两瓶啤酒，慢慢地品上一整夜。

几个月后，两家不同的俱乐部，"学位帽"和"四边形"的成员开始接触我，并建议我加入他们。两家社团都类似于女学生联谊会。我去参加其中一家俱乐部的会议，许多女孩围坐在一起，有很多在打桥牌。这不是我所习惯的氛围，甚至在瓦萨时也非如此。不久之后，我的一位好友——"学位帽"俱乐部的成员，询问我是否真的有意加入，并说如果我有兴趣，她会支持我：她愿意为我的犹太人身份而战，但倘若我并无此意，她也就不去耗费精力了。我一直没发觉自己的犹太人身份是个问题，所以感到非常震惊，我向她保证我并不想加入。后来，有朋友告诉我，"四边形"已经因为争执接纳我为会员的事情而解散。这是早些年间，反犹主义直接触痛我的少数几个例子之一，而且我的震惊多过悲伤。

芝加哥当时是知识分子活动的中心。芝加哥大学是无可争议的城市学校，大多数学生都不富裕，某些教职工颇为优秀，具备极高的知识水准。哈钦斯痴迷于一种理论，认为教育的关键是阅读西方世界的伟大著作，吸收他们的思想，因而学校的课程体系与大多数大学都差异巨大。哈钦斯受到了莫蒂默·阿德勒（Mortimer Adler）和圣约翰学院的影响，其中阿德勒是那些思想的主要鼓吹者，而圣约翰学院则曾经践行那种理论。哈钦斯还彻底废弃了橄榄球和其他运动项目。整件事情有些异乎寻常，但却让人兴奋——一所独树一帜的大学，且对我而言尤为重要的是，与瓦萨相去甚远。

我决定主修美国历史，因此报读了经济学和历史学的概论课程，以及阅读伟大著作的课程。阅读课由哈钦斯和阿德勒联合授课，这多少让我有些战战兢兢。这门课从柏拉图和亚里士多德讲起，中间历经圣·托马斯·阿奎那和其他哲学家，最后结束于弗洛伊德、马克思和恩格斯。这门课每周一次，每次连续讲上两小时，有时会让人备受折磨。它被认为是在教授你"如何阅读一部作品"，这也是阿德勒后来为自己著的书所取的名字。我们大约有30人，围坐在椭圆形的桌子旁，哈钦斯或者阿德勒或者两人一起运用苏格拉底问答法讨论我们所读的著作，并测试我们。整整两个小时的时间里，两个男人苦心孤诣、毫无怜悯地对我们穷追猛打——"嗯，迈耶小姐，用你自己的话阐述一下亚里士多德是如何看待此事的。""你如何看待他所说的话？""你真的认为好的行为源自好的价值观吗？""什么是好的价值观？""如果那是你的观点，这些事情发生了应该如何？"

这种教学法很多时候都教会了你如何反击，如何勇敢地面对哈钦斯和阿德勒，如何挑战他们，最重要的是在这样做时利用热忱和才气取悦他们，这样他们才能心满意足。倘若你学会了应对他们的教学法，那么，你就能够生存下来。当我做得不好时，沮丧挫败之感就会涌来，因为你的表现能影响许多事情。当我做得好时，那种欢欣鼓舞之情就会延伸到所有正在做的事情上。

尽管会有畏惧，但这门课令我获益匪浅，第一学年结束时，我还得到了一个A。父亲极为认同芝加哥的教育理论，我的成绩也令他惊喜，于是寄来了一张100美元的支票，而我则表示会把这些钱用在购买柏拉图和亚里士多德的书上，以纪念此事。我提醒他有些反应过度了，因为分数在这里说明不了什么，阿德勒打分通常都不合情理。他教授逻辑学，但行事却不依循逻辑。我还补充说，"这个分数可能是乘他车回家途中随手打的，我告诉过你，我们相处得很好。"

我仍旧觉得很难在社交生活和学术活动之间找到平衡。凯洛格·费尔班克（Kellogg Fairbank）是母亲的好友，她曾向我介绍说，她是那个在芝加哥为兰登投票的人。除泰洛外，凯洛格是我与校外社会活动的唯一联系。她居住在风格别致的湖边豪宅中，偶尔会邀请我共进午餐或晚餐，以及在她家过周末。这些活动过后，我总是会留下卡片以示礼貌。我常常担心应该留下一张还是两张，是否应该将卡片的一角折起。即使已经是大三的学生，且外部世界发生了彻底的改变，我还是会介怀自己是否依循了恰当的行为方式，做了正确的事情，展现出了得体的态度。

借由姐姐弗洛里的年长情人，我见到了移民而来的古典主义教授杰赛普·安东尼奥·博尔杰塞（Giuseppe Antonio Borgese）；我读过他的著作《歌利亚》（Goliath），且非常喜欢。我发觉他有些疯疯癫癫，但非常有趣，充满智慧。不久之后，博尔杰塞邀请我去吃晚餐，这让我受宠若惊。我们在芝加哥市中心用餐——非常惬意，因为我们这些学生几乎只生活在芝加哥南部的学校周围地区。吃完晚餐回来的路上，博尔杰塞盘问我觉得还有多少同班同学是处女，这个问题完全超出了我的认知，我甚至无力去猜测。他还问了一些其他暗示性问题，之后便邀请我去参观他的公寓。那时我仍旧太年轻，完全没想到卑劣的博尔杰塞将我的接受视为答应同他发生性关系。当这位著名的教授挑逗我时，对性关系完全懵懂的我非常错愕。我反抗了，他纠缠我，我开始绕着桌子跑，而他则继续追逐。最终，我坚持离开，他开车将我送回家。令人惊讶的是，他打电话再次约我出去。我非常惊惶，不敢冒犯这位大人物，于是跑到学校的医务室，坚称得了阑尾炎。医生向我保证我的身体非常健康，我不得不告诉教授我无法同他出去——这对我来说怪异而艰难，几乎令我耻辱而死。

作为坚定的自由主义者，我的政治观念进一步成熟——主要热情集中在反法西斯主义和支持劳工运动上。尽管热衷于自由主义思想和活动，我依旧非常保守。在来到芝加哥前，我从未遇到过真正的共产主义者。这里的美国学生联合会与我离开的瓦萨大相径庭。瓦萨的学生联合会由女孩儿们掌管，她们只是初涉政治，也没有太大的激情——至少政治层面上是如此。我受到芝加哥分会的热情欢迎，分会成员主要由共产主义者和社会主义者组成，思维方式僵化无趣。年轻的英国研究生诺尔曼·布朗（Norman O. Brown）是其中的一个例外。布朗是英联邦奖学金获得者，他带我参加了一些会议，还邀请我吃晚餐。他不断怂恿我加入青年共产主义者（Young Communists），理由是他们以及共产党是世界上最强大的反法西斯力量。那时，随着希特勒和墨索里尼的崛起，以及佛朗哥与西班牙民主力量的对抗，他的提议还是有些打动我的。斯大林的恐怖罪行尚未暴露，而著名的审判（指斯大林的大清洗运动——译者注）已经开始时，大家至少在最初阶段对他们的感受是相当矛盾的，甚至我们中间的自由主义者也是如此。

我没有被说服，还怀疑布朗本人就是共产党党员，被委派来改变我的信仰。为了回应他的劝说，我最终给他写了封信——后来，我在一本课本中找到了这封信，也许它从未被寄出——我在信中表示，尽管不同意父母做的某些事情，但我爱他们，感激我所出生的环境，重视我所拥有的一切，无意去反抗任何东西。我不想要推翻我心知自己所属的体制，尽管，我的确知道有些问题理应被解决。

我不知道为什么当许多朋友都加入共产党时，我却有决心拒绝它。也许是我寻求平稳的弱点在发挥作用，很早之前它就成了我性格的一部分——那种天生的对顺从、取悦和循规蹈矩的欲望；如果可以的话，还要成为好女孩。不管怎样，麦卡锡时代的《华盛顿邮报》是非常幸运的，当各类选民不断斥责我们是"赤色分子"时，我从来都不被包含在内。

在芝加哥的第一学年的春天，我选择了保罗·道格拉斯（他后来成为参议员）的劳工关系课程，并逐渐关注起劳工关系问题。那是一个钢铁、煤炭和汽车公司以强有力，甚至暴力的方式抵制大型工会组织的时代。我支持劳工的组织权，尽管对某些工会领袖及其手段愈发怀疑，但这种同情没有改变。在此刻，工业地区的大规模工人无力联合起来对抗雇主。

我和拉尔夫·贝克（Ralph Beck）成了好友，他当时为《芝加哥日报》（Chicago Daily News）工作，正在报道芝加哥钢铁工人罢工事件。芝加哥南部的共和钢铁公司离我们学校不远，且正遭受罢工的影响，拉尔夫打电话告诉我，罢工者和企业之间将会出现某种对抗，邀请我随同他一起去观看。我满怀热情地答应了。纠察队员面对的是手持武器的芝加哥警察。我站在远处，并没有什么危险，但却感到恐惧。拉尔夫将我留在后方以策安全，他自己则走近现场。钢铁工人向前移动，守卫和警察突然向他们射击，七人死亡，还有些人受了伤。现场一片混乱，对被捕的恐惧开始蔓延，甚至我也感受到了那种恐慌，我们全都挤入了任何可用的车辆中，逃离了这个可怕的地方。

从这起创伤性事件恢复后，我们曾经又回到那个受罢工影响的工厂，想要弄清楚其中的状况。拉尔夫建议我查出个究竟。我以《华盛顿邮报》和《芝加哥日报》的名义请求进入工厂，期间了解到了华盛顿媒体的巨大力量，即使《邮报》当时的影响力还非常之小，这是令人铭记于心的一课。我们获邀进入，并在管理人员的陪同下参观工厂，这令我有些尴尬和惊讶，因为我们两人不过是大三学生和特约记者。

我写信给凯西·琼斯，向他解释使用《邮报》名义进入工厂的事情，并表达歉意。他回复说我们的经历令他颇感有趣，他认为大罢工现场所学习到的东西抵得上一年的经济学课程。他还贴心地寄来介绍信以备我今后使用。

许多年以后，我会亲身体验劳工关系问题，对其获得更加生动的认识。

我和父亲通过信件保持交流，《邮报》是我们经常谈起的话题。尽管《邮报》在新闻编辑方面已经有所提高，甚至吸引了更多的广告，但父亲仍旧在为摆脱亏损这一看似不可能的任务而伤尽脑筋。支出在提高。《先驱报》垄断了蓝领读者群体，部分原因在于其著名的第三版——性与犯罪版。《时报》是《先驱报》的下午版。斯克利普斯·霍华德（Scripps Howard）拥有稳定、花哨、有效的销售布局——报摊和午餐推销——《明星晚报》似乎占据了整个市场和整座城市。它是值得尊敬的传统报纸，充斥了大量广告。

到 1938 年，父亲已经为《邮报》取得成功苦苦挣扎了五年，他写信告诉我，他得到了那些会不时出现的好运。他获得了《先驱论坛报》的服务，这意味着《邮报》获得了沃尔特·李普曼、多萝西·汤普森（Dorothy Thompson）和马克·苏利文（Mark Sullivan）的专栏，一些受欢迎的漫画和周日专题，每日纵横字谜游戏和桥牌谱，以及许多书评——他抓住了丰富的宝藏。《星报》原本拥有《论坛报》的服务，但因为价格分歧而落入我们的怀抱。《邮报》还从《先驱论坛报》的华盛顿分社那里获得了一些常规报道，这减轻了国内新闻记者人手不足的问题。此外，我们还从他们的驻外记者那里获取国外新闻，当时我们还负担不起

第五章

外派记者的费用。

父亲在信中写道：

> 昨天,《星报》的纽博尔德（Newbold）先生拜访了我,他对我说,失去《先驱论坛报》的服务让他们非常烦恼,他们希望能够同我们均分那些稿件。可他们拥有稿件时没有提议与我们分享,因此,我看不出为什么我们要同他们分享,你看出来了吗？

父亲描绘了与《纽约时报》的阿瑟·克罗克（Arthur Krock）、《巴尔的摩太阳报》的弗雷德·埃塞里（Fred Essary）、《邮报》的社论版编辑费利克斯·莫利、《泰晤士报》（London Times）的威尔莫特·刘易斯（Wilmott Lewis）爵士以及"来自《邮报》的我自己",在法国大使馆共进午餐的场景。他愉快地补充说,"这样的场景让我觉得自己像是名副其实的媒体人。发行量10.85万份,且还在上升,很快就会到达11万份,超乎你的想象。"然后,他动情地说,你尤其要考虑到《邮报》的规模如此之小,挣扎求生如此之艰难：

> 如果你不赶快来《邮报》努力工作,那么,除了保住地位的日常工作之外,就再也没有什么壮举了。你应该来做那些将它推向顶峰的工作。努力拼搏去达至顶峰,比达到顶峰并留在那里要更加有趣味。等我们到达了顶峰,我会去外面找些麻烦,好让你、你母亲、凯西·琼斯和费利克斯·莫利保持紧迫感。

他的用意是怎样的,我又是怎么想的？回首往事,我只能假定我想要成为记者,而他拥有一份报纸。我确信他没有给我的姐妹或哥哥写过这样的信。我同时也确信,我们都没有将我视为管理人才。令我感兴趣的是,为什么在那个时候,他——还有我——会认定我将会成为记者。

我的确为《邮报》做出了贡献,其中之一就是在始终至关重要的漫画领域。我告诉父亲芝加哥人都在谈论连环漫画《泰瑞与海盗》（Terry and the Pirates）,而且这部漫画是新近才有的。他发现这部漫画版权还在，于是就将它买了下来，结果收获了巨大的成功。

1936年，罗斯福在选举中获得压倒性胜利，很快地，有人写信给《邮报》，建议欢迎凯旋的总统回到华盛顿。第二天，《邮报》刊登了头版文章"让我们给予总统热烈的欢迎"。读者的反应引人注目：早上八点钟，两万人聚集在联合车站欢呼"王者"（The Champ）。罗斯福则使用特殊的手势，向站在宾夕法尼亚大道二楼窗户口的父亲致意。

事后，我给父亲写了封信，用词尖酸，说这种做法毫无新意，不过是在两面讨好，而且对于我而言，这是《邮报》最不光彩的时刻。父亲立即做出回应，且态度激烈。他认为这是很好的主意，并指出其他报纸也都参与其中。他进一步辩护说，美联社报道了这件事情，甚至《时代》（Time）杂志也提及了此事。他补充道：

> 恐怕是芝加哥的氛围和距离消弭了你敏锐的新闻洞察力，我相信，如果在现场的话，你一定能够真正理解这件事情。

这是我们曾有过的一次明显的争执。甚至在批评我的判断时，他也总是温和而善解人意。他没有为这样的分歧而困扰，这体现了他的冷静沉着。事实上，他将不同的观点和尖锐的争论视为人们有主见的象征。例如，从我们出生起，他就为我们设立了小额信托基金。他这样做是因为他自己的父亲曾用金钱来控制孩子们，而他不想要做相同的事情。他希望我们能够不受他的意志的支配。

我当时没能领会到父亲的偏爱，以及他的关切之深。母亲曾暗示说他如何宠溺我，还收藏了我的信，我都没有留心思考。如今回首往事，我才看到我们彼此间浓厚的亲情，以及他对我的人生规划和思想的巨大影响。我不知道自己当时为什么没有意识到，但现在我很清楚他信任我；随着我的成长，这种信任成了巨大的情感资产，给予了我迫切需求的安全感。

与母亲的关系迥然不同。她正变得愈发难以亲近和以自我为中心。询问她私人问题或寻求建议是不可能的：她已经建构了一幅图景，其中描绘我们的样子，我们的生活的样子，并且，她从未真正去审视现实是否符合其想象。

1936年的大选过后，母亲回到了华盛顿，略有些沮丧，却也更加智慧。父亲不是那种会说"我早就告诉过你了"的人，但他的确因为建议母亲脱身兰登的工作，而感到些许安慰。我和母亲的候选人见了一面，这完美地印证了我所穿梭往复的两个世界的截然对立——共和党父母的世界和更加自由的大学环境。大选过后仅仅几周，我就乘坐通宵列车回家过感恩节。西德尼·海曼和其他朋友来到火车站为我送行，他们还送给我用红色领结扎在一起的真锤子和镰刀作为告别花束。我不知如何应对这个尴尬的玩笑，只得默默将它们带在身上。第二天早晨，我回到华盛顿的家中，身上依然带着这些笨重的工具。男管家开了门，我看到父母与失意的候选人阿尔夫·兰登在书房谈话，于是匆忙放下镰刀和锤子，加入了他们的商谈。

20世纪30年代，母亲开始认真对待起演讲事业，涉足各类问题，尤其是福利和教育。她写给我的信比以往充斥了更多关于演讲的事情——听众规模，她收到的热情回应，以及听众希望得到演讲稿的请求。母亲对知识有着广泛而浓厚的兴趣，写作各种主题的文章。事实上，此时她的生活重心就放在写作上。许多年来，她经常独自前往"小木屋"（Cabin）——父母在弗吉尼亚州的波多马克河河畔建造的小房子，可爱而现代，距离市中心有半小时左右的路程。母亲在那里写作关于托尔斯泰、陀思妥耶夫斯基和托马斯·曼的著作。

正是在这段时期，母亲开始了另一段与男性间的热情友谊——有一段友谊给予了她能量，丰富了她的生活，却也耗竭了她的情感，破坏了她的心情平宁。这段友谊便是与托马斯·曼之间的，甚至在见到曼之前，母亲就已经因为他的作品而迷恋上了他。我自己之前就注意到了他的小说，并成了他的仰慕者，但母亲走得更远。1937年4月，母亲终于亲眼见到了曼，当时她去纽约新学院听曼关于瓦格纳的讲座，完全被曼的丰富学识所折服，表示"即使得不到回应，也会完全倾倒于他"，钦佩他的才华和为人。第二场关于弗洛伊德的讲座，只是强化了母亲的第一印象——他是这个时代少有的几个真正伟人之一。母亲欣喜于寻找到了"这个贫瘠时代的伟大灵魂"，于是立即决定为《邮报》采访他。母亲（自称）对社会名流嗤之以鼻，她形容自己"宁愿遇到诚实的鞋匠，也不要碰到平庸的艺术家",但当她筹备这次采访时(用德语进行),却难以控制自己的情绪,"觉得无法胜任这一工作"。在真正见到曼的那一刻,她的兴奋之情已经展露无遗。她给我写了封信,翔实而露骨地描述了这次经历:

> 他的妻子接待了我,那是个有着明亮而迷人的眼睛,年纪稍大的女人。等我意识到必须在她的面前采访曼时,我更是感到心慌意乱。三个男人被送走后,我才获准进入,而且,我能看到其他人在焦躁地等着我出来。这确实无益于采访的氛围,加上英雄崇拜情绪的干扰,当这位伟人上前和我打招呼时,我竟然说不出话来。为了让采访继续,我必须拿出所有自控训练的成果。我准备了一个非常巧妙的问题,可现在听起来却像是学生在背诵课文。有那么一瞬间,我明显感觉到自己的问题切中了要害,接着,我几乎是看到了他进入思维的特定领域,那里储藏着正确的答案。15分钟的时间里,他像机关枪一样用流利、精妙的德语说个不停,其中夹杂了完美的长句和段落,如同他的书面语般准确和复杂。我从未抬起头看他,因为我必须疯狂地记下他的某些词语和观点。等他说完时,他的妻子示意时间到了,我们交流了一些观点,这更是暴露了我几近弱智的识见,在与他的妻子短暂寒暄了几句后,我带着破碎的心和受伤的自尊走到了街上。

母亲采访完返回华盛顿后,仍旧为曼的话语和人格魅力兴奋不已,她相信曼对整个世界的自由思想都至关重要,还给他写了封个人版本的仰慕信。第二天,她表示"自己的情绪风暴"令她疲惫不堪,但她仍旧要着手整理采访,确保其按时出现在《邮报》上。与曼的此次经历,或者更重要的是,对于他的炽烈情感,驱使母亲向我建议说:"凯,做个女记者,唯有如此,你才能在激情骤然点燃时,立刻寻得思慕的对象。"

母亲的身体状况总是大起大落,一如她的情绪。她对曼愈发迷恋,情绪也越来越不稳定。我们最初发现她有严重问题是在1937年的夏天,在怀俄明州的大牧场家中。那年夏天,我完成了芝加哥大学的课程后,父母来接我,带着我和露丝去大牧场放松一段时日。暂居期间发生的事情令人悲痛。母亲正经历生活的剧变，我猜想，抑郁加剧了她原本已经高度易激动的情绪状态。就是从那时起，她开始了酗酒。

某天，我们一起去美丽的山谷骑马，母亲的马带着她跑了。露丝骑术高超，远胜过我，同时也与母亲最近，她一直追逐着母亲，牛仔们也紧随其后。母亲的马被截停下来，但某些事情却彻底改变了。这是一次情感应激，她彻底崩溃了，与父亲打了一架，还躲到自己的屋子中以逃避父亲。就是在那里，她真正地酗起酒来。我们都深感不安。

父亲对母亲无能为力，帮助她的责任落到了我的肩上，我必须去找出事情的缘由，并让她冷静下来。出事的第二天，她登上了附近的山峰。我跟踪她，非常担心她会做出什么事情来。她是那样的心神不宁。最终，我在临近山顶时追到了她，我们坐下来开始聊天。有时，我在说话，而她在流泪。她是如此地炽热迷恋着曼和他的作品，曼似乎占据了她全部的思想和情感。等到她说话时，内容全部集中在曼是如何的优秀，他对她的意义如何重大，他是多么勇敢和敏锐，她有多了解且能够帮助他，这是多么糟糕的一个世界——他被放逐异国，甚至美国人民也不理解和欣赏他。幸运的是，我能理解母亲的心情，因而也能够和她谈论——在最不可思议的情景中——曼的作品和伟大之处，并最终使她平静下来，带她下山。但在牧场接下来的日子里，她多少还是会躲藏起来，一言不发地躺在床上或者喝酒。她尤其拒绝和父亲交谈。

从那时起，我做事情越来越像成年人，照料仍旧在马德拉读高中的露丝，以及时常出问题的母亲。我必须给予母亲支持，却鲜少能得到她的反馈。露丝的境遇要更为艰难，她在家的时候被要求依循母亲的需要和希望行事。母亲没有意识到的是，她一直在与露丝为伴。

我发觉自己其实非常享受这份责任，且能够帮得上忙。在这段时期，我和父亲的关系更加密切了。我们对新闻和公共问题拥有共同的兴趣，这无疑增加了我们的亲密感，此外，我在母亲的问题上付出的许多努力也是原因。

芝加哥大学的第一学年即将结束之际，我决定不回瓦萨，而是继续留在芝加哥。我找到了能够激发智识的学术环境，觅得了优秀的朋友，取得了显著的进步，并且非常享受生活。然而，我还是会体验到"我是谁"，以及如何忍受家庭的强大力量和影响的普遍焦虑。我偶尔会有浪漫的调情——有时是我主动，有时是年轻男孩主动，但很少会两情相悦。这些情事的其中一次是与政治学家哈尔·温克勒（Hal Winkler）的奇怪恋情。温克勒比我矮小很多，但却情意绵绵。我总是会被聪慧所吸引，而他就非常聪慧——至少在我看来是如此——但我仍旧羞涩而单纯，不知如何处理暧昧举动。我显然还需要寻找更多的指导，和更多稳定可靠的恋情。

大四那年秋天发生的最重大的事情，就是姐姐碧丝的来访，当时她在加利福尼亚工作。我在华盛顿、瓦萨和芝加哥的时候，碧丝已经去了欧洲、纽约和好莱坞，所以，我总是热切盼望能够见到她。她的朋友都魅力四射，甚至声名显赫。在欧洲，她不知以什么方法与罗马尼亚王后玛丽及其女儿伊丽娜公主交上了朋友。在纽约，她与剧作家山姆·贝尔曼成为朋友，贝尔曼甚至还追求过她，并且，她经常与乔治·格什温（George Gershwin）、奥斯卡·莱文特（Oscar Levant）以及哈勃·马克斯（Harpo Marx）见面，拜访过著名的赫伯特·斯沃普（Herbert Swope）及其妻子，认识亚历山大·伍卡特（Alexander Woollcott）、桃乐丝·帕克尔（Dorothy Parker）和其他阿岗昆派（Algonquin）评论家。碧丝认真地谈过一段恋爱，对方是电影导演，碧丝还曾想要嫁给他——母亲认为不合适，阻止了这一举动。母亲曾骄傲地告诉我，她是如何劝阻碧丝前往好莱坞，嫁给那个年轻男子。她说她跑去我们在纽约的寓所，碧丝就住在那里，她和碧丝争论了一整周。碧丝始终不屈服，直到母亲说，"碧丝，你这么做会杀死你父亲。"母亲满意地说，这阻止了碧丝。

我和碧丝在芝加哥度过了一段美妙时光。我们详细讨论了身为迈耶家族成员的复杂性，它的消极意义和积极意义，以及我们的人生理想。在火车上，甚至火车刚刚出站，碧丝就开始给我写一封长信，其中充满了她的深刻思想和对家庭关系的洞察，我一直保留着这封信。信写于1937年11月20日：

> 我希望有时间谈论一下你的个人问题，依据我的经验，你的问题似乎非常困难和复杂。弗洛里的所作所为，其根源就存在于我们所有人都在面对

的最大难题。弗洛里认识不到这一点，也不存在认识到这一点的可能，更不消说去解决它了。这个难题就在于：从孩童时代起，我们就从家人的明言和暗示中了解到，我们生来就是要做大事的！问题只在于选择最适合我们发展的方向——甚至可以不是我们最喜欢的方向！无论这个方向是什么，我们都要做到最好。记得吗？妈妈甚至曾经说过，"我不在乎你们这些孩子做什么，即便你们之中有人想要做演员，她也得是个好演员！"

我们都感受到了可怕的压力！这是一件危险的事情。

我们很难真正尽全力去做那些低级、渺小、无关紧要的事情。一直以来，我们在各个方面都很优秀，若是要跌落谷底，我们很难舒适自在。我们唯一能够长大的方式，就是依靠自己的力量攀上高峰。

我几乎花费了一个月的时间才写好回信，这封信总结了我对工作、家庭、《邮报》，尤其是父亲的想法。碧丝保存了我的回信，并在数十年后又还给了我：

> 对于迈耶家族的问题，我有许多话要说，尽管我不会妄言已经全盘了解它，无论是它的信仰还是影响。显然，它可以被比作章鱼，其触手伸得又长又广，最糟糕的是，深入肌理。换言之，如果你试图逃脱它的话，你只会更加深陷其中。形象地说，这就是它目前左右我的方式。
>
> 为了在循环中找到一个起点，我想让自己投身报刊业。这是因为我有特定的政治观点（可能会也可能不会改变），并且，我喜欢写作……
>
> 先将难以回答的问题弃置一边，我有能力成为优秀的记者，这是上天赐予极少人的天赋，我是说真正优秀的记者。我最感兴趣的是劳工报道，以后可能还会逐渐转向政治报道。
>
> 正如你所看到的，这对父亲没有帮助。他想要且需要某个愿意掌控大局的人，从新闻报道到发行管理，再到社论写作，并最终成为他的助手。这其中存在关键性的问题。第一，我极其憎恶广告和发行，而这恰恰是报纸行政人员耗费最多时间来处理的事情；第二，如果我在父亲手下工作，立场分歧问题可能会令事

情更趋复杂;第三,我怀疑自己的能力能否承担起《华盛顿邮报》这样的重担;第四,我知道父亲需要的是另一种类型的人,我得像是他手下的机器人;第五,我非常清楚那样的生活将会光鲜而辛苦……

还是暂时将与《邮报》有关的事情放在一边,我们仍有许多理论成果有待质疑和验证。就像我在信的开头所说的那样,迈耶家的触手紧紧攫住了我。从父亲的角度来说,我想这是有其意义的;我也许是在夸饰自己,但我的确认为这里存在几项重要意味,如相互陪伴,与下一代密切的关系,以及父亲辛苦积累的知识不会随他而逝。

从我的立场来说,如果拒绝这份工作,我就是在放弃数千人为之竞争的显要职位,这毫不夸张。《邮报》是世界上最重要国家的首都的一份重要报纸。至少现在如此。除此之外,放弃这份工作还意味着失去有价值的帮助、陪伴和建议,这些已经在很大程度上影响了我,也是我所高度重视的……

如果出于某种原因,我发现自己不适合从事媒体工作,这也可能发生在其他事情上——我工作起来有些迟钝,这可不太好——那么,我应该坦然退出,且不以此为耻。我不认为这是一种成功理念,因为仅仅适合,我意思是说称职,并不能激发你的聪明才智。天赋决定了许多东西,但我认为它是可以借助实践来解决的,只是我目前身处于象牙塔之中,还找不出那个方法。

某一天,我想我会嫁给一个男人。这是因为就本性而言,我不喜欢独自生活。我想要和某个人一起生活,并且,如果你要和某个人生活,最好还是和他结婚。因此,也许我应该将自己托付出去,正如弗洛里过去经常大声笑谈的那样,生16个小王八羔子,抚养他们,教他们不成器,让他们像野兽一样去欲求,尽量不要带有任何理性人所特有的品质。

四年的大学生活后,这封信似乎总结回答了我是谁以及我在想些什么的问题,将近60年后的我都无法比这做得更好。我和父亲就我的教育、新闻职业生涯和《邮报》的进步进行了持续不断的交流,而我却对于为他工作的问题如此顾虑,这不禁令我茫然不解。我想问题就在于我的矛盾情绪,父亲也可能是如此,因为我和他后来都热情地支持我丈夫掌管《邮报》,而我则退而扮演妻子和母亲的角色,参与慈善事业。

第五章

1938年6月，我在芝加哥大学的生活结束了，在父母面前，我称呼它为"崇高的学府"。我在芝加哥大学期间的成绩不好也不坏。我认为这并不重要，尤其是因为在那里的两年期间，我觉得自己学到了许多东西。不论毕业典礼如何，我似乎都没有和父母谈论参加典礼的事情。我不觉得自己会认为毕业是很重大的事情，但在各类记述中，父母没来参加典礼的事情还是被形容成了一种伤害，甚至有一次还描述说我流泪了。事实上，我不记得为什么他们没有来，说实话，我也不记得参加过自己的孩子的毕业典礼。或许，我继承了父母在这方面的懈怠，又或者，60年代的人轻视这样的活动。

我们的毕业典礼在洛克菲勒修建的美丽教堂中举行，主持人是哈钦斯校长。接着，与朋友们欢聚过后，我离开芝加哥前往芒特基斯科，身后是接受过的正式教育，前方则是茫然无知的未来。

PERSONAL HISTORY

第六章

  毕业后我回到了家中,父亲建议我陪同他前往加利福尼亚,这也是他年轻时待过的地方。我几乎对家族在加利福尼亚的分支一无所知,但我很快就爱上了他们,还有美丽的旧金山和那里的人们——市民的那种友善而不拘礼节的气氛。很快我就想,如果能够在这样融洽的氛围和优美的环境中工作,一切定然会非常美妙。正因此,我下定决心留下来。我告诉父亲,如果他能够帮助我在那里找到工作,我将会收敛娇气,并放弃自己先前在芝加哥找到的工作。

  当时,旧金山有四家报纸。早晨,《纪事报》(*Chronicle*)是最主要且最受敬重的声音。与之竞争的是赫斯特的《考察家报》(*Examiner*),这也是他当时仍旧辉煌的报业帝国中最出色、最强势的报纸。两家下午发行的报纸例证了典型的旧式街头新闻风格——哗众取宠的巨大标题,新鲜爆料出来的报道,以及比晨报更多的性与犯罪内容。父亲打电话给斯克利普斯·霍华德报系的好友乔治·帕克(George "Deke" Parker),正是在他们的报纸《旧金山新闻》中,父亲为我找到了一份为期两个月的工作。我们的竞争对手是另外一家下午发行的、赫斯特的报纸——《旧金山呼声报》(*Call-Bulletin*)。

  父亲没有求助于他在《纪事报》的朋友,这让我很诧异。《纪事报》的名气更大,也更为传统,不过对于我而言,在《旧金山新闻》工作同样是一种恩宠,因为它是典型的人手不足的午后小报，很不正统，喧嚣热闹而又趣味横生——初学者涉足新闻界的理想之地，因为它为我提供了结构严谨、等级森严的环境中所没有的机遇。但事情的开始并不是那么顺利。我在新闻编辑室没有任何认识的人，更糟糕的是，我不知道工作的基础知识。我没有做过多少打字工作，当然也没有写过多少新闻报道。我对这座城市一无所知，也不知道如何去熟悉它。一切事情仿佛突然倾倒过来。我兀自坐在桌前，心中充满对于失败的恐惧，尚未开始工作便已感到迷茫和挫败。

父亲在此地逗留了数日，一天晚上，我来到他的房间，含着泪水告诉他，我担心自己力有不逮，难以胜任工作，也无法对报纸做出贡献，当然更配不上每周21美元的薪水；我想要和他一起回家。父亲只是淡淡地说，每个人都要学习，在决定放弃工作前，我应该付出更多的时间，也许我现在配不上每周21美元的薪水，但我以后的价值会远高于此，因为我会逐渐学会那些令我气馁的一切。我不清楚是什么说服了我，但我还是同意留下来，我知道以后有的是放弃的机会。

仅仅是在我伤心落泪、意图逃离的一个月后，我的新生活开始变得充满乐趣。等到八月中旬，我开始感到生活中的高潮多过了低谷。一丝抱负感开始占据我的内心，并且，我可以看到更加遥远的未来。我认识到不只是《旧金山新闻》，旧金山这座城市本身都是我开始事业的好地方，因为没有人知道我与新闻业大亨有关系，即便有些人知道了，他们也会不以为意。事实上，大多数人都没有听说过《华盛顿邮报》，我有时还会怀疑，其中的某些人甚至没有听说过华盛顿。

工作中，我学习写作和改写。我写作新闻的耗时仍旧过长，但严苛的新闻部编辑们对我的报道的修改已经越来越少。我还在做一些基础性的工作，如跟踪某人拍摄照片。我甚至报道过一次酒业联合会的会议。我第一项严肃任务是某个编辑安排的。基督教妇女禁酒联合会要在市内集会，那位编辑建议我引诱某些会议代表前往酒吧，而借口就是让她们观察自己所谴责的罪恶场景。我则要为这次采访写一篇报道。我按时地完成了任务，并将整件事情记录了下来。

工作后没多久，我在编辑室的邻桌、《旧金山新闻》经验丰富的专业劳工报道记者鲍伯·埃利奥特俯身对我说，他听闻我对劳工报道颇感兴趣，问我是否有意做他的"外勤记者"。当时，埃利奥特正在报道两个重大新闻：一个是码头区不断升级的冲突，其中仓库管理人联合会（Warehousemen's Union）可能会宣布停工；另一个是零售商店店员威胁罢工，以抗议这座城市的百货公司。我欣然且斗志昂扬地回应了埃利奥特的请求，并开始撰写长篇报道。此后数周的时间里，我全身心地投入到旧金山的码头区，采访了许多牵涉其中的重要人物。

在我开始接触这次停工时，码头工人和仓库管理人：前者负责装卸货物；后者负责将港口货物存储在仓库中，并在之后将其运走。他们组成了一家大型联合会——国际码头工人和仓库管理人工会（ILWU）。各个行业的批发商早已厌倦了被这个日益强大的联盟逐个击破，并致使行业内耗不止的事实，他们聚集在一起组成联合阵线，决定通过闭厂的方式来向国际码头工人和仓库管理人工会施压，好让他们得以为整个码头区协商出一份主合同（master contract，指不依赖其他合同的存在即可独立存在的合同——译者注）。

罢工在伍尔沃斯仓库发生了。批发商协会（Distributors Association）开来了一辆货车，并下令卸货。该货车由非工会成员装载。这辆货车被称为"热车"，意指由破坏罢工者装载的铁路货车。它被派遣到码头区，在每个仓库前停下，并要求工人为其卸货。工会会员如果拒绝卸货，就只能选择出厂罢工，或是被停工。

身为报道此事件的记者，我的工作之一是跟踪这辆热车，伴随它一路进入码头区，观察每个仓库对它的回应，以及随之而来的停工斗争，然后再将我的见闻报告给埃利奥特。因此，码头成了我的采访区域，而国际码头工人和仓库管理人工会、批发商协会和太平洋海岸劳工局（Pacific Coast Labor Bureau）则是我经常去的地方。太平洋海岸劳工局是整个事件中另外一方强大势力。劳工局由一群激进经济学家和专业谈判人员组成，他们为工会服务，领导人是亨利·梅尔尼科夫。山姆·卡格尔是劳工局中最有才干、最强硬且最有魅力的成员。他代表国际码头工人和仓库管理人工会进行的谈判非常成功，但不喜欢媒体人员。不过幸运的是，所有报道码头区事件的报纸中，《旧金山新闻》是卡格尔最不讨厌的一家。在卡格尔看来，《旧金山新闻》是所有公开反对工会的媒体中，最公正合理的一家。

国际码头工人和仓库管理人工会由亨利·布里奇斯率领，他是激进的澳大利亚移民，曾于 1934 年领导暴烈的码头工人大罢工。仓库管理人的领袖是另外一位强势人物——尤金·巴顿。巴顿来自码头区的一家真正的大家族，他们整个家族都在那里长大，并在船只上或港口附近谋生。巴顿是个无比浪漫的人，周围人都昵称他为"帕特"。巴顿聪慧、有趣且直觉敏锐，他没有接受任何正式教育，但却是位勇敢的领袖，拥有超凡的个人魅力。

这次事件的所有各方都告诉我，我可以自由出入他们的办公室，此外，如果事情有进展的话，他们会通知我。每一天即将结束之际，他们会聚集在一起交换信息，放松身心。他们通常会来到沙加缅度街街尾的酒吧中，而我也开始参与其中。与卡格尔、巴顿和偶尔现身的亨利·布里奇斯一起，我不断穿梭于码头和三个街区距离的一家狭小、黑暗的酒吧中。我们往往会要掺有威士忌的啤酒——一杯啤酒和少量威士忌—— 25 美分一杯。倘若你购买两杯，第三杯就是免费的——对于 21 岁的女孩来说，这样很容易喝醉。

我们全都成为了好朋友。事实上——以一种最为不谙世事的方式，我现在意识到——我和帕特之间的关系已经超越了友谊；他是我早年的恋爱对象。我同时还认识到，他有严重的酗酒问题。帕特的勇敢和非凡的领导才华在"二战"中展露无遗，当时，在突出部战役（Battle of the Bulge）中，他所有的上级都战死了，他也从二等兵晋升为军官，开始指挥战斗。不幸的是，战后他仍旧生活困顿，且终日酗酒，最终从金门大桥跳下去自杀了。

我特别留心掩饰身份，劳工领袖仅仅将我视为来自《旧金山新闻》的记者，直到我在这家报纸的实习期结束。巴顿谈到了未来的计划，我说自己不确定是否会留在这里。"为什么，"他说，"他们要解雇你了吗？"我告诉他事情并非完全如此，他们只是应我父亲的要求雇用了我两个月，而我父亲是东海岸的办报人。当然，他们想要知道我父亲是谁，发行哪家报纸。我告诉了他们事实真相，经过短暂的错愕和困惑后，他们便接受了这件事情，我们又开始依照往常的模式交往。

让他们知道我与《邮报》的关系是一件幸事，因为此后梅尔尼科夫——这个毫无幽默感又多疑的家伙——告诉他们，"小心些，我们中间混入了间谍。"不知怎的，他查出我是资本家的女儿，并怀疑我是资本家间谍。因为我已经承认了身

第六章

份，朋友们只是笑道，"是的，没关系，我们知道她是谁。"

在新闻报道中，我没有隐瞒这些新朋友的任何秘密，尽管我们的夜间活动也许并不为人所知。我努力做到光明磊落。我告诉了报社和家人这些事情，并且觉得自己在报道中保持了客观性。这样的行为是如今的我所无法容忍的：我私人不应该与冲突的一方过从甚密，无论这些新朋友们能够为报道带来多大的贡献。

码头区的事件最终陷入了僵局，并进入了调解程序，此时，新闻报道转变成了调解室外长久的等待。任何时候感觉到会有突破时，我们之中的六个人就会闲坐在那里等待上数个小时。有一天，记者们仍旧在房间中等待，而负责人已经开始落座。头天晚上是歌剧的开场，它是旧金山一年之中最盛大的社会事件，每个人都要精心打扮。我已经被姑姑邀请，并找出了去年最好的衣服——那是一套长长的黑色天鹅绒衣服，带有豹皮吊带，前面形成了V字形，后背的V字则较低。一张显示我后背大片区域的照片出现在了这次事件的大规模报道中。突然，令我惊愕的是，山姆·卡格尔抬起头来对桌子对面的布里奇斯说，"嗯，亨利、黑色天鹅绒豹皮小姐，你们怎么看这件事？"一桌人爆发出哄堂大笑，我害羞地逃跑了。

停工结束后，我被委以新的任务——零售店员罢工事件。在报社看来，这次纠纷要比上次的更加重要，而我也几乎是全身心地投入到了报道中。这次事件和旧金山的所有劳资纠纷一样，漫长而暴烈，对当地的经济繁荣造成了巨大破坏。此时，我在报社的两个月实习期已经期满，过去的兴奋感令我感到挣扎，我非常想要留下来，但情况已经变得复杂，零售店店员罢工引发了报业的开支紧缩。我给父亲写了封忧虑不安的信，就下一步行动征求他的意见。他迅速做出回应，打电话给我的老板，感谢他过去几周对我的照顾，好让他可以轻松结束此事。后来的事情令人愉快，老板告诉我，他想要我留下来，我的工作非常出色，他们愿意一直聘用我。父亲有充分的理由为我感到骄傲。他告诉我，从这一刻起，我要独立留在这里了。而我也下定决心，直到收益递减拐点到来的那一刻再离开这里。

我在旧金山的生活既奇妙又开心。我的朋友有工作上认识的，有来自码头区的，有家人介绍的，也有少数几个是旧相识，每一类朋友都完全清楚其他人的存在。罗莎莉姑姑凭着对艺术和市政的广泛兴趣，成了旧金山社区的领导。借助她的人脉，我认识了优秀的艺术家毛里斯·斯特恩，以及他的妻子薇拉，并通过他们认识了墨西哥艺术家科瓦鲁-比亚斯。比亚斯当时正在旧金山为即将到来的展览会创作壁画。我到剧院去观看葛楚德·劳伦斯主演的《苏珊和上帝》(*Susan and God*)，还在艾伯特·本德为劳伦斯举办的派对上见到了她。艾伯特·本德是年长的艺术收藏家，也是姑姑的单身汉好友，后来，他也成了我的朋友。正是艾伯特给予了安塞尔·亚当斯第一架摄像机，而卓越的西部风景摄影师亚当斯及其妻子弗吉尼亚是我在那里的另外两位好友。我曾经与比尔·休伊特来到优山美地峡谷，与在那里经营摄影店的亚当斯夫妇共度新年夜。比尔·休伊特后来成为了约翰迪尔公司(John Deere Company)的首席执行官。亚当斯夫妇只有一间客房，且被我占用了。高大英俊的比尔只能睡在摄像工作室橱窗后的简易床上，亚当斯夫妇悬挂下窗帘，以遮掩住正在睡觉的客人，避免被路人看到。

我还与简·尼兰成了密友，她是我交往过的最迷人、最有趣的年轻女性朋友。简是赫斯特集团的律师兼密切合伙人约翰·弗朗西斯·尼兰的女儿，她比我所认识的任何人都更加老于世故，而我比她圈子中的大多数人都更加严肃且热衷工作。我们几乎是一见如故，且友谊持续至今。我还从马德拉的朋友珍·罗林斯那里学到了许多东西。

许多个周末，我和罗莎莉姑姑前去史坦树林参加音乐会和野餐。罗莎莉姑姑在这座城市的这个山腰上种下了桉树林，树林形成了天然的圆形露天剧场，其中搭建了音乐会舞台，姑姑在此地出资举办免费的周日午后音乐会。有广口瓶子素雅地安置在树林四周，如果观众觉得有趣的话，他们可以向其中捐款。音乐会结束后，罗莎莉姑姑往往会留下来计算捐款额，这些金钱是公众表达赞赏的有形方式。

滑稽之处在于，我借助父母与旧金山以外的世界保持联系。父亲要求我把所有自己撰写的新闻报道寄送给他，即便是最微不足道的内容，还敦促我持续给他写信，以此作为另外一种练习写作的方式。同样也是父亲让我保持对国内和国际政治的关注——他尤其担心德国日益加剧的反犹主义情绪。父亲帮助应对这种恐怖的方式之一，就是支持伟大的精神病学家、好友马里恩·肯沃西通过一项可以收容两万难民儿童的立法计划。

相较于父亲对国内和国际形势的审视，于我个人未来更为重要的是他对《邮报》中正在发生的事情的评估。华盛顿的所有报纸都在缩减版面，但《时报》和《先驱报》是其中受影响最大的，而《邮报》受到的影响最小。然而，《星报》的广告版面是我们的两倍多。父亲对发行量的增长持乐观态度，同样地，在一段平稳期后，他也许能够带领《邮报》创造大幅度的收益增长。我们目前的发行量是11.7万，我们的期望是在增长放缓前达到12.5万。我几乎从不曾有时间阅读完整份报纸，但《邮报》在我看来始终是最好的。

1939年2月，父亲对《邮报》的忧虑无疑开始加剧，彼时，茜茜·帕特森将午后的《时报》和早晨的《先驱报》整合到一起，创建了一份全天报纸，尽管，当时茜茜首先要解决她意图解雇的员工联合促成的罢工威胁。母亲告诉我茜茜正卧病在床，还说，"我觉得她坚持不了太久了。"我不知道这句话是指茜茜本人，还是反映了母亲对茜茜的报纸的潜在愿望。

母亲的生活一如既往地延续着。她最新的精神俘虏是德威特·华莱士，这位先生是《读者文摘》（*Reader's Digest*）的拥有者以及她在芒特基斯科镇的邻居。母亲见到了安东尼·艾登，并形容他是民主制度所依靠的纤细芦苇；母亲对许多被视为世界领袖的人所表现出的气概不足感到沮丧，她断言如果民主制度将会得救，那么，这个拯救者必然会是美国。母亲和父亲一样，正竭尽全力帮助犹太儿童进入巴勒斯坦，或者，至少是离开欧洲。她频繁地在妇女俱乐部发表演讲，并积极地主张反对法西斯主义。

与此同时，在整个30年代末和40年代初，托马斯·曼一直是母亲大多数精力投注的焦点。曼对母亲充满敬畏，而母亲也觉得有些惊吓到他。有人曾询问曼我母亲是不是德国人，他回答说，"嗯，非常像。她是瓦尔基里式（Valkyrian）的女人，身上还混杂了一些其他的特质，是瓦尔基里和朱诺（Juno）的混合体。"母亲对这种评价非常满意，她觉得应该将此记录下来，留给子孙了解，因此，这段话出现在了这里。

曼夫妇经常拜访我父母位于华盛顿和芒特基斯科的家。1938年，在他们最初的几次来访中，我遇到了曼，且感到有些失望，因为我觉得他冷漠无情，难以亲近。但母亲很仰慕他。她给我写信说："他是我见过的最伟大的人物，再无他人了。"父亲非常温和体贴，对母亲的大多数男性朋友都毫无怨言，但他相当厌烦自己被丢下和曼太太一起，而两个结婚的人却外出交流思想，而且大多数还是用德语进行。

母亲对曼的仰慕是公开的，但曼对此却颇为羞怯。尽管如此，母亲仍旧抱持着"我是他所喜爱的少数几个人和少数几位女性之一"的想法。事实上，母亲似乎是太过一厢情愿了。曼的传记作者唐纳德·普拉特形容曼"天性冷漠""对他人毫无兴趣，且缺乏真正的感情"。根据普拉特的说法，曼往往会因为一己私利而利用他人。他很可能无情地保持着与母亲的关系，因为他知道母亲会为自己带来很大的帮助，并且，他还可以利用母亲的资源。

事实上，母亲曾多次援救曼。在他们多年的友谊中，母亲无数次地帮助曼及其家庭。她努力想要让曼更容易为美国公众所了解；她翻译曼的作品，为他的书籍撰写长篇评论，其中的大多数都是刊登在《邮报》上。在写给母亲的信中，曼提到了美国给予他的过多荣誉，并表示他真正需要的是经济上的支持。母亲立即回复说："如果我在智识上的努力可以任你驱使，那么，我所拥有的物质财富又有何不可呢？"她立刻着手行动。母亲首先帮助曼在普林斯顿大学谋得了一个学术职位，这个职位只需承担极少的工作，这样曼就有了充足的时间来写作，后又令自己担任董事的国会图书馆（Library of Congress）聘请曼为"德国文学顾问"，每年的薪俸为 4800 美元。还有许多其他的殷勤周到之举，包括帮助曼的孩子们获取护照。

普拉特说我母亲想要的远不止于曼生活中的一部分，因此也成了他的负担和烦恼。曼一度写道，他感受到"几乎无法控制的欲望，想要向这个主宰着我的女人表达不满"。而在后来写给母亲的直言不讳的信中，曼似乎的确这样做了。他说自己忠诚而小心翼翼地"侍奉"着他们的友谊：

> 侍奉是最恰当的词语。多年来，我为它付出了比世界上其他任何关系都更多的思考、焦虑情绪、伏案工作。我已经让你以就我所知的最佳方式参与我的内心和外部生活。你来拜访时，我花费了数小时的时间来为你大声朗读其他人尚未看过的新作品。我已经为你的爱国主义和社会活动展现出最由

衷的赞美。但没有什么是正确的，没什么是足够的……你总是想要我表现出非我所愿的举动。你毫无幽默、毫无敬意、毫不审慎，不能就我所是地接纳我。你想要教育、支配、改造、拯救我……

显然，他们之间的关系和母亲所有的亲密关系一样，也异常复杂。

三个主题主导了我自己的信件：对欧洲迫在眉睫的战争的忧虑，工作，以及消遣。无论我如何沉浸于后两者之中，我都很难遗忘欧洲的关键性事件，尽管欧洲距离加利福尼亚要比东海岸更加遥远。某天早上，我听到了希特勒的演讲，并于随后写道，"广播听起来有点像是你误入了动物园，那种不时被咆哮声所打断的刺耳声音，像是一群发疯的动物。"国外的形势愈是严峻，我愈是觉得有必要努力工作，以更加了解游戏规则。我并不觉得我或其他任何个体能够改变时局，但如果不尽我所能按部就班地做些事情的话，我会疯掉的。

劳工报道逐步结束后，我期待着再次写作。由于在芝加哥过着高度理论化的生活，外勤记者所负责的日常活动以及四处流浪的生活让我觉得颇为有趣，不过，我已经准备好成为真正的记者。最初，我报道了一些多愁善感的故事——小女孩的圣诞树被烧毁了，《旧金山新闻》为她送去了礼物；金门大桥上的自杀事件；采访一位女性，她因为丈夫不再爱自己而意志消沉，试图掐死自己的婴儿。

来自欧洲的新闻占据了旧金山各大报纸的版面——上流社会的美丽金发女郎遭遇奸杀。接触犯罪新闻的机会来了。我和一名摄影师被指派去报道一起显然乏味至极的事件：垃圾车在城市垃圾场倾倒垃圾时发现了一具尸体，它属于一名至少已经死去一周的男子。我的祷告起效了，殡仪员先于我们而到达，并移走了尸体，让我幸免于恐怖的场景。还有一起报道并非我负责：一名女性被残忍杀害，发现尸体时，双乳已经被切去；身体上还有用她的唇膏写作的文字，"亲爱的，我爱你"。母亲对我的工作深表同情，她哀叹那些留存在我的心灵中的丑陋之物。她以其独特的方式建议我采用叔本华的客观性法则："扰乱意志，直至你既不憎恨也不畏惧。"

我的工作的进展并非一路坦荡，有许多的起起伏伏。每隔一段时间，我都会感到抓住了写作新闻的技巧,然而,即便我觉得可能正在掌握速度与效率的窍门,优秀的极致似乎仍旧遥不可及。效率尤其令我感到烦恼。每当犯下愚不可及的错误,我都能听到那些年法国女教师回荡在我耳际的声音,"Etourdie, veux-tu mettre les accents?"——"心思涣散之人,你能抓住重点吗?"如今许多年过去了,我仍旧停驻在原地,不知如何把握重点。

我担心被抢先爆出独家新闻,但到目前为止,这样的事情还没有发生过。我还担心自己可能是赖着不走,担心自己能够被留下来是因为自己的家世。不过,回想起我的首个工作日,一个小时才写了三行字;如今我一天可以撰写两篇半的专栏,报道羊毛生产商会议和一场火灾,并以某个可怜傻瓜的名义写作每周的教会专栏。《旧金山新闻》长期缺乏工作人员,尤其是我在那里工作的那段时间。等到晚上,乘坐有轨电车回家时,我总是感到疲乏至极。我为这家报纸报道的最后一个新闻是在旧金山金银岛举办的金门国际博览会。这次博览会的目的是庆祝新的金门大桥和奥克兰海湾大桥的落成。我一整天都在报道这次博览会,晚上还与建筑师朋友比尔·沃斯特闲逛,他为这次博览会设计了艺术大楼。

1939年的春天,父亲过来探访我,并提醒说,我承诺过要回《邮报》工作。事实上,父亲的到访时机正好。《旧金山新闻》正值另外一个经济困难期,显然,某些人不得不下岗了,这其中我的资历最为浅薄,似乎就位于候选之列。除此之外,我还担心自己侵占了需要这份工作的人的位置。因此,我答应父亲回到华盛顿,我并非完全不情愿,但却有着复杂的情绪感受和某种失落之感。我热爱那些在旧金山度过的时光,它是我人生中少有的美妙经历。

PERSONAL HISTORY

第七章

离开了近五年（上大学和在旧金山工作）之后，我回到了华盛顿，发现它是一座崭新的城市。我不知道自我前往瓦萨后，华盛顿发生了多大变化。但与1934年我离开时的华盛顿相比，它的变化的确翻天覆地，充满了令人兴奋的知识氛围。我为这座新城市感到惊喜，甚至有些兴奋，精力充沛、动力十足的年轻人令它看起来生机勃勃。那座我所知道的平庸之城曾被一小群老年人所占据，他们时常在正统的晚宴中聚会，年轻人则被限制在不同但一样乏味无聊的日常生活中，如今，这里一跃成了年轻人的理想之地。

在我一生之中有两段时期，政府的活力和公共问题为华盛顿吸引了许多聪明的年轻人，他们大多都是大学生和法学院的学生。这两段时期便是罗斯福和肯尼迪执政的关键时期。在这两段时期里，我很多时候都不在华盛顿，但有大量有能力、有理想的年轻人来到这座城市，帮助推进机构改革，振兴经济，保证失业者能获得一定的福利，给予退休人员社会保障，提高低薪酬工作的最低工资。那是年轻人可以有所成就的时期，新思想不断涌现，并被当权者所听取。

在这样的背景下，1939年4月，我来到《邮报》工作。我感到回华盛顿做记者并不明智，因为发行人女儿的身份会令我非常尴尬，所以我提前商议好进入社论版工作——这里的事务与我在旧金山所做的大相径庭。我现在为社论版编辑费利克斯·莫利工作。每天早上，社论版团队——我是其中资历最浅的成员——都会开会讨论当天的问题。工作基于每个人的特长安排，莫利则自己保留了国内和国际最重大的议题。

到 1939 年，总统将主要精力集中在了团结国家的对外政策上。这意味着除已经实施的之外要放弃大多数新政措施，因此，《邮报》的社论和新闻也开始更加紧贴政府政策。《邮报》极力支持这个国家的备战工作。早在 1939 年 4 月，罗斯福离开乔治亚州的沃姆斯普林斯时就无意中说道，"如果我们没有开战，我会在秋天回来。"《邮报》的社论版着重指出："通过使用'我们'这一集合名词，总统告诉希特勒和墨索里尼……美国的巨大力量必须成为他们目前要考虑的一个因素。"罗斯福告诉记者，这完全指明了他的想法，当读到这一段时，"他几乎从床上掉下来"。

1939 年 9 月 1 日，德国军队入侵波兰，我和社论版同事巴尼特·诺夫（Barnet Nover）一同出席了罗斯福总统在椭圆形办公室举办的记者招待会。诺夫能够带着我这个未经授权的记者进入白宫，现在看来完全不可思议。那个时候，总统的记者招待会通常只有一小群人（多数是男性）能够参加，他们站在总统的桌子旁边，听他讲话、说笑，同时询问几个问题。

这一天，与会记者更多且气氛严肃。我和巴尼特很早就到了那里，因而与总统的桌子很近。在日记中，巴尼特记录了会议的氛围：

> 会上有一种庄严肃穆的紧张感。总统给人们留下了很好的印象。我们离开的时候，凯特说她情不自禁地受到总统的感染，我说不论罗斯福以前有什么过失，他在非常时期的表现都堪称优秀。

到这个时候，莫利认为我们必须远离战争，而父亲的主张则相反，认为我们必须帮助同盟国（Allies），必要时候还需介入战争；两人的紧张关系达至了顶点。莫利第二年春天辞职，并于 8 月宣布成为哈弗福德学院的校长。这次冲突最终导致了莫利的离开，我和朋友们全都为此欢欣鼓舞，因为我们坚定地支持帮助同盟国。那时我们还很年轻，不明白父亲为何要等如此之久才准许他离开。

第七章

不过，人事过渡非常顺利。父亲起初想要雇佣艾莫尔·戴维斯（Elmer Davis）——著名的新闻广播主持人，但最终接受莫利的推荐，聘用了《基督教科学箴言报》（*The Christian Science Monitor*）的金融编辑赫伯特·埃利斯顿（Herbert Elliston）。同莫利所做的一样，埃利斯顿令社论版的影响越来越大。

来到《邮报》后的第一年，我经常写些无关紧要的事情，即所谓的轻社论。题目本身就透露出了它们的轻佻：“论做一匹马”"智慧与美貌""混合饮料""卢·格里克"和"斑疹热"。我还写鼓励美国士兵的通俗歌曲，写动员妇女参与防御工作的文章，并捍卫了国会图书馆馆长阿奇博尔德·麦克利什，当时他被指责为"同路人"（fellow traveler，同情某一政治运动或政党的人——译者注）。我为克劳斯和艾丽卡·曼的著作《逃向生活》（*Escape to Life*）撰写了书评，并受到朋友们的无情嘲笑，因为"克劳斯和艾丽卡·曼做了不寻常的事情"这样的开头太过陈腐庸俗。

我还编辑"读者来信"，这是社论版的一部分，需要往办公室下面的排字间跑无数次。打印员会将排好的热铅字按在台架的版面上。我们之中每晚有一个人负责校对社论版和言论版，言论版的内容包括辛迪加提供的专栏，以及《邮报》记者和编辑的一些稿件。我也参与了轮班。自莫利到埃利斯顿的过渡期间，我转入了"智囊"（Brains）专栏——如今的"瞭望"（Outlook）专栏——并在那里工作了一年。

我逐渐认识了《邮报》的许多记者，并与他们建立起深厚友谊。我们偶尔离开暗淡、破败但别致的办公楼，去蔡尔兹或其他位于 E 街的临近小餐厅吃饭。没过多久，我就结识了两位先前不认识的记者——约翰·奥克斯（John Oakes）和赫德利·多诺万（Hedley Donovan）。前者是《纽约时报》的发行人亚瑟·苏兹贝格（Arthur Sulzberger）的外甥，后者是明尼苏达州人，年轻英俊，说话温柔且智慧风趣。赫德利曾是罗德奖学金获得者，从英国回来后，他在《邮报》获得工作，后成为《时代》杂志主编。约翰同样是罗德奖学金获得者，后成为《纽约时报》的社论版编辑。

由于同《邮报》记者约翰和赫德利等人的友谊，我的工作圈子渗透进了社会生活之中，并迅速充满活力和丰富多彩起来。在华盛顿，有大量年轻人聚集在一起生活，居住的房子便宜、有吸引力且便于合租房间。这些人大都依靠有限的政府薪水生活，但通过将资源集中起来，他们过上了帝王般的日子。赫德利就生活在这样一座单身公寓中，位于临近康涅狄格大道的 S 街，1939 年秋季的某个夜晚，我曾到那里参加派对。我们全都去了附近的餐厅吃晚餐，我和几个人先于其他用餐者回到 S 街。我在窗户口向外张望，和其他伙伴打招呼时，纱窗突然掉下来，正好砸在回来的那些人的头上，其中一人便是菲利普·格雷厄姆，那天晚上是我第一次遇到他。他抬起头来望着我，而我正张大着嘴盯着下面。

同一天夜里晚些时候，我来到楼上的浴室，遇见了名叫菲利斯·亚瑟（Phyllis Asher）的女孩，她说自己将会进入法学院读书，对于当时的女性来说，这很不寻常。我钦佩地赞叹，表示自己根本不可能做到，还询问她如何应付艰难的课程。"嗯，"她回答说，"我和菲尔·格雷厄姆订婚了，这就变得容易多了。"她说菲尔晚上会来找她，吃完奶昔后，他们会讨论她心中的所有问题，这很有帮助。"啊，多么美妙，"我回答说，心里却想着，他不就是那个刚刚被纱窗砸到头，差点被我弄残废的人吗。

后来，S 街的公寓变得非常拥挤，有人就找了另外一栋房子，并和其他一些人搬了进去。这栋房子位于阿林顿，距离弗吉尼亚的键桥五分钟的路程。大都是有车的人搬进了这栋房子。

这栋房子被称作霍克利（Hockley），归海军上将威尔金森和西奥多·威尔金森夫妇所有，他们的女儿是这些男孩的朋友。战争期间，威尔金森上将离开了华盛顿，他们一家人大胆地将房子低价租给了 12 名年轻人。霍克利男孩中，只有约翰·奥克斯和迪林·丹尼尔森不是律师。丹尼尔森是个富有的年轻人，在国务院工作，他们家拥有《大西洋月刊》(The Atlantic Monthly)。律师之中有格雷厄姆·克莱特，他曾是路易斯·布兰德斯法官的助理；阿德里安·费希尔，被大家称为布奇（Butch），田纳西人，曾担任布兰德斯和费利克斯·弗兰克福特两位法官的助理；文雅亲切的比尔·谢尔登，我们大家最喜欢的人；奎恩·肖内西，那年秋季成了我的好友；埃德温·麦克尔韦恩，首席大法官休斯的两名助手之一；明星人物爱德华·普里查德，昵称普利奇（Prich），当时是费利克斯·弗兰克福特的助手，天资聪慧，幽默诙谐，有些肥胖，喜欢讲故事和模仿滑稽戏，极为善于辞令；以及普利奇的好友菲尔·格雷厄姆，当时是最高法院法官斯坦利·里德的助理，正等待第二年为弗兰克福特工作。这些男孩中的两人，格雷厄姆·克莱特和菲尔·格雷厄姆，以及留在 S 街公寓中的埃德·赫德尔森，都相继成为《哈佛法律评论》(*Harvard Law Review*) 的编辑，那是这个国家最有名望的大学的工作，与之能构成竞争的只有《耶鲁法律评论》(*Yale Law Reviews*) 和《哥伦比亚法律评论》(*Columbia Law Reviews*) 的编辑职位。

霍克利可能建于世纪之交。它由红砖砌成，走廊上有四根白色柱子，前方的草坪延伸到了附近的波多马克河。从这栋房子望下去，波多马克河和对岸城市的壮丽景观尽收眼底。它就像是《飘》中的"塔拉"的翻版。起居室很大，餐厅可以容纳 20 人左右，且总是高朋满座。一层还有一间书房，楼上至少有六间卧室。

因为是合租，且租金便宜，男孩们过着十分惬意的生活。他们有一位园丁、一位全职厨师、一位女佣以及最重要的男管家约翰逊。约翰逊及其妻子为迪安和爱丽丝·艾奇逊夫妇工作了至少 25 年，直到爱丽丝某天发现约翰逊和妻子并未真正结婚，于是将他们扫地出门，迪安为此非常沮丧。这件事恰巧发生在霍克利被租下的时候，男孩们得以将约翰逊抢到手上，他泰然自若地管理着这群乱作一团的新住客。

我的生活进入了一种灿烂宜人的状态，主要集中在霍克利这个地方。一群极不平凡的客人聚集在这里，包括迪安·艾奇逊、阿奇博尔德·麦克利什、费利克斯·弗兰克福特、本·科恩、弗朗西斯·比德尔和其他各类新政支持者、哈佛教授以及法官和大法官，有时甚至吃早餐时就会过来。

我、爱丽丝·巴里、安妮·威尔金森和简·艾奇逊四个人，经常会去那里，因此被称为霍克利的"住家"女孩。那里还有许多其他女孩，但我们成为了这栋房子自然的附属物。有时候，我们会全都聚集在霍克利，然后前往我父母在弗吉尼亚的乡村房子，那里要稍远一些，或者周日一同去爱德华·柏林斯的小木屋吃早午便餐。

在霍克利，我们谈论的话题百无禁忌。从罗斯福到新政政策，再到共产主义、希特勒、纳粹主义的兴起和公民权利——所有的问题和事件都会经过激烈的辩论，常常持续数天才会结束。格雷厄姆·克莱特回忆说，任何摆到台面上的问题都可能会有两方或三方，有时甚至是四方参与辩论。互相辱骂早已是家常便饭。大家都认为，辱骂甚至人身攻击是守护自身立场的合理武器，尽管政治观点千差万别，但事实上，大家彼此之间不存在真正的罅隙或由来已久的憎恶。例如，约翰·奥克斯和普利奇对社会礼仪及政治游戏规则持完全对立的观点。身为记者，约翰认为不偏不倚是理解问题的正确方法。当然，极端自由主义者会因为他从两个方面或各个方面看待问题而指责他。

那年冬天，普利奇和菲尔正处于极端自由主义的乖张情绪中，他们为苏联入侵芬兰辩护，引发了持续许久的激烈辩论，在这个过程中，甚至他们的自由主义室友都抛弃了他们。普利奇和菲尔其实都是心胸开阔之人，但他们也喜欢支持不受大众认可的观点。他们同情苏联，但在芬兰问题上，他们激起辩论更多是为了锻炼口才而非信仰。他们并非真正支持共产主义。

霍克利还有许多热闹欢快的事情。约翰逊一身本领，能够调制出美味的薄荷朱利酒。某年春天的聚会上，他充分施展了这项技艺。调制适宜的朱利酒尝起来有一种虚假的温和之感，但它差不多就是纯波本威士忌，只是因为碎冰和薄荷而没有那么浓烈了。如果你在热天豪饮了几杯，那你就要麻烦临头了。在这次聚会上，哈佛法学院的一位教授来做客，只有33岁，但按照我们年轻人的标准，他已经上了年纪。教授原本打算当晚返回波士顿，还询问有没有人可以载他去火车站，赶10点半的火车。我们答应了下来，但到8点半时，却没人能够找到他——他失踪了。教授在无人警告的情况下，饮用了朱利酒，且一饮就是六杯，最后有人见到他时，他正在霍克利的院子中摇摇晃晃，对每个人高喊着"干杯"。他消失了一段时间后，停车场传来了尖叫声，一位年轻女客人心慌意乱地冲回屋里。她去取车，却只看到后座里有个裸体男人。所有人都跑去营救那个人，却只找到了教授，高1.65米，重90公斤，全身肥肉，毫无知觉又一丝不挂地躺在后座上。有人向他泼了桶水，这才让他清醒过来。他解释说，随着时间的推移，他想着，"哎呀，我必须要去赶火车了。"因此，他恍恍惚惚地走到停车场，爬到最近一辆车的后座上，以为这里就是他的卧铺，于是便立即脱光衣服睡觉了。这样的事情似乎一直在霍克利发生。

第七章

那年的感恩节，家人准备为妹妹露丝举办茶会，作为初入社交界的活动的一部分。我正努力帮她打点，因为她的心智尚不及实际年龄，且非常害羞。我建议邀请所有霍克利和 S 街的男孩到家中参加茶舞会。碧丝带着纽约的迷人气息和自己天生的活力，也出现在了舞会上。当然，她成了舞会上的明星；所有男孩都觉得她完美极了，尤其是普利奇，已然彻底神魂颠倒。事实上，普利奇迷上了碧丝，开始跑去纽约看望她。

我对这样的情况毫不担心。我把这群优秀的男孩划归了"我的势力范围"，现在碧丝正踏足其中，这个姐姐总是让我感到自卑和羡慕。在派对的人群中，我碰到了菲尔·格雷厄姆，我不怎么认识他，还向他玩笑式地抱怨起了碧丝引发的骚动。"我想以后要这样介绍她了，'这是我的姐姐碧丝，比我大四岁。'"我说道。

"嗯，"他回答说，"你当然还要补充说，'我要离开了。'"这是典型的菲尔式幽默，我觉得他有趣极了。到了此时，菲尔已经与菲利斯·亚瑟分手，并开始与我的好友爱丽丝·巴里交往。巴里来自传统的华盛顿家庭，从小就被教育要在社会中经历特定程序：进入社交界和结婚。后一项她和富有的奥克利·索恩（Oakley Thorne）完成了。在此期间，有许多关于菲尔和爱丽丝的笑话，两人经常出双入对，肉麻至极。

事实上，借由普利奇和碧丝的友谊，我对普利奇也有了更深的了解。他不再追求我在纽约的姐姐后，我们就成了亲密的朋友，他甚至曾对我产生微小而极其短暂的兴趣。我和他的关系始终保持住了那份特殊性，但也蒙上了一些悲伤的色彩。普利奇在华盛顿甚至更远的地方都很有名气。很多人都谈论说，他会成为肯塔基州未来的州长，甚至是总统。他极富政治智慧，对公众问题见解深刻，且能把握住大众心理。但到最后，太多的魅力和太高的天赋反而拖累了他。除了那些优点外，他还有着致命的缺点。他毫无自制力，不懂得约束自己。他做事有始无终，常常不付账单。他的好友——菲尔和他的关系最为亲近——不时要帮他完成半途而废的工作。有段时间，普利奇担任弗兰克福特的助理，而菲尔则为里德工作，某个周末，普利奇去看碧丝，且停留过久。菲尔帮助他完成了法院的工作。

普利奇受人恩惠无数，却鲜少回报。他请朋友吃饭时，真的会常常忘记带钱包，而其他人则不得不买单。比尔·谢尔登和普利奇曾一起在普林斯顿读本科，他哀叹道，同普利奇的友谊令他每年损失了 900 美元——那个时候这是一笔巨资了，年轻人几乎都没有什么钱——但比尔又补充说，这是值得的。甚至我父母也被普利奇迷住了，但他们最终也不耐烦了，因为普利奇不断接受他们的恩惠却不曾有只言片语的感谢，或展现出恰当的礼貌。

碧丝决定在母亲位于弗吉尼亚的房子中举办新年派对。她告诉我，我可以邀请几位霍克利的男孩，包括"平脸"男，她指的是菲尔·格雷厄姆。派对取得了巨大成功，充满欢笑声和司空见惯的大声辩论。某个时刻，我发觉自己坐在菲尔旁边的凳子上，他可能是我最不了解的那个男孩了。菲尔转向我，看着姐姐碧丝询问道，"我们要赞成她吗？"

在许多方面，这都是菲尔的典型提问。它即刻穿透了人的盔甲。它绕过礼仪，直抵你的内心。它创建了一个小圈子，将你和他囊括在亲密的组合中。并且，这是一个切中要害的问题。他的提问通常都能诱导出我的坦率回答，这一次，我倾诉了对于碧丝的全部感受，包括矛盾的情感——羡慕和嫉妒——但最终回答是，"是的，我们赞成她。"就在这一问一答间，我和菲尔了解了彼此。我们最后一批离开派对的人挤在了仅剩的一辆汽车里，去城里的路上，我一直坐在菲尔的膝盖上，这让我更加了解他了。

数周之后，1940 年年初的周日，我受普利奇邀请到丽思卡尔顿酒店吃午餐。我们有好几个人，吃了一顿漫长的午餐，有人建议开车去新年派对举办地小木屋；我们在那里度过了整个下午。那天临近结束之际，所有人都有约会，只有我和菲尔是例外，因此他问我是否愿意吃晚餐。我们去了一家不知名的餐厅，吃了一顿悠长的晚餐，说说笑笑还喝了些酒，直到很晚他才送我回家。我很享受，但也知道我们不过是仅剩的没有约会的人，他邀请我仅仅是出于这个原因。所以，我仍旧有所保留。

菲尔给我打过一两次电话，带着他惯有的无礼和风趣。我发现他极富魅力。那个时候，爱丽丝·巴里已经和菲尔分手。我一直都觉得她太规矩正经，从未认真考虑过菲尔，但在霍克利最初的日子里，她询问我是否认识菲尔。我回答说不

第七章

太认识,她说,"你应该认识认识,他是这里最优秀的。"

2月第二周的某个下午,我正在工作时接到菲尔的电话,他建议我们同他的大学舍友乔治·斯马瑟斯及其妻子罗兹玛丽吃饭。我说不行,并列举了几个原因。当晚我要校对社论版和专栏版,此外,我身体不舒服,恐怕要感冒了。再者,我的穿着不适合参加晚宴。我的打扮和身体一样糟糕,穿着简单的棕色毛衣裙、棉质长袜和平底便鞋。所以,尽管有些惋惜,我还是坚定地拒绝了。

菲尔同样坚持己见。他强调我们会在哈维斯饭店吃饭,那是家著名的老牌海鲜饭店,就在五月花(Mayflower)隔壁,那里可以买到《邮报》的初版。他会帮助我校对版面,而我们可以打电话给报社订正错误。他坚称我的装扮并不重要,且这次晚餐肯定能消除我的所有症状,再者说,这症状也并没有阻止我去工作。我屈服了,编排完版面后便同他会合,踏入饭店后,我感到有些尴尬和狼狈,因为乔治和罗兹玛丽·斯马瑟斯看起来非常优雅,着装也完全适合这样的场合。不过,这天晚上却非常美好有趣。菲尔开车送我回家,我们谈了很长一段时间。他告诉我,他爱我,如果我能忍受只有两套衣服可穿的生活的话,他会和我结婚,并前往佛罗里达州,因为我必须理解,他不会从我父亲那里带走任何东西,或者同他有任何牵扯,我们会依靠他所挣得的一切生活。

我屏住了呼吸。不夸张地说,我大吃一惊。这有些超乎我的期望,但也并没有超过太多。我应允说这听起来是很不错的主意,但也许有点轻率,我们应该将结婚的想法拖后一个月,再深思熟虑一下。菲尔同意了延后一个月。

如今回想起来,一切似乎都非常奇怪。因刻意迟疑而拖后的一个月很快就过去了,但实际上,迟疑几乎从未出现过。它对我们两人而言似乎都是命中注定之事,尽管我们试图保持谨慎,但事情的发展却不曾停歇。事实上,与斯马瑟斯夫妇共进晚餐的那晚,菲尔高兴地吹着口哨回到霍克利的房间里,那个房间属于他和普利奇共有。普利奇已经在床上躺了很久,他翻转过身来,望着菲尔,因为曾短暂迷恋过我而感到痛楚,"你这个混蛋,居然让你得手了。"普利奇发了一个月的脾气——真的恼怒,期间还曾向我们丢饮料瓶子。他最终成了我们的伴郎。

尽管我有些犹豫,但事实上,我早已目眩神迷。我无法相信,这个才华横溢、魅力超凡、令人着迷的男子会爱上我!我对这突如其来、不曾预料的恋情兴奋至极，更不消说他的人格魅力，但甚至在这狂喜之中，我就立刻看到，我曾希望集中在某个男子身上的所有优秀品质，出乎意料而又切切实实地出现在了这个男人身上。我本以为我生活的两个部分会不可避免地分离，但这个男人将它们完美地结合在一起。人生中第一次，我发现了一个兼具智识、体格、社交魅力、亲和力以及风趣的男人。菲尔聪明、循循善诱、勤奋、诙谐，对我而言，还长得特别英俊，他的瘦削和棱角分明比典型的英俊相貌更吸引我。他爱我，我也爱他。这样的美好令人难以置信。

在我们表明爱意的那天早晨，我对流感的担忧变成了现实：发烧严重，无法起床。医生过来后叫我静心休息。那天是情人节，菲尔送了一束有趣的花——黄水仙和红色郁金香，其中还附有射箭的丘比特。之后他打电话询问，"兽医去过了吗？"尽管"兽医"要求隔离，但送花人傍晚时还是过来了，坐在床边和我聊了好久好久。

那个月，母亲和碧丝去了拿骚。菲尔来来去去，要么探望我，要么接我出去，活动之频繁引起了父亲对我俩的怀疑。我和父亲前往纽约，路上谈论到了年轻男子以及他们当下的兴趣。我告诉父亲，我所认识的年轻男子大多都是律师，很多还是为政府工作的。他询问我这些人之中谁最有趣，我自然开始描述菲尔，完全没有考虑到自己在做什么。我的描述必然表露了我的想法，因为父亲问道，"你是认真的吗？"协定好的一个月时间还没有过去，但我说是的，恐怕我是认真的。父亲立即回应说，倘若如此的话，他想见见菲尔，并让我邀请菲尔来家中吃晚餐。我很惊讶事情发展至此，但并没有责怪父亲合乎情理的好奇。我打电话给菲尔，坦白了同父亲的对话，询问他是否介意让父亲见一见。带着些许的惶恐不安，他同意了。他毫不隐晦对我父亲的看法——富有的恶魔，想要将毫无戒心的年轻女婿束缚在自己的触手之下。他从未见识过这种财富和权力，因而怀揣着负面的疑虑。

我还叫上另外两位朋友吃晚餐，令事情不要那么私人化，缓和紧张气氛。菲尔到达后，父亲做的第一件事情就是向他展示一部旧漫画，作者是《邮报》的天才漫画家吉恩·爱德曼（Gene Elderman）。漫画与大法官雨果·布莱克（Hugo Black）有关，他被揭发曾是三K党成员，正经历确认听证会程序。有一幅画描绘了布莱克身穿三K党长袍坐在法庭上的形象，标题为"司法改革"。菲尔回应说，"嗯，这幅画画得不错，是聪明之作，但我不同意它所传达的信息。我反倒认为布莱克大法官是法院最有才干、工作最勤奋的成员，拥有最优秀的头脑。"

房间里的硝烟味弥漫了开来。争辩的声音越来越大，持续了整个夜晚，我的心情也沉入了谷底。客人们终于离开了，我沮丧地对父亲说，似乎这次见面并不美好。"你是什么意思？"父亲回答道，"我过得很开心，也非常喜欢他。"我长舒一口气，告诉菲尔，他顺利过关了。

几天之后，母亲旅行归来，恰好赶上和我们一起吃晚饭。她正描述旅行见闻时，父亲打断了她，"今晚我们要喝香槟。""好啊，"母亲回应，然后继续讲述她的事情。"你不想要知道为什么我们要开香槟吗？"父亲再次打断母亲。母亲毫不犹豫，抬起头兴奋地问道，"茜茜破产了？"

"不是，"父亲说，"是凯已经订婚了。"

"啊，"母亲目瞪口呆，"和谁？"

整个旋风般的浪漫故事都发生在母亲离家期间。我和往常一样，没有告诉她任何关于菲尔的事情。同样有趣的是，父亲也从未打电话告诉她。她只在大群年轻人中间见过菲尔，甚至不记得他，所以，我们又和母亲吃了顿"见面"午餐。之后，我在纽约见到了弗洛里，她询问我，"你要嫁的那个人是谁？妈妈说他的下巴很漂亮。"

有一件重要的事情并未发生。在不同时期，父母多次拒绝我两位姐姐的求婚者。我感到父母很可能会喜欢菲尔，但我从未想过要让他们的想法影响过我，尽管弗洛里和碧丝都被劝阻嫁给喜欢的人。

这个突然闯入我们所有人的生活的年轻人是谁？他来自哪里？菲尔的父亲厄内斯特·格雷厄姆（Ernest Graham）出生在密歇根州北部的小镇克罗斯威尔。他正直、热心、质朴——说话粗声粗气，但极具魅力，勤劳而坚定，热衷公共问题和政治。他还非常羞涩，将感情隐藏在严厉的外表下。

菲尔的母亲，弗洛伦斯·莫里斯（Florence Morris），出生在内布拉斯加州林肯市，尽管她没有上过大学，但曾经在南达科塔州做教师。在各种描述中，"弗洛斯"（Floss）（大家对她的称呼）是个极其有魅力、坚强、智慧、敏感的人，她勇敢地挑战厄内斯特，即使会惹恼他也在所不惜。这些对菲尔造成了严重影响；他无法忍受愤怒、争执和冲突。他曾告诉我，某次打架时，他的父亲向他的母亲掷台灯。我们最初发生争吵时，有一次我使劲摔了一下门，菲尔告诉我，因为小时候见过类似的事情，他无法面对这样的场景，请求我们永远不要这样吵闹了，之后我也再没做过这样的事情。但这并不是个好主意，许多问题都因此无法解决。制定"不吵架"规则，意味着我和菲尔都无法提出困扰我们的问题——一种不健康的状态，置身其中的双方无法表露令自己心烦意乱的困扰。

所有认识弗洛斯的人都爱戴和敬佩她。她广交朋友，向世界各地的人提供帮助，即使在大萧条最严重时期的佛罗里达，格雷厄姆一家最穷困潦倒的时候也是如此。菲尔同母亲的关系最亲近、最紧密。某种程度上说，是菲尔的母亲造就了菲尔。弗洛斯培育他，充实他——弗洛斯有学识，爱读书，善于交际，且待人友善。

菲尔于1915年出生在南达科塔州的特里，他父亲当时在那里做金矿工程师。他是厄内斯特和弗洛斯的第二个孩子，比他姐姐玛丽小两岁。格雷厄姆一家居住在黑丘山坡上的一座房子里，直至厄内斯特1917年应征入伍。战争导致金价下跌，金矿生意逐步变得无利可图，因此，离开军队后，厄内斯特回到了克罗斯威尔，在那里经营两三个乳牛场。两年后，厄内斯特从朋友处打听到，宾夕法尼亚糖业公司（Pennsylvania Sugar Company）准备在大沼泽地（Everglades）种植甘蔗。乔治·厄尔（George Earle）是该公司的拥有者，他于战后来到佛罗里达，在大沼泽地周围，从迈阿密之外到奥基乔比湖这片区域，买下了几十万英亩的土地，设想着排干沼泽地，令其形成可供耕种的肥沃土地。他想要宾夕法尼亚糖业公司在此处种植甘蔗，然后将其运往费城加工。佛罗里达的项目耗费巨大，却一无所获；厄内斯特的这位朋友是宾夕法尼亚糖业公司的总经理，他希望某个有农业和工程学背景的人能够来到这里，监管这里的工作，并请求厄内斯特担任这个职位。厄内斯特来到佛罗里达，受邀留在种植园成为常务经理。1921年，格雷厄姆一家搬到了大沼泽地，距离迈阿密大约50英里。这片区域仍旧是一片荒地，没有房子，只有一些小棚屋。唯一的其他居民是塞米诺尔印第安人（Seminole

Indians）。

格雷厄姆一家在两条驳船上建造了船屋，驳船停靠在与大沼泽地交接的一条主河道的边沿。他们在其中一间生活，另外一间则用作客房，一直在那里待到了1924年。这一年，菲尔的弟弟比尔出生了。比尔其实是在船屋出生的，但弗洛斯说过，如果要再生孩子的话，她需要有一座房子，因此，六个月后，他们搬到了坚固的石头农舍中。

菲尔童年时的记忆非常浪漫。他描述短吻鳄在固定船屋的绳索上晒太阳的场景，描绘他和朋友们从船上跳下，在河里游泳的样子。菲尔最好的朋友是塞米诺尔印第安人查理·泰格泰尔（Charlie Tigertail）；查理的哥哥遭到白人的杀害。印第安人经常带玛丽和菲尔乘坐他们的独木舟划行在河水上。查理和其他塞米诺尔人教授菲尔打猎和捕鱼——这两项运动成了他一生的爱好。多年后，在我们位于弗吉尼亚的农场中，他早晚都会去钓鱼，有时甚至通宵达旦。他有鹌鹑捕捉器和捕鸟猎犬，能用带瞄准镜的来复枪无情猎杀土拨鼠。

在大沼泽地里，格雷厄姆一家艰苦奋斗，最终战胜了荒野、周期性肆虐的飓风以及1929年的大萧条。但在一开始的时候，公司发现甘蔗种植实验行不通。1926年，一场飓风袭来后，整片区域都被淹没在洪水中，公司放弃制糖，转而以贝恩苏克农业公司（Pennsuco Farming Company）的名义从事大规模商品蔬菜栽培业务，并在接下来的数年间投入了数百万美元。最终，厄尔先生心灰意冷，彻底退出了这里，留给厄内斯特一些土地作为遣散费。

厄内斯特寻找着维持生计的方法，这里原本建造了小奶牛场，以服务于贝恩苏克的员工，于是他决定将其扩大经营。到1932年初，格雷厄姆一家每天都要运送两卡车牛奶给经营小型连锁杂货店的朋友。厄内斯特订下协议，每夸脱（1夸脱≈0.95升——译者注）以低于家庭订户两美分的价格配送牛奶。从那时起，他开始建立销售渠道，奶场也在逐渐壮大。他的卡车每天都开往迈阿密，购买并运回冰块，菲尔就是被这辆运冰车送到学校——如果冰库搬迁了，菲尔也要跟着转到附近的学校。因为早熟，菲尔在海厄利亚是从三年级读起。老师发觉他不识字，准备给他降一年级，但他母亲很快教会了他，使他得以继续留在三年级。菲尔始终是班级里最年幼、最弱小的孩子，因此社交上也落后于他人。菲尔小的时候，他的母亲总是担心他的朋友。其中之一是富有的凯迪拉克经销商的儿子，手上总有许多钱；而另一个是"骗子"的儿子，他妈妈坐在酒类走私船上织毛衣，令其看起来像是游船或游艇。

大部分时候，格雷厄姆家都很贫穷，且有过一段困难时期。大萧条对佛罗里达的冲击尤其严重。圣诞节的时候，菲尔的母亲看到这片地区的每个孩子都至少有一份礼物。她去到当地的商店，给孩子们买了些礼物，每份10美分；这些礼物都是许多其他孩子已经拥有的了。菲尔回忆说，有一周家里省下了25美分，可以在周六晚上看场电影，那令大家非常愉快。菲尔的弟弟比尔记得，当时他们的普遍工资是每小时20美分，每天工作10小时。直到"二战"前，"我们每周在奶场工作七天。没有休息日和假期。我们周日会早些喂奶牛，这样就可以在周日下午提早下班。"最终，这个农场雇用了50个年轻单身男人，但即便薪资微薄、工作繁重，还是有各种各样的人在那里工作——包括一位罗德奖学金获得者和其他几位大学毕业生。

厄内斯特将农场经营得相当成功，他开始涉足政治，并花费多年的时间参与公共生活，先是加入州公路委员会（State Road Board），后来成为州参议员——在此期间，他为征收赛马场税，并利用这些资金补助年老市民而奔走。1943～1944年，他全力竞选州长，可惜以微小差距落败。戴德县，包括迈阿密，从未有人能够入选州长办公室，这在这个农业州的其他地方并不多见。厄内斯特几乎打破惯例。

离开海厄利亚的学校后，菲尔继续在迈阿密读高中。多年后他告诉我，他学会了用智慧和幽默来应对社交和运动上的劣势，与班级中更年长老练的男孩竞争。他的高中纪念册记载着他被选为班里最风趣的人。在生命的最后阶段，他告诉我，他以幽默做武器来与他人保持距离。

菲尔从迈阿密高中来到佛罗里达大学，与他同寝室的都是运动员和政治家，包括后来成为美国参议员的乔治·斯马瑟斯。在大学中，菲尔享受着同学间的兄弟情谊，享受着与女孩的交往，在禁酒令撤销前，他饮用了大量家酿的杜松子酒。暑假时，他管理着格雷厄姆家的奶场，而他的家人则去密歇根州度假，厄内斯特仍旧将那里视为家乡。

第七章

1934年，菲尔19岁，他的母亲死于癌症，这是他生命中的最大悲剧。菲尔被击垮了；他深爱着母亲，也依赖着母亲对他的爱。很多年以后我才认识到，他非常抗拒谈到母亲。他后来坦白说，母亲死后，上大学期间的无数个的夜晚，他都是在哭泣中入眠。

母亲临死的那年，菲尔离开学校到农场工作。他开了一年运奶车，加上暑假管理农场的经验，这些无疑教会了他如何与各类人相处——那些为他工作，同他一起工作，以及他必须取悦的客户。父子间的分歧引发的冲突也影响了菲尔：菲尔喜欢寻欢作乐，钟情饮酒；而他的父亲拼劲儿十足，滴酒不沾。

还有一位老人对菲尔产生了巨大影响，他叫埃文斯，是菲尔父母的朋友，菲尔生命中的几位导师之一。埃文斯是名律师，同时也涉足政治；菲尔母亲病危之际，与埃文斯先生（同时也是格雷厄姆家的律师）谈论了希望菲尔进入法学院的事情。弗洛斯询问"最好"的法学院在哪里，埃文斯回答说在哈佛，因此，弗洛斯告知菲尔以及更为重要的厄内斯特的临终遗愿，就是让菲尔去哈佛。

等到该上学的时候，菲尔的父亲说他负担不起菲尔攻读法学院的学费。但在最后一刻，他改变了心意。菲尔申请进入密歇根大学法学院，但因为已经过了开学时间而遭到拒绝。他父亲转而向克劳德·派帕尔求助。派帕尔是哈佛法学院毕业生，当时已经在佛罗里达州从政，他成功帮助菲尔进入哈佛。那个时候这要相对容易些，因为哈佛有一个简单的筛选学生的方法：多招收三分之一的学生，到感恩节时再淘汰最差的三分之一。事实上，大一新生报到时，教职人员就会在新组建起的班级里说，"看看你左右两边的人，因为到感恩节的时候，你们之中就会有一个人离开了。"名叫菲利普·诺顿的年轻人说，他转向左边，看到菲尔穿着剪裁不佳的乡村西服，稻草般的头发挂在巨大的耳朵上，于是认定菲尔就是那个会离开的人。

在当时，哈佛法学院是一家独特的教育机构。那里的男孩们——当时几乎全是男孩，只有一两个是例外——要么是来自常春藤盟校的最优秀的学生，要么是来自纽约城市大学（CCNY，纽约市公立大学）的最顶尖的学生。费利克斯·弗兰克福特就毕业于纽约城市大学。菲尔两者皆不属于，但异乎寻常的品质和头脑继续让他保持优秀。他的记忆力令人震惊，能够快速浏览并记住阅读过的内容，而且他充分发挥了这一优点。菲尔从未改变他的基本作风——继续到赛马场和酒吧闲逛。即便如此，他在这个新环境中表现优秀且成长迅速。第一学年结束的时候，菲尔担心关系重大的期末考试就此考砸。他告诉父亲，父亲做出牺牲送他到法学院读书，可他却让父亲失望了：他觉得自己可能会被勒令退学。等到成绩寄送过来时，他父亲说，"我猜你不会退学了。这上面说你是班里的第三名。"

以此为起点，菲尔进入了《法律评论》，第二学年结束的时候，他成了这家杂志社的社长。这无疑是改变人一生的重大事件。它赋予了菲尔新的智识上的刺激，教会了他许多东西，让他从无足轻重的小人物成了众人关注的焦点，还让他认识了费利克斯·弗兰克福特——他生命中的重要导师。

两名年轻人排在菲尔之前竞争杂志社的社长。两人的相互倾轧令他们彼此消耗，并形成了僵局，因此在最后时刻，编辑们转向了菲尔。菲尔当时既无名气，又不属于勤奋好学或常春藤名校的学生。普利奇后来说，他们跑到酒吧将菲尔拉出来，让他成了《法律评论》的社长。

此事过去后不久，上一届社长埃德·赫德尔森告诉菲尔，他必须去见费利克斯。在他们赴约的路上，菲尔困惑地发现，赫德尔森迅速浏览着《纽约时报》，于是问他在做什么。埃德说，他在为回答"某个混蛋想要谈论的所有问题"做准备。

担任《法律评论》社长的一年以及同费利克斯·弗兰克福特的关系，很大程度上影响了菲尔的生活。1939年1月，在被罗斯福总统任命为最高法院法官前，费利克斯选定菲尔成为他的"宠儿"。正是费利克斯和《法律评论》的新朋友们，让菲尔踏入了充满伟大思想、理念、书籍和发人深省的谈话的世界，最重要的是，让他开始关心时事。菲尔素来热衷政治，曾花费数年时间帮助父亲竞选，因此对公共问题也颇感兴趣，但如今他遇到的是个沉迷于国家和国际事务，权力和思想的运用，人民、政治和政治理论的人。

PERSONAL HISTORY

第八章

1940年的春天是在兴奋和浪漫的氛围中度过的。对于我和菲尔两人来说，这是一段美妙的时光，但每想及如此迅速结婚也的确让人觉得疯狂。我对婚姻也有着普通人的紧张。我和菲尔对彼此知之甚少，我们都还很年轻——一个不到23，一个不到25。我们的背景大不相同，但却有着许多共同的东西——朋友、兴趣、爱好、政治观点，我们还都喜欢幽默。我们有许多事情可以做，尽管有些难题没有被理解，也没有被解决，从来都没有。

在接下来的最高法院任期中，菲尔将会成为大法官弗兰克福特的助理，某天晚上，他从法庭开车送大法官回家，告诉了法官我们将要结婚的决定，甚至请求法官的允许，因为曾经存在一条不成文的规定，即法官助理需保持单身，以便于全心全意为法官服务，不分昼夜。那时，这样的传统已经被打破，但菲尔仍旧觉得需要请示。菲尔后来向他父亲讲述了费利克斯的反应，说费利克斯事实上是唯一"能够有力反对此事的人物，因此我想先和他聊聊，而他不仅没反对，还衷心赞成此事（因为他和您不一样，他认识那个女孩）"。事实上，费利克斯是我们家多年来的好友——因此也早已认识我。据菲尔所言，费利克斯曾提醒他，"有其父必有其女。"

向他父亲报告即将到来的婚事，比告诉费利克斯或我父亲更加困难，也更加痛苦。1940 年 3 月 17 日，菲尔写信给他父亲，因为疏忽和紧张，他把日期写成了 1939 年，还拼错了我的名字：

> 这封信对您来说将会很有趣……
>
> 等法院的工作结束后，5 月 27 日，或者此后不久，我会结婚……我知道您会赞成的。她的名字是**凯瑟林·迈耶**（Katherine Meyer），我相信您一定会喜欢她。您可能已经听过她父亲的名字，尤金·迈耶，他现在是《华盛顿邮报》的发行人，过去曾担任联邦储备委员会主席……他是犹太人，共和党人，富得令人发指。因为后两个原因，我并不太喜欢他——第一点对我来说无关紧要，但我需要告知您。她母亲不是犹太人，是美国最早的女记者之一，据说非常聪慧，但我觉得她没有什么吸引力……在我们讨论凯（凯瑟林）之前，我要再次强调他们家富得可怕，尽管他们家的事情我已经说得足够多了。比如，他们居住在庸俗不堪的巨大豪宅里，在纽约还有一座，在怀俄明州有一座牧场，诸如此类。现在，我们应该谈谈凯了。
>
> 她的确如您所能期许的那样优秀。当然，我在信上无法说明她如何优秀，但可以粗略讲述几件关于她的事情。这样，等到我们夏季拜访您时，您就会理解我的意思了……我们去年秋季认识，今年夏季谈恋爱时决定下了这件事情。我之前已经说过无法写信告诉您原因，但我确信您会理解的。我们有些问题，这是理所当然的事情。但我相信，我们已经解决了其中的一大部分。
>
> 首先，我想到了佛罗里达的问题；当然，我想要回到那里，而您可能不会理解，许多成长在这里的女孩都不愿考虑住在这里。不管怎样，这其实是个小问题，因为凯非常愿意尝试让佛罗里达接纳她。第二，她手中的钞票，这个问题要棘手些；但我认为我们已经解决了它。她的名下有相当巨额的一笔金钱，我们想到了这样的处理方法：我们住的房子、用的家具、吃的食物、去的地方，都会是我这样的工薪阶层负担得起的。如果她想要花自己的钱购买特殊的衣服，或者进行特殊的旅行，可以，但只限于她自己，这些花费不会包含在平凡的年轻丈夫的共同支出里。最主要的是，我们希望她会将

金钱花费在帮助推动她所信仰的事情和事业上。除了这些，我们仅有的问题可能会出现在费利克斯·弗兰克福特、您和她的家庭身上。我们已经搞定了费利克斯·弗兰克福特；我希望这封信能够让您站在我们这边；而我们猜想，她的家人不会给我们带来无法应付的麻烦。我想，这些已经穷尽了我所能写的关于凯的情况，以及为什么我们将会在今夏结婚，不管发生了什么事。

起初，厄内斯特反对菲尔娶我，这令菲尔心烦意乱。有些问题涉及了我的犹太人身份：厄内斯特提到，某天他在迈阿密海滩见到一个人，这个人说他不想要做犹太人。菲尔对此非常愤慨。厄内斯特担忧的另外一个问题是我们家的财富。4月中旬的时候，菲尔和他父亲间是否互通过信件我不知道，但他父亲的确写信给菲尔，表示了解菲尔正获得"大量关于即将到来的婚姻的建议"，并认为他也应该说一些。他写道：

> 首先，你和那位年轻女子才是要结婚的人，而我也向来认为，合同当事人可以依照自身意愿行事。
>
> 我也许要再向你啰唆一遍我和你母亲结婚的事情。我们赶着一群野马私奔了，一只爱尔兰蹲猎犬是我们的见证人、守卫和同伴。我们在斯特吉斯结婚，婚礼由长老会牧师主持。留下马匹和狗，我们经由乡间土路到20英里外的拉皮德城待了一天，回到特里时只剩2美元，但结为连理才是最重要的事情。
>
> 孩子，我希望你能够在这个世界上取得成功和幸福。我、我们大家都急切盼望着见到**凯瑟林**……你告诉（她），我说过要让你始终保持忠诚专一……

最终，厄内斯特给我写了封满怀柔情的信："菲尔展现出了迄今为止最好的判断力。我希望你能够好好管教他，我将把他交给你，不再忧心。你知道乡下男孩进到城里后，父母总是会担心哪个野女人将他骗了去。"

最后，菲尔没有邀请他父亲参加婚礼，但表示我们随后会开车去见他的家

131

人。部分原因在于，他为厄内斯特最初反对我们的婚姻而气愤。我也相信，他担心他父亲见到我们家的大房子、众多佣人和我们的生活方式，并因此而震惊。事实上，我相信我父亲和他父亲能够克服这些；他们有许多共同之处。我逐渐了解了厄内斯特·格雷厄姆，并最终由衷地钦佩和喜爱上了菲尔精力充沛、粗鲁直接、耿直正派的父亲。

宣布订婚后——此时，许多人已经知道——我们处于兴奋之中，收到各种各样的祝福。但有一周过得非常糟糕，婚约也差点解除。我们和我哥哥比尔去参加晚宴舞会。菲尔喝了太多的酒，我第一次见到了他吓人的一面。他不只是普通的饮醉酒——他完全丧失理智，疯狂胡闹。那晚我忧心了许久。比尔问我之前是否见过菲尔这样。我回答说没有，比尔说，"嗯，那么你最好现在考虑一下这件事情。"

事实上，我觉得必须改变主意重新思考此事，甚至毁弃婚约。第二天晚上，我和菲尔有个约会，我准备好和他谈谈此事，但当他来接我时，他还带着普利奇——一如既往地，他先我一步行动。自然地，我们没有谈到这个话题，它被无限期地延迟了。我冷静了下来，担忧消失了，他的魅力占据了上风，当时的事情就是这样。

菲尔和我家人对彼此的了解逐步加深，并喜欢上了对方，但菲尔仍旧担心我的金钱。我仍旧在工作，事实上，直至婚礼前都还在上班。我也忙着同母亲购买大量我觉得会需要的嫁妆；我承诺说会依靠我和菲尔自己挣得的金钱生活，因此，我想要在婚后买尽量少的东西，而在此时尽可能地多买。购买嫁妆花费了我相当长一段时间。

我们就婚礼的举办方式问题讨论了许久。我们都感到非常难为情——菲尔希望我们在纽约市政厅举办婚礼，由市长菲奥雷洛·拉瓜迪亚（Fiorello La Guardia）担任主持；菲奥雷洛是我们都很尊敬的人。而且，我要穿灰色法兰绒衣服。我以两项没有商量余地的要求予以反击——我想要有不太正式的宗教仪式，穿着长长的婚纱，在家中举办小型、非正式的友好聚会。我们达成了妥协——婚礼在芒特基斯科农场的花园中举行，我觉得那里比华盛顿的房子更有家的感觉。我们两人都不是虔诚的宗教徒，但我希望婚礼有些宗教感，而不是由法官来主持，借助母亲，我们找到了一位友善、低调的路德派牧师。

1940年6月5日，我们在芒特基斯科结婚了。来宾包括菲尔为之工作过的两位法官以及他们的妻子，里德夫妇和弗兰克福特夫妇，还有我们在霍克利的朋友、我的家人、几位亲密好友；其中就有爱德华·史泰钦，这一点非常幸运。我和菲尔都没有请摄影师，但史泰钦无须我们请求就带上了相机。我们都很满意他拍摄的那些照片，我至今仍旧珍藏着它们。我自己设计了礼服，交由波道夫古德曼制作。礼服很长，和我所希望的一样，它朴素简单，但非常漂亮，由厚重的丝绸制成，披肩的边缘镶有祖母的蕾丝。我手捧兰花，头发上佩戴了橙色的花，但没有面纱。妹妹露丝是我的伴娘，而普利奇是菲尔的伴郎——正如菲尔所言，别人不会有这么重要的伴郎了。

在婚礼前的午餐上，菲尔、普利奇和布奇·费希尔开始和费利克斯争论起最高法院两天前宣判的案子。乔·拉希后来将其描述为"首个战时公民自由权案"。在这个案例上，年轻人与费利克斯的观点分歧严重，费利克斯在"迈纳斯维尔校区诉戈比蒂斯案"（Minersville School District v. Gobitis）中写下法庭意见，认为州政府可以要求公立学校的学生向国旗敬礼，即使这违背了他们的宗教信仰。此案中，戈比蒂斯的孩子们是耶和华见证会（Jehovah's Witnesses）的信徒。费利克斯的立场令菲尔和普利奇特别不满，甚至震惊。史泰钦也是这场辩论的重要辩手。我、碧丝和其他人——我确信有我哥哥——全都参与其中。费利克斯喜欢且鼓励高声的激烈辩论，其他人对此也都很享受，但这次的辩论却有些过火以至于剑拔弩张。费利克斯深信学生致敬国旗的义务。争论变得非常激烈，普利奇涨红的、圆嘟嘟的脸颊上一度滚下大滴的泪珠来。每个人都很不愉快。争论持续不断，碧丝回忆说，费利克斯曾在某个时刻讲道，"大家总说我是自由主义者，但我从来就不是。"最终，男管家过来宣布，牧师已经等了一个小时，费利克斯打断争论，用他强力的手腕抓住我，说道，"来吧，凯。我们到树林中走走，冷静冷静。"我们就走了。

接着，我们继续进行婚礼，之后举办了稍稍盛大些的欢迎会，以招待姑姑姨姨、叔叔舅舅和表兄弟姐妹。然后，深受我们喜爱的家庭司机阿尔·菲利普斯载着我和菲尔去了纽约的卡莱尔酒店。我们原本打算留在埃塞克斯酒店，但菲尔发现那里有游行，觉得以穿越警戒线来开始婚姻生活不是什么好兆头。我同意了。进入酒店时，我们努力假装不是新婚夫妇，并且做到了，直到菲尔伸长胳膊做登记，掉落了许多大米（在美国，婚礼结束后，人们会向新人们撒大米，祝福他们以后多子多福——译者注）。

母亲用芒特基斯科的鲜花装点我们的屋子。我们在纽约待了一两个夜晚，见了些朋友。那时，姐姐弗洛里已经嫁给奥斯卡·霍莫卡（Oscar Homolka），她过来卡莱尔酒店看望我们，客房服务员通知说，"霍莫卡夫人来见格雷厄姆夫人。"这是我第一次在公开场合听到新姓氏，感到开心极了。

几天后，我们乘汽船到了百慕大，我带了大量的行李，包括一个大到难以置信的行李箱。我们居住在珊瑚海滩的地平线酒店，房间附带了小门厅，可以做起居室。我带了《战争与和平》，菲尔也有同样的严肃读物。某天，我们将房间借给了一对军人夫妇，他们同样在度蜜月。我们骑了一天的自行车回来后，他们说，"好家伙！你们房间里的书真多啊！我们却只会打情骂俏。"我们在那里时，菲尔写信给他姐姐玛丽，恭喜她生了个宝宝，并同她讲述百慕大的趣事：不可思议的鲜花，海的颜色，远离尘世的宁静。他补充说："她，我老婆，一天比一天健康。"

尽管忧心着法国的陷落，我们继续做着非常传统的事情——骑自行车、打网球、游泳和阅读。我们一起打网球导致了紧张关系，不过这是后来才显现的。过去我打得不多，但对它的喜爱却与日俱增，尤其是摆脱碧丝的阴影后。菲尔打得更少，但既然我喜欢这项运动，他便兴致勃勃地参与进来，球技也日益提高，总是能用智慧来弥补球技上的不足。打网球开场时很有趣，但往往会以尖锐而恼人的刺痛结束。在百慕大时，我们有过一次令人捧腹的交流，这次故事一直流传着。我们组队打双打，菲尔错失了一个很好打的球。我说，"啊，好吧，他们都说他头脑灵光。"不一会儿，我错失了一个球。菲尔报复说，"啊，他们说她家花了上百万元教她打球。"

蜜月结束，在芒特基斯科小住几日后，我们去华盛顿看新房子，这座房子是我们为接下来的一年而租的，接着便开着别克敞篷车去了佛罗里达，车子继承自我哥哥比尔。我对菲尔家人只有非常模糊的概念，从未见过他们其中任何一个。

第八章

我一直居住在华盛顿、芝加哥和旧金山，在芒特基斯科度夏，所以也不清楚南方或者城市外的乡村是什么样子。我们进入佛罗里达时，我见到一家公寓的门口上写着"狗与犹太人不得入内"，感到非常震惊，我从未见过或经历过如此丑陋的事情。

我们沿着州级高速公路前行，抵达了菲尔父母在比尔出生时建造的石房子。农场看起来很大、很繁荣，但平坦多沙，那里的大沼泽地已经被开发转变为水道和运河。我们就居住在那座房子中；与我们同住的有菲尔的父亲、菲尔的继母希尔达以及菲尔同父异母的弟弟鲍勃。菲尔的父亲于1936年与希尔达结婚，鲍勃是他们唯一的孩子，显然有些被宠坏了。

对于他们和我来说，这都不是一次简单的会面。希尔达很迷人、亲切和受欢迎。厄内斯特假装看报，并从报纸的上端打量我。他很害羞，但竭力表现出和蔼、热情的样子。某天，我躺在起居室的沙发上写感谢信，三岁的鲍勃居然往我身上吐唾沫，让我大为震惊。菲尔的弟弟比尔后来告诉我，这不过是鲍勃那个时候的习惯。而我则偏执地想，其中必然暗含着某种意味。当然，鲍勃在成长过程中改掉了这个习惯，并成了天资聪颖、极为成功的优秀政治家，完全不同于三位哥哥姐姐。他能力出众，后来成了佛罗里达州的州长，如今则是参议员，菲尔和他父亲的心愿就这样被古怪地实现了。他继承了格雷厄姆家所有的智慧和魅力，比菲尔要稳重得多。

迈阿密令我感到难以亲近，原因有许多。它在南方，没有人告诉过我南方仍旧与全国的其他地方相去甚远——性别歧视的氛围极其浓厚。女人们吃午餐时，谈论的全是家务事，而我对此一窍不通。我与华盛顿的老朋友玛丽·库茨·贝林吃午饭，她丈夫在佛罗里达为泛美航空公司工作，她告诉我她对吸尘器和洗衣机也一无所知，令我倍感安慰。

我努力适应，菲尔的家人和朋友也竭力帮助我，但现实是我对农业和佛罗里达政治全然没有了解，而这些是菲尔和他父亲间的纽带。我们开车环绕农场观看奶牛和庄稼时，我只能努力表现出很感兴趣的样子。

菲尔的大学同学们似乎与我认识的任何人都不一样，我不知道如何同他们交往。某天晚上，我在美国商会（Chamber of Commerce）的船上与菲尔的这些老朋友们聚会，结果很不愉快。这是双重文化冲击，因为我之前从未遇到过商会团体，更不用说在迈阿密了，那里当时仍旧是个小城镇。我们玩了一种叫"吸鼻子"的游戏，将卷烟纸用鼻子相互传递——你必须借助吸气来控制住纸，直至传递给他人；如果你让它掉下来了，你就得亲吻这场事故的另一责任人。它是儿童邮递游戏的改进版。这种古怪的游戏让我感受到强烈的低级趣味。我不知道该一笑置之，还是参与其中。当然，如今我知道我的拘谨和羞涩都太荒谬了，但那时我禁不住怀疑，是否整个余生里都要在与这些商会人士玩"吸鼻子"中度过。因为无力应对这些忧心和恐惧，我在回家的路上落泪了。菲尔停下车，抱住我，让我不要担心——这些是他的老朋友，但他已经与他们疏远了许多；他爱他们，但不会和他们频繁见面，我们也永远都不会再做这种事情。我平静了下来，我们熬过了接下来三周的拜访，最终，菲尔年轻时在迈阿密的一些朋友也成了我的好朋友，并且友谊保存至今。

我们在佛罗里达时，我还见到了菲尔的姐姐玛丽，她非常疼爱菲尔。玛丽过着无谓的艰难生活。她天资过人、聪明伶俐，却并不漂亮。她曾想去北方读服装设计学校，却不被允许。她还有个年纪比她大很多的情人，她爱那个人，她父亲却不允许他们结婚。玛丽和她继母希尔达的关系非常糟糕，希尔达比她大不了多少；第一任妻子去世后不久，厄内斯特在汽车旅行中遇到了希尔达。玛丽反对这次婚姻，并与希尔达作对。菲尔有自己的保留意见，但像往常一样充当和事佬，并在这次事件中支持希尔达。希尔达非常友善，厄内斯特需要她，我同她相处得也很好。

我们在佛罗里达时，菲尔收到了我母亲的生日贺信，说她对我和菲尔结婚非常满意，她从没想过能够如此"自然地接纳一个人进入我们神秘的圈子"。她还写道：

> 你和凯将会在未来新世界中大展拳脚，那是一个我们所有人都即将迎接的世界，每想到此点，我就会嫉妒你们两人能够有这样的机会、这样的生活。我要再多说一句，在小屋的阳台上我们交流过钱的问题，但没有得出结果。我们的谈话被打断时，你说到金钱是危险的，因为它使人软弱。这完全

正确，对于那些生来就很有钱的人尤其如此，但对于你和我这样在个性形成期就要自己挣钱的人来说，金钱还有另外一种危险。一生之中，我都在无情地鞭策自己，最初是因为害怕变得软弱，后来则是因为成了一种习惯。它变成了一种强烈的执念，我太过担心金钱会影响尤金和孩子们，于是为每个人灌输了永无止境的野心。你是如此坚强和明智，不需要担心变得娇嫩，甚至不需要担心金钱对我产生的相反效果。然而，我觉得此事值得一提，这样你和凯将能够自由使用你们所拥有的一切，做你们认为合宜的事情，而不必有这样或那样的忧心。

你离开时说，"你可以放心将女儿交给我，迈耶夫人。"作为生日祝福，我要告诉你，我对你的信任超过任何人，无论是哪一方面。

8月1日，我们启程回北方，几天后到达华盛顿。我们居住在新月酒店中，直到我和母亲精心挑选的家具抵达我们位于第37大街1814号的新房子中。接着，1940年的夏末，我们在第一个家里开始了婚姻生活。

PERSONAL HISTORY

第九章

我们迅速而轻松地住进了我们的小房子中，这座不带家具的房子的租金是80美元每月。房子就在乔治城之外，西部高中的后面，那是一个名叫博雷斯连栋住宅小区，愉悦、舒适、朴实无华。它有一间微小的起居室，一进门便会看到，还有一间餐厅和一间小厨房。二楼有一间漂亮的卧室，在起居室之上；还有两个小房间，我们各自用作了书房。菲尔的书房中有一个沙发床，可以供客人使用。房子的后面有带顶棚的门廊和极小的院子——被很小的锡皮屋顶车库占去了很大一部分。

房间里稀疏地陈设了些经典时尚家居，反映了我当时的品位。因为这些家具是父母送给我的礼物，所以全都是定做的——幸运的是，菲尔对这些东西的价值保持了幸福的无知，因而也未有提出异议。我们从伍德沃德与洛思罗普百货商店购买了起居室的窗帘。

这个小房子帮助我和菲尔实现了我们期望的生活——像同龄人一样。在菲尔的坚持和我的认可下，我们依靠共同的薪水生活，而由于开始时我薪资微薄，我最初的意向是放下工作，成为家庭主妇，学习烹饪和打理家务。菲尔被这个想法吓到了。他说如果工作到很晚，而我又焦急地守在门口，做好柠檬饼等他的话，那会是很恐怖的事情。此外，他真的希望我能够继续工作，并决定用我的薪水来请个女佣。因此，优秀的玛蒂·杰弗里斯进入了我们的生活。玛蒂是我母亲的洗衣女工，她每天早餐前过来，一直待到晚餐结束，每周休息两个半天，如果我没记错的话。她负责清洁卫生，洗衣做饭。我惭愧地承认，我们每周仅支付她15美元。

作为法官助理，菲尔一年的薪资是3600美元，他指出这远非自我牺牲，因为在当时，这和律师事务所的起薪相当，甚至还要超出一些。我年薪1500美元。我们还有一笔小储蓄，是姑姑送的500美元的结婚礼金，我觉得可以拿这笔钱来支付额外开支，如去剧院或旅行。某种意义上讲，菲尔和我一样被宠坏了，对理财一无所知，离开法学院后便直接投入了霍克利的奢侈生活的怀抱。

我开始学着在新的开支水平上生活。我购买的大量嫁妆让我免于担心衣服的开支，但很显然，我对家庭生活的细节毫无概念。玛蒂工作勤奋，这样我就会有许多东西不必学习。比如，她不在的晚上，做汉堡或摊鸡蛋几乎都超出了我的能力之外。我承认，我的生活中仍旧有一些古怪的空白。我一生中从未熨过衣服。

我进入了生活拮据的狂乱状态，做了许多荒谬可笑的事情来省钱——如把要洗的衣服送到当地的托尔曼斯洗衣房，而非让他们来取，因为这样每磅可以节省10美分。当然，托尔曼斯也毁了我印花的亚麻布床单，那是母亲送给我的嫁妆，但我根本不知道它们非常特殊，因为我一生都在睡这样的床单。1940年9月，我们搬到房子中后，我开始记账，尽职尽责地记下每一分钱的开支，包括汽油、邮件和生活用品的花费，甚至是我们的零花钱——每人每周9美元。10月时账目逐渐减少，11月之后就再也没有了，显然我很快就厌倦了这种记录，但除了500美元的结婚礼金外，我从未动用过自己的一分钱，直到两年后菲尔参军。甚至在怀孕时，我穿着借来的衣服来替换从百货商店购买的廉价孕妇装，看起来非常寒酸窘迫。我可以确信，我这么做是出于遵守协议的强烈愿望。不过，尽管我做得极端了些，但依靠我们自己的薪水来生活，对于我和我们而言都很有益。我们经历了一段美妙时光。

那一年，我们的朋友基本保持不变，霍克利的男孩们——尤其是普利奇、比尔·谢尔登和约翰·弗格森——是我们最亲近的人。与此同时，几位新人进入了我们的生活。普利奇开始和拥有一半英国血统的美丽女孩约会，女孩名叫伊万杰琳·贝尔（Evangeline Bell），是司法部长弗朗西斯·比德尔（Francis Biddle）的秘书兼助理。伊万杰琳嫁给大卫·布鲁斯后，我和她的关系甚至更加亲密了。伟大的自由主义者乔·劳及其妻子奥莉，成为我们在这一时期的重要好友。我们还与约瑟夫·艾尔索普有了更好的交情。他并不比我们大很多，但社交生活和经验却至少领先我们一个代际。

那一年，罗米利夫妇——埃斯蒙德和杰西卡——对我们也很重要。大家都称杰西卡为"戴卡"，她原名为杰西卡·米特福德，是以古怪而著称的米特福德家族的一员。在一次晚宴派对上，还很年轻的戴卡遇到了埃斯蒙德·罗米利，埃斯蒙德是她的二表哥，同时也是温斯顿·丘吉尔的外甥。戴卡询问埃斯蒙德，是否要去西班牙与国际纵队并肩作战，并把她也带上。埃斯蒙德答应了，他们一同出发，在路上爱上了彼此，这引发了轩然大波，当时的外交部长安东尼·艾登还派遣了一艘驱逐舰去寻回戴卡。

1939年2月，戴卡和埃斯蒙德来到美国，正是在那年的某个时间，我遇到了他们，被他们所吸引，并邀请他们到芒特基斯科度周末。他们吃惊地发现，芒特基斯科的环境与他们的脾性非常投合，而我父母则热情好客，于是评论说，这样坦率的热情是英国所没有的。

罗米利夫妇开始了美国之旅，向南前往新奥尔良，但在某处转错了方向，结果在迈阿密停了下来。他们在酒吧找了份工作，酒吧老板急需1000美元来购买酒水许可证。埃斯蒙德飞到华盛顿向我父亲借钱。他准备了一整套说辞，包括一张列有他在英国的资产的清单，这些资产可以用作担保品。父亲慷慨地说，"你不必解释外国的资产了，埃斯蒙德。"并立即将钱借给了他。利用这笔钱，埃斯蒙德获取了这家酒吧一半的股权。

战事变得激烈后，埃斯蒙德自愿加入了加拿大陆军航空兵团，不久后悲剧地战死在一架轰炸机上。戴卡在华盛顿待了一段时间，再度结婚，后成为著名的调查记者。她始终是我挚爱的密友，于不久前离世。

另一个进入我们生活的重要人物是让·莫内。1940年末，莫内来到美国，尽管默默无闻，但他其实是国际上和战争中至关重要的人物。法国陷落后，莫内去了英国，后来又来到这里，没有官衔，没有正式职务，没有平台，只有他的头脑和人格。丘吉尔提名莫内为英国供应委员会（British Supply Council）驻华盛顿的委员，自由法国（Free French，指原法兰西第三共和国国防部次长夏尔·戴高乐于1940年6月在英国建立的政体——译者注）和英国交给他的任务是搜集物资，然后运回欧洲。

莫内确凿地证明，如果某个人足够聪慧、有政治头脑且全力以赴，他就能够在一无所有的情况下取得权力的基础。他终生都在做着这样的事情，战后还开始为统一欧洲而奔波。他做事的方式是结交正确的人——拥有知识、权力和意志去推动事物发展的人——然后去了解推动事物发展的力量，并持续壮大这股力量。他对结交朋友和时间利用要求苛刻。他从不闲聊，在辩论、开会甚至吃晚餐时都要紧扣主题。菲尔视他为偶像。许多年后的某个周日，我们和莫内一起在阳台上吃午餐，只有我们三个人，我和菲尔不断称赞他，他谦逊地摇摇头，抗议道，"我平生只有一个理念，但那是个好理念。"

不过，在婚后的第一年里，最高法院大法官费利克斯·弗兰克福特对我们的影响才是压倒性的，菲尔如今成了他的助理。费利克斯及其妻子玛丽恩同比德尔夫妇、艾奇逊夫妇、洛维特夫妇以及之后的麦克洛伊夫妇、莫内夫妇、法国大使亨利·博内及其妻子非常熟识，我们也都有幸认识了这些人。菲尔还在法学院的时候就已经与费利克斯非常亲密，如今，他们共同的兴趣、聪慧和机智令他们更是莫逆投合。菲尔对政治的热爱与费利克斯·弗兰克福特的趣味完美契合。

菲尔为费利克斯做助理的这一年只能用嬉戏胡闹来形容——其中蕴含了"流浪兄弟"（Rover Boys，美国漫画人物——译者注）式的品质。我们的好友、霍克利的合租者埃德温·麦克尔韦恩为首席法官查尔斯·埃文斯·休斯做助理，埃德·赫德尔森为大法官弗兰克·墨菲（Frank Murphy）做助理，当然还有普利奇，他总会出现在我们身边，尽管现在已为政府的行政部门工作。

费利克斯始终是费利克斯，他深度介入了我们的生活，几乎无所不在。那一年，我们家和他们家持续不断地通话、互访，经常闲聊和取笑法院里的人和事。

我们清晨总是行动缓慢。我喜欢早起，晚上也早早便入睡。早上经常有电话响起，费利克斯会问，"菲尔在哪里？""在路上呢，法官。"我则如此回答，每次都要刻意强调我们给他的头衔，同时一脚把菲尔踢下床，匆忙地帮助他整理出门。

第九章

菲尔购买了一辆二手奥尔兹莫比尔牌汽车，前车主将车喷成了古怪的绿色。菲尔开车到乔治城接法官上班，下班后再将他送回家。他们总是闲谈争论个不停。费利克斯经常向菲尔口述法庭意见，来回踱步组织语言，菲尔则帮他打字记录。费利克斯的辞藻偶尔变得复杂难解、华而不实，或者平庸乏味时，菲尔就会停止打字，以示反对。如果他们的观点存在分歧，他们就会一直争论下去，直到费利克斯被打动，或者更加毅然决然。费利克斯为人宽厚，有时最后记录下来的根本不是他原本的观点；而如果两人对问题关切颇深的话，争论可能会持续数月。有一次，菲尔和费利克斯的立场都很坚定，他把法官送回第30大街的家后，愤愤不平地回来了。显然，他们一路上都在争吵。菲尔一踏入房门，电话便响了，争论没有任何减弱的迹象，直到我吃惊地听菲尔说，"好了，我不在乎你做了什么，法官。我只是不希望你令自己看起来非常愚蠢！"说完后，他重重地挂断了电话。我忘记了具体的案件是什么，但的确记得，在争论激烈进行期间，他们不断推迟判决书的书写。最终，在休庭前的最后阶段，他们熬夜写出了法庭意见，然后清晨乘出租车回家。费利克斯太累了，他甚至没有听到司机询问住址。菲尔后来告诉我，出租车司机回头望着这个疲惫不堪的男人说，"出了什么事情？你傻了还是怎么了？"

某一天，法官同菲尔一起来到我们家，像往常那样紧紧抓住我的胳膊——有时会因为太紧而弄疼我——问道，"凯，菲尔告诉你休斯几天前在法庭上说的话了吗？""没有，他没说，法官。"我回答道。"菲尔，你为什么不告诉凯？你应该告诉她的，休斯什么事情都跟妻子说。"

费利克斯拥有无穷无尽的能量和热情，懂得尽情享受生活乐趣。他当然沉稳理智，但同样也会真情流露。他喜欢与人争辩问题，且只喜欢某几类人，尤其是那些在权利和正义理念方面与他相一致的人。同时，他也喜欢那些反对他，与他大胆争论的人，只要他们非常聪明，且思想在他可接受范围之内；如果你令他厌烦，言辞寡淡，或者迂腐刻板，那么仅仅有知识也并不足够。由于弗兰克福特夫妇膝下无子，费利克斯将那些讨他喜欢的年轻哈佛法学院学生视作了自己的儿子，与助理及其家人的关系都真诚亲密。费利克斯喜欢说笑闲聊，纵容最喜欢的学生的无礼之举，鼓励他们质疑自己。在推崇旧式礼仪规范的外人看来，这些男孩粗鲁不敬至极，但这不是费利克斯的看法；大声的争论和冒犯只不过是他喜欢的交流方式而已。普利奇是其中尤其不恭敬的。有人报告说，在法官助理晚宴上，争论到最激烈处时，普利奇一屁股坐在会议桌上，眯着眼睛敲起了手指。费利克斯突然低头望着桌子说道，"普利奇，你在干什么？"普利奇抬起头说，"数你辩论时的离题次数。"费利克斯开怀大笑。

因为菲尔要在法院工作很长时间，我便回到《邮报》上班，为周末版的"智囊"（如今已更名为"瞭望"）专栏撰写报道。这次的写作经历较之以往要紧张得多，有时对我来说甚至有些困难。有一次，菲尔发现我深夜两点还未入睡，便从打字机旁俯下身来，无奈地亲吻了我一下；某篇报道我写到一半便断了思路，无力再写下去。他问了我一些问题，撰写了几个段落，然后就丢下我，独自去睡觉了。

我写了一些主题，如广播员同美国作曲家、作家与出版者协会（ASCAP）之间的斗争，宣传小组与美国第一委员会（America First Committee），罗斯福夫人开始第三任期，哈里·布里奇斯（Harry Bridges）的审判，华盛顿特区少年法庭，樱花节（Cherry Blossom Festival）与华盛顿的春天，泛美日（Pan American Day），以及一篇名为"智囊团已走，但教授仍在"（Brain Trust Gone, but Professors Are Still Here）的文章。在凯西·琼斯的推荐下，我加入了"国家女性记者俱乐部"（Women's National Press Club），她在推荐信中说，我是个"完全称职的记者"。

《邮报》仍旧在 E 大街的办公楼里运转着，距离国家大剧院（National Theater）只有咫尺之遥。办公楼整体都摇摇欲坠，危机四伏。里面的每一样东西都陈旧非常，只有某些员工是例外。狭小、阴暗的大厅里有一位收银员和一张柜台，用于销售过期报纸和处理公共事务。有一个小到仿似笼子般的电梯，电梯管理员控制着老式的电梯门，这部危险的电梯带着你经过二楼的本地新闻编辑部，直达三楼的社论编辑部、妇女部和编辑与发行人办公室。

当地报纸之间的竞争持续升温。茜茜·帕特森将《时报》和《先驱报》合并，致使《邮报》的发行量排名第三，位列合并后的报纸与《星报》之后。父亲经常抱怨说，其他报纸在广告收入和发行量上遥遥领先，而《邮报》则在运营开

第九章

支上勇夺冠军。斯克利普斯·霍华德的午后小报——《每日新闻》，在午餐时间仍旧拥有大量读者。

父亲继续饶有兴致地经营着《邮报》。他喜欢担任发行人，员工们也都喜欢为他工作。他们已经开始亲切地称他为布奇（Butch）——至少背后是如此——父亲喜欢这个称呼，认为这其中包含了敬意。1940年，《邮报》亏损了75万美元，第二年甚至更多，但他努力减少亏损因素。1941年的夏季，父亲提议同员工一起分享报纸的"进步"，但因为没有利润，分红的方式便成为将过去一年提升的收益的2/3分配给所有人。《邮报》的广告费不及《星报》的一半，但发行量已经达至了13万份，而1933年父亲收购它时，其发行量不过5万份。

同样在1941年的夏季，《时代》杂志刊登了一篇关于《邮报》的文章，称它是"首都地区唯一一份高水平报纸……已经成为全国性的重要报刊，美国国会的必读物，品格高洁、独立的媒体，是行业领域中的积极力量。"《邮报》在其头版上的回应颇有些未经世面的意思："《邮报》上下不会得意忘形；这份报纸才刚刚开始成长。"不论回应如何，对于一份重生后如此年轻，在地方声誉上远不及占据主导地位的、阔绰的《星报》的报纸来说，这当然是令人兴奋的赞美。《邮报》取得的进步便是父亲收获的颂歌，他在面对巨大困难，有时甚至濒临绝境的情况下始终坚忍不拔。他曾经对着母亲床边的早餐盘子抱怨叹息，大声嚷道，"我觉得应该卖掉《邮报》。"在父亲情绪低落时，母亲总是能够鼓励他，让他振作起来。

我和菲尔都是罗斯福的坚定支持者，不过，华盛顿哥伦比亚特区没有选票，因此我们的支持也只限于口头上。我父母和1940年的许多其他特区居民一样，热情地支持威尔基（Willkie）。如同以往选举时一样，母亲成了威尔基夫妇的好友和支持者。事后来看，威尔基是优秀的候选人，尽管我们曾援引哈罗德·伊克斯（Harold Ickes）居高临下的评述，称他是"华尔街的赤脚男孩"。

我和菲尔的第一个圣诞节是在床上度过的，我们都感染了流感。首先是我病倒了；接着，圣诞节前夜，菲尔也感冒了。我们不得不赶走两位来访的客人，并在二楼同一棵人造的21厘米高的圣诞树度过这一天，期间只有几位访客和几个

145

问候电话——最令人遗憾的事情是与哥哥有关,他正赶往波士顿迎娶玛丽·阿德莱德·布拉德利(Mary Adelaide Bradley),她是哥哥在约翰·霍普金斯大学认识的研究生。在瓦萨学院时,玛丽比我高一年级。流感使我们无法参加婚礼。我们将小圣诞树同其他圣诞装饰品摆放在一起,长情地保存了许多年。

此时,随着欧洲战争持续升级,英国的儿童大量涌入美国避难,逃离飞落的炸弹的威胁。弗兰克福特夫妇接收了吉尔伯特·默里(Gilbert Murray)的三个小孩子,他们家也因此而欢闹起来,默里是费利克斯的好友,也是牛津大学著名的希腊学者。父亲接收了一整个幼儿园的15名儿童和他们的教师,接着在弗吉尼亚州的沃伦顿附近租了栋巨大的乡村别墅,匆忙装修之后便将他们安置在了那里,让他们度过战乱时期。学校的名字叫做克洛弗克罗夫特。

法国陷落后,父亲将在法国的两家亲戚接到了美国,他们同样是犹太人,处境非常危险。父亲资助他们,帮助男人找工作,供孩子们在此地上学。不幸的是,父亲的表弟莱昂·匹多克-卡恩及其妻子苏珊娜,拒绝了父亲帮助他们离开欧洲的邀请,最终死于奥斯威辛集中营。他们的儿子伯特兰是名医生,时任巴黎美国医院(American Hospital)的院长,法国陷落后开枪自杀了。儿子的死亡对他们造成了巨大的精神打击,以致不愿离开。伯特兰的妹妹杰奎琳也留在了法国,躲藏在拥护自由法国的非常勇敢的天主教家庭中。她和丈夫雅克·艾森曼与我父亲非常亲密,同我也依旧关系密切。他们现在刚刚步入90岁高龄,非常健康。

1941年的春季末,菲尔在法院的任期临近尾声,开始更多地考虑下一步动作。他仍旧认为自己应该回到佛罗里达,从事法律工作,并最终从政。我们去塔拉哈西(佛罗里达州州府——译者注)旅行,期间菲尔参加了面试,并在州首席检察官办公室谋得职位。然而,回到华盛顿后,美国卷入战争的威胁似乎迫在眉睫,令我们无意再搬往佛罗里达。菲尔断言美国最终会参战,而他也将会离开。与此同时,菲尔不想要放弃为准备参战所做的努力;他想要参与其中。随着关于战争的讨论日益增加,菲尔工作完毕后开始将更多的精力放在政治上,四处寻找最能发挥才能的地方。

5月末,菲尔与罗伯特·洛威特(Robert Lovett)共进午餐。洛威特时任空军助理部长，他告诉菲尔应留在华盛顿工作，"直到我们需要更多的陆军和海军"。洛威特自己的办公室过多地受到陆军上校们的控制，因此，他认为菲尔的能力在白宫的哈里·霍普金斯（Harry Hopkins）的手下才能充分发挥。霍普金斯是罗斯福总统最亲密的顾问，居住在白宫，但身体状况不佳。洛威特觉得白宫的工作存在瓶颈，优秀的年轻人可以承担霍普金斯的部分工作，使他能够更加专心帮助总统处理重大事务。

弗兰克福特和洛威特同时游说霍普金斯，6月的某个早晨，霍普金斯在其卧室兼办公室中面见了菲尔。菲尔进去的时候两腿发软，心惊胆战。后来，他写信给他父亲，描述了这次会面：

哈里·霍普金斯抬起头，咕哝了一句"早上好"，然后咆哮道，"你他妈的为什么没在军队里？"

我回答说，我不确定是否要参军，你觉得我应该去的……但我认识的最了解情况的人（海军情报局 [Naval Intelligence] 高官）让我再等几个月，我听从了他的建议。霍普金斯对我的回答似乎还算满意，然后又丢出了更多的问题："为什么我要任用你？""周围有数百个你这样的年轻人。"诸如此类。他安静下来后，告诉我他的确需要某个可以读报告，替他与人交流的人，我开始对自己此后的工作感到好奇。接着，他说存在一些困难，因为白宫没有可以安排给我的职位，但如果我能够让奥斯卡·考克斯（Oscar Cox）聘用我到租借物资管理局（Lend-Lease Administration）工作，并给予我一个办公室，那么，他会很愿意每周同我一起工作三天。考克斯是名优秀的年轻人，35 岁，来自缅因州，担任财政部的总法律顾问助理，构思并起草了《租借法案》（Lend-Lease），我一直都有为他工作的打算。于是，我离开白宫，告诉考克斯发生的事情，他让我周三开始为他工作，也就是 11 号。我照做了，自那时起就一直留在那里。

然而，到目前为止，我尚未见到过哈里·霍普金斯。考克斯非常聪明，从一开始就告诉我霍普金斯的事情可能不会落实。他说哈里·霍普金斯为人古怪，行事不循常理，可能永远都不会聘请真正的助手。不过他说，我和他一起同样可以开开心心地施展才华,因为作为租借物资管理局法律顾问,他是运送物资到英国的关键人物。

从 1941 年 6 月菲尔进入租借物资管理局,到他第二年夏天前去参军,这一年间我们的生活最为激动人心。奥斯卡·考克斯吸引到了有才能的人来为他工作;他们反过来又彼此相处愉悦,且与工作中接触到的要人建立了良好关系。借由这种方式,他们可以建设性地拉动权力杠杆,令政府工作更加高效。奥斯卡便是巨星之一,足以确保激发周围人的最佳能力,赋予他们足够的权力,然后成为他们的坚强后盾。

对于那些在租借物资管理局工作的人来说,本·科恩(Ben Cohen)是影响巨大的人物。他是我们的好朋友,时任"不管部长"(minister without portfolio,意为没有部门的部长——译者注),1942 年初成为自设组织的成员,责任为确保武器生产达到标准。在本的理念中,没有什么东西是违规的,他只会以各种方式将其合理化。

要了解这个国家的战争开端,参考一下防御监察委员会在 6 月初举行的会议会大有裨益。当时,有人拿出了《时代》杂志,里面的附注披露了苏联在战争中损失的飞机和其他武器。那个人计算得出,这些损失的武器数量超过了美国已订购的武器数量。军方根本没有意识到战争规模如此巨大,指责了所有人除了它自己,而这群律师则将事实展示给了当权者,包括总统,让他们知晓现实状况究竟有多糟糕,美国为这场战争的准备有多不充分。

各方都在激烈争夺美国生产的武器——我们自己的海陆空三军,以及英国、自由法国和俄罗斯人。罗斯福一年前曾讲道,要制造"如云般的飞机",成为"民主政治的超级军火库"(Arsenal of Democracy)。某天,菲尔和乔·劳获得了阅读机密文件的许可,得以查看武器制造管理局(Office of Production Management)的绝密数据。他们发现,整个 8 月期间,只有一架四引擎轰炸机被交付给军方,于是看到了推动做更多重要事情的机会,并写了份建议书送给总统。

3 个小时后,霍普金斯送回了一份烫手的便函,说,"你们不应该用这样的事情打扰总统,何况这也并非实情。"两个年轻人——菲尔当时 26 岁,乔只比他

第九章

大 3 岁——瞬间感到末日即临。他们误导了总统，将不得不离开华盛顿！他们冲下楼去见鲍勃·内森（Bob Nathan），他是武器制造管理局的研究部主任，也是统计数据记录簿的发起人；建议书就是根据他的数据草拟的。内森找出黄色表格副本，乔和菲尔则万分惶恐地坐在那里。内森不断地查阅文件，还用铅笔做标注。最终，他说道，"我犯了错误。"就在菲尔和乔濒临崩溃的那一刻，内森说，"8 月没有交付一架四引擎轰炸机。8 月根本没有交付四引擎轰炸机。我计入的那架是在 8 月 31 号之后交付的。"

某个周日，我们外出去弗吉尼亚森林附近的小木屋吃午餐，木屋的主人是爱德华·柏林斯。那天在座的还有战争部副部长罗伯特·帕特森（Robert Patterson），大家激烈地争论着有关备战的问题。当然，我担心帕特森不习惯于这种谈论问题的方式，会认为每个参与辩论的人都疯了。回家后，我告诉菲尔，他们在这位大名鼎鼎的人物面前的举止令人错愕。第二天，菲尔回家后说，"我猜我们没有过分冒犯帕特森。今天他打电话邀请我为他工作。"菲尔拒绝了邀请，而我却一度忧心忡忡。

不久之后，1941 年 12 月初的又一个周日，父母邀请了许多客人到他们在弗吉尼亚的木屋中吃午饭。我出席了，但菲尔和乔·劳仍在办公室中起草租借物资管理局每三个月要向国会提交的报告。正吃午餐时，《邮报》的某个人打来电话说，日本人轰炸了珍珠港。

菲尔和乔外出去吃过了点的午餐，在回去的路上，拉里·弗莱（Larry Fly）——联邦通讯委员会（Federal Communications Commission）和战争通讯委员会（War Communications Board）的主席，认出了他们，并停下车来喊道，日本人袭击了珍珠港。乔说道，"谢天谢地。"菲尔说，"闭嘴。""我们没有为战争做好准备，这令我深感沮丧，"多年后，乔对我说，"我的反应是'谢天谢地'，而菲尔的反应总是最迅速的，他意识到可能会有反犹主义情绪出现，而犹太人最不愿意说的就是'这很好'。"他们两人都立即报名参军，但因为各种原因遭拒。这些原因后来均被废弃。

珍珠港事件后，罗斯福很快便庄严宣战了。在认识到珍珠港事件的重大意味后，国会被淹没在各种拨款申请中，相互竞争，互不协调。鲍勃·内森接到命

149

令，务必确保武器装备不会出现缺损失效的问题。为更有效地推动国家进入战争状态，这群已经在租借物资管理局和其他机构工作过的年轻人，包括菲尔，开始定期地在鲍勃·内森的公寓中见面。这些人自称为"佣兵团"（Goon Squad），他们都在不同机构竭力做着同一件事情——向官僚主义和官僚习气发动一场精彩万分的战斗，且不时会取得令人赞叹的成功。直至战时生产委员会（War Production Board）成立之前，政府部门的权力都相当分散，在此期间，这支主要由年轻人组成的非正式组织完全没有正式授权，却能够弥补权力真空，部分地承担起协调中心的责任。

吉米·伯恩斯（Jimmy Byrnes）进入白宫掌控全局后，这一混乱场面最终得到解决。伯恩斯有自己的小团队，本·科恩和普利奇就是其中的成员。如果"佣兵团"发现了什么问题，本和普利奇会告诉伯恩斯，使问题得到解决。在此之前，"佣兵团"觉得的令问题为众人所知的方法，是将其部分地泄露给阿尔·弗兰德利（Al Friendly）和德鲁·皮尔逊（Drew Pearson）。早在1939年，阿尔·弗兰德利就从《华盛顿每日新闻》（*Washington Daily News*）跳槽至《邮报》，负责报道防御部署状况；德鲁·皮尔逊和鲍勃·艾伦（Bob Allen）合作撰写广受欢迎的专栏，刊登在全国各地的报纸上。

德鲁·皮尔逊是普利奇的私人好友，"佣兵团"的人认为普利奇过多且过于频繁地将信息泄露给皮尔逊，所以在某天晚上，大家劝他停止这样做，因为他的泄密行为弊大于利。两周后，"佣兵团"认为应该将某些事情泄露给皮尔逊，于是责成普利奇完成此事。"你们确定吗？"普利奇问道。"确定，"其他人回答。普利奇说，"那么好吧，我已经做完了。"

在租借物资管理局和应急管理办公室（Office of Emergency Management），菲尔似乎承担了两份不同的职务。尽管名义上他在这些机构任职，但实际上，他到处奔波。无论在那里工作，他都会获得督办员的称呼。他总是不在办公室里，朋友们都说，他的秘书要靠织毛衣消磨时间。1942年春季的几个月里，在波特·伊瓦特（Bert Evatt）的要求下，菲尔脱离了租借物资管理局的法律部门。伊瓦特是澳大利亚外交部长和首席法官，他邀请菲尔担任租借物资管理局的澳大利亚联络人。因此，菲尔整天同澳大利亚人待在一起，尤其是在日本人侵略澳大利亚位于新几内亚的领土后。

后来，菲尔进入《邮报》后，他的八位好友写信给《邮报》总编辑，高度赞美菲尔的成就。这封信绝佳地记述了在卸任弗兰克福特的助理后和参军入伍前，菲尔所做的一些事情：

> 格雷厄姆不比任何一个人差，他负责提高高辛烷值汽油的产量，任务提前完成，使得1944年至1945年间的战略轰炸和空中作战顺利展开。在筹划和执行必要举措，以落实《可变动利率贷款计划》（*V-loans*）上，格雷厄姆扮演了举足轻重的角色，我们的战时生产项目因而也能够加速进行。他付出巨大努力，分包和招募小型公司参与战争给养生产，并取得了实质性进展。

《可变动利率贷款计划》允许向小微企业提供贷款，帮助它们转型生产军需品，它的落实是菲尔击溃官僚习气的典型例证。菲尔为《可变动利率贷款计划》的起草辛勤工作了许多个月，但在送到国会前，该计划需要某些官员的签字。为了减少繁文缛节造成的时间消耗，菲尔搭乘出租车，带着法案挨个找人签字，集齐全部必需的签名后，又带着法案去国会。以此法案为依据，数亿美元的资金被贷给企业。

1941年，我怀孕不久便不幸流产，几个月后的年末，我再次有了身孕，孩子将会在5月出生。流产让人极其烦躁不安，仿似我身体的各个部分都在为一个目标运转时，这个目标却抽身而去，留下孤寂失落的我，正因此，再度怀孕令我极为开心。由于视力和已婚问题，军队起初拒绝菲尔入伍。菲尔决定等孩子出生后，再为军队效力，尽管他已决心参军。有一次我们交谈时，我哀叹与希特勒生在同一时代的不幸，菲尔回应说，"我不知道，也许与这个历史上的头号混蛋战斗也是一种优待。"

到了5月，我比平时甚至更加嗜睡。怀孕似乎迟钝了我的思想，削弱了我的能量——也许是负担着如此大的重量令我身体疲惫。我百无聊赖的状态不时被某些突如其来的兴致打断，如做饭、娱乐和购物。我不再工作，在写给西德尼·海曼的信中我说：

> 我心甘情愿地辞去了工作，过上了平平淡淡的生活。我早上去上烹饪课，中午与朋友们吃午餐，与其他孕妇一起晒太阳、交流、闲聊，总之，依照书上所言做所有事，包括设计丈夫的拖鞋和晚间便服（我保证不是在开玩笑）。最有趣之处还在于，我喜欢做这些事情。

我已经买好了婴儿需要的东西，包括婴儿床和三件婴儿床需要的橡胶床单，菲尔抗议说，他的孩子不会需要这些东西。我的体重又增加了许多，感觉非常不舒服，尤其是华盛顿的天气变得炎热后。

我们开始觉得宝宝过了预产期，所以，我建议医生引产，他这样做了，但时间太早，宝宝还没有准备好。三天后，孩子终于出生了，脐带却绕住了他的脖子，这种情况很常见，也可以轻松处理掉。但那天晚上，战争导致了医护人员的短缺，医生要同时为多名婴儿接生，等他来处理我的问题时，一切已经太迟了。我们失去了孩子。

从漫长的疼痛中恢复过来后，我望着菲尔，虚弱地问道，"孩子还好吗？"当他回答说不好时，我简直不敢相信。我从未听说过有谁失去了孩子，这太让人难以置信，我肯定它不是真的。但它的的确确地发生了。我悲痛欲绝。我永远都不会忘记回到家中时，菲尔已经将所有的婴儿用品移走，以避免我感受到更多的痛苦。我开始意识到，不仅孩子没有了，菲尔也会很快离家参军，我就要孤独一人了。那是一种可怕的痛楚，混杂着我们将永远不再有孩子的绝望情绪，甚至是菲尔将会出事的更大担忧——所有最深沉的恐惧缠绕到了一起。菲尔对我很好，我们都得到了我父亲的安慰。母亲很是心烦意乱，记得直到几周后，我才见到她。

菲尔真的参军了，在他走之前，我们在芒特基斯科举办了聚会，与我们一起还有哥哥比尔和他的妻子玛丽。比尔将会加入医疗部队。

某天晚上，我们全都在一起吃晚餐，母亲仍旧非常拥护共和党，不断责骂"年轻的新政支持者"，而这些人不仅是我们的朋友，还都去参军或部署防御措施

第九章

了。我感情上仍旧脆弱不堪，母亲冷嘲热讽这些年轻人逃避兵役，这就像是一根火柴丢到了汽油浸泡过的篝火堆里。我和她大吵了一架。我知道她仍旧在写关于陀思妥耶夫斯基、托尔斯泰和曼的著作。此外，尽管战事激烈，芒特基斯科仍旧过着奢华享受的生活——譬如，我知道母亲贮藏了大量的糖，而当时糖的供应非常短缺，已经采取了定量配给。于是，我质问她，在一个满是佣人、食糖堆积的屋子里写作荒诞无稽的书籍，她又为这场战争付出了什么努力。母亲反问我为战争做了什么。由于我刚刚失去孩子，丈夫又要前去参军，于是便痛哭起来。菲尔和比尔将我们分开，把我送到了楼上去。

然后，他们直截了当地告诉母亲，我不应该如此感情用事地攻击她，但也强调说，她应该做一些更有建设性的事情，而非像刚才那样。他们建议母亲将注意力放在报道美国受战争影响的地区。值得赞扬的是，母亲认真接纳他们的建议，成为了旅行记者，开始热心而富有建设性报道战争和大后方的事情。

婚后的最初几年间，在战争扰乱我和菲尔的生活之前，我们过着非常幸福的生活。我有了很大的成长，这主要归功于菲尔。他对我所做的一切不只是有益，而且必不可少。他开始将我从家庭和家庭所孕育的神话中解放出来，最终引领我走上了与我先前所知的迥然不同的道路。他抵消了我对新异思想与生俱来的抗拒，让我接纳与我政见不同之人，教会我只坚守我自身而非任何其他人的原则。菲尔还给我的生活带来了更多笑声、乐事、对世俗的反叛以及创造性。

在将我从家庭阴影中解放出来的同时，菲尔还迅速接纳了我的父母，比我们这些子女与他们相处得还融洽。菲尔最初忧虑我父亲的财富、政治观念和可能的控制欲，但他逐渐与父亲变得亲密，最终成为父亲一生之中仅有的两三位知己之一。他喜欢与我父亲待在一起，倾听他回忆生活、经历和成功。父亲越来越习惯于独自高谈阔论，而非准许某种形式的交流，也许正是这样，我们这些子女才厌倦同他谈话；我们会不由自主地关闭心扉。但菲尔会回应、提问、铭记并乐在其中。他们日益密切的关系给予了他们两人巨大的快乐。

菲尔和我母亲同样相处愉快。母亲从一开始就喜爱菲尔，与他的关系在许多方面都亲密过我。她对家庭中的其他人强调说，只有她和菲尔知道在贫困中长大意味着什么。菲尔欣赏母亲，但对她不似对父亲那般感受单纯。事实上，他对母亲的认识非常客观，有时甚至是严厉和苛刻。

即便如此，菲尔对我父母都帮助极大，他总是坚持我们应该依照自己的意愿生活。我父母孤独、生病或陷入麻烦时，菲尔总是会去帮助他们，但他拒绝被利用，尤其是被我母亲利用或支配。有时，母亲坚持要我们过去吃晚餐，因为她认为菲尔应该见见某某人，菲尔则会回应说，如果他们真的需要我们，他会很乐意去陪伴他们，但我们不会仅仅去为她的餐桌上徒增两位客人。我起初不习惯于拒绝母亲的邀请，但逐渐开始认识到菲尔是正确的。

尽管菲尔更加优秀，但他也向我学习了一些东西。我带给他的是对世界形势的广泛认知，对艺术、音乐和美的鉴赏，当然还有他所钟爱的我父母的世界——《邮报》和华盛顿。我还令他更加沉着稳重。

但自始至终都是菲尔做出决断，而我则随声附和。譬如，在我们建立婚姻的最初几年，我认为是因为他我们才结交朋友，也是因为他才收到邀请。直到多年后，我观察着这一切的消极影响方才意识到，违背常情的是，我似乎很享受这个逆来顺受的妻子角色。不论原因为何，我喜欢受人支配，担任执行者。不过，尽管我完全被菲尔所吸引，但每当想起此事，我还是会感到些许忿恨——我竟然完全依赖于另一个人。

随着战争开始主导我们的生活，我很惊讶于我们能够继续幸福下去，而不论外部世界的局势如何。婚姻的最初几年间，我记忆中最多的是我们给予彼此的乐趣，持续的成长和学习，以及始终存在的欢声笑语。

PERSONAL HISTORY

第十章

1942年7月27日早晨，菲尔离家加入陆军航空队（Army Air Corps），成为了一名战士。他首先进入了位于马里兰州（Maryland）附近的军事基地乔治·米德堡。我们在华盛顿市中心的灰狗巴士终点站分别，那是个极为沮丧的时刻，紧张的新兵挤作一团，混乱场景令人更觉压抑。尽管知道无论他乘船去往哪里，我都会再见到他，但分别后的未知还是将我击溃，我紧紧抱住了他。菲尔加入了惶恐不安的新兵队伍，我转过身来，疾步穿过车站大门。我匆忙离去时，不经意地低下头，发现衬裙露了出来，我知道自己再度陷入了危机。

第二天，菲尔就从米德堡给我写信，描述他对军队生活的第一印象：谷仓式的接待中心，简陋的餐厅和出奇好吃的食物，体格检查，没有空调的军营。他坐在行军床的边缘，将洗手间袋放在膝盖上做桌子，写完了这封信。来自华盛顿特区的13个人已经团结到了一起，在自华盛顿出发的车上，菲尔坐在新兵中唯一的黑人身旁。菲尔很快注意到，这个黑人被忽视了，随即又发现，他在军队中非常活跃，尽管这个"黑鬼"被毫不隐讳地排斥在群体之外。

在米德堡短暂停留后，菲尔被送去大西洋城接受基本训练，在那里我和他团聚，开始了我的随军生活。我在距离木板路不远的公寓里找到了房间，每晚我们在那里度过两个半小时。其余的大部分时间，我都是看着士兵们在湿热的天气里，于木板路上来回踱步。

某种程度而言，前往大西洋城意味着重新开始正常的生活，但几乎那里的所有一切都让我沮丧——从住的房子到湿热的天气，再到与菲尔极其短暂的会面。几周后，菲尔因为流感或是肺炎进入医院，因为我不被准许去探望他，于是便回到华盛顿等待他的下一项任务的消息。菲尔自医院写了封动人的信笺：

> 午觉我睡得昏昏沉沉，就和早晨时一样，想着我们的事情——我想要说你，但那是不准确的，因为我想到的所有事情都是我们两人一起做的。
>
> 我们奇异、美妙而充实。对我来言，两年来的每一天，"我们"已经愈发成为唯一重要的事实。今天翻读过去的杂志时，我想到华盛顿的管理虚假得可怕。接着，我想到这支军队多么像寄宿学校，盲目、刻板地传承着虐待狂传统。然后，我又意识到，尽管这些事情对我而言很重要，但那些只有你和我共同拥有的事情令它们变得渺小。我不知道这些事情是怎样碰巧发生在我们身上的，但我知道我们必须珍视它们，我们也的确珍视了它们。现在坐在这里，我每时每刻都在产生有趣的小想法——我到达新基地的那一刻如何找到电话，告诉你立即启程；也许我能挤出三四天的时间，这样我们就能一起去游玩；战争过后，所有关于工作的考量都要让位于我俩一起待上几个小时的需求。
>
> 我喜欢思考这些事情。它们浮现在我的脑海里，不是因为如今小小分别所带来的悲伤。我思考它们，是因为我知悉我们不可分割，而它们就是这种知悉的组成部分——凯特，这是一种美妙的了然于心。

菲尔对军队的感受充满矛盾。总的来说，这里和他期待的大多一致，喜爱多过了厌恶。菲尔讨厌的是军队的不合逻辑。他会因为官僚机构的束缚，无委任状的军官愚蠢、频繁的嚎叫，以及组织的低效、笨拙、无能、挥霍和疏忽而倍感沮丧。"他妈的"是最惯于被使用的形容词。它似乎适用于所有事和所有人——"他妈的小滑头""他妈的中士""他妈的军营"。另一方面，菲尔喜欢典型的美国青年，其中最优秀的是名叫波尔的年轻人，来自匹兹堡的轧钢厂。波尔说

第十章

信任人非常重要，不管他们看起来是什么样的人："这里都是好小伙子。我担心他们会是恶棍，但他们不是。你可以信任他们。哎，在战场上你必须信任他们，为什么在这里不呢？"菲尔喜欢那些能让他得到可靠、有用信息的人——如何整理好床铺，如何在晚上刮胡子以避免早晨的忙乱。认识这些人让我们两人都为美国感到骄傲。他们中的许多人已经结婚，且为人父母，但仍旧参军入伍，因为他们信仰保卫祖国的价值。他们多数人都古怪地融合了柔情与冷酷的特质。南方男孩的爱国热情和牺牲精神尤其感动了我，于我而言，他们似乎是最英勇之人。

六周后，菲尔乘船离开了大西洋城。我们只知道，他的目的地是空军部队管理的三所通讯学校之一。巧合的是，这三所学校距离华盛顿分别有一天、两天和三天的路程。第三日将结束之际，菲尔打电话让我立即过去。他在最远、最偏僻的无线电学校，位于南达科他州的苏瀑市。

起初，我担心苏瀑市的生活会是怎样的，但父亲告诉我，他曾经于1923年拯救了这座城市，当时他是农业贷款委员会的主席。他觉得即使所有其他方法都失败了，他仍旧有足够的关系来帮助我。事实上，我很满意菲尔来到这个地方，因为我宁愿生活在出乎意料的小地方，如大西洋城或圣路易斯。

9月初，我到达苏瀑，在几周内安顿了下来。我们发现那里是个温暖友好的小镇，有许多漂亮的小白房子，窗户上插着旗子。约翰·莫雷尔的肉类加工厂发出的浓郁气味和几百个营房火炉的煤烟交融在一起。我们从未看到那个给予这座城市名字的瀑布，传说中它如风景画般美丽，其实，在这片辽阔平原上，我们几乎想象不出任何地方会有瀑布。城市西北一英里处有片被开垦的湿地，平坦如佛罗里达，为草原狂风提供了一条高速公路。军营就位于那里，学校建筑像装配线一样分布在中间——士兵们第一天从一端进入，学习基础的电气知识，几个月后从另一端出来，成为无线电通讯员和机修工。

军营自身有4.5万人，而这座城市原本只有1.5万人。这里拥挤异常，军人家属的住房很难寻找。我不可能找到一处整洁的寓所，在民居里找间屋子是有可能的，但我选择了旅馆，这样我就有了自己的浴室、电话和隐私。

我们俩很快了解到，军队的任何人、任何事都不可信。谣言不断地四处蔓延——譬如，所有人都要从苏瀑转入枪炮学校，而在前线，轰炸机上的枪炮手的平均寿命是四分钟。另一个谣言是，整个陆军航空兵团会被要求穿着新的不同制服，每个人为此要花费 85 美元。

谣言漫天飞舞的情况下，我们很难辨清事实真相。娇生惯养的我们第一次真正感受到，身处社会底层的苦难生活是怎样一番情景。似乎有一只看不见的手持续不断地策划阴谋，置我们的生活于不幸之地。我们生活的世界由无军职的预备军官管理，这些半疯之人不过刚刚上任，似乎只懂得利用他们微弱的权力，以独特、盲目的残忍来折磨士兵。士兵的假期被毫无理由地取消，一两个人的轻微过错动辄招致全体士兵受罚。离奇之事经常发生，如士兵被命令趴在地上，为到访的将军擦除污垢。

等待菲尔休假的同时，我希望能够学习实用的技能，于是到当地的商学院参加打字和速记课程，但却发现它们都极其困难。因为感冒，我错过了一些课程，菲尔已经不再去值白班，这意味着之后我又要从头学习，于是干脆放弃了全部课程。我必须承认这让我如释重负，尤其是考虑到年轻的高中毕业生以高超的技艺将我甩落身后的现实。我还为红十字会做了些工作，和女士们一起缠绷带。我本想为《邮报》周日版写些报道，但苏瀑的生活逐渐变得忙碌起来，看电影，听新兵举办的音乐会，出席教堂晚宴，听讲座，以及参加其他社会活动。所有这些对我而言都新鲜而奇特；我从未见过，更没有经历过美国中部的小城镇生活，也从未体验过这样地方的居民对于陌生人的极大善意。

基瓦尼斯俱乐部晚宴的典型娱乐包括欢迎新成员及其妻子（自然不是成员），简短讨论俱乐部可能修改的规定，当地高中的年轻人献歌一曲，以及空军学院（Air Force School）的随军牧师发表演讲（主题是一战英雄、著名中士艾文·约克的故事，牧师曾经采访过他）。我坐在城镇中最老的居民旁边，他一年前获得了好市民奖章。他不断地谈论我的饮食问题。

除了外出参加其他俱乐部的会议，我自己也加入了一家，名叫"士兵夫人"（Mrs. Private）。这是一家由士兵妻子组成的俱乐部，目的是团结互助，尤其是帮助那些孤独无依和无家可归者。俱乐部的口号是"为了士兵夫人更幸福的生活"。这里有各种类型的士兵妻子，许多都已怀孕，大多数还有工作——如服务员、售货员和肉类加工厂工人。某些本地姑娘嫁给了士兵，而另外一些则只是"怀上了麻烦"。某位本地母亲发现两个女儿都未婚先孕，她向上校抱怨此事，上校反问道，如果她不能控制住自己的女儿，他又如何能够控制住成千上万的士兵！

我在苏濠以及后来的其他地方的大部分生活，都是在等待着每周与菲尔见上几次的时刻中度过。我非常想要孩子，而且很快就再次怀孕了——算上早前的流产，这是我第三次怀孕。一如既往，我开始出现流产症状，这个孩子几乎可以肯定保不住了。全科医生建议我彻底卧床休息，我忠实地接受了，除了起身前去军营探望菲尔的日子。一段时间后，问题仍在，医生说看起来毫无希望了，建议我尽管做自己的事情，一切顺其自然。我起床开始过正常生活，最终，我和医生都惊讶地发现事情开始好转。我告诉医生说觉得胎儿还在——事实也的确如此。

菲尔申请进入候补军官学校（Officers' Candidate School）。他拥有97分的平均成绩，一分钟可以输入25个摩尔斯电码单词，因此得以被录取。与此同时，军营军官询问菲尔，是否愿意留在苏濠教学，这让菲尔更加渴望去军官学校。

菲尔在候补军官学校受训时，我可以留在华盛顿的家里，这让我兴奋不已，但我们短暂的欢愉很快便告终结。X光检查发现，菲尔肺部有七八个钙化点，依照军队的一般做法，这将导致他无法进入候补军官学校，但可以继续留在南达科他州的严寒天气里当兵。菲尔对这种刻板拘泥的做派感到厌倦，决定找人推荐自己进入候补军官学校。他向奥斯卡·考克斯和费利克斯·弗兰克福特等人求助，希望豁免这一微小但通常会导致资格丧失的缺陷。我们在南达科他州安下心来，满怀希冀地等待豁免书，这至少又耗费了六周的时间。新来的指挥官让已婚士兵提早休假，我们惊喜万分，一起度过了感恩节。在生活之中，这样出人意料的事情是美国陆军给予我们的令人兴奋而又意义非凡的礼物。一位友善的好友邀请我们到她家里过感恩夜，并吃一顿过了点的早餐——非常可爱的主意，最终，我们在狭窄的床上度过了幸福的不眠之夜。

1943年1月，菲尔在500人的班级里以第5名的成绩毕业，成为无线电候补军官，同时握有候补军官学校的豁免书。很快，我们便动身前往东部；在为离开苏濠做准备的几天里，我们都因无法在一起而感到焦躁不安、孤独冷清，对临近军营的卡彭特酒店611房间依依不舍。聊以慰藉的是，我们一起度过了在苏濠的那几个月。我与他一同度过的那段时光，是世界上的任何事情都不能相比拟的。

尽管存在着种种不如人意之处，但我们已经爱上了苏瀑。

另一方面，我期待着在华盛顿见到所有人，品味家庭生活的快乐，吃上一顿我不必为之争抢的饭菜。因为此次我确定将会生孩子，而且似乎越来越有可能度过整个孕期，于是决定和父母住在一起，这样我就不会在怀孕时感到孤单。菲尔现在宾夕法尼亚州的韦恩接受成为军官的基本训练，他工作起来比前几个月更加快乐。他喜欢那座城镇、那里的教学楼、军官以及那里的人。后来，2月中旬，菲尔离开韦恩到耶鲁接受进一步的训练，他很满意被安置在法纳姆楼度过了六周，因为那里提供东海岸常见的各类报纸杂志。我们在纽黑文市度过了愉快的周末，居住在塔夫脱酒店中，距离菲尔的教学楼只有半个街区。菲尔为我怀着身孕却长途旅行而担忧，但我却很高兴能有这样的机会。

在耶鲁大学的候补军官学校课程中，菲尔以班级第一名的成绩毕业，成为陆军少尉和通讯官，并被暂时指派到"野蛮比尔"多诺万（Donovan）将军的战略情报局（Office of Strategic Services）工作；情报局总部设在华盛顿。我们终于可以真正在一起了。然而，在战略情报局待了10天后，菲尔发觉那里的人争权夺利，而且都是特权阶层出身的年轻人，于是认定留在那里只会是一种折磨，申请返回航空队，但他在没有遭遇太大难堪的情况下失败了。

5月1日左右，菲尔接到命令，要在第二天前往盐湖城的空军调派中心。这一次，我的肚子已经太大，没有了与他同去的想法。我知道自己将会在他不在场的情况下生下孩子，但我安慰自己说，4月份行动还算便利时，我们度过了一段快乐时光，这就足够了。我们再度在火车站分别，我心中重新燃起可怕的不安，不知他究竟会去往何方。

我忙着搬到父母家我原来的房间里。菲尔留下的东西令我怅然若失，尤其是他的硬币，他总是从口袋里掏出一把硬币，堆放在梳妆台或桌面上。令人感到有趣舒缓的一幕是，他把我的照片放在壁炉架上，忘了拿走。

第二空军有多处军营，菲尔有可能会被自盐湖城送往任何一处，博伊西、图森、加尔维斯顿、苏城和厄尔巴索是最好的选择。5月7日，我听说菲尔已经动身前往华盛顿州的埃夫拉塔，他从那里写信说，他最坏的预期应验了。

第十章

埃夫拉塔临近亚基马，是一家作战空勤组训练学校，由新政时期民间护林保土队（Civilian Conservation Corps）留下的破旧营房组成，位于一片不毛之地中。对于生活和撤离，军营都没有做好预先安排，它附近有座900人的小镇，只为士兵提供了极少的避难设施。那是片寒冷的荒芜之地，菲尔一到那里就感到有些沮丧。他在那里的时光也许是他军人生活的最低谷；持续的坏天气，极糟糕的效率，深刻的孤独感，这些构成了菲尔的全部经历。

我和菲尔写给彼此的信，就像长久而不间断的对话。我的信是关于我见了谁，去了那里，一些国内的问题，以及经常谈到的孩子。我们总是将孩子称为"牵牛花"。菲尔谈论的是埃夫拉塔的艰难生活。我很自然地吐露了自己的全部低落情绪，因为我很清楚如果菲尔不告诉我他的感受，我会是什么感觉。我们的关系依靠着通信来维系，我看不出为什么要再为它增添虚情假意的负担。实际上，我担心的是菲尔心情苦闷的真正原因——无论他不满的是长期的未来，还是此时此刻的当下。他的情绪是否和我一样，受到了天气和无法团聚的影响，还是因为缺少志趣相投的同伴或者别的什么原因而低落彷徨？

1942年9月，母亲前往英国各地的作战中心，报告那里的居民如何专注于生产。她和好友露丝·泰勒游历了一个月的时间，参观医院、托儿所、学校、工厂、工人餐厅、社交中心和职业俱乐部。母亲得出结论，美国尚未了解到她在这次旅程中获得的主要印象——这是一场"人民战争"，英国为这次战争付出的最大努力是"发动一场社会革命"。母亲对英国大后方生产生活的观察，促使她于1943年初在美国展开为期四个月的旅行，参观工厂、造船厂、房屋、学校、日间托儿所，报道美国的大后方以及战争的社会影响。

母亲不在的这段时间，我享受到了相对的平静。我留在父亲身边，帮助他筹备男子的非正式社交聚会，或非公开的晚宴和讨论会。父亲举办这些活动是为了将政府官员、外国要人与《邮报》的编辑和作者聚到一起，以便他们能够就战争形势和工商界人士如何做贡献的问题来交流意见。不过，我最难以忘怀的是那些只有我和他待在一起的静谧时刻。我们很少亲密交流，因为那时我们都不擅长处理亲密关系，但在不知不觉中，我们已经变得非常亲近，且彼此依赖。

这段时间，父亲像个小孩子一样开心，因为《邮报》首次迎来转变的契机。

到战争中期,《邮报》实际上已经扭亏为盈,尽管1942年的营收尚不及1941年的亏损。《邮报》的声誉获得了难以估量的成长。它的威望大大提高,正在展现出自父亲十年前买下它以来,付出的所有努力与金钱的积极效果。尽管父亲提醒自己不要过度乐观,但没有什么能够掩盖他的兴奋之情。我和他花费了大量时间谈论《邮报》和报业状况。战争时期,父亲交给了我一份兼职,让我阅读和比较各家报纸。我满腔热情,将《PM》和《纽约时报》也加入了他让我阅读的报纸清单。我拒绝了一切形式的报酬,只有去看菲尔时,我才会丢下这份工作。

1943年,赫伯特·埃利斯顿和我父亲聘请了得克萨斯州一家小报的编辑艾伦·巴斯(Alan Barth)。巴斯是为公民权利和自由而战斗的斗士,比他们两人都要更加激进。他是父亲的重臣,但有时也会成为父亲的政治麻烦,对于后来的菲尔也是如此。不过,他为社论版锦上添花,使其内容得到明显提高。

《邮报》在业务方面也获得了提升,尽管不如社论版那样引人注目和均衡。发行部门仍旧没有得到改善,缺少管理人员和专业人士。1944年初,家庭订阅的价格增加了,街头售价从3美分增加到了5美分。我们的广告量达到了1500万印行,是1933年的2.5倍。

不利之处在于,《邮报》缺乏连贯性和一致性,本地新闻的数量不够充足。当时,华盛顿居民仍旧没有选举权,这座城市由总统任命的三位行政长官管理,执行种族隔离政策,黑人市民和黑人犯罪不被视为新闻。约翰·芮丝琳是城市新闻夜间编辑,大脑中存储着特区的地图,如果黑人居民区发生了什么事情,她不会派人前去采访。

那段时期建立起来的模式影响了《邮报》此后多年的发展。社论版独立于新闻版,也不会受到父亲观点的左右,但保持了足够的一致性,他为此感到满意和骄傲。总编辑凯西·琼斯和其他编辑发起了各类运动,反对国会议员滥用停车特权,在儿童福利问题上反对通过收养倒卖孩子,反对颠覆性宣传组织与右翼国会议员汉密尔顿·菲什沆瀣一气。《邮报》还独自发出呼声,警醒美国不要以国家安全的名义歧视日裔美国人。凯西·琼斯不时会变得慷慨激昂,挥毫一篇头版社论,令所有人,尤其是社论版的编辑惊愕不已。

战争期间,女性在《邮报》扮演了非常重要的角色。埃尔希·卡珀(Elsie

Carper）刚刚离开大学便加入了《邮报》，工作水平提升迅速；男性奔赴战场后，许多女性接手了他们的工作。玛丽·萨奥尔（Marie Sauer）始终是妇女版的中坚分子，举足轻重的记者和编辑。记得玛丽加入女志愿军（Waves）时，我非常担心父亲的反应，心知他有多么依赖这些女性。不幸的是，同所有的出版物一样，在男性归来后，《邮报》退回到了旧有的模式之中。不过，一些核心女编辑留了下来，尽管主要集中在妇女版，以及被视为女性议题的福利和教育版面。

《邮报》取得了明显的进步，但这却绝不意味着它能够存活下来。华盛顿报纸的情形一片混乱，特别是对于如此规模的一座城市来说。没有哪一个50万人口的城市有如此多的报纸，也没有哪一家报纸是等闲之辈。生存竞争无所不在，对于年近70的父亲来说，这有时是太过沉重的负担。每天看着他，我不断忧心他有多疲劳，工作有多辛苦。过去10年间，父亲的健康受到了巨大影响。

父亲忧心忡忡，将注意力更多地转移到思考《邮报》的未来上。他逐渐开始将菲尔视作救星，我同菲尔结婚两年后，便首次看出了这样的端倪。1942年的秋天，我和父亲自芒特基斯科搭乘火车归来，我们自然而然地谈到了菲尔。我记得他评论说菲尔的文笔出色，很希望菲尔能到《邮报》工作。我在写给菲尔的信中说，"如果你不愿意，那么最好小心些。圣诞节的早晨，你可能就会收到这份礼物。"

此事过去后不久，父亲向我和菲尔两人都表达了菲尔在战后来《邮报》工作的可能性。他理所当然地认为，倘若不能在家族中为《邮报》寻找到继承人，那么所有的努力都会付诸东流。当然，在那个年代，唯一可能的继承人只会是男性，而我哥哥志在医学，对于做生意丝毫不感兴趣，父亲自然想到了菲尔。父亲想让菲尔接手《邮报》，不仅没有令我不安，还让我为之兴奋不已。事实上，我从未想过父亲会认为我应该在《邮报》中扮演关键角色。

菲尔不再担任弗兰克福特助理的那一年，迫在眉睫的战争阻碍了我们搬去佛罗里达，但菲尔仍旧计划遵从布兰德斯给予年轻的哈佛法学院毕业生的忠告，回到家乡，成为美国的草根力量。鉴于菲尔热爱政治，天生为政治所吸引，这理应是他的计划和追求。菲尔想要为公众服务，解决社会问题，正如我们那一代最优秀和最聪明的人——至少是我们认识的大多数人是此类人。尽管菲尔与父亲相互尊重，亲密非常，但他始终表示不会为父亲工作。

如今，菲尔面对着为《邮报》工作的真实可能性。这是令人兴奋的想法，尽管其中蕴含了诸多风险。菲尔有关报业的知识都是自与我父亲的谈话中间接得来，踏足这样的领域无疑会遭遇艰难挣扎。菲尔不仅必须要将这个提议与进入佛罗里达的法律和政治界的雄心相权衡，还要与他父亲对他回归佛罗里达，管理乳品生意的期望相比较。

在纽黑文的候补军官学校，菲尔和父亲就此问题多次沟通，我和菲尔也时常交流。在塔夫脱酒店的房间中，我和菲尔坐在床边，就父亲的提议谈论了数个小时。我喜欢这个提议，但不想要说服菲尔。他询问我的想法，我低下头，说我爱华盛顿，那是我的家乡，但我知道在其他地方我也会很快乐。我还知道我爱《邮报》，但他才是那个要为《邮报》工作的人，这件事情必须由他来决定；这是他的人生，必须由他来决定如何处理这个提议。

经过多次交谈、协商和自我剖析，菲尔最终决定接受提议。他认同父亲的哲学，觉得除了政治外，通过报纸也可以参与公共事务。他总结说，《邮报》是一次伟大的机遇，尽管也存在风险。

哥哥动身前往海外前，建议我到巴尔的摩约翰霍普金斯医院的一位新产科医生那里做检查，他和嫂嫂希望我能够让这位医生接生孩子。过去发生的事情让我的心灵受到重创，我希望能够找回原来的医生，这样也许可以让我确信，失去第一个孩子是不可避免的事故。我固执地否认存在人为的差错，将悲剧归结为命运使然。比尔指出，约翰霍普金斯这样的教学医院可以长期留住好的员工。在他的建议下，我在那里生下了四个孩子。

菲尔继续在埃夫拉塔消磨时光，孩子的预产期也已临近，一切情况都很好。医生提醒我，为了避免在战时管制的情况下进入巴尔的摩，我理应在6月5日前到达那里，以保证6月15日预产期时的安全。碧丝和帕尔·罗伦兹（Pare Lorentz）即将结婚，他们两人善意地劝说我更早前往，因此6月1日我就在巴尔的摩住了下来。在这个陌生的城市需要有人陪伴，我求助于嫂子玛丽·迈耶，她同意丢下六个月大的儿子，陪我一起过来；非常慷慨的举动（至少对于我来说是

第十章

如此）。6月的酷暑中，我们一起住在了观景楼酒店里。即便这是巴尔的摩最好的酒店，长期居住在这里还是让人不适；陌生的城市，战时的环境，没有真正朋友的旅馆，等待着一个并不急于降生的婴儿。我很快变得焦躁、不安、脆弱。

菲尔对我两年来不断怀孕感到同情，他强调说，"10到15年后，一切都会过去，那时会有8到12个咧嘴笑的小混蛋，弄坏家具，倒掉啤酒，在你的新礼服上吐口水，一大清早就大吵大叫，而且宣称家庭大团结。"一种旧时的人生观，我和菲尔完全赞同。

也许是算错了时间，或者孩子出生晚了，我们焦急地等待了四周的时间，到最后玛丽已经被我折磨得疲惫不堪，不得不离开。碧丝将与帕尔完婚，我的家人又全都在芒特基斯科。我请求华盛顿的好友罗莎蒙德·比尔林来陪我等待最后的几天。

我很幸运，不仅有罗莎蒙德待在父亲的等候室里，而且身为儿科医生的好友玛丽·古德温也在。玛丽把孩子放在我的肚子上说道，"是个女孩，她很好。"

伊丽莎白·莫里斯·格雷厄姆（Elizabeth Morris Graham）最终于7月3日来到人世，安全而健康。我记得父亲来看我和他的外孙女。母亲就在芒特基斯科，但似乎没有怎么出现过。幸运的是，菲尔在埃夫拉塔的课程结束了，他自己在伊丽莎白出生的那天赶来东部，现身于最激动人心的时刻，并将我们送到了家中。无须多言，我极其高兴孩子能够安全降生——经历了九个月的妊娠和早前的几次错失——也欣喜于同菲尔的重逢。

最初的几个星期，我找到了一位护士来帮忙，但下定决心不要像母亲那样长期雇佣保姆。我的打算是完全由自己来做，但很快这个决心便告瓦解。第一周，我仍旧待在医院中，艰难地试图哺育孩子。徒劳的努力令我和孩子都痛苦异常，我放弃了尝试，让她食用婴儿奶粉，一切都好转了。

新保姆玛丽·毕晓普临时来帮助我们。她来自苏格兰，热情幽默，乐于奉献，如同鲍威丽之于我们迈耶家的孩子。我们都叫她玛米，她留了下来，成了我们真正的朋友，生活的一部分。她得心应手地完成了全部工作，直到第四个小格雷厄姆已经傲然挺立，不再需要她时，她才回英格兰退休。

孩子一天只见两次母亲，其余时间都由保姆来照顾，这在当时并不像现在这

165

么奇怪。然而，毕晓普小姐的存在无疑妨碍了我学习照顾婴儿。慢慢地，我对伊丽莎白的照料多了起来，但从未学会真正泰然自若地照顾婴孩，尽管每个孩子都让我取得了些许进步。

空军宣称需要作战情报人员，菲尔做出回应，离开通讯部门，进入了宾夕法尼亚州哈里斯堡的空军情报学院（Air Intelligence School）。这就是为什么孩子出生后，他能够和我团聚在一起。经历了埃夫拉塔死气沉沉的生活后，哈里斯堡的一切都让菲尔兴奋至极，他的才华得以施展，恢复了热情激昂的状态。

我完成第六周的身体检查后，前去哈里斯堡探望菲尔，那是他在那里的最后一周。菲尔再次以优异的班级成绩毕业，并被邀请留教。他决定留下来，六个月来我们第一次团聚到了一起。

我们在哈里斯堡组建了家庭，从第37大街的房子（转租给了史泰钦一家）里搬来了家具。幸运的是，我们从旧金山的朋友盖伊和杰克·布拉德利那里接手了一套漂亮的公寓，而他们则租住了乔克和贝特西·惠特妮的房子。两个月的时间里，我们过着理想而恣意的生活——正常作息，奢侈自在。菲尔教学时，我去给配给委员会（Ration Board）做志愿者。玛米照料孩子，玛蒂照顾我们所有人。然而，在这舒适的两个月行将结束之际，房主收回了房子，我开始四处寻找住处。我们感受到了现实的残酷，所能够找到的仅仅是一套小公寓，刚刚建成，样式糟糕，墙壁薄得像纸，电炉常常在烘烤时罢工，令人恼火。

我们搬家那天，菲尔尚未从我们举办的告别派对上恢复过来，因此，我自己打包好所有的东西——最后一件是迟钝的菲尔——搬入了新公寓。我当时没有想太多，但这其实是一种非常不健康的模式的开端。如今，我看得非常清楚：我是那个搬运东西的执行者；菲尔指挥方向，为我和孩子的生活增添乐趣。逐渐地，我成了苦力，而且还接受了二等公民的角色。我觉得随着时间的推移，这种角色定义逐步强化，而我则变得愈发不自信。

当时，另一个变化似乎自久远的从前浮现——菲尔日益严重的健康和酗酒问题。他极易受到病痛的侵袭，且导致的影响非常严重。我的体格则要健壮得多。如果患了感冒，他就必须卧病在床。如果我们都食用了变质海鲜，他的反应会比我强烈两倍。他似乎常常都会感染某种让人四肢乏力的"流感"。

我们搬到新住处后不久，玛蒂便生病了，必须住院治疗。我被迫学习一些做饭的事情，但完全不知道该如何安排一顿饭。菲尔"保持简单"的忠告很明智，但只是成功地激怒了我，让我更加绝望，更不消说新炉子常常会突然熄火。我总是想要做太多的事情，结果却是频繁的失败和数次严重的灾难。玛米很擅长照看孩子，但在烹饪上却无能为力，她一生都在富有人家做事，那里有许多仆人负责做饭这样的事情。

玛米休假时，经常会回华盛顿，所以我还得照看孩子。在那段日子里，我的家务事是实际需求的两倍，这是亲爱的玛米的旧式观念在作祟，譬如，她认为手挤橙汁和牛肉汁是必需品。由于缺乏经验，我极为紧张不安，很快就弄得宝宝大哭大闹。宝宝睡眠次数很少，间隔很长，除非我用婴儿车推着她，来回踱步在哈里斯堡的大街上。

军旅生活起伏不定——先团聚在一起，跟着便是痛苦的分离；骄矜闲适的生活，接着便是相对困难的环境。1944 年 1 月末，我从哈里斯堡的困境中解脱了出来。菲尔被调派到了更令人兴奋和更具挑战性的政治部（Special Branch）。因此，经历了另一个为期一个月的情报训练课程后，他进入了华盛顿的政治部。这是个高度机密的情报部门，管理者为前克拉瓦斯 - 斯怀恩 - 摩尔律师事务所（Cravath, Swaine & Moore）的律师艾尔·麦考密克（Al McCormick）上校。他征召了许多我们的好友，以及许多将要成为我们好友的人。我从不知道，或许也没有一个配偶知道，菲尔和其他男人在做些什么。只是在许久之后，我们了解到战争前期德国和日本使用的密码被破译，方才明白政治部从事破解战场上来回传递的信息。

回到华盛顿后，我们从史泰钦夫妇那里收回了位于第 37 大街的小排屋，恢复了正常的华盛顿生活。我们的许多好友散布在世界各地，在陆海空三军的各个部门效力，但普利奇、弗兰克福特夫妇等老朋友，以及我的家人都在华盛顿。接着，1944 年 10 月，经历了将近九个月的正常婚姻生活后，菲尔如我所预料的那样，被委派到了太平洋战场，且必须即刻动身。这场分离来得太过仓促，只是在我们分开之后，始终伴随着这种告别的失落情绪才猛然袭来。菲尔离开的那一整年，我们几乎每天都在来回寄信。我寄给他的大部分信件都被他销毁了，因为信太多，无法随身携带。菲尔的信几乎都被我保存下来。他取道旧金山、夏威夷和新几内亚前往太平洋，最后停留在远东空军（Far East Air Forces）菲律宾驻地。9月末，菲尔得到提拔，终于可以在巡视四周时，听到有人高呼"上尉"。

菲尔此后大部分时间都留在了菲律宾，负责一项重要工作，直至战争结束。他向自己在政治部的上司，以及乔治·肯尼（George Kenney）将军手下的普通情报官员传递情报。肯尼是盟军空军（Allied Air Forces）在西南太平洋的指挥官，麦克阿瑟（MacArthur）手下事实上的空军司令。最终，菲尔再次晋升，在肯尼将军本人手下工作。肯尼后来写了本回忆录，书名为《肯尼将军的报告》（General Kenney Reports）；他送给了菲尔一本，赠言写道："致菲尔·格雷厄姆，我拥有的唯一真正有智慧的情报官。"

从到海外服役开始，菲尔便兴奋地讲述那里发生的事情，以及他组建起的优秀队伍。他动情地谈论那些同他一起工作的人，细致入微，生动形象。他不断称赞应征入伍的人——他们工作多么努力，他有多依赖他们，他如何欣赏他们的工作："每天都有人主动构想出复杂的工作，并漂亮地完成它们，好让我大吃一惊。"

我始终好奇，菲尔为何对各行各业的人都具备天生的亲和力。也许是因为在农场上长大，或者大学辍学去开运奶卡车，要与顾客和农场上的人交涉。无论原因为何，菲尔总是能够洞穿礼节，立即同男人和女人亲密交谈，这是他一生中的无价财产。在这一方面，我向他学习了很多，但从未像他那样与大多数人建立起几近于政治纽带的关系。

菲尔不时地收到《邮报》，或者《邮报》的剪报，这为他提供了窗口，可以持续了解华府对于战争和世界的态度。他同时还不断写信给我父亲，告诉父亲他对《邮报》的新闻和社论的观点，或批评，或赞扬。在某封信中，菲尔抱怨了《邮报》对于当时的美国副总统亨利·华莱士（Henry Wallace）的看法，并指责《邮报》对于鸡毛蒜皮之事的过分强调（如小狗登上了飞机），认为存在更重要的事情需要关心，菲尔补充说："那些都是非常琐碎的事情，只要你继续寄送先前的雪茄，我就会听从你的所有决定……"

第十章

在菲律宾时,菲尔工作非常努力,一般而言,他工作越是努力,就越是喜爱自己所做的事情。与此同时,我在华盛顿的生活平淡而惬意。到这时,伊丽莎白,或者说菲尔口中的艾希(Acey)——后来我们叫她拉莉——已经一岁大,而我再度怀孕。我想要去工作,部分原因是借以充实菲尔不在的时间,而且我需要一份让我能保持忙碌,教会我东西,却不会令我精疲力竭的工作。我回到《邮报》的发行部门,做了份平凡、轻松但富有教益的工作,负责答复读者意见。这份工作满足了我的诉求,让我忙碌却不会耗尽精力。我在家门口搭乘公交车上班,依照正常工时上下班。

我们仅有少数几个人接电话,记录信息,并将其转达给相应部门。这个部门乱作一团,充斥着诽谤中伤和阴谋诡计。在这里,眼看着事情处理不畅,我自己也承受了种种不愉快,所有人都在抱怨——怨声最大的是客户——但我们却对此无能为力。这份工作教会我如何处理被激怒的订户,也让我了解到有时解决简单的问题也会多么困难。有一个人打来电话说,他是尤金·迈耶的好友,如果我们不解决问题,他就会直接去找尤金。我承诺会竭尽全力,接着补充说,我是尤金·迈耶的女儿,从未有幸见过这位通话者,也从未听父亲提起过他的名字。我学到的更重要的事情是,一个混乱而管理不善的部门对于为其工作的人有多糟糕。

于我而言,这个冬天的大部分时间都悄无声息地一晃而过——我忙于日常工作和回家照看伊丽莎白。菲尔写信给我母亲说,"我猜想凯还是像从前那样婆婆妈妈,如果你在关键时刻打断她,她会怒发冲冠;我喜欢凯恼怒的样子。"菲尔指出我太过循规蹈矩,我完全承认这一点——我大半生都负担着这种无聊的折磨,尽管菲尔做了许多事情来帮助我获得解脱。我希望他能够帮助我更多。

我们的社交生活的主要内容先是由新政朋友构成,接着是战时的华盛顿、苏瀑市和哈里斯堡,因此,我曾经出席过家人和少数几位老朋友举办的晚宴,但自己却从未筹备"一次晚餐"。我做这类事情尤其笨拙,因为我在大家庭中长大,那里所有的事情都发生在更大的规模之上。我所习惯的事情是找几位好友过来,分享玛蒂简单但美味的食物。她既会做饭,又会招待客人。

我第一次宴请客人的经历让我铭记了半个世纪。战争爆发后，年轻的好友乔纳森和琼·宾汉回到了纽约，周末要来拜访我们，我决定邀请些朋友过来，包括普利奇和以赛亚·伯林。以赛亚是我们新近结识，但关系亲密的好友，时任英国大使馆的情报员。我邀请的另一对夫妇是唐纳德和梅林达·麦克莱恩。唐纳德在英国大使馆的职位类似于三等秘书，借由以赛亚，麦克莱恩夫妇成了我们的好友。这两个人富有魅力，见识不凡，是热爱自由的年轻人，简言之，很像是我们圈子里的人。我们之中没有人能够想象到，唐纳德后来会成为苏联间谍。即便是现在，我也完全无法接受唐纳德和梅林达是苏联特工的事实。

我宴请宾客的晚上，大家在用餐时相谈甚欢，一切都平和完美，只有唐纳德和普利奇喝得酩酊大醉。晚餐后，我们离开餐厅进入客厅，那是很小的一块地方，只容得下一张沙发、四张椅子和放在壁炉前的一个板凳。我们甫一入座，交谈就变得尖锐起来。普利奇和唐纳德开始嘲笑起以赛亚的社交生活，认为他太过偏向右翼和孤立主义人士的和缓态度。那个年代，每个人都会挖苦别人，但那天晚上，挖苦逐渐变得刻薄和恶毒。毫无疑问，这是普利奇和唐纳德醉酒所致。

唐纳德冷不丁地对以赛亚说，"问题在于，你用猎犬捕猎，和野兔赛跑。你认识爱丽丝·朗沃思那种人；这令人恶心。一个人不应该认识那种人。如果我觉得你是出于好奇认识她，我不会那么介怀。但我听说你喜欢同她为伍，这就太可怕了。"

以赛亚询问唐纳德，为什么那会很可怕。

"因为她是法西斯主义者，右翼人士。她是一切可怕事物的结合体。"唐纳德恶狠狠道。

以赛亚被吓得目瞪口呆，他鼓起勇气回应道，"嗯，你知道，我们被认为是在为文明而战。文明意味着我们可以结识任何我们想要结识的人。是的，在战时或革命时期，某个人可能会想要射杀他们，我承认这一点，但只要这个人并非不得不……当然，一个人必须由他的好友来评判。我也不否认这一点。这是我的辩词。"唐纳德立即反驳，"那是错误的。你所说的完全错误。生活是一场战斗。我们必须知道自己站在哪一边。我们必须矢志不渝地坚持自己的立场。我知道在最后一刻，在黑夜前夕，你会站在我们这一边。但在此之前，你会同那些可怕的人混在一起。"

以赛亚声称，我当时表示唐纳德完全正确。

唐纳德继续抨击以赛亚："问题在于你是个懦夫。你知道什么是正确的，什么是错误的，但你不会及时断绝关系，保卫正确的事业。你完全能明白我的意思。"

可怜的宾汉夫妇哑然失色。他们完全不知道是怎么一回事，惊慌失措，坐立不安。某个时刻，我上楼望向窗外，看到唐纳德·麦克莱恩在门前的草坪上放松。那个梦魇般的夜晚似乎完全失去了控制。最终，所有人不约而同地决定离开。梅林达提议送以赛亚一程，以赛亚回答，"不，完全不必。"唐纳德仍旧固执己见，说道，"哈，我们不会送你的，永远不会。"

我作为女主人的第一次晚宴，就这样结束了。

晚宴后，我和普利奇分别打电话给以赛亚，为发生的事情道歉，询问他如何加以补偿。我发现他很愤怒，很痛苦。他回答我说，"普利奇不懂礼貌，他本就是那副德行，我会原谅他的；但唐纳德·麦克莱恩很清楚如何举止得体，我永远不会再和他说话了。"

多年后，安德鲁·波义耳为写作一本书而采访以赛亚，问道，"是什么令剑桥大学的年轻人都变成了左翼？"以赛亚继而向波义耳讲述了这次晚宴的事情。在描绘时，以赛亚说感到自己像是一部老电影中的道格拉斯·费尔班克斯，一举击退了数个敌人。该书的第一版为那天晚上的事情增添了一段虚构但有趣的故事，它严肃地写道，"唐纳德·麦克莱恩转向矮胖的同事，讥讽他的政治观点。唐纳德原本要打他，但小道格拉斯·费尔班克斯站到了两人中间。"这一段落在第二版中被删去了。于我而言，实际发生的事情已经足够戏剧化了。

随着1945年的春天的临近，我意识到不得不搬家了——租约即将到期，4月新宝宝降生时，这座我们断断续续住了将近五年的温馨小房子就会太过拥挤。我原本打算租房子，但却遍寻不到合适的，因此，我面临着买房子的问题。这令我有些忧心，因为没有菲尔在身边商量。不过，菲尔很支持我，表示相信我能做出合理的判断，如果能租到房子就租，但倘若价格便宜或有必要，那就购买。他说的"价格便宜"是指"跳楼甩卖而非半价出售"。他还觉得，最终我们

171

会想要住得离乔治城远些，尤其是在汽油供应充足的日子再度来临，可以自由驾车外出时。

3月初，我忙于寻找房子，宝宝预产期的临近也让我倍感辛苦。我听说菲尔将会随同肯尼将军回华盛顿，开几天会议。3月14日，我跑到军用机场欢迎他们，他们乘坐C-54飞机抵达，这还是我见过的第一架四引擎飞机。他们的任务——我当时肯定是不知道的——是讨论日本战败的问题。政治部知道，日本人比马歇尔将军和许多其他人所认为的要孱弱得多。会议还谈论了立即入侵日本的必要性。"我认为我们不需要等待希特勒的垮台，也不需要苏联人来帮助击败日本。"肯尼将军后来写道。马歇尔将军不同意，他认为日本人仍旧有强大的战斗力，必须重创他们的庞大军队。起初，高级军官不允许肯尼将军面见总统，但菲尔借助白宫的好友安排了会面。肯尼报告说，罗斯福看起来疲倦极了，脸色苍白，拿着几张科雷吉多尔岛的照片的手颤抖不停。罗斯福告诉肯尼，他已经瘦了12公斤，毫无食欲。

这次来访令人兴奋，但也狂乱至极，我和菲尔都因这次重逢而紧张忙碌。寻找新房子的事情让我压力巨大。与此同时，虽然已有八个月的身孕，我却仍旧在正常强度下工作。我似乎总是怀着孕忙上忙下，而且生的孩子都肥肥胖胖。那年的热浪来得很早，这让我比任何时候都更加痛苦。

经历漫长的旅程回到华盛顿后，菲尔已经痛苦不堪，精疲力竭。紧接着，他忙碌了一整周的时间，每天工作14个小时左右。晚上的大部分时间，他都在和驻菲律宾的同事的家人通话，因此，我们没有太多机会见到对方。菲尔交给了我一份购物清单，我就整天奔走在市中心，搜购礼物和其他他要带回去的必需品——男人们需要的雪茄；陆军妇女队（WACS）的家居服、发夹和棉衬裤；给所有人的沙丁鱼和威士忌。然后，我必须坐下来，用胶带粘住酒瓶上的木塞盖，好使它们不会因为返程飞机上糟糕的舱压调节而喷出。

那周即将结束之际，我请求菲尔去看看我找到并决心购买的房子。那是座坚固而平淡无奇的石房子，灰白的颜色让人感到舒适，位于西尔斯·罗巴克商店的后面，周围的邻居则难以归类。菲尔的心思全在肯尼的任务上，对看房子的事情漠不关心，他茫然失神地在屋子里转了一圈，毫无热情地说房子很好，

第十章

同意买下来。

第二天早上 8 点，菲尔和肯尼将军就要乘飞机离开了，我开车送菲尔去飞机场，他告诉我房地产经纪打来电话，很尴尬地表示，这座房子位于限制区——意味着这个区域的房子禁止出售给犹太人和黑人。这让我大为错愕。除了在芝加哥大学的俱乐部事件中，我的犹太人身份从未遭受过歧视，因此我几乎遗忘了这个问题。菲尔说这件事情完全是违法的，我们可以提起诉讼，但他觉得我不会想要独自去做这件事情。接着，他说，"反正我也不太喜欢那座房子。恐怕你要继续寻找了。"我得进一步扩大寻找的范围，这在菲尔的离别之上再添愁绪。

于是，在宝宝还有几周便会出生，而我们又无房可搬的情况下，菲尔飞回了太平洋。无可奈何之下，我购买了紧接着找到的一座房子，位于乔治城第 33 大街和 O 大街交合处。那座房子非常古怪，一层有两间起居室，厨房和餐厅则位于地下室。我写信告诉菲尔，我们买了座我不太喜欢的房子。

有生以来，我第一次面对付款购房和装修房子的事情。我担心是否能够在不动用资产的情况下完成购买。事实上，我并不太清楚资产和收入的分别，或者存在抵押贷款这样的事情——我对理财一无所知的典型例证。我的父母不愿意谈论金钱，他们一直都忽视了去说明，我们用自己所拥有的金钱能够或不能够做些什么。我也从未问过父亲筹措资金买房子的事情；他没有主动告诉过我，我可以或应该动用多少钱。

此外，我对装修房子以及花多少钱合适同样一片茫然。我找到了一位装潢师，她很友善，在我的新房子几个街区外的地方经营古董店。她询问我喜欢英式还是法式家具，能够为此支付多少钱。我木然地回答说，我完全不懂她在说些什么——我不知道英式和法式家具的区别，更遑论它们各自要花费多少。当时买的那些家具尚留有一些残存，但我经历了许多次装修经验和教训，方才明白自己想要的是什么样子。

那年夏天，我搬入了新房子。这座房子比原来的那座更大，更难打理，但至少我有地方住了。

1945 年 4 月 12 日，罗斯福去世的消息传遍世界。我们全都不知道他病得有多严重，因此大为吃惊。似乎我们突然失去了父亲般的人物，我们对他怀揣着巨大的信任，而如今，我们要面对相对缺乏经验而又乏善可陈的陌生中西部前议员哈里·杜鲁门。我看着送葬队伍将总统的灵柩从火车站运至白宫，感受到难以抑制的悲伤。一周后，我回到巴尔的摩的观景楼酒店，母亲陪伴着我，等待着新宝宝的诞生。三天后的4月22日，唐纳德·爱德华（Donald Edward）出生了。

唐的外貌相当出乎我的意料，不像是我们两家中的任何一人，尽管他的嘴有些像我。他的皮肤很白，头发稀疏，且都是浅棕色的。从一开始，我就觉得他很有个性。为了庆祝菲尔的30岁生日，父亲给他写了封信，描述了他对两个孩子的看法。父亲的信颇有先见之明："拉莉对我来说日益重要……"他称呼唐纳德为"法官"，因为：

> 观察事物时，他的反应沉着、冷静，似乎与法官的做派相符合。我甚至觉得在他眼睛中侦测到了一丝幽默的神情，反映了他对所见之物的评价……如果他能够把持得住，我想任谁也无法刺激到他，并且，我觉得他认为自己能把持得住。如果你认为，他会成为你所传授或灌输给他的任何主义的火炬手，那么，我有责任告诉你，你将会大失所望。另一方面，如果你有任何具备事实依据的事情要告诉他，有充分的证据和一两个证人，那么，我相信你的陈述也许会引起他的兴趣。

5月7日，欧洲战争结束，但太平洋的战争仍在继续，并于8月6日达到高潮，当时美国向广岛投放了原子弹。第二天，菲尔写信给我，信中包含了他对原子弹爆炸的恰当反应，但没有迹象表明他意识到了这颗原子弹的落点是人口密集的城市：

> 唐纳德——如果他们准许他的话——可以随时骄傲地指明，他的降临只是比原子弹早了一点点。正如某个人贴切地指出的那样，原子弹是"我们的科学家、工业、劳动和军事的最伟大的成就"。即便它的效果只有其所宣称的一半，那么，这显然也意味着最终的胜利。

第十章

8月11日,菲尔再次写信,说被第一颗原子弹"吓丢了魂儿"。

9月的大部分时间里,菲尔将被派往日本的谣言甚嚣尘上,但他认为那里没有任何实质性工作需要他做,那个时候,他只想要回到家中。依据军队制度,海外服役的男女士兵要积累分数,排队归乡——唐的降生为菲尔增加了六分——他9月27日收到命令,被列入空运司令部(Air Transport Command)的等候名单,很有可能在10天内回来。如此轻易地离开让菲尔甚至有些难为情,但他非常感激。我也是如此。

PERSONAL HISTORY

第十一章

　　回到华盛顿后，菲尔面对着不确定的未来。尽管很早就答应来《邮报》工作，但菲尔似乎仍旧未决定去做些什么。阿尔·弗兰德利写信给他，谈论自己回归《邮报》的愿望，请求菲尔"一同前往"。1945年8月末，菲尔告诉阿尔，一年前他同我父亲协商一致，但此后就没有再提起过。此外，菲尔的父亲厄内斯特不断敦促菲尔回到佛罗里达，帮忙经营乳品生意。甚至直至9月，厄内斯特还写信给菲尔，谈论海厄利亚的农场，说经营这座农场是"太美妙的事情，不应该不加考虑地拒绝"。

　　一路走来的某个时刻，菲尔下定了决心。12月28日，他声明将会在1946年1月1日加入《邮报》。第二天，菲尔在租借物资管理局的好友和同事，包括奥斯卡·考克斯、乔·劳、艾尔·戴维森、巴斯特·斯托达德、劳埃德·卡特勒、温思罗普·布朗、路易斯·赫克托和马尔科姆·兰福德，写了封信刊登在社论版上，称赞这一任命，列举菲尔的成就，并祝贺《邮报》聘请到了他。菲尔的好友们显然想要告诉《邮报》的读者，菲尔不仅是发行人的女婿，自身也拥有惹人注目的成就。

　　因此，对于我们而言，1946年是急剧转变的新时代的开端。我们从贪玩而没有责任感的年轻人走向了另一个极端。每天的变化都是逐步发生的，因此那个时候，我并没有看出我们的生活正在变得不同，但事实上，我们已经向更严肃的新生活踏出了巨大一步。

在亚利桑那州的菲尼克斯休完退役前的最后假期后，30 岁的菲尔开始了他的战后工作——成为《邮报》的副社长。父亲说自己的年龄太大了，无法让菲尔从低层工作做起，自各个部门逐步上升，因此，菲尔一进《邮报》就做起了父亲的副手，从上层开始全新学习一个竞争巨大的行业。

菲尔必须努力工作，因此我便承担起了更多的家庭事务。我自己也必须努力学习许多东西，主要是家事，还有一些社会事务。我的主要任务，是从战争时期随军和独居的生活状态里转换出来。于我而言，所有事情都颇为新鲜，包括在一个拥有丈夫和孩子的家庭中生活。

在晨报上班的人，都不会在 10 点前起床。拉莉是我们的闹钟。大多数早晨的八点钟，她会吵吵闹闹地跑进来，兴高采烈地喊道，"醒醒，爸爸！"这时我会起来，而菲尔只会咕哝几声，然后再睡上一个小时。

我们有玛米·毕晓普来照看孩子，但我更加积极地参与到了抚养孩子和料理家务中来。玛蒂身体一直不够健康，无法回来工作，我们请了厨师贝茜，和洗衣女工埃塞尔·贝弗利。贝弗利总是能搞砸事情。菲尔说她的丈夫一定是叫做"假腿·贝弗利"，否则为什么他的每对袜子都只剩一只？唉！我从未有能力解雇任何人——多年后我参加工作时，不得不面对的一个问题——因此她留了下来，袜子问题就这样一直伴随着我们。

孩子们在迅速长大，但我自己在学习为人母亲上却成长缓慢。尽管有人帮助，但每一天似乎都忙碌异常，玛米的休假经常会使我陷入手忙脚乱的境地，我似乎是太过笨手笨脚了。有一周，玛米不在，我没有把唐尼的床围围上，让他掉了下来；后来，我在院子中除草，他又从秋千上摔了下来，上嘴唇肿起一英寸高，看起来就像是唐老鸭。还是那一周，我为他热了几瓶奶，并借此时间打电话邀请朋友参加派对，我完全忘记了热奶的事情。后来，烧焦的味道提醒了我，我看到锅里喷出一英尺高的火苗，便将其丢到水池中灭火。我打开了水龙头，却只是让瓶子爆炸了，碎玻璃到处都是。我不禁想，如果孩子们在全部时间都由我来照顾的话，他们会发生什么样的事情。

第十一章

　　唐尼有时会变得很淘气。照看他需要付出极大的耐心，而这正是我所缺乏的。从六个月到一岁大，唐尼不是剧烈活动到精疲力竭，就是大发脾气。喂他吃饭通常很困难。某天，唐尼把他的全部晚餐都丢到了地上，我绝望至极，问拉莉应该怎么做。拉莉非常通情达理，建议说，"试着给他吃三明治。"我不得不承认这非常奏效。自此之后，拉莉成了我得力又热心的助手。

　　即便只有三岁大，拉莉就已经通晓了许多道理。她喜欢"长大"的感觉，陪着我到处走，是个绝佳的伙伴，幽默而富有同情心。我不知道要怎么教育她，担心自己会把她宠坏。拉莉和唐纳德似乎都不知疲倦，后来我们还得到了一只史宾格犬，菲尔说，他们三个让我和他"处于持续的疲惫状态"。

　　尽管不时会闯下灾祸，我的实践知识仍旧在持续增长——如何料理家务、照料孩子和尽好母亲的职责。最重要的是，我必须学会在截然不同的环境下与菲尔相处，这是我们先前所没有经历过的。最初，菲尔有些劳累过度，疲倦于工作的节奏和愈发重大的责任，不过，他的才干也在迅速增长。

　　我们的社交圈子在持续扩大，一些战前的好友已经离开了华盛顿，但我们仍旧保持着密切的联系。普利奇就是其中之一。他拒绝了华盛顿的几份工作，包括首席检察官的公民权利助理和自由主义组织美国民主行动（Americans for Democratic Action）的领袖，回到肯塔基州开办了一家律师事务所。他经常代表各种各样客户来华盛顿出差。

　　正是在战后的最初几年间，我们与约瑟夫·艾尔索普成为好友，开始了长达一生的友谊。当时，艾尔索普正在同罗伯特·金特纳合作，为《先驱论坛报》写作广受欢迎的专栏。乔（约瑟夫的昵称——译者注）在华盛顿是个颇有名望的人物，因此经常要宴请朋友，或者出席朋友的晚宴。用同样的开支，乔总是能够生活得更好，这部分原因在于报销账单，但更多的还是因为他懂得如何生活。有人曾经说，乔是唯一一个爱朋友胜过朋友爱他的人。这一开始也许是真实的，但经年累月之下就不尽然了。

　　我和菲尔还结交了另外一群迥然不同的朋友。这群人包括专栏作家沃尔特·李普曼及其妻子海伦；马萨诸塞州众议院乔·凯西及其妻子康妮；康妮的哥哥德鲁·杜德利，他为世界银行工作，是这座城市中很常见的单身汉；乔·艾尔索普的弟弟斯图，以及他年轻的英国妻子蒂什；专栏作家马奎斯·蔡尔兹，以及他第一任妻子比迪；比尔和贝蒂·富布赖特夫妇；亚瑟和玛丽安·施莱辛格夫妇；以及《邮报》的编辑赫伯特·埃利斯顿，和他的妻子乔安妮。

沃尔特是那个时代最受读者欢迎的政论专栏作家。他富有学识，却也恃才傲物。1938年，沃尔特将海伦从汉姆·阿姆斯特朗手中夺来，随后与她结婚，而阿姆斯特朗正是沃尔特最好的朋友，海伦则原本是阿姆斯特朗的妻子。海伦对沃尔特的保护无微不至，让他过着极其规律的生活。沃尔特上午写专栏，这段时间他不能受到打扰，海伦会维持屋内的清静。下午是接受采访、阅读和遛狗的时间，他们家有两条漂亮的贵宾犬。海伦对沃尔特的关怀如同传奇一般不可思议。罗伯特·舒曼（Robert Schuman）曾担任过法国总理和外交部长，有一次，他作为贵宾出现在沃尔特夫妇的晚宴上。酒过三巡后，舒曼打断沃尔特的谈话，与侍者讨论起了葡萄酒的起源和酿造年份，法国人很擅长做这样的事情。舒曼说完后，海伦俯身对沃尔特道，"要继续刚才的谈话吗？"在我们家的院子里，我们经常与沃尔特和海伦打网球。邻居家的小男孩常常站在栅栏外面，大喊道，"先生，给我个球。"此时，海伦会面向他们，说道，"安静些，孩子们，李普曼先生在发球。"

战后最初几年间，我们交往密切的还有艾维斯·波伦、奇普·波伦、鲍勃·洛维特夫妇和约翰·麦克洛伊夫妇。波伦是国务院的新顾问，战争时期曾在三巨头（Big Three）会议上担任翻译。同样在国务院工作的鲍勃·乔伊斯及其妻子简也是我们的朋友，还有大卫·布鲁斯夫妇。这四对夫妇加上艾尔索普夫妇、弗兰克和波莉·威斯纳夫妇，组建成了一个小团体，我们则逐渐地成了其中的一部分。

我们另外两个终生的好友是杰姆斯·雷斯顿（昵称斯科蒂）——《纽约时报》的明星记者，以及他的妻子萨莉。当时，斯科蒂正在晋身成为华盛顿最具影响力的记者，后来他做了专栏作家。关于我们和他们的友谊，我只想说，我和菲尔愿意将孩子们托付给他们。有一段时期，我和菲尔经常去旅行，我们必须决定是一同乘飞机前往，还是各自分开。因为我们要去的地方太多，搭乘不同的飞机似乎不切实际，因此决定一同前往。然而，我们觉得不安排好孩子们的事情是不负

第十一章

责任的。我们信任斯科蒂和萨莉,他们的价值观和爱意与我们接近;此外,他们了解我们的孩子,我们的孩子也认识他们。雷斯顿夫妇同意我们将孩子托付给他们,履行了友谊的终极义务。

我最好的新朋友是波莉·威斯纳。战后,她和弗兰克从纽约搬到了华盛顿。波莉总是很有趣,喜欢大笑,不断琢磨出我们四个人可以一起做的事情。我和她几乎一相识就成了最亲密的好友,且友谊保持了一生。

菲尔到《邮报》工作后不久,我们邀请茜茜·帕特森参加晚宴。在因漫画版权而引出"一磅生肉"事件后,帕特森夫人同我们家的友谊自然而然地中断了,但菲尔是谈判委员会的负责人,正积极地代表华盛顿的所有报纸同行业工会合作,因此我父亲说道,"如果你在这个位置上,那你确实应该认识茜茜。"

我记忆中的情况始终都是,尽管父亲和茜茜之间有过不愉快的过去,但他亲自带着菲尔去杜邦环岛15号,去茜茜的家中拜访茜茜。弗兰克·沃尔德罗普是《时代先驱报》(*Times-Herald*)的编辑,也是茜茜的高级助手,他自称为受雇枪手。我只是最近从他那里得知,正是菲尔打电话给弗兰克,建议两人联手撮合我父亲和茜茜这两个老对手。弗兰克提出异议,认为这会导致非常棘手的场面,"就像将两只蝎子放在同一个瓶子中。"不过,在筹划策略时,弗兰克说,"你搞定你那位,我会努力搞定我这位。"

弗兰克比约定的下午三点提前一小时抵达,发现茜茜紧张不安,四处走动,给身旁的人下着命令,"手帕落在膝盖下,这对某个人来说绝对是麻烦的信号"。最后,她命令管家将所有的酒都收起来,说道,"我不想尤金离开这里后,说我是个酒鬼。"于是酒都被放入了橱柜。菲尔和父亲抵达了,所有人都坐了下来,言行举止均礼貌得体。弗兰克说,过了不一会儿,我父亲便问道,"茜茜,你这里有什么东西可以喝吗?"茜茜按了下铃,叫来男管家,说道,"去把酒拿过来。"于是,酒被摆了出来。

菲尔和茜茜的个人魅力使他们的关系迅速融洽起来,茜茜说道,"啊,尤金,你有这么个迷人的女婿真是幸运;想想我那个混蛋女婿。"她指的是专栏作家德鲁·皮尔逊,当时是我们的好朋友,已经同茜茜的女儿费利西亚离婚,娶了露薇·摩尔·艾贝尔。刚刚离婚时,德鲁仍旧与茜茜保持着朋友关系,但茜茜和她

181

的报纸持极右翼和孤立主义观点，而德鲁是贵格会教徒、自由主义者和同盟国的支持者。两人分道扬镳，《邮报》借此得到了德鲁的专栏；专栏拥有庞大的读者群，是一笔巨大的财富。

不管怎样，我和菲尔认定同茜茜和解的时机已经成熟，因此，我们邀请她参加小型晚宴。我完全没有意识到厨师们需要事先提醒，只是到了当天早晨才告诉他们晚上有 14 个人吃饭。我还雇用了一位空闲的钟点侍者，他帮助过许多家庭举办宴会。那天晚上，他从冷柜里拿出一瓶酒，给大家倒了起来。令我不安的是，他拿出的那瓶酒是喝剩下的马丁尼。尽管晚宴安排不周，但茜茜却极为谦和大度，送了我一大束紫罗兰花和一封温馨的感谢信，并邀请我们到她家做客。

数次怀孕令我腰似水桶，因此，我和几位好友开始上健身课，每天早晨，我们在乔伊·埃利斯顿的大房子中集合，房子临近第 29 大街和 R 大街转角处。某天，乔伊告诉我隔壁的房子正在出售，我和菲尔应该将其买下来。我们还未在 O 大街的房子里住满一年，但已经开始漫不经心地寻找更适合有小孩的家庭居住的房子。我一直都很喜欢乔伊谈论的那座房子，房子的主人是"野蛮比尔"多诺万将军。这座房子的外观与艾利斯顿夫妇的很像，采用米白色的砖墙结构，但我认为它太过庞大堂皇，当然，购买和管理它也远超我们财力所及。"它并没有外表看起来那么大，"乔伊坚持道，"你应该去看看它。"我去看了，几乎是一见钟情。它看起来像是怡人的乡村风格的房子，城市的风景则在它周围蔓延开来。它是长方形的，线条简洁，有广阔的前院草坪，长长的鹅卵石车道，旧式的后门廊，以及巨大的有坡度的后院，其中种满了树木。山脚下有个旧马棚，可以用作仓库，其上还有一座小寓所。

我战战兢兢地请求菲尔去看房子。我知道，如果房子的大小和占用的土地面积令我觉得不安，那么，他必然只会更加忧心，但我告诉他，这是我所期盼的理想寓所。某个周日下午，我们沿着 O 大街一路行走。我们经过将房子区隔开来的高大石墙时，这堵墙似乎隐约变得更远、更大，占据了大半个街区。等我们终于到达这一侧通往房子的阶梯时，菲尔脱口而出，"你疯了吗？"

"等看看里面再说，"我紧张地咕哝道。"里面并没有那么大，也没有看起来那么糟糕。"的确，当菲尔看到整座房子后，也立刻爱上了它。我们谈论了孩子们的住处，家具的摆放位置，仿似这座房子已经是我们的一样，最终，我们同意试着买下它。我要求经纪出价 11.5 万美元，略低于多诺万要求的 12.5 万美元。这一报价比我们将要搬离的房子贵两倍还多，于我而言似乎是天文数字。

父亲一直留意着我看过的房子，我也带他参观了一两座我感兴趣的房子。最终，父亲认定乔治城的一座房子很合适，它是砖墙结构，因此非常牢固。它还是独栋的，周围有些空间和空地。某天，当我的出价仍未得到回应时，父亲过来看望我，说道，"嗯，你已经买下那座房子了。"

"你是什么意思？"我惊讶地问道。

"我昨晚在宴会上见到了比尔·多诺万，询问他究竟想要把那座房子卖多少钱。他说，'我想卖的价钱就是我的要价，因为我就是那个价钱买的。'接着我说，'好的，凯会出钱买。'"我询问父亲，为什么要干涉我的交易，毕竟我才是那个付钱的人，他回答说，"如果那是你想要居住的地方，就不要讨价还价了。"

于是，我们购买了那座房子，且一直很满意我们那样做了。它至今仍旧是我们的家，一座特色鲜明的可爱房子；对于大家庭来说，它棒极了，对于我一人而言，它也非常适宜居住。但最初的时候，料理这座房子的念头令我战栗，更遑论装修它了。起初，房子装修得很随意，好看起来更加平易近人些。两个前厅之一曾是多诺万工作人员的的起居室，而另一边的房间是正式的客厅。后面的两间屋子是书房和餐厅。书房是我们待得最多的地方，也许由于它是方形的，且有漂亮的壁炉。随着时间的推移，我发觉方形的房间有一种魔力。人们在其中感觉很舒适，可以轻松谈论事情，独自一人时，也会觉得非常愉悦。

我花了许多年的时间，才修缮好前面的客厅，使它既赏心悦目又舒适实用。另一间一楼的前厅成为了孩子们的餐厅和娱乐室，储藏着婴儿车、旱冰鞋、棒球和球棒，后来还摆放了摇滚乐器。我与孩子们在那里吃早餐，因此，菲尔称它是麦片室。

自加入《邮报》伊始，菲尔就一直全力以赴。他对报纸业务乃至任何生意都一无所知，但聪明的头脑和出色的能力还是让他大展拳脚。很快，他成了父亲亲密的合作者，报社内外皆是如此。他加入了父亲所在的广告理事会（Advertising Council），父亲促成这个理事会，是想要确保大机构和广告客户在公共问题上的合作，为战争融资。这帮助了父亲，也有利于菲尔，因为菲尔在报纸行业和企业界一个人都不认识，无论当地还是全国。

他们还一起承担公共责任。就任总统之初，哈里·杜鲁门要求全国聚焦于战后欧洲的饥荒问题。作为回应，父亲向农业部长提议筹划一项志愿者项目，使饥荒救济获得公众支持。杜鲁门任命饥荒紧急救援会（Famine Emergency Committee）时，父亲的计划被大体上采纳了下来。接着，父亲和《邮报》员工一道，呼吁新闻媒体和公众支持解决世界饥荒问题的倡议。这个救援会是政府与媒体合作的有趣典范，这样的事情在今天很难再现，甚至是不可能再现了。一般而言，如今的媒体认为自身的角色在于报道问题，如世界饥荒，并以社论形式来评价它，而非成为解决问题的参与者。我不知道这在新闻工作上是否错误，但绝对是社会的一大损失。

最初的几个月里，菲尔的职责迅速增加，甚至还在学习时，他就要做出种种决策。很明显，父亲想要菲尔留在身边。菲尔起到了很大的作用，他所做的事情很久以前就应该有人做了。接着，1946年6月，杜鲁门总统打电话邀请父亲担任世界银行（the World Bank）的第一任行长。那天晚上，我、我父母和菲尔一起吃晚餐，讨论这件事情。父亲不愿意在70岁的高龄承担起这项庞杂的工作，但认为这家国际性银行以扎实的基础启动至关重要。此外，他无法理解，为什么其他人会逃避"这次世界历史上为全球金融服务的大好机遇"。身为精明的商人和多年的政府官员，父亲完全清楚眼下的形势——这将会是一份艰巨的全职工作，需要投入全部精力。他还知道，如果接受这份工作，他将不得不任命菲尔为《邮报》的发行人。父亲把问题向菲尔提了出来，说道，"银行业始终是我的主要兴趣所在，但如果你不想要我走，我会留下来的。"当然，菲尔鼓励他接受这份工作。他觉得父亲这样做是正确的，尽管他写信给他的父亲说，"此时此刻，他无疑需要休息一下了。"菲尔向我父亲保证，他和《邮报》都会安然无恙。

因此，1946年6月18日，《邮报》宣布父亲从报纸的管理岗位退下，不再掌控和负责新闻或社论事务，尽管他仍旧是报纸的所有者。菲尔会成为名义和事实上的发行人。他只在《邮报》工作了五个月,距离 31 岁生日还有一个月的时间,是美国最年轻的主流报纸发行人。宣布消息的那一刻,父亲对菲尔的信任在他的谈话中展露无遗:"在今天这些责任人的带领下,我相信《邮报》将不负众望。《邮报》不仅会继续发展,还会大踏步向前。"

朋友们和媒体对菲尔升任发行人一事态度积极,但我们知道,事情远没有那么简单。菲尔在准备不足的情况下接手了工作,且立即要为《邮报》的生存发展负责。华盛顿正迅速成长为世界性首都,菲尔就在这里掌控着一家亏损的报纸。

的确,《邮报》仍旧在为生存而挣扎。战争时期,《邮报》大多数时候都是盈利的,但在当时却正重新跌入亏损境地。《星报》盈利丰厚,但我们最大的竞争者是《时代先驱报》,因为它是我们直接的晨报对手。在社论水平、广告业务和整体声望上,《邮报》持续获得提升,但在战后有许多重建工作要做。寻求人才的竞争异常激烈,在这一方面,《邮报》完全没有优势。《邮报》的规模非常之小,又是家族经营。一旦父亲进入世界银行,菲尔就必须更快地成长起来,不过,他已经对报社有了全盘的把握,因此只需要集中注意寻找正确的人来推动编辑和财务方面的发展。

父亲做出的某些人事决策积极地帮助了菲尔,也持续地影响了《邮报》。例如,吉恩·爱德曼自 1932 年起成为《邮报》的社论漫画家,但他逐渐地因为酗酒问题而丢掉工作。自 1943 年初到 1946 年初,《邮报》始终没有漫画家,父亲一直在寻找合适的人。他听说有个人即将退役,这个人在战前和克利夫兰时曾分别为《芝加哥日报》和报业协会(Newspaper Enterprise Association)画漫画。在纽约的耶鲁俱乐部(Yale Club),父亲第一次见到了这个叫赫伯特·布洛克(Herbert Block)的人,并要求参看他以前的作品,因为入伍后他就没有再画过政治漫画了。作为回报,父亲为赫伯特订阅了《邮报》,这样,他就可以看看"有多喜欢我们"。最终,赫伯特发现《邮报》既有趣,又有魅力。赫伯特接受聘请,与菲尔同时进入《邮报》。以"赫布洛克"(Herblock)为笔名,这个不可思议的男人为《邮报》创作了 50 多年的漫画。经历了这么多年的稳定表现后,他的创作才华丝毫没有衰退,甚至在 87 岁时也依旧笔耕不辍。

1946 年,赫伯特·埃利斯顿依旧是社论版的编辑。父亲旧日的合伙人查尔斯·博伊森（Charles Boysen）是业务经理。广告经理唐纳德·伯纳德经验丰富。韦恩·科伊（Wayne Coy），是菲尔的好友和战时的伙伴，出任发行人助理。印刷、发行和劳工关系部门，全都缺少能担当重任之人。

菲尔努力让工作更加适应他的天赋。在他的职位之下是总编辑凯西·琼斯，自1935年加入《邮报》起，他帮助父亲完成了许多工作。然而，与琼斯一起工作没多久，菲尔就认定《邮报》需要一位更加精明老练的总编辑。凯西·琼斯功勋卓著，但对于头版的选择过于保守，而菲尔的雄心不止于此；他开始寻找更加符合自身偏好的新总编辑。菲尔打听到了拉斯·威金斯（Russ Wiggins），他曾经担任《圣保罗先驱报》（St. Paul Pioneer Press）的社论版编辑、总编辑和驻华盛顿记者。于是，我和菲尔一同前往明尼苏达拜访拉斯·威金斯。拉斯·威金斯是个精力充沛的人，只念完高中却博览群书。菲尔完全被他吸引住了，邀请他担任周日版主编，我猜想菲尔是想逐步提拔他。拉斯手握两份令人艳羡的工作机会，经过痛苦的取舍，他拒绝了菲尔，选择成为《纽约时报》发行人亚瑟·苏兹贝格的助理。

菲尔还专注于报纸的新闻报道方面。他相信，欧洲召开的和平会议所作出的决定将在很大程度上塑造战后世界的新秩序，因此，他和赫伯特·埃利斯顿在8月份一同前往欧洲，而我则和孩子们留在了芒特基斯科的农场。这是菲尔首次外出采访，也是他第一次前往欧洲。无论记者、编辑还是发行人，这样的采访旅行都是让人兴奋的优待。如果你像我和菲尔那样热爱学习，那么，这些旅行会带给你无穷无尽的满足感。与此同时，你可以通过报道所见所闻，来为你代表的出版物以及相关政府做出贡献。菲尔的这次旅行就是如此，给他留下了深刻印象。以赛亚·伯林总是声称，这次旅行对于菲尔走出法学院和毕业后最初几年的极端自由主义有着重大意义。我相信这样的断言合乎情理。

我们秋季回到华盛顿时，菲尔不仅经营报纸，努力提高其业绩，还为我父亲提供精神支持。父亲发觉世界银行行长的工作比想象中更加繁重。菲尔竭力鼓舞父亲的斗志，从各个方面给予他帮助，包括提供建议和撰写演讲稿。

父亲甫一就任，麻烦就出现了。12位董事早前就获得任命，父亲到来前，他们已经在一起工作了一段时间。许多人憎恶某个人凭空出现并发号施令，想要

第十一章

将其架空。即便没有政治暗斗,这份工作也已经足够辛苦。父亲知道,如果他留下来,战斗到底,或许会取得成功,但他觉得自己太过年迈,已经疲于尝试。

10月底时,父亲开始考虑世界银行的长期未来,5年、10年或15年。他意识到,他无法留在那里实施自己的全盘计划,而那个制定计划的人是理应留下来的。"我下定决心了,"父亲说,"总统和吉米·伯恩斯(Jimmy Byrnes)要求我组建世界银行,我或多或少做了些工作。"1946年12月4日,在仅仅提前两周通知的情况下,父亲递交了辞呈,甚至没有精力等待继任者的出现。讽刺的是,他的辞职促成了某些必须的改革,令其继任者约翰·麦克洛伊(John McCloy)可以更高效地工作。

1947年1月,父亲返回《邮报》时,变革已经发生。他不在的那6个月,菲尔获得了建立个人权威的机会,显然菲尔已经掌控一切。菲尔在《邮报》工作一年后,身影已经遍及各处,参与到了各项事务之中。父亲获得了并不存在的董事会的董事长头衔,大方而明智地让菲尔担任发行人,没有再要回6个月前交予他的权力。父亲大体上所做的就是支持菲尔的一切行动。由此,父亲与我丈夫建立了复杂但总体愉快的工作关系——菲尔同我以及我父母的关系也是如此。世界银行的插曲仅仅是让权力交接在一夜间完成,而非渐进发生。

菲尔敬重父亲丰富的经验和知识,切实相信他做出正确判断的能力,逐步让他参与到了有关《邮报》的重大决策和事件中来。相应地,父亲认可菲尔的能力和天赋,尤其是与人交际的亲和力,这增强了他支持菲尔的工作,从经济上帮助《邮报》的意愿。

与此同时,母亲同样得到了菲尔的注意。二战后,她不断旅行、报道、演讲,并撰写有关各类问题的文章。4个月的时间里,母亲遍游美国,就战后问题写作了24篇系列文章,并发表在了1946年4月至5月的《邮报》上。菲尔认为整个系列文章都是一流水准。

此外,母亲日益关注社会和福利问题,在国会上陈述说,政府行政机构在处理健康和教育问题上必须全面提升效率。参议员塔夫脱和富布赖特最初提出议案,倡议建立内阁级健康、教育和安全部门,母亲作为代表,为这项议案的实施不断付出努力。她颇有先见之明,指责广播和电影行业利用手中资源"逐步庸俗化大众思想，贬低公众道德"。不知怎的，母亲还挤出了时间担任社会立法信息服务（Social Legislation Information Service）机构的主席，并成了高等教育总统委员会（President's Commission on Higher Education）、联邦医院理事会（Federal Hospital Council）和哥伦比亚特区规划委员会的成员。1947年，她帮助创建了国家公民委员会（National Citizens' Commission for Support of the Public Schools），直至去世前，她都在为这个委员会积极工作。母亲60岁时，《新闻周刊》指出，她不仅是"流浪的记者"，还是"独立推动改革的女性"。

母亲投给《邮报》的文章总是很长，经常因为篇幅问题而不适宜刊登在日报上。她对自己的写作水平评价很高——理当如此——以致（若非刻意要求）编辑们不会擅自修改她的文章。凯西·琼斯一直都声称，面对母亲的文章，他会无所顾忌地大肆修改，但其他编辑却不敢随意改动。关于母亲对于他人编辑其作品的反应，以及与《邮报》的冲突，有许多真实的故事，甚至蒙上了传奇的色彩。有一次，母亲把文章卖给了《科利尔杂志》（Collier's magazine），据称她在琼斯的面前挥舞着支票，夸口说，"看见了吗？有人愿意出钱让我写文章。"有人引述说，凯西对母亲的评价很高，"那个女孩是位好记者。她可不是受训的海豹。"

1948年，母亲与《邮报》管理层发生了第一次冲突，菲尔也牵涉其中。这次事件中，赫伯特·埃利斯顿感觉母亲干涉了他的工作。他向菲尔抗议，指出这是为《邮报》工作八年来唯一必须抱怨的事情——母亲改动了他写作的关于世俗主义的社论校样，并直接将文章送到了排字间。赫伯特理所当然地认为，母亲僭越了权责，侵害了他对于社论版肩负的责任，以及在编辑人员中的权威，遑论在排字间工作人员眼中的名望了。

母亲表达了歉意，但也觉得受到了伤害。她立即写信给赫伯特，表示惊愕于自身不合宜的愚蠢之举留给赫伯特的印象。对于发生的事情，她有自己的解释，辩称其中存在误解，但也补充说：

> 亲爱的赫伯特，比我自己的愚蠢更伤害我的是你不够信任我，你本可以在我们吃晚餐时，将我拉到一边，坦白而坚定地告诉我："听着，这样做不行。"那么，我就可以立即向你解释我毫无恶意，并当场道歉。请告诉菲尔

第十一章

整件事情的来龙去脉，也请不必费心回复这封信。

母亲第二天给菲尔写了封信，透露了真实的内心感受，这封信假装谈论她要发表的关于"现代课程和豁免时间"（Modern Curriculum and Released Time）的演讲，但却抛出了这些文字：

无论如何，我将永远不会就任何事情与《邮报》的任何员工来往。

如果我再做这样的事情，那就肯定越界了，错误在我。我拒绝接受来自你的员工和你的任何羞辱性斥责。

自然而然地，为了《邮报》和相关人员的未来利益，菲尔必须花时间抚慰她的伤痛。

在处理这件事情，以及许多其他与母亲相关的问题上，菲尔的交际手腕和圆滑老练拯救了我们所有人。他常常介入我和母亲之间的冲突，主导他和我同我母亲和父亲——既是我父母，又是《邮报》的拥有者——的私人关系。

这段时期，菲尔仍旧想要我大部分时间都陪伴着他，但由他来决定我们去哪里。他讨厌大多数正式的晚间活动，尤其是使馆晚宴。有时候，我请求去某处听起来很独特的地方，但他是决策者，我来遵从。我没有学会的是更加独立于菲尔去生活。

反常的是，母亲本应成为我的行为榜样的，因为她不会受到任何约束，但她让自己的女儿们都感到不如她，这在某种程度上妨碍了我们将她视为正面典范。然而，即便是独立而自我的她，也明确地表示，身为妻子的第一要务是丈夫和孩子，某种程度上说，她正是这样生活的。

唐出生和菲尔从海外归来后，我就没有再去工作。菲尔进入《邮报》后，我单方面决定不去工作，因为我觉得两个人同时在那里会很困窘。菲尔并不这样认为，甚至鼓励我返回《邮报》。1947年初，他开始担忧起我的生活，于是建议我撰写每周专栏，回顾和整理杂志上的有趣内容。我在写给菲尔姐姐的信中说，菲尔这样做的目的是"让我不再像近来那么愚蠢和热心家务"。我猜测他想出这个方法是为了让我为《邮报》工作，同时又不受到报社的支配。

事实上，自从菲尔着手为《邮报》工作后，我就一直在想着找份兼职，只是担心没有兼职可做。这份工作很美妙，但我有些歉意，因为觉得这只是帮闲工作。事实上，菲尔的主意来自另一份报纸，而且《邮报》仍旧保留着这个专栏。它被命名为"杂志架"（Magazine Rack），1947年4月，我开始为周日版写作此专栏，每篇专栏的稿费达到了丰厚的15美元。做这份工作只需要花费一天的时间，但写作的那一天总会变得异常煎熬，我经常会为完成专栏而感到惊慌。但令我惊讶的是，我喜欢这份工作，坚持做了许多年，中途甚至获得了求购者《路易斯维尔信使日报》（*Louisville Courier-Journal*）青睐，这要感谢好友及该报编辑巴里·宾厄姆（Barry Bingham）的好意。专栏开办一年后，巴里写信给菲尔，说他的报纸想要增加一些有特色的内容。他一直在看"杂志架"专栏，认为那就是他想要每周刊登的东西。菲尔回信给巴里，说他的问询令我很开心，《邮报》愿意授权《路易斯维尔信使日报》使用该专栏，而当时，我刚刚因为第三个孩子的出生而休完了几周的产假。菲尔补充说：

> 我将会让你决定给予《路易斯维尔信使日报》专栏版权的费用。迈耶先生看了你的信，阻止我过多地干涉这件事情，说道："发行人给他妻子定价实在太离谱了。"最好的情况是略低于行情，略高于苦工……

我开始写专栏的同时，也更多地参与到了公民事务中。1947年，我被任命为国家首都150周年纪念委员会（National Capital Sesquicentennial Commission）委员，杜鲁门总统是委员会的名誉主席。战后的最初几年，我还涉足了社会福利工作，尤其是为社区福利基金会（Community Chest）和国家交响乐团（National Symphony）募集资金尽绵薄之力。后来，我进入了儿童疗养中心（Children's Convalescent Home）的理事会。直到临近加入这家组织前，我对理事会或志愿者的工作都不甚了然，当发觉它只是旧式的社交性理事会时，我沮丧极了。理事会的首次会议在奢华的苏尔格雷夫俱乐部（Sulgrave Club）举行，一位女士捐钱修建了盥洗室，整个会议就变成了讨论将牌匾送往何处以表彰这位女士。态度端正的第二代华盛顿家庭接管了这个理事会，他们后来将这家中心变成了真正有意义的机构，也令我更加热心地参与其中。

我还忙于抚养年幼的孩子。在那个年代，在我们的情况中，父母之间根本没有责任分担。家庭事务全部由我来做，找学校，监督孩子们的活动，为我们所有人安排社交日程（一旦菲尔决定要和我出席某种活动），以及装饰房子。我还要负责各种修理和整修工作。1947年，拉莉四岁，我把她送入了一家幼儿园，这家幼儿园被我形容为"超级超级现代"。幼儿园的申请程序预演了如今的父母的经历。他们询问了我各种各样的古怪问题，譬如，我觉得自己的家庭教育是否成功。我大笑起来，说我不知道，但应该不成功。他们还问我，我想要女儿从幼儿园中学习到什么，这个问题我也未能回答好。我从不曾确切知道他们为何录取她，但肯定不是因为我的回答。我断定是由于他们让她参加的"测验"的结果，测验中，她成功地将积木拼到了一起。

这些年来，我一直苦恼于夏日的活动。通常，我会带着孩子们到芒特基斯科拜访我父母，但对于前往七泉农场（Seven Springs Farm），我始终感情复杂。我知道孩子们会喜欢这里，事实上，他们始终钟情此地，和我小时候一样，但我不喜欢把菲尔一人留在华盛顿，周末再往返于这里。此外，菲尔整周都和我父亲一起工作，我想他也许需要在周末时从我的家庭中抽身。我还很担心母亲同我的孩子们的关系，以及她对我的家庭教育的看法。孩子们来到她家时，她表现得像是他们从未吃到过如此美味的食物。那几年，哥哥家的孩子也常去那里，她就没完没了地将我们的孩子与我哥哥的孩子相比较。这导致了两家之间的激烈竞争。最糟糕的是，在孩子们生命的不同时期，母亲有不同的偏爱对象，而且，她对这种偏袒展现出了令人错愕的麻木。有一次，她来到餐厅，孩子们正在吃晚餐，她说，"拉莉，我给你带了朵花。"我永远都不会忘记，小两岁的唐纳德低声自言自语道，"我想姥姥是找不到给我的花了。"

这个时候，孩子们是我生活的重心，但菲尔的主要精力——以及我们两人共同的生活重心——却是在《邮报》上。他如今已经介入了《邮报》的方方面面。

菲尔早前交给了高管们一份备忘录，详细概述了业务和编辑方面的问题、潜力和目标，令人击节赞叹。他审视并分析每一件事情，从更好地利用社论版面到购得更多的新闻纸；执行更加彻底的调研工作，以提升社论内容；阻止夏季的销量减少；降低薪资成本；节缩开支；最大程度减少排印错误、版书错误和机工车间问题；提升报纸质量；加强对马里兰和弗吉尼亚的近郊地区的覆盖（《邮报》的所有发行人不懈努力的一部分，目的在于维持对当地市场的深入渗透）。只是在《邮报》工作了一年，菲尔便已通盘把握，全权掌控。他的秘书查理·帕拉代斯（Charlie Paradise）写信给朋友说，"自加入《邮报》那刻，菲尔就在竭尽全力让这里的人忙碌起来……让我深感拜服。"

菲尔成为了《邮报》最好的广告销售，时常写信给全美的公司高管，拿出有力证据表明，在《邮报》上花钱做广告是合乎逻辑、成效显著的选择。他完全沉浸在报纸事务上，事必躬亲，手下却只有一个脆弱不堪、羽翼未丰的团队，因此承担起了劳资协商工作——即使对于经验更为丰富之人，这也并非好主意。菲尔从一开始就面临劳工问题，尤其是印刷工人。经历了一段极度疲劳的时期后，他于 1948 年 1 月写信给以赛亚·伯林，说刚刚"试图使用《塔夫脱—哈特莱法》（Taft Hartley）压制可怜的印刷工人，但失败了"。菲尔还同《邮报》发行人员进行严重交涉，他指出，这个部门的开支"几乎要将我们杀死"。

菲尔积极推动华盛顿的学校将《邮报》用作教育用途。他将漫画版面大小恢复到战前水平。他甚至大范围整修了新闻编辑室，并对休假中的凯西·琼斯形容说，就像分娩一般，"你能够取得伟大的成果，只是要付出巨大的痛苦"。

菲尔把许多精力都放在了为《邮报》工作的人，以及他想要聘用的人的身上。他认识办公楼里的所有人，总是帮助员工们解决问题——为某个人生病的孩子、未偿付的抵押贷款、健康问题而担忧。他着手积极招募有潜力的年轻人，以及能力得到认可的成名记者和编辑。而且，他很愿意让女性为《邮报》工作，并成为其读者。

1947 年 4 月初，《邮报》发生了重大变化，拉斯·威金斯到来并出任总编辑。首次发出邀请后一年，菲尔和父亲重新找到了拉斯，这一次他接受了；他想要回归报纸的写作和编辑岗位。就在他答应就任前，父亲问他是否想要看看《邮报》

第十一章

的财务报表，拉斯以其惯有的口吻答道，"不用了，迈耶先生，您就是最可靠的财务报表。"凯西·琼斯被任命为"发行人助理"，这无疑是升职了，他又待了三年，之后去《锡拉丘兹先驱日报》做了执行主编。

在接下来的21年间，拉斯与《邮报》的关系愉快而富有建设性。他一上任便实施了一系列变革，极大程度上影响了本地新闻部的品质和完整性。拉斯宣布了一系列新规定，其中一条终止了在报纸上标明种族身份的惯例。《邮报》记者沙尔·罗伯茨（Chal Roberts）曾经写过这样的句子，"萨姆·琼斯（Sam Jones），24岁，黑人，因盗窃于昨夜被捕。"此类句子将不会再出现。很快地，拉斯废除了"免费赠品"——政府报销费用的旅行，以及所有免费票证。此外，仅仅工作几周后，拉斯就叫来警务记者艾尔·路易斯（Al Lewis），询问他是否为报社的人注销过违规停车和其他罚单。艾尔立即回答说，"注销过，先生。"拉斯接着问道，"给谁？"艾尔回答，"所有人。"拉斯大感错愕，怀疑地盘问，"你是什么意思，所有人？""嗯，排字间、广告部、新闻编辑部和发行部的人。我只是把单子送到局里，交给局长。"拉斯立即叫停这种说法，说道，"从今天起，从此刻起，不要再到警察局注销罚单了。我们也许必须撰写一些批评警察部门的文章，我不想要你们或者《邮报》受惠于警察局长或者那里的任何人。"

这项新规立刻展现出了重要性，因为在社论方面，拉斯和菲尔展开的第一步冒险就是抨击犯罪活动——当地和全国。本地新闻报道引发了与华盛顿警方，尤其是与警察局长罗伯特·巴雷特（Robert J. Barrett）的严酷斗争。这场名副其实的游击战开始于拉斯就任那年，持续了四年之久，直到1951年，《邮报》向国会委员会提交了确凿的腐败证据，巴雷特才在遭受控告过程中"退休"。然而，他援引《宪法第五修正案》（Fifth Amendment）保持缄默，致使该案件始终未告侦破。

那些年里，轰动性的事件都发生于国外，以1947年春季杜鲁门主义（Truman Doctrine）的提出为开端，随之而来的还有马歇尔计划（Marshall Plan）。《邮报》刚刚聘得费迪南·库恩（Ferdinand Kuhn）来报道国外新闻，但没有驻外记者，因此采用的是电讯社的稿件，偶尔也使用自由撰稿人的稿件。拉斯入职

193

前，菲尔甚至让记者参加军方报销费用的旅行，以加强对国外新闻的报道。

《邮报》参与的运动之一是支持马歇尔计划，定期在头版上做特别报道，1947年11月还为其开辟了专门的栏目。菲尔牵头，《邮报》顶级记者撰写的这个专版，赢得了全国头条新闻俱乐部（National Headliners' Club）的杰出公共服务奖，被全国范围的媒体广泛转载。事实上，《邮报》受到了越来越多的认可。1948年初，报业协会（Newspaper Guild）为《邮报》颁发海伍德·布龙奖（Heywood Broun）时称赞说："现如今，谨慎行事、明哲保身的做法愈发普遍，但《华盛顿邮报》在1947年取得了极不平凡的成就。它生动地展示了杰出的报纸应是什么样子，它可以为读者、为公众、为国家提供怎样的服务。"

不利的一面是，与印刷工人的谈判拖延数月未决。应对工人罢工的计划已经制定。"报纸业务非常复杂，"1947年末，菲尔在写给我父亲的信中如是说。这是个艰难的冬季，菲尔说，在这个季节里，"任何可行的事情都出错了"。最终，到春季时，拉斯以及其他几位优秀的新人加入《邮报》的效应开始显现。与报业协会间似乎永无止境的谈判结束了，我和菲尔抽出时间过了一个拖延许久的假期。我们在3月底动身前往拿骚，那时我怀上第三个孩子已经有八个月了。我知道我们很快就要回归快节奏的生活，于是尽情享受阳光和沙滩，感觉很舒畅，人更胖了，也晒黑了。

在拿骚时，菲尔接到哥伦比亚广播公司总裁弗兰克·斯坦顿（Frank Stanton）的电话，他负责监管哥伦比亚广播公司拥有和经营的广播电台。数年来，菲尔始终在担忧如何处置WINX，那是我父亲1944年买下的小电台，期望能以此创造些利润，缓解《邮报》不断积累的亏损压力。父亲当时其实想要获得一家电台网电台，但没有成功，于是买下了这家250瓦的独立迷你电台，有风的日子里，它的广播覆盖的半径范围是两个街区。它的确赚了些小钱，但父亲很快了解到，这些钱来自为赌徒和诈骗者广播的每日"数字"。父亲要求电台管理人员用古典音乐取代赛事结果，利润也随之消失了。

斯坦顿打电话给身在拿骚的菲尔，询问他是否有兴趣购买哥伦比亚广播公司在华盛顿的多数股份。菲尔知道他们今后将会竭力获取电视广播执照，便开玩笑说，"不太感兴趣，但我会搭乘下一班飞机回去。"他欣喜若狂。我们终止了旅

第十一章

行,以便他可以迅速北上开始谈判。在数周的时间里,他不断往返于纽约。

多年后,弗兰克告诉我,他之前已经与《明星晚报》的山姆·考夫曼(Sam Kauffmann)谈过认购股份的事情。考夫曼对此次机会表现出了极大的兴趣,谈判几近完成,但某一次,在考夫曼办公室中经历了冗长谈判的最后,这位华盛顿 WASP(指具有盎格鲁-撒克逊人血统的清教徒——译者注)的杰出领袖说道,"顺便问一下,斯坦顿先生,犹太人掌握了哥伦比亚广播公司多少股份?"弗兰克立即回答道,"全部股份,考夫曼先生。"然后,弗兰克戴上帽子,离开了房间。此事发生后不久,弗兰克就给菲尔打电话了。

哥伦比亚广播公司的董事长是比尔·佩利(Bill Paley),他们与《邮报》的谈判简单迅速,这很大程度上是因为谈判由弗兰克和菲尔亲自进行。菲尔谈判能力出众;他心中早已有了全盘考量,很清楚如何在这种情势下行事。毫无疑问,这要归功于法学院的训练,以及在学校里学习到的会计课程——菲尔告诉我这是最有用的一门课。

这些事情发生后一个月,孩子的预产期到了。我正在休息,菲尔叫醒我,让我去与弗兰克的妻子露丝(Ruth)聊天,那是在我们家的后门廊,此时,菲尔已经同弗兰克在书房中完成谈判。我之前从未见过露丝·斯坦顿,但我们愉快地交谈了两个小时。菲尔与弗兰克缔结了协议,1948年5月17日,协议被大张旗鼓地公布了出来。《邮报》和哥伦比亚广播公司将共同拥有五万瓦功率的华盛顿电台WTOP,《邮报》占股55%,哥伦比亚广播公司占股45%。私下里,菲尔陶醉在兴奋之情中。这一刻,《邮报》真正涉足电子领域的新业务。

在后门廊与露丝·斯坦顿交谈的那天晚上,我们出席了为玛格丽特·杜鲁门(Margaret Truman)举办的鸡尾酒会。大家像往常那样闲聊着,我开始感到子宫收缩;我告诉菲尔觉得孩子要出生了。他问我是怎么知道的,我意识到这是他第一次真正经历孩子的降生。这是他的第三个孩子,但他仍旧对分娩茫然无知。

我不想到达约翰霍普金斯医院后,却只发现自己弄错了。然而,子宫收缩的感觉愈发强烈,我们出发了,为防止这是假临产,我们便在巴尔的摩的酒店预订了房间。半路上,我建议直接去医院,菲尔加快了速度,到达后20分钟,情况就变得严重起来。我曾询问医生自然分娩的事情,当时这已经开始流行,医生坚

195

称自然分娩不适合我,但我将其视为挑战。我没有接受过任何相关训练,但决心在没有麻醉的情况下生下孩子,如果不行也不坚持。

人生中的某些经历,如生孩子和搬家,会被本性和时间蒙上一层薄纱,使你忘记曾有的疼痛。这一次,四个小时的煎熬让我心生弃意,医生说,"如果你能够再忍受一次子宫收缩,孩子就会出生了。"尽管深觉自己就要炸裂开来,我还是照做了,我们的第二个儿子出生了。这的确令人倍感创痛,那种感觉数周之后还久久徘徊,但我很高兴用这种方式做成这件事情。我更加高兴的是威廉·格雷厄姆(William Graham)的到来,我们给他取了"威尔士"的中间名,名字来自菲尔的祖母,她将菲尔视为最宠爱的孙子——至少菲尔是这样说的。

六天后,我和孩子回到了家中。拉莉患上了水痘,我们必须和她隔离开来,因此住在三楼上。菲尔已经在家里安装了我们的第一台电视,令我惊喜万分。人们刚刚开始购买电视,在乔治城,电视机已经成为知识分子优越感的来源。我们在家中的第一个夜晚,雷斯顿夫妇过来拜访,我们所有人一起观看棒球比赛,直到我困倦至极,到隔壁房间和孩子睡觉。

1948年中,《邮报》仍旧遍地荆棘,但也生机勃勃,其中的800名员工是一支引人骄傲、工作勤奋的团队。自父亲购买《邮报》以来,报纸每天的发行量已经从15年前的5万份增加至18万份,同时,广告量从400万印行增加至2300万印行。《邮报》赢得了不计其数的奖项,包括五项新闻大奖、三项社论奖、一项漫画奖和三项公共服务奖。

在此期间,父亲决定将《邮报》交给我和菲尔。与此同时,他希望确保《邮报》能够永远为公众利益服务。实际上,依照英国保护新闻报纸的模式,父亲和菲尔设立了信托基金。依据《邮报》的一篇头版文章,如果邮报不得不被出售,为确保其独立性,且能有一位负责任的报主,父亲任命"永久存在的五人委员会,掌握处置《邮报》有投票权股份的全部同意或否决权,而在此之前,这些股份由菲利普·格雷厄姆夫妇掌控"。这个委员会最初由哈佛大学校长詹姆斯·科南特(James Conant)、巴纳德学院院长米利森特·麦金托什(Millicent MacIntosh)、哥伦比亚特区地区法院首席大法官玻利塔·劳斯(Bolitha J. Laws)、

第十一章

弗吉尼亚大学校长科尔盖特·达登（Colgate Darden）、洛克菲勒基金会主席切斯特·巴纳德（Chester Barnard），他们毫无干预《邮报》的方针和运营的权力或责任，但在同意或反对《邮报》买家继承我和菲尔的报主身份上，拥有"绝对裁决权"。

父母曾多次修订宣布这些举措的新闻稿。父亲真诚地表达了他在过去15年的艰难岁月里努力办好《邮报》的信念，令我至今深为感动：

> 为了生存，一份报纸必须在商业上取得成功。与此同时，报纸与公众利益相关，这又使它不同于其他商业实体。现如今，由于自由机构正承受着严峻的考验和密集的审查，这一点愈发显而易见。
>
> 自由国家的公民必须依赖自由媒体来获取必要信息，从而更加明智地履行公民义务。这就是为什么宪法要授予新闻报纸言论自由，令其免受政府干预……然而，报纸的管理方式也可能会损及公众利益，因为报纸拥有者受到的首要限制在于自我限制。

在送给父亲的正式信件中，我和菲尔都签了名，信中写道：

> 您已经同我们谈论了您对《华盛顿邮报》的理念，当然，我们非常清楚，华盛顿邮报公司注册证书上的修订条款是为了确保那些理念能够尽可能地被保存下来。
>
> 我们非常感激您决定让我们来掌控《邮报》有投票权的股票，继承您对这家公司的未来期望，因而，您同意将您所持有的A类股票售予我们。

就在这件事情宣布之前，菲尔生日那天，他收到了我父母送给他的7.5万美元。母亲在便条中表示，这些钱是"以所有深情的爱"送给他的生日和结婚周年纪念礼物，但实际上，这是为了帮助他购买《邮报》相应的股份。我和菲尔各自已经拥有公司的175股A类普通股，由母亲于1947年11月交予我们。我们从父亲那里买来了其他股份，每股48美元。事实上，有3325股转让给了菲尔，1325

股转让给了我，我们共计持有 5000 股有投票权的股票。菲尔获得了更多股份，父亲向我解释说，这是因为男人不应该为他的妻子打工。奇怪的是，我不仅同意了，还完全认同这个想法。

两年后，移交程序完成了，剩余的股份被赠予了尤金与艾格尼丝·迈耶基金会（Eugene and Agnes Meyer Foundation）。该基金会成立于 1944 年，原本规模非常之小，但因为获得了 B 类股而在组织和经济上实力大增。这家基金会成立时非常谨慎，以使其在行政管理上保持独立，而不会成为家族的工具。这件事情也许做得有些过头了，以至于父亲无法命令基金会做任何事情，即便这件事情与他自身利益只有极少的关联。现如今，我们家与这个基金会完全失去了联系，但它已经成为华盛顿地区颇具影响力的一股力量。

为了公平起见，对于没有获得《邮报》所有权的我的姐姐妹妹和哥哥，父母当时给予了他们相应数额的金钱。父亲告诉他们这一安排后，家中曾经出现过短暂的紧张时刻，但并没有像其他报业家庭那样演变成纠纷。哥哥有些犹豫，但最后还是决定坚守对医学事业的追求。我们收购《时代先驱报》和进行其他投资时，曾邀请比尔参与。比尔在摩根担保信托公司（Morgan Guaranty）的顾问不断提醒他，在我们公开上市后，不要再购买任何股票，但他还是固执地不断增持股份。1982 年，比尔因为中风和肺癌去世，当时的股价仍旧是 30 多美元，他留下了大笔资产给儿女，还组建了一家大型基金会。

弗洛里已经与家庭疏远，生活有些困难，父亲向她保证，会公平对待她和她的儿女。碧丝和露丝完全有权认为受到不公对待，但却始终慷慨大度，在各个方面给予我们关爱与支持。她们衣食无忧，但与哥哥和我相比也并不富裕。她们从未获得购入《邮报》股票的机会，主要原因在于股票的原始价值很低，并被认为存在风险。后来，摩根始终阻止她们购入，甚至在"水门事件"中，她们其中一人想要购入股票，以示对《邮报》的支持时也是如此。出于真正的保管者本能，这家银行不会出售深受青睐，且他们认为有价值的标准股，如 IBM 的股票——沃伦·巴菲特大量持有邮报公司股份后，事情同样如此。哥哥去世后，他们仍旧向他的继承人诋毁我们的股票和我本人。

即便有母亲的礼物，菲尔为购买股份还是欠下了巨额债务，为了帮助他还债，我自愿提出支付我们所有的生活开支——房子、汽车、教育、娱乐——而且也这么做了。所有费用，除了菲尔的个人开支，都由我一力承担。我这么做是出于恰当的信任，从迈耶家的孩子出生起，父亲就在我们所有人身上培养这种信任感了。这种安排从未成为问题；它没有困扰到我们任何一人。我从未思索过这件事情，我们也从未谈论过这件事情。只是在 15 年后，事情变得糟糕至极时，我才懊恼地重新看待其中的情形。我记得小叔子比尔·格雷厄姆温和地对我说，这件事情从一开始就错了。

在公布《邮报》出售给我们两天后，家庭的大部分成员，包括我和菲尔，都在芒特基斯科，我们收到消息说，茜茜·帕特森因为心脏病发作而突然离世，终年 63 岁。这位华美、充满活力、坚强，但也哀凄、孤独的女人就这样撒手人寰，令人难以置信。她的身体日渐不支，城里充斥着谣言，说毒品和其他恶习加剧了她的健康状况的恶化。然而，她仍旧是华盛顿的名人，似乎注定了要永远留在这里。

身为《邮报》的新报主，我和菲尔面临的最重要的事情是，我们一直以来的对手、读者广泛的《华盛顿时代先驱报》，在其所有权以及编辑和出版方向上会有怎样的变动。一时间，猜疑之声四起，谣言漫天飞舞。有人说，茜茜更加自由开明但是与其疏远不和的女儿费利西亚将会继承并改进报纸。然而，茜茜将《时代先驱报》留给了七位主管，其中的重要人物有总经理威廉·谢尔顿（William Shelton）和社论版编辑弗兰克·沃尔德罗普。后者是实际掌控者，也是茜茜最亲密的人。

菲尔听到茜茜去世的消息后，立刻离开了芒特基斯科，与七位继承人讨论他们的打算。由于遗产税的问题，七位继承人认为他们只有一年的时间来决定保留报纸，继续经营它，还是直接将其卖掉。我们都清楚华盛顿有太多的报纸，也都知道只有一家晨报可以生存下来。正是基于这种认识，菲尔开始培养同谢尔顿和沃尔德罗普的关系。他们的交流持续了一整年。

不管怎样，我们——在 33 岁和 31 岁——如今成了《邮报》的拥有者。《邮报》组建成了有限责任公司——父亲不会再贴补其亏损，这加重了菲尔维持报纸生存的负担。这又是我们生命中的一个关键时刻，重大的一步。一夜之间，我们变成了成年人，肩负着重大但令人兴奋的责任。

PERSONAL HISTORY

第十二章

与父亲 1933 年购买《邮报》时相比,这份报纸已经完全走出了衰败之势,但在 1948 年,我们接手的《邮报》看起来仍旧脆弱不堪。菲尔说,"我们正坐在漏水的船上。这份报纸实际上没有任何资产,并开始重复战前惯常的亏损。"我们对《邮报》及其未来非常忧心。

《邮报》破败的办公楼是华盛顿市中心 E 大街上的一大固定特色,里面蟑螂横行。某位《邮报》记者形容这座大楼"像军舰一样忠诚,像恺撒的骨头一样古老"。前门台阶通往阴暗、寒酸的小门廊,仅足以容下长长的木制楼梯和嘎吱作响、摇摇欲坠的电梯,没有人有勇气去坐这部电梯。本地新闻部位于二楼,是个活动不断的小集市。男人们戴着帽子,吞云吐雾,俯身敲打着桌子上的打字机。自 1947 年入职以来,拉斯·威金斯已经全权掌控了新闻部门,菲尔称赞说,"在加强新闻报道和写作上,他完成了最令人称奇的工作。"拉斯·威金斯将报纸提升到了更高的水平,这的确令人震惊,因为他的预算极为紧张。

菲尔和拉斯共同组建了全国性的工作团队,尽管实力仍旧薄弱,却已经开始走向专业化——很大程度上要归功于拉斯高标准的专业要求。菲尔曾经形容拉斯是"不会轻易丢掉积极热情的人"。最初的时候,拉斯与记者莫莉·塞耶(Molly Thayer)发生争执。莫莉经常利用华盛顿的社交聚会搜集重要新闻。拉斯给菲尔留了个便签，讲述了莫莉对于拉斯修改其稿子的反应，这是个典型的例子，证明了拉斯对细节的重视，以及对事实的关照：

> 莫莉建议不要对她的稿子做任何改动，这是我听过的最傲慢无礼的话。我每天要花一小时来检查她的专栏文字的拼写，确认其中提及的人物的地址，还要核实这些人是生是死。她复活的人比耶稣基督还多……

1948年，本·布莱德里（Ben Bradlee）首次来到《邮报》工作，这很大程度是出于巧合。他二战后退伍，在新罕布什尔州开办了一家报社，报纸做得很好，但与许多此类商业冒险一样，报社被迫停业了。本失去了工作。他手上有两封推荐信，介绍他去两家大报社，一家是《巴尔的摩太阳报》，另一家是《邮报》。他乘火车抵达巴尔的摩车站时，天色阴沉而让人沮丧，车站也同样如此。本从火车车窗向外望了一眼，说道，"活见鬼了。"他没有下车。火车继续向前开往华盛顿，他来到《邮报》，并最终被引见给了拉斯·威金斯。本的聘用需要经过菲尔的同意，因为菲尔监管着所有空余职位，以评定该职位是否需要填补，并确保填补者是最佳人选。本被聘用了，周薪80美元。

仅仅在三年后，本找到菲尔，说自己想要成为尼曼学者（Nieman Fellow），这意味着他要去哈佛大学进修为记者开办的特别课程。菲尔反驳说，"为什么？你已经在哈佛读过书了。"本于是辞职，到美国驻巴黎大使馆担任资讯官，但这份工作于他而言极为单调乏味，很快他就去了《新闻周刊》驻巴黎分社。

这些年来，身为发行人，菲尔在许多方面都处于最佳状态。他激发员工灵感、赞美、敦促、批评和哄诱他们。菲尔每天要处理堆积如山的行政事务和待定决策，为身为报主和发行人所面临的困难忧心忡忡。他强烈感受到进退两难的窘境，而原因在于，"为了生存，一份报纸必须在商业上取得成功，同时，发行人必须认识到，他身上的责任超越了任何商业利益。"他相信，"尽管存在种种困难，发行人最好就是报纸的所有者，而不仅仅是作为受雇者代表幕后的报纸所有人行事。"如今，这样的事情几乎已经成为历史。

菲尔总是努力促进新闻媒体的整体发展，而《邮报》则首当其冲。他强调说，新闻报纸不应该"漫不经心地说，如果读者不认同我们的观点可以取消订阅，并以此撇清自身过失，因为在许多城市中，人们根本没有其他选择"。他不断忧心基本的新闻报道，思索如何更好地为读者呈现新闻。1948年12月，菲尔在密歇根大学发表演讲时说：

> 我们尽量细心，但日报的出版流程非常匆忙，犯错在所难免。评论人士常常从这些错误中揣摩出子虚乌有的恶意，夸大它们，并以此作为指责我们罪责的进一步证据。认真负责的报纸随时准备纠正任何错误，同时也竭尽全力避免犯下任何错误。

在广告业务上，菲尔不断写信给通用汽车和宝洁公司，谈论《星报》和《时代先驱报》内部爆发的动乱，解释为什么他们应该选择《邮报》："我们已经准备好了为你们出售象牙，以证明我们在美国地方杂货店中排行第一（只有大都市的晨报才能脱颖而出）……"

菲尔知道要改变既有的习惯非常困难，但也清楚自动化技术内含的成本效益，因而开始将《邮报》的会计部门转变为机器操作，于1946年便安装了IBM的机器。在人事方面，《邮报》采取重大举措，明令选聘记者唯才是举，成了这座城市的先驱。

菲尔常常利用《邮报》来纠正他所看到的错误。一直以来，菲尔都希望国会能够调查有组织犯罪。1949年5月，他见到了参议员埃斯蒂斯·基福弗（Estes Kefauver），认为这个人正派勇敢，于是提议由基福弗担任特别犯罪委员会的主席，在全国范围内调查有组织犯罪与政客之间的联系。第二次会议结束后，基福弗以于公众利益无益为由拒绝了这个建议，菲尔强烈抗议道，"岂有此理！埃斯蒂斯，难道你就不想要做副总统？"然而，在菲尔组织了一系列有关犯罪的头版报道后，这位参议员表现出了强烈的兴趣，开始召开听证会，此举令其名声大噪，举国皆知。基福弗最终结束听证会后，菲尔说他知道基福弗将会在《展望》或《生活》杂志上发表文章，如果基福弗能够在其中赞扬《邮报》帮助启动调查，他将会感激不尽。基福弗回答说，"好吧，菲尔，我很愿意这样做，但请告诉我，《华盛顿邮报》与启动调查有什么关系？"

菲尔期望利用《邮报》来纠正的另一个错误是华盛顿的隔离政策。20世纪40年代末至50年代初，特别是最高法院就"布朗诉教育委员会案"（Brown v. Board of Education）作出裁决前，华盛顿地区的种族隔离现象非常严重。菲尔坦言，他的整个童年和青少年时代都是在白人至上的南方传统中度过，非常清楚促成必要的转变有多么困难。

本·布莱德里在首次短暂任职《邮报》时，对菲尔利用《邮报》实现政治目的深感忧心，不论其价值如何。1949年，左翼进步党（Progressive Party，1948年推举亨利·华莱士[Henry Wallace]为总统候选人）成员带领黑人儿童，到先前只有白人使用的公共游泳池游泳，暴乱由此开始。暴力活动逐步演变为激烈战斗。一次事件中，200名白人列队对抗同样数量的黑人——公园警察骑着马站在中间。本和另外一名记者在现场连续待了36个小时。现场群情激昂，包括那些记者，他们目睹到某些人用嵌有钉子的木棒打人，好几个人被送到医院，还有一个女子被马踏伤。记者们回到《邮报》撰写报道，心想这必然会成为头版。然而，它甚至没能登上本地新闻部分的头版；它被隐藏在了报纸的B-7版。本后来回忆说，"整个36小时的惊险活动被称为'事件'，'种族'一词始终未被提及。"

本大发雷霆，这也是他唯一能做的事情，此时，他感到肩膀被人拍了一下，转过身来见是菲尔。菲尔穿着无尾礼服，说道，"好的，兄弟，跟我来。"他把本带到了自己的办公室。菲尔的办公桌旁围坐着内政部长（Secretary of the Interior）朱利叶斯·克鲁格（Julius [Cap] Krug）、副部长奥斯卡·查普曼（Oscar Chapman）、杜鲁门总统的特别顾问克拉克·克利福德（Clark Clifford），以及其他两三个人。"把你刚才说的话再讲一遍，"菲尔命令本。本说完后，他就让本离开了。接着，菲尔同在场的人立下协议：如果当权者不做些事情，终止游泳池的隔离政策，这则报道就会登上《邮报》的头版。他们答应了，于酷暑之际关闭了游泳池，但承诺会于第二年夏季在取消隔离政策的情况下重新开放。他们确实做到了。

这是菲尔利用权力的典型方式，此次事件中他利用了《邮报》的力量，以达成好的目的。这件事情成功了，但与此同时也损害了《邮报》。即便在那个时期，

第十二章

这也不应成为经营报纸的方式。为达到某种目的而放弃报道某个新闻,既不恰当,也不符合我父亲对报纸责任的定义——"要竭力报道事实。要查出真相,报道真相。让称职的社论部门阐述真相。"

自茜茜·帕特森于1948年突然去世到第二年夏天,菲尔从事的最重要活动就是毫不松懈地尝试购下《时代先驱报》。我们相信,我们的生命,或者更确切地说,公司和《邮报》的生命,取决于我们能否得到它。我们知道还有许多人对《时代先驱报》感兴趣,包括小威廉·鲁道夫·赫斯特(William Randolph Hearst, Jr.)、野心勃勃的塞缪尔·纽豪斯(Samuel Newhouse)和斯克利普斯·霍华德报系。斯克利普斯·霍华德报系还拥有我们的另外一个竞争对手——《华盛顿每日新闻》。菲尔觉得他的机会很大,因为茜茜·帕特森的表兄罗伯特·麦考密克上校——《芝加哥论坛报》的编辑和发行人,当时对《时代先驱报》似乎不感兴趣,此外,《时代先驱报》对于我们的价值远超其他人。

从一开始,《时代先驱报》的总经理比尔·谢尔顿就认为我们才应该是购买者。不过他也觉得弗兰克·沃尔德罗普,即茜茜最亲密也最忠于她的理念的人,可能会从中作梗。只是最近我才知道,沃尔德罗普在其中的影响有多大。沃尔德罗普不仅为茜茜·帕特森工作,而且尊敬她,更甚至于爱戴她。他觉得自己的所有一切都是茜茜给予的,他钦佩她的勇气、她坚持不懈的精神。谢尔顿和菲尔,有时还有沃尔德罗普,定期进行协商,直至夏季时一年的决策期满。继承人们决定将《时代先驱报》出售,菲尔和我父亲向七位执行者提交了秘密计划书,出价450万美元。此外,父亲提议用105万美元购买茜茜名下的《芝加哥论坛报》的股份,心知这些钱能够帮助七位执行者清偿债务——谢尔顿和沃尔德罗普要求的事情——而麦考密克上校无论如何都不肯回购这些股票。

那年夏天,我们在罗得岛的纳拉甘西特租了一座房子。菲尔来这里过周末时,总是显得疲惫不堪,为工作和谈判的事情紧张不安。我常常会把孩子们领到小房子外面,好让他可以休息。记得某个寒冷的周六,外面下着雨,我把孩子带出来,哄骗他们去吃"野餐早餐",就是为了不让他们吵醒菲尔。

谈判结束前的周末,菲尔就要动身前往华盛顿时,我和他两个人坐在沙滩上，说着话，发着梦。我清晰地记得他说，"我知道得到《时代先驱报》是太美妙的梦，很难成真。它是遥不可及的奢求，但就让我们闭上眼睛，在这一刻假装已经拥有它。我最想要看到的是山姆·考夫曼听到这个消息时的表情。"我们就这样肆意地在想象中沉湎，过了一会儿，菲尔现实而严肃地说道："如果我们得不到它，我会休息一周。然后，我会想别的方法得到它。"我们非常慎重，但却禁不住期待这次漫长而艰难的努力能有好的结果。

第二天早晨，菲尔打电话告诉我，麦考密克上校介入，并买下了报纸。他让我退掉罗德岛的房子，带着孩子们到芒特基斯科，然后与他待在一起。我落泪了，和孩子们吃了早餐，接着便动身去华盛顿找菲尔。

我们当时并不清楚，如果不是弗兰克·沃尔德罗普，我们很可能已经得到了那份报纸。沃尔德罗普对茜茜的目标和雄心始终忠心耿耿。是的，我们愿意为《时代先驱报》支付最高的价格，让其他六位继承人非常满意，但沃尔德罗普认为这背弃了茜茜的意愿。他觉得这是"背信和投降"——宣判了《时代先驱报》的死刑——因而，他告诉其他继承人，"随便你们怎么做，但我是不会签字的。"

沃尔德罗普让上校了解到我父亲愿意购买《芝加哥论坛报》的股份。不幸的是，麦考密克将此解读为他完全掌控那家大企业的威胁而非助益，因而插手进来，以我们的报价买下了《时代先驱报》。菲尔和我父亲试图提高报价。在危急时刻，母亲总是能够变得崇高起来，她希望确保《邮报》的未来，于是从芒特基斯科打来电话说，如果这次交易取决于我们的报价，那么，她不需要如此精致的生活。"把房子抵押出去。其他什么都不重要。"母亲是认真的。在这次交易中，我们全都尽心竭力。然而，《论坛报》和《时代先驱报》的人躲着我们的律师，防止我们提高报价，因此，我们从未真正得到机会增加金额。

我来到华盛顿，发现菲尔心情沮丧。我们都感到未来暗淡了许多，虽然并非毫无希望。现如今，我们交锋的对手是庞大、富裕、高度专业化且盈利丰厚的芝加哥论坛报公司（Chicago Tribune Company），还有麦考密克上校，他的商业头脑众所周知，似乎可以投入无限的资金与我们作对。我们比以往任何时候都感到是在为生存而战，而对手就是歌利亚。

收购完成一周后的某个晚上，我深夜两点钟醒来，发现菲尔在抽烟。他刚刚读完从图书馆借来的书，内容是关于报业巨头麦考密克上校和乔·帕特森上尉的生活与事业。菲尔说，"你知道吗，他们30多岁时合并了公司。现在他们60多岁了，而我正30多岁。我觉得我们用其他方式也能成功。"我们在一场自认为于未来至关重要的交易中失败，但菲尔用这样一个简单的结论，引导我们走出了此次沉重打击的泥潭。

挣扎求存的生活继续着，它榨干了菲尔所有的能量和精力。在质量和影响力，甚至某些重要业务指标，如发行量上，《邮报》持续取得进步，但在广告业务等其他方面却败下阵来。那几年《邮报》盈利不佳，但我们稳步前进。

我们面临的竞争巨大而激烈。《星报》由多个家族掌控，各类成员供事于全华盛顿最重要的银行和企业的董事会。《星报》在华盛顿特区政府中也拥有强硬手腕：华盛顿三位行政长官的头目约翰·拉塞尔·杨（John Russell Young），曾经是《星报》驻白宫的记者。华盛顿贸易委员会（Board of Trade）的办公室实际上就位于《星报》办公楼内。法官的任命需要经过《星报》的点头。至少在外表上，《星报》有权有势，无孔不入。

几乎每个《星报》高层管理人员都是掌控这份报纸的三大家族的成员。除了少数几位优秀的专业人员外，大多数都是只领薪水，而不做实际工作。编辑本·马克威（Ben McKelway）就是例外的专业人员，非常友好的人，拥有优秀的履历。《星报》家族成员往往不住在城里，而是生活在切维蔡斯或马里兰的郊区，在那里骑马狩猎。他们中的许多人都目空一切，一副纯白人做派。事实上，父亲认为，27名掌控《星报》的家族成员于《邮报》百利而无一害。

《时代先驱报》仍旧是华盛顿的一股重要力量。比尔·谢尔顿和弗兰克·沃尔德罗普留在了报社，但麦考密克买下《时代先驱报》不久，就任命侄女露丝·伊丽莎白·麦考密克·米勒（Ruth Elizabeth McCormick Miller）担任发行人。上校表示，他想要《时代先驱报》成为"美国原则的前哨战"，称巴兹（Bazy，露丝·伊丽莎白的昵称）及其丈夫小麦斯威尔·米勒（Maxwell Miller, Jr.）是"刊印这些原则的传教士"。他说道，许多年来都是华盛顿的消息传播到美国，如今，他要"将美国的消息传递给华盛顿"。

《每日新闻》是华盛顿的第四家报纸，仍旧在自身的生态位上神气活现，午餐柜台和街头是它的主要销售点。

我们努力让《邮报》吸引普通读者的注意，这与《星报》和《时代先驱报》不同。《星报》适合城市中的权力集团和中高收入阶层阅读，而《时代先驱报》则吸引了蓝领、下层民众和上流阶层中喜欢丑闻和八卦的人。菲尔显然对竞争心存警惕，但他和我父亲都认为，提升自身报纸的品质是求取生存的最可靠方式。拉斯·威金斯回忆说，"我们与旧式的党派报纸不同，不会相互攻击。我们在报道新闻上与他们展开竞争，但不会诽谤谩骂。"在当时和后来，这种诚实竞争的态度起到了重要作用。

在业务经营方面，菲尔成功从赫斯特的《洛杉矶观察家报》(*Los Angeles Examiner*)雇用了一流的发行经理——哈里·格拉德斯坦（Harry Gladstein）。原本这个职位上的人无能又业余，因而，1949年末，格拉德斯坦的到来解决了一个从一开始就是致命伤的问题。不过，菲尔招募的最重要的经营人员是约翰·斯威特曼（John Sweeterman），他开始时担任业务经理，并最终成了《邮报》迄今为止唯一非迈耶—格雷厄姆家族成员的发行人。斯威特曼曾经是《戴顿新闻先驱报》(*Dayton Journal-Herald*)的总经理，这家报纸被考克斯报业集团（Cox Newspapers）收购后，他短暂地出版了一系列"购物"报纸，同时担任一家印刷传单的出版公司的总裁。

几个月来，菲尔孜孜不倦地讨好约翰，但眼见着《邮报》不断亏损，且排名华盛顿四份报纸中的第三位，约翰拒绝了菲尔的工作邀请，坚持更高的薪水和得到部分股份。菲尔邀请我旁听一次重要的电话交谈，谈话中约翰阐明了自身的条件。菲尔急切地想要得到约翰，提供给他3万美元的薪水，与菲尔当时自己的薪水相同。约翰回应说，他不能仅仅为了3万美元就过来工作，于是，菲尔将自己的薪水提高到了3.5万美元，并为约翰开出了同样高的薪水。

约翰第一次来家中拜访我们时，我正在院子中和孩子们玩，夏天天气炎热，我们都赤裸着双足。我赤裸双脚的行为让约翰印象深刻，他后来常常说，这是一次文化冲击。约翰最终接受了菲尔的邀请，于1950年年中来到《邮报》，菲尔和其他人几乎立刻感受到有了稳固的依靠。事实也的确如此。菲尔和我父亲相互尊重，他和约翰也同样如此。约翰后来说，"你父亲令我深感钦佩，他的智慧、举止、坚强的个性……菲尔也是如此。我把未来交到了他们手上，真的。"至于菲尔，他觉得我们找到了"一块璞玉"，曾经还说道，"我难道不是个走运的混蛋吗？这个家伙都能管理通用汽车了。"

没过多久，菲尔便授予了约翰充分的自主权，他说道，"你来经营报纸的业务，我会全力支持你。"约翰立刻着手工作，重新设计了报纸的各个版面，整顿了整个团队。他聘用了优秀的印刷经理哈利·艾贝儿丝（Harry Eybers）和出色的分类广告经理吉米·戴利（Jim Daly）。他们以及唐·伯纳德和哈里·格拉德斯坦构成了这个团队的核心，并在之后带领我们走向成功。

约翰强硬而独断专行。有时候，他会同新闻方面的各类编辑或高管产生冲突，尤其是拉斯·威金斯。拉斯想要做一些花费金钱的事情，而约翰根本不想要增加开支。约翰以专注于削减成本而闻名，不过，在其他人看来这只是吝啬小气罢了。但到最后，正是因为约翰执意落实开源节流的举措，局势才被扭转过来。事实上，由于约翰的指导，以及他引入的更加专业的经营举措，我们开始在发行量和广告业务上获得切实地提高。约翰还专注于打造《邮报》周日版。

1949年错失《时代先驱报》的后果之一，就是父亲和菲尔断然决定建造新的办公大楼。父亲买下《邮报》时，有人询问他是否会建设新的大楼，考虑到《邮报》大楼的样子，这是很自然的问题。但父亲的回答是："不，我会先办好报纸。"做到这一点后，父亲准备接着为这份日益强大的报纸打造更好的办公环境。此时，《邮报》的800位员工已经自56年历史的E大街办公楼分散到其他三栋大楼中。办公楼和设备的破败不堪阻碍了报纸的发展，没有空间来扩张印刷能力。我们在华盛顿的L大街购买了一块土地，位于大街15号和16号建筑之间，后面还有一些额外的空地。菲尔认为，建造新办公楼是自1933年以来影响《邮报》的最重要一步，也是我们对其未来充满信心的明证。这项工程耗资600万美元，我们从我父母那里贷款后才筹得足够资金。45年后，我们仍旧留在那里——期间有过扩建。

新大楼建到一半时，菲尔找来我和我母亲在室内设计书上签字。就装修问题咨询我们并不是什么好主意，因为我们两人在这个领域都眼光糟糕，也没有什么出色履历。即便如此，我对于见到、提及的不足之处还是观点坚定。菲尔本希望我们能够迅速同意，因而也自然而然地被激怒了。他说，"好吧，既然你不喜欢，那你来做吧；找个人来做室内设计。"我找到室内设计师玛丽·巴尼斯（Mary Barnes），她大刀阔斧地修改，纠正了某些最致命的错误，赋予了大楼得体的样式。她选取的颜色大多都很柔和，《邮报》的人因而称呼她为"灰夫人"。

1949年末，大楼破土动工，1950年11月，L大街的新址印出了第一份完整报纸。所有人都离开E大街陈旧的办公楼后，我们举办了一场派对，大家纵情狂饮，情绪激动。正如某人所说，这场派对——实际上更像是葬礼前的守夜——是在"哀悼一栋大楼的凋亡"，它有许多引人痛恨的不方便之处，但还是深受大家的喜爱。事实上，许多老员工并不热衷于从昏暗喧闹的E大街办公楼迁往崭新安静的L大街办公楼。新大楼让我们的空间增大了一倍，还提供有现代设施，如空调、隔音装置和整洁的环境，但与老楼相比，却看起来冷清而没有人情味。《邮报》的一位老员工说，"一旦我们又开始往地上吐痰，一切事情就都好了。"

菲尔在为新大楼制定计划和扩充《邮报》编辑队伍的同时，还努力开展业务。多年来，父亲一直自掏腰包来补贴《邮报》的亏空，但在A类股转让给我们后，我们就不能再这么做了。于我们而言，幸运的是亏损大大降低了，我们与哥伦比亚广播公司共同拥有的电台则在不断盈利。菲尔始终认为，电台和电视不是报纸的竞争对手，而是另外一种新闻形式。很早他就意识到，电台和电视的盈利潜能可以弥补报纸的全部损失。

1950年，菲尔再度与哥伦比亚广播公司联手，购买了华盛顿的WOIC电视台，从而将邮报公司带入了电视领域。WOIC的呼号（call letters，无线电台呼号是从事无线电操作人员或电台，在无线电通讯时使用的电台代号，每一个电台呼号在世界上是唯一的——译者注）后来改成了WTOP。因为WTOP拥有80万美元的现金，所以，我们只需要筹集33万美元，或者说140万美元购买价剩余部分的55%，而其余45%则由哥伦比亚广播公司来支付。我们从我父母那里贷款，购买了股份。当时，菲尔写信给他父亲说："我觉得我们的时机把握恰到好处，因为似乎这里的电视台将会在今年秋季摆脱亏损。我们急切地想要参与其中，因为它将会对所有其他媒体产生重大影响，尤其是广播电台。"

自1948年，弗兰克·斯坦顿将我们引入广播行业以来，他已经成为我们亲密的私人朋友和生意伙伴。1952年末，弗兰克告诉菲尔，佛罗里达州杰克逊维尔（Jacksonville）唯一的电视台WMBR的三位创始人想要卖掉电视台。1952年大选前一个月，菲尔开始着手收购这家电视台。大选后10天，我们去度假，第一站是杰克逊维尔，菲尔在那里签订了协议，并会见了创始人之一格伦·马歇尔（Glenn Marshall），他继续留任管理这家电视台。格伦记得，1950年，WMBR最初播出节目时，整个杰克逊维尔地区都没有一台电视机，电视台的老板每天都会询问售货员，当天是否有电视机售出。

菲尔协商出的收购价是247万美元，我相信它是当时电视台的最高售价。这是菲尔第一次走在了我父亲的前面，而父亲有些担心此次的收购计划。唐·斯沃特兰（Don Swatland）是父亲的好友和克拉瓦斯（纽约的企业律师事务所）的律师，给父亲打了个电话，向他保证这是个好主意。事实上，这的确是个妙策。菲尔总是称WJXT——1958年，WMBR的呼号修改为此——是他的兔子后足（rabbit's foot，迷信者认为有护身符作用，会带来好运——译者注）。WJXT是这片地区唯一的电视台，但还是逐步获得了巨大的力量。实际上，它是亚特兰大（Atlanta）和迈阿密之间唯一的甚高频（VHF，用于高质量广播的无线电波段——译者注）电视台。杰克逊维尔的报纸由铁路公司掌控，平庸至极，因而，人们依靠WJXT作为主要的新闻来源，这种情况持续了许多年，直到全国广播公司（NBC）一家拥有12位股东的电视台开始播放节目，才带来了微不足道的竞争。即便在竞争激烈的今天，WJXT也仍旧在市场中占据统治地位。

约翰·斯威特曼上任并开始掌控公司的业务经营后，菲尔便得以将更多的注意力放在新闻和社论上。在新闻方面，他希望能派驻海外记者，认为如果做不到这一点，"《邮报》就称不上是在首都做了恰当的工作"。"二战"后的那些年，《邮报》面对的许多社论问题都与人们对共产主义日益增长的忧虑有关。政治右翼不断以蛊惑人心的方式操控美国人的恐惧情绪，随着冷战持续升温，社会氛围也愈发糟糕。对共产主义的恐慌情绪四处蔓延，仅仅几年后，这种情绪就被约瑟夫·麦卡锡（Joseph McCarthy）和政治右翼所利用。《邮报》从一开始就立场坚定地反对这种情况，对于一家挣扎在亏损边缘，尚且为生存苦苦经营的报纸来说，这殊为不易。对我们是自由主义者甚或是赤色分子的攻击就肇始于此，接下来的数年间，这种攻击几乎未曾停止过。它加剧了我们的财务问题，但也让我们有了赫赫声名。

《邮报》已经开始报道众议院非美活动调查委员会（House Committee on Un-American Activities[HUAC]，所谓非美活动，就是反美的活动，不适合美国传统、原则与风俗的活动——译者注）的新闻。1947年末，因为对于这个委员会的态度，我们持续受到攻击，编辑们深感到有必要对这些攻击作出回应。一篇社论简洁地阐明了《邮报》的立场：

> 本报在批评这个委员会时，向来针对其手段而非目的……在历任主席的领导下，这个委员会将忠诚等同于遵奉，关注立场而非行为，在面对证人时漠视最基本的合规原则，因而，在我们看来，委员会的举动比其调查的任何团体或个人都更加危险和非美。

1948年3月，保守主义出版物《直言》（Plain Talk）刊登文章，抨击《邮报》是"极权主义的特洛伊木马"，追随共产党在多数重大问题上的路线，并指责菲尔是"《邮报》社论主张的坚定辩护者"。文章还责难了赫布洛克和艾伦·巴斯，说他们"是社论版无可争辩的意识形态引导者，忠实于党的路线"。菲尔义愤填膺，考虑采取法律措施，但了解到《直言》背后没有资本操纵后，他放弃了这个想法。相反，他写了长达八页的备忘录给《邮报》的员工，解释说诽谤文章是被解雇的《邮报》雇员出于不满而作，还摆出事实证明，"文章中表达的观点毫无依据"。

我们被攻击为共产主义同情者甚至被愚弄者时，华盛顿的竞争对手也开始踊跃地从旁煽风点火。《时代先驱报》及其在芝加哥的亲系报纸《论坛报》坚持不懈地攻击我们。《论坛报》时而说《邮报》是赤色分子的守卫者，时而说《邮报》是杜鲁门政府的代言人。他们想要逐步离间我们的读者和广告商。菲尔拿出了巨大的勇气和审慎的判断，支持《邮报》的报道和评论以及赫布洛克不留情面的漫画，同时竭力保护我们的经济血脉。

1948年8月，《邮报》的玛丽·斯帕戈（Mary Spargo）报道说，众议院非美活动调查委员会传唤了前共产党员和当时的《时代》杂志副主编惠特克·钱伯斯（Whittaker Chambers）出庭作证。钱伯斯表示，虽然他曾经是共产党员，但已经退党，他在证词中提及了几位为苏联政府做事的美国官员，其中就有阿尔杰·希斯（Alger Hiss）。

希斯事件引发各方争论。1948年末，希斯因为否认将秘密文件交予共产党间谍网而被控伪证罪，诉讼时效问题使他免于更严厉的间谍活动指控。在一场群情激昂的公开审判中，希斯于二审中被定罪，判处五年有期徒刑。《邮报》发表社论指出，希斯曾威胁说，如果钱伯斯在国会之外继续指控他，他将提起诉讼。指控果真出现了，我们叫板希斯起诉钱伯斯，于是出现了之后的审判。

《邮报》因为报道希斯事件而受到各方攻击。许多好友批评菲尔和《邮报》胆小怕事，不够客观公正。例如，我们的好友吉姆·罗（Jim Rowe）给菲尔写了几封措辞尖锐的信，其中有一封写道：

> 在新闻栏目的写作上，《邮报》和《时代先驱报》一样只知道低劣地嘲讽。我相信阿尔杰需要解释很多事情。为什么不让他在巴尔的摩法院的法庭做辩解——而在此之前，让你的偏见远离这件事情……我只希望你能保持客观。我不知道事情的真相，《邮报》也不知道。我对《邮报》的期望远超其他报纸……

菲尔回应说，罗指出的"客观性缺失击中了我们的要害"，但补充说，"我们没有丝毫恶意，只有些许愚蠢的观点，我们希望能够从中汲取经验。"

希斯在二审中被判有罪，国务卿迪安·艾奇逊受邀对此事发表意见，他说，"我不想要背叛阿尔杰·希斯。"艾奇逊与希斯相交多年。在题名为"忠诚的冲突"（Conflict of Loyalties）的社论中，《邮报》批评了艾奇逊的声明，说道，"艾奇逊先生的做法让牢骚不满者有了可乘之机，他们正想以阿尔杰·希斯的有罪判决来作为工具，分裂我们的社会……艾奇逊国务卿屈服于私人感情的决定，模糊了法律审判。"

之后还发生了两件事情，都清楚地表明了菲尔在为《邮报》处理这些微妙问题时的两难处境。艾奇逊的某些支持者，也是我们的好朋友——保罗·波特（Paul Porter）、乔·劳、奥斯卡·考克斯、瑟曼·阿诺德（Thurman Arnold）——写信给《邮报》的编辑，支持艾奇逊的声明是"个人的勇气之举，历史上少有，如今也罕见的原则宣言"。在社论发表后的同一天，费利克斯·弗兰克福特同样写信给菲尔：

> 自由社会依赖于自由媒体，自由媒体依赖于自由编辑。深感这些真理存在于过去，也会无可置疑地存在于未来。我会竭尽全力为你辩护，指责你应为社论观点负责的说法是错误的，你也不应该因为这些观点而受到朋友的批评。
>
> 当然，我说这些话的原因在于《邮报》今天早上发表的社论"忠诚的冲突"。你自然知道，其中表达的观点与我自身的许多信仰背道而驰，丝毫不符合我对媒体职责的看法。因为担心无知大众会轻视"有分量的言语"，或"别有用心者"会曲解它们，便谴责道德立场明晰的表态，则是将自身置于无知大众与别有用心者之间。我向来认为，媒体享有其宪法地位是因为它的职责在于照亮而非屈从于黑暗。

希斯案占据了我们的全部身心；我们谈论的一切似乎都是这件事情。某天晚上，斯科蒂和萨莉·雷斯顿来我们家吃晚餐，他们在书房坐下，喝着茶水，斯科蒂说道，"我们可以谈些别的事情吗，就五分钟，还是言归正传？"

右翼人士攻击我们是一份自由主义的"左倾"报纸，与这种观点相反，左翼人士觉得我们太过保守，在公开抨击右翼的放肆举动和捍卫公民自由时不够警惕。事实上，社论版的观点繁多庞杂，但赫伯特·埃利斯顿和菲尔是决定性的声音。在审判初期，《邮报》的确同情阿尔杰·希斯，但随着越来越多的证据公之于众，《邮报》得出结论，他是个"冷酷无情且愤世嫉俗的作伪证者"。

1948年，作为《邮报》的控制人，我和菲尔经历了第一个大选年。那年夏天，我们一起参加了两党的政党大会。对于记者和发行人来说，出席政党大会很有吸引力——那时比现在更有吸引力，因为初选时一切事情就都决定了。为了弄清楚幕后的情况，你必须结交相关人物，能够在人群中使用策略，从而见到全国各地的政治家和记者，与他们交流观点。1948年，我们都还年轻，《邮报》也相对默默无闻。每个人对我们来说都像是大人物，我和菲尔跟随父亲四处走动，但甚至连他都有些不知所措。记得看到亨利和克莱尔·布斯·卢斯夫妇（《时代》杂志创办人——译者注）走进费城的餐厅时，我想象着他们是如何的举足轻重——他们的确影响力巨大。我非常高兴能出现在这里，但感到自己非常生涩和渺小。

在杜鲁门和杜威（Dewey）的竞选中，《邮报》延续了自父亲成为独立报主以来的传统——不支持任何总统候选人。相反，《邮报》对两位主要候选人都加以评判。我们批评杜威的声明暗指，他将把核能的大部分控制权转交给私人企业；也称赞他在柏林封锁问题上的言论。我们批评杜鲁门暗示杜威是"极权主义者"，也认可他对国会的许多指控。

大选前最近一次公布的盖洛普民意测验显示，杜威领先杜鲁门五个百分点。但当事情变得明朗，杜鲁门实际上愚弄了权威人士，实现了政治奇迹时，原本熬夜工作的菲尔给总统发了份电报，还将电文刊印在了次日清晨的报纸头版上：

兹邀阁下出席"乌鸦宴"，本报提议邀请各报编辑作者、政治新闻记者和编辑，包括我们自己，以及民意测验专家、电台评论员和专栏作家，以飨近期选举造就的巨大胃口。

主菜由又老又硬的乌鸦胸组成（您会吃火鸡）。

民主党全国委员会（Democratic National Committee）已经同意供应牙签给客人使用，恐怕客人们需要数月的时间来将最后一块乌鸦肉从牙齿上剔除。

我们希望阁下能够答应当晚发表演说。作为美国大选预测员中的泰山北斗（同时也是唯一预测正确的人），大家热切期盼您能与同僚们分享成功预测的秘密。

身为贵宾，请着礼服，系白领带；其他人着粗布长衫。

总统乐不可支，回复说：

我在火车上（正从密苏里州 [Missouri] 独立城 [Independence] 赶回）收到你的机敏邀请，邀我出席"乌鸦宴"。我知道我们会度过一段美妙时光，但不得不婉言谢绝。正如我在去华盛顿的路上所言，我既无意在任何人面前聒噪不停，也无意看到任何人食用乌鸦肉，无论是其字面义还是其真实义。现在，我们所有人都应该团结起来，共同建设国家，让每个人在任何时候想吃火鸡时都能吃到。

杜鲁门还宽宏大量地说，"顺便我想说，尽管你们的评论员和民意测验有误，但你们对我的竞选活动的新闻报道公正而全面。"

于我们个人而言，1948年的选举中最重要的事情还是好友普利奇惹上的巨大麻烦。肯塔基州的参议院竞选在民主党人维吉尔·查普曼（Virgil Chapman）和共和党约翰·席尔曼·库珀（John Sherman Cooper）之间展开，前者普利奇毫不关心，前者则是他支持的人。普利奇在此事中犯下难以置信的错误和蠢行，毁掉了他的生活。有人找到普利奇，邀请他在虚假选票上签名，普利奇照做了。

1949年4月，依据刑法，普利奇及律师合伙人艾尔·芬克（Al Funk）遭到起诉，被指控"在前一年肯塔基州的州长、参议员和众议院选举中，密谋削弱和影响投给共和党候选人的选票结果"。普利奇辩称无罪，但只有芬克最终被赦免，普利奇则被判处两年监禁。

菲尔和普利奇的其他好友竭尽全力帮助普利奇。他们募集并寄送金钱，而对于普利奇来说，金钱始终供应不足，特别是他的律师准备上诉，而他的经济来源——律师业务——又不复存在时。然而，尽管乔·劳和其他人付出了不懈努力，上诉还是失败了。美国巡回法庭（United States Circuit Court）作出一审判决后，该案被上诉到最高法院。1950年6月5日，由于出庭的法定人数不足，高级法院维持了下级法院的判决。普利奇提交了行政赦免的请愿书，请求赦免或减刑，但最后还是锒铛入狱，服刑五个月后才得到赦免。特赦令由杜鲁门总统下达，就发生在1951年的圣诞节前夕，讽刺之处在于，这很大程度上归功于正直大度的参议员库珀的请求。库珀赢得了与查普曼的竞选，而后者正是普利奇为其伪造选

第十二章

票的人。

我们为普利奇感到心碎难过。我们都错愕不已。普利奇是我们当中注定伟大的人；但如今他因为如此愚蠢和不负责任的行为而被判有罪，身陷囹圄。很难相信如此杰出的头脑能够做出这样不可思议的事情。1979 年，普利奇告诉记者，"我曾经觉得，也许我比自身更加伟大，那些规则并不适用于我。"我自己倾向于相信，因为性格上的缺陷，普利奇融入群体的渴望压倒了他的智慧和判断力。年轻的时候，他也许太过成功，过着放纵和散漫的生活，令许多好友感到望尘莫及。即便出狱后，普利奇生活潦倒，但还是会偶尔忘记专门指派给他的工作。他不能依照协定履行自身职责的旧习惯依然存在。然而，我们始终爱他，且不知怎的，这种爱无法抑制。

自监狱中，普利奇写信给菲尔说，"尽管有过许多苦涩的自责，我却无法承担起自怜自伤和密谋报复那些伤害过我的人的过量情感（虽然我足够憎恶他们）。"他发觉自己被分配到了一个人所能期望的最好的监狱：纪律温和，足够舒适的休息区。最终，普利奇成为州长内德·布雷萨特（Ned Breathitt）任命的教育委员会负责人，成功实现重要的教育改革，并重新在肯塔基州恢复影响力。他的生活步入了正轨，之后于 1984 年逝世，这位我们料想中的英雄人物以极大的勇气忍受了许多痛苦（身患糖尿病，且双目失明），持续行使职责。

新的十年到来之际，政治形势似乎逐渐激化。1950 年 2 月 9 日，参议员约瑟夫·麦卡锡发起了一场运动，对抗所谓的共产党颠覆美国人生活的阴谋。菲尔的第一反应，是对麦卡锡的激烈言论及其本人置之不理。麦卡锡的恶言诽谤出现后几个月，菲尔评价这位议员说，"麦卡锡引发了许多谣言，造成了许多伤害，我希望他最终能够停下来。"

在这样的艰难时期，菲尔不得不小心翼翼。他曾经是忠实的自由主义者，但在此时，为求取《邮报》的生存，他显然正变得愈发保守——毫无疑问，这主要是因为现实世界中的变故，但也多少与《邮报》和他个人遭受的攻击有关。

在这一时期，局外人根本不知道菲尔在《邮报》的内部政见上遭遇了多少问题，而其中一部分源自菲尔同艾伦·巴斯和赫布洛克之间日益增长的观念分歧。譬如，1950年春季的某一天，菲尔受到当头一棒。我和他乘坐火车从纽约返回华盛顿，他正浏览《邮报》。突然，菲尔读到了一篇社论，他知道这是巴斯所作，且大为光火。在这篇社论中，巴斯赞扬了前美国共产党总书记厄尔·白劳德（Earl Browder），即1936和1940年的共产党总统候选人。参议院外交委员会（Senate Foreign Relations Committee）的特别小组委员会试图迫使白劳德揭发合谋颠覆美国的前同党，而白劳德则公然拒绝。巴斯是公民自由权和宪法权利智慧而勇敢的守卫者，出于对公民隐私权的恰当忧虑，他选择了最大程度低估共产主义的真实危险。我们拱手让给了敌人攻击我们的机会，这让《邮报》所有的高级编辑和管理者大为惊慌。他们顺理成章地抨击了我们。《时代先驱报》授予了我们"白劳德的喉舌"的称号。

菲尔深感不安，想要立即解雇艾伦。幸运的是，周日上午我们拜访了弗兰克福特，他平静但坚定地劝告菲尔不要这样做。在这篇社论发表数天后，《邮报》上刊登了道歉启事。

菲尔和巴斯之间的矛盾依旧。数月后，菲尔写信给我父亲，说他比以往更换和毙掉了更多社论——这些社论几乎全部出自巴斯之手——担心埃利斯顿会认为他们之间存在分歧。菲尔在办公室之外会见埃利斯顿，反思了整体大局和社论版的理念，解释说自己极为忧心巴斯。正如他写信给我父亲以及对埃利斯顿所言，他不想要"流于《纽约时报》那样地矫揉造作，但也不想要因为草率的工作而惹上不必要的麻烦，进而丢掉《邮报》的声誉和影响力"。不过，最终菲尔冷静了下来，与艾伦·巴斯达成妥协，巴斯则继续为《邮报》和社论版增色添彩。后来，乔·劳讲述了艾伦与菲尔之间的紧张气氛：

> 在《邮报》不断丢失广告商的麦卡锡时期，我想菲尔是真的害怕了——作为外来者，他可能失去这家报纸……我认为他并没有真正分析艾伦的某些问题，譬如，艾伦的观点正确与否……菲尔对《邮报》感受到的责任超越了生命的正常范畴，因为报纸不是他的。我认为，他既然继承了这个东西，就绝不允许失去它。他不会让报纸走上绝路。

第十二章

我不确定菲尔何时开始思考艾森豪威尔成为总统候选人的可能性,甚至不确定他是自己想到的,还是受他人启发——可能受我父亲的影响。在杜威和艾森豪威尔的竞争中,普利奇支持前者,但认定无论候选人是谁,共和党都会赢得 1952 年的大选。在写给普利奇的信中,菲尔敦促他不要太过反对艾森豪威尔。菲尔坦言自己也曾是艾森豪威尔的反对者,但当艾森豪威尔上次访问华盛顿时,他同艾森豪威尔在为媒体人举办的小型私人午宴上见了面,就此改变了想法。

1951 年的夏季,菲尔厌倦了杜鲁门或塔夫脱这类人继续执政的想法,与我父亲一同成了艾森豪威尔的坚定支持者。父亲相信,艾森豪威尔"拥有近几年来我们一直在寻找的东西,那便是个性"。尽管"独立性"是《邮报》的口号,但社论版的立场明显倾向了艾森豪威尔。3 月 24 日,《邮报》拥护他而非塔夫脱成为共和党的提名候选人。赫伯特·布劳内尔(Herbert Brownell),即艾森豪威尔的非官方竞选主管、亲密的好友以及后来的司法部长,称这一认可是"新闻媒体对艾森豪威尔最有效的敲打"。

这次支持表态在各地都激起了波澜,尤其是在我们家内部。父亲的健康和精力日渐衰弱,他感到"出离了圈子",没有被充分地考虑到,尽管菲尔竭尽全力让他参与《邮报》和公司的事务。显然,在支持艾森豪威尔上,菲尔忽视了让父亲参与决策,以及确定社论发表时机。当时,父亲正在佛罗里达。父亲对没有事先知道《邮报》的支持表态感到不悦,这可以理解。母亲写信给菲尔说,必须做些事情来建立父亲的自尊,恢复他的自信,他现在感到自己毫无用途。社论发表当天,母亲随之交给菲尔一封极为苦恼的私人信件,表示为让父亲保持平静,她已经疲惫不堪,斥责菲尔为何不让父亲参与。

菲尔作何回应没有记录可循,但显然,他把母亲的话语记在了心中。读到这封信后,他多次写信给父亲,详述了《邮报》的各种问题,就不同的事务向他咨询,从修改社论版和妇女版的格式,到周日版某个版面的轮转凹版印刷。我担忧父亲受伤的感情,但承认自己完全认可菲尔,感受到了他所承受的压力——尽管在支持艾森豪威尔一事上,我与他存在分歧。

那年夏季,我和菲尔参加了政党代表大会,两党的大会都在芝加哥进行。艾森豪威尔获得提名,菲尔自然对这场胜利心满意足。我现在意识到,我们都认定塔夫脱是极端右翼和孤立主义者——他是孤立主义者，但政治观点相当温和、有远见且合宜得体。然而，我们当时的恐惧完全有现实依据，且似乎相当正确。

相较于菲尔，我对艾森豪威尔有更多的疑虑。我猜想在内心深处，菲尔正寻求被认可为无党派人士，而非他曾经的自由派身份。我自己的政治观点从未有太大改变，往往倾向于支持民主党候选人，尽管我过去是，如今还也是一个中立派。1952年，阿德莱·史蒂文森（Adlai Stevenson）被确认为民主党总统候选人，至此，我支持哪一方已经没有任何疑问。和许多与我持相同信念的人一样，我为史蒂文森欢呼雀跃。我清楚地记得在代表大会上第一次见到他时的深刻印象：我觉得他魅力超凡，立即便狂热地崇拜起来。他的提名演讲——当晚晚些时候才发表，引用了圣经中的箴言——振奋人心。《邮报》为史蒂文森发表社论，评价说"官方选定了这个男人"。

当然，菲尔清楚我的感受。夏季末，他写信给朋友说，"我必须承认妻子（自从见到值得敬重的阿德莱）已经展现出民主党秘密党员的迹象。我非常欣赏史蒂文森，但对他赢得选举不抱任何幻想。阿德莱对总统职位的矛盾情感——既想得到，又不想得到——是致命要害。"我后来认识到，对于政治家而言，在是否想要担任总统的问题上含糊其辞会令他失去资格。然而，1952年的夏季，和我们中的许多人一样，我完全倾倒在了这个口齿伶俐、幽默诙谐的男人魅力之下。

另一方面，菲尔正满怀热情地拥护艾森豪威尔和共和党。那年夏季，他结识了理查德·尼克松（Richard Nixon），即艾森豪威尔选定的副总统候选人。菲尔对尼克松印象深刻，认为他将会为竞选带来巨大助益。仲夏的某天，尼克松同菲尔、拉斯·威金斯和我父亲共进午餐，之后，菲尔对报业好友说，"我们三人都觉得，尼克松显然是出类拔萃的天才。"然而，他早前曾给海伦·加黑根·道格拉斯（Helen Gahagan Douglas）扣"赤色分子"帽子，进行政治迫害，右翼倾向明显，且似乎同情麦卡锡，我和大多数好友为此深感忧虑。

整个竞选活动中，菲尔必须不断为《邮报》在候选人初选会中支持艾森豪威尔而非塔夫脱辩护，还要捍卫自己不可思议的政治观点。有些人指责菲尔与异梦者同床，菲尔反唇相讥，建议"他们掀开自己的被子，看看被子下的人"。尽管《邮报》支持艾森豪威尔，但正如菲尔所说，他"尽可能地不对史蒂文森的优点或共和党的缺点抱持成见或视而不见"。共和党的不足之一，就是艾森豪威尔未能公开反对麦卡锡和右翼的极端行为。

发生在乔治·卡特莱特·马歇尔（George C. Marshall）将军身上的著名事件，成了我反对艾森豪威尔的最后一根稻草。马歇尔曾遭受麦卡锡的恶毒攻击。艾森豪威尔的正直天性显露了出来，显然，他已经决定在10月初威斯康星州的巡回竞选演讲中为马歇尔将军辩护。然而，靠着艾森豪威尔的政治顾问，威斯康星共和党领袖劝阻艾森豪威尔发表支持性演说。艾森豪威尔对政治仍旧相对陌生，他屈服于顾问，并舍弃了相关段落，然而，这么做为时已晚，整件事情已经为公众所知。

在此事之前，我并没有坚定的立场，但如今却忠实地支持史蒂文森。艾森豪威尔居然没有勇气对抗麦卡锡，菲尔同样为之震惊，但我的观点无法困扰或影响到他——他也改变不了我。我们的政治分歧并未妨碍我们的私人关系；我们都能理解对方的立场。

大选期间，菲尔对《邮报》的管理激起了职工队伍内部的一些反抗和问题。某个时刻，数位员工想要在报纸上刊登广告，声明他们对史蒂文森的支持，但菲尔显然打消了他们的想法。最重要的是，他和赫布洛克出现严重争执。赫布洛克的漫画素来尖锐而强势。1948年5月16日，他首次将尼克松画入漫画，其中，尼克松和另外两人穿着清教徒的服装，在被绑着的自由女神像下点燃火焰，并说道："我们必须燃烧掉她的邪恶灵魂。"

竞选持续升温，艾森豪威尔仍未公开表态反对麦卡锡。赫布洛克所绘的漫画显然与《邮报》社论版支持艾森豪威尔的做法相冲突。菲尔因许多此类漫画而怒不可遏。其中一幅漫画将尼克松和麦卡锡刻画成了涂抹艺术家，两人手拿油桶和滴着油彩的刷子，艾森豪威尔则对他们说，"淘气鬼，淘气鬼"；菲尔拒绝刊登这幅漫画。最终，竞选的最后几周，菲尔将此类漫画全部除去——我相信这种事情之后再未发生过。相反，他重印了以前的漫画。由于这些漫画属于辛迪加所有，可以同时刊登在其他报纸上，这个策略不仅无法奏效，而且颇为尴尬。10月末，《华盛顿每日新闻》刊登了题为"赫布洛克先生在哪里？华盛顿顶级漫画家消失了"（Where's Mr. Block? One of D.C.'s Top Draw-ers Is Missing）的文章。另一方面，

221

菲尔必须采取行动的理由显而易见。对于试图利用报纸支持某种事业的发行人来说，很难让如此有影响力的漫画出现在同一版面，并主导报纸。即便如此，菲尔后来向赫布洛克承认，他犯下了错误。

菲尔愈发积极地参与到了大选本身之中，甚至几次为艾森豪威尔助选。10月30日，他担任了"艾森豪威尔选民大集会"仪式的司仪。为了陪在菲尔身边，我不止一次和他参加这种集会。有一次，他在上面演讲，而我在下面安静地坐着。我无法为菲尔的做法辩解，但当时，发行人经常做这样的事情。譬如，约翰和麦克·考尔斯，即得梅因市（Des Moines）和明尼阿波利斯市的发行人，是艾森豪威尔竞选活动的主要捐赠者和助选者。

11月4日的总统选举日，我们在劳夫妇家观看结果，讽刺之处在于，他们也许是我们最支持自由主义的好友。菲尔为选举结果激动不已。然而，大选过去几天后，他写信给史蒂文森说：

> 如果您允许这个偏向一党的黑色灵魂表达想法，那么，我想说您和您的儿子都可以为此次竞选自豪。不管怎样，即便立场相对，我也为您自阿斯特大街（Astor Street）的首场演讲，到斯普林菲尔德（Springfield）的致谢辞而感到骄傲。
>
> 我妻子——您对她的掌控超过了我——与我一起祝愿您能够得到休息，并拥有更辉煌的未来。

到此时，麦卡锡正变得愈发邪恶和有权势。他操纵人们对于冷战的恐惧，肆无忌惮地指控他人。这些指控大都在参议院或国会听证会的言论保护范畴之内，且往往在报纸和电视截稿前发出，以便于报纸头条或电视节目都是它们。过了一段时期后，我们媒体人学会了从另外一个角度客观地看待他的指控，但他是一种新现象，媒体必须学会应对。我们花费了一段时间，才弄清楚他的手段。

麦卡锡的威胁占据了菲尔的大部分时间。恐共情绪依旧充斥各处，甚至被攻击为同情者或自由主义者——远非真正的共产党员——也会造成严重的麻烦。社论方面，《邮报》强烈批判麦卡锡的立场，不断地抨击他。其中最有效的也许还是赫布洛克的系列漫画，漫画形象地描述了麦卡锡及其各种残暴行为。1950年3月29日，正是赫布洛克创造了麦卡锡主义（McCarthyism）一词，将其用作柏油桶的标签。整体观之，《邮报》对麦卡锡的评论代表了一种清晰而勇敢的立场，因为这些报道，报纸承受了巨大的压力。事实上，麦卡锡与《邮报》之间的战争凶猛而骇人。

乔·艾尔索普及其兄弟斯图尔特为我们提供了一定的帮助，他们的专栏于《邮报》而言举足轻重，反共主题也有利于缓和《邮报》的立场，使《邮报》免于被视为共产主义的同情者。也许，因为《邮报》支持艾森豪威尔，所以它的某些评判同样被削弱了。不过，左翼批评我们在对麦卡锡的抵制上不够坚决，因而也弥补了我们的不足。

艾森豪威尔担任总统后，菲尔觉得他成为了那种不敢表明立场的人，并愈发因为总统对麦卡锡及其营造的氛围缺乏回应而感到幻灭。沃尔特·李普曼是艾森豪威尔的热情支持者，但其妻子海伦和我一样，曾经支持史蒂文森。大选过后不久，我们四人聚到了一起，沃尔特询问菲尔，"我们接下来做什么？"同时，他转向海伦和我说道，"至于你们两个，都闭嘴吧。"白宫的被动令这两个男人沮丧气馁，我们常常以此取笑他们。菲尔不断纠缠总统的首席助理谢尔曼·亚当斯（Sherman Adams），试图令艾森豪威尔采取更强硬的立场。

由于《邮报》仍旧在商业效益上艰难求生，菲尔为无法控制的力量而倍感压力。此时，他很难控制的主要一股力量来自我母亲。如同巴斯和赫布洛克，母亲毫不松懈地谴责麦卡锡及其肆无忌惮的指控。她不遗余力地公开奚落麦卡锡，称他为"从未成熟的孩子"、"性格扭曲的人，认为社会对自己不公，意图报复"和"暴徒人格"，不一而足。母亲担心，反共分子含沙射影、肆意诋毁的行为将会令人们失去工作，无法复职，长此以往，美国将走上"比盖世太保（Gestapo，全称"国家秘密警察"，是纳粹德国的秘密警察部门，拥有很高的权力，可以不受法律约束，逮捕任何他们怀疑的人员——译者注）更糟糕的道路"。对此，她的解决方法是依靠《邮报》来控制形势，向菲尔施压，以"竭力拯救我们的民主自由"。母亲极有见地地指出，"如果我们在国家内部效仿极权主义最糟糕的一面，那么，在国外与极权主义斗争又有何意义？"然而，一如既往地，她的热情有些过度，且不受控制。

总统就职典礼过后不久，母亲猛烈地抨击了麦卡锡，这次是在大西洋城面对着 1.7 万学校行政人员。她警告说，国会委员会针对学校和大学的调查不仅威胁学术自由，还会殃及美国民主本身。此次演讲中，她称麦卡锡为"现代宗教大法官（grand inquisitor）"、残忍危险的蛊惑人心的政客、政治投机分子，以及精神病人，并将他的策略与斗牛伎俩相比较。《纽约时报》在头版刊登了评论她的演讲的文章以及她的照片。伊利诺伊州保守的国会议员哈罗德·希默尔·维尔德（Harold Himmel Velde），抨击说她给《真理报》（*Pravda*）写了封热情洋溢的亲俄信。这项指控并不成立，信是加拿大的 G·S·迈耶（G. S. Mayer）夫人写的。当然，《邮报》为母亲辩护，维尔德收回了他的说法，但此前《时代先驱报》已经采用了这一指责。

母亲不满足于只是对抗麦卡锡，她还常常抨击天主教会在教育方面的立场。母亲视此为正义的事业，将自己看作公共教育大无畏的斗士。然而，真正付出代价的是菲尔和《邮报》。譬如，天主教会发起了联合抵制运动——菲尔认为这一负担来得毫无必要，他有些愤怒，因为《邮报》正在发行量和广告业务上艰难求生。

正如不时撤回社论和漫画一样，菲尔也不得不偶尔约束我母亲。其中著名的一次发生在 1952 年，他声明母亲在底特律发表的演讲与《邮报》无关。演讲中，母亲谴责天主教会支持教派学校。菲尔觉得演讲会被解读为反对天主教。母亲事先告诉菲尔，她会发表这篇演讲："我希望这不会令《邮报》为难。我已经写信给威金斯，让他亲自撰写新闻报道，这样他就可以随意削弱这件事情的意义。"以下是母亲的演讲中令菲尔感到危险的话语：

> 罗马教会（Roman Church）想要在美国国内建立一个天主教国家。它的最终结果，只会是出现天主教政党的终极灾难……
>
> 没有人可以盲目地接受某一生活领域中的权威，在道德、政治和经济层面的日常决策中变得独断独行。在生活的方方面面，世俗的公立学校为领导者培养独立思想；教会学校培养学生服从权威……

第十二章

  天主教会和保守的新教徒目前在迫使人民支持教派学校，而教派学校的迅速增加将会破坏世俗学校，将我们的国家分裂为两个不可调和的派系，为此，我们对他们的作为必须关紧大门。私人和教会教育的成本稳步增加。几乎没有美国少女想要成为修女。

  菲尔惶恐万分，打算发表新闻公告，声明我母亲的观点仅属个人意见，不代表《邮报》立场。不过，菲尔听从了拉斯·威金斯的建议，改为代母亲拟一份声明，希望能将其刊登在报纸上："我在底特律的演讲中的观点为我私人所有，不能代表《华盛顿邮报》的立场……我不参与社论方针的制定。"接下来的问题就变成了如何将声明交给母亲，因为她正在返回家中的夜间列车上。拉斯认识《布法罗晚报》(Buffalo Evening News)的编辑艾尔弗雷德·柯克霍弗（Alfred H. Kirchhofer），于是请他深夜两点在水站登上那辆火车，叫醒我母亲，让她在声明上签字。

  紧接着，我母亲和菲尔开始在冗长的信件中据理力争，全部都是手写。一如既往，母亲将自己的处境描述为不堪忍受，煞有介事地反问自己该怎么做：

  我无法在家中过着地狱般的生活。我不能徒然令布奇担忧。我不能伤害《邮报》的股东，这是布奇最大的忧虑。然而，如果我不得不对天主教的政治野心闭口不言，那么，我也许也要停止所有的努力，不再促进社会团结，不再巩固公立学校，不再保卫国家对抗危险性不亚于专制主义的毒瘤。

  在结尾处，母亲告诉菲尔不必费心回信，但建议他们"必须坐下来好好聊聊"。菲尔回复了一封手写信，长达14页。不论事实如何，他不赞同母亲的分析——"美国天主教会引发的问题乃当务之急，我不知道弗洛伊德、荣格和比尔·迈耶是否能确认我的立场来自恐惧，还是客观观察，但至少我没有感觉到恐惧。"

  与此同时，菲尔知道母亲的演讲将会导致很多人对于《邮报》的敌意。他觉得《邮报》将要参与许多斗争，需要分清轻重缓急，而他的责任就是"总揽全局，以企业视角界定优先次序"。因此，对他而言，问题在于"如果以企业思维观之毫无必要，那么为什么《邮报》要承担额外负担"。

菲尔觉得"最可憎的错误就是盲目乐观"，认为"时间、耐心和关切的讨论解决了许多棘手的问题"。他补充道：

> 如果我们能够各行其是，那么事情就简单了……但我们是一体的，这让事情更加复杂，也更加有趣。鉴于你和尤金·迈耶一样，不能够脱离《邮报》而成为"个体"，我们必须为企业的大局不时牺牲部分个性。凯、埃利斯顿、威金斯、格雷厄姆等人，亦是如此。

这段争辩激烈的插曲逐渐地被我们抛诸脑后了。这种戏剧性事件发生时，我没有任何情感上的矛盾。我百分之百地支持菲尔，认同他对家庭关系的看法——事实上，大多数时候父亲也是如此。

麦卡锡风头最劲的这段时期，许多情感问题都突然爆发了。好友反目，骚乱此起彼伏。1952 年 3 月，乔·艾尔索普家的午宴上出现争执，这次事件距离我们的生活很近，也颇为引人注目。如今，事情的细节我已忘记，但记得那是和好友们的一次小型午餐会，其中有来自英国的以赛亚·伯林。不管争论的细节为何，某个时刻，菲尔勃然大怒，和以赛亚大声吵闹了许久。我记得最终菲尔怒气冲冲地离开了乔家。乔被菲尔惹恼了，不再同他说话。以赛亚认为菲尔极为粗鲁无礼，还打电话告诉了他这一看法。菲尔回信给以赛亚说，"难以解释我在午宴上的粗鲁举止，同时也不可原谅。无可辩驳的无礼举动。"他以自己的道歉方式补充说，"到如今，我只希望你相信这件事并没有什么，我只是偶尔会受累于自己的脾气，容易在大脑开始思考前，便提高了音调。"

菲尔和乔同样言归于好，但他们还是会争论，信件交流不断。譬如，1953 年年中，因为《宪法第五修正案》而非作证问题，他们在乔的家中再次大吵一架。这一次，乔后续写信道歉，并解释说：

> 我努力回忆我们的谈话，找出那些冒犯了你的言辞，显然你深受伤

害……我切近地审视了我们的争论，你也许觉得我是在取笑你，因为你现在已经是成功人士了。好吧，自较低的标准观之，我想我也是成功人士。

乔提及菲尔是成功人士，因而忘记了贫穷的意味，这显然触动了一根更加敏感的神经，而当时的我们并没有意识到。后来，菲尔生病了，开始憎恶起自己接受帮助进而取得成功的方式。然而，他的能力显然异乎寻常，我们根本没有料想到表象之下的危险。

1953年，赫伯特·埃利斯顿因心脏病而被迫辞去社论版主编一职，于我们和《邮报》而言，这是不小的损失。在报纸上的告别访谈中，赫伯特说没有什么指导方针要留下，但如果真的要说些什么，他想要引用萨默塞特·毛姆的箴言："如果国家对任何事的估价高于自由，它会丧失自由；讽刺的是，如果它看重的是安逸或金钱，它也会丧失安逸或金钱。"赫伯特担任主编13年来，成绩斐然。

菲尔立即邀请我们的好友斯科蒂·雷斯顿接替赫伯特的工作。菲尔对斯科蒂的邀请，迫使《纽约时报》采取行动挽留斯科蒂。结果是阿瑟·克罗克让出职务，使《时报》得以让斯科蒂成为其华盛顿分社的总编辑。从斯科蒂的角度来说，这毫无必要；他给菲尔的答复仅仅是，"我不能离开《纽约时报》。"到此时，菲尔出人意料地转向了编辑队伍中最年轻的成员，34岁的罗伯特·埃斯塔布鲁克（Robert Estabrook），让他来管理社论版。几乎与此同时，菲尔哄诱阿尔·弗兰德利担任了日间助理执行主编。他认为阿尔·弗兰德利是《邮报》最优秀的记者。拉斯·威金斯从中获得了前所未有的支持。杰出记者出任编辑，这是最艰难的转型，对于个人和管理部门都是如此。两份工作要求不同的技能，自然，有些记者转型成功，成了优秀的编辑，有些则没有。除了亲身尝试外，没有其他方法能知道结果。很长一段时间里，《邮报》都不太擅长帮助员工成长为管理者。阿尔不再从事新闻报道，但满怀热情地接受了管理工作的挑战。

我们的生活方式正在改变。菲尔的工作愈发忙碌，我试着寻找方法帮他缓解压力。1949年的夏季，我和菲尔把孩子们带到了新英格兰——菲尔每周通勤，我和孩子们周末才能见到他——对于这次尝试，我们都不太满意。我们决定寻找一处离家近的避暑地。我强调说，任何距离华盛顿不足20分钟车程的房子我都能接受。1950年的夏季，我们在弗吉尼亚的沃伦顿租了座房子，有些远，但在我的接受范围之内。菲尔非常喜欢这里，我们在秋季又租了一座房子，周末时继续过着乡村生活。

如果不是菲尔坚持，我也许永远都不会做这样的事情。他喜欢乡村，孩子们也为之雀跃不已。我则缺乏热情，因为从未如此生活过。这意味着每个周末，我都会有大量的工作要做——给孩子们整理行装，打理家务，准备食物，后来还要照顾小狗。但菲尔宣称这种生活非常美妙，于是，我们开始驾车到乡村四处寻找自己的地方。我们理想的居所距离华盛顿应该只有一小时左右的车程，周围需要有几英亩的土地来保护我们。就在圣诞节前夕，菲尔指出我并非真的想要找到一处地方，并询问我见过的那些地方是否真的都不喜欢。我的确喜欢弗吉尼亚州马歇尔的一处地方，但觉得那里太大、太昂贵。此外，那是一座耕作农场，我不想要接手管理它。1951年新年过后，我再次着手搜寻，经纪人告诉我，马歇尔的那处地方仍在出售，他们愿意降低价格，此外，农场部分已经租出去了，因而农事有人打理。我们又回去看了一下，与华盛顿的家一样，我们爱上了这里——房子和土地。

这座房子叫做格伦韦尔比，坐落在弗吉尼亚州沃伦顿和米德尔堡中间的隐蔽区域，距离华盛顿大约1小时20分钟的车程。房子矗立在350英亩土地的中间，这片土地有60英亩都是树林。我们花费8.75万美元购得了格伦韦尔比，如今看来，这个价格低廉到荒谬，但在当时，这于我们而言似乎是件相当重大的事情，尤其是因为这座房子需要许多整修工作，当然，我必须完全重新布置它。这座房子是真正的家庭住宅，宽敞舒展。房子的中心部分也许可以追溯到19世纪初，后屋是南北战争时期加盖的。之后又建了厨房厢房，1929年大萧条前夕，前主人加建了大起居室、主卧室和门廊。

这是我们婚姻关系的典型状态，菲尔构思出夏季和周末住在乡间别墅的主意，我来做实际工作。我们的关系类似于首席执行官和首席运营官，菲尔是前者，我是后者。他迸发灵感和想法；我将这些想法付诸实践。尽管有额外工作要做，我很感激菲尔购买农场的主意。现如今，对于那些负担得起周末乡村生活的人，这是稀松平常的事情，但在当时并不常见。我的儿子唐纳德及其妻子玛丽现在拥有格伦韦尔比，和我们曾经所做的一样，他们与孩子们在那里消磨时光。

在社交方面，我们结交了更多的人。我与各种背景的女性吃午餐，其中有许多是亲密好友。菲尔一度发觉，我、波莉·威斯纳和伊万杰琳·布鲁斯（Evangeline Bruce）总是在早上进行三方谈话。他称此为"九点广播网"，还说要抽空参加。然而，尽管有朋友圈子，我仍旧不擅长管理我们的社交生活。菲尔忙于工作，因此严格限制我晚上接受邀请的频率。最初，我相当愚蠢地告诉别人，我需要咨询菲尔来确定我们能否接受邀请。菲尔要求我只管先拒绝，指明如果我犹豫不决或说要征求他的意见，会显得极为笨拙。我记得有一次我说道，"我们不应该去吗？我已经五次拒绝法国大使馆了。"菲尔立即回答，"拒绝六次又怎样？"某天，菲尔回到格伦韦尔比的家中，手里拿着参谋长联席会议（Joint Chiefs of Staff）的邀请函。他们邀请菲尔乘坐当时的政府娱乐船"红杉"（Sequoia），菲尔说他后悔接受邀请了。"为什么？"我问道。"这听起来很有趣，但想想谁会去那里。"

菲尔不情愿接受邀请，但一旦接受，不管是去哪里，他往往都会乐而忘返。与他相反，我起初会更想要去，但到了那里后，我常常会感到不适或害羞。这些年来，有一个事例与舞蹈班（Dancing Class）有关，那是约瑟夫·莱特（Joseph Leiter）的母亲威廉姆斯太太在华盛顿开创的传统。舞蹈班可以称得上是最势利的社会活动，入会标准极为严苛。政界人士不在受邀之列。譬如，杜鲁门的副总统阿尔本·巴克利（Alben Barkley）及其年轻的妻子简就被拒绝了。有人曾想要邀请制片人理查德·奥尔德利奇（Richard Aldrich），但这一要求遭到拒绝，因为舞蹈班害怕他会带来自己美丽的演员妻子葛楚德·劳伦斯。

我承认想要加入舞蹈班。珍妮特·巴恩斯（Janet Barnes）是我们亲密的好友，她与那些人非常熟识，并推荐我们进入委员会，我们被接受了。我想自己想要加入的原因在于我的童年，并且，我知道我父母并非其中的成员。我喜欢舞蹈班也许还因为那些年里，我的业余生活极为单调乏味——房子、孩子、董事会和慈善活动。菲尔对此漠不关心，但每次我们去参加课程，他都会非常享受整个过程。但我通常会受到神经过敏的影响，担心在舞池中被舞伴"纠缠"。我记得菲尔有些不耐烦地告诉我，应该由我照顾好自己，如果被某个人缠上，我应该说再见，转身走开，找寻其他人。消极被动、自怜自伤完全无济于事。

我们的公共生活让我前所未有地忙碌——陪伴菲尔旅行，参加社交和商务晚宴，出席与《邮报》相关的活动。与自己的活动相比，我对菲尔的活动更加关心。在旁人看来，我的生活似乎平庸乏味，但我的确喜爱它。我一直为《邮报》的"杂志架"专栏供稿，直到 1953 年，我无法再应付手头的工作。我违背菲尔的意愿，放弃了工作，甚至没有同他商量。菲尔说，"我听说你辞职了。找到新工作了吗？"

我当时为本地团体做了许多募捐活动，还任职于数家解决福利和儿童问题的董事会。此外，我的孩子们自然也占据了我的大量时间——无休止的开车接送、母亲聚会、生日派对、骑马、网球课、户外活动、狗、预约医生和牙医。

1951 年，菲尔离家在外，我发觉自己再度流产（这种时候他似乎总是不在我身边）。第二天，我前往巴尔的摩的约翰霍普金斯医院，做了个小手术，之后被送回家。我感到悲伤沮丧，但菲尔接到医生的安慰电话后，向我母亲报告说，我"状态很好，无论身体还是精神，唯一令人心烦的事情是它扰乱了我们完美的日程安排"。

1952 年 4 月，我生下了我们的第四个也是最后一个孩子——斯蒂芬。两个月后，我过生日，母亲给我写了封信："35 年前，你来到人世，令父母欢欣不已。如今，那个可爱的婴儿已经有了自己四个可爱的孩子！祝愿你自己的大家庭能给你带来满足和快乐，就像你曾经给予我们的那样。"她还随信寄来了她称之为"惯例小支票"的礼物。母亲没有夸张，这的确是张小支票，和我一生中她送的其他支票一样。事实上，母亲非常不愿意费神准备礼物，或者送一些太大的东西，当然，邮报公司巨额的业务相关交易例外。许多个圣诞节，面对世人的举止，她会摇着头，说人们对待圣诞节太严肃，太劳思费神了。或者，她会说，"亲爱的，请为我给孩子们买些可爱的东西。"通常，我完成圣诞节采购后，母亲会让我选择一些我们要赠送的东西，并签上她的名字。不幸的是，她从未学会从给予中获取快乐。事实上，放弃某物会让母亲感到一连串的不适。这一遗传特征让我有了各种各样的古怪举止：因为过分担心孩子们会失望，于是在圣诞节或过生日时走极端，或者，给予自己的不够，直到我从菲尔那里以及通过观察好友的举止，学会了慷慨大方的态度。

我们与我父母的关系仍旧亲密而复杂难解。我们彼此拥有的各类头衔，无疑复杂化了我们四人间的关系，无论是孩子、配偶、家长、朋友、导师、资助人，抑或这些身份的混合体。1950年，父亲要庆祝75岁生日，而当时我父母都在欧洲，因此，母亲指定我和菲尔筹办些活动，以纪念这个日子。我们想出主意，给父亲和他的孙子孙女举办个小派对，接着在第二天晚上，邀请100多位好友共进晚餐。母亲叫来好友鲁迪·塞金（Rudi Serkin）为父亲弹奏钢琴。所有发言都得体而令人满意。约瑟夫·普利策（Joseph Pulitzer）说道，在众多拥有报纸的银行家和企业家中，尤金·迈耶是第一个证明了自身天赋的办报人。伯纳德·巴鲁克赞美了父亲敏锐的头脑，奥马尔·布拉德利（Omar Bradley）将军夸奖了父亲的公共服务，史泰钦动情地称颂了我们全家。活动取得了巨大成功。

父母都喜欢重大仪式，并期望把这些仪式举办到极致，因此，我们似乎总是在庆祝他们的生日和结婚纪念日，以及《邮报》创刊和父亲购得它的周年纪念。有时候，我们会为这些活动专门从地球的另一端赶来。筹办这些活动总是会有相当大的压力，参加它们更是如此。

一个人生活中的习惯往往起于偶然，然后便作为范式永久地延续下去。那些年间，我们养成了数个令人欢欣的习惯。由于菲尔平时很少见到孩子们，我们开始和他们一起度假。早期的一次是在佛罗里达州的圣彼得堡，它最终变成了我的棒球启蒙课，因为洋基队就在那里训练，我们还观看了表演赛。在那之后——由于唐对这场比赛的热情——我学会欣赏棒球，甚至统计比分，因为后者是菲尔和唐热衷的事情。

在杰克逊维尔购得电视台后，我们开始去距离城市半小时车程的美丽海滩度假。连续好几年，每到学校放暑假，我们就会立即去那里待上十天。从佛罗里达回来后，我们紧接着就在格伦韦尔比举办派对，让《邮报》员工庆祝收购这家报纸的周年纪念；庆祝活动开始于20周年纪念，之后便成为一年一度的活动。当时，它对我来说是巨大的负担，因为我仍旧没有学会如何去组织员工做好各项工作。筹办者做了大量的工作，但我常常要为花园除草，整理房子，让邻居布置鲜花，跑上跑下照料所有细节，包括理应为 150 个人准备多少移动厕所。我们印刷了一份报纸，详述了父亲的成就和《邮报》的进步，拉莉骑在一头小骡子上分发它们，骡子是某个人留给我们的。唐展现出了资本家的品质，在小巷尽头收取小额停车费。

菲尔身负重任，每日忧心思虑。尽管天赋过人、能力出众，他还是透支了精力，令健康受损。菲尔患上了多种疾病，随着时间的推移，病情愈发严重。我们之间也有关系紧张的时候，大多是因为他饮酒过多，继之而来的便是激烈的争吵——几乎不可避免。之后，菲尔会低声下气地道歉，减少饮酒，甚至是暂时性地滴酒不沾。无论何时看到菲尔开始饮酒，我都会心惊胆战；因为担忧不可避免的争吵，我变得愈发焦虑。也许，如果能更冷静些，我就可以把问题处理得更好，但我做不到。菲尔通常都心怀愧疚，尤其是不愉快的事情接连发生时。

这样的一个艰难夜晚出现在 1954 年的春季，当时，我们搭档主持一场大型聚会。我们称呼这场聚会为破产舞会。汤姆和琼·布雷登（Joan Braden）来到了城市中。汤姆有一种粗犷的英俊和魅力，曾在中央情报局工作；琼身体坚实，黄色头发，蓝眼睛，对异性有着神秘的把控力。聚会在一座空荡荡的巨大房子中举办，房子位于弗吉尼亚州的波托马克河附近，当时，布雷登夫妇与他们八个孩子中年长的几个在那里生活。主持人——斯图尔特和蒂什·艾尔索普夫妇、乔·艾尔索普、保罗和菲利斯·尼采夫妇、约翰和乔安妮·布罗斯夫妇、弗兰克和波莉·威斯纳夫妇以及我们自己——各自贡献了 400 美元的费用。聚会很有乐趣，但于我而言，那是个太习以为常的夜晚——菲尔饮了许多酒。自舞会归来的路上，菲尔让我停下车，自己下车走了一会儿，发着怒，我则在旁缓慢地开着车；最终他回到车上，我们回家了。

菲尔喝酒的问题从来没有公开讨论过。他喝酒的时候，你不能够触及这个话题；等他戒酒了，我总是希望未来他能有所节制。我们从未公开争吵——离开聚会场所后，我们才会把怒气爆发出来，而且我们的讨论通常不涉及实质性的、具体的问题。相反，菲尔似乎只是将此作为发泄怒气的借口，怒气积累的原因则在于他所承受的压力。当然，这些事件本可以成为菲尔后来患病的早期迹象，但我从未怀疑过他有疾病或抑郁，也没有想到这是他酗酒的原因。

尽管有这种种困难，我仍旧一心一意地跟随菲尔。他总是强烈地渴望与人交流，讨厌孤单，因此，我几乎陪伴他去所有地方。在家时，他喜欢我坐着和他闲聊，甚至他在浴缸中时也这样。因此，我知道他每天工作的所有事情——他见过谁，做了什么，事情的进展如何。菲尔尤其擅长复述男性社交聚会上发生的事情。他的记忆是如此地翔实准确，以至于能够背诵下完整的对话，或者再现整晚发生的事情，囊括所有有趣的细节——甚至比亲自参加还要好，因为他能很好地把握精彩和有趣的事情，同时又能过滤掉沉闷和无聊的部分。

最初，我经常开车送他上下班。许多个夜晚，他工作的时候，我会慵懒地躺在他办公室的沙发上。我们很少分开，分离的痛苦很长时间才会经历一次。《路易斯维尔信使日报》的所有者巴里·宾厄姆，成了我们的好友，并邀请我们参加肯塔基赛马会（Kentucky Derby）。但就在我们临行前，菲尔说他感冒了，需要卧床休息。我打电话给宾厄姆夫妇，说我们不能去了，但他们建议我独自前往。我清楚地记得，自己非常惊讶于被邀请只身前去，且很不愿意丢下生病的菲尔，但菲尔坚持让我去，我便去了。那个周末充斥了无休止的派对和赛马，有一场重要的比赛发生得非常迅速，让我这样刚刚接触赛马的新人有些眼花缭乱。不过，我感到很开心，只是回来后发现菲尔在生闷气。他承认说，是的，他催促我前去，但他并非真想让我去，也不想独自留在病床上。

再一次地，同酗酒一样，我将菲尔的体弱多病归咎于过度劳累和公司令人忧心忡忡的竞争形势。回首往事，我能够看出这些疾病同样与他基本的健康问题有关，而这些健康问题尚未出现真正的征兆。回想起来，我意识到那些困难的时刻总是伴随着情绪波动。然而，我，乃至整个世界，都倾倒在了菲尔的能力下。他的智慧、充沛精力、丰富想象以及对杰出的热切渴望——于自身，于他人——是如此令人目眩，以致我忽视了他常常利用那种智慧来取笑我。当事情不顺时，菲尔常常会变得挑剔刻薄，或者喜欢评头论足——譬如，房子或我的衣服，其中留有充足的批评空间。奇怪的是，我当时从未察觉到，尽管他激励我，在许多方面帮助我，但也贬低了我，并逐渐瓦解了我的全部自信。

即便如此，菲尔仍旧是我们生活中的欢乐因子。在晚餐桌上和乡村生活中，他为我们带来了许多乐趣。他古灵精怪、幽默诙谐。他践行一套理论，只与孩子们做自己认为重要的事情——不要无聊的棋牌游戏，而是去打猎、钓鱼、散步。菲尔的理念主导了我们的生活。所有事情都围绕着他转，我也欣然地参与其中，令他处在生活的中心。事实上，我几乎认同他的所有想法。

记得有一次在网球场上，我因为踩在球上而弄伤膝盖，并抱怨了起来。在华盛顿的炎热夏季里，我打着石膏绷带，暗自难过，抱怨道，"为什么我就不能向左或向右踏出一英尺呢？"我永远都记得菲尔望着我，笑着说，"想想那些你没有踩到的球吧。"这并不是我当时想要听到的话，但却是伴随我一生的真理。他总是能够深入事件的本质。

我自他本人、他的生活方式中学到了许多东西。他的活力能够感染别人。他无法和颜悦色地忍受愚笨之人，这一点可以从他不会委婉说话中得到证明。我记得艾森豪威尔执政之初，有一天晚上，新任财政部长乔治·汉弗瑞（George Humphrey）及其妻子来我们家吃晚餐。我无意中听到汉弗瑞夫人告诉菲尔，乔治为来到华盛顿做出了巨大的牺牲。令我惶恐的是，我听菲尔说道，"你介意我坦言相告吗，汉弗瑞夫人？""不介意，"汉弗瑞夫人答道——如果她了解菲尔的话，她就太草率了。"好吧，汉弗瑞夫人，"菲尔说，"在华盛顿说这样的话，就像在餐桌上打了个震天嗝。我们认为担任财政部长是特殊的荣幸。"不用说，我们与汉弗瑞夫妇的关系从此止步。

至于《邮报》，我们所有的忧虑，菲尔所有的努力和辛勤工作开始奏效。诚然，《邮报》有它的问题，尤其是在劳工问题上——20世纪40年代末，印刷工人和铸版工人举行过数次罢工和怠工活动。尽管如此，我们的报纸版面越来越多，有时与《星报》持平，甚至超过了它。我们实施了重要举措来进一步提高报纸的质量和盈利能力——利用电视杂志提升发行量；新办公楼更好的工艺资源允许我们印刷更精良的报纸；彩色印刷的实验带来了新的表现形式；囊括更多员工的利润分享计划给予他们真正的归属感。《邮报》已经从濒临破产达到了盈亏平

第十二章

衡，在业务领域取得了巨大进步，尤其是在约翰·斯威特曼到来之后。菲尔写信告诉约翰，"你肩负起了带领整份报纸前进的巨大责任。你做了所有的工作，比我期望的还要多，最令人称奇的是，你做事迅速而冷静，许多人甚至不知道你已经完成了。不过，你可以确信我不在他们之列。"

当时，麦卡锡和整体氛围都危及了独立报纸的未来，但我们却迎来了广告业务和发行量上的空前增长。新闻和社论方面的巨大进步，令《邮报》受到的认可日益广泛。父亲和菲尔在如此稀少的资源和如此巨大的困难下，取得了这么大的进步，让人心生钦佩。最终，父亲对基本原则的重视也收获了优厚回报。1953年于《邮报》而言尤其顺利，菲尔用一贯的语气轻描淡写地说，"这并不意味着我们要退休了，但至少比地方司法官提早了几步。"

1954年初，父亲收到了一封信，令前景更加明朗。我至今认为，这封信带来了公司的关键性时刻：出人意料地收购了《时代先驱报》。这封机密信件来自父亲的好友肯特·库柏（Kent Cooper），他是前美联社总经理，退休后生活在棕榈滩。当天早上，父亲来到我们门前，挥舞着手中的信件，兴奋不已地问道，"菲尔在哪里？"我解释说他去了杰克逊维尔。"我必须马上和他谈谈，这非常重要。"

接着，父亲去了《邮报》大楼，把信丢在了约翰·斯威特曼的桌子上，问道，"你怎么看？"信的内容很简单："不知你是否愿意尽早来棕榈滩，因为我有重要的事要和你谈谈，是关于生意方面的。"

斯威特曼回答，"我的想法可能与您的一样。"他们都知道库柏是麦考密克上校的好友，住在麦考密克家附近，他要谈的很可能与《时代先驱报》有关。

"嗯，为什么我们不去一探究竟呢？"父亲回答。他立即拨通了库柏的电话，神秘兮兮地问道，"肯特，你提到的'这桩生意'是新闻领域的吗？"库柏作了肯定的答复。"是在华盛顿吗？"父亲继续问道。库柏再次说，"是的。"

这是我们自1933年起，就一直在为之追求、工作、期盼的东西。1949年，麦考密克上校的介入让我们失望而归。我们对他卖掉《时代先驱报》的希望——更不消说卖给我们——几乎全部幻灭，因而，肯特·库柏的来信令我们雀跃不已。

一些新情况已经发生了，有些我们知道，有些不知道。显然，《时代先驱报》

的员工能够看出，我们已经显著改善了财务状况。另一方面，他们的报纸做得并不好。最后，麦考密克虽然手握大量资源，并有历史悠久的《芝加哥论坛报》做后盾，但却没有如人们想象中那样成为华盛顿的强大势力。

《时代先驱报》自身已经经历了一些变革。1951年，麦考密克上校解雇了侄女——《时代先驱报》的发行人巴兹·米勒。当年的1月，巴兹与丈夫离婚，几个月后再次结婚，嫁给了《时代先驱报》的编辑加文·坦克斯利（Garvin Tankersley）。当时我听闻，上校不喜欢她与她的丈夫离婚，嫁给公司员工，并且，上校很喜欢她的丈夫。更重要的是，1950年的中期选举中，她让报社印刷部门印制了约瑟夫·麦卡锡参议员的竞选小报，《来自记录》（From the Record）。在其中，有一张马里兰参议员米勒德·泰丁斯（Millard Tydings）与厄尔·白劳德握手的伪造照片。在职的泰丁斯输掉了选举，指控说那份小报令他失利。

所有这一切令麦考密克上校倍感震惊，他是古板守德之人。上校用《论坛报》的高管们取代了巴兹，这些人根本不懂得华盛顿的事情，对如何在首都经营报纸也一无所知。他们的报纸很大程度上复制了《论坛报》，走孤立主义右倾路线，采用芝加哥通用的简化拼写："治安官"（sheriff）拼写为"sherif"，照片（photograph）拼写为"fotograf"，"官僚"（bureaucrat）拼写为"burocrat"。正因此，《时代先驱报》的问题与日俱增。此外，随着年龄渐长，麦考密克上校的健康状态每况愈下。医生希望他能够减少负担，而华盛顿的这份报纸棘手之极，他似乎应该放手了。

肯特·库柏总是声称，正是他说服麦考密克将报纸卖给我们。弗兰克·沃尔德罗普看法不同，说是慷慨的麦考密克上校让库柏做中间人，好让他赚取佣金。事实状况也许在两者之间。上校知道《时代先驱报》于《邮报》而言价值更高。尽管如此，麦考密克必须克服与我父亲间尖锐的观念差异，以及对于将报纸卖给长期以来的竞争对手的抵触心理。有利的一面可以归结为，麦考密克实际上非常敬重我父亲。不论原因如何，麦考密克上校已经决心卖掉《时代先驱报》，而肯特·库柏负责传话。父亲和约翰·斯威特曼连夜乘坐火车来到棕榈滩，直奔巴西苑酒店，在那里，菲尔同他们会合。接着，菲尔和约翰留下父亲与肯特·库柏单独交谈。

第十二章

库柏带来的消息是，麦考密克上校只希望在抽身而去的同时，收回投入的850万美元。父亲说，"成交。"这比他们心中设定的最高上限低一些。库柏强调了完全保密的重要性，说如果有任何消息被公开，上校将不得不结束谈判。他们约定好，库柏一旦有机会联系到麦考密克，就立即在当天下午打电话给我父亲。

库柏打电话过来，确认麦考密克想要出售，但他必须先与股东商议此事才能付诸行动。这一切都要花费数周的时间，因为医生告诉麦考密克，3月15日之后才能离开佛罗里达；而只有在那之后，他才能在芝加哥见到董事和股东，获得与我父亲协商的授权。库柏告诉我们，没有什么好担心的，因为我们已经得到麦考密克的承诺，但六周的屏息静待就像一生那样漫长。

菲尔、约翰和我父亲回到华盛顿。我们追逐许久的目标似乎近在咫尺，但在签字、盖章和公布之前，这仍旧只是令人欢欣鼓舞的承诺，几乎因太美好而无法成真。麦考密克把报纸卖给我们？我们从不敢奢望这样的剧情。

我父母已经计划好去牙买加度假，但此时正考虑推迟此事。菲尔力劝他们前行，2月末，他们出发了。3月13日，周六，库柏打电话给菲尔，说他将会很快收到《论坛报》代表的消息。接着，菲尔发电报给我父母，让他们回家。同一天晚上7点，电话响了。我在书房接到电话。对方是论坛报公司的副总裁切斯·坎贝尔（Chess Campbell）。菲尔接过电话后，坎贝尔说道，"简直难以置信，我打电话要把《时代先驱报》卖给你。"

那天晚上9点，我们与约翰·斯威特曼到机场接我父母，并同他们一起回到新月城；在那里，三个男人开始制定计划。菲尔知道必须即刻行动，并最大程度保持机密。他打电话给弗洛依德·哈里森，后者是父亲生意上的左膀右臂，也是《邮报》的财务主管。他还打电话给弗雷德里克·毕比（Frederick Beebe）——我们都称他为弗里茨（Fritz），是我们的企业和房地产律师，在纽约的克拉瓦斯律师事务所工作。第二天上午10点，他们全都聚到了新月城。接着，在斯威特曼和哈里森的陪同下，菲尔去会见了坎贝尔。与此同时，弗里茨去了我们在华盛顿的律师事务所卡文顿—伯林（Covington & Burling）的办公室，开始撰写发给《时代先驱报》的书面要约（written offer），和他一同工作的还有方丹·布拉德利（Fontaine Bradley）和格里·格塞尔（Gerry Gesell），他们都是反垄断方面的专家。

大致上，菲尔同意支付麦考密克要求的 850 万美元，购买下《时代先驱报》。此外，他答应了支付遣散费给不愿加入《邮报》的《时代先驱报》的员工，这意味着还要花费 100 万美元左右。

在把书面要约交给《论坛报》的人后，菲尔同我父亲回到家中，打电话给《邮报》的高管，将他们聚集在我们家中，大致讲述了这笔交易。菲尔说，"如果顺利，三天内我们将会出版午报。"他要求高管们彻底地想清楚接下来牵涉的事务，但眼下不要告诉任何人，包括他们的妻子。

合同得到了对方的认可，只做了很小的改动。菲尔自己就是律师，但对法律程序却总是缺乏耐心，经过 24 小时的旋风式协商后，他说自己一直都知道交易能够达成。合同被人亲手送到《时代先驱报》的办公楼，在那里，《论坛报》的股东正召开会议。只是在此时，巴兹·坦克斯利才第一次听说迫在眉睫的出售。会上的一个人描述说，巴兹看起来就像是"惨遭雷电击中"。她要求自己购买报纸，并让股东们留给她时间筹措金钱。然而，主持会议的麦考密克上校赢得了出售报纸的许可。他们的确给予巴兹 48 小时来筹集资金，截止时间为当周周三，《论坛报》董事会在芝加哥举行会议时。与此同时，他们警告巴兹，绝对不能透露为什么而筹集资金。

周二早晨，麦考密克上校动身前往芝加哥——留给了我们更多的烦躁不安，唯恐巴兹成功筹措到金钱。同样在周二，在切斯·坎贝尔下榻的丽思卡尔顿酒店套房中，菲尔再次同他会面。在大厅尽头的套房中，《论坛报》的其他高管正在将相关消息透露给《时代先驱报》的高管，之后菲尔也同他们谈了话。菲尔讲话时，坎贝尔进入房间，开始神情忧虑地四处转悠，在桌子和椅子下面寻找着什么。菲尔询问他在找什么，坎贝尔回答，"坦白说，你和迈耶先生的文函。"菲尔立刻和坎贝尔一起趴在地上，翻遍了整个房间。最终，坎贝尔打电话给自己的律师事务所。一位律师说，"哦，在我们这里。我们不会弄丢这种文件的。"这只是此次交易之混乱与仓促的例证之一。在 24 小时之内，菲尔完成了历史上最重要的一笔报纸收购案——父亲的支持一以贯之，包括资金方面。

还是在周二，菲尔打电话让邮报公司高管约翰·海耶斯（John Hayes）到他办公室，交给他一张 150 万美元的美国证券与信托公司（American Security and

Trust Company）的支票，这是相关的预付定金。约翰吃惊地发现，为了确保安全，支票是开具给他本人的，并且，他被委派到芝加哥亲自交付。菲尔非常焦虑，坚持让约翰乘坐通宵火车而非飞机前往，以免飞机坠落，致使支票（和约翰）损毁。

与此同时，《邮报》管理层着手进行必要的幕后活动，为收购完成后出版联合报纸做好准备。拉斯·威金斯让部分高管秘密参与进来。他们拟定了一份《时代先驱报》的员工的名单，上面列有他们想要会见的人。广告主管唐·伯纳德在五月花租了个套间，用来与他的经理们交谈。他的第一项工作是打电话给广告商，询问《时代先驱报》上刊登的广告是否能转入合并后的报纸。

或许，发行主管们讨论的工作才最为复杂，他们必须将扩充后的报纸送到《邮报》和《时代先驱报》的订户家中。他们计划利用《时代先驱报》的人手和卡车。

周三早晨，海耶斯到达芝加哥的论坛报大厦（Tribune Tower）。一名激动不安的右翼人士冲进麦考密克上校的办公室，试图劝说上校将报纸卖给巴兹而非我们。《时代》杂志报道说，巴兹打电话给一长串富有、保守的潜在支持者，如西尔斯罗巴克（Sears, Roebuck）公司的主席罗伯特·伍德（Robert Wood）将军、前大使约瑟夫·肯尼迪（Joseph Kennedy）和德克萨斯石油大亨 H·L·亨特（H. L. Hunt）。巴兹筹措到了 400 万美元，并请求获得更多时间来筹钱。麦考密克上校拒绝了，他不想要将报纸卖给业余人士。他敬重我父亲，认为我父亲是专业的办报人。

我们——菲尔、我父母、约翰·斯威特曼、弗洛伊德·哈里森——都在菲尔的办公室中，并从这里打电话给正在《论坛报》的约翰·海耶斯。电话一直开通着，以便保持联系，随时获得董事会批准的消息。我们轮流和约翰说话，保持线路占用，以免被切断。最终，董事会批准了交易，支票被交付，麦考密克上校签署了出售协议。海耶斯急忙跑到电话旁，告诉菲尔，"我拿到了。一切都搞定了。我跟你说……"

"再见，我们要做事情了，"菲尔说，"啪"的一声放下电话，没有让约翰继续讲下去。我们全都激动不已，兴奋之情超乎想象。记得大声欢呼过后，我告诉

239

菲尔长期以来的忠诚秘书德维·费希尔（DeVee Fisher），我们不能表现得洋洋得意，但必须承认，在说这句话的同时，尽管竭尽了全力，我仍旧无法将笑容从我的脸上抹去。1954 年，圣帕特里克节（St. Patrick's Day），中午 12 点 44 分——《华盛顿邮报》历史上的决定性时刻。如今，我们独占华盛顿的早报市场，日常发行量从 20.4 万份立即攀升至 39.5 万份，周日发行量从 20 万份升至 39.5 万份。

然而，当天下午和晚上，在将合并后的报纸投入市场前，我们面临着真正的考验。先前的准备工作不足，导致事情一片混乱。约翰·斯威特曼受命坐镇《邮报》，在假定交易能够顺利完成的前提下，竭尽所能地安排好一切事务。正是他的基本计划付诸实施，才让一切事务运转起来。

当然，收购给我们带来了问题。《时代先驱报》的版面全部加了进来，结果，我们报纸加厚了一倍有余，印刷本身就成了问题。另一个问题是，《邮报》并没有吸收《时代先驱报》的员工，导致了工会的不满。此外，无论何时一个地区失去了一份报纸，都会有紧张、忧虑、失业者和一种声音被遏制的感觉。不过，华盛顿还余有三家报纸，人们不会觉得只受到一种声音的支配，不似后来大多数城市发生的那样。

将两份报纸的新闻和社论结合起来非常困难，因为我们要合并两种迥然不同的文化。《时代先驱报》的受众更加大众化；我们的则更加高端。《时代先驱报》充满了各式专题。它拥有大量漫画、专栏作家（尤其是保守的专栏作家）、体育新闻、八卦、性话题以及犯罪新闻。《邮报》更加严肃，没有这些趣味内容。为了减少可能随之而来的批评声音，我们接收了《时代先驱报》的所有专栏、评论、漫画和各种专题，只有菲尔和拉斯难以卒读的一两项内容例外。因此，《时代先驱报》的订户将会发现他们关心的一切都保留了下来。从那天晚上开始，我们在报头印了两个同样大小的名称——《华盛顿邮报和时代先驱报》（The Washington Post and Times-Herald）。接下来的几年间，我们逐渐地缩小"时代先驱报"的印刷字号，直至其完全消失。

将两份报纸结合后，我们占领了市场。事实上，这次合并碰撞出了火花。去除重叠订户后，我们保持住了两份报纸的发行量，之后便逐渐攀升。这主要归功于斯威特曼的策略。他所做的是继续将报纸送给《时代先驱报》的所有读者，即

第十二章

便他们试图取消订阅。如此一来,他们便有了时间浏览报纸,看到最喜欢的内容得到了保留。正如约翰所言,"他们只是在观察我们,没过多久,他们就开始支付邮寄账单了。"掌握《时代先驱报》的发行量后,我们便占领了华盛顿地区70%的晨报市场。

这样的覆盖率和特殊的、兼容的发行方式为广告商带来了大量生意,刊登广告的效果开始立即显现。《星报》仰仗着广告商的忠诚度,自满自足、洋洋得意,延续着过往的一贯做法。他们的想法是,既然《时代先驱报》自己都没有吸引走广告,那么,改为由《邮报》的印刷机来印刷又能怎样呢?

在购买《时代先驱报》过程中,我们遇到的最重要问题是反垄断。格里·格塞尔技巧娴熟地处理了这一最敏感的问题。我们本想要购买《时代先驱报》的资产而非股份,因为《克莱顿反托拉斯法案》(Clayton Antitrust Act)禁止收购的是股份而非资产。另一方面,麦考密克希望出售股份,因为如果继续持有股票,他就要解决人员和其他遗留问题。他想要出售掉整个公司。

我们显然没有争辩的余地,因此,毕比和布拉德利制定了立即购买和解散《时代先驱报》公司,转移其资产的方案。一切都完成了,也进行了银行转账。格塞尔打电话给格雷厄姆·克莱特,即后来的海军部长和南方铁路(Southern Railroad)的负责人,让他从罗阿诺克(Roanoke)赶来处理主银行账户,确保没有钱留下,没有任何东西留下,账簿上没有任何记录可以解释为尚有公司被保留。

紧接着,菲尔接到司法部(Justice Department)反垄断局局长的电话,说他们听到传言《邮报》要购买《时代先驱报》,要求立即会见《邮报》的律师。菲尔打电话给格塞尔,后者独自去了司法部。格塞尔后来回忆说,局长就待在办公室里,里面还有九位精英员工:

> 我认识他们中的大多数人……有好几个人表情严肃……(一位司法部官员)说道,"有可靠消息说,《邮报》正在购买《时代先驱报》。"我说,"完全正确。他们买下来了。"他说,"我希望你确保两家公司独立存在,直到我们调查完此事。"我说,"哦,不好意思,我们做不到。我们已经抹除了《时

241

代先驱报》公司，它不复存在了。""好吧，我们肯定会去调查你们的，"他回应道。我说，"好啊，麻烦你们了。我肯定它是合法的。"

原来，反垄断法中有一则条款，名叫"破产公司原则"（failing company doctrine），规定如果两家公司同时破产，则其合并可得到豁免。这条原则从未真正应用于报纸，因为报纸总会有人愿意购买，但格塞尔决定采用它。

许多保守主义者，包括某些国会议员，担忧保守派的声音会被他们眼中神经错乱的美国新闻业自由派的声音所取代，期望司法部能够提起反垄断诉讼。某天晚上，甚至克莱儿·布兹·鲁斯（Clare Booth Luce）也告诉我和菲尔，对于一个家庭来说，我们拥有的权势太大了。但从未有任何诉讼发生。

收购《时代先驱报》的事情导致了一个不幸结果——姐姐弗洛伦斯给父亲写了封信。弗洛里对生活深感不满，不断与家里人争吵，她选择在这个时候抱怨自己的缺席致使她和孩子们失去了金钱和一些贵重之物的所有权。父亲回信说，事实并非如此，并保证家族中的任何一人都不会比谁贫穷。后来，父亲告诉我们，弗洛里"非常满意"地回复了电报，并"愿意改变态度，更好地理解我们"。

我的全部记忆都在告诉我，我们的生活取决于购得了《时代先驱报》，但斯威特曼对这段时期的印象不同，且可能更加准确。他曾经说：

> 即便事情不是如此发生，我们最终也会战斗到底。我们的实力很快就足以令《时代先驱报》一败涂地。我已经在胖揍他们了。形势于我们有利……《时代先驱报》没有足够的基础。他们是一家赫斯特式的报纸，运作紧张，全天都在出版，而这正是它的扭曲之处……《时代先驱报》无法延续全天出版的模式，因为花费太过高昂了。
>
> 他们正在亏损，比我们更多，因此某个时候，或早或晚，他们将会放弃全天发行的模式，改为晨报……那时将会变为沙场决战……过程会更加漫长，各项事务的花费会更加高昂，但最终我们会成功的。我不觉得这其中有任何疑问。

第十二章

然而，我和菲尔的认识在某种程度上是正确的。这是通向未来的捷径。如果能够轻易取得成功，为什么你要奋斗多年？我丝毫不怀疑，挣扎求生于我们有益。在生意上，你必须了解贫穷的意味，为生活竭尽所能地与各种不利条件斗争。如今，许多在《邮报》工作的年轻人都认为，报社的成就来自赠予，将其视为理所当然之事。我们都深深地担忧，和《星报》家族一样，我们在某天会变得自满自大。这种忧虑渗透在我们的家庭中，一直延伸到唐·格雷厄姆，他自小便清楚各项事件。

收购《时代先驱报》是非凡而出乎意料的巨大成功，但我们也为此付出了代价。我们提高了广告费率，但仍旧不足以弥补发行费用的巨大增长，因此，《邮报》第一年损失了23.8万美元。但这并不重要。父亲买下《邮报》21年后，菲尔为失去《时代先驱报》沮丧不已5年后，《邮报》买下了竞争对手，这可能是有史以来最成功的报纸合并，我们的发行量一夜之间翻番，将《邮报》推向了更加繁荣的未来。这次收购令我们成了一家能独立发展的公司，未来有了更多的确定性，也有了可以添砖加瓦的基石。最终，经过父亲的奋斗——菲尔和他共同奋斗了八年多——我们可以开始相信，《邮报》将会在华盛顿站稳脚跟。

PERSONAL HISTORY

第十三章

我和菲尔正步入中年。对于菲尔而言,工作尽管耗费精力又压力巨大,但却越做越轻松。除了愈发严重的健康问题外,他的一切都在蒸蒸日上。《星报》仍旧在华盛顿的新闻业占据主导地位,但《邮报》最终还是稳定了下来,且前途光明。菲尔本人无疑也取得了商业和私人生活上的成功。

于我而言,这些年我在许多方面都取得了成功。我热爱生活,且对于家庭圈子非常满意——父母是一方面,孩子们是另一方面。我的丈夫是这个圈子的核心,所有人都围绕着他运转。我们拥有两栋巨大而舒适的房子——一栋位于 R 街,一栋位于弗吉尼亚州的农场。简言之,我们生活优越;我们心知这一点,且努力想要答谢这种荣幸,尽我们所能地奉献这个世界。

这些年,我们的生活非常忙碌,格伦韦尔比成了我们的静养寓所,是我们休闲娱乐的地方。在那里,我们彻底崩溃,然后再将自己重新组装。那里是我们共度大部分时光的地方,也是孩子们最为快乐的地方,可能唐是例外,他常常会去弗兰德利夫妇家,与好友尼古拉斯待在一起。唐的兴趣在城市里,此外,他还有严重的过敏症。

我们在格伦韦尔比的生活排满了各类活动,但它们的节奏要比华盛顿慢上许多。生活轻松,而且相当有节制。房子只是粗略、随意地装修了一下——包括在拍卖市场购买的家具，向前主人收购的物品；只有极少量的东西是在设计师的帮助下获得的。广阔的草坪由马拉的陈旧机器修剪，一切都是罗布·格兰特（Rob Grant）在打理。格兰特是位迷人的男子，来自于生活在附近的庞大而受人敬重的家族。农场原本由来自附近雷克托镇的一位农民管理，还有一位住在这里的农民从旁协助，名叫巴克·诺尔斯。我们最终接管下这个农场后，巴克继续留在这里，他的两个儿子也是如此，他们成了我们生活在那里的支柱。

我的工作是重新布置格伦韦尔比，令其符合我们的需求。房子本身就需要许多整理工作。我们发现了一处旧的网球场，并在其基础上重新修整了场地。我们在房子前的山脚下挖了个水池，接着在小溪之上筑坝，并在坝下安装水管为水池供水，这样，我们就建成了娱乐性的游泳与钓鱼之所。每到春天，我都会让人送来一卡车的沙子，倒在坝上，形成一个小小的沙滩。我们用跳水板打造了一个桥台，菲尔在完工的水池中喂养了巴斯鱼和欧鳊。这个一英亩见方的水池最终被命名为凯瑟琳湖（Lake Katharine），因为附近的好友建造的好几个这样的湖，都是以妻子的名字命名。几年后，菲尔在第一个水池下面又建造了一个大得多的池塘，比小溪更低洼。这个池塘被命名为菲利普湖（Lake Philip）。1957年，爱德华·莫罗（Ed Murrow）在自己拥有的土地上建造了一座湖，菲尔写信给他说，"一定要以妻子的名字给它命名，这会显得很慷慨，但更重要的是，你必须马上建造更大的湖。然后，那座湖就可以被命名为爱德华湖。"我们在菲利普湖中间建了座小岛，称它为圣拉莉岛（Ile Sainte-Lally）——效仿巴黎塞纳河中心的圣路易岛（Ile Saint-Louis）。

由于第二个湖大到足以划船，菲尔逐渐地获得或曰打造了一支小型船队，包含各种奇形怪状的船只——一艘由他订购并组装的帆船、一艘划艇、一只独木舟和一艘小帆布划艇。他还修建了船坞来保护船只，后来还将其命名为菲利普湖游艇俱乐部（LPYC），我们为此举办了开幕派对，末了还制作了装饰有"LPYC"压花的火柴纸夹，拉莉也为这次活动创作了歌曲。随着孩子们年龄渐长，菲尔添置了一艘摩托艇，不大，但却足以拉着他们划水。

我们以这两个湖为生活的中心，在那里游泳、划船、欣赏鸭子和春来秋去的加拿大黑雁。我们散步，打网球和垒球，把高尔夫球击打到田野里。菲尔和孩子们，尤其是比尔，在两座湖里饶有兴味地钓鱼；有时候，菲尔会钓上一整夜。他在农场有个枪库，每个人还很小的时候就学会了射击。甚至我也学会了操作猎枪，尽管因为处理不好后坐力的问题，我总是会以肩部瘀紫而告终。菲尔喜欢狩猎土拨鼠和允许捕猎时期的鹌鹑，我们全都会打飞靶。比尔是劲头十足的神射手，很小的时候便有了自己的点22步枪，很遗憾地说，他有时会把谷仓顶上的鸽子射下来。某天晚餐过后，菲尔将白镴制成的烛台放在间隔房子和农场的石墙上，点燃蜡烛，让孩子们用步枪熄灭火焰。烛台是我们的结婚礼物，不必多言，孩子们误击了烛台。这些有着明显凹痕的烛台我保留至今。

我们在农场中放置了一辆二战时期制造的军用吉普，每个孩子都用它来学开车，有时会绕着田野连续开上几小时。菲尔曾经写道，"每小时九英里的速度真是让人惬意。"

餐饭大都是全家人一起吃的。我们经常在沙滩上野餐，使用烤架，我学会了烤牛排、鸡肉，甚至羊腿和玉米棒子。我们总是邀请朋友来格伦韦尔比，每餐通常会增加到10人，包括孩子们、保姆和我资助过的大学生。多数日子里，我们在长长的野餐桌上吃午餐，餐桌位于两棵栾树下。我们将食物和冰茶从旅行车的后备箱中搬到树下，我会把食物装满盘子，然后摆到桌子上。某个周日，如同往常一样，来了些客人，菲尔坐在长桌子的另一头，当我要将盘子端给菲尔时，他让我直接丢过去，我照做了。不可思议的是，菲尔接住了盘子——土豆泥和肉汁完整保留。不幸的是，我第二次这么做时，事情就没有那么顺利了。

从一开始，拉莉就热衷骑马，骑术也非常高超，一次次地参加马术表演。她常常是派对上唯一不戴帽子和不穿骑马服的成员，她的小马像头驴，但她骑得很好，最重要的是，她乐在其中。拉莉学习狩猎时，我会在早晨5点起床，开车送她去集合，卡车也会把她的小马送达那里。我常常会跟随猎人一段时间，从旁观察，但到表演时就会离开，我不喜欢表演。其他孩子也骑马，唐例外，他只尝试了五分钟。我原本觉得所有孩子都应该学习骑马，但有一天，我看到他坐在马上，目光呆滞如桑乔·潘萨（Sancho Panza，小说《堂·吉诃德》中堂·吉诃德的仆人，无文化而有实际经验且富于常识，和唐吉诃德的耽于幻想形成对比——译者注），于是冲口说道，"下来吧，你是对的。这不适合你。"唐是优秀的运动员，喜欢网球和一切球类运动，但骑马、游泳和滑雪无法吸引到他。

菲尔的精力传递给了我们所有人。晚餐时，他会和孩子们玩游戏，询问他们历史问题，告诉他们南北战争的知识，向他们灌输对这片土地的热爱。菲尔组织了用鱼叉捕猎青蛙的活动，拿着手电筒把孩子们带到湖边——常常是在我刚刚宣布晚餐准备好了时。他讲故事，令我们开怀大笑。一天晚上吃晚餐时，他觉得客人太沉闷了，便与史蒂维（Stevie）展开了双手倒立比赛，每个人都要参与，大学女生帮助孩子们保持端庄，让她们的裙子保持在膝盖部位。

格伦韦尔比的生活只是这段时期的一个方面，此时，我们的世界中的一切似乎都很顺利。我父母仍旧活跃在各项事务中，只是父亲渐显老态。整个20世纪50年代，母亲广泛从事写作和演讲，表现优秀，她还沉浸在各类公众福利和教育问题上，被授予了一系列荣誉学位，工作获得了普遍认可。母亲70岁生日时，天文学家哈罗·沙普利以她的名字命名了一个星系——并非普通的礼物。

母亲的写作和出场总是能够造成强烈反响，积极的那一部分她非常乐意同我们分享。例如，她寄给了我们一份剪报，剪报源自《里士满新闻导报》（*Richmond News Leader*），那是一家坚定的保守派报纸，它重新刊登了母亲的一篇演讲，同时还附加社论说，"今天，最高法院没有追随他们的旗帜，相反，他们追随了《华盛顿邮报》。"一位里士满的市民写信给母亲说，她的演讲词是"他读过的最高贵的话语，秉承了杰斐逊和林肯的传统。"母亲以其一贯的惊人自信告诉我们："你们应该哪天读一读。它是我写过的最崇高的文章。具有强烈的爱默生式风格。"

20世纪50年代中期，菲尔和我母亲的紧张关系短暂激化，缘由在于拟建中的华盛顿礼堂和文化中心的选址分歧。母亲是礼堂委员会（Auditorium Commission）的主席，想要将文化中心建设在波托马克河沿岸的华盛顿雾谷地区，水门大厦后来就建于此地；菲尔认为文化中心应该是华盛顿西南部再开发的一部分，这里的许多工作他都有密切参与。菲尔承认雾谷地区拥有美丽的波托马克河，但仍旧坚信将礼堂放在华盛顿西南部是阻止白人迁往郊区、升级西南部四万人社区的重要一步。

依照母亲以及她的委员会的观点，波托马克河的选址非常完美，而将礼堂放在西南部只会让整个工程夭折，因为她觉得根本筹不到资金在贫民窟建造礼堂。母亲责骂菲尔和反对她的观点的国会议员，指责他们受到房地产利益的影响，并发誓说如果华盛顿西南地区被选为建造地址，她和她的整个委员会将会退出。母亲就此问题给菲尔写了封信，在附带内容中补充说："下周日的《邮报》上，我想要发表篇文章，分析雾谷同西南部两处选址的相关因素。如果你不愿意，我希望你不会介意我把文章交给《星报》。"即便如今回想起来，此事都不可思议。

然而，16年后菲尔真诚地说，他同意我母亲的观点，尽管偶尔会有"弑（岳）母"的冲动。两个人拥有奇妙、矛盾但又非常深厚的联结，尽管围绕母亲与报纸的关系产生了无休止的冲突。

这段时期，父亲愈发远离报纸和公司的日常运作，但兴趣一如从前。不在同一个城市时，菲尔会给父亲寄去详细叙述会议、演讲和《邮报》相关活动的信件和备忘录。父亲明显已经年迈，但思维敏捷，菲尔和其他人仍旧信赖他的判断和洞察。收购《时代先驱报》后的第二年，父亲80岁，显然开始思考年老的意味。1955年4月，他给拉斯·威金斯寄去了备忘录，指明了当周两位报业传奇人物逝世事件的启示："乔·普利策（Joe Pulitzer）死于周三；伯蒂·麦考密克（Bertie McCormick）死于周四；而我正要动身去看医生。"

有一段时间，父亲考虑着在身后留给《邮报》员工一些股份。菲尔建议说，如果父亲能够在生前将股票赠予他们会更好些，还可以欣慰地看到他们快乐的样子。父亲同意了，最后告诉受赠者说：

> 有段时间，我和妻子一直在思考公司里的优秀员工。我们清楚地记得，这些年来你们为帮助公司走向成功而付出的珍贵努力。我们希望找到恰当的方法来表达赞赏。在遗嘱中，某些人记起了旧时的合伙人。但我和妻子都认为，那是一种忧郁的处事方法。

父亲制定了详细方案，将价值50万美元的无表决权股票赠予了711位《邮报》员工和独立发行商——大体上，每个人都为《邮报》连续服务了五年以上。

礼物从 4 股到 20 股不等。普华国际会计公司（Price Waterhouse）计算得出，每股的公平市价是 59.44 美元。父亲写信给所有受赠者解释礼物的含义，补充说他和母亲希望他们至少在为《邮报》工作期间能够保留股份："我们相信股票是有价值的投资。邮报公司所有人的热情贡献和通力合作，将会使股票在未来几年中增值。"从一开始，有些人就了解股票的价值，并从不了解股票的人手中购下了尽可能多的股票。许多人相互出售，但随着公司的壮大和公开上市，那些仅仅持有或购买了 5 股、10 股、15 股的人也获取了丰厚的回报。公司上市后，1 股变成了 60 股，由于我们公开上市的股价是 26 美元，且两次分拆股票，这些最初的礼物最终变得价值巨大。1955 年 6 月，在斯塔特勒酒店（Statler Hotel），赠送股票的事情被公开宣布，那是一次令人难忘的午宴。同时，这次活动也被用来庆祝父亲购得《邮报》22 周年。午宴上，《邮报》驻白宫记者埃迪·福利亚德（Eddie Folliard）代表员工讲话，他以"股东同事"开始了陈述，在一片大笑声过后，他继续说道，"好吧，你们从不知道，开始工作时，你们还是工薪阶层，等到回家时，你们已经是资本家了。"

那些年间，我过着快乐的生活，但如今我却能够看到一些当时未能察觉的问题。随着年龄的增长，我变得更加羞涩和不自信。在社交场合，我仍旧不知道如何找寻最佳状态，或者控制好自己。我担心自己显得无趣，仍旧相信人们接触我们完全是因为菲尔。

很难解释我的不自信是怎样的，为什么不自信，当时又为何如此浑然不觉。这段时期里，我参加了伯德·约翰逊（Bird Johnson）女士举办的女子午餐会，与会者为国会议员和几位报界人士的妻子——我、海伦·李普曼和萨莉·雷斯顿。午餐后，伯德·约翰逊女士要求所有人都站起来，讲述过去的夏天所做的事情。大多数女子都是为丈夫竞选，便谈了此事。想到要在这群人面前发言，我恐慌得不能动弹，一句话都说不出来；更糟糕的是，我拒绝尝试。还有一次，在大约 60 个人面前，我的确发表了演讲，不过是照着稿子念的，内容涉及我一年来主持的研究，是关于被领养儿童的抚育和看护问题。这毕竟是我的演讲处女作，我吓坏了。在菲尔的帮助下，我反复写作和修改了许多次，虽然度过了这次严酷考验，但我为焦虑所付出的代价绝对与事件本身不成比例。

或许，朋友与我的看法不同——我有非常要好的女性朋友。1956 年初，波莉·威斯纳牵头，好友们为我举办了一场派对，名为"向凯瑟琳·格雷厄姆致敬"。我很开心，但也很困惑为什么她们要这么做。这无疑是为了鼓励我，因为她们认为我需要鼓励，但我真的觉得自己不需要被关注。

我的不安全感与母亲和菲尔都有关系。母亲似乎贬低了我的许多作为，微妙地将我的选择和事业掩盖在她的丰功伟绩之下。这些年来，我和她之间的古怪关系例证在了一件事情上。我拜访她的时候，她往往正在床上休息。我们会没完没了地讨论她的活动和演讲，中间偶尔穿插些我帮助儿童的事情。某天，我审慎地决定提出我的计划，将孩子们带离少年村（Junior Village）——华盛顿特区的大型收容所——送入寄养家庭。这个决定需要一些勇气，但我首先说，她也许对我的一些工作感兴趣。我正要继续时，她毅然决然地打断了我，说道，"啊，亲爱的，我已经多年不关心特区的事情了。"就这样，我同她谈论自己关心的事情的努力夭折了。

至于菲尔，他在鼓励我的同时，也贬低了我。随着他更多地涉足新闻界和政治圈，我愈发发觉自身的角色不过是他风筝下面的尾巴——我越是觉得黯然失色，事实就越是如此。他总是拥有机敏的才智，有时还有残酷的幽默。这种残酷的幽默被用在许多社交场合，不时会有好友成为受攻击的目标。他会用这种幽默的方式表达出某些残酷的真相，大多数时候都能侥幸不被察觉，甚至那个被嘲笑的人也会一起大笑。然而，渐渐地，他攻击他人的幽默开始转到我身上。我成了家庭玩笑的对象。奇怪的是，我仍旧受他迷惑，懵然不知正在发生什么，甚至还参与其中。由于我体重增加，他开始叫我"肥肥"。他甚至还给了我一枚法国肉铺的猪头铁皮，我把它挂在格伦韦尔比的走廊里，觉得它很有趣。

那几年间，菲尔逐渐显露的另一个习惯是，当我们和好友在一起，而我在讲话时，他看着我的眼神令我觉得我说话冗长乏味，招人厌烦。逐渐地，我们一起出门时，我变得完全沉默寡言。

我当时对这种高高在上的态度浑然不觉，但在 1995 年末，菲尔写给母亲的长信反映了事实真相。母亲寄给了菲尔一篇托马斯·曼的文章，菲尔作出回复，清晰地表露出同母亲一样的傲慢态度：

> 自从阅读了"亨利·亚当斯的教育"（The Education of H Adams）和"圣米歇尔山和沙特尔"（Mont San Michel et Chartres），我对团结的意义一片茫然。在此之前，我完全不知道这个概念的存在……
>
> 然而，你没有把最重要的一句话标示出来——即，"欣赏菲力克斯·克鲁尔（Felix Krull）不需要博学。"这一强大思想甚至驱使我考虑把这本书推荐给生活伴侣。

我很可能比菲尔读过更多曼的著作，在他之前很久便阅读了亨利·亚当斯（Henry Adams）的两本著作，还向他推荐了它们，他如此评论我实在太过诡异。但即便如此，我还是没有认识到他对我的行为已经变得多么居高临下。我向他学习了许多东西，觉得自己是特里比（Trilby），而他便是斯文加利（Svengali，英国作家杜·莫里耶 [Du Maurier] 的小说《特里比》[Trilby] 中的人物，他用催眠术控制了女主人公特里比——译者注）：我觉得仿佛他创造了我，我完全依赖于他。即便如今，我也无法将这种感情驱逐出去；很难分辨出是菲尔的苦恼在作祟（这种苦恼只是在后来才显现出来），还是他本性使然。事实是，我崇拜他，只看得到他为我所做的事情的积极一面。我根本没有将缺乏自信与他对我的影响联系起来。

菲尔的工作节奏紧张迅速，但他仍旧乐此不疲。有阴影在滋长蔓延，但它们太过细微，我甚至观察不到——或者没有将它们视为阴影。回首往昔，我意识到他持续的身体疾病不过是心理折磨和隐性疾病的先兆——我和他都完全没有察觉。疾病日益频繁的发作意味着，他回到办公室时会看到堆积如山的文件。他告诉一位好友，"其中满是被拖延的危机和累积的灾难。"尽管如此，当他身体健康时，仍旧没有人能够比他更好地解决这些危机和灾难。

菲尔现在掌控着规模扩大许多的《邮报和时代先驱报》。约翰·斯威特曼是他手下的一员大将，承担了经营和决策的主要责任，但菲尔始终是首席战略家。菲尔和拉斯·威金斯更多地参与了编辑事务，并与埃斯塔布鲁克共同研究社论版

第十三章

问题。约翰和拉斯使得菲尔能够将精力放在更重大的事务上，对报纸的日常业务只需选择性地稍加注意。这段时期，他花费在外部活动上的时间几乎与报纸本身一样多，但他不仅牢牢掌控一切事务，令它们不断取得进展。

1954年的夏季，菲尔忙得焦头烂额，主要是因为要与哥伦比亚广播公司谈判收购其所持有的WTOP（《邮报》控股的电视台和电台）的少数股权。考虑到距离购买《时代先驱报》仅仅过去了六个月，这次的时机选择略有些不妥，但我们对拥有WTOP电视台和电台的全部股份始终兴致勃勃，这是我们的机会。哥伦比亚广播公司占有的45%股份的价格是350万美元。菲尔增加债务的举动非常大胆，因为我们刚刚进行了一次重要扩张，但此举最终收获了丰厚的回报。

1955年，《星报》发觉必须采取行动了。收购《时代先驱报》一年内，我们已经在许多重要方面赶上甚至超过了《星报》。一百年来，《星报》始终是华盛顿地区的主导报纸，如今却发现自己的读者比《邮报》少12.5万人，虽然在广告方面我们仍旧落后。从原来的《时代先驱报》过来的弗兰克·盖特伍德（Frank Gatewood）着手经营广告业务，令其大有起色。零售商店固执地坚守《星报》，但盖特伍德说服了一些大客户给予我们比从前更多的份额。弗兰克价值非凡，父亲甚至开玩笑说，他花费了950万美元就是为了把弗兰克挖到《邮报》。盖特伍德回忆说，一旦启动起来，广告业务便迅速增长，在此领域，《邮报》三年内从28%的份额增加到了50%。

从1955年起，《邮报》的盈利便超过了《星报》。成本被严格控制着。如今，当观看《邮报》的规模，想到世界各地分社的驻外记者时，我们很难回忆起"国外"报道在华盛顿完成，或者只是使用通讯社稿件的日子，但那样的日子离现在并不久远。1957年1月，菲尔将莫里·马德（Murrey Marder）派去伦敦担任《邮报》的首位驻外记者，莫里撰写的稿件要与WTOP分享，后者将会支付给他一些费用。直到5年后，《邮报》才加派了另外两位驻外记者，菲尔·福伊西（Phil Foisie）负责编辑国际新闻，实际上成了我们的首位国际新闻编辑。在福伊西的领导下，驻外记者后来增加到了23人，还有许多特约记者作为补充——并非所有人都是一流水平。

随着时间的推移，菲尔更多地参与到了公共和政治事务中，《邮报》不再占据他那么多时间。菲尔做的一些事情令他在当地、全国和政商界都赫赫有名，他做这些事情是因为信仰这些事情。他的许多外部活动都坚持做了许多年——芝加哥大学委员会、住房委员会（ACTION）、美国经济发展委员会（Council on Economic Development）、美国公益广告协会（Ad Council）、西南部大开发（Southwest redevelopment）和华盛顿特区地方自治（D.C. home rule）。20世纪50年代中期起，他的活动就有了越来越多的政治意味。

尽管1952年积极参与了艾森豪威尔的竞选，但菲尔很快就对新政府失去了好感，并将更多时间和精力献给了林登·贝恩斯·约翰逊（Lyndon Baines Johnson）参议员。我不太清楚是什么触发了他与约翰逊的友情，但如今看来这件事却是可以预见的，甚至是预先注定的。约翰逊积极促进媒体的发展，而菲尔始终受政治吸引。他们都热衷于权力和运用权力达成期望的目标，他们都来自南方，两人都拥有尖刻的幽默，他们之间存在天然的亲近感。

早在1953年，菲尔就开始与约翰逊定期交流。1月，约翰逊寄给菲尔一张未来一年民主党委员会（Democratic committee）的任命名单。他标注出了自己认为重要的新任命，并附上便条提醒菲尔他们过去的谈话——"在国会常务委员会（standing committees of Congress），确保你的成员和争议观点获得更多代表的需求。"为答谢他，菲尔谈到了《邮报》刊发的社论"全力以赴"（Best Foot Forward）。文章称赞了民主党指导委员会（Democratic Steering Committee）的委员任命——"在林登·约翰逊议员的领导下"——说他们"在主要委员会上，慷慨地给党的自由主义北方人机会"，同时发出了"党在执政时期从未实现的团结信号"。菲尔写道，"如你所见，我们认为你完成了出色的工作。"

约翰逊非常欣赏那篇社论，还写信给菲尔表示感谢。几个月后，约翰逊给菲尔送去了一篇自己的演讲稿和一张投票说明——关于他对抗专制主义在西半球传播的决心。菲尔回信，感谢林登"没有责骂我们的轻薄工作。我希望我们已经做了些后期修改"。

这些通信反映了一种关系——媒体与政府走得太近，僭越了新闻伦理，至少今天看来是如此。然而，在那段时期，在那十年间，这司空见惯。问题在于，他们的关系变得愈发亲密，尽管这其中存在建设性的意义，但后来于我却有一定的负面影响。

1954年中期选举过程中，两年前令菲尔印象深刻的副总统尼克松变得极为尖酸刻薄。他的策略令赫布洛克创作了自己最著名的卡通画——尼克松从下水道里爬出来，乐队和官员笑脸相迎，领头的人举着标语牌，写着"他来了"。尼克松做了许多努力，但民主党仍旧重新控制了众议院和参议院，林登·约翰逊成为参议院多数党领袖（Senate majority leader）。从此时起，菲尔和约翰逊变得更加亲密了。

菲尔热衷于干净选举（clean elections）和竞选筹款改革。1955年初，他着手研究金钱于政治的作用，就此发表演讲和文章，以期解决某些问题。像往常一样，菲尔超越时代，洞见了一个正在急剧恶化的问题。他认为人们甚至不知道竞选的真实花费；两大主要政党报告的花费与实际花费之间存在巨大差距。

据菲尔的观察，大多数竞选资金来自三个方面：黑社会、特殊利益集团和"希望进入仕途的人"——贡献资金，以期获得重要公职。菲尔在一次演讲中阐述道，"问题在于，我们如何能够筹集到足够多的纯正未污染的资金，允许政治家可以在不受制于腐败或自私因素的情况下竞选公职？借助于此，我们如何能够在美国文化中，帮助建立对政治重要性的更高关切？"菲尔的解决方法是依赖个人之善。盖洛普民意测验发现，三分之一的美国家庭愿意进行政治捐赠。菲尔认为，广告宣传可以说服民众，令这三分之一和其他美国家庭进行捐赠，以终结腐败。他辩称，如果"这件完全'可行'的事情变成事实，那么，它应该是我们这个时代最重要的政治变革"。

演讲的全文刊登在了《邮报》上，这一构想被称为"格雷厄姆计划"（Graham Plan）。第二年，菲尔说服林登·约翰逊对此事立法。根据菲尔的说法，约翰逊似乎"非常恐惧潘多拉魔盒被打开后的后续可能"，但"对于我提议的任何改革，他都严肃对待，期望能肩负起最大的责任"！菲尔的工作全部在幕后进行，正如他自己承认的，因为"只有众多位高权重的人获得全部荣誉，我们才能够发挥作用"。与约翰逊商讨多次后——以两党改革计划为重点——议案被草拟出来，85位参议员作为联合发起人在上面签字。这在参议院历史上前所未有。只有一人投票反对该项议案，菲尔告诉我父亲，"这不是一项完美的议案，但却是踏出了重要一步。"然而，议案未能在众议院获得通过。

我怀疑林登·约翰逊是否真的认同议案，并把这一想法告诉了菲尔。也许我是小人之心了。我感觉约翰逊只是想要促进同菲尔间的友谊，因而选择了这一方法。然而，菲尔对议案和约翰逊的热情持续增长，尽管议案未获通过，但他们无疑在共同合作过程中变得更加亲密了。

与菲尔不同，我仍旧被阿德莱·史蒂文森所吸引。不过，母亲比我更早认识他。母亲正在开展一项政治改革，和之前做过的所有事情一样，改革被推向了极致。她非常关心那些社会问题，努力吸引艾森豪威尔及其政府的注意，但最终失败了，因此也坐实了对艾森豪威尔的质疑。艾森豪威尔的漠不关心让母亲失望至极。"你无从回避这样的事情，菲尔。他是个哑巴。"母亲在信中写道。

母亲与阿德莱的相识发展成了同杰出男士间高度情感投入的关系之一。接下来的数年间，他们的书信往来频繁不断。母亲寄给他的信充满了私人和政治性的建议。阿德莱的确成了母亲的朋友，回信中同样充满了私人感情。

1955年6月，母亲做了子宫癌手术。医生已经告诉她癌细胞是局部性的，但她同所有面对这种手术的人一样，为预防万一，留下了些遗愿和指示。手术前的晚上，我探望了她，她让我将菲尔叫来。母亲给予菲尔的指示涉及三件事情：她的首饰留给特定的（外）孙女，在女孩们长大之前，她们的母亲可以先使用这些首饰；向好友露丝·泰勒赠予少量的金钱；最后同时也是最迫切的事情，她想要立刻赠送2.5万美元给阿德莱·史蒂文森。母亲从新闻报道中得知，史蒂文森没有资金用于下次竞选的初步政治开支，她觉得史蒂文森应该从这种担忧中解脱出来。母亲告诉菲尔，没有什么能比她知道这件事情已经办妥更开心。菲尔同意去安排，并立即完成了。

那年秋天，菲尔要到芝加哥演讲，他写信给阿德莱建议我们三人聚一聚。我们三人会面了。阿德莱亲自开车带我们到芝加哥郊区，在那里，他有一座美丽的农场和一栋可爱随性的房子，三个儿子都在这里长大，不过现在他孤身一人居住。于我而言，这是一段开心但复杂的关系的开始。菲尔和阿德莱在一起时，却没有太多倾心相交的时刻。菲尔很久之前就认识阿德莱，认为他天资聪颖、才能出众，但担心他作为政治家不能与林登·约翰逊媲美。后来，与很多人的看法相同，菲尔认为史蒂文森太优柔寡断，不够意志坚强。尽管如此，菲尔还是恢复了《邮报》不支持任何候选人的方针。

不出所料，艾森豪威尔总统以较大优势连任。史蒂文森兴致高昂、鼓舞人心的讲话令他虽败犹荣。选举日当夜，史蒂文森被问及是否还会再次竞选总统，他回答说："我宁愿上床睡觉。"

大选前的那个夏季，约翰逊写信给菲尔，非正式地邀请菲尔和我前去牧场拜访他和伯德女士，"享受得克萨斯的热情好客"。整个秋季，约翰逊不断地催促我们前往，年终时有了个机会，菲尔受邀去得克萨斯农工大学演讲。他接受了，部分原因在于我们可以借此去约翰逊夫妇的牧场。

演讲过后，学校用自己的小飞机把我们送到了弗雷德里克斯堡（Fredericksburg），那是牧场附近的城镇。约翰逊在飞机跑道尽头迎接我们，我们紧接着便经历了他钟情的那些程序——驱车在田野上飞驰，深入游览可爱的得克萨斯西部乡村，并穿过大门进入他的土地。我们甚至停下来观看了他家的坟地，这是客人的礼节。

第二天，我们出发去狩猎，猎杀对象是鹿，约翰逊非常希望菲尔能射杀一只。菲尔喜欢猎鸟，部分原因在于它们很难射杀，很多时候都是失手了，他无法接受猎杀鹿的想法。然而，我们的主人认为，让客人把鹿带回家是殷勤好客之举。我们碰上了一小群鹿，就在前面的山上，约翰逊让菲尔瞄准目标。"开枪，菲尔，"参议员大声喊道。菲尔把枪架在肩上，也瞄准了目标，但回答说，"我不能在背后袭击它，林登。"一头鹿转向了我们，约翰逊再次催促菲尔开枪。这次菲尔回答说："不行，林登，他看起来像是利特尔·比格尔·约翰逊（Little Beagle Johnson）。"约翰逊夫妇有几只小猎犬，名字的缩写全部都是 LBJ（与约翰逊名字缩写相同），利特尔·比格尔是林登最宠爱的一只。鹿跑开了，约翰逊对心怀抵触的客人大为恼火。鹿再次出现时，菲尔意识到已经别无选择，只得顺从地向鹿开枪。

于我而言，这次拜访非常古怪——菲尔和林登相处融洽，但林登视我为异类。他会直视着我，将我同他和菲尔区别开来，无论谈到什么，都会在开头说，"你们北方自由主义者……"他对我说教，仿佛试图向我阐明世界的真相。有一次，他花费了大量时间告诉我公民权利如何来到约翰逊城的故事：

> 他们正在修建通过城区的公路。筑路队中有一些黑人。之前，黑人从不被允许留在约翰逊城过夜，但路越修越近，最终进入了城市。在理发店中，城里的恶霸找到筑路队领袖，走上前去说道，"晚上把那些黑鬼弄出城。"筑路队领袖解下围裙，从理发师的椅子上起身，两人就在主街上扭打起来。最终，筑路队领袖将恶霸打倒在地，一边把恶霸的头往地上撞，一边重复道，"我能留下黑人吗？我能留下黑人吗？"恶霸最后低头了。这便是公民权来到约翰逊城的方式。

事实上，我当时对约翰逊怀揣着复杂的感情。我仍旧认为，他某种程度上是在利用菲尔，当然也不准备完全接纳他，但菲尔似乎已经完全信赖他。某天晚上，在晚餐期间和晚餐后，他和菲尔喝了大量的威士忌。深夜交谈时，约翰逊开始抱怨起新闻媒体——正如所有派系的政治家一样。在谩骂过程中，他说道，"你用一瓶威士忌就能够收买他们。"

我非常克制地没有介入谈话，也没有提出异议，但当我和菲尔上楼时，我痛斥了林登的言论，并指责菲尔对此不加辩驳的做法。显然，伯德女士对林登说了相似的话，因为第二天早晨他就大不相同了，力劝我们再留一天，我们照办了。我们离开前的午餐上，林登给我们两人分别送了礼物——菲尔是一顶西部宽边高顶帽，我是一只漂亮的手镯，上面悬挂有一张得克萨斯的小地图、一个麦克风和约翰逊夫妇其他的象征物。我拿到镯子时，感觉非常重，知道这是金的。新闻记者不应该接受礼物，这些东西令我大感困扰，尤其是考虑到那场引人愤恨的对话。菲尔让我收下镯子，他收下帽子，而我们会回赠相同价值的礼物。我们的确那么做了——礼物是一台净水器，约翰逊曾提及需要这个东西。

离开牧场时，我们收到了一个大纸板箱子，里面装着菲尔冷冻的鹿肉和鹿肉

第十三章

制成的香肠。制作成标本的鹿头随后送到。巧合的是，整个东海岸都因大雾和雨水而关闭了机场，因此，我们的飞机在坏天气中不停地盘旋，最终降落到了匹兹堡。从那里，我们在深夜搭乘火车回到华盛顿。我们无法处理装着鹿肉的巨大箱子，于是将它丢在了火车站月台上。后来运至的鹿头则仍旧摆放在格伦韦尔比的书房中。

我们从牧场回来几天后，菲尔亲笔给约翰逊写了封粗略但冗长的备忘录，作为进一步讨论重要总体思路的基础。他所做的是就如何在全国范围内提升约翰逊的形象给予建议，认为约翰逊需要消除受利益（石油和天然气）驱动的保守地方性政治家的形象。菲尔认为，这种错误的刻板印象削弱了约翰逊在全国的影响力，但约翰逊及其团队却在某种程度上接受下了这种状态，他们似乎只关心1960年得克萨斯州的竞选连任。菲尔主张林登在全国政治中发挥作用，而如果他有此打算，那么，他就必须记住"最好的防御就是有效的进攻"，并通过为具备更高成就意义的议会会议做准备，着手清除那种不正确的刻板印象。菲尔还认为，林登应该找准时机，在新闻发布会上宣布1957年的立法计划，以避免被共和党总统的国情咨文（State of the Union address）演讲压倒。接着，他建议林登在"可能的最好的观众"面前，进一步发表重要演说，演说将会包含数个原则主题，其最重要之处也许在于"创立并阐明有关公民权利的现实主义哲学"，而公民权利是有待加强的。菲尔详尽解释道，这种哲学不能单单基于得克萨斯的可接受性。它应该有一点点超越罗素，但远不及汉弗莱（Humphrey），同时又现实地适应时代，可以令国会采取行动。

在约翰逊总统图书馆中，有一份乔治·里迪（George Reedy）交给约翰逊参议员的备忘录。里迪当时是约翰逊的助理，在备忘录中，他谈到了菲尔的建议，并做出了评价。他觉得菲尔的观点无可指责，但提出的时机不对。此外，里迪说，"菲尔生活在《华盛顿邮报》的氛围中，这种氛围对华盛顿影响巨大。我觉得在这个国家的其他地方，您要比德鲁·皮尔逊的专栏和赫布洛克的漫画出名得多。《华盛顿邮报》的氛围极为独特，没有多少地区有类似的状况。"在这件事情上，我相信菲尔比里迪更加接近事实真相。

1957年的最初几个月里，菲尔仍旧活跃在各个领域。这段时期，他的一项重大成就就是购回了迈耶基金会持有的《邮报》股份，让我们完全掌控了这家公司。菲尔还持续参与劳资谈判，尤其是同报业协会之间。经历八个半月的漫长谈判后，一项协议终于在1956年的春天签署，协定期为史无前例的五年。

同样在这段时期，卡车司机工会（Teamsters Union）试图像介入《星报》那样介入我们的发行部门，就此，菲尔做了另外一件大事——发表直言不讳的演讲。我们得到消息，《星报》当时的发行人杰克·考夫曼（Jack Kauffmann）已经同意，如果卡车司机工会能够说服我们做同样的事情，就与他们谈判。菲尔亲手将演讲稿写在信笺簿上，表示如果《星报》与卡车司机工会达成协议，那么，"一定会有人过来邀请你们加入卡车司机工会。他们也许会告诉你，这件事情有百利而无一害。事实却恰恰相反，这样做百害而无一利"。菲尔还肯定地告诉他们：

> 依据美国的法律，《邮报》没义务与卡车司机工会来往。依据道德法则，我们不应该与他们来往。依据实际情况，我们与他们来往就是蠢材……
> 《华盛顿邮报》不会与卡车司机工会有任何来往。
> 为什么？显然不是因为我们反对工会。数年来，我们与大约15家的不同工会订有协议——都是诚实可靠的工会。

接着，菲尔历数了卡车司机工会的不诚实之举，总结说，我们拥有全国最优秀的发行系统，将持续进行改进提高，以为经销商创造更多机会。他表示，"我们不会同那群人交涉，令你们失望。我也期望着你们所有人都不会令我们失望。"他们的确没有让我们失望。

我知道事情是怎样一回事，猜想菲尔周围的人也许会试图以各种理由说服他不要发表如此演讲。如今，这可能不合乎法律，我也不确定当时是否合法，不过，菲尔知道何时去冒险直击要害，这是重要一例。

《星报》同卡车司机工会的合作被证明是重大错误。对于独立的《邮报》经销商而言，多卖一份报纸意味着口袋里更多的钱。对于《星报》的卡车司机工会的司机而言，多卖一份报纸仅仅意味着更多的工作。保存我们自己的运送体系，被证明是确保报纸未来健康发展的重要举措，经过后来的修正，它成了被其他报纸广泛效仿的制度。

1957 年的夏季，菲尔明显身心俱疲，需要休息。我们决定一起回格伦韦尔比静养。那是个诗情画意的夏天，我们与孩子们嬉戏玩闹，什么事情都不做。8 月末。菲尔写信给他父亲，形容说自己"实际上成了完全逃避工作的人"。他补充道："我觉得自己完全成了凯的负担，但也许这就是丈夫的正常角色。"只是在后来事情才变得明晰——那时他的情况已经有些严重；当然，我完全没有觉察到。显而易见的事情是他高度紧张，透支了精力。回想起来，我觉得他就像是发射失败的火箭——仍旧冒着火花，甚至不时喷出火焰，但却在平稳地焚毁。

那年夏天，农场的田园牧歌式的生活受到的最大干扰发生在 8 月初，林登·约翰逊邀请菲尔返回华盛顿，帮助他赢得民权法案的通过。这项法案就是《1957 年民权法案》(*Civil Rights Act of 1957*)。

艾森豪威尔总统在回忆录中写道，"80 多年来，国会没有通过任何民权法案。"之前一年，艾森豪威尔试图促成一些温和的进步，但议案在众议院通过，却在参议院被否决，参议员林登·约翰逊就是议案的扼杀者。1957 年 6 月，相同的议案在众议院通过，其中，共和党人的支持率远超民主党。7 月 16 日，参议院同意讨论众议院的议案。第二天，参议院修订了议案，用陪审团审判修正案削弱议案意义，修正案由约翰逊补充，目的是满足乔治亚州参议员理查德·罗素（Richard Russell）的要求，防止他阻挠议案通过。在南方，陪审团中全部都是白人，因此，这显然削弱了议案的效力。然而，除选举权外，该项议案为民权委员会（Civil Rights Commission）的成立做了准备，规定由一位新助理部长负责司法部的民权部门。

菲尔的计划是让约翰逊在这一领域独领风潮，所有这一切都与计划一致。作为南方人，林登无法像菲尔期望的那样走得那么快、那么远，但考虑到在立法上的技巧和能力，他可以推动这个国家前进。许多政治观察者认为，约翰逊所做的事情是将议案的全部内容抽离，只剩下选举权。菲尔辩称，这项法案中真正意义重大的内容就是选举权。

7月，菲尔开始认真参与整件事情——除了在交往之初就催促林登重视此事。当时，他邀请乔·劳（Joe Rauh）去格伦韦尔比。菲尔的邀请经常以命令的口吻发出，这就是一例。他需要乔的帮助，因为乔与美国黑人领袖，尤其是全国有色人种协进会（NAACP）的行政秘书和事实上的领导人罗伊·威尔金斯（Roy Wilkins），过从甚密，而且，乔是拥有广泛影响力的自由主义者，这些令他对民权法案的看法尤其重要。

菲尔还要求乔将费利克斯·弗兰克福特一道带来。乔后来回忆说，他没有猜测到此次邀请的任何隐秘动机，当然也没有将它与待定的民权法案联系在一起。然而，当和妻子奥莉以及费利克斯开车去农场时，他开始怀疑起自己在其中的价值。一路上，费利克斯努力说服他选举权异乎寻常的重要性。我们吃晚餐时，菲尔和费利克斯都在对乔做工作，认为他想要把其他条例都放在民权议程中是欲求太多了。例如，切实且迅速地取消种族隔离，并在学校废弃种族歧视。菲尔和费利克斯坚定相信，50年代最重要的第一步理应是选举权。如今来看，最高法院法官如此程度地僭越职权非同寻常，且不合规矩，但当时我并不这么觉得。它源自费利克斯的本性。费利克斯正在打交道的两个人——菲尔和乔——几乎被他视作儿子一般。显然，在他看来，帮助菲尔说服乔非常重要——议案是他们所能够得到的最优解，因此，乔应该支持它。

这场"洗脑"聚会结束后，约翰逊催促菲尔回到华盛顿，在推动法案通过的最后阶段，助他一臂之力。于是，菲尔返回了华盛顿，和林登一连待了好几天，夜以继日地工作，这令我有些担忧。我想，他的主要工作是与乔以及同乔关系密切的自由主义民权团体保持联系。症结点在于陪审团审判修正案。就如何处理这一修正案的问题，支持和反对议案的各类团体展开了协商。菲尔赢得了著名律师和司法界人士的支持，并继续努力寻找各方都能接受的方案，以便使选举权最终获得通过。

最后，民权活动家也许在陪审团审判修正案的斗争中失败了，但他们赢得了议案。乔和志同道合的好友接纳了菲尔的主张，即聊胜于无。罗伊·威尔金斯同意并召开了民权领导人会议（Leadership Conference of Civil Rights），讨论了一整天。威尔金斯在回忆录中写道："乔赞成法案的依据是，经过87年后，一项民权

第十三章

法案终于出现,即使是一项大打折扣的法案,而一旦国会在民权法案上开了先例,它就要一直走下去。"威尔金斯表示,支持这项法案是一生之中最艰难的决定。回首往昔,他知道那是个正确的决定。在立法协商过程中,威尔金斯记得休伯特·汉弗莱(Hubert Humphrey)告诉他,"罗伊,如果我在政治中学到了什么真理,那就是不要对面包屑嗤之以鼻。"

于林登·约翰逊而言,这是伟大的政治成就。林登依旧是得克萨斯州的参议员,需要谋求连任,他不会惹恼得克萨斯人的一项事务就是选举权。因而,争取选举权的整体策略被确定下来——菲尔是这一战略的设计者。在回首那段时期时,伯德·约翰逊女士将菲尔和约翰逊一道描述为架在两个积习难改的集团之间的桥梁。菲尔可以同两个集团的人沟通,但林登无法成功地与激进的自由主义者交谈。伯德女士说,"他会阐述,但他们不会相信。"议案通过的第二天,林登写信给菲尔说,"你在紧急关头挺身而出。我永远都不会忘记这件事,希望能够有机会告诉全国民众,你对一项引人注目、切实可行的法案的贡献是决定性的。"

借此机会,菲尔向林登强调了关注其政治未来的重要性。他认为,林登不应该显露竞选总统的意图:"你现在的态度让我觉得刚刚好。任何人公然热切地觊觎那个特殊的职位,都会对自身造成两方面的伤害,第一,开始失去对自身判断的控制;第二,为政治敌人提供援助和方便。所以,请静观其变。不要否认什么,也不要证实什么,甚至不要去揣度什么。三年的时间非常漫长。让那些田纳西州和马萨诸塞州的人去躁动吧。"菲尔指的是基福弗和肯尼迪。

菲尔为推动民权法案通过付出了巨大努力,特别是当他知道自己如何精疲力竭时。也许,如果喧嚣就此停止,菲尔便能够在格伦韦尔比继续休息,恢复些精力。然而,仅仅一个月后,阿肯色州州长奥瓦尔·福伯斯(Orval Faubus)命令国民警卫队(National Guard)阻止九名黑人学生进入小石城的中央高中,这里的学生原本全部都是白人。民权斗争的下一阶段开始了。

艾森豪威尔对此事漠不关心,只是礼节性地表示关注,心思全放在了度假和打高尔夫球上,政府管理部门因此而出现真空。在纽波特,新闻发言人(Press Secretary)吉姆·哈格蒂(Jim Hagerty)发表声明说,总统认为此时需要耐心;

《阿肯色新闻报》(*Arkansas Gazette*)接到一家图片社的有线传真照片,画面为总统躺在球洞附近的草地上,比画着推杆进球的动作。他们将这篇报道刊登在头版,并为图片添加了标题:"正在耐心研究"。

菲尔填补了华盛顿的管理真空,迅速行动,耐心推进。他决心要解决这个问题——让孩子们平安入学,让福伯斯撤销命令,最重要的是,阻止联邦政府派出军队。当然,这样的构想让人觉得不可思议——本质而言,菲尔希望接管政府,幕后操纵相关政策。

内心里,菲尔仍旧对南方地区充满同情。他坚信学校应该废除种族隔离政策,但也非常清楚,面对南方的抵抗,要实现它极为困难。因此,菲尔以激昂的情绪和坚定的信念,投身于这次事件中。他相信自己认识足够多的关键人物,因此能够通过幕后操纵解决问题。他日夜不停地打电话,联系到了白宫中的谢尔曼·亚当斯和马克斯韦尔·拉比(Maxwell Rabb),华盛顿的比尔·罗杰斯(Bill Rogers,即将成为司法部长),阿肯色州《阿肯色新闻报》的优秀编辑哈里·阿什莫尔(Harry Ashmore),来自小石城的众议员布鲁克斯·海斯(Brooks Hays),全国有色人种协进会的法律辩护与教育基金(Legal Defense and Educational Fund)领导人瑟古德·马歇尔(Thurgood Marshall),以及全国有色人种协进会的领导人罗伊·威尔金斯。某天凌晨三点,菲尔打电话给乔·劳,索要马歇尔家里的电话号码。乔说自己没有电话,菲尔命令道,"好,那就他妈的弄到它。"菲尔还间接联系到了总统、前总统杜鲁门和副总统尼克松。

艾森豪威尔最终派出了联邦军队,暴乱平息了,但小石城事件的余波持续了两年之久。此外,结束危机的行动——派出军队——于菲尔而言是毁灭性的打击。他不仅将其视为南方的失败,也将其视为自身的失败。

于我而言,菲尔在小石城事件中的行动是最早的信号——他出现了一些问题。他充满理想主义,运用了非凡才能,却混乱而没有理性。他脆弱不堪的健康受到了身体和精神的双重影响。小石城事件后,他仅仅坚持了一个月,便无法再继续工作和保持心态平稳,重度抑郁的症状向他袭来。10月28日,午夜,菲尔崩溃了。没有其他方式来形容它。所有潜在的身体和心理症状突然爆发了出来,我内心中甚至从未思及过它们。菲尔极度痛苦和绝望,浸没在无法抵御的抑郁情绪中。他不断地哭泣，根本无法停下来。他说感到自己被困住了，无法继续前行，一切都暗淡无光。我们两人都整夜未睡，我绝望地试图安抚他，使他确信一切都会好起来，但毫无作用。除了陪伴着他，我完全束手无策。我们发现洗热水澡有些帮助，因此，那天晚上他洗了好几次，努力让自己止住眼泪，并缓解绝望情绪。

一大早，我打电话给巴尔的摩的哥哥，当时他是约翰霍普金斯医院的精神病医生。我向他描述了发生的事情，询问他该怎么做。他给了我国家心理卫生研究所（National Institute of Mental Health）的某个人的名字，这个人能够帮助菲尔分析问题所在，继而将其转介给合适的精神病医生。有了可以行动的计划，我们都感到了一丝安慰，在这个可怕而难以理解的危急中，我们寄希望于某个人可以依靠。菲尔见了那个医生一两次，之后被引介给了莱斯理·法柏（Leslie Farber）医生，他与后者开始了漫长而怪诞的关系，最终却只是得不偿失。

我不知道发生了什么事情，也不清楚眼前的一切是怎么回事。我无法定义这种疾病，之后的很长时间也都是如此。我只知道菲尔似乎激烈且彻底地精神崩溃了，而原因在我看来源自他所参与的各种活动，尤以小石城事件为甚——日以继夜的工作和接踵而至的失望。一切都保持私密；我们得想方设法隐瞒发生的事情，不只针对外界，还包括好友、家人甚至是孩子。出于某种原因，除了最初的电话外，我甚至从未与哥哥谈论过事情的究竟，以及是什么导致了此次危机。结果，我没有任何人可以依靠、求助，只是专注于努力帮助菲尔。我并不懂得他的疾病的来龙去脉，但我相信我们能够共渡难关——经过充分的休息，他会康复，我们将继续前进。我认为菲尔那么自信、有魅力、幽默诙谐、睿智精明，一定能够恢复健康，所有事情也都会重回正轨。我们没有必要与世界分享这个暂时的困扰，倒是有充分的理由隐瞒它。

PERSONAL HISTORY

第十四章

　　精神崩溃后的一年里，菲尔将大部分时间用在了缓慢而渐进的康复上。他有着重度抑郁症的所有表现——过度怀疑自己和自己的能力；渴望与世隔绝；深切的犹疑不决，甚至无法决定穿哪双鞋子；无论是感觉做错了什么，还是真的做错了什么，他都会深深地自责；偶尔谈到自杀。

　　任何可能的时候，我们都会逃往格伦韦尔比。经常只有我们两人，没有孩子，因为有时候，甚至和他们吃晚餐都会让菲尔倍感艰难。长时间留在格伦韦尔比令我深受煎熬，因为我是菲尔唯一的支援系统。曾经有六个月的时间，菲尔抑郁消沉，完全无法忍受独自一人。我们根本没有外出过；除了他去拜访精神病医生期间，我也没有离开过房门。在最沮丧的时刻，他完全依赖于我，几乎像个孩子。我长时间"值班"，听他倾诉自己的思考。坦白讲，有时候我感到需要逃离这一切，过回正常的生活，见见好友，但陪伴着重度抑郁的菲尔是我的责任。它让我疲惫至极，但如此被需要的感觉也令我更加坚强。我可以通过和他讨论他心中的想法来帮助他，或者，有时是我所能够想到用来感染他的事情。逐渐地，我学会了谈论那些他愿意倾听的事情。这段经历真正地教会了我如何与人交流。如果说后来我有了什么优点，那它们很大程度上就源自令我身心疲惫的这几个月。

　　菲尔所做的主要事情，就是去看精神病医生、阅读、思考重度抑郁个体喜欢冥思的基本问题。罗洛·梅（Rollo May）是人本主义心理学派的创始人。菲尔的医生莱斯理·法柏受罗洛·梅的影响，对存在主义心理学颇为重视。法柏所做的一件事情，就是鼓励菲尔乃至于我阅读存在主义哲学作品，我还会阅读陀思妥耶夫斯基的著作，而我原本就很喜欢陀思妥耶夫斯基。法柏本人正在研究"意志"之于生活的重要性。正是他向菲尔灌输了对于所有药物的怀疑、恐惧和厌恶的情绪，更不消说休克疗法了，他声称这些治疗将人降格为丧失人性的动物，变得冷漠、麻木。此外，法柏认为，定性某物，给疾病命名，会改变病人看待自身的方式，以及周围人对病人的看法。正因此，他从不曾给菲尔的疾病命名。只是在多年后，我才听说了"躁郁症"（manic-depression）这一术语。整个这段时期，我惶惑地看着事情的发生，对一切知之甚少。

法柏并非个性强硬之人。在踏入法柏办公室的一瞬间，菲尔似乎就凭借强势性格占据了上风。菲尔告诉法柏，他的收费太低了，菲尔愿意付更多的钱。法柏顺从了他。从那时起，即便在最沮丧困顿的时刻，菲尔似乎也始终是这段关系中的主导人物。心理治疗的一切原则都被打破。法柏成了菲尔的好友，给菲尔写信，来R大街和格伦韦尔比拜访我们，送给菲尔一些研究成果和论文，让菲尔修改和评论，甚至有一次还邀请我们去意大利探望他，和他一起饮酒——这可不是我想要鼓励菲尔做的事情。

每次同法柏会面后，菲尔都会回家向我复述他们的谈话，似乎毫无隐瞒，尽管我觉得他一定比我想象中的还要有所筛选。这些扼要复述让我间接参与了他的治疗过程。

与此同时，我竭尽全力让孩子过着正常的生活，不让外界产生猜疑。所有这一切的结果，就是我自身抵达了崩溃的临界点。1958年1月末，菲尔患上抑郁症三个月后，我已不堪重负，某天早晨醒来，我感到几乎全身瘫痪。但和许多人一样，我不愿承认需要帮助，认为一个人并未陷入绝境便寻求心理治疗，会显得脆弱和不恰当。

菲尔和法柏医生讨论这一问题，两人协商出了古怪的解决方法——我也应该去看法柏医生。他们认为这能够确保事情稳妥进行，但我和菲尔看同一位医生显然太不寻常。法柏从来没有暗示过这其中存在问题。难以置信的是，接下来的几

第十四章

年间，有一段时期我经常去找法柏，而菲尔根本就不再去看他。我曾经问法柏，自己是否有必要始终留在菲尔身边，是否能在周末离开格伦韦尔比，获得喘息；法柏回答说，我必须坚持下去。当时，我很需要也很感激能有人指导自己，而法柏无疑在一定程度上帮助了我，但这种三人间的交流异常复杂，我的认知也很有限，无法提供或找出其他方案。

接近一年的时间里，菲尔几乎从未踏足办公室——偶尔召开一两次会议，或者出席午餐会。他取消了所有的会面和公共活动，从不发表演讲，尽管那一年年末，他参加了唐纳德在圣奥尔本斯（St. Albans）的亲子会议。在燃烧树（Burning Tree），他每周都会和不同的伙伴打几次高尔夫球。他每周末都在格伦韦尔比度过，有时平时也是如此。如果要出行的话，他都是搭乘火车，因为飞机会让他陷入抑郁情绪之中。我们有选择性地外出与其他人共进晚餐，通常只有一到两个人，也会出席更大型的社交宴会，但这种情况极为罕见。外出本身已经非常危险，因为他经常饮醉酒，说一些让人无法接受的话。

菲尔在《邮报》和公司的地位，决定了人们能够理解他过着这样的生活。许多《邮报》员工都知道，菲尔已经身心疲惫，正在休息恢复，但没有人确切地知道发生了什么事情。这部分原因在于菲尔擅长掩饰，部分原因在于我帮助解释了他的缺席，为他掩饰问题。菲尔不知道自己面对的是什么样的问题。精神崩溃数个月后，他在信件中解释了为什么缺席各类活动："我患了几次感冒，又积劳成疾，因此需要休息一段时日……"还说他整个冬天都身体糟糕，懊恼至极。在另一封信中，他说"已经向妻子保证限制近期的约会，确保如今良好的健康状态能够持续下去"。菲尔的秘书写信给某人说，菲尔"遵从医生的嘱托，安心静养了几个月"。

幸运的是，菲尔患病的这些年，《邮报》的重大成就已经得到巩固。此外，那一年，整个国家的普通行业和广告业都很繁荣，这推动了《邮报》及其业务的成长——1957年，《邮报》的利润达到了创纪录的200万美元。1958年，《邮报》是华盛顿地区唯一在广告业务上有所增长的报纸。在广告总量上，《星报》从五年前领头的1800万印行锐减至300万印行。

1957年，菲尔的抑郁症状已经非常糟糕，但尚没有像后来那样走向极端。他显然是病了，并且还多次遭遇普通疾病的感染——感冒频发，病毒侵袭——但在此刻，如有必要的话，他仍旧能够完成少量工作。尽管过着深居简出的生活，菲尔仍旧借助通信、备忘录和电话完成了大量工作。他继续同林登·约翰逊一起工作，偶尔同他见面，写信为他提供建议，或者撰写演讲稿。约翰逊写信给菲尔说，他非常想念他的"最佳顾问"，并补充道，"我当然想要你的建议和意见，因为工作是如此繁重，我需要从最优秀、最热情的人身上获取全部帮助。"

菲尔还转向了写作——也许暗指了他对另一种生活的渴望——编写剧本，写些轻体诗，为菲利普湖游艇俱乐部撰写大量告示（完全浸润在幽默感之中）。他还写作了些严肃作品。1958年的夏季，他写了篇书评或曰随笔，高度赞美了约翰·肯尼思·加尔布雷斯（John Kenneth Galbraith）的《富裕社会》（*The Affluent Society*）。书评被发表在《邮报》上，题名为"美国人对枷锁生活的愚蠢信仰"（The Folly of America's Faith in Chain Belt Living）。

菲尔迷上了法国作家热尔梅娜·蒂利翁（Germaine Tillion）的著作《阿尔及利亚》（*Algeria*），并向所有人推荐它，还把书寄给了多位好友，包括林登·约翰逊和杰克·肯尼迪。他写信给肯尼迪：

> 我送给你一本小书，一小时内便可读完，而杰姬（Jackie）应该只需要50分钟……
>
> 我希望你能够阅读此书。你也许不会认可作者对阿尔及利亚的独特看法。但我给你寄书是出于别的原因。我觉得，她对欠发达地区的总体分析显露了一种伟大智慧，看透了我们在不远地将来会遇到的重大问题。
>
> 我从未见过这样的人，身处第一世界，却在思考着第三世界的境况和发展的重要性。

这段时期，我们很少见到我的父母，但1958年的夏季，我们仍旧在格伦韦尔比举办了庆祝收购《邮报》25周年的聚会。我们与雷斯顿夫妇共度了很长一段时间，菲尔还与斯科蒂单独长谈，期间我们再次邀请斯科蒂加入《邮报》，但还是被拒绝了。斯科蒂是菲尔亲密的好友,但认为菲尔不应当积极介入《邮报》的新闻报道,以及利用《邮报》来实现个人的政治目标。

正是在这段时期,菲尔结识了著名的刑事辩护律师爱德华·班尼特·威廉斯(Edward Bennett Williams)。1957年的夏初,菲尔同威廉斯会面,当时威廉斯正在为卡车司机工会的强权人物吉米·霍法(Jimmy Hoffa)辩护,后者被指控向参议员约翰·麦克莱伦(John McClellan)的员工行贿。菲尔非常关注霍法一案,认为霍法毫无希望,不可能打赢官司。后来,爱德华生动地描绘了与菲尔的会面:

> 我们开始交谈起来,且一见如故。有时候,你能感受到自然的亲切感,与一个人迅速建立关系。你能够真正理解对方的想法,根本不必多费口舌解释……我原本打算回家工作,因为我要为第二天事情做许多准备,但他和我一起回了家,我们几乎彻夜长谈……六个小时之后,我觉得和菲尔已经对彼此有了充分的了解……
>
> 于是,我们延续着彼此间的友谊,一见如故时的友谊。不久之后,我发现菲尔有阵发的抑郁症,他告诉我说,有时候,他在早上根本起不来。我们的友谊刚刚建立时,他就告诉我:"你知道吗,如果你不想起床,如果你想要盖上被子,拉住窗帘,不让阳光照进来,那你就得强迫自己。你必须强迫自己,逼使自己去打开窗帘,让日光洒进来。你不能待在屋子里。"
>
> 和所有患抑郁症的人一样,他不知道为什么心情抑郁。我始终觉得,菲尔深受自我怀疑情绪的折磨——如果没有同你结婚,他是否能够像现在这样成功。换言之,如果不是凯·格雷厄姆的丈夫、尤金·迈耶的女婿,没有接受《邮报》的股份,那么,他是否能够到达如今的高度;仅仅作为菲尔·格雷厄姆,哈佛法学院的优秀毕业生,费利克斯·弗兰克福特的法官助理,他能否取得成功。我常常对他说,"既然你已经是费利克斯·弗兰克福特的法官助理,究竟为什么还要怀疑自己呢?"那个时候,能够成为最高法院的法官助理,意味着你也许是美国最优秀的18位法科学生之一,是以最出色的学业成绩毕业自美国最顶尖的法学院。他取得巨大成功是必然发生的事情,

但那种怀疑显然让他陷入了精神错乱。

菲尔详细地向我叙述了同爱德华见面的场景，但没有邀请他来家中做客。我记得见过爱德华和他的第一任妻子桃乐丝，但当时并没有和他们建立友谊；友谊只存在于两个男人之间。只是在许久之后，我和爱德华才成为要好的朋友。菲尔向我讲述了同桃乐丝的第一次会面。桃乐丝天生胳膊畸形。菲尔刚刚见到她时，就做了件令人震惊，但于他而言又自然无比的事情。他说，"嗨，小天使，你的翅膀怎么了？"桃乐丝显然喜欢这种诚实、善意的好奇心，因为许多人都选择了无视她的胳膊，或望向其他地方。

尽管始终无精打采，菲尔还是会参加各类小型活动，一如既往地发挥影响。他安排赠送沃尔特·李普曼一辆汽车，庆祝李普曼70岁生日，李普曼很快将其换为一辆更钟意的汽车。菲尔与林登·约翰逊商议，说服他推动华盛顿特区地方自治法案的起草。我和菲尔为这项法案努力工作了很长一段时间。菲尔在《邮报》股东和员工会议上讲话。这些对外部世界的细微介入都步伐明确，很难令他因之改变自己的感受。

除法柏外，我从没有和任何人谈论过菲尔，或我们出了什么事情，这让我备受折磨。菲尔希望从法柏那里回来时，能看到我在等他，所以，每到那个时候，我都做好安排留在家中。也许部分是为了掩饰真实状况，我开始更多地参与福利活动。我不断接触参与的各类组织——儿童学校、董事会等——在公共福利部（Department of Public Welfare）的工作也进入了更为有趣的阶段，包括深入研究如何将孩子们带离华盛顿恶劣悲惨的少年村。

这段时期里，我非常努力，但却无法理解菲尔，不能恰当地回应他的需求。我至今都不知道，《邮报》女婿的身份给予了他多么大的压力，当时更是茫然不觉。也许，他真的想要逃离这桩婚姻，但因为《邮报》的关系，他无法那样做。然而，等我意识到这一点时，他的病情已经非常严重，我根本分辨不清什么是由疾病引发的情绪，什么是他潜在的感受。

患病的最初几年间，菲尔仍旧是一家之主，而我也有些发言权。我是家庭的根基，平衡器。我不记得确切的时间，但大约就在1958年初，菲尔提议打点行李，把孩子们带离学校，去国外生活一段时间。我觉得这个想法太出格了。丢下工作，离开家园，把孩子们安排到法国学校，一切都太不可思议了。他是正确的吗？我不确信，但我知道自己当时根本无力面对这一构想。实际上，这可能是个好主意，当然也体现了他对生活的热情和求变。毫无疑问，他感到了压力，也想要逃离，我们所有人也许都能从他的建议中获益。

1958 年夏季，经过数个月的拖延，菲尔写信给他父亲说，"我感觉好多了，但这是个缓慢的过程。我仍旧很容易变得疲劳，觉得应该继续放缓节奏，再休息几个月。若非如此，我会立刻搭乘飞机探望你们。"事实上这个时候，菲尔与自己家人的联系还没有同我的家人多，但还是解释说，不去拜访他们是因为需要静养休息，恢复健康。

1958 年的夏季与秋季，菲尔开始略微地增加了工作量，但也仅仅是略微。不过，他的商业本能继续高效运转。菲尔正洽谈收购北卡罗来纳州格林斯博罗市的《新闻与报道》(*News and Record*)，出价 700 万美元，谈判已经持续了很长一段时间。《新闻与报道》是格林斯博罗市唯一的一家报纸，同时拥有该市唯一的电视台——哥伦比亚广播公司的附属公司 WFMY。由于掌控该报纸的家族的一名成员反对，交易最终落空，但菲尔已经为此苦心经营了好几个月。接着，他投入相同的精力筹划在既有土地上建设新大楼：一是在杰克逊维尔建设 WJXT 大厦；一是花费 500 万美元扩建《邮报》大楼，该工程于 1960 年完工。

与此同时，随着菲尔的改变、四个孩子需求的变化和父母的年迈，我自己的生活也在适应调整。母亲经常给我们打电话，如果我们对她照顾不周，她会用自己的方式让我们知道。她会暗示说，她经常见到其他的孩子，譬如，"露丝太体贴了，天天给我打电话"，或者，毫不隐晦地说碧丝如何细心周到。我会去看母亲，但很多时候她都不会来看我。实际上，1957 年后这种情况对我非常有利：很容易隐瞒菲尔的病情以及我的感受，因为她极少过问我的事情，即便真的问了，也不会用心倾听。和菲尔一样，母亲经常患感冒和流感，甚至肺炎。有一年冬季，她几乎一直卧病在床，还不断酗酒，我想除了那些令她苦恼的事情外，她也有些抑郁情绪。

接着，就在菲尔有所好转之际，父亲的身体却日益恶化，让我感到深深的忧虑。迈入 80 岁高龄的最初几年，父亲急剧衰老。他也逐渐成为母亲的负担，因而，母亲请求我和菲尔帮助她照顾父亲。母亲无法专心工作，因为父亲常常心情沮丧苦闷。在寄给我的信中，母亲吐露了心声，表示愈发担忧父亲的心理状态，觉得我们应该知道"他的情绪多么反复无常"。母亲继续写道：

> 我其实对未来充满恐惧。他身体健康时，我还可以还击他。如今这毫无可能了。他用虚弱击败了我，我无可奈何。因此，必须承认，你们是仅有的能够帮助我的人，尤其是菲尔，他说什么都无妨，因为他是不会犯错误的。

接下来的两年间，在应对父亲日渐不支的身体上，母亲比以往任何时候都更加依赖我们，尤其是我。她照常外出，留下我们照顾父亲。有一天，我读到纽约报纸对她的采访，错愕不已。她谈论了女性的角色——女人可以拥有自己的工作，但总是先要照顾好丈夫。事实上，她说每次外出前，都会为父亲安排好一切，让他有事做，有人陪。当然，所谓的"安排"包括了打电话给我，让我陪伴父亲打桥牌。这段时间我极其繁忙，又没有秘书（母亲有），更不消说被菲尔的疾病折磨得疲惫不堪，因此愤懑不平。

母亲甚至比以往更加沉溺于工作和自身，我们变成了父亲的主要寄托，他也日益依赖我和菲尔。他会过来寻求我们的陪伴，偶尔依赖我们解决问题，经常抱怨母亲酗酒。父亲钟爱的姐姐罗莎莉·斯特恩去世了，我们告诉了他这一消息。他悲痛欲绝，哭泣起来。菲尔患病后，我无法再经常陪伴在父亲左右。为了保护菲尔，我很遗憾地没有同父亲——或任何人——谈论过出了什么事。我并不为此感到尴尬；这是很私密的事情——我和菲尔都认为他能够渡过难关。况且，心理疾病在当时仍旧被视为耻辱。菲尔曾经告诉唐，"这意味着我永远不能进入内阁了。"

菲尔的健康一定曾令父亲感到困惑和担忧，幸运的是，菲尔的病尚未构成危机时，父亲便去世了。父亲对菲尔宠爱有加，如果他知道此事，那将会成为无法忍受的打击。我认为，令父亲倾注了爱意和敬意的主要有三个人，他的弟弟埃德加、合伙人杰拉德·亨德森（Gerald Henderson）和菲尔。前两人都是英年早逝。父亲对我感情深厚，但我无法取代他们三人中任何一个在父亲生活中的位置。菲尔回应了父亲的感情，这几乎在他们所有的接触和交流中都有体现。菲尔患病后没过几天，给我父亲寄送了生日贺信，在其中表达了对我父亲的感情。我能够想象，他需要鼓起多么大的勇气才能落下笔来。菲尔说，"我喜好结交朋友，事实上，我有一群朋友，虽然并不众多，但却超过了我的需求和资格。我想说的是，这些人之中没有谁像您那样亲密，那样不可或缺。"

1959年初，我和菲尔决定在夏季带着孩子们去欧洲游历几个月。拉莉将近16岁，唐14岁，我们觉得这大概会是最后一次带这两个大孩子观光旅行了。春季的某天，我见到父亲咳出了些鲜血，之后，父亲摇着头对我说道，"不太妙。"当时，我并没能确切地知道他的意思，但他肯定已经知道自己肺上长了肿瘤。父亲的疾病令我深感惊恐，我意识到他一定会慢慢死去。我感到彻底的丧失之痛，噬入骨髓的悲伤和焦虑。丢下他去旅行的念头令我备受折磨，至今也不明白为什么我还是走了。计划中的旅行似乎非常不错，我自己也没有太多的想法。很难预见父亲的身体还能支撑多久，不过医生认为他的状况很稳定，疾病会慢慢恶化，但会很平稳，当然也存在突然病发的可能。就连母亲也写信给我，赞成我前往欧洲：

> 不要担心我。你父亲很有耐心，很豁达，和他在一起非常开心。阿德莱过来看望我们，替我感到难过，我坚定地告诉他，"我并不可怜，我应该受人羡慕。"情况就是如此，亲爱的。全身心地投入到旅行中吧，这里的一切都会很好。

菲尔要留下来处理一些事情，因而可以陪伴父亲，这让我安心了许多。

6月24日，菲尔将我们送到纽约，我和四个孩子启程前往巴黎。我一直挂念着父亲，尤其是收到母亲的来信后。母亲说，哥哥比尔的儿子将会骑行法国，并补充道，"第三代人也已经开始展翅飞翔，他们不知道，那个为他们提供安全保障的人，正在永远地收拢起翅膀。"

我很懊悔没能留在家中，但在欧洲期间，我感到被传送到了另外一个世界。我写信告诉菲尔，"我感到如此遥遥相隔，甚至无法想象如何回到新月城和R大街。"菲尔留在家中，照料我父母的需求，在母亲去医院探望父亲时，为她缓解紧张情绪。后来，父亲病情恶化后，便离开了医院。菲尔诉说了某次与我母亲吃午餐的情境："让我想起了你的一些经历。为继续下去，我提到了拉莉询问我禅宗佛教的事情。哇！原来艾吉（Aggie）的中华艺术著作中有深刻、独创的讨论。我想你会很愿意知道的。"

菲尔来到欧洲和我们会合前，自格伦韦尔比给我写了封信，至今令我感到深深的愉悦和欣慰。接下来数年间发生的一切，所有的病痛、混乱和忧虑，让我困惑于菲尔的真正想法，我倾向于相信，这封来自遥远往昔的信件反映了他的真实情感。写这封信的时候，菲尔的抑郁症状有所平息，似乎接近于协调状态，以前的那个菲尔回来了，那个我所熟知和深爱的菲尔。

> 这个地方太太古怪了。所有地方都很古怪，但这个地方是最古怪的，R大街次之。几个小时前，我想到上周日下午艾尔索普来到我们家，谈起没有成家的损失。我当时不以为然，除却感情，这种损失于心智而言算不得什么。当感情与心智共同协作时，你就会开始想象，这就是为什么，想象会是人类最伟大的能力。
>
> 我并不清楚，艾尔索普感受到的损失究竟有多巨大，但我知道，从未拥有家庭的人感受到的损失绝对不会超过拥有家庭的人。短短几天的分离，用"损失"一词来形容有些言过其实了。分离并非我心中的确切所思。我在想什么？我认为是勾起人回忆的东西。与家庭主妇的措辞不同，家不是一座房子，而是回忆的巨大储藏室；如果说这是家的美好所在，那么，它同时也是为什么，只有家而没有人会让人不堪忍受。
>
> 譬如，就在太阳落山的刹那，柔软的光辉在房子中消失得如此决然，如此和缓，让人无法去忽视它，无法不去注意它的逝去。还有我们的朋友们（那几条狗）。于是，我匆匆给自己倒上大杯的加冰威士忌，把狗狗们呼

第十四章

唤到身边，面向大门，跑到尘土飞扬的车道上。狗狗们立刻向凯瑟琳湖跑去。"不，不要，"我大声呼唤，招呼它们回来，"我们要沿着车道到大门那里，就像妈妈那样。"我们大摇大摆地走着，乔治显得很累，直到来到锯木厂的转弯处，它看到一只兔子，便风驰电掣地向桥边追了过去（又没能追上）。在桥边的洼地车道上，我仿佛看见了你，面色凝重悲伤，如同一年前我在谷仓边见到你时一样。你独自一人在相似的暮色中行走，忧心忡忡。那些忧虑因我而起，我能够将它们抚平吗？我能够像月底清账那样将它们理清吗？唉，我也有心事，沉重，且事出有因。不，我的记忆不会消逝，不会被抹除，也不会在忏悔的浅薄哀叹中将我击到。你踽踽独行时所背负的烦恼，同样也是记忆，是我们悠长故事的一部分。我们抵达桥上时，三条狗已经燥热难耐，它们穿过草丛，跳入了清凉流动的池水中。那座桥同样也是记忆，千百次的记忆，尤其是某个漆黑的夜晚，我如同夜色般黯然阴沉，坐在桥边，与乖巧的红毛狗聊着天。

就在桥的前面，盛放的萱草点缀在树林的边缘。狗狗们跳过车道，开始绕着老旧的房屋转起来。在那里，它们与鲜艳的红蜀葵汇聚到一起。就在此时，三只鹌鹑在我身后的树林中各自叫了起来，我告诉自己，必须记住每一个细节，并告诉凯……

我们都做了些什么？昨夜的奢华晚宴上——弗兰德利的孩子维姬和尼基的13岁生日——有厄琳恩的炸鸡、苏西贝莱的蛋糕和你的香槟！然后打桥牌。今天在炎热的天气下打了会网球，然后艾格尼丝过来吃午餐。天气太热了，她走着来凯瑟琳湖很不容易。我和她在榆树下来回走动，微风拂面，而弗兰德利则在游泳。榆树下摆放着椅子和桌子，弗兰德利太太调制了朗姆酒，我们吃了厨师送来的鸡肉沙拉，厄琳恩的汉堡，以及更多的蛋糕和冰激凌。艾格尼丝待到了三点半，非常开心，接着，我们继续打桥牌，直到五点钟弗兰德利夫妇离开。然后，我就想，即便凯不让我单独留在这里又怎样。我宁愿孤独地留在这里，也不要到城市里去。于是，我驾车来到菲利普湖，无聊地钓鱼，但天气太热了，只能回来；然后，就像我说的那样，我看到夕阳落下，步入了落日的余晖中。所以，我会睡在这里，早早起床，开车到城里吃早餐。

下周日，我会与你一起在巴黎看落日——如果你愿意安排的话，我们也可以在桥上观看。

到那时，最亲爱的人，我希望你能够接受这封信，因为它是一封情书。

你的负担和支持者，

永远爱你的菲尔

从一开始，孩子们就非常享受这次假期。在巴黎，他们经常独自探险。他们四人一起登上了凯旋门，乘坐马车和公共汽车。有一次，唐被关在了公共汽车里，拉莉去救他，并和汽车司机争吵了起来，幸好有位英国女人替她解围。我和孩子们度过了一段温馨的家庭时光，还有些喧闹的时刻穿插其中，譬如，唐独自前往圣克劳德参加比赛，赢下了一项大奖。

菲尔抵达巴黎同我们会合，他说我父亲原本已经回家，但后来又住到了医院。母亲想在新月城的家里，为父亲布置好医院的设施，但菲尔指出，她既没有耐心也没有能力做好这项工作。所有人都在劝说母亲，父亲更适宜住院。菲尔确信我们继续行程毫无问题。他觉得，虽然有些让人放心不下，但父亲的状况保持稳定——即，病情缓慢恶化。于父亲而言，陪伴已经几乎毫无意义了，而母亲还有碧丝、比尔和露丝帮忙。我感到心痛欲裂。现在看来，那年夏季的旅行于孩子们而言非常美妙，但于我却是错误。父亲弥留之际，我却没有陪在他身边，这件事情令我不忍回忆。

在维也纳，菲尔给我母亲写了封感人至深的信：

我今天早上5点45分醒来，想起你和过去几周的事情，我决定从现在起对你直呼其名，我想你会理解的。

没过多久，凯也醒来了，天还没有亮，运河上的噪音在窗户下响起，我们亲切地谈起了你。

我觉得，爱很难从你身上体现出来（也许我们所有人都是如此；大多数人甚至从未付出过爱，也从未得到过爱）——向来如此。

第十四章

现在，爱自你身上涌现，流向那个勇敢的老人，强大有力，美丽震撼。你只有简单的几句话，"还有工作要做""经受住这一切"，你含糊其辞是正确的，因为真相太难以令人承受。

但他知道你心中所思，那便是他生活的全部。他的心中斟满了爱。我心疼你们，也为你们感到欣喜。

我们离开威尼斯（Venice），来到马尔米堡（Forte dei Marmi）海滩度假村的一家简约酒店。在那里，我们收到消息，父亲病情突然恶化，我们需要立刻返回。我和菲尔把孩子们丢给和我们一起旅行的女大学生，乘飞机回到纽约，接着抵达华盛顿，总共用了16个小时。想到回家后要面对父亲的死亡，我深感不安，急切地想要见到他，想要已经站在他的面前。我们回家两天后，父亲离开了，但他知道我就在身边。

人们对待死亡的反应非常复杂，尤其是面对双亲的去世，因为这个时候人会更多地感受到自我，以及自我与死亡之间再无间隔。现在，你变成了年老的一代。我相信，与逝者的关系越亲密，感情越深厚，悲伤就越深刻，越纯粹。父亲的孩子之中，哥哥受父亲去世的影响最大，也许是因为他们的关系本就复杂难解、矛盾重重；他们两人都没有过错，却从未亲近过。母亲对父亲的感情也异常混乱，他的离去令母亲非常难受。父亲的衰老给母亲带来了负担，也令她烦恼，但父亲去世后，她便沉浸在深深的抑郁情绪中。仿佛她一直靠着一扇门，如今这扇门猛然被打开了。

在新月城，我们为父亲举办私人悼念仪式，接着，又在附近的万灵唯一神教堂举办了更加公开的追悼会。父亲从来没去过那家教堂，我想要为没有宗教信仰的犹太人找到合适的地点会很困难。父母的好友首席大法官厄尔·沃伦（Earl Warren）朗诵了悼词，悼词应该是由西德尼·海曼所撰写。鲁道夫·塞尔金（Rudolf Serkin）演奏了四重奏。整个过程简单动人。我无法相信父亲就这样离开了。

一周后，我们离开华盛顿前往罗马接回孩子。我们离开的这段时间，他们全都爱上了意大利和放浪形骸的意大利人。孩子们是优秀的旅行家，对一切都兴致勃勃，甚至还帮助了只有七岁的史蒂夫。我们抵达伦敦，享受了一段美妙时光，决定再多待三周，然后乘坐毛里塔尼亚号轮船返回。于我而言，这次旅行一路上都妙不可言，尽管我对父亲的离去感到悲伤和内疚，至今也依旧如此。于菲尔而言，这次旅行让他进一步获得康复。那年秋季，他显然更有生气了。

菲尔的活动大都与政治有关。他继续加强同林登·约翰逊的关系，还受邀为各类团体发声，这表明他已经康复在即，或者至少达到了一定程度的协调。菲尔已经很久没有再公开发言，但1959年底和1960年2月的两次演讲代表了他的典型风格，此外还延伸出新的维度，充满了理解人生意义的必要哲思。

第一篇演讲发表于俄亥俄州坎顿的美国电力公司（American Electric Power Company），菲尔谈论了"当一个人思考其所从事的工作的意义时，他所体验到的撼动人心的孤独，而不论这种工作是什么"：

> 我身陷困境时——有时那种困难令人不堪忍受——会竭力找寻所为之事的意义所在。
>
> 当这些困难变得太过庞大时，我们这些报业人员……便会退回到老调重弹的旧路上，而我们知道这些毫无意义。
>
> 我们会说，我们只是在新闻栏目中刊载客观报道，而自身观点则限定在了社论版中。然而，尽管我们知道这样说作为善意的简化口号有其意义，但仍旧不过是在满口胡言。
>
> 在工会允许的领域，我们仍旧保持低薪酬；只要能够缩减成本，我们就会忽视工作环境的舒适便利。我们的托辞不外是保护股东利益。仿佛宣称了对不知姓名、不在身边的群体的同情，我们便能够心安理得地忽视平日里一起工作的人。
>
> 如果我们极其大意地刊载了中伤某人人格的言论，那么，我们就会挥舞起言论自由的形而上大旗，以避免任何实质的道歉所带来的尴尬。
>
> 如果我们承受了巨大的压力，那么，我们也许会自我辩解说，反正还有诽谤法呢。我们这样说的同时，还会不遗余力地令这些法律变得软弱无效。

如果我们承受的压力继续增加,那么,我们最终会耸耸肩,说道,"好吧,毕竟我们也要生存啊。"接着,我们便只能期许不会有人询问那个终极问题:"为什么?"

当然,所有这些愚蠢的罪行我都犯下过,有许多甚至比这些还愚蠢。我也相信,你们中有很多人都做过这些蠢事。

我更喜欢回忆那些罕有的时刻,在那些时刻,我对自己所为之事的意义有着更好的理解。我意识到,我们的问题相对简单,而一些简单、古老的道德法则往往是可靠的商业工具。在那些时刻,我能够认识到,是否继续自己工作真的毫不重要。我得以正视自身判断的过失。最终,我变得足够坦诚,领悟到有关生命意义的为数不多的几个重大问题,才是仅有的值得被认真对待的事情。

通过关注从事的事业的广泛意义,我们也许能够将激情与智慧结合起来。这种结合,哪怕只在一个个体身上实现,也代表着我们在通往文明的漫漫长路上踏出了重要一步。

1960年的政治事件振奋人心。知道同代人在竞选总统并最终当选,是令人兴奋的事情。20世纪50年代末,我们便认识了杰克·肯尼迪。早在1956年,肯尼迪就作为《当仁不让》(*Profiles in Courage*)的作者,参加了《邮报》主办的作者见面会,是与会的四位发言人之一。根据《邮报》对这次午餐会的报道,这位年轻的参议员"调侃说,'我总是在想,华盛顿的女士们白天都在做些什么。'这令许多女性观众大为愉悦"。

因为乔·艾尔索普,我们对许多人都比通常情况下了解得更加深入,肯尼迪参议员就是其中之一。艾尔索普很快就决定全力支持肯尼迪。我和菲尔在大型聚会上见过肯尼迪,他看起来英气逼人、魅力四射,但我从未将他放在眼里。我记得大约在1958年,乔说肯尼迪某天会当上总统,我大声反驳道,"乔,你肯定是在开玩笑。你不会真的认为肯尼迪会成为总统吧?"乔说,"亲爱的,我觉得他一定能获得提名,且很有可能当选。"

当时,肯尼迪夫妇刚刚搬到乔治城N大街的房子中,1958年秋末或1959年初冬，乔邀请我们与肯尼迪夫妇吃晚餐。菲尔饮得酩酊大醉，显然失去了自制。我非常尴尬——经历得太多了——但肯尼迪冷静的处理方法让我深感敬佩。他完全忽视了这一切，继续把菲尔当作完全清醒的人对待。我很赞赏这一点，也很感激他。其他客人离开后，我们和肯尼迪夫妇在乔的挽留下多待了一会儿。菲尔直视肯尼迪，说道，"杰克，你很优秀。有一天你会成为总统。但你还太年轻，不应该现在竞选。"肯尼迪回答说，"好吧，菲尔，我已经竞选了，让我告诉你原因。首先，除林登·约翰逊外，我觉得自己不比任何竞选人差。第二，如果我不参选，任何赢得选举的人都会执政八年，并影响继任者人选。第三，如果我不参选，就要在参议院至少再待上八年。作为参议院潜在的候选人，我将不得不出于政治目的而投票，最终沦为平庸的参议员和卑鄙的候选人。"这番话彻底地折服了我，此后每次见到肯尼迪参议员，我都会对他更加钦佩几分。

比尔·沃顿（Bill Walton）同样帮助我们更好地了解了肯尼迪和杰姬。比尔是画家，也是我们和肯尼迪夫妇共同的朋友。某天晚上，我们去比尔家同肯尼迪夫妇共进晚餐。在场的还有弗朗西丝·安·赫西（Frances Ann Hersey），是我在马德拉中学的熟人，也是作家约翰·赫西（John Hersey）的离异妻子。她是富有的南方纺织大亨的女儿，大学期间和肯尼迪交往过。肯尼迪曾经向她求婚，但遭到她的拒绝，至少她是这样对比尔说的。不知怎地，肯尼迪要回了他的情书，杰姬也读过这些情书，因此，当比尔打电话邀请杰姬出席晚宴时，她回应说，"啊，太好了，她是我在这个世界上最想见到的女人。"

比尔邀请我们作为中立方来帮忙。我们接受了，满怀期待地到达了比尔家，特别是菲尔还从未在这样的小集会中面见过肯尼迪。后来，比尔回忆了那晚的情景，说弗朗西丝穿着一袭暴露的黑色短裙，非常性感，"风姿绰约，明艳照人"。肯尼迪友好地同她打招呼，但之后似乎再没有同她说话；比尔说，自弗朗西丝的立场来看，这是一场灾难。然而，肯尼迪和菲尔像磁铁一样彼此吸引，整夜都在聊天，不曾间断。比尔讲述道，"他们都兴致高昂，那个夜晚于两人而言非常重要。杰姬乐开了花，因为她看到老情敌被弃置一旁。"

1960年1月2日，肯尼迪正式宣布参与竞选总统。约翰逊在政党代表大会召开前几天才宣布竞选。那时和如今的程序的区别可谓巨大！肯尼迪发表声明后,《邮报》刊载社论,评价说,"肯尼迪拥有坚忍的意志和成熟的判断……对当今的重大问题认知敏锐。"

到此时,菲尔的精神好了许多,但还是会有短暂的抑郁情绪,且至少两次出现健康问题,每次都会去度假或隐退两周,以便获得休息。他情绪平和,但不够稳定;在至关重要的1960年,菲尔逐步深度参与到政治活动中,发挥了建设性作用,但也因此陷入躁狂的边缘。很早的时候,菲尔就预言肯尼迪和约翰逊会成为民主党代表大会上仅有的两位候选人,获得大量代表的支持——他估计肯尼迪会获得500票,约翰逊会获得300票。菲尔曾经设想肯尼迪未能获胜,阿德莱·史蒂文森作为折中的北方候选人当选。

1960年6月,像之前的尼克松一样,肯尼迪来到《邮报》出席编辑午餐会。当时,他已经在七个州参加候选人初选,包括最棘手的西弗吉尼亚,那里只有5%人口是天主教徒(肯尼迪信奉天主教——译者注)。我记得杰姬后来说,卡罗琳(Caroline)的第一句话就是"西弗吉尼亚"。肯尼迪明确表示会获得大量选票。午餐会的话题围绕尼克松展开,他几乎已经被认定为共和党的候选人。《邮报》重要的政治新闻记者埃迪·福利亚德询问肯尼迪,如果他和尼克松成为各自政党的提名候选人,他是否会与尼克松进行电视辩论。肯尼迪说会的。埃迪提醒肯尼迪,尼克松以雄辩而著称,肯尼迪冷静地说,"我觉得能够击败他。"肯尼迪被问及林登·约翰逊担任副总统的可能性,他对此不以为然,说觉得约翰逊不会接受邀请。拉斯·威金斯不同意,认为约翰逊会愿意担任副总统,以开阔眼界。这次访谈是非正式的,但关于电视辩论和可能的竞选搭档的讨论极大地帮助了报道政党代表大会和后续竞选的记者。现如今,所有此类采访都是公开进行,因而意义也全然不同,但我认为,有时候这样做不会有太多助益。

7月5日,约翰逊召开记者招待会,宣布成为候选人。数月来,菲尔一直在帮助他为这一时刻做准备,在他身边为他撰写演讲稿。在最后一刻,菲尔还趴在地上为林登四处寻找掉落的隐形眼镜。发表声明后,约翰逊赶往纽约会见媒体,完成所有的程序性事宜。

我和菲尔飞到了加利福尼亚,而在五天后的7月11日,民主党全国代表大会将会召开。我已经决定支持肯尼迪。菲尔始终忠实于约翰逊,直至约翰逊失去提名资格，但约翰逊完全讲求实际，且同样敬佩肯尼迪。父亲去世一年后，母亲开始逐步摆脱抑郁情绪。和我们所有人一样，她在大选年中为所有政治活动做足了准备。她来到洛杉矶，继续坚定地支持阿德莱·史蒂文森，后者一如既往地拒绝成为候选人，但具备选派资格。

7月8日，周五，约翰逊成为第一个抵达的候选人。几乎甫一抵达，他就向自己的工作人员透露，"全都结束了。肯尼迪将以压倒性优势获得提名。"肯尼迪老练精明的团队已经在洛杉矶就位。这是我们第一次见到工作在不同地方的人们用对讲机和寻呼机进行交流，如今，这样的电子通讯已经司空见惯了。但当时非常引人赞叹。

菲尔打电话给鲍比·肯尼迪，从他那里得知了其兄长杰克·肯尼迪获得的选票的机密数字。数字显示，肯尼迪非常接近于赢得提名所需要的票数，仅仅是宾夕法尼亚代表团，或者代表团中的大多数人，就能让他获胜。周一，宾夕法尼亚代表团召开决策会议，宣布该州将给予肯尼迪81张选票中的64张。接着，菲尔和《邮报》记者报道说，肯尼迪将会在第一轮投票中获胜。

到了此时，菲尔和乔·艾尔索普一起讨论起来林登·约翰逊成为肯尼迪的竞选搭档的好处。乔说服菲尔，让他和自己一起劝说肯尼迪邀请约翰逊做副总统候选人。乔知道所有的秘密口令，两个人找到了肯尼迪的秘书伊芙琳·林肯（Evelyn Lincoln），见面的地点就在肯尼迪双人卧室和起居室隔壁的阴郁房间里。他们在一张床上坐下，紧张地讨论各自的措辞，同时观察着乔称之为"决定历史"的接待室。乔决定由他来说明来意，菲尔负责游说。

接着，他们被带至起居室会见肯尼迪。乔开口说道，"我们来这里是想和你讨论副总统的事情。你该了解，赛明顿（Symington）的浅薄学识根本不足以领导美国。此外，你打算怎么处理林登·约翰逊？参议院只会浪费他的才华。"接着，据乔所言，菲尔精明且雄辩地指出了约翰逊所能够带来的明显优势，强调说如果副总统候选人不是约翰逊，必然会有种种麻烦。

肯尼迪立刻答应了。"他答应得太干脆了，我反而有些难以相信这得来轻易的成功，"菲尔后来在备忘录中记述道。"所以，我重新强调了一遍，敦促他一定不要寄望于约翰逊拒绝，发出的邀请要有说服力，将约翰逊争取过来。"肯尼迪

第十四章

坚定地说,他正是这样打算的,指出约翰逊不仅能够在南方帮上忙,而且在全国都能发挥作用。

菲尔告诉《邮报》记者,他们可以报道说,"洛杉矶传来消息,肯尼迪将邀请林登·约翰逊担任副总统候选人。"周二早晨,肯尼迪和菲尔通电话,菲尔告诉肯尼迪,他会和约翰逊吃午餐,之后再给肯尼迪回电话。然而,菲尔和约翰逊单独吃午餐时,没能切入这个话题。

肯尼迪的工作人员向得克萨斯州代表团发送了封正式电报,因书写错误,内容变为要求他们邀请肯尼迪同他们会面。约翰逊的工作人员抓住这一点,要求那天下午三点在得克萨斯和马萨诸塞州代表团面前举行辩论。上午,约翰逊游说了三四个代表团,一番忙碌过后已经精疲力竭,但仍旧为下午的辩论所囊括的前景兴奋不已,因为这场辩论赋予了他的提名一线生机。下午 1 点 50 分,约翰逊的工作人员委托菲尔劝说约翰逊小憩一下。约翰逊牧场的一对夫妇也过来帮忙,菲尔和他们一起为约翰逊换上了睡衣,让他躺在了床上。将约翰逊安置到床上时,菲尔说道,"我们不要针对个人,我们要谈论世界大势。今天上午,沃尔特·李普曼出面支持肯尼迪,说你对这个世界一无所知,我们要去向他证明他错了。"

约翰逊很快便睡着了,菲尔潦草地写下了一些想法,并打印了出来。2 点 50 分,菲尔将纸条递给了睡眼惺忪的约翰逊;3 点,约翰逊来到辩论现场,看起来精神很好。肯尼迪首先发言,接着,约翰逊依照菲尔的纸条陈述观点,也即兴地抨击了肯尼迪。据菲尔所言,这些抨击"控制在了适当范围之内"。

接下来的周二,菲尔突发奇想,准备让肯尼迪给代表大会写信,要求代表团提名约翰逊为副总统候选人,由史蒂文森在周四读出。睡觉前,菲尔留给我一张纸条,让我打电话给史蒂夫·史密斯(Steve Smith),安排他同肯尼迪的会面:

1. 不要以为我失去了理智。我有一个非常重要的想法。

2. 因此,请拨打 MA6-3592,说你代表的是菲尔·格雷厄姆,想要和史蒂夫·史密斯通话,这非常重要。

3. 告诉史密斯你是谁,说"我早晨五点突发灵感,想到了如何解决肯尼迪参议员同我和乔·艾尔索普谈论的两个问题。我向肯尼迪陈述计划大约需

285

要五分钟，但这件事情必须在周三的会议之前完成，既可以在比尔特莫庄园（Biltmore），也可以在会场附近他的房子中。这两个地方我都可以在一小时内到达。我请你来传达消息，是因为我需要为清晨的灵感补觉。"

9点30分，我叫醒了菲尔，告诉他10点40分有个约会。

肯尼迪现身的时候，因为即将获得提名而神采奕奕，建议菲尔同他一起开车穿越城市。周三上午，他们开车行进时，菲尔解释了他的想法，肯尼迪说把事情交给林肯女士即可。肯尼迪表示也许还差20票才能获得提名，提名会议四个小时后就会开始，他询问菲尔是否能够以副总统提名来换取约翰逊的选票。菲尔回答说无能为力，除非乔治·斯马瑟斯（George Smathers）能够煽动一些佛罗里达州的选票，但肯尼迪说，问题在于斯马瑟斯也想要成为副总统。接着，菲尔向肯尼迪保证，他绝不会因为20张选票丧失提名；的确，当天下午肯尼迪获得了提名。

当时，菲尔还不知道，通过克拉克·克利福德，肯尼迪前一天下午已经正式邀请赛明顿做副总统。赛明顿与妻子和两个儿子商议后，他们均表示反对，但他还是告诉克拉克接受邀请，并颇有先见之明地指出，"我跟你赌100美元，不管肯尼迪说了什么，他都不会选择我做竞选搭档。他将不得不选择约翰逊。"克拉克回电话给肯尼迪，代表赛明顿接受了邀请。

周四早晨，肯尼迪打电话给约翰逊，让他起床，并约好稍后去拜访他。会面时，肯尼迪邀请约翰逊做副总统——一来他觉得必须如此做，二来他认为约翰逊不会接受。阿瑟·施勒辛格（Arthur Schlesinger）在《肯尼迪与他的时代》（Robert Kennedy and His Times）中讲道，肯尼迪回到总部后，告诉鲍比，"你肯定不会相信，他接受了。"菲尔是正确的，约翰逊的确会接受。

肯尼迪夫妇身边的所有人，尤其是同劳工运动有关系的，都大感懊恼。显然，他们全都花费了一整天的时间来思考如何收回邀请。鲍比两次去拜访约翰逊，一次是探明意图，一次是告诉他，将出现很多反对的声音，结果会很不愉快，并提议他改任民主党全国委员会主席。

与此同时，我和乔等人到达比尔特莫庄园，进入烤菜餐馆吃午餐。菲尔说，

"给我点份烤牛肉三明治,我过会儿回来。"他消失了,接下来的几个小时里,不断有人坐过来,吃掉菲尔的三明治,然后离开。我们一次次地点三明治,又一次次地被朋友吃掉。菲尔却始终未归。

最终,我们各自离开了,我沿着长长的大厅走向《邮报》的总部,半路遇见了《明星晚报》的社会问题专栏作家贝蒂·比尔(Betty Beale)。她冲我跑过来,大喊道,"你听说了吗?"

"没有,什么事?""是约翰逊。""谁说的?"我问道。

"肯尼迪说的,"她坚定地回答。新闻处下面一层有个小礼堂,用于公布消息,肯尼迪就是刚刚在这里发表声明。我继续走向办公室,不久,菲尔神情紧张地出现了办公室中,几乎全身发抖,说道,"你肯定无法相信我刚刚做了什么。走,我告诉你发生了什么。"在会展中心的餐厅中,菲尔狼吞虎咽地吃掉了三明治,喝掉了一杯饮料,告诉了我刚刚发生的事情。

大约下午1点45分,菲尔出现在了约翰逊的套房中。约翰逊抓住他的胳膊,说鲍比·肯尼迪和众议院议长——约翰逊的恩师萨姆·雷伯恩(Sam Rayburn)在一起,邀请约翰逊担任副总统。菲尔说,约翰逊必须接受邀请。伯德女士的态度有些消极和模棱两可。前一天晚上,雷伯恩打来电话,特别叮嘱约翰逊不要接受邀请。

雷伯恩走了进来,说鲍比想要见约翰逊。伯德女士觉得约翰逊不应该会见鲍比。菲尔赞同道,"你不要同他见面。你不想要商议这件事。只有杰克提名你才接受,不要同其他任何人讨论这件事。"最终,正如菲尔所记述,"以这种突如其来的决定,避免了一场论战,事情就这样决定了。"萨姆先生前去向鲍比解释约翰逊的立场,菲尔则会打电话给杰克,说明了约翰逊的态度。

到此时,吉姆·罗和约翰·康纳利(John Connally)加入了核心圈子。菲尔穿过挤满记者的公共大厅,来到空空的卧室。他最终打通了给肯尼迪的电话,传达了约翰逊的信息;肯尼迪回复说,有些人劝他让赛明顿做竞选搭档——因为赛明顿不会带来任何麻烦——他正疲于应对,让菲尔三分钟后再打过来。此刻,菲尔和吉姆·罗都极为紧张不安——或者,如菲尔所描述,"像地震中的智利人一样冷静。"每次给杰克通电话,菲尔都不得不经历烦琐的程序——林肯夫人转给史蒂夫·史密斯或萨奇·施赖弗（Sarge Shriver），最终才是杰克·肯尼迪。

肯尼迪在电话中非常冷静。"全都决定了，"他说。"告诉林登，我选择了他。"肯尼迪让菲尔转告史蒂文森，请他倾力相助。菲尔先给史蒂文森打电话，接着走回大厅，把消息告诉约翰逊，约翰逊盘问了种种细节。伯德女士想要知道史蒂文森的反应，菲尔耸耸肩，说道，"啊，和你猜想的一样，得体大方。"接着，菲尔离开房间去给《邮报》打电话。

然而，很快约翰逊就要求菲尔返回，说20分钟前，鲍比回来见了雷伯恩，讲明杰克会亲自打来电话，但至今也没有接到电话，他该如何应对。菲尔主动给杰克打了电话，后者表示以为由菲尔转告消息就足够了。菲尔告诉他鲍比对雷伯恩说的话，他表示立刻拨打电话。据菲尔所言，肯尼迪再次提到了针对约翰逊的反对声音，并询问菲尔的意见。菲尔回应说，"南方地区的支持完全可以弥补在自由派身上丢失的选票，而且还绰绰有余，"并补充道，"现在再改变主意已经太迟，他应该记住，'你不是史蒂文森。'"

下午四点钟后，菲尔仍旧在尝试联系鲍比，此时，约翰逊的秘书比尔·莫耶斯（Bill Moyers）过来说，约翰逊想要立刻见到菲尔，接着拉着菲尔的胳膊，穿过拥挤的大厅，来到约翰的套间。为避开某些政治人物，约翰逊带着菲尔去了隔壁房间，但却发现这个房间也有15位夏威夷代表。约翰逊大声说，他要借用这个房间，"他们郑重其事地退了出来，向门口边的我们逐个鞠躬（我、约翰逊、伯德女士、康纳利、罗），约翰逊大声道，'谢谢各位，谢谢了。感谢你们所做的一切。'"

约翰逊失魂落魄，大声对菲尔说，鲍比·肯尼迪告诉他和雷伯恩，反对的声音太过激烈，他应该为民主党的利益退出。菲尔写道，"大家一片慌乱，吵闹不停，最终，雷伯恩说，'菲尔，给杰克打电话。'"菲尔打通了杰克·肯尼迪的电话，杰克冷静地说，"没关系。鲍比同我们失去了联系，不知道发生了什么事情。"

"嗯，你想要林登做些什么？"菲尔询问。

"我想要他立刻撰写一份声明；我的刚刚已经完成了。"四点五分，杰克就在比尔特莫酒店起草了声明。

第十四章

"你最好和林登谈谈,"菲尔接着说道。

"好的,"杰克回答说,"但我们谈完后,我想再和你谈谈。"

菲尔站在两张床之间,将电话交给懒散地躺在床上的林登。林登接过电话说,"好……好……好,"接着道,"好,轮到菲尔了。"之后,肯尼迪谈到了相关问题——由于约翰逊是竞选搭档,亚历克斯·罗斯(Alex Rose)威胁说纽约州自由党的选票上不会出现肯尼迪的名字。菲尔回答,"嗯,别担心,我们会解决这个问题。"然后,他理清思路,说道,"你最好和鲍比谈谈。"鲍比恰巧走进了卧室,看起来愁眉不展、疲惫不堪。菲尔说,"鲍比,你哥哥有话对你说。"后来,菲尔写道,"我立刻感觉到,这是我在整个游戏中说过的最愚蠢的话。"鲍比接过电话,菲尔离开房间时听到他说,"好吧,现在已经太晚了。"之后,鲍比猛地挂断了电话。

菲尔来到门厅,看到约翰逊夫妇站在那里,"仿佛他们刚刚自空难中生还"。林登手中拿着接受副总统提名的声明。"我刚刚要在电视上朗诵声明,鲍比走了过来,现在我不知道该怎么做了。"菲尔激动万分,脱口说道,"你当然知道该怎么做。昂首挺胸,走出去,发表声明。然后继续下去,赢得选举。一切事情都很好。"

菲尔形容说,这段"肥皂剧般的过火台词非常妥当绝妙",接着写道,"比尔·莫耶斯大声附和,扭开大厅门,将约翰逊推到电视摄像灯光和闪光灯下。"菲尔望着林登和伯德女士站到椅子上,"他们的脸上泛起热情和自信"。此刻,约翰逊接受邀请的消息传播开来,会场人流涌动,菲尔逃开了,到《邮报》办公室与我会合。

菲尔将这一切写入了备忘录,留作档案。他一直秘密保管这份备忘录,直到三年后,泰德·怀特(Teddy White)为1964年的选战撰写《美国总统大选》(*The Making of the President*)时,才将备忘录借予怀特。令我惊讶的是,怀特将整份备忘录作为书籍附录保留了下来,我想这并非菲尔本意。书籍出版后,鲍比极为愤怒,说其中的表述不准确——菲尔并不知晓全部情况。"错在哪里?"我曾经询问他。他回答说,"我和哥哥从来没有分歧。"

甚至后来,约翰逊成为总统后,他同鲍比之间仍旧关系紧张。有一次,鲍比

289

来我家吃晚餐,我坐在他身旁,谈到晚餐前刚刚应约翰逊总统的邀请见到了约翰逊。我指出这有些古怪,因为约翰逊其实不怎么和我说话。鲍比询问道,"你是什么意思?他不和你说话?帮助他当上总统的可是菲尔啊!"

"我记得你告诉我,菲尔的备忘录并不准确。"我疑惑地答道。

"是不准确,"鲍比说,"但因为某些菲尔不知道的原因,他的作用只大不小。"

我让鲍比说明原委,但他只说某天恰当的时候再解释;不幸的是,他从未找到机会。不过,从各类书籍,尤其是阿瑟·施勒辛格关于鲍比的书中,我们仍能够推断出些端倪。借助这些书籍和回忆,我确信肯尼迪兄弟根本不想要让约翰逊成为副总统。据鲍比所言,经过三四个小时的摇摆不定后,肯尼迪夫妇"想到了那个摆脱约翰逊的方法,但却并不奏效"。约翰逊出人意料地接受了出于客套的邀请,杰克只好派鲍比说服他退出。杰克意识到鲍比无法完成任务后,只得假意推说,同鲍比失去了联系。

甚至一年后,鲍比说那天他们都太累了。他告诉编辑兼好友约翰·席根塔勒(John Seigenthaler),"我们在上午8点、10点和下午2点的做法都很正确,错误出现在4点钟。"不管他们的真实想法如何,正如菲尔和乔所预测,没有约翰逊他们不会获胜。

两党的代表大会相隔只有一周,因此,我们决定不返回华盛顿,直接赶往共和党代表大会。比尔和史蒂夫乘飞机过来,加入了我们,我们度过了美妙的家庭时光,还在迪士尼乐园愉快地玩了一天。更重要的是,我们还和姐姐弗洛伦斯待了一天,她现在住在加利福尼亚。先前,她到过瑞士,住在密友及导师奥托(Otto)和玛丽亚·哈尔彭(Maria Halpern)夫妇附近。哈尔彭夫人是笔迹分析师,有许多富裕的信徒,譬如弗洛里;哈尔彭夫人影响了她的生活。弗洛里与家里关系紧张,我们也牵连其中,因此,许多年来,我们彼此之间没有任何礼节之外的交流。在菲尔的敦促下,我打电话给她,建议聚一聚。这次团聚非常成功,孩子们也都参与了进来。我、菲尔和弗洛里相处融洽,我们很高兴地发现大家都已变得成熟。这个时候,弗洛里已经明显发福,但性格依旧——博学、诙谐、有

第十四章

趣、聪慧、敏感。这次拜访让我们的亲密关系持续了两年，直至她的离世；这对我们意义重大。

当然，在芝加哥举办的共和党代表大会完全不同于民主党。尼克松是唯一的候选人，但12月就放弃竞选的纳尔逊·洛克菲勒仍旧在激励着他和共和党。6月，洛克菲勒发表演讲说，"作为国家和政党，我们不能高举着仅标有问号的大旗，踏步进入未来。"

芝加哥的事情结束后，我们回到了格伦韦尔比的家，在那里度过了8月的大部分时光，但即便在那里，政治也还是影响了我们。乔·艾尔索普时常来访，还有阿瑟·施勒辛格等人。施勒辛格会带着竞选文件过来——包含两位候选人的资料，将肯尼迪和尼克松细心加以比较——我曾经熟读过一遍。

在这忙碌的大选年里，我大力度地整修了乔治敦的房子，6月份，我们搬出来住到了母亲位于新月城的房子里。母亲不承认在"支持史蒂文森"上的失败，也从不是肯尼迪的支持者，但还是接受了民主党的候选人，并成了"肯尼迪与约翰逊全国选民委员会"的副主席。她写信给肯尼迪，要求和他面谈纽约州的竞选策略，以及帮助他解决宗教问题的事情——母亲是新教徒，"以反对天主教而闻名"。

我成了肯尼迪的忠实支持者，任何可能的时候都会表达对这位魅力四射的候选人的支持。玛丽安·苏兹贝格·德赖富斯（Marian Sulzberger Dryfoos）是《纽约时报》发行人奥维尔·德赖富斯（Orvil Dryfoos）的妻子，甚至在洛杉矶的代表大会期间，和她一起游泳时，我就告诉她——我们都站在齐腰深的水池中——自己如何被肯尼迪折服，成为他的忠实粉丝。最终，那次对话带来了一场晚宴——8月16日，在我父母家中，我和菲尔帮助杰克·肯尼迪结识了奥维尔。斯科蒂·雷斯顿也和肯尼迪谈论很长时间。我们觉得他们对肯尼迪都抱有疑虑，也想要让肯尼迪向《时报》展示自己。有一件事情令我大感吃惊，肯尼迪独自开车赶到这里，那是一辆敞篷车，顶篷被放了下来。

我和菲尔已经决定，作为发行人，他不能参与竞选运动，但我牵涉其中不会有问题。其他情境中，我们还多次做过这样的事情，但我如今觉得这样做并不妥

291

当，因为我们坚信发行人应该超越党派。我们都很关心华盛顿特区以及特区的问题，菲尔甚至对我说，如果有机会在其他人到来前单独和肯尼迪相处，我应该亲自将支票交予他，告诉他我想要获得一些回报——他要适当关心特区的问题。我依照菲尔的建议做了，记得我说想要些回报时，肯尼迪显得有些吃惊。我颇觉尴尬，但还是坚持把话说完，他感谢了我，拿走了支票。

菲尔给以赛亚·伯林写了封信，绝妙地描述了那年秋季华盛顿的整体氛围，以及对肯尼迪的主观感受。他告诉以赛亚，自己之所以有时间写信，是因为正躺在床上咳嗽，吞咽着数不尽的药片。他写道：

> 你的朋友们大都愈发喜爱肯尼迪。我和乔（我比他晚了三个月）已经不只是喜爱，而是迷恋。凯也迷恋肯尼迪（比我还早），但迷恋之中铭刻了恼人的女性判断——有时候见到他鼻子上的疣，或因他的概率渺茫而陷入短暂忧郁。我和乔悠悠漂浮在偶像崇拜的云朵里，对他的行差踏错熟视无睹，对他的最终凯旋信心满满。说来奇怪，那些与我们心态相近的人有沃尔特·李普曼和斯科蒂·雷斯顿。费利克斯基本支持尼克松，或至少是因为天主教而怀疑肯尼迪。阿瑟极为支持肯尼迪，还采取行动出版了动人的宣传册，但被泰德·索伦森（Ted Sorensen, 32 岁）和迪克·古德温（Dick Goodwin, 30 岁左右的法官助理）发起的直接宣传遗忘了。如今，"上一代人"必须得是 40 岁往上了。肯尼思·加尔布雷斯同样没有直接参与宣传，但似乎对此漠不关心，并且也盲目崇拜肯尼迪。
>
> 大家都会对谁能胜出进行预测，我记得自己上次预测的是艾森豪威尔（1952 年）。肯尼迪的竞选运动有许多空洞之处（相较于 1932 年的罗斯福），但也不乏风格、活力和清晰的时代认知。发布命令时，他果断坚决，其他时候则巧妙地含糊其辞（例如，史蒂文森能否成为国务卿）。直觉告诉我，他不是沉稳冷静之人，不缺乏历练，也没有满腔的希冀和理想主义。我猜想在选举初期，他会选择折中主义，时常激怒我们这些"上一代人"，最终也许能成为伟大的政治领袖。
>
> 任何显露真我的时刻，另外那个家伙（理查德·尼克松）都令人惊讶地

毫无风格。他是如此细腻周到地矫揉造作，故作姿态已经成了他的真实自我。

尽管狂热地崇拜着肯尼迪，对尼克松则心怀疑虑，菲尔仍旧坚持《邮报》不支持任何一方候选人的原则。事后的所见令他相信，对于首都的独立报纸而言，保持中立非常明智，即便在1952年的共和党提名大战中也是如此。整个竞选运动中，《邮报》对出现的种种问题加以评论，菲尔也坚信这种自由批评的责任。事实上，在1960年，编辑们非常清楚我们支持哪位候选人。私下里，菲尔也竭尽全力地促成想要的结果。10月末，他为林登·约翰逊的演讲起草了冗长的发言稿，请求人们团结一致支持约翰逊。他还为约翰逊专门撰写了得克萨斯州的演讲稿，呼吁约翰逊的得克萨斯同乡为肯尼迪投票。

大选夜终于到来。《邮报》大楼中，我和乔·艾尔索普留在菲尔的办公室里，菲尔从新闻编辑部过来，接着又离开。整个晚上，候选人的得票率非常接近，我们直到凌晨三四点才离开，此时《邮报》的编辑工作全部完成，头条新闻是"肯尼迪接近胜利"（Kennedy Near Victory）。在撰写《邮报》历史时，沙尔·罗伯茨写道，菲尔清晰地记得1948年杜鲁门获胜时遭遇的尴尬，不愿意让撰写头条报道的埃迪·福利亚德大肆宣扬竞选。

最终版面敲定后，我们三人来到了乔的家中。只有管家拥有电视机，且已然入睡，我们只能打开收音机获取消息，6点左右，我给大家煎了些鸡蛋。后来，选票统计似乎要等到11点才会开始。我告诉乔要回家，乔以惯有的方式回答说，"你回去吧，亲爱的。也许早上我就得卖掉房子。"

我和菲尔回到了新月城。快到中午的时候，我们得到确切消息，肯尼迪已然胜出。菲尔在洛杉矶代表大会上策划的协议，帮助我们的好友成了美国的下一任总统，同时让另一位更亲密的好友成了副总统。

为了从肯尼迪获胜的兴奋中冷静下来，我和菲尔到菲尼克斯的亚利桑那比尔特莫酒店（Arizona Biltmore）住了两周。回家后，菲尔直接参与到了政治活动中。周末的时候，我们仍旧会在格伦韦尔比和孩子们团聚，但其余时刻，菲尔完全沉浸在政治事务中。事实上，他曾诙谐地拒绝了一次邀请，说道，"每个周末，我们都尽可能和孩子们前往乡村,以帮助我保持有限的清醒。"

选举甫一结束,菲尔便开始和候任总统交谈和通信,讨论新政府的人事任命。菲尔和乔·艾尔索普都认为,肯尼迪应该任命我们的朋友道格拉斯·狄龙(Douglas Dillon)为财政部长。狄龙是自由派共和党人,曾在艾森豪威尔政府中担任副国务卿,为尼克松的竞选贡献了力量,因此出任财政部长的可能性不大。某天晚上,阿瑟·施勒辛格和肯·加尔布雷思(Ken Galbraith)同我们共进晚餐。后来,阿瑟在其著作《一千天》(*A Thousand Days*)中记述道,"菲尔热情支持道格拉斯·狄龙担任财政部长,让我们深感忧虑。我们不了解狄龙,本能地怀疑他是共和党经济政策的支持者。"但阿瑟还写道,"12 月 1 日,我在华盛顿向肯尼迪提到了这件事情,他谈论说,'哦,我不在乎这些事情。我只想知道他有没有能力,是否会执行既定计划。'"

多么别具一格的思想——如果能有更多的总统这样想就好了!事实上,肯尼迪打电话给乔,说自由派想要艾伯特·戈尔(Albert Gore,克林顿政府副总统阿尔·戈尔的父亲)出任财政部长,但告诉乔他心中的人选是道格拉斯·狄龙。乔记得肯尼迪说,"他们表示,如果我选择了道格拉斯·狄龙,他是不会忠心的,因为他是共和党人。"乔回答道,要找出比狄龙还要忠诚的人太难了。他还补充说,"如果选择了艾伯特·戈尔,你很清楚,第一,他无法胜任;第二,他喋喋不休,你永远无法静心思考;第三,等你终于耳根清静的时候,他会把一切都告诉《纽约时报》。"可以想见,艾尔索普回忆的这番对话措辞难免有夸大之处,但我可以肯定,这样的对话的的确确发生了。

肯尼迪同意菲尔和乔对狄龙的看法,表示想要让狄龙得知这一消息。乔告诉肯尼迪,菲尔比自己更适合做这件事,于是,菲尔打电话给道格拉斯,表示想要见他。道格拉斯正在举办宴会。菲尔不想让客人们见到自己,于是从窗户处爬入了更衣室,窗户也是特别为他而打开的。管家从餐厅叫来道格拉斯,他和菲尔就在更衣室中聊了起来。道格拉斯向菲尔保证,他想要出任财政部长,且会对肯尼迪忠心耿耿。

菲尔和乔还推荐大卫·布鲁斯担任国务卿,肯尼迪没有采纳这一建议。后来,菲尔推动大卫就任驻伦敦大使,而肯尼迪的本意是让大卫前往罗马;大卫非

第十四章

常谦逊,没有告诉肯尼迪自己更想前往伦敦。菲尔发觉了这一事实,认为大卫完全适合前去伦敦,于是找到肯尼迪说明了情况。大卫被提名为大使,整个肯尼迪 - 约翰逊政府执政的八年时间里都留在了伦敦。他和伊万杰琳在伦敦取得了巨大成功,大卫也成了肯尼迪手下的爱将,原因在于他不仅让总统与英国和欧洲发生的事件保持实质联系,还用伦敦的花边新闻娱乐了总统。

菲尔还建议让罗伯特·卫弗(Robert Weaver)担任要职。卫弗是杰出的经济学家,黑人,哈佛大学毕业,专擅于住房和城市发展事务。菲尔通过住房委员会认识了卫弗。卫弗履历丰富,曾经担任富兰克林·罗斯福政府的顾问,也曾是埃夫里尔·哈里曼(Averell Harriman)的纽约州顾问团成员。肯尼迪任命他为联邦住宅资产经理处(Federal Housing and Home Finance Agency)的行政人员。1966年,约翰逊任命卫弗为住房和城市发展部(housing and urban development)部长,使他成为了首位进入美国内阁的黑人。

《邮报》报道了迪安·腊斯克(Dean Rusk)被任命为国务卿的独家新闻,菲尔也牵涉其中。沙尔·罗伯茨已经缩小了候选人的范围,正准备预测最可能的人选,此时,菲尔当着沙尔的面,拨通了正在棕榈滩的肯尼迪的电话。肯尼迪确认了腊斯克的任命,《邮报》便用通栏大标题报道了这一消息。肯尼迪愤怒至极,命令新闻发言人皮埃尔·塞林格(Pierre Salinger)立刻追查泄密者。两小时后,塞林格打电话给肯尼迪,说已经找到了泄密者:"就是您。"

"什么意思,我?"肯尼迪问道。

塞林格询问肯尼迪,他前天晚上是否和菲尔交谈过。肯尼迪说交谈过。"你是否告诉过他,不能报道这则新闻?"后来,塞林格在著作中记述说,肯尼迪沉默许久后,轻笑起来,回复道,"没,我想没有。"

新政府初掌政权,令人兴奋,也让我们非常忙碌。于我和菲尔而言,最重要的时刻是1961年1月19日下午的就职盛会。依照家里的传统,我们在R大街的房子中筹备了大型的招待会,当时,我们刚刚搬回那里。菲尔写信给候任总统肯尼迪,以个人名义邀请他出席,并提醒说,他和杰姬1957年1月曾过来参加就职欢迎会,希望此次他能大驾光临——"除非你对过去四年的进步不满。"肯尼迪和约翰逊都答应会来，只是杰姬最近刚刚生下第二个孩子约翰，写信说要省些力气，应付接下来两天的正式活动。

　　招待会的当天下午，天空早早下起了冻雪，很快便铺满了华盛顿的街道。道路变得非常危险，到处都是打滑的汽车，交通陷入瘫痪。许多人花费了许多个小时才得以回家；其他人则干脆放弃，找地方躲避这场雪。这是一次空前的大麻烦。特勤处工作人员突然来访，通知我们肯尼迪和约翰逊会尽量赶过来。然而，望着厚厚的积雪、艰难跋涉而来的零星好友，我们觉得他们不可能来了。最后，我们被告知毫无希望了——即便有护卫队，车子也仍旧无法前行，整个城市和特勤人员正倾尽全力，使肯尼迪夫妇参加当晚的盛会。因此，我们计划筹办的600人的聚会，最终只有200人抵达，大部分还是徒步而来，且无法离开——一场另类的欢快聚会。

　　第二天，街道大都清理干净了，但还是有些寒冷。我们参加了就职仪式，库欣主教朗诵冗长的祝词时，宣誓台似乎因为线路问题冒起了白烟，令我们大感有趣。我们和其他人一道，为肯尼迪的就职演说雀跃不已。演讲稿主要由泰德·苏仁森（Ted Sorensen）撰写，肯·加尔布雷思从旁协助。接着，自宾夕法尼亚大道的酒店房间中，我们和《邮报》员工的家属们一同观看了庆祝游行。

　　乔和菲尔计划在就职舞会（Inaugural Ball）于国民警卫队训练场（Armory）举办前，到乔家中吃晚餐。我已忘记了有谁来过，只记得朗沃思夫人、波伦夫妇、乔伊斯夫妇和马克·邦迪（Mac Bundy）夫妇位列其中。邦迪夫妇刚刚抵达华盛顿。我清楚地记得鲍勃·卫弗来了，这也许是乔第一次邀请黑人来家中吃晚餐。

　　大家都兴奋得有些神经错乱。菲尔雇佣豪华轿车将我们所有人送到舞会地点，我们和邦迪夫妇（我和他们并不熟悉）、乔以及另一对夫妇乘同一辆车，车上还有一桶冰镇香槟。后来交通受到限制，官方车队飞驰而过时，我们停车等待了一会儿，有人提议开香槟。我非常不安，只能假正经地建议到了舞会再开。不管什么时候看到菲尔喝酒，我都会焦虑担忧，因为见过太多继之而来的难堪时刻和争吵不休。然而，哈佛大学的前院长、国家安全顾问（national security adviser）马克·邦迪从前座扭过头，毫无顾忌地断然命令道，"开香槟。"

第十四章

此时，卡尔和桃乐丝·迈卡多将旅行车停在了我们旁边。桃乐丝是《邮报》的社会问题记者，深受欢迎；卡尔曾在艾森豪威尔政府中任职。菲尔拔掉香槟酒的软木塞，将其丢入迈卡多夫妇的车里，咕哝道，"接着，你们这些支持尼克松的混蛋。"

舞会上，肯尼迪夫妇看起来非常端庄得体、雍容高雅。乔邀请了阿芙德拉·方达（Afdera Fonda）和弗洛·史密斯（Flo Smith）到家中饮酒，因此决定早些回家。阿芙德拉是亨利·方达（Henry Fonda）美丽的意大利妻子；而史密斯是肯尼迪的老朋友，来自棕榈滩。乔想要我和菲尔随同他一道回去，但那个时候，菲尔已经玩得兴致高昂。于是，乔找到了彼得·达钦（Peter Duchin），他同样要离开，乔搭他的顺风车穿过白雪皑皑的街道，及时赶回家迎接客人。他们点燃了炉火，围坐下来享受着，静静地回味着这个重要的日子。然而，弗洛和阿芙德拉已经散布了舞会后开派对的消息，他们的朋友纷至沓来。

最终，我们和波伦夫妇以及布雷登夫妇一同离开舞会回家。车子经过敦巴顿大道时，我们望向乔的家，发现街上灯火通明，道路封锁，到处都是警察。艾维斯说，"要么是乔家着火了，要么就是总统在那里。"事实上，总统的确在那里。

我们很懊悔没有随乔离开，享受总统到访的兴奋。当时，乔听到有轻轻的敲门声，打开门，发现年轻的美国新总统等着进来，头上落满雪花，英俊的脸庞上挂着微笑。

PERSONAL HISTORY

第十五章

即便是如今，你也很难评价杰克·肯尼迪在其短暂执政期间究竟有多优秀，但这位总统的朝气、活力、雄辩以及用新方法解决旧问题的努力带给了人们兴奋与希翼，这一切至今历历在目。特别是最初的时候，我们为这届政府的前景兴奋不已。我和菲尔同约翰逊的关系要比肯尼迪亲近得多，但随着时间的推移，我们与肯尼迪越走越近，尤其是菲尔。他们的关系轻松自然。某天晚上，我们在乔·艾尔索普家吃晚餐，菲尔一如既往地开始提供政治建议，肯尼迪打趣说，"菲尔，如果你当选捕狗员，我就听从你的政治见解。"

肯尼迪任命的许多官员都是或者后来变为了我们的好友，其中，道格拉斯·狄龙和阿瑟·施勒辛格是总统的拉美与文化事务的特别助理和顾问，同时也是常驻"御用哲学家"。我们的老朋友肯·加尔布雷思是驻印度大使，但因为在经济问题上与肯尼迪更为亲密，他频繁地往返于印度和华盛顿，与总统协商问题。肯尼迪曾经对他说，"肯，除了你，我不想与任何人谈论农业问题，不过，你的话很不好听。"

我们不认识的罗伯特·麦克纳马拉（Robert McNamara）进入了肯尼迪政府，担任国防部长。他是我表亲沃尔特·哈斯（Walter Haas）在加州大学的同学，沃尔特希望我能够立刻面见罗伯特。我和罗伯特并非一见如故，但我和菲尔同他们夫妇建立了牢固的友谊，并且，我和罗伯特的友谊持续至今。

比尔·沃顿被任命为华盛顿美术委员会（Fine Arts Commission）主席，肯尼迪认为这是个有薪水可拿的职位，但令总统尴尬的是，事实并非如此。虽然是被迫做了志愿者，比尔还是取得了巨大成就，影响了这座城市的设计，包括拉法叶广场，还帮助杰姬翻修和装饰了白宫。

我们为肯尼迪出任总统感到欢呼雀跃，部分原因在于围绕在总统身边的人，甚至总统自己，都是我们的好友，而且极大程度上还是我们的同代人。我们不再是执掌政府的老一辈人的忘年之交。菲尔成为《邮报》发行人时，尚不足31岁，我们似乎始终是圈子里的年轻人。如今，我们这一代人管理着国家。菲尔在国家战争学院（National War College）演讲时，开篇讲道，"1月20日，我首次意识到自己有可能比美国总统还年长，自此之后，我开始尤其感到年高德劭。"

1961年3月初，菲尔开始像以往一样沉浸在许多活动中——与政治和邮报公司相关的活动——我觉得他乐在其中。如今，我能够看出，他的举动已经愈发狂乱，尽管仍旧相当有建设性，最明显的例子是收购《新闻周刊》。当时，《新闻周刊》是面向商务人士的小型新闻杂志，盈利微薄，远不及竞争对手《时代》杂志。

该杂志原名《新闻—周刊》（News-Week），创办于1933年2月，1937年被文森特·阿斯特（Vincent Astor）、埃夫里尔·哈里曼（Averell Harriman）及其他投资者收购后更名为《新闻周刊》。文森特去世后，其遗孀布鲁克控制的阿斯特基金会（Astor Foundation）成为该杂志的实际掌控者，受托人决定将其出售。

早在1961年1月，《邮报》的业务人员就告诉菲尔《新闻周刊》正在出售，菲尔说不感兴趣。接着，《新闻周刊》董事长马尔科姆·缪尔（Malcolm Muir）领导的管理小组接触到菲尔，但菲尔再次拒绝了收购提议。后来，肯·克劳福德（Ken Crawford）及其助手本·布莱德里开始游说菲尔。肯·克劳福德是菲尔的好友，是《新闻周刊》在华盛顿分部的负责人。收购提议开始在菲尔心中扎根，因为某天晚上，本给留在家中的菲尔打来电话（后来，本称这次电话是，"我打过的最棒的一次电话，幸运、富有成效、激动人心、获益丰厚。"），菲尔让他立刻赶过来。本后来回忆说："我过去常常在夜里苦闷不已，成熟之人竟然无法把握自己的未来，这难以置信。"正是这一想法推动他拨通了电话。在我们家中，菲尔同本谈论了许久，要求他回家写份内容广泛的备忘录，说明菲尔为什么要收购《新闻周刊》。菲尔鼓励本畅所欲言，因为他会是备忘录的唯一读者。本凌晨三点回家，天亮前起草了一份详细的意识流备忘录（不幸遗失），似乎说服了菲尔。

几天后的2月末，晚上，菲尔再次在家中会见本，后者带来了奥兹·埃利奥特，即《新闻周刊》36岁的执行主编。本记得，菲尔和奥兹一拍即合："菲尔说话非常跳跃。他会说出一段话，接着转到其他方向，以为别人会懂得他的意思，知道他的思路。埃利奥特和菲尔处在同一频道，因此他们意气相投。"第二天，菲尔飞到纽约，会见了公司的法律与财政顾问，向弗里茨·毕比（Fritz Beebe）阐明情况。弗里茨·毕比曾帮助收购《时代先驱报》。他审核相关数据后非常满意，于是，菲尔决定尝试收购《新闻周刊》，并立刻投身其中。

随着收购《新闻周刊》的谈判进入冲刺阶段，菲尔变得极度狂躁兴奋。交易从头至尾只用了三周时间，期间，菲尔只睡了很少的时间，神经高度紧张，焦躁地完成了工作。收购《新闻周刊》，以及在他本已太过忙碌的工作上增添新的重担，这样的事情令我大为不安。当时，我和菲尔都不是《新闻周刊》的长期读者，因此，我对这份杂志也没有特殊的情感诉求。我知道这份杂志是全国性刊物，因此具有一定的影响力，但我没有过多考虑它的商业价值，反而更担忧它对菲尔个人的负面影响。我经受了太多菲尔抑郁的时刻，担心这会成为另一个他需要处理的问题，而当时他已经过度劳累了。另一方面，过去几年的中的几次长谈让我清楚地意识到，菲尔为"女婿"的身份而烦恼，觉得《邮报》和公司是我父亲"给予"他的。他不断质疑，这是否就是他获取成功和名望的原因。依靠自身，他能取得如今的成就吗？他似乎愈发斤斤计较于这个问题，而在当时，这件事情已经成为我的心病。尽管深为忧虑不安，我还是支持收购《新闻周刊》，因为它显然会成为菲尔独立做成的事情。

一旦决定收购《新闻周刊》，菲尔便开始面面俱到地影响那些能够决定竞标胜出人选的人。另外一家进入最后竞标阶段的买主是财力雄厚的双日出版社（*Doubleday*）。菲尔会见了阿兰·贝茨（Allan Betts），阿斯特基金会（Astor

Foundation）的副主席和财政主管，交给他一份华盛顿邮报公司的收购计划书。其他买家都只是表达了收购杂志的意愿，而菲尔却不避烦劳地写下对杂志的未来构想。菲尔的某些理念与文森特告知布鲁克的计划不谋而合，因此，布鲁克尤其希望菲尔能够成为胜出者。于布鲁克而言，这项决定的意义不止于金钱。当时，她说道，"我想要菲尔·格雷厄姆拥有它，因为他是唯一写下了文森特所思所想的人。"在这笔交易中，布鲁克·阿斯特的意见非常重要，她希望确保《新闻周刊》落入负责任的人手中。菲尔还大费周章地取得了埃夫里尔·哈里曼的支持；贝茨后来坦言，没有哈里曼的帮助，基金会会在最后一刻拒绝菲尔参与竞购杂志。

最终，在格伦韦尔比度过一个周末后，菲尔同阿尔·弗兰德利、约翰·斯威特曼和约翰·海耶斯前往纽约会见了弗里茨。我原本计划和他们同去，但临时有事情要处理，于是提议第二天再赶过去。匆忙分别后，我接到医生的电话，要求下午见我。这种情况不太寻常，但我没有怀疑什么。前一周，我因为慢性咳嗽和疲劳去看过他，并依照惯例拍了胸部 X 光片，因为医生总是会注意到我肺上的几个愈合了的伤疤，所以没有什么特别之处。然而这一次，费尔茨（Felts）医生说怀疑我得了肺结核。即便我真的患有此病，现在还是早期，因此可以治愈，但他希望我能够住院观察一周。

我跟医生解释说，菲尔正在纽约紧张谈判，我计划第二天和他会合；我不可能告诉他这个消息，不能在这个时刻因为自己的问题使他分心或担忧。在这次收购中，我相信自己必须陪在菲尔身边，给他支持，于是询问费尔茨医生，可否等我从纽约回来后再去医院。我意识到菲尔非常脆弱，而我可以为他提供支持。费尔茨医生非常了解菲尔，也很清楚我的处境，说也许我可以去，但不能熬夜，或待在烟雾缭绕的房间里。当然，两者我都无法避免。医生的警告正中下怀——我们谁都没有睡多久，我周围的所有人都在不停地抽烟。

我觉得自己有点像肥皂剧的女主角，但当时不告诉菲尔是唯一的选择——事情本身已经足够紧张急迫、扣人心弦了。于是，我同弗里茨、菲尔坐在卡莱尔酒店的套间里，作为旁观者密切关注着谈判进程，看着他们默契协作，为事情的进展欢呼雀跃、欣喜陶醉。某个时刻，贝茨打电话说，最终的几位竞标者报价相差

第十五章

无几，但如果我们想要更有把握，那么就要筹集更多的现金，而我们已经没有现金了。起初，菲尔和弗里茨极为意志消沉。母亲再次介入进来，让我告诉菲尔，如有必要可以随意支配她的金钱。但与此相反，菲尔拨通电话，将《时代先驱报》的老楼卖给了开发商威廉·杰肯多夫（William Zeckendorf）。之后，他拿着铅笔和黄色笔记簿独自走入卧室，花费了一小时时间来思考达成交易的方案。出来后，菲尔告诉弗里茨，"我们有三种方案可完成交易。"弗里茨瞥了一眼笔记簿，迅速答道，"前两个行不通，第三个可以。"

整件事情中，菲尔和弗里茨展现出了十足的魄力。我们仍旧是家小型私人企业，没有太多的资金，特别是在为完成之前的收购和建造《邮报》与杰克逊维尔的大楼而借款后。两栋大楼都尚处于扩建和重建中。与财大气粗的双日出版社相比，我们尤其显得寒酸窘迫。

3月9日是最终裁定日，这一天，我们如坐针毡。菲尔躲藏在卡莱尔酒店中，焦躁而兴奋地来回踱步，几乎踏破房间里的地毯。他决定洗个澡，缓解紧张的情绪，而电话铃响起时，他还在浴室中。打电话的人是阿兰·贝茨。菲尔裹着浴巾，浑身湿漉漉地冲出来接电话，然后转身对我们说，"我们成功了。"《新闻周刊》是我们的了。

我们知道，收购这份杂志意味着菲尔要拿出200万美元的预付款。菲尔身上没有公司支票，只有一张皱巴巴的空白个人支票，他已经在钱包里放了一年甚至更久，以备不时之需。菲尔划掉自己的名字，填上"华盛顿邮报公司"，开出200万美元的金额，然后告知身在华盛顿的《邮报》财务主管，以便他能够筹集等额的资金。后来，这张支票被装裱起来，挂在菲尔的办公室里，现在则是在我的办公室里。这笔钱只是定金，我们给予阿斯特基金会的报价是898.5万美元，折合每股50美元。最终，菲尔战胜了六七位竞争对手。交易完成后，山姆·纽豪斯（Sam Newhouse）提供了更高的报价，但阿斯特基金会信守了诺言。

当天的剩余时间全部用来向新闻媒体说明情况，菲尔还一度现身《新闻周刊》办公室。他到马尔科姆·缪尔的办公室中会见贝茨，但没有向接待员亮明身份。缪尔显然知道正在发生的事情，但不知道最后的胜出者是谁，因此让儿子马克出去看看究竟是谁在接待室里。马克认出了菲尔，回去向父亲报告，缪尔这才

303

知道是谁收购了《新闻周刊》。

《新闻周刊》召集了20位左右的编辑和业务人员到会议室,缪尔以绝对优雅的风度掌控了局面,说道,"大家都知道,我本人一直在努力筹钱买下杂志,但失败了。失败之后,我找不出任何比菲尔更适合掌控这家杂志的人。"其他人都稍显谨慎。许多员工只知道《邮报》以反麦卡锡而著称,很好奇眼前之人究竟如何,于是跑到图书馆找到1956年以菲尔为封面人物的《时代周刊》,钻研了起来。

连日来狂乱的活动过后,本·布莱德里给我写了张便条。便条充分展现了他的写作腔调和意识流风格:

> 那天很美好。你听到电话响时,跳起来的样子很有趣。你丈夫听到电话响时,跳起来的样子很有趣。查理听到电话响时,跳起来的样子同样有趣。还有可爱的斯威特曼先生,天啊,他是否总是神经兮兮?幸好,我并不神经兮兮。有人买东西的时候,我从不会紧张不安。一个人洋洋自得时,真的很难心神不安……

成功收购《新闻周刊》的第二天,我和菲尔乘火车返回华盛顿。我们就在火车上普通的单人隔间里,行至半路时,我觉得必须告诉菲尔我出了什么问题,以及医生的猜想。菲尔大为震惊。他的反应非常古怪,我当时就应该警觉到他的精神问题。他轻率地否认了我患有肺结核的可能性,说那是不可能的,根本不必多虑,必然是弄错了什么,他会处理此事,凡此种种。不管怎样,我第二天就去了医院,在那儿待了一周,并证实了我的确患有肺结核。如今,我怀疑这种疾病与压力有关。那个年代,高收入阶层很少会患这种疾病。也许,菲尔的疾病带给我的压力,远超我的想象。

各种事情的叠加积累——菲尔对收购《新闻周刊》和我的疾病的焦虑——让菲尔酗酒不止,做出各种疯狂之举。住院期间的关键时刻,我和医生等待着和他讨论我的诊断结果。菲尔进来后,滔滔不绝地说起话来,未有一刻的停顿。他的话诙谐有趣,我们禁不住笑得前仰后合,等到他出去后,我们才意识到根本没有任何严肃的讨论，也没有解决任何实质问题。这听起来不可思议，但却的的确确地发生了。

许多人相信菲尔拥有不竭的精力，但收购《新闻周刊》后，菲尔收到的数百封贺信中，有许多都表达了对他的健康的忧虑。其中一封信来自汤米·汤姆斯（Tommy Toms），他为厄内斯特·格雷厄姆工作了许多年，菲尔还是个孩子时，他们就已经在佛罗里达相识，甚至是在更早前的南达科塔州特里市：

> 毫无疑问，许多达官显贵已经举杯祝贺了你的大胆收购之举，但自从久远的特里起，我就在一旁注视着你的成长，没有谁会比我的祝福更加诚挚。
>
> 回首往昔，你父亲不避劳苦，以几十年的努力打造了他的土地帝国，但也毁掉了健康的身体，我不禁怀疑起这番成就来。
>
> 希望经过了这么多年，你已经学会了（我还没有）放下生意上的责任，不要重蹈你父亲的旧辙，日以继夜、夜以继日地工作。
>
> 没有什么比健康更贵重。

菲尔觉得这是收到过的最具真挚善意的来信，但对汤米的关心却弃置一旁，写道，"别忘了，与父亲和你不同，我早上睡到很晚。"

菲尔写信给我母亲，表达对收购《新闻周刊》的兴奋之情，并严肃地说道，"现在我们放慢了脚步，的确存在一些问题和许多的机遇。但'小心行事'是我们的箴言。"然而，尽管嘴上说着要放慢脚步、小心行事，菲尔却再次加速了。他写信给好友哈罗德·安德森（Harold [Andy] Anderson），说收购《新闻周刊》"就像是在四分钟内跑完一英里，迅速，但令人精疲力竭。不过，虽然喜欢稳扎稳打的做事方式，我发觉冲刺异常令人振奋。"菲尔迅速着手裁减《新闻周刊》的工作人员，雇佣有才能之人，并提拔执行主编奥兹·埃利奥特为总编辑。

收购《新闻周刊》后，菲尔采取的最重大举措也许还是说服弗里茨离开克拉瓦斯律师事务所，作为平等合伙人和他一起管理华盛顿邮报公司。弗里茨会继续留在纽约，监督《新闻周刊》的运作，但在公司的所有事务和活动上都将扮演着举足轻重的角色。我父亲曾告诉菲尔，当倾尽全力工作，且担负了许多责任时，

305

你需要找到一位伙伴——不是高管雇员，而是真正的合伙人。菲尔知道，弗里茨就是那个他真正需要的人。他给弗里茨提供了优厚的工作待遇，最终令弗里茨获利颇丰。虽然如此，菲尔还是要想尽办法来说服弗里茨。弗里茨必须慎重地思虑和权衡，因为他早就决心在克拉瓦斯取得一番成就，事实上，克拉瓦斯的合伙人从未原谅过他，将他的行为离去视为背叛。

弗里茨成了华盛顿邮报公司董事会的董事长，《新闻周刊》董事会的副董事长，上任之初便为公司带来转机，也是我接管公司后十年间，公司得以生存的关键因素。弗里茨身上有许多非凡的优点。最重要的是，他聪明睿智，拥有敏锐的法律意识，且意识超前。弗里茨忠实于我们家族和公司——也许应该这样排序，但其实两者根本分辨不清，因为它们已然融为一体。弗里茨同样参与编辑工作，《邮报》和新闻周刊的编辑们都对他忠心耿耿。弗兰克·斯坦顿写信给菲尔，祝贺《邮报》聘得了弗里茨，菲尔洋洋得意，回信说，"我现在完全不用忧心挂怀了！真是捡到宝了！"

然而，事情远非如此。菲尔在重塑《新闻周刊》的同时，重新拾起了对《邮报》的兴趣，并再次肩负起了对《邮报》和整个公司的责任。他参与了两份刊物的编辑水平提高工作，并密切关注电视台的经营业务。在《邮报》时，他总是让自己办公室的门开着，允许整栋办公楼里的记者和其他人进来讨论任何事情。菲尔喜好争辩，以言辞妙趣横生而著称，不拘礼节的习惯也令他颇受爱戴。他为新闻报道提供灵感，常常就如何写作它们出谋划策。

1961年2月，菲尔提拔执行主编拉斯·威金斯为主编，提拔总经理约翰·斯威特曼为发行人；菲尔自己则使用总裁的头衔。他依旧会去办公室，但对工作的细节很快就失去了耐心。1961年初，菲尔写信给图书出版商布兰奇·克诺夫（Blanche Knopf），将自己的办公室描述为，"都是普普通通的事情，电话、信件和被日常事务所烦恼的熙熙攘攘的人们；我总是尽可能地晚来早走。"

在纽约，菲尔忙于处理收购《新闻周刊》的最后细节。在寄给广告商的信中，《新闻周刊》的发行人吉布·麦凯布（Gib McCabe），称菲尔正成为杂志的首席销售员；此外，菲尔还忙着帮助新组建的编辑队伍运转起来。新队伍的领袖是奥兹，克米特·兰斯纳（Kermit Lansner）和戈登·曼宁（Gordon Manning）是奥兹的副手，或者，如奥兹所言，和他平起平坐。他们的教育和背景各不相同，但却亲密无间，为杂志焕发新活力做出了巨大贡献。这个三人组合近乎完美：一个是动力十足、作风严肃的爱尔兰裔波士顿天主教徒；一个是保守的WASP新教徒；最后一个是上西区（Upper West Side）的艺术家，睿智的犹太人。三人为《新闻周刊》带来了平衡和协调，因此，工作人员称他们为"瓦伦达组合"（Wallendas，一个擅长高空走钢丝的家族），时至今日，人们依然使用这个称呼来指代《新闻周刊》的高级编辑。奥兹可以说是驾驶员，而克米特和戈登比奥兹专注细节，相当于引擎和燃料。这个三人委员坐镇纽约，本·布莱德里驻守华盛顿，他们基本上重塑了《新闻周刊》。奥兹回忆起当时的兴奋之情——肯尼迪时代曙光初现，"二战"期间出生的人开始崭露头角。最终，《新闻周刊》向《时代》周刊发起了挑战。《时代》周刊的总编辑是极端保守的奥托·菲尔布林格（Otto Fuerbringer），作为新闻杂志的领头羊，《时代》向来不太忧心排名第二的《新闻周刊》。戈登仍旧难忘收购完成后的那几个月，并将其视为一生之中最激动人心的时光："早晨起床后，你会说，'嘿，这个世界在我掌控之中。'"

经营方面，吉布·麦凯布喜爱并擅长自己的工作。他还特别给予编辑们保护和支持，即便是面对撤销广告的威胁或其他此类麻烦；《新闻周刊》的一篇封面故事就引发了这样的威胁，文章题名是"雷声在右"（Thunder on the Right），发表在1961年12月的一期杂志上，谈论了美国右翼的情况。三十年后，《新闻周刊》中曾经历过那个时刻的一位编辑回忆说，麦凯布这样谈论广告商："不论事实如何，我们都要假定他们更加依赖我们，并依此行事。"弗里茨和吉布都认为，没有好的新闻产品，杂志也根本无法卖出去。

我的肺结核正处在发病期，但值得庆幸的是发现很早，尚未对肺造成任何伤害，也不会传染。我从未太过忧心，病情也不曾恶化加重，但医生还是让我卧床休息六周，第一年每天吃两片药，第二年每天吃一片药。我非常幸运，因为患病时这种药才刚刚研制出来，否则我就要被送去疗养院了。医生还嘱咐我要滴酒不沾，但最终还是改为了每周三杯。菲尔找来了芝加哥大学的两位顾问医师，是他在该大学的理事会任职时结识的。他们确认了本地医生的诊断和处方。

我在卧室中度过的几周，是一种混乱模糊的体验。我就像是被摆错位置的茶花女（Camille）。被迫放慢生活节奏并非全然都是坏事，许多人都羡慕我可以卧床休息好几个星期。三月末，我写信给朋友说，"如果有人发现这是多么逍遥，从乔治城到卡洛拉马路（Kalorama Road），到处都会有人患上结核病。睡觉，读书；想见谁就见谁，不需要来太多；对丈夫呼来喝去；不需要做什么工作；身上没有责任。"甚至菲尔也从我的疾病中获益。我解释给德鲁·杜德利说："菲尔称他如今躲藏在我的肺病之下，从来没有过任何事情让他觉得如此有用。他推掉了不计其数的活动，我敢肯定，他希望我慢些康复，甚至不要康复。"

每天，我只有四个小时可以下床活动。下午放学后，拉莉往往会穿着绿色的学生裙来到我屋里，那是马德拉中学的校服。我们聊天时，她会吃些零食。某天晚上，我遵照要求早早上床，拉莉看到我在阅读侦探小说，猛地夺走我手中的书，代之以《在斯万家那边》（Swann's Way），——普鲁斯特（Proust）的小说《追忆逝水年华》（Remembrance of Things Past）的第一卷。她是正确的，我不应该浪费这段宝贵的卧床时间，去阅读垃圾读物和轻小说。在她温柔的督促下，我阅读完了《追忆逝水年华》的全部七卷。

这几周和收购《新闻周刊》一样，成为了我生命中的转折点。我退出了所有公益活动，放下了在华盛顿的室外工作。拥有《新闻周刊》意味着要更多地往返于纽约，菲尔从一开始便这样做了，我身体康复后也立刻跟着他做起来。我们开始了在纽约的生活，同时华盛顿的生活又一切照旧。在纽约，我决定花些时间欣赏画作，想着能够学习更多的东西，最终还购买了一些。

菲尔身上的压力日益积累。我生病期间，他似乎要同时处理一大堆的事情，包括照顾孩子们。他要妥善安排孩子们的春假，常常和唐一起打高尔夫，为比尔买了辆新自行车，还要应对史蒂夫在学校交的一大帮朋友。他甚至带着拉莉去纽约购买衣服，为那年她初入社交界的舞会做准备；菲尔找到南希·怀特来帮忙购物，她是我在马德拉中学的好友，当时在《时尚芭莎》（Harper's Bazaar）做编辑。一次旅行中，菲尔带着拉莉到卡莱尔酒店会见杰姬·肯尼迪，令拉莉兴奋不已。当时，母亲频繁到萨拉托加疗养身体，菲尔写信给她，说自己本已"疲乏至极"，但与孩子们度过的温馨时光让他"精神焕发"。但实际上，菲尔已经透支身体,且酗酒过度。他的行为也愈发反复无常。

本·布莱德里记得,在收购《新闻周刊》后,菲尔很快就淡出了人们的视野。然而,"猪湾事件"发生后不久,某个周六的早晨,菲尔出现在《新闻周刊》,介入了涉及中央情报局的封面报道,令其措辞更加柔和。菲尔与相关人员过从甚密——弗兰克·威斯纳和崔西·巴恩斯(Tracy Barnes)都是他的好友——非常关注这篇报道,细致地检查了好几遍。菲尔的举止极其专横。

猪湾行动惨败,《邮报》却没有派出记者到佛罗里达和危地马拉,菲尔、报纸编辑和沙尔本人都认为中情局的行动毫无不妥之处,甚至希望行动成功。4月22日,《邮报》发表社论声称,古巴发生的事情只是"人类漫长自由史中的一章,必须经历诸多灾难和黑暗时光后,人们才能将智慧与决心结合,书写光明篇章"。直至5月1日,一篇社论才提及"古巴的不幸遭遇",并于次日称其为"令人震惊的判断失误"。菲尔在没有通知鲍勃·埃斯塔布鲁克(Bob Estabrook)的情况下,撤掉了他的一篇措辞严苛的社论,这预示着菲尔的情绪再度恶化了。显然,菲尔长期缺席《邮报》的管理,又不时横加干涉,一定令员工们感到大惑不解。

这段时期,被菲尔首先发难的人便是埃斯塔布鲁克。拉斯成为《邮报》总编辑后,鲍勃晋升为社论版主编。菲尔和鲍勃品性不和,数年间,他们积累下了许多嫌隙。在这次事件中,鲍勃认为就某些社论问题而言,《邮报》如果改变了立场,就必须坦言不讳。这似乎成为了菲尔不堪承受的最后一根稻草,他非常生气,想要解雇鲍勃。拉斯·威金斯出面解决问题,他派鲍勃·埃斯塔布鲁克到伦敦担任《邮报》专栏作家,自己接管了社论版的工作。如此一来,阿尔·弗兰德利开始掌管起新闻报道工作。

在此期间,菲尔带来的另一个变化是更换公司聘用的律师事务所。比尔·罗杰斯离开政府部门后,菲尔试图让卡文顿—伯林律师事务所接纳他为合伙人,好让他可以为我们服务。卡文顿拒绝了这个提议,于是,菲尔将所有公司业务都转交给了比尔入职的律师事务所,只留下广播业务。菲尔这样做的部分原因是想要提升该律师事务所的品质。在此举措下,比尔成了华盛顿邮报公司的法律总顾问,以及弗里茨、菲尔和之后的我的亲密伙伴。

这些年间，菲尔保持了一贯的喜好，不断插手政治事务，为鲍比·肯尼迪、总统和副总统撰写和修改演讲稿。他为林登·约翰逊起草关于统一的外交政策的演讲稿，演讲对象是杂志发行人协会——他说服副总统首先在此地发表演讲——还陪同约翰逊前去协会演讲。紧接着，约翰逊和伯德女士飞往远东做正式访问。离开前，他们一直在寻找房屋，并将搜寻范围锁定在两座房子上。林登留给菲尔一份委托书，让他与艾毕·福塔斯（Abe Fortas）协商，决定该买哪座房子。艾毕担心，更巨大、更豪华的那座会损及约翰逊的政治形象。那座房子的拥有者为珀尔·梅斯塔（Perle Mesta），也被大家称为埃尔姆斯（Elms）。房子是正规宏伟的法式风格，周围有大片的草坪和庭院。菲尔是做出最终决定的人，他不顾福塔斯的疑虑，选择了那座房子。数年后，伯德女士深切地赞许了菲尔的决定，说自己从来不敢把眼光设得那样高。"太优雅了，太高贵了。这是我住过的最漂亮的房子。我爱那座房子，爱在那里度过的每一天。"

5月中旬，我得到准许可以每天离床活动5小时。这5个小时里，我大多数时候都是和菲尔一起散步。随着夏日的临近，我离床的时间逐渐增多。6月3日，拉莉从马德拉中学毕业。菲尔给儿时的好友写信，描述我们的女儿，其中满是骄傲的父亲的亲情之爱："今年秋季，她会进入拉德克利夫学院，非常了不起，教养和智慧都远高于我，就像我和你当初超越乔治叔叔和我父亲一样。"

拉莉初入社交界和毕业的这一年，我们为她筹办了好几场派对。我当时的好友邦妮·麦伦（Bunny Mellon），即保罗的妻子，决定在阿珀维尔农场举办舞会，庆祝女儿的丽莎·劳埃德（Liza Lloyd）的婚姻。不管是在什么时候做这样的事情，邦妮都会煞有介事。她建议我在舞会当晚早些时候为拉莉和拉莉的好友芭芭拉·劳伦斯（Barbara Lawrence）举办晚宴，然后带着所有的客人去阿珀维尔农场。可怜的费尔茨医生同意我在6月16日举办晚宴，但必须是安静的家庭聚会。我答应了。然而，安静的家庭聚会最终演变为120人的晚宴，大约有80位年轻人，都是拉莉的好友，还有40位成年人。这是我第一次真正意义上的夜间活动，自卧床休养以来，我首次出席社交活动。

在格伦韦尔比举办完晚宴后，我们所有人开车前往阿珀维尔，来到麦伦夫妇的家中。邦妮建好了舞池，把跳舞的地方装饰得仿似法国乡村广场的中心，周围灯光闪烁。远端，大量的年轻人被安置在营帐里，像是个帐篷之城；四处都飘荡着旗子，漂亮异常。贝西爵士乐队（Count Basie）和另外一支当时著名的伴舞乐队轮流演奏了整个晚上。舞会一直持续到第二天清晨。有人说，唐·培里侬香槟王（Dom Pérignon）一整年酿造的葡萄酒都在当天晚上被喝光了。

这是我的孩子们参加过的最后一次如此奢华的狂欢，非常有趣，我也很高兴第一次参加派对之夜便能有这样难忘的经历。

拉莉毕业的周末，肯尼迪总统也在维也纳和赫鲁晓夫举行首脑会议。总统回来后不久，乔·艾尔索普——刚刚同苏珊·玛丽·帕滕（Susan Mary Patten）结婚，新娘是他的好友比尔·帕滕的遗孀，也是他最完美的妻子——请求我们开车送他去见总统。当时，肯尼迪夫妇租住在弗吉尼亚州米德尔堡。我们坐在一起，总统冷静地谈论着维也纳会议的场景，以及赫鲁晓夫的强硬态度。我们坐在肯尼迪总统的客厅里，肯尼迪躺在老式的摇椅上（以此来缓解背痛），他派人拿来和赫鲁晓夫的会谈记录，朗读了两人最后时刻的争吵。最后，对于赫鲁晓夫的威胁，肯尼迪总结说，"凛冬将至。"

杰姬告诉我，在巴黎时，她坐在戴高乐总统旁边，法国人都很尊敬她，热情地接待了她。戴高乐告诉她，"Prenez garde, elle est la plus maligne."（"当心，她诡计多端。"）；戴高乐指的是赫鲁晓夫夫人。在维也纳，杰姬见到了赫鲁晓夫夫人，觉得戴高乐的话完全正确。两个女人走到露台上向维也纳的群众示意，杰姬说，赫鲁晓夫夫人"眼睛很小……抓住我的手，高举起来，让我猝不及防"。

同赫鲁晓夫的争执令肯尼迪深感震撼，会议一结束，他就向斯科蒂·雷斯顿透露说，这是"我一生中最棘手的事情"。一些人认为，肯尼迪是被迫在越南采取行动的，因为就柏林和其他问题，赫鲁晓夫在维也纳恐吓了他。后来，莫里·马德告诉我，在自维也纳返回的飞机上，总统和玛丽·里德尔（Marie Ridder）有过交谈。玛丽·里德尔和丈夫沃尔特一同乘坐飞机，当时怀有身孕，肯尼迪严肃地对她说，"你没有权利把孩子带到这样一个人世。"玛丽惊愕不已，指出杰姬也怀孕了，肯尼迪回答说，"她也没有权利。"

我们的此次拜访直接而深远地影响了菲尔。回来后不久，针对肯尼迪对严峻形势，尤其是柏林的形势的担忧，菲尔找来了《邮报》和《新闻周刊》的编辑和记者，向他们强调了肯尼迪的感受。某天下午，菲尔还与本·布拉德利长谈，在场的尚有哥伦比亚广播公司的迪克·霍特利特（Dick Hottelet）和《新闻周刊》巴黎分社的拉莱·科林斯（Larry Collins）。菲尔与汤米·汤普森（Tommy Thompson）和奇普·波伦谈论了数个小时，直至深夜，这两人都是苏联问题专家和外交家。菲尔甚至建议发表几篇文章，讨论一下柏林危机和数百万人死于核战争的可能性。"我们知道他探访了肯尼迪，并从那里得到了消息，"负责报道维也纳之旅的沙尔·罗伯茨说道。"我们知道他其实想要我们写些文章宣传肯尼迪的政策，这是无可非议的新闻报道，但我们却颇觉不舒服……我从来没有和菲尔真正冲突过，但的确觉得他与政治和肯尼迪夫妇牵扯得太深了。"

夏季时，我没有什么事情可做，于是为了让菲尔得到休息，也为了改变自己的环境，我在朋友的建议下去了科德角。我们租借了一个家庭的两座房子，位于科蒂伊特，小路上有个码头，还有梯子搭在通向海滩的峭壁上。

这个夏天过得异常艰辛。我们动身前往科德角时，菲尔显然再度陷入抑郁情绪，还有严重的腰背疼痛。大部分时间，由于菲尔心情抑郁，我们在科德角过着相对平静的生活。他从工作和社交活动中抽身而出，花费了一些时间来陪伴孩子们，逗惹拉莉年轻的男朋友。拉莉的男朋友家里做军火生意，菲尔给他取了个绰号，叫"手枪"。

邦妮·麦伦在科德角附近有座房子，一天，她打电话告诉我，"你知道吗，肯尼迪夫妇乘坐这艘船四处游逛，他们的午餐有极其好吃的三明治和罐装的海鲜杂烩。我想邀请他们野餐会很不错，希望你和菲尔也能够过来。"我相信她不需要我们，但自己却开心极了。我恳求菲尔一同前往，他吞吞吐吐地答应了。在麦伦夫妇家位于奥斯特维尔（Osterville）的海滩上，我们全都翘首以盼，这时，我们看到总统的船靠了过来，后面还跟着媒体记者的船。肯尼迪和杰姬跳下船，来到海滩上，避开了媒体船。媒体船看不到总统的身影，便自顾自地离开了。

邦妮没有用肯尼迪夫妇在船上常吃的简陋午餐招待我们，而是代之以清蒸蛤蜊和香槟。总统同我和菲尔聊起了联合报道组的成员，坦率地评价了他们，但对

第十五章

《邮报》报道白宫新闻的两位记者埃迪·福利亚德和卡罗尔·基尔帕特里克,则有些溢美了。

午餐时,我们全都围坐在小桌子旁。总统和邦妮单独占用一张小桌子,正是在这时,总统问她,谁的庭园设计技艺最超凡脱俗,她是否可以重新设计他的办公室窗外的花园,因为尽管那里被称作玫瑰花园(rose garden),但其实一朵玫瑰都看不到,只有赏之不尽的杂草。后来,玫瑰花园毫无变化;邦妮受邀进入白宫,总统问她,"我的花园改造计划在哪里?""哦,总统先生,我很忙,一直在旅行。它们就在我的脑子中,但我却没有时间将它们落实到纸上。""整个'新边疆'(New Frontier)计划也遭遇了这样的麻烦,"肯尼迪挖苦道。邦妮最终重新设计了花园,它的美丽保留至今。

那年夏天,尽管状态堪忧,菲尔还是进入了兰德公司的董事会。兰德公司是独立的研究机构,于"二战"后建立,为空军的公共政策问题提供咨询,尤其是涉及国家安全的问题。进入该公司的董事会,意味着菲尔同另外一家与政府关系密切的机构产生了联系。我仍旧认为,他那样做勉强可以令人接受,因为在那段时期,发行人的行为标准尚未有严格的规定。几年后,兰德公司邀请我进入董事会,但当时我认为这不可行:与政府的联系给我造成了许多冲突。

那年秋季的大部分时间,菲尔依旧情绪低落,想要我陪在他身边;同往常一样,心情抑郁的时候,他不喜欢一个人待着。这段时期,他常常只去办公室坐上几小时,接着便回家。我的肺结核已经完全康复,大部分时候都会陪同他前往纽约,我们还在卡莱尔酒店租了套漂亮的公寓。有时候,我会跑出去,和贝比·帕利(Babe Paley)吃午餐,有时还会有她的一两个姐妹在场。我很荣幸能够进入她们的纽约社交圈,于我而言,这里极富魅力。我家境富裕,出生地也在纽约,但在那里却总是觉得自己像是个乡下姑娘。

贝比成了我的好朋友。某天,她问我是否认识杜鲁门·卡波特。我姐姐弗洛里认识他,但我从未见过这个人。贝比说,卡波特是她的好朋友,她想要我们认识一下。于是,贝比为我们、卡波特和《杀死一只知更鸟》(*To Kill a Mockingbird*)的作者哈珀·李(Harper Lee)安排了午宴。第一眼见到卡波特时,我很难形容他。他有着古怪的假声,并因此而闻名;他很矮,衣着典雅,仪容整

313

洁，还戴着小帽子；他极善辞令，说出的话语就像故事一样。我们很快便成了朋友。哈珀·李完全不同。她后来离群索居，我后来只见过她一次，同样是和卡波特一起。

肯尼迪政府的运转渐入佳境，我和菲尔到白宫参加了最初的几场晚宴舞会。聚会中有来自纽约和欧洲的高雅女士，也有我们的老朋友，约翰逊夫妇就在其中。我们（尝试着）跳起了扭摆舞。我觉得这种舞蹈极难学习，也从来没有学会过，虽然孩子们试图通过踩烟头和用浴巾擦身体的动作来教会我。菲尔没比我好到哪里去，但学习起来很有热情，动力十足。某一次聚会上，因为太过投入，菲尔还扯裂了裤子。

1962年初，德鲁·皮尔逊在专栏中谈论了扭摆舞舞会，题名为"他们在白宫扭摆"（They Twisted at the White House）。皮尔逊写道，"华盛顿热衷讨论的话题不是U-2飞行员鲍尔斯（Powers），不是宇航员格林（Glenn）上校……而是谁泄露白宫盛大的扭摆舞舞会的新闻。令将军们震惊的是，国防部长也跳起了扭摆舞；总统本人则跳到了凌晨4点30分。"跳扭摆舞被视为相当大胆的举动，有些人很震惊白宫也在举办这样的舞会。

的确，那些个夜晚有种梦幻的感觉——在那些历史气息浓重、格调高雅的房间里跳着扭摆舞。有一次，菲尔和艾瑟尔·肯尼迪跳起了扭摆舞，艾瑟尔趁机问道，"既然有了可以全心全意效力的总统，你为什么不全心全意效力于他呢？""嗯，让我来告诉你，艾瑟尔，"菲尔答道，"你可以全心全意为他效力。"

几个月后，白宫又举办了一场舞会。客人们被安排在了蓝屋（Blue Room），菲尔说道，"杰姬，今天晚上在这里办舞会甚至让人感觉更好。我喜欢尝鲜，但觉得有些紧张。"杰姬用充满魔力的声音打断了菲尔，"现在你只当它是快餐店吗？"

肯尼迪总统魅力非凡。他的专注、轻柔逗弄的幽默和令他人以全新角度看待问题的习惯，让人不可抗拒。肯尼迪手下的那些人也都是不折不扣的大男子主义者，和当时的绝大多数男人一样，包括菲尔。他们喜欢聪明的男人，也喜欢女孩，但并不太清楚如何同中年女性交往，对她们也没有太大的兴趣。他们这样的态度令中年女性的生活尤其艰难，诱发和孕育了那段时期许多女性的不安全感。虽然男人们彬彬有礼，但我们自知在他们心中根本没有地位。我总是担忧显得乏味无趣。和总统在一起，或者待在白宫时，这种担忧常常会压得我喘不过气来，尤其是面对总统本人或者他的顾问时。这种恐惧真正导致了无趣，因为它令我迟钝和缄默。

总统喜欢菲尔。菲尔在我身边，并肩负起谈话的责任时，我才会感到安全。我本来以为道格拉斯·狄龙的妻子菲莉斯（Phyllis）通晓世故人情，但她坦言也有同样的感受：她抱怨说，在棕榈滩的派对上，她与罗丝·肯尼迪（Rose Kennedy）总会被晾到一边。

阿德莱·史蒂文森是大男子主义传统中难能可贵的例外。女人们都很喜欢他。最后，我的母亲、女儿，还有我自己，都和他建立了深厚的友谊。克莱顿·弗里奇（Clayton Fritchey）曾经给我讲述了一个故事，解释了阿德莱的魅力所在；与之形成对比的是，我们对于肯尼迪政府中的其他人，乃至总统本人的感受。肯尼迪遇刺前三周，克莱顿在纽约见到了他，当时，阿德莱是美国驻联合国大使，克莱顿是他的副手。三人一起出席了一场聚会，克莱顿在阳台上俯瞰中央公园，自顾自地喝着酒，总统来到他身后，说道，"我们今晚一直没机会好好聊聊，不过，现在有了个很好的共同话题。"总统指的是阿德莱。接着，总统告诉克莱顿，他不明白阿德莱对于女性的掌控力，说杰姬非常喜欢和仰慕阿德莱，坦言自己无法像阿德莱那样泰然自若地面对女性。"你觉得原因是什么？"总统询问，并补充道，"我也许不是长得最英俊的，但阿德莱头发半秃，大腹便便，穿衣打扮邋里邋遢。他有什么比我出挑的？"

克莱顿的回答与我的看法一致，说明了女人在阿德莱身上看到的品质，以及她们对那个时代的男人的不满。"总统先生，我很高兴，这一次您询问了我能够回答的问题，而且，我的答案可以如实、准确地反映事实。你们两人都爱女性，但阿德莱同时还欣赏她们，女性能感受到其中的差别。阿德莱和女性谈话时，她们能感受到一种从他身上流露出来的信息——她们充满了智慧，值得被倾听。他关心她们的言谈举止，这一点非常吸引人。"

总统回答道："好吧，你也许说得没错，但我不知道自己能否做到那样。"

1961 年的秋季，我花费了大量时间来筹办拉莉的初入社交界聚会，圣诞节假期时，聚会会在母亲的家中举办，那时，拉莉将从学校中回来。我坚持在 12 月 26 日举办晚宴，因为自从我们四个女儿长大成人，进入社交界后，母亲每年都会在这个夜晚举行宴会。母亲评价他人时一向苛刻，但此次却对我赞赏有加，这还是我记忆中的第一次。某天，我在筹备晚会时，她望着我说道，"亲爱的，你很擅长准备名册。"

　　聚会上，我们各个人的好友混作一团，有我和菲尔的，母亲的，当然，数量最多的还是拉莉的。成年人佩戴白色领结；年轻人佩戴黑色领结。唐、比尔和史蒂夫都换上了最好的行头，史蒂夫还好几次穿过迎宾队列。苏珊·玛丽·艾尔索普回忆说，菲尔英俊潇洒，拉莉明艳照人，"我们所有人都退到后面，菲尔与拉莉跳起了华尔兹，从舞厅的一头跳到另一头。他们是我见过的最优雅可爱的舞伴。拉莉的黑色头发飘舞着，菲尔风度翩翩，两人的舞蹈动人心魄。"

　　那的确是个令人陶醉的夜晚，也是我们最后的幸福时光。

PERSONAL HISTORY

第十六章

1962年的前6个月，事务仍旧繁忙，但保持了一定的稳定性，进展也颇让人安心。菲尔还是不太自信，不相信自己的直觉。某天，他说有了个构思，但这个构思肯定不好，因为那是他想出来的。年轻的欧提斯·钱德勒（Otis Chandler）接手了《洛杉矶时报》（*Los Angeles Times*），成为其发行人。他雄心勃勃，计划着将这份平庸的党派性报纸改造成高品质的独立报纸。菲尔看到了与钱德勒合作的机会，提议共同组建通讯社，各自增加驻外通讯记者的数量，并通过向大约25家大报社提供新闻稿来支付此次扩张的费用。

欧提斯反应积极，于是，我和菲尔前往加利福尼亚推进计划的实施，《洛杉矶时报》—《华盛顿邮报》通讯社（Los Angeles Times-Washington Post News Service）在那一年成功启动，最初有32家用户。此后，通讯社不断成长，如今在世界范围里，已经有超过600家报社、广播电台和杂志成为其用户。

7月7日，我和菲尔与奇普和艾维斯·波伦到新斯科舍的乡间小屋度假一周，小屋的拥有者是宝华特·默西（Bowater Mersey），即《邮报》的新闻用纸供应商。与波伦夫妇的此次旅行令人难以忘怀，其中的部分原因在于菲尔似乎心态平稳安和。一周时间里，他只有一次邀我去散步，陪他聊天，因为他有些情绪低落。他仍旧需要帮助，但我当时主要的想法还是，"太棒了，他又好起来了。他康复了。"

　　这次旅行中，我们尚不知道肯尼迪总统已经通知奇普，他将前往法国担任大使。奇普和艾维斯极为慎重，没有透露半点信息。当时，艾维斯在读加缪的法语版《鼠疫》（*La Peste*），这本可以让我们有所觉察，但我们没有在意。我们从加拿大一回来，奇普的任命就公布了出来。几天后，我们到总统的船上，参加祝贺波伦夫妇的晚宴。肯尼迪的车到达时，客人们都等待在扇形船尾的甲板上。朋友们坐在折叠椅上，围成了个大圈子，只有我身边的椅子是空出来的，总统别无选择，坐在了那里。我望着菲尔，无声地乞求他过来帮忙，然而，尽管清楚我惧怕与总统说话——或者正是因为如此——他只是看着我，同情地笑了笑。

　　由于觉得总统是迫于无奈坐到我身边，我更加局促不安。尽管如此，我们闲聊了起来。他想要知道波伦夫妇的大女儿艾维斯（Avis）的情况。艾维斯是非常有才能的年轻女人，如今已经是外事处（Foreign Service）的明星官员，刚刚被任命为驻保加利亚大使。我告诉总统，艾维斯是个不同寻常的女孩，正在写作关于彼得大帝的书。"我想知道，她是否留在家人身边太久了？"总统询问——他指的是他们长期的外交生涯。我知道总统的意思——艾维斯有些腼腆和不善交际——但强调说她极为漂亮，我非常喜爱她。总统揶揄地望着我，说道，"哦，凯，我们都喜欢漂亮的女孩。"

　　船上宴会的第二天，我和菲尔带着史蒂夫动身前往佛罗里达，出席比尔·格雷厄姆的迈阿密湖工程的落成典礼。迈阿密湖工程计划开发原有的家庭农场，但最终变成了容纳将近 2.5 万人的社区。我们在佛罗里达时，我身上发生了极为重大的事情。经过五年的漫长等待后，我感觉菲尔终于好转了。他的抑郁情绪似乎一扫而空，再次对工作产生了浓厚兴趣。我自己的情绪反倒令我大惑不解。与波伦夫妇在加拿大时，我非常快乐，但在佛罗里达的大部分时光，我都常常忍不住落泪，也不知道是为了什么。只是在后来我才意识到，菲尔情绪的突然变化极大地影响了我。在加拿大时，我们常常散步，帮助他克服短暂的抑郁，然而，那是他保持冷静的最后时刻。现在，我清楚地意识到，菲尔那种接近平稳的情绪状态突然结束了，伴随着愤怒与刻薄讽刺的机能亢进开始出现。从那以后，我懂得了，反复发作的躁狂抑郁症如果不及时治疗，就会愈发严重，且躁狂与抑郁的转

第十六章

换愈发频繁。我当时所经历的，就是躁狂抑郁周期缩短，病症加重的过程。

菲尔开始大力收购，有些还算合理，有些则不然。他先是买下了宝华特（Bowater）造纸厂的部分资产——我们乘船自加拿大返回时，菲尔和造纸厂的负责人玩了会儿沙狐球，差不多敲定了交易。8月的第一周，他又收购了月刊杂志《艺术新闻》(ARTnews)，世界上连续出版时间最久的艺术杂志。菲尔认为这次收购"没有投入多少金钱，也没有耗费多少时间和精力，但相当有趣，具有巨大的影响力和适当的盈利。一切都很愉快"。大体上，菲尔是为我而购买杂志的，觉得我能够以某种方式投身其中，因为我对现代艺术的兴趣正愈发浓厚。

菲尔越来越喜欢四处奔走，最终，我们仓促决定和孩子们到欧洲度夏，我们及时地赶了回来，好让唐去哈佛读书。那年6月，唐从圣奥尔本斯毕业，比同班同学小一岁，但成绩却出类拔萃。他动身离开时，菲尔给出的建议非常明确，对于报业人士来说也极不寻常："远离哈佛校报《深红》(Crimson)。你一直生活在新闻媒体的氛围里，我们家和弗兰德利家都是如此。你已经在《圣奥尔本斯新闻》(St. Albans News)中做过编辑。你应该学点别的东西，开阔视野。"然而，唐只等待了三个月，便参加了《深红》的严格选拔，并成功入选。从那时起，《深红》成为他哈佛校园生活的重要组成部分，他最终还担任了该报社的社长。

自欧洲返回后，我们的生活回归了往常的状态，差别在于，我们更多地外出活动，菲尔更加拼命地工作。菲尔完成了意义重大的举措，与沃尔特·李普曼签下合同，让他为《新闻周刊》和《邮报》写作双周专栏，《邮报》负责将稿件出售给其他刊物。这是绝妙至极的一步，因为自1931年起，沃尔特的专栏就出现在了《先驱论坛报》上。李普曼年事已高，但仍旧是首屈一指的评论员，专栏很快成为了一笔宝贵财富——引用者众，影响巨大，且发人深省。《新闻周刊》尤其从中受益。与此同时，菲尔还签下埃米特·休斯（Emmet Hughes），令他为《新闻周刊》写作每周专栏。然而，奥兹·埃利奥特事先并不知道这一安排，他对菲尔雇佣休斯不太满意，因为菲尔没有同他商议。

菲尔进一步加快节奏。他正在就两件事情向总统施压：第一，他认为迪安·腊斯克应该卸去国务卿一职，改由大卫·布鲁斯担任；第二，他认为应该减少税收。总统对减税政策较为接受。菲尔相信减税可以刺激经济发展。他给总统写了封论证严密的长信以阐述观点，这封信表明，他的心智仍旧在异常出色地发挥作用。

自10月起，菲尔愈发焦躁易怒。除了努力工作以提升《洛杉矶时报》—《华盛顿邮报》通讯社的服务，保持在兰德公司、美国经济发展委员会和乔治·华盛顿大学的理事职务，继续掌舵《邮报》和《新闻周刊》外，他还同时参与着许多其他事务。菲尔很久没有发表演讲了，但却接受了一场大型演讲的邀请，将在华盛顿建筑协会（Washington Building Congress）成立25周年晚宴上演说。他说华盛顿正面临"全面危机"，城市的"2000年计划"（Year 2000 Plan）正在被规划人员和彻头彻尾的蓄意阻挠者用作麻醉剂，使我们平静忍受日复一日、年复一年的各类问题。演讲引发了积极回应。甚至《星报》都给予了报道，发表社论称菲尔"切中要害、鞭辟入里地分析了困扰国家首都的问题"。《邮报》记者拉里·斯特恩（Larry Stern）参与起草了菲尔的演讲稿，不可思议的是，他也为我们的报纸报道了这次演讲。

宴会上还发生了一件有趣的杂事，华盛顿建筑协会的行政秘书事先写信给菲尔，邀请我出席。他说道，"你可以看出来，华盛顿建筑协会正在愈发衰老，我们认为应该邀请女士们与其丈夫共享贵宾桌……"菲尔把信交给助理，并附上便条："打电话说凯会欣然前往，然后再告诉凯她该多么高兴。"菲尔这种不容置辩的态度，显露了他的情绪以及我们之间的关系，也说明了那个时代女性的角色。这种态度假定了菲尔让我去哪里，我就得去哪里，事实上，我也如此认为。

10月，菲尔接手了一项工作，我们两人的生活因之而改变——生活节奏甚至变得更快。他接受肯尼迪总统的邀请，创办通信卫星公司（Communications Satellite Corporation，简称COMSAT）。菲尔心知，自己会被推选为公司的负责人，果然，10月中旬，他被任命为集团主席。COMSAT是开创性的公私合营机构，半政府部门性质，半电话公司性质。让这个机构启动起来——将美好的愿景转变为运转良好，财务健康的组织——是一份全职工作，需要卓越的组织才华，巨量的智慧和耐心，以及无限的时间和精力。当时，菲尔并不需要这样的工作，但却非常想要承担这样的工作——不可抗拒的诱惑，改变世界格局的激动人心的冒险。

第十六章

菲尔被任命为 COMSAT 负责人的同时，国外却风云诡谲起来。10 月 16 日晚，危机的迹象出现在了乔和苏珊·玛丽举办的宴会上。宴会的目的是为波伦夫妇送行，他们将动身前往巴黎。乔希望肯尼迪总统能够出席晚宴，向法国证明总统很重视这位大使。除艾尔索普夫妇和波伦夫妇外，只有为数不多的客人——总统和杰姬；法国大使埃尔维·阿尔方德（Hervé Alphand）及其妻子；从哈佛大学归来的以赛亚·伯林，他在那里教授交换生课程；以及我和菲尔。

那天早晨，总统刚刚收到苏联在古巴部署导弹的首批照片，但决定依照既定计划出席晚宴。总统到达后，几乎没有问候任何人，直接带着奇普去乔的花园的尽头，讨论了许久。有人透过窗户看到，他们在争论着什么。乔开始担忧他们不会再回来，焦急地来回踱步。苏珊·玛丽表示再耽误下去，食物就会全部坏掉，这时总统和奇普回来了，我们所有人都开始坐下来用餐。

总统坐到了苏珊·玛丽的右边。"我感到极其紧张，"苏珊后来回忆说，"我从未有过类似的感觉。那是一种身体上的反应。我感到坐在了大功率发动机的旁边，而发动机已经火力全开。"还有件事情令她感到震惊，总统素来很少重复同样的话，也很少独占晚宴对话，但这次却两次询问同一个问题，先是问波伦，接着又问伯林："历史上，苏联人濒临绝境时，他们都做了什么？他们会如何行事？"

乔记得，总统"整个晚上都在沉思冥想"。晚餐后，依照以往惯例，男士和女士分隔了开来，肯尼迪说道，"当然，只要简单回顾一下历史，你们就会看到核战争可能性的临近，甚至 10 年内就会发生。"男士和女士聚到一起时，总统再次拉着奇普去了花园，站着交谈起来。最终，他们回到屋里，然后总统便告辞了，歉然说第二天早上还有繁重的工作要做，走下乔家前门台阶时，他还在与奇普争论着。

这便是"古巴导弹危机"（Cuban Missile Crisis）的开端。奇普是肯尼迪指定的顾问团的一员，原来，总统一直在敦促他留在国内，继续担任执行委员会（Executive Committee）委员。然而，奇普知道计划的改变可能会令苏联有所警醒，因而向总统建议，他和艾维斯应该依照原定安排次日出发。乔后来回忆说，这展现了奇普真正的专业性——顾全大局，甘心放弃参与十年来重大事务的机会。

总统依然保持表面的波澜不惊，依照计划动身去参加周末的政治运动。他时刻与执行委员会保持联系，在去主持执行委员会的最终辩论的路上，他以感冒为由中途折返。行动方针被确认了下来——执行封锁，而非同样被讨论的军事打击。这件事情虽然整周都保持高度机密，但等到周末时，还是有风声走漏出来。《纽约时报》注意到了军队的调动和其他活动，斯科蒂·雷斯顿也准备了一篇报道。斯科蒂向白宫核实情况时，总统请求《时报》的发行人奥维尔·德赖富斯放弃这篇报道，理由不难理解，正如阿瑟·施勒辛格所说，"媒体报道也许会导致莫斯科发出最后通牒，如此一来，总统将没有机会部署自己的计划。"

到10月20日，《邮报》得到风声，有事情在秘密进行。阿尔·弗兰德利正在家中举办晚宴，沃尔特·李普曼打来电话说，发生了一些严重的事情。弗兰德利在家中打电话给莫里·马德，接着便去了办公室，在那里打电话给白宫的阿瑟·施勒辛格。施勒辛格只是说，形势非常严峻。这些，再加上总统借口感冒从芝加哥返回，就是我们所知的全部事情。

接着，马德写作了一篇极为巧妙的报道。当时，国务院有一本来客登记簿，因为这篇报道，登记簿被永远地取消了。马德注意到，两名中情局的员工刚刚登记过，而在周六的晚上，这种事情很不寻常。他确信危机正在悄然逼近，只是不知道它发生在哪里；他在国务院四处闲逛，发现只有拉美事务局（Latin American Bureau）和国际组织事务局（Bureau of International Organization Affairs）亮着灯。国际组织事务局也会处理联合国的事务，其中哈伦·克利夫兰（Harlan Cleveland）任副主管。马德恰巧遇到了克利夫兰，他必须迅速想出问题，诱导克利夫兰说出有用的答案，"发生了什么事情"这样的开放式问题显然不可行。于是，马德问道，"你觉得情况有多糟糕，哈伦？"克利夫兰回答说，"哦，糟糕至极。"

此时，马德已经排除了柏林和中东出现问题的可能，而猜测到危机发生在古巴。莫里希望克利夫兰能够证实自己的猜测，同时避免过于直接，于是问道，"会和上次一样吗（指猪湾事件）？上次事情已然溃败时，你们才介入其中。这次古巴的事情，你们的人都知情吗？"克利夫兰说，"我想我们知道。"

于是，10月21日，周日，《邮报》刊发报道，指出围绕古巴似乎出现了一场危机。肯尼迪总统勃然大怒；《时报》已然掌握了一半或四分之三的情况，被他劝阻下来，如今冷不防地杀出了个没有太多人留意的《邮报》。

显然，那天肯尼迪给菲尔打了电话，要求他把报纸的注意力从古巴移开。沙尔·罗伯茨和莫里尚不知情，还在城市中四处奔走，想要将事情理出个头绪。菲尔去了阿尔·弗兰德利的办公室，并叫来马德，询问他是否确切知道自己在做些什么。马德告诉了菲尔前夜发生的事情，菲尔说，"天哪，这就是那篇报道的全部根据？"莫里回去继续工作，艾尔说，我们不是以古巴为卖点，因此，我们将会把古巴的字眼从头条中除去。直到如今，莫里仍旧表示不知道肯尼迪总统对菲尔说了些什么，或者菲尔应承下了什么，但显然，菲尔想要《邮报》停止关注古巴。

次日的报道使用了通栏大标题，"美国将做出重大决策"（Major U.S. Decision Is Awaited）。马德没有署名，在文章开头写道：

  昨天，华盛顿政府为自己裹上了一层最神秘的外衣，这是和平时期从未有过的事情，与此同时，主要决策者们就国际问题做出了重大决策，但却秘而不宣。

  《华盛顿邮报》昨天报道说古巴是这次特别行动的焦点，但白宫、国务院和国防部门的官员拒绝确认或否认这一报道。

同一天，10月22日，周一，肯尼迪总统向国会领导人简要论述了情况，并于夜间向全国人民发表讲话，透露说古巴就是此次危机的中心。比尔·沃顿和好友海伦·恰夫恰瓦泽（Helen Chavchavadze）将要与肯尼迪夫妇共进晚餐，他们在比尔位于乔治城的家中观看了演讲，接着迅速赶到白宫，这时候，总统恰巧从地下广播站走上台阶。比尔记得，他告诉肯尼迪刚刚完成了一场深入人心的和平演讲，肯尼迪则回应说，"但目前而言，我们只能够倾听和祈祷。我们不知道接下来会发生什么。"这个时候，一位白宫助手将他们拉到一边说，"如果有什么麻烦，您与恰夫恰瓦泽小姐将会和他们一同被送走。你们必须走。"他指的是前往位于乡村的保护基地，基地是专门为总统建造的。海伦突然流下泪来，呜咽着说自己不能走，因为家里还留有两个孩子，由保姆照看着。"我不能走；我不会走。"她说。助手安抚她说，"实际上，我们猜想不会有事的。"

整个古巴导弹危机中，菲尔的表现堪称完美，只是对肯尼迪也许太过言听计从了。但鉴于岌岌可危的形势，做出决定的确异常困难。我的反应是关心世界局势，但我并不真的认为会发生全面战争，也不记得有过任何恐慌。我们都觉得核战争的前景太不真实，然而，实际情况已经非常严峻。

大约在这一时期，菲尔完成了两项意义重大的收购。菲尔在患病的这一阶段，购物欲的不断增强是非常典型的表现。当时尚未有人为这种疾病命名，只是后来我才了解到，购买东西是躁狂抑郁症中最为人所熟知的症状。菲尔先是在《邮报》的分类广告中看到，弗吉尼亚的休姆（Hume）有个农场，距离格伦韦尔比五英里左右。农场由365英亩土地和一座房子组成，总价值5.2万美元。菲尔派人拍了张航摄照片，甚至没有去实地考察一番，就让律师去处理一切事务，只管去签下最终协商好的合同。只用了两周，他便完成了整笔收购，支付了2.65万美元的预付定金。颇为讽刺的是，后来我才发现，其中的2万美元来自于我。我确信自己没有任何理由同意买下第二座农场。毫无疑问，我同意这件事情是因为我几乎什么都听菲尔的。我当然知道我们不需要第二座农场，但认为应该尽量安抚菲尔。同时，我完全清楚，菲尔经常会购买在我看来不划算的东西，但最终这些交易都会变得非常有价值。我一如既往地想着，"我哪有资格质疑这笔交易。"

菲尔决定购买一架庞大而昂贵的飞机，湾流 I（Gulfstream 1）。通常而言，订购这种飞机要几个月后才能收货，但菲尔的心情非常急切，购买了格鲁曼（Grumman）公司用于展示的样机。母亲建议我们考虑一下购置飞机的后果。她写信给菲尔说：

> 就购买飞机的事情，我想告诫你们一下。飞机必然会加快你们的生活节奏，比从前汽车带来的改变都要大。相较于心思迟钝的人，你们更加需要保护好身体。如果能够关注自己和对方的身体，你们将收获美好的未来，这对国家也很重要。

第十六章

母亲仍旧对菲尔的疾病一无所知,但无可避免地知晓后,她极其勇敢,毅然给予我支持。

10月末,COMSAT公司的创办人举办了首次会议。解决公司启动运作问题的紧迫需求,催生了菲尔疯狂的生活节奏,令他对一切阻碍了自己行动的人和事都怒不可遏。菲尔开始为COMSAT寻找董事长,并选中了劳瑞斯·诺斯塔德(Lauris Norstad)将军,他将很快卸任欧洲盟军最高统帅(Supreme Allied Commander)一职。菲尔竭力劝说诺斯塔德出任COMSAT董事长,甚至请肯尼迪总统和国防部长麦克纳马拉来出面游说。菲尔还想让弗兰克·斯坦顿(他在兰德理事会的同事,哥伦比亚广播公司的总裁)出任COMSAT的总裁和运营主管。

11月2日,我和菲尔飞到艾德威尔德(Idlewild)机场,为他前往欧洲送行。菲尔此行是为了与劳瑞斯·诺斯塔德谈论COMSAT的事情。第二天早晨,身在巴黎的菲尔和拉莱同时写信给斯坦顿。菲尔急切地想要吸纳斯坦顿,于是决定派出私人信使,以确保信件送至身在纽约的弗兰克。11月3日,黄昏时分,弗兰克的秘书打电话给他,说有人带着信在等他。弗兰克说,"你先收着,我一会儿去取。"但秘书坚持说,"不行,她想要见您。"弗兰克回忆说,一名年轻女子走了进来,坐下后说道,"这是格雷厄姆先生让我带给您的。"弗兰克谢过她,将信放在了桌子上,准备稍后再看。女子说,"您不现在就看看吗?我可是漂洋过海带过来的。您应该看看的。"

女子名叫罗宾·韦伯(Robin Webb),她在纽约的现身就是整场悲剧的伊始。我只是在后来才弄清楚那个时候以及随后几个月发生的事情。拉莱·科林斯,当时《新闻周刊》巴黎分社的主管,后来的知名作家,接到菲尔的电话,让他找位秘书周末待命。拉莱觉得事情一定非常重要,必须找个能够信任的人——不能随便找巴黎的秘书服务公司应付。办公室文秘的英语不够好,无法口授笔录,他知道《新闻周刊》的特约记者罗宾能够做这项工作,于是将她叫来临时补缺。

罗宾其实是位非常能干的记者。拉莱回忆道,"她是澳大利亚人,非常合群,容易'亲近'。她很有趣,心地也善良,和大多数澳大利亚人一样,酒量颇大。可以说,她是个不错的孩子,工作努力又出色。"拉莱找到她时,她起初很不情愿，说道，"我不是秘书，我是记者。"拉莱说，"好了，别傻了。这是在给你机会亲近老板。"罗宾勉强同意了，但强调说拉莱以后不能再让她做这种事。

后来，菲尔告诉科林斯，"借用了你的秘书48小时"，到纽约去送信。他还说已经告诉罗宾，到达目的地后，可以使用他在卡莱尔酒店的套房，放松一下，在纽约玩上几天再回欧洲。

菲尔和罗宾的关系，发展得就是这样快。11月5日，菲尔自己飞回纽约，我去接他，并和他一起回到华盛顿的家中。次日，他飞回纽约，到《新闻周刊》开编辑会议，会见弗兰克（从未真正对COMSAT的工作动心过），接着，最重要的是，带着罗宾飞去了格伦韦尔比。所以，故事就这样开始了。我不知道罗宾在美国待了多久，但她回到《新闻周刊》巴黎分社后，小心地隐藏着同菲尔的恋情。不过，据拉莱·科林斯所言，她显然沉浸在幸福的感受中。

11月9日，菲尔从格伦韦尔比回来后，没有依照计划出席兰德公司的会议，但参加了《邮报》的一次会议。那天晚上，我们前往白宫赴宴。次日，我和菲尔带着我母亲乘坐湾流飞机去海德公园，参加埃莉诺·罗斯福的葬礼。经历了早年冷酷的敌对后，母亲和埃莉诺·罗斯福的关系已经变得非常亲密——真正的莫逆之交，在私人生活和政治观念上都志趣相投。她们有着相同的脾性——非常强硬、富有智慧、情感细腻，又感到无可逃避的孤独。罗斯福夫人的离开让母亲深感悲伤。母亲只有两张葬礼请柬，因此，菲尔护送她去参加仪式，而我和史蒂夫——我们把他也带了过来，让他不至于孤独一人留在华盛顿——则在波基普西机场等待他们。

菲尔的行为愈发反复无常。事情正在变得越来越糟糕，也越来越公开，但我们都解释说，菲尔的易怒、反常都是精力耗竭所致。菲尔当时做了许多事情，且其中大多数事情都做得很好。然而，与此同时，他开始对周围的所有人大发雷霆。拉斯和艾尔受到的责骂尤其严厉，也愈发频繁，但他们两人都掩盖了这件事情，因此，《邮报》的其他人并不知道菲尔发脾气的次数和严重性。麦克斯·伊森伯格（Max Isenbergh）是菲尔的老同学，菲尔招募他来为COMSAT工作。麦克斯回忆说，有一天，菲尔无缘无故地对他恶语相向。没有什么事情惹恼菲尔；

第十六章

他只是想要呵斥他人,麦克斯解释道。这似乎便是菲尔暴怒的典型表现,且愈发成为一种习惯。后来,麦克斯还告诉我,在禁止报道古巴新闻期间,有一次他们待在菲尔的办公室里,此时,菲尔接到了总统的电话。麦克斯起身想要回避,但菲尔让他留下来,他听到菲尔和总统讲话时,好像两位法国卡车司机因撞车而吵架一样。总统没有挂掉电话。

菲尔变得愈发偏执和无礼,经常粗言秽语。1962年的夏天,他开始将怒火发泄在我身上。而更糟糕的事情还在后面。11月中旬,菲尔会见了COMSAT的几位创办人,最终的场面闹得很不愉快。麦克斯·伊森伯格回忆说,下午的会议临近结束之际,菲尔转向他说道,"穆斯(Moose,麦克斯的昵称),你来接替我,我要去大都会俱乐部(Metropolitan Club)做按摩。"接着,他就走了出去。之后,会议很快便中止了,所有人都外出去F大街俱乐部(F Street Club)吃晚餐,在那里,菲尔和他们重新会合。理事会成员伯恩·利特斯奇(Byrne Litschgi)谈论了当天下午拟定好的新闻稿,新闻稿涉及的都是人事和顾问方面的小规模任命。利特斯奇表示,"公众知道你的成员都是明星人物非常重要,这也是COMSAT的政策,但我认为我们应该尽快发表此类政策声明。"

这时,菲尔开始恶语谩骂,还猛冲到桌子对面,像是要打利特斯奇。大家都目瞪口呆,菲尔被架到了房间外面。每个人都大感不解,不知道该怎么办。几位创办人留了下来,一直讨论到凌晨2点。

菲尔回到家,跟我讲了这件事,说利特斯奇耗尽了他所有的耐心,他必须离开休息一下,以恢复冷静。第二天,我们急匆匆地去了棕榈泉,但到达那里后,菲尔说不喜欢留在加利福尼亚,于是我们收拾行囊,动身前往菲尼克斯的亚利桑那比尔特莫酒店。我们在旅行中带上了丽兹·希尔顿,她是由菲尔的秘书查理·帕拉代斯从会计部招募过来。丽兹一直不太喜欢会计工作,菲尔将她任命为办公室的第三秘书。时至今日,丽兹仍然为我工作,是我的得力助手。

仅仅几天之后,菲尔写信给利特斯奇,信中仍旧夹杂着愤恨之气,只做了少许让步:

> 我知道,依照惯例,我这样大发脾气后应该写封道歉信请求你的原谅,

才算行为得体……

然而，经过五天的休息、日光浴和沉思冥想后，我不会选择那样拘泥礼节，因为那样做太居高临下，太不通人情，太言不由衷……

我想这样说比较好。我这样突然发怒的确不太妥当。但我认为，你身为创办人，却这样笨拙迟钝、目光短浅、令人泄气，同样（甚至更加？）行为失当……

不必多说了。我告诉自己，你也许是因为刚刚进入理事会而压力过大，或者，你就是那种不走运的人，天生就缺乏幽默感和想象力。

然而，不揣冒昧，盛气凌人地分析你的人不应该是我……不要压抑愤怒。情绪对人类行为的益处，远超过哈佛法学院所愿意承认的。

你完全有权利对我刻薄而尖锐的批评感到愤怒。

我想要真诚地向你道歉，然后继续与你合作。我们可以认可彼此的观点，也可以直言不讳地相互否认。在这件事情上，我们必然会存在巨大的分歧。直接、公开的分歧能够激发灵感，使问题得到合理解决。

如果你能直率地表达不满，承认你注意到的过失，那么，我会向你道歉，继续和你一起工作。

两三周后，菲尔再次写信给利特斯奇，这次开篇针对此次事件做了坦诚的自我分析：

我觉得自己就像是深海动物，不减压就无法迅速地浮出水面。

不管怎样，我浮起得很慢。

我寄给你的第一封信，只是渐进减压的部分过程。

现在，我想说自己已经想通了整件事情。我可以诚实无欺地告诉你：

第一，我毫无保留地道歉。

第二，我的举动是不近人情，不可原谅的。

第三，我不能恳请你不计前嫌，因为我的恶劣举止不可宽恕。

我还想说，你的举止非常有风度。我希望也认为你的彬彬有礼能够感染

第十六章

他人——远及我自身。

期待与你一同工作。

我不知道是时间还是另有他人改变了菲尔的观点。

除了处理大多与 COMSAT 公司有关的信件和业务外，我和菲尔在菲尼克斯的时光过得相当平静，打打高尔夫或者安心休息。第一周过去一半后，菲尔请求我搭乘我们的飞机前往加利福尼亚州伯班克的洛克希德公司，告诉那里的工作人员如何重新设计飞机内饰，因为12月初就需要重新装修了。我们的"陈列室"样品机上有些隔墙，上面贴着跳舞女郎的剪贴画和"夏威夷欢迎您"广告语，这些都要清除替换，而我要负责选择机舱的格局和设计。菲尔还建议我在加利福尼亚时，给姐姐弗洛里打电话，和她一起吃午餐。起初我有些不情愿，认为安排起来会很麻烦，说不管怎样，我们下周就要去洛杉矶商议通讯社的事情了，现在又何必再添麻烦。"给她打电话，"菲尔坚持道，"如有必要的话，调整下日程。"

于是，我照办了。我和弗洛里在布朗德比（Brown Derby）饭店见面，吃了顿漫长的午餐，触动人心，难以忘怀。我们亲密地谈论着父母。弗洛里不断地埋怨母亲，说如何不喜欢她，因为她毁掉了自己早年最重要的两次恋爱——一次是和大卫·葛林（David Grene），我在芝加哥认识了他；一次是和德鲁·皮尔逊，母亲认为他和弗洛里不合适。后者让弗洛里尤感苦涩，因为母亲后来和德鲁成为了好友。

弗洛里悲痛不已，被那些遥远的往事所折磨。我最后说道，"放下这些事情，你才能开心些。毕竟，你已经50岁了，母亲也已经75岁。那些不都过去了吗？"我的话语毫无效果；她仍旧对母亲心怀芥蒂。然而，我很开心，我们的之间的交流亲密而深情。除了对过往耿耿于怀外，弗洛里看起来很好。我们分别时，都期盼着一周后在洛杉矶再次见面，彼此有更多的接触。

此次午餐后四天，我正在打高尔夫球，有人送来消息，说弗洛里突然去世了。事先没有任何征兆。我深感悲痛，但还是很感谢菲尔敦促我打电话约她共进午餐。

我们立刻飞去了洛杉矶。菲尔再次出面，从容应对各种问题，帮助我和弗洛里的两个孩子——文森特（Vincent）和拉里（Larry）——渡过了难关。我深爱着弗洛里。她美丽、风趣、精通文学又郁郁寡欢。她疼爱孩子们，将他们小心、关切地抚养长大。她与哈尔彭夫妇关系古怪，他们似乎对她有着强大的控制力，我不知如何评价。弗洛里死后，他们拿出了一封由她签名的信，说如果她有任何意外，他们将领养她的孩子。葬礼结束后不久，哈尔彭夫妇没有告知我们任何一个人，便带着孩子们动身前往欧洲。弗洛里曾经痛苦离异，最终的裁决剥夺了她丈夫对孩子们的抚养权。她丈夫再婚了，我想他也不会再关心孩子们了。自此之后，再见到或认出霍莫卡男孩们几乎成了不可能的事情，然而，弟弟拉里后来返回了家乡，不顾哈尔彭夫妇的反对迎娶了高中女友。文森特居住在英国，和哈尔彭夫人关系密切。我只见过他一次。他放弃了大部分资产，过着极为清苦的生活。

弗洛里的葬礼过后，我们回到了菲尼克斯，回家前一天晚上，我们在哈里和克莱尔·卢斯夫妇家中喝酒，他们家紧挨着比尔特莫酒店。尽管经过了几周的休息，还夹杂了一定量的活动，菲尔的情绪仍旧异常焦躁不安。那天晚上用餐时，他脱掉了克莱尔的塑胶凉鞋，声称鞋子配不上她。接着，我们正要离开时，菲尔抱起克莱尔，将她放到了车里。菲尔的行为异常已经显而易见。

通讯社扩张，收购《艺术新闻》，签约沃尔特·李普曼和之后的乔·艾尔索普的专栏，COMSAT 公司，《新闻周刊》和《邮报》的编辑与业务决策，购买飞机和第二座农场；外人只能看到菲尔所有这些举措的表层意味。1962 年 11 月的最后一周，《时代》刊登了谈论菲尔的文章，题名为"采购者"（The Acquisitor）。文章中，记者询问是否还会有更多的专栏作家加入，菲尔回答说，"哦，我本可以再签下一位大牌作家，但不想要显得太贪婪。"文章还援引菲尔的话说，"我正在物色一两家电视台，也许还会收购一家造纸厂。"

进入 12 月，我们的生活又迅速回归往昔的忙碌状态。菲尔仍在努力组建团队，替代 COMSAT 现有的领导层。接下来一周里，他数次乘飞机往返纽约，并于 12 月 10 日在纽约与创办人举行重要会议。这一次，菲尔收到了副董事长山姆·哈里斯（Sam Harris）的电报，"我知道你会成功的。恭喜你！让我们继续讨论。"菲尔自己也觉得此次会议非常成功。他写信给因故缺席的 COMSAT 创办人

第十六章

乔治·基奈（George Killion）说，"至少我没有再怒气冲冲地要打人。"

与此同时，菲尔在《邮报》办公楼主持兰德公司的几次重大会议。我从不清楚他在兰德公司负责什么工作，但公司副总裁给他发来电报说，"听闻你的精彩表现扭转了大局。国家、空军和兰德公司的员工大获全胜。我可以向你保证，至少兰德员工会铭记在心。我们将努力工作，以匹配上你的成功。"这再次证明，即便在亢奋、暴躁、丧失理性的晦暗日子里，菲尔仍旧保持了出众的能力，取得了意义重大的成就。

12月13日，菲尔到白宫面见肯尼迪总统，汇报空间通信问题和其他事务，第二天，他又飞到欧洲洽谈COMSAT公司的业务。正是在这五周内的第二次欧洲之旅，菲尔再次接触了罗宾·韦伯。在办公日程上，罗宾被菲尔形容为"《新闻周刊》的记者，我们团队的私人临时采购员、导游和侍女"。我完全不知道巴黎发生的事情，只是认定菲尔正在忙着非常重要的事务。他回家后不久，我们就住到了R大街的房子中，准备庆祝圣诞节。菲尔越来越不喜欢圣诞节，尤其是自情绪变得反复无常之后，渐渐地，我接管了圣诞节所有的准备工作——装饰房间、筹划活动、购买礼物、举办派对。圣诞节前一天下午，我所熟知并热爱的那个世界轰然崩塌。电话铃响了，我拿起了电话，却没有注意到更衣间的菲尔已经接通。我听到菲尔和罗宾的对话，亲密的言辞令他们的关系暴露无遗。我一直等到菲尔挂了电话，径直走向他，询问我所猜测一切是否属实。他坦白了。

我很难形容发现这桩风流韵事后彻底崩溃的心情。无数的男女身上都发生过这种事情，但我从未考虑过它会降临于我。我知道，婚姻可以容忍暂时的不忠，但这件事情不一样。即便如今回想起来，我都很难理解为什么从未想及过他有外遇的可能。我们之间亲密的关系，以及过去几十年共同经历的种种蒙蔽了我的双眼。我感到某种根本性的东西消失殆尽，因为我对他完全忠诚，且相信这种忠诚存在于彼此之间。此外，菲尔愈发怪异的行为令我感到迷惑。我不理解他所承受的重度抑郁或者与之截然对立的情绪意味着什么：甚至在那时，人们也不会为"躁狂抑郁症"的确诊而大感不安。我坚定地以为，我和他早已由时间、选择、共同经历、家庭以及对我们至关重要的公司的命运所捆绑在一起。

显然，菲尔也深感不安。他告诉我想要维系我们的婚姻和家庭，他很爱罗宾，但会表明这段恋情结束了，他会与家人留在一起。

这是个刻骨铭心的圣诞节。我因为发现整件事情而心碎欲绝，菲尔因为要结束恋情而备受折磨。他知道分手会让罗宾非常难过，于是，为了帮助她恢复，便安排她去海边度假，甚至还委托朋友去陪伴她。这个朋友原来是菲尔过去交往的另一个女孩，当然，这个人我从不认识。

我发现罗宾的存在后的几天里，出于某种原因，菲尔忍不住告诉了我他过去更多的风流韵事，而我并不想听，也都天真地不曾注意到——显然，牵涉的第三者有许多个。我既惊愕又难过，茫然无措地听着他讲述对其他女子的兴趣，包括我自己的好友（他想办法接触了她们）和陪伴罗宾的女子，他与后者建立了长期的古怪恋情。

孩子之中，起初只有拉莉知道出了事情。她原本计划假期和好友们去阿斯彭（Aspen）滑雪，但菲尔告诉了她发生的事情，要求她放弃旅行，留在家中，我们一起整理好各自的思绪，她勇敢地答应了。

这段时间发生了一件令人伤心的事情，微小但极具象征意义，于我而言似乎就是低落悲伤至极点的时刻。我们都在新月城中，母亲把自己的宝石长耳环送给了我，非常漂亮。它们对我意义重大，因为母亲并不喜欢表露情感，之前也从未做过这样的事。菲尔说，"你不戴长耳环，拉莉喜欢戴。把它们给她吧。"我怎么能就这样听命于他呢？但我照办了。我把耳环交给了拉莉，独自去了餐具室，失声痛哭起来。我没有勇气去反抗，如同普通人那样一笑置之，然后保留下耳环。于我而言，失去耳环意味着丧失了一切。我感到了彻头彻尾的人格贬损。

我发现罗宾的事情后的几周里，菲尔酗酒不止。我们努力挽救感情，让生活继续向前，许多问题就这样被遮掩下来。假期临近结束时的某天夜里，也即是拉莉和唐返校前，我和菲尔闹得很不愉快。我们都在家中，他喝得烂醉，说了些很粗鄙的话，大都不知所谓。直到深夜两点，我才终于把他弄上床。我走出房间，想要关闭整座房子的灯光，这时，我见到了唐，坐在卧室旁边房间的椅子上，脸上阴云密布。"这种情况持续多久了？"他指的是菲尔的醉酒，以及我们的争吵。我坦白说有一段时间了。"为什么你从没有告诉过我？"他问道。

我应该告诉他吗？谁知道呢？我们都想要保护孩子们，我的本能反应是对孩

第十六章

子们隐瞒事实。我不知道这样做是否正确；也许等孩子们长大些，再告诉他们会比较好。

我们莫名其妙地熬过了这个噩梦般的假期。我和菲尔都在努力使事务照常运转，维持表面上的波澜不惊，即便我们的私人世界已经坍塌。我们出席了一些晚宴，外出过几次。我记得一天晚上，我们去弗兰克福特夫妇家看音乐会。回来的路上，菲尔斥责我说，既然我们要掩盖矛盾，我就不应该愁眉不展，郁郁寡欢。

1月初，菲尔去纽约出席COMSAT的会议，那时，他还掌控着COMSAT，且打理得很好。他和拉莱·科林斯一起吃了早餐，拉莱正准备前往巴黎。菲尔告诉拉莱，他深爱着罗宾，但想要做好最重要的事情——维系家庭的完整。

我们都麻木地过着日子。菲尔发电报给大学中的拉莉，谈论了些琐碎小事，在结尾写道："这里一切安好。非常爱你。爸爸。"然而，圣诞节后不足三周，菲尔和罗宾又开始通电话了。

1963年1月12日，晚餐过后，我和菲尔大吵一架。我已经记不清事情的起因是什么。结局是菲尔拿着毛毯走出家门，驾着车疾驰而去。我不知道他去了那里。后来，他说如果我追了出来，他一定会返回家中。我回答说根本不知道他去了哪儿，而且现在也不知道。

"我去了哪里？"他回答。"当然是办公室了。"

到此时，罗宾已经回到巴黎。菲尔打电话给她，让她尽快赶回美国。她显然拒绝了，说自己刚刚开始恢复，而且，他先前的做法是正确的，他们应该结束恋情。菲尔说，如果她不回来，他就会过去接她。据拉莱·科林斯所言，罗宾觉得菲尔的状态异常糟糕，而她是唯一能够真正和菲尔交流的人，于是决定返回美国。

罗宾·韦伯自始至终都举止得体。她和我们一样，很大程度是被迫卷入了这场悲剧。显然，她被菲尔迷住了，感情不再受到控制，而且，她不可能了解事情的背景。

离开家那天，菲尔飞去了纽约。我给他发了封电报，表达了自己的悲观绝望：

福神能带给人深情的帮助和倾听。你如同福神，和我纠缠在一起。你给

333

予我的幸福时刻比大多数人受用一生的都更多。谢谢你。如果你需要，我就在这里，我爱你。

菲尔给我回了封措辞古怪的信：

亲爱的凯——

一天早上，你绝望至极，我试着用言语来安慰你。我告诉你，我来到自己的遥远国度时是多么孤独无助，在你的遥远国度里，我无法接近你，帮助你。通过言语，你离我近了，我帮助你，抚摸你，我们一起散步，又重新回到了生活中。

如今我离开了，走向的不是遥远国度，而是我的宿命。宿命恰巧很美丽；但不论美丽与否，我都应该留在那里。

我没有去帮你。我没有帮你，是因为我不想帮你。我离开是因为那是我的宿命。借助不"帮助"你，我相信也祈祷应该帮助你。

我曾经爱你，并将始终爱你。我太爱你，因此不能在重大问题上犯错。你需要帮助时，将会从我这里得到——从现在直到永远，以一种深情的新方式。你也应该帮助我。

爱你的菲尔。

信的末尾，菲尔加了一句附言："法柏会知道我的计划。"又是法柏。我至今都想知道，法柏给了菲尔怎样的建议。

拉莉打电话给巴黎的拉莱·科林斯，告诉他菲尔离家去了纽约，并询问罗宾在哪里。拉莱打电话到罗宾的公寓，发现无人接听，于是查阅了环球航空公司（TWA）的旅客登记，发现她的确在飞往美国的飞机上。一切就这样再次开始了。

菲尔送给罗宾一车的鲜花来欢迎她，接着，他们一同飞去了南达科他州的苏瀑市。菲尔原本是计划和我一起去那里的。他将会在美国商会（Chamber of Commerce）发表演说，与当地报纸《苏瀑守卫领袖报》（*Sioux Falls Argus Leader*）的发行人洽谈收购该报的事宜。南达科他州参议员乔治·麦高文（George

第十六章

McGovern）和菲尔同行，后来，他同我讲述了飞机上的事情。菲尔和罗宾分隔而坐，他哭泣了许久，说非常爱我。那位发行人会见了他们三人，说久闻菲尔大名，菲尔则回答说："我听闻你是个混蛋。"自然，交易没有成功。

我没有告诉任何人菲尔出走的事情，包括母亲。最终，他离家两周后，我无法再隐瞒下去了。而且，我很想找个人来安慰下自己，于是下山去拜访好友洛林·库珀（Lorraine Cooper），告诉了她发生的事情，以及菲尔的离家出走。我期许着好友的同情和怜悯，却只是惊愕地听到她说，"好啊！"

"什么意思，好？"我回答，"太糟糕了。"

"不，"洛林坚定地说道，"没有他你会过得更好。"

"什么意思？"我难以置信地问道。

"你没意识到他都对你做了什么吗？你没注意到他总是贬低你，你总是家庭玩笑的靶子？"她细数了几个例子。我并不完全赞同她，但大致明白了她的意思。然而，洛林没有看到事情的另一面——菲尔同样也造就了我。我真实地认为，菲尔创造了我，我完全依赖于他，根本没有看到消极的一面。

菲尔和罗宾自苏瀑飞到了菲尼克斯，全美最显赫的发行人都聚集于此，出席美联社的会议。欧提斯·钱德勒及其妻子米西（Missy）在机场会见了菲尔和罗宾。只是在很久之后，欧提斯才告诉我，菲尔蓬头垢面，絮絮叨叨地讲述各种构想，有些欧提斯觉得很有趣，有些则莫名其妙。欧提斯显然注意到菲尔状态不佳。他说从见到菲尔的那一刻，他就在担心如何掌控当天的晚宴，帮助菲尔顺利应付过去。

欧提斯不确定是菲尔的精神有问题，还是一直都处在醉酒的状态里，抑或兼而有之，但显然菲尔的举止不合常情。在比尔特莫酒店，菲尔甚至为钱德勒没有住在自己和罗宾的隔壁而沮丧不安。此外，到这个时候，菲尔开始了粗言秽语。

晚宴时，《星报》总编辑、美联社主席本·马克威刚站起身，菲尔也站了起来，径自走上讲台开始讲话。开始时，他说了些《星报》的优点，但言辞很快就变了质，成了胡闹之语，夹杂着极为粗俗的用词。当夜在场的人中，没有一个人确切告诉过我发生的事情，或者菲尔讲了些什么。

后来，有几本书记述了菲尔粗鄙的话语，但当时那些见证这一遗憾事件的人

335

似乎都仅仅是互相讨论了一下。那个年代，名人和要人倘若做了什么出格的事情，媒体会按下不表，菲尔的事情也是如此；尽管，菲尔的胡言乱语攻击的显然不只是个体，还有整个新闻界。

没有人知道该怎么做。最终，本·马克威的妻子走上前去，成功地将菲尔拉下了讲台，送回座位。然而，菲尔却开始脱起衣服。欧提斯和其他男子把他弄回了房间。在房间里，菲尔拨打了肯尼迪总统的电话；奇怪的是，依照东部时间，当时已经很晚了，但电话却接通了。没过多久，菲尔敲着欧提斯的门说道，"快过来和总统说话。"欧提斯回答，"菲尔，你不会真把总统吵醒了吧？"菲尔说，"没错，他是好哥们儿，我想让他见见罗宾。"

约翰·海耶斯（John Hayes）是公司广播业务主管，恰巧也在菲尼克斯开会。欧提斯打电话给他，告诉他必须把菲尔弄回华盛顿。某个人，我至今也不知道是谁，联系到了肯尼迪总统，后者同意使用政府飞机送医生去接菲尔，因为情况被描述的非常紧急。

到此时，菲尔已经给全国各地的许多人打了电话，有些关系亲密，有些则已经多年未见。其中有个电话打给了我。那是我和罗宾·韦伯的唯一一次对话，她非常善解人意。她说，"我真的很爱他，但你是先到者。"

菲尔最重要的电话是打给拉莉的。拉莉比世界上的任何人都更崇敬她的父亲，这些痛苦的日子里，她始终是我的力量支柱，同时，她也尽力理解父亲。她始终深爱着我们两人。这个时候，她从剑桥打电话告诉我，菲尔需要她，她必须去陪他。

伊恩·卡梅伦（Ian Cameron）是优秀的苏格兰精神病学家，法柏邀请他前来会诊。当时，已经确定由法柏医生和卡梅伦接菲尔回家，因此，我不想要拉莉再过去。我明白她的心情，但不愿意她去那里观看必然丑陋的场面。拉莉回答得很坚定："我是他女儿，他说需要我，我必须去。"我禁不住同意了。

唐开车送拉莉到波士顿机场，冲动之下，也跟着她上了飞机。医生们决定试着让菲尔自愿返回华盛顿，倘若不行，再强行将他带回。我了解到，法柏起初想要为菲尔阅读马丁·布伯（Martin Buber）的作品，但却没有效果，他们就强行给菲尔注射了镇静剂，把他送到了飞机上。在这种紧张局势下，罗宾被送走了，

第十六章

没有人太留意或关心她。

飞机停落在了华盛顿,有辆救护车等待在国家机场的小型私人停机坪旁边,菲尔在那里又吵闹了一番。他想要就此离去,孩子们把他劝了回去。接着,他们三人上了豪华轿车,医生们只得自顾自地架着救护车离去。菲尔先是被送到乔治·华盛顿大学医院,后又转入切斯特纳特·洛奇医院。它是位于华盛顿郊区的私人精神病院,由法柏选定。出于某种原因,菲尔将这一系列事件视作对自身权利和公民自由的侵犯。在被带出乔治·华盛顿大学医院时,他大声公布自己的身份,遭遇了怎样的待遇,说自己成了囚犯。

菲尔被安置到切斯特纳特·洛奇后,我觉得他很"安全",于是立即写信给肯尼迪总统,感谢他救了菲尔的命。我告诉总统,政府的飞机为医生们争取到了时间,"事实证明这些时间至关重要,因为情势如滚雪球般迅速恶化。再拖延下去,牵涉其中的人都可能会受到某种伤害"。我还感谢了他对菲尔的关切,说道,"如果知道对您造成了任何伤害,他都会宁愿以死谢罪。我希望他没有太多地伤害到您,听到您能理解,我长舒了一口气。"最后,我说相信菲尔会痊愈的。

然而,总统意识到菲尔无法继续 COMSAT 的工作了。他命令克拉克·克利福德经由莱斯理·法柏从菲尔那里拿到辞职信;辞职信是菲尔在到达切斯特纳特·洛奇三天后签署的。总统写了封例行的公开信给菲尔:"感谢你为这一艰难任务所做的辛勤奉献,很遗憾收到你的辞呈,辞呈即日生效。"他还写了封更加私人的信件,展现出了一如既往的体贴关切:"我知道你已经回到华盛顿。希望你能休息一段时间,好好恢复状态,然后回到工作岗位,因为我们需要你。祝你好运。"

总统在同一天也给我回了信:"菲尔的朋友和你的朋友都会坚定地陪在你们身边,希望情况自此能好转起来。没有谁会比你们更配得上好运。"

在医院里,菲尔每天都要见法柏医生。后来,法柏医生出城去探望弥留之际的哥哥,卡梅伦医生就接替了他。我同法柏和卡梅伦会见了《邮报》的高管,他们全都很关心菲尔的情况,但卡梅伦给众人泼了盆冷水,说道,"我真不明白为什么你们都如此关心这个人。"身为不认识菲尔的局外人,他这样说是因为听闻了菲尔的种种劣行。我必须承认,他的话令我们深感触动。

接下来数天的会面中，法柏和卡梅伦坦言，不明白为什么我拒绝承认失败——不相信自己被愚弄，不愿意接受菲尔也许已经为别的女人舍弃了我，不觉得自己能够再爱上别的男人。他们提出的这些问题有合理之处，但也有不合理之处。我觉得自己无法再爱上别人也许有些不可思议，他们当然觉得这值得怀疑，但在当时，我确实这样想。

此时，菲尔的弟弟比尔自佛罗里达赶来陪他。他逗留了几天，给罗宾打了个非常重要的电话，对我和菲尔都帮助极大。1月27日，菲尔给他写信，感谢他"暂时充当了兄长的角色"，并补充说，"我正在尽最大的努力，不慌不忙地（同时也谨慎地、耐心地、小心地、顾虑周全地）减轻你身上的责任。"

在洛奇医院待了几天后，菲尔开始外出去莱斯理·法柏的办公室做咨询。他从亚利桑那州飞回来仅五天后，我在法柏的办公室里第一次见到了他，和他一起开车回到切斯特纳特·洛奇；第二天我又去了。我们谈论很长的时间，他翔实地讲述了乔治·华盛顿大学医院的可怕场景，以及切斯特纳特·洛奇的工作人员的体贴和聪明；他们用谈话的方式令他达到了当前的冷静状态。

在1月27日的那封信中，菲尔告诉了比尔·格雷厄姆我们之间的谈话："我和凯有过很真诚的交流，多年来，我第一次没有撒谎和欺骗她。你知道，她仍旧非常疲惫。她受到的伤害比你想象的要更深。"

我们谈论了许多过去发生的事情。这些事情令我行将崩溃，但我知道必须设法忍受，尽管这会非常艰难。我仍旧希望且相信，我们能够修复感情，菲尔会恢复正常，家庭也会维系下去。经历一段时期的抑郁后，菲尔总能够康复过来，我想这样的经历促使我相信，一切都会再次好起来。

菲尔还在阅读和思考。他重读了马丁·布伯谈论罪恶感的文章，并在给比尔的信中引述了几个句子：

"只有刺伤你的人，才能治愈你的伤。"接着他说，造下恶业的人必须心有宽阔而永恒的光芒，以照见自我的全部罪恶；即便已经不再内疚，也要坚持谦卑地认识到，自己仍旧是那个有罪的人；然后继续弥补自身造成的伤害。伤害无法被收回或清除。然而，"你可以从许多其他地方着手医治伤口，而非仅仅照料伤处。"

目前，我正处于自我反省的阶段。我到达这一阶段，靠的不是命令或指示，而是平心静气，以及医生和护士的帮助，这些使我得以进行全面的忏悔。这是我第一次忏悔。我感到了谦卑和力量。弟弟，我会继续努力。

在切斯特纳特·洛奇待了十天左右后，菲尔一连三天去找法柏医生看病。我不知道自己是在自欺欺人，还是不愿承认事实，但的确认定一切都在好转，菲尔正在再度康复。1月31日，我甚至写信给好友赛伊·苏兹贝格说，"正如你所希冀的，事情正在迅速好转……你可以随时给菲尔写信，我会把信交给他，说不定信寄来时，他已经回家了，因为他现在好多了。"

我显然茫然不知，几乎在我天真地给赛伊写信的同时，菲尔已经对未来有了完全不同的打算。菲尔最后一次拜访法柏时，法柏放他出院了。2月1日，菲尔短暂地回到家中，次日周六，他和唐以及阿尔·弗兰德利一起去了格伦韦尔比。然而，2月4日，他和爱德华·班尼特·威廉斯以及查理·帕拉戴斯去了纽约，并直接赶往艾德威尔德机场，在那里见到了罗宾。这次，菲尔将离家视为最终结果。他可能自始至终都在计划这件事情，因为后来他写信给克拉克·克利福德，感谢克利福德"在我们被重重围困的两周时间里，悉心照顾罗宾。只有你和弗兰克·斯坦顿（以及总司令）似乎还记得，绅士理应善待女士——即便是年轻又漂亮的女士"。菲尔还说，"我耗尽心力才让医生放行，离开那个监狱式的疗养院。原本，我想要求助律师来迅速获得人身保护权（habeas corpus），但因顾虑到孩子们和公众影响而作罢。让罗宾再次踏上赶回美国的旅程后，我想到了出院的办法。那个时候，我给爱德华·威廉斯打了电话。我原本想要打给你，但你明白，因为其他的一些好友和客户，我不能把你牵涉进来。"菲尔指的是总统。

菲尔的确雇用了爱德华·威廉斯做自己的律师，坚定地表达了同我离婚并和罗宾结婚的意图，还在给好友的信中大肆宣扬。在写给让·莫内的信中，菲尔解释了缺席纽约的晚宴的原因：

我很想要出席你的宴会，但当时被暂时性地"监禁"了。我现在出来了，你可以告诉西尔维亚（Sylvia），我非常开心，已经完全恢复工作。

除了新闻业的工作外,我现在非常关心《新闻周刊》的年轻记者罗宾·韦伯小姐。在不久的将来,我希望能够离婚,迎娶罗宾。在此之后,我们希望能同你和西尔维亚吃顿饭,但愿你能邀请我们。

菲尔还写信给在切斯特纳特·洛奇结识的一位病人,说很想念他和其他病人,等安排妥当就会立即去看望他们。菲尔还鼓励一位病人把信寄到他在《华盛顿邮报》的办公室,并解释说,"'回家'三天后,我给在巴黎的罗宾·韦伯打了个电话,弄清楚了自己想要做什么。她2月4日来到了美国,我们现在生活在纽约(根据律师的建议,住在不同的公寓里),周末会到我在弗吉尼亚州休姆附近的农场休闲。我希望能够尽快离婚,这样便能够和罗宾结婚了。"

菲尔知道自己掌控着《邮报》,因为我父亲将大部分A类股股份都交予了他。他觉得《邮报》属于他,因为他花费了17年时间来令其取得成功,因此,从他的立场来看,《邮报》就是他的。他精心布局,计划用《邮报》的资金买下我的股份,这样,他和罗宾就掌控了全局。计划很快为我所知悉。

某种程度而言,这是我人生中的低谷,极其困惑、艰难和痛苦。我不仅失去了丈夫,还要失去《邮报》。我将他的计划视为病态的表现,而且,我知道他真的病得不轻,但到了此刻,事态已然非常严重,我惊恐万分。爱德华·威廉斯成了菲尔的律师,这件事也令我深感惶恐。当时,我对爱德华了解不深,但知道他是著名的刑事诉讼律师,预感到法庭上辩论的场景会非常艰难。

我必须面对事实——菲尔真的弃我而去了。他永远地离开了我,而我必须接受这个残酷现实。我几乎被彻底压垮。然而,我对《邮报》的感情非常明确。我父亲的确将大部分股份交予了菲尔,菲尔也把公司打理得很好,但正是父亲的资金支持帮助《邮报》建设了新大楼,并于之后收购了《时代先驱报》,确保了它的光明前景。父亲还自掏腰包,向《邮报》注入数百万美元帮助其挺过亏损期。此外,正是因为我承担了全部的生活费用,菲尔才得以用在《邮报》的收入购买股份。因此,他的计划令我深感苦涩,我决意要抗争到底。我不会拱手让出《邮报》。

我需要律师。身为公司负责人,我和菲尔的共同好友弗里茨·毕比必须在

第十六章

整个事件中保持中立。因此,克拉瓦斯律师事务所,我们的财产律师团,向我举荐了盛信(Simpson, Thacher & Bartlett)律师事务所的惠特尼·诺斯·西摩(Whitney North Seymour)。惠特尼建议我暂时按兵不动。我做好了天塌下来的准备,但接下来的几个月里什么都没有发生。菲尔四处张扬要离婚的消息,却没有采取任何行动。后来,爱德华·威廉斯告诉我,他建议菲尔不要立刻和罗宾住到一起,而是分隔开来,耐心等待——你不能前一天离家,第二天就要求离婚。

我没有直接和菲尔交谈过,但始终知道他和罗宾的行踪,有时借助其他人的报告,有时借助他和孩子们的通话。菲尔离家之后,很快就开始和孩子们通电话。他带着罗宾去佛罗里达探望他父亲。在给克拉克·克利福德的信中,菲尔叙述说,"父亲向罗宾保证,会活到参加我们婚礼的那天,哪怕离婚需要两年。"菲尔和罗宾从佛罗里达回来后,住到了皮尔森农场。他是在我的帮助下,于1962年秋季买下了那座农场。在那里,菲尔开始修建池塘,基本上就是复制我们在格伦韦尔比的生活。他想要将这处破败不堪的地方建造成美丽的农场,这很合情合理,但他重建的生活似乎再现了我们从前一同做过的所有事情——农场,在乔治城附近租的房子,甚至前往苏濠、菲尼克斯和波多黎各的旅行,这些地方都是我们曾经一起去过的。这件事情在我心中始终萦绕不去。

我到佛罗里达看望比尔·格雷厄姆,征求他的意见。那几个月里,比尔对我们所有人都帮助巨大。我们交谈过后,比尔和我一起飞到霍比桑德(Hobe Sound),拜访两位忠实的好友,道格拉斯和菲利斯·狄龙夫妇。在那里的时候,我打电话给《邮报》总机,要求接通家里的电话。接线员犯了错误,在我不知情的情况下接到了皮尔森农场,接电话的是罗宾。我立即挂断了,但这个错误让菲尔知道了我不在城中。接着,他给我发了封电报,询问是否可以去看看单独留在家中的孩子们。我非常紧张,立刻离开了狄龙夫妇,早早飞回家中以防菲尔过来。如今看来,起初不让菲尔看望比尔和史蒂夫的做法太过苛刻了。他们想念菲尔,想要见到他,但我很害怕菲尔做出什么出人意料之举。我不信任他,不相信他。我不清楚他的状况,只是情绪化地做出反应。

我们所有人的生活都陷入了紧绷和无尽痛苦的状态。我孤身一人,努力把破碎的生活拼凑起来，为了我自己，也为了孩子们。我继续忙碌着少年村的工程，还参与了在华盛顿开设现代艺术博物馆的工作。然而，菲尔仍旧支配了我们的生活。他想要看望孩子们，让他们，尤其是拉莉，见见罗宾。我担心，他甚至会将罗宾介绍为他们未来的继母。这并非就是什么世界末日，但在当时，我真的就认定这会是末日。菲尔打来电话时，孩子们就会跑到屋里，关上门。我完全清楚他们正经历着人世间最痛苦的折磨，无法同父母中的一方谈论另一方。几个孩子忍受着不同的苦痛，而拉莉尤其深感悲伤。她向菲尔展现出了非凡的智慧、坚强和爱意，却不认同他当时的做法、身边的人。她同意在纽约见菲尔，却发现自己身处于一群人中间，其中还有罗宾。拉莉坚决说道，她不想要同这群人在一起。唐很脆弱，且对我和菲尔都很支持。我们最终确定了菲尔独自带比尔和史蒂夫外出的时间，他通常是接他们放学，以免遇到我。

我继续从共同好友那里获得消息，了解菲尔去了哪里，忙于何种工作，或者直接听闻他的活动，因为他做的某些事情非常轰动，众人皆知。平日里，可能一切都非常平静，但我仍能够知道菲尔和罗宾在做些什么，因为账单和其他普通物品会让他们的行踪进入我的视野。他们似乎住到了一起。我听说菲尔给罗宾办理了信用卡，还将我们在乡村的账单分开，因此，格伦韦尔比的一切事务都在我的名下，而皮尔森农场的所有事情则都由他打理。后来，菲尔的秘书查理·帕拉代斯询问我，是否要把电话簿上的"菲利普·格雷厄姆夫人"改为"凯瑟琳·格雷厄姆女士"。这是另外一次细微但尖锐的刺痛，我拒绝了。

即便是在与我分开的那几个月里，我也能间接得知，菲尔做的有些事情合乎情理，有些事情则莫名其妙。这段艰难岁月里，有件匪夷所思的事情发生在了2月22日至26日，当时，菲尔前往纽约介入当地的报业大罢工，坚定地认为自己能够平息此事。然而，纽约的发行人既没邀请他，也不欢迎他。这次，菲尔再度将肯尼迪总统牵扯了进来，打电话和他讨论大罢工的影响。在1975年的著作《对话肯尼迪》(*Conversations with Kennedy*)中，本·布莱德里回忆说："总统将拇指和食指紧紧贴住，说道，'菲尔身上，理性和非理性之间的界限就他妈这么一点。'"

3月1日，菲尔最终和罗宾前往波多黎各住了两周。这段时期，他再次开始

第十六章

买东西，安排租赁了两套公寓，并享有优先购买权。形式上看，公寓由公司租用，但菲尔和罗宾却打算占用它们；菲尔甚至写信告诉别人，他们想要在波多黎各而非皮尔森农场安家。

几周前，菲尔和拉斯·威金斯发生争执，起因是菲尔写了篇关于戴高乐的社论，想要发表在报纸上。他始终非常崇拜戴高乐，认为戴高乐是个卓然不群的伟人。争吵中，菲尔一度想要解雇拉斯，但阿尔·弗兰德利说，"他若是走了，我也会走。"面对着失去两位顶级编辑的风险，菲尔让步了。

如今，菲尔又将自己撰写的社论交予拉斯，希望能够刊发在《邮报》上，主题是报业大罢工。他还附送了七页自己打印的文字，严厉批评了《邮报》刊登的涉及大罢工的文章。菲尔说，刊发社论前应征求他的意见，甚至要求《邮报》刊登他的文章的同时，为之前的社论做书面道歉。拉斯不仅拒绝发表菲尔的文章，还表示如果文章出现在《邮报》上，就立刻辞职。菲尔再次妥协了，但此次事件激化了他和拉斯的矛盾——菲尔想要让阿尔·弗兰德利接任《邮报》总编。阿尔再次拒绝了。

菲尔还撰写了数篇文章，其中一篇涉及古巴问题，刊登在了"瞭望"栏目上。文章收获了许多赞扬信，其中有一封来自总统。总统还在信中附上便条说，"我希望近期你能够过来聊聊。"然而，沙尔·罗伯茨后来记述道，"格雷厄姆渐渐开始在电话中斥责起肯尼迪来，厉声问道，'你知道你在和谁说话吗？'总统回答，'我知道不是在和那个我所钦佩的菲尔·格雷厄姆说话。'"

于我、于菲尔、于公司和努力使公司团结一致的人而言，困难真的无时无刻不在出现。大卫·布鲁斯在日记中形容说，整个事件都是"难以名状的悲剧"。

343

PERSONAL HISTORY

第十七章

我似乎生活在另一个星球上。最痛苦、最心烦意乱的时刻,就是有人告诉我,他们见到了菲尔,他看起来非常理性和冷静,生活得很好。甚至就连弗里茨·毕比都一度告诉我,菲尔看起来很正常。到这时,我已经开始找卡梅伦医生看病,他向我保证,这种状态下的人在特定时期能够表现得非常正常,只要他们愿意,但究其根本,菲尔并不理智,是病人。尽管卡梅伦言之凿凿,菲尔与他人表面上的正常交流还是令我震惊不已——关于他,关于我们。这是真实的菲尔吗?这是他真正想要的吗?倘若如此,它对我们的爱情,我们22年来的朝夕相伴又意味着什么?菲尔似乎是在说,不论他有了什么问题,罪责都在我,现在,他找到了梦中的女子,只想要摆脱我,和她在一起,和《邮报》在一起。

我最坚定的支持者是雷斯顿夫妇。斯科蒂已经在两三次关键时刻见过菲尔。据他所言,菲尔认为他的宗教信仰能够帮助自己:

> 事实表明,他错误地认为我拥有父母的深厚信仰。我也希望自己拥有,但当时我的确没有宗教信仰。我没有向他说明这一点。我告诉他,人的一生中有时就是会经历这些事情,还询问他,是否觉得宗教信仰能帮助他度过这段时期,他说没有那种感觉。我不记得当时还和他说了些什么,但显然没有

起到任何作用。我无法使他理解我的观点,这也许是因为我无法令人信服地阐明理由。此时,他起身离去了。

菲尔离家的这段时间里,某天我独自去探望斯科蒂和萨莉,心情极为沮丧。斯科蒂回忆说,他以为我就要放弃了,因为我似乎失去了坚持下去的力量。他告诉我,"凯,你一定要争取《邮报》。它不属于菲尔·格雷厄姆。你父亲创办了报纸。华盛顿容不下两个格雷厄姆家族。你我奈何不了菲尔,但可以着手训练唐。今年夏季,我想要让他做我的文员。"斯科蒂真的那样做了。

另外一个让我变得坚强的人是露薇·皮尔森,那几个月里,她是我最亲密无间、帮助最大且始终陪伴左右的好友。露薇将自己的超凡力量和独立见解传递给了我。我会永远铭记那个最重要的时刻——我们两人在蒙特罗斯公园(Montrose Park)散步,对面就是我的家。我说要把《邮报》紧紧攥在手中,直至孩子们,尤其是男孩们——那个年代,我就是如此打算的——长大成人,接手它。我记得露薇坚定无疑地说,"别傻了,亲爱的。你自己就能做到。"

"我?"我惊叹道,"那不可能。我不可能做到。你不知道这有多困难,多复杂。我根本没可能做到。"

"你当然可以做到,"她坚持道,"茜茜·帕特森能做到,你也可以。"为了消除我的不自信,露薇接着说,"你有全部必要的天赋。你觉得自己无法做到非常荒谬可笑。你被贬损了太久,根本不清楚自己的能力。"

这是第一次有人提到,我自己管理公司的想法,也是我第一次顺带着思量了这个构想。我觉得这个构想令人惊愕又荒唐可笑,刚愎自用又甜蜜美好。这个构想来自我忠实的好友,她勇敢地想要让我振作起来,却显然不明白经营公司意味着什么,又需要怎样的才华。

我没有太认真地考虑自己经营公司的事情,但的确仔细地思索了露薇和之前洛林所谈及的菲尔对于我的态度问题。我开始清楚地意识到他对待我的方式,尤其是在过去几年间。后来,珍·弗兰德利回忆说,在格伦韦尔比时,菲尔有几次非常古怪:"他对孩子们温柔体贴,对你却刻薄恶毒。那时,他对你的态度太恶劣了,我根本无法相信。"她知道我总是将菲尔的言行视作玩笑,因而没有觉察

第十七章

出其中的贬损意味。

菲尔从波多黎各回到华盛顿，给我打了个电话，说想要在 R 大街的房子里见我，商讨离婚的事情，还要拿走他的东西。我打电话给露薇，说明了菲尔的提议。"听着，亲爱的，"露薇说，"你不需要见他。我马上过去接你，我们再开车到我的农场。"我很害怕面对菲尔，不知该如何应对这种场景，因此毫不迟疑地同意了露薇的计划。我们匆匆忙忙地开车离去，在她的农场中待了一天，回来后我们发现，菲尔已经打包好了大部分衣服和物品，显然对我不在家一事非常气恼。

那年春季的某天，波莉·威斯纳和另外一位好友奥特西埃·莱特（Oatsie Leiter）怂恿我和她们到纽约观看芭蕾舞。我之前经常待在家中，只有在家里才会觉得舒服——在自己的房子中陪伴孩子们，给予了我一种一切如旧的感觉，仿佛生活尚没有土崩瓦解。我尤其会避开纽约，因为那是菲尔和罗宾的地盘。我不愿想起他们在卡莱尔酒店，在《新闻周刊》，以及在其他我和菲尔常去的地方的情景。不过，波莉和奥特西埃都认为，这次纽约之旅会让我振作起来。但事与愿违，旅行因为意外因素的出现而变得异常苦涩。芭蕾舞开始前，我们在"21"餐厅吃晚餐，此时，八卦专栏作家伦纳德·里昂（Leonard Lyons）走近我们，说听闻我和菲尔将要离婚，菲尔已经和另一个女人离开，问我是不是真的。被这样的事件搅扰后，眼前的食物已经难以下咽。接着，我们去了剧院，却发现手里的门票是第二天晚上的。为了使整个夜晚不至于彻底一败涂地，我们只好随便买了几张剩余的门票。

没有谁密谋策划这场悲剧，整件事情都源自意外。然而，它却让我感受到了彻底的被抛弃和被拒绝。我觉得没有人关心我，我变得毫无价值，生活正在渐渐将我遗弃；所有美好的东西都跑向了菲尔。我非常脆弱，很容易受到伤害，甚至买错票这样微小的不幸，都能彻底将我压倒。这场意在让我振奋起来的旅行，最终使得我的情绪跌到了谷底。

我们的大部分好友都左右为难。菲尔常常逼迫他们接受罗宾。他们在很大程度上都没有那样做，但表示如果我和菲尔之间的问题解决清楚，就会认可罗宾。

弗兰德利夫妇的态度尤其明确，他们表达了对菲尔的热爱和忠诚，但在他和罗宾的关系合法前，绝不接受这一新安排。菲尔和大卫·布鲁斯曾经在信中大吵一架，起因是大卫拒绝同菲尔和罗宾共进午餐，认为这"不合时宜"。菲尔恼怒地回应说，大卫只应该对一件事情感到不合时宜，那就是"对女士如此粗鲁，对好友如此不忠"。数天后，菲尔再次写信给大卫，说自己受到了伤害和阻碍，还告诉大卫，"我始终是你的好朋友。我愚蠢地认为，你的行为怀揣恶意，为此，我向你道歉。"

那几个月里，我只有为数不多的几次快活的时候。有一次，帕梅拉·贝瑞（Pamela Berry）周末来看望我。帕梅拉的丈夫是迈克尔·贝瑞（Michael Berry），即后来的哈特韦尔（Hartwell）勋爵，也是《伦敦每日电讯报》（*London Daily Telegraph*）的老板。帕梅拉聪慧、坚强、能言善辩且幽默风趣，是伦敦首屈一指的女主持人，英国的重要政治势力。她同我和菲尔都是好友，但素以喜好男性而闻名，因而，我自然觉得她和菲尔交情更深。然而，这段时期里，她几乎只同我来往。有她陪伴左右，同心同德，我倍感安慰。

这段日子里，母亲同样非常支持我，但有时，我必须制止她给菲尔写信或联系的冲动。母亲觉得，自己同菲尔关系特殊，就某一层面而言，这千真万确，但就更重要的层面而言，事实并非如此。她一度立下遗嘱，其中我、哥哥、弗里茨·毕比和银行代表就遗产继承问题签订了协议，菲尔则被排除在外。这样的举措本身就是一种伤害，它提醒我必须面对的残酷现实。大多数时间，我都梦想着我们可以甩脱这样的梦魇，回归正常生活。

菲尔和罗宾不在波多黎各或农场时，纽约就是他们的大本营，但菲尔也曾多次来到华盛顿。有一次，他和鲍勃·麦克纳马拉一起吃晚餐，第二天便到白宫拜访总统。菲尔提早写信给肯尼迪，询问是否可以登门造访："如果那天傍晚有机会见到您，我一定会在最佳状态。"

菲尔仅有几次坦承自己的行为有不当之处，这便是其中之一；更多时候，他都坚决否认自己有任何问题。每当有人写信说他病了，他就会暴跳如雷。有一次，他回信给某个人说，"我现在没有，过去也没有患过严重疾病。"我们的英国朋友休·金德斯利（Hugh Kindersley）写信给菲尔说，他听闻菲尔病了，菲尔回复道："如果《每日电讯报》说我在菲尼克斯'患病'了,那么,他们只说对了一半,因为我是'被患病'了。"在给英国的大卫·阿斯特(David Astor)的信中,菲尔阐明了意图:"你善意地给我写信,担心我身染疾病。我没有患病,也不曾患病,但已经在设法离婚,过程可能会非常动荡。离婚后,我计划和一位英联邦的淑女结婚——来自澳大利亚的罗宾·韦伯小姐。"菲尔大肆宣扬即将离婚的事情,甚至在日常通信中,因回复过晚而致歉时都会说,"正忙于离婚的早期事宜,时间被占去了许多。"他写信给我们所有在伦敦和巴黎的好友,说正筹划为期一个月的欧洲之旅,将很快和即将与他结婚的罗宾一同前往。

伊万杰琳·布鲁斯从伦敦写信给我,说我们的好友都很担心菲尔的来访,害怕他会假意邀请他们与他单独吃午餐,却最终带着罗宾来餐厅,如此一来,场面会很尴尬。她还着重提到,以赛亚·伯林正计划着延后疝气手术时间,延长恢复周期,以便菲尔到伦敦时,他仍躺在医院里。她还补充道,菲尔坚持到任何地方都带上罗宾,朋友们都在怀疑他采访首相时,是否会想方设法带上这个小女子。帕姆·贝瑞写信说,他们都很"担忧菲尔的到来",还补充道:

> 我想他不会觉得伦敦是座友好的城市!相较于他以往惯享的乐趣,这次旅行不会那么成功。这件事情太令人痛心疾首,我都为你感到难以忍受。
> 倘若目睹了菲尔此次旅行的任何进展,我都会给你写信,描述其中的细节,但我应该是看不到了。

去欧洲前,菲尔带着罗宾飞到加利福尼亚,出席兰德公司的会议,然而,罗宾出现在商业性质的宴会上显然招致了广泛的不满。接着,4月19日,他们动身前往伦敦。伊万杰琳给我写了封信,详细地描述了所见所闻:

> 那天早上(当天,菲尔给史蒂夫通电话,祝贺他的生日),他似乎尤其紧张不安,羸弱而悲哀,像是突然被压垮了。除此之外,难以言表。我们回避了某些话题,譬如离婚。过了10分钟左右,菲尔询问我是否变换了心意,愿意见一下罗宾。我拒绝了,还解释了为什么会觉得共同好友们在这件事情

上受到了胁迫。菲尔似乎接受了现实,但天知道他究竟是怎么想的。会有小道消息传出来的。菲尔说的许多事情都毫不可信。帕姆可以告诉你更多事情,因为菲尔见了她三次,谈论了数个小时。以赛亚也是如此。

老而弥坚的以赛亚偶然告诉了菲尔,他对菲尔的商业行为的看法。菲尔似乎和他逻辑缜密地争辩了一番,但能够看出菲尔怒气渐盛。菲尔还谈论了许多犹太复国主义者的观点。

在菲尔和罗宾旅居伦敦期间,以赛亚刻意为自己安排了手术,并写信对我说:

菲尔打电话给我,并两次到医院中看望我。第一次探访时,我们都没有讨论任何私人问题。这很古怪,我没有提及这类事情,他也没有。菲尔自始至终都很紧张,尽管他相当理智,甚至风趣地谈论了肯尼迪夫妇,但我可以看出,这并非他的心思所在。不过,我没有帮他解围,只是疲惫地躺着,不时露出苍白的微笑,最终,护士让他离开了。第二天,他又来了,我们聊了许多私人话题,从中我能感觉到,他的确想要离婚,期望能当面和你讨论此事。目前,他对自己拥有强大的控制力,但他心中的恶魔仍很强大。另一方面,你毫无道理判定他精神错乱。关于被监禁一事,他的描述残酷而幽默。我不知道他的说法是否准确,但显然与他人的描述不相一致,而我也没有追根究底。我只是明确地表达了对你的支持,让话题就此作罢。他声称对你没有怀揣任何怨恨或敌意。我没有见过那位女士,菲尔也只是稍稍提及她。菲尔没有要求我见她,我也就假装她不存在。我不知道他们有没有举办宴会,或者组织娱乐活动,因为我真的完全置身事外。

开始旅行前,菲尔已经为《新闻周刊》的海外记者安排了一场会议。他们从世界各地赶来会见伦敦的编辑,菲尔在这群人面前发表演说,再次证明即便身患疾病,他也能够高水平地开展工作。菲尔先是描述了公司的情况,说道,"我负责公司事务已有 17 年,过去的 15 年间,也就是自 1948 年公司成为有限责任公司起,我就一直是其有表决权股份的控制者。"他没有提到我父亲,没有提到他如何成为控股股东，当然也没有提到我作为少数股份拥有者的存在。最终，菲尔用一些哲学话语结束了演讲，其中"新闻是历史的首份草稿"的观点被引用至今：

> 我对这个世界的状态充满了不懈的好奇，持续不断地被时事性信息所吸引。我醉心于大量朗诵日复一日的新闻报道。
>
> 当然，大多数新闻都是纯粹的糟糠。大部分如何做好新闻的讨论都流于沉闷乏味，关注于细枝末节。然而，有麦籽就必有糟糠。即便是菲德尔·卡斯特罗这样喋喋不休的浪漫主义者，或者亚伯拉罕·林肯这样出类拔萃的人物，其所创造的历史也大都落于单调琐碎，甚至是全然的苦役。
>
> 所以，就让我们今日服苦役于这一无可逃避的不可能任务，每周去呈现历史的首份草稿。这个历史永远不会终结，其所牵涉的世界我们也永远不会有确切的了解。

菲尔在伦敦时，我竭力寻回生活的节奏。5月7日，在母亲家中，我和母亲一起筹划了一场大型招待会，数百人受邀参加。母亲称其为"亮相聚会"，以此使人们相信我们仍在坚守阵地，安然无恙，尽管菲尔想要将我们取而代之。宴会达到了目的。

5月11日，菲尔和罗宾自伦敦来到巴黎，接着又到拉韦洛休息了五天，最后才飞回美国，在华盛顿处理了一些事务后，他们再次前往波多黎各。

我继续约见好友，也开始更多地外出。我出去拜访大卫·布鲁斯，和他谈论了我的计划、目的和决心——如果菲尔不放弃《华盛顿邮报》足够多的股份，让我成为多数股权控制者，那么，我就不会同意离婚。我不知道如何做出了这样的决定，但知道自己心意已决。我不要同时失去丈夫和报纸。倘若我的丈夫决心离开我，那么，我就会为掌控《邮报》而战。

菲尔的各项事务和活动开始平息下来，隐约可闻的寂静从波多黎各传来。我想之所以没有听到什么消息，很可能是因为菲尔再次抑郁了，事实也的确如此。在波多黎各的时光并没能让他恢复精力；相反，波澜不惊的生活似乎给了他思考的时间，进而加重了抑郁。

6月12日，菲尔和罗宾从波多黎各回到纽约，爱德华·威廉斯到机场迎接他们。爱德华认为，菲尔当时正处在他印象中最糟糕的状态，"非常抑郁，像是全身瘫痪一般，几乎没有气力活动"。很难弄清楚菲尔回来，究竟是要继续和罗宾在一起，还是同她分手，但他们的确来到了华盛顿，搬进了福克斯豪路（Foxhall Road）的大房子中。

几天后的6月17日，周一，菲尔同时拜访了法柏医生和爱德华，告诉他们一切都结束了。他想要结束与罗宾的外遇。法柏一如既往，再次选择质问而非给出意见；他问菲尔，是否下定了决心。爱德华则挺身而出，询问了三个问题：菲尔想要罗宾离开吗？想要让爱德华要求她离开吗？如若我愿意接纳菲尔，菲尔会回家吗？菲尔忍受着绝望与抑郁的痛苦煎熬，对三个问题全部做了肯定的回答。可怜的罗宾乘车去了纽约，阿尔·弗兰德利来到福克斯豪路的房子中陪菲尔过夜。第二天，菲尔的弟弟比尔再次从佛罗里达赶过来陪他，弗里茨·毕比也过来了。

同样在周一，我接到艾尔的电话，说如果我同意的话，菲尔想要回来。我立即答应了。6月19日下午，菲尔返回R大街，在家里过了一夜。

菲尔的归来于我而言是极大的解脱，也是极其复杂的解脱。我立刻要面对的问题就是，是否能够陪他再次度过一段重度抑郁期。我太清楚这意味着什么了——除非他去看医生，否则我无法离开家门；接连数小时的紧张谈话；倾听那些我也许不愿听，不愿意知道的事情。那些年里，我们一同吃力地前进，想要帮助他摆脱抑郁，却最终只是让他离开了我。我全部的努力都没有美满结局，觉得自己不能再去承受重担和责任，担当他唯一的精神支撑了。

显然，我们需要外界深入细致的帮助。菲尔几近哀求地让我准许他待在家里，而非返回切斯特纳特·洛奇，但我认为那是唯一的选择。当时，我觉得所有人都认为切斯特纳特·洛奇医院是无可替代的方案。就菲尔的治疗问题而言，我觉得精神病医生很清楚他们在做什么。我没有质疑洛奇医院是否就是理想之所，或者法柏是不是合适的医生。

去切斯特纳特·洛奇医院，还是留在家里，决定的做出过程极为痛苦。爱德华·威廉斯和比尔·格雷厄姆都认为菲尔应该去医院，这让我稍稍好受了些。最

第十七章

终，菲尔自愿去了医院，尽管心思黯然。6月20日晚，忠诚的司机托尼将菲尔送去了洛奇医院。

那天晚上，我们好几个人都在洛奇医院陪菲尔，自菲尔最近一次发病起，我第一次见到了爱德华。房间里都是人，我本能地走向爱德华，轻声地感谢他所做的一切，说道，"我知道，你为他已经竭尽全力。"后来，我和爱德华相见时，一起回忆了当年发生的事情以及他的想法，他告诉我，他当时只有一个念头，就是绝不放弃菲尔。

爱德华所做的事情是正确的。他善于评估人和情势，非常清楚菲尔的心理状态，通晓他的情绪的不稳定和每一次变化。此外，在当时的情境下，他决心全力以赴帮助菲尔。爱德华对菲尔的忠诚与我无异，坚定不渝，毫不妥协。他在这段时期所做的事情使我们建立了深厚的友谊。

菲尔回到切斯特纳特·洛奇的第二天，阿尔·弗兰德利写信给他：

在绝望的谷底，面对可以想见的激烈的反对，你做出了最艰难的决定。

当每个想法都痛苦得难以企及，你的大脑仍旧是最优秀、最激动人心的一个。

拥有这样的智谋，你又怎能怀疑自己会不会取得成功？

还有许多爱你的朋友会帮助你，他们的数量比你所知的要更多。

只要你愿意，我随时可以去看你。

那年夏季，拉莉在《新闻周刊》华盛顿分社工作，她写信给我母亲，讲述了6月中旬发生的事情，后来，她还前往希腊，陪同我母亲乘坐游艇出行：

昨天夜里，父亲去了医院，我和唐对未来忧心忡忡。不过，今天早上，我真的觉得他会安然度过这一切。过去两天他在家的时候，妈妈似乎高兴极了。我也感到很振奋。尽管觉得如今的生活毫无意义，他还是异常勇敢、坚强、温柔。他不仅离开了那个女孩，还放弃了法柏，而离开后者在我看来要更加困难；因为过去几天里，法柏是他仅有的一线曙光——法柏告诉爸爸，他能够摆脱抑郁，同时又不去医院，此外，尽管用"躁狂抑郁症"来描述他的状态恰如其分，但这并不必然意味着将来的反复发作。显然，放弃法柏意味着放弃了不去医院而战胜抑郁的希望，也接受了"躁狂抑郁症"的标签。我不敢想象他所经历的极端苦楚。当你意识到整个生命陷入了可怕的循环，要么欢欣雀跃到失去理智，要么意志消沉到悲观厌世，这一定骇人极了。够了！够了！我只是非常希望，这一切苦痛都能被治愈，或至少，能够有所缓解。

拉莉的信表明，尽管自己放弃了法柏医生，菲尔仍旧积极地认可他。事实上，菲尔依恋法柏——部分原因在于，法柏和菲尔观点一致，否认任何心理疾病的诊断结果。也许，菲尔此刻放弃法柏，恰恰说明了他的情绪之低落。他不再信任法柏了，知道疾病还会发作。这封信还说明，菲尔的疾病终于有了名称。

在我看来，菲尔似乎一如往常，在可怕的苦痛面前勇敢、积极、充满希望。他在给我母亲的信中写道：

有那么几个时刻，一切似乎都已终结，但如今，我必须将它们变为新的开端。有凯始终不渝的爱，有孩子们，有你，有弟弟和朋友们，我知道我能做得。我将寻求合宜的人生价值。至少，我期望如此。

菲尔去了洛奇医院，中间间隔了一段时间我才去看望他；之后，我就几乎天天去医院，每次待上数个小时。我常常都带上食物，然后，我们一起坐在外面吃。有时候，我们会打网球和桥牌。渐渐地，一些好友开始来看他，但大都是家人或同事。比利和史蒂夫去了夏令营。拉莉去英国拜访贝里夫妇，之后又参加了我母亲在雅典举办的游艇聚会。只有我和唐留在 R 大街，唐整天都在为斯科蒂·雷斯顿工作。斯科蒂写信给菲尔说，曾经有两个人在《时代》为他工作，但在哈佛读二年级的唐·格雷厄姆比那两个人做得都好。唐过来时非常低调，一天有时候能写下 60 封信，行文简洁，工作迅速，额外还要做许多其他事情。大家都喜欢他……

鲍勃·麦克纳马拉非常友善，来到切斯特纳特·洛奇看望了菲尔。周六的一

第十七章

个早晨，我和鲍勃的妻子玛姬打网球，她说鲍勃让我告诉菲尔，他那天傍晚会去看望菲尔。我说要问问菲尔，看看他能否接待客人。但玛姬回答说，鲍勃觉得这于菲尔有益，坚持只需通知他即可。鲍勃在国防部任职，做起事情向来如此狂热，他说这是最好的做法。鲍勃在周六下午驱车一小时到达切斯特纳特·洛奇。菲尔有些不情愿，但最终还是同意见他。我和菲尔坐在树下的长椅上，等待着鲍勃的黑色轿车过来。最终，鲍勃的车驶入了行车道。我留下两人单独交流。鲍勃回忆说，他告诉菲尔，"你这畜生，快离开这里，过来帮帮我们。我们需要你。"菲尔说不行，因为不会有人接纳他。鲍勃向他保证，自己比任何人都更加了解国防部，重申他应该过去帮助他们解决麻烦。鲍勃后来告诉我，他说这些话是因为觉得菲尔喜欢听，但更重要的是，实情的确如此。他强烈感到，菲尔对这个国家有着非凡的洞察力，知道如何解决其中的问题。鲍勃记得，当他询问菲尔自己该怎样做以扭转局势时，菲尔回答说，"好吧，我首先要告诉你的是，不要再来这里浪费时间了。"

尽管过程艰难，菲尔的归来还是让我欣喜若狂，即便他只能待在医院里。于是，我放下几乎所有的活动，包括去欧洲旅游的计划，以便悉心照顾他。他还是极度抑郁，但在我看来已经明显好转了，即便只是在切斯特纳特·洛奇医院待了一周左右。我觉得他终于找到了了解并懂得治疗这种疾病的医生。正因此，我写信给朋友说，我终于可以期许我们有能力战胜过去几年间的困境。尽管我仍旧天真地相信，菲尔能够也将会变好，但在某种程度上，就连我自己也开始意识到这不过是痴心妄想罢了。

我不知道该和菲尔谈论些什么，但建议一位想要写信的好友说，"他目前渴望爱，喜欢各类新闻和政治传闻。"菲尔内心充满了懊悔、内疚和悲伤。他痛恨伤害别人，却不得不面对自身行为所造成的巨大伤害——于我、于孩子们、于罗宾、于自己。很难想象他的心境——心知自己曾经抛妻弃子，不止一次叫来罗宾，却最终告诉她恋情结束，回到了我们的身边。因为自身的行为，因为对自己、自己的生活以及我们所有人所做的一切，他的心灵沉重万分。他还会考虑到，所有这些不仅已然发生了，将来还有可能再次发生。

我终于知道，菲尔的诊断结论是躁狂抑郁症，但整个治疗过程，甚或是究竟何谓躁狂抑郁症，我却没有确切的了解。尽管疾病如今有了名字，我却不知道倘若不结合药物和心理疗法恰当治疗，通常的结果会是怎样。凯·贾米森（Kay Jamison）医生是《躁郁之心》（*An Unquiet Mind*）的作者，后来，我从她那里了解到了她自己的躁狂抑郁病情。贾米森曾经写道，"躁狂抑郁症是致命的疾病，尤其是在未经治疗和治疗失当的情况下。"当然，彼时很少有人知道这些。锂剂治疗尚处于实验阶段，大都在欧洲应用；美国还未将其用于临床。

几十年来，电击治疗始终是躁狂抑郁症的常规疗法，至少严重抑郁或躁狂的人应该考虑采用此疗法。自 20 世纪 50 年代以来，电击疗法已经取得相当程度的提升，但仍旧太过粗暴，许多患者因为痉挛而折断肋骨，扭伤后背。当时来说，它仍旧是优先选择的疗法，但像切斯特纳特·洛奇这样以精神动力学疗法和心理分析疗法而著称医院，是断不会采用电击疗法的。

不管怎样，菲尔强烈抵触药物治疗和电击疗法。法柏向他灌输了这种憎恶，我们的好友弗兰克·维斯奈（Frank Wisner）的不幸经历又强化了他的这种认知。菲尔不仅是法柏奇怪的心理疗法的牺牲品，也是其患病时机和药物厌恶态度的受害者。我不知道是否仍存在一种精神病治疗流派，不借助药物而仅仅依靠谈话疗法和讨论存在哲学（existential philosophy）来治疗躁狂抑郁症，但我希望没有。我不相信你可以仅仅通过谈话来影响极度抑郁或躁狂的人。

对菲尔的疾病如此不清不楚，对法柏观点长期过度接纳，这些至今都让我深感不安。我不知道自己当时为什么没有要求进一步的解释。也许我只是太过天真，总是以为一切都会好起来。如果看到了菲尔当时写的一封信，我想自己就不会那么盲目乐观了。信是写给斯科蒂·雷斯顿的，但从来没有寄出过。这是篇讨论平衡和中庸之道的小文章，贬斥了折中主义，所有文字的书写都很认真。我后来在菲尔的文件中找到了这封信，于是便寄给了斯科蒂。很难弄清楚为什么他单单同斯科蒂谈论这些思想，又为什么没有把文章寄出去，但文章的确透露了他的真实所想。倘若提早知道的话，我们也许会对菲尔能否终有一日离开医院得出完全不同的结论。菲尔写道：

> 我无法相信"平衡"、"中庸"和"折中"代表了人类的生活态度。

同样地，我们被告知所有艰难的问题都是程度问题，把握好界限的问题。这真是一派胡言。自由和独裁之间鸿沟绝非只是度的问题；也绝不仅仅是把握好界限的问题。一个是视生活为神圣之物热情拥抱；一个是拒斥一切超越了有限、世俗和实存的事物。

"平衡"和"折中"遮蔽了我们的双眼，蒙蔽了我们的认知。那种表达不可避免地暗示说，我们可以用安分守己的中立态度来巧妙地处理一切问题。它完全适用于萝卜，却丝毫不适用于人类。

让我们谈谈日常生活吧。一个人应该对工作倾注多少精力？留下多少时间给家庭？耗费多少精神去独立思考？拿出多少时间去服侍君主或上帝？在多大程度上坚持真理？

如此之多的义务与责任，我们该如何分配有限的精力、才华和品德？

我们知道，这些问题没有答案，而倘若不对生活中最宝贵的意义抽丝剥茧，我们也无法解答这些问题。我们知道必须一次次地面对这些问题和其他的无数问题，时而精力充沛，时而疲乏困顿，一会儿心怀希冀，一会儿又几近绝望；但只要一息尚存，我们就必须一次次地从中斡旋。

试图摒弃这种种复杂性，假装它不存在，训诫人们以"平衡"或"折衷"来引导生活，这是多么谬误。比起那些选择逃避人性僵局，虽生犹死的人，以激进的自杀结束生命的人至少更加诚实。

菲尔渴望暂时离开医院，到格伦韦尔比休养，并开始着手说服医生，获得许可。因为此事，洛奇医院的医生内部出现了巨大分歧，但从来没有人问过我农场里是否有酒和安眠药，我也没有提到那里有枪。我当然知道农场里藏有枪支，那是菲尔用来打猎的，但因为他病情好转，没有明显的抑郁症状，并决心康复，我完全忽视了枪支的存在。事实上，我乐观地认为菲尔会好起来的。后来，洛奇医院的医生告诉一位好友，"菲尔一心要离开，且操纵他人的能力令人难以置信的。"菲尔甚至让病人们投票表决——他和他们争辩自己的病情，让他们站在自己这边。病人们投票的结果，自然是允许菲尔离开。在医院期间，菲尔曾向好友兼同事吉姆·特鲁伊特（Jim Truitt）透露，当他发病时，他会让周围的人跳起魔鬼之舞。事实上，卡梅伦医生曾经告诉我，像菲尔这样的病人，身处躁狂状态时，可以让他人随同他变得疯癫。"回首往事，"安妮·特鲁伊特说，"我觉得菲尔就像是托钵僧。他旋转不息，跳着魔鬼的舞蹈，如同磁铁般，让所有接触到的人进入他的轨道。"如今看来，我们不过都是刺激因子，长远观之，终究是对他一无助益。

甚至连我也开始就菲尔是否出院征求他人意见。我询问了爱德华·威廉斯，他支持菲尔出院，后来也因此自责不已。我的医生卡梅伦在切斯特纳特·洛奇有间办公室，他认为让菲尔在8月初离开医院过周末的想法毫不成熟。

不管怎样，菲尔获胜了。我必须承认自己当时也很高兴。他非常想要去农场，我完全沉湎于农场对他的种种好处的想象中——他喜欢格伦韦尔比，在那里总是会很开心。

陪菲尔去农场的前一天晚上，我和邻居凯·哈雷（Kay Halle）吃了顿晚餐。她的姐夫是克里夫兰诊所的小乔治·克赖尔（George Crile, Jr.）。克赖尔送我回家，并询问菲尔有没有在服用药物。我说没有，他非常惊讶，告诉我就他的经验来看，菲尔将来绝对离不开药物。考虑到菲尔对药物的态度，我仍旧怀疑他是否会同意服药，但打算等我们从农场回到洛奇医院后，好好劝说他。

8月3日，周六，菲尔的司机到切斯特纳特·洛奇接走了菲尔，接着，他们来到R大街接我。菲尔提到，到农场后想要解决那里的一些问题，于是，我让巴克·诺尔斯下午到房子中来。我记得，菲尔很惊讶我把巴克叫了过来，毫无疑问，他完全忘记了曾经说过，来农场的目的之一是解决问题。

我们在格伦韦尔比的后门廊吃午餐，边闲聊边听古典音乐。吃过午餐后，我们到楼上的卧室小憩。没多久，菲尔起身说想要到另外一间卧室躺一会儿，那间卧室他过去也偶尔会去住。只是几分钟后，我就听到室内传来了震耳欲聋的枪声。我冲出房间，发疯似的到处找他。我打开楼下浴室的门时，看到了他。

我感到极度的震惊和创伤，他显然已经死去，伤处可怖之极，我跑到隔壁房间，将头深埋在手臂中，努力让自己相信事情已经发生。这个可怕的事情困扰了我们六年之久，菲尔曾经同我和医生们谈论过自杀，但最近几周从未提起过，而这却是他近来最认真考虑的事情。当时的场面太过可怕，我知道自己不可能再回

第十七章

去了，便跑去找来巴克和看管人威廉·史密斯（William Smith）帮忙。他们听到枪声后，立刻便赶来过来。

最后，我上楼回到卧室中，直接拨通了《邮报》的电话。《邮报》有位受人爱戴的接线员，名叫莫莉·帕克，她已经在这里工作了 50 年，幸运的是，接电话的就是她。我说明了情况，告诉她自己需要帮助。我打电话给卡梅伦医生，接着便坐着静静等待。我记得之后当地的警察过来了，也许是巴克和威廉叫来的。最终，艾尔弗雷德和珍·弗兰德利抵达了，他们还带来了唐。我和唐漫步在路上，安慰、鼓励着彼此。

我深感懊恼，觉得不应该让菲尔独自离开卧室。我只能说，他看起来状态很好，我稀里糊涂地放松了警惕。我从未想到过，他早已计划好了在格伦韦尔比获得枪支，借此永远地摆脱医生乃至世人的监视。他没有留下任何字条。我相信，菲尔一定是悲观地认为自己不可能再过上正常生活。我还认为，他意识到了疾病会再次发作。凯·贾米森曾经写道，"这种躁狂之中包含了一种特殊的痛苦、欣快、孤独和恐怖。"不管如何定义自己的疾病，菲尔都很清楚它对他人和自身造成的伤害。他一定是觉得上次对周围人的伤害太过深厚，无法面对，无力弥补。他不仅无法补偿伤害，还有可能再次造成伤害，这让他难以承受。只是在后来，我才想到了这些；当时，我仅能够勉强面对既成事实，处理它对我们所有人造成的打击。

本质上，我已经两次失去菲尔。第一次，他弃我而去，自圣诞节后，我经历了太多的怨恨苦涩。接着，梦魇结束，菲尔回来了，遥不可及的梦想变成了现实。但如今，这个梦也碎了，一种截然不同的悲伤吞噬了我们。

直到黄昏时分，我们才得以离开格伦韦尔比。阿尔接手了所有事务——通知有关部门，处理现实杂务，告知亲朋好友。有人过来抬走了尸体，我想应该是验尸官。我清晰地记得一个片段，我、唐以及弗兰德利夫妇坐在书房里，有位古怪的男人走了进来。我们望着他，困惑不解，他说，"我来自《华盛顿明星晚报》，他们派我核实格雷厄姆先生去世的消息。"我点了点头，艾尔带他离开了房间。

最终，我们坐着弗兰德利夫妇的车返回了 R 大街。我和唐一起坐在后排。半路上，我询问了一个宏大的问题，"接下来我们还会遇到什么？"艾尔转过身来，

359

望着我一言不发，意指我必须挺过去。但这种想法只是一晃而过，和当天的许多其他事情一样。

我们回到家时，一些好友已经抵达，而且人越聚越多。到最后，人群已经挤满了各个地方——除了洛林·库珀外，我已经不记得任何人。当天夜里，我很晚才上床睡觉，其他人也都已离去。数年后，爱德华·威廉斯告诉我，那天夜里他来得更晚，已经记不清是几点钟了。后门开着，他直接走了进来。他喝得酩酊大醉，四处寻找我，但在黑漆漆的一楼什么都没找到，于是心烦意乱地离开了。

第二天，噩梦般的现实开始袭来。菲尔的离世对所有孩子都是不敢相信的骇人打击，尤其是更加年幼的两个孩子。拉莉和唐更加了解菲尔的病情，以及其中蕴含的意味；比尔和史蒂夫与菲尔分别了几个月，如今菲尔突然去世，让他们措手不及。

比尔当时15岁，从夏令营飞回了家里。女管家兼保姆卢·埃科斯特兰去接回了史蒂夫。唐和查理·帕拉代斯飞去了纽约的艾德威尔德机场，和拉莉以及露薇·皮尔森会合。露薇同样在跟母亲旅行，她陪着拉莉回到了家中。母亲难以再继续奔波，依旧待在游艇上。她发了封电报给我，诚挚而哀切，说需要我们去陪伴她，催促我和拉莉及露薇一同返回：

> 我困惑之极，伤痛不已。这样的悲剧于你又是怎样的重创，我不敢想象。我只希望能够在你身边……你愿意来的话，我就能够陪伴你。我也需要你来帮助我面对生活。我所能给予你的只有我的软弱，这让人悲痛。然而，这只是因为我太爱你，太爱我们逝去的亲人。我只能说，来吧，陌生的世界会让你忘掉伤痛……

唐去见了斯科蒂和萨莉·雷斯顿，用公司的飞机将他们也带回来了。他们当时尚在欧洲，听到消息后立刻便赶了回来。那些艰难的日子里，我打了许多通电话，其中一次电话催促雷斯顿夫妇不要耽搁，赶快回来，因为我需要他们，想要见到他们，但后来又恳求他们不要回来。对此，他们回到说，"我们就要到了。"

第十七章

接下来的数日是所有人在普通的亲人离世事件中都会经历的事情,名人的自杀也没有什么不同。信件、电报和鲜花开始蜂拥而至。当时,我只阅读了寥寥几封信,不过后来,每封信我都仔细看过了。奇怪的是,奔波繁忙有种使人麻木的效果,能够帮助你忘却残酷的现实,失去至亲的苦楚。在安排事务和调整情绪上,很多人都给了我极大的帮助,尤其是两个年长的孩子。菲尔的父亲几度中风,已然非常虚弱,我不知道是否有人告诉他菲尔自杀的消息。几个月后,他也去世了。比尔·格雷厄姆一如既往,在各个方面给予我帮助。

菲尔的离开让我们和菲尔的家人悲痛万分,但对他的好友、公司同事、报界和华盛顿市民来说,这又何尝不是难以接受?我当时没有注意到,切斯特纳特·洛奇医院的反响同样强烈。

菲尔去世后的数天里,许多人撰写文章缅怀他。《邮报》发表了菲尔的演讲和文章集。一篇社论说:

> 格雷厄姆先生将全部身心与精力都投入到了自己所深爱和关注的事业上。他从不沉湎于对国家、对企业、对好友的巨大奉献。正是这样的品质促成了他的疾病和离世……我们感到彻底的失去之苦;他不是可以被轻易遗忘的人,也不是可以被轻松取代的人。

赫布·布洛克写了篇特别感人的告别文章。艾尔·弗兰德利评价说,菲尔的嗅觉灵敏过《邮报》的明星记者,想象力丰富过最特立独行的作家。拉斯·威金斯给全体员工写了封私人信件:

> 菲利普·格雷厄姆托付给我们一份诚实、有良知的报纸,我知道你们都想要捍卫它,以纪念菲尔的才华和正直。现在,我们必须承担起他交付给我们的责任,以沉重的心情和殷切的希冀,实现他希望我们完成的目标。

菲尔刚刚去世的几天里,弗里茨·毕比尤其表现得像个英雄。我只是不甚明晰地知道他所克服的巨大困难。弗里茨维持了公司的稳定和平静,令其正常运作，还作为好友和顾问给予我帮助。同时，他肩负起重任，开始处理菲尔的多份遗嘱。在最后一次陷入极度躁狂状态时，菲尔写了份新遗嘱。爱德华·威廉斯后来说道，"任何遗嘱律师都会为我的处理方式感到震惊，但倘若能够仅凭直觉做事，那么，你会做得更好。"爱德华的做法异常卓越。菲尔曾经向他施压，要求立下新遗嘱，将三分之一遗产赠予罗宾，三分之二交予托管人，以便分配给孩子们。爱德华相信，罗宾没有教唆菲尔这样做，可能也从不知道自己将会获得的收益。当时，爱德华认为最糟糕的做法就是告诉菲尔不能帮他立下这样的遗嘱，因为他觉得菲尔没有能力订立遗嘱。爱德华很清楚这会招致两人友谊的破裂。为了稳住菲尔，爱德华为菲尔订立了遗嘱，但同时为文件附加了备忘录，说他认为菲尔没有能力立遗嘱，这样做"仅仅是为了维持友谊，继续向他施加影响，帮助他回归旧日的生活"。这份遗嘱生效之后，菲尔再次找到爱德华，要求修改遗产分配份额，让罗宾继承三分之二，孩子们继承三分之一。这份遗嘱实际上从未生效过。菲尔最终决定离开罗宾，回归家庭后，让爱德华毁掉了重立的遗嘱。遗嘱在见证人面前被正式撕毁。

关于罗宾的遗嘱失效了，但仍旧存在技术性问题：菲尔1957年的遗嘱是否具备法律效力？还是他应算作无遗嘱死亡？我的妥协使问题得以解决。我放弃了遗产继承权，将遗产都留给了孩子们，这对我来说无所谓。最终，孩子们都要有自己的律师，葬礼结束后，我们要到法庭处理此事涉及的法律问题。我永远都不会忘记，11岁的史蒂夫穿着小西装，整整领带说，"我要去见律师了。"即便在最可怖的几个小时里，他都保持了一贯的非凡幽默。

就我所知，罗宾最后一无所得，她也从没有索取过什么。她被菲尔迷住了，只是后来才慢慢得知菲尔的疾病。我记得她曾经打电话询问，菲尔是否留下过字条，但此后从未再出现在我们的生活中；她也从没有在采访中谈论过和菲尔的关系。她一定是位非常正派的人。我听说她嫁给了澳大利亚外交官，生活很平静。我希望她最终也走出了那件事情带来的阴影。

葬礼前一天，公司的董事会召开了会议。弗里茨建议说，如果觉得可以胜任的话，我应该到办公室里向董事们讲几句话，让他们相信公司会继续发展，不会出售。我同意了，但感到惶恐万分。我思索着要说些什么，记录下它们，甚至

第十七章

还排练了几次。车子过来接我去城里时,拉莉穿着睡衣跳进了车里,一路陪伴着我,给我鼓励和支持。她塞到我手里几张便条,上面写着她认为我应该说的内容。这些手写的文字感人至深又极富助益,我的发言几乎就以此为主:

1)感谢他们——所有相关人士——给了你信心。

2)公司遭遇危机,且危机仍在,但你知道他们会如同过去几个月所做的那样坚持下去。

3)从未预想过今日的状况。

4)想暂时离开,整理思绪,筹谋未来。

5)目前不会有任何变化或任何决策。《邮报》将继续由格雷厄姆家族掌控,直至下一代。

6)报纸将延续既有的良好传统。

7)进一步的想法。

拉莉还很年轻,她遭受的创伤比我还严重,但却能够匆匆写就如此简单但正确的建议,还穿着睡衣跳上车将它们交到我的手中,这件事至今让我深受触动。

我记得走入会议室时,里面坐着的董事全都是男性。这些男人几乎和我一样深受打击。他们似乎还曾经紧紧地盯着我,以期弄清楚我的想法。后来,奥兹·埃利奥特回忆了我的讲话,比我自己更加清晰:

你说非常感谢所有人以职业精神应对眼下的不利形势,你只想要告诉他们,你知道周遭盛传公司将会被出售,或者会被部分出售。你想要澄清的是,公司不会被出售,任何部分都不会,它是家族企业,下一代人正在成长起来。

不论多么迟疑不决,对下一代(我的孩子们)的希冀促使我做出了当时的决定:投身工作,牢牢掌控公司。

363

菲尔的葬礼于 8 月 6 日周二举办，地点是华盛顿国家大教堂（Washington National Cathedral）。葬礼公开举行，场面宏大，甚至令我有些隔绝在事件之外。我和孩子们都参与了殡仪服务的确认和赞美诗的选择。肯尼迪总统也出席了。所有人都落座后，他才独自从侧廊走进来找座位坐下。阳光穿过彩色玻璃，为他镀上了一抹奇异光彩。

我们出发去举行安葬仪式时，路上经历了一次颠簸。已经有人到殡仪馆安排好一切，但我并不知道详情。我从菲尔开过的玩笑中得知，他已经在橡树山购买了墓地，就在我们家街对面的公墓里。那里的墓地很难买到，迪安·艾奇逊夫妇、大卫·布鲁斯夫妇和约翰·沃克（John Walker）夫妇都打算死后安葬在那里，菲尔对埋葬在那里也有着奇异的热情。早在发病前很久的一个晚上，他参加完圣奥尔本斯校董事会会议后回家，说董事会有个人在奥克希尔很有影响力，保证可以帮我们买到墓地。菲尔继续开玩笑说，到时候，我只要推着轮椅把他送到街对面就行。我们在墓地前停下车时，我发现他的话毫不夸张，心痛不已。菲尔的陵墓就在我们家街对面的小教堂前面，每天我都会望见它。现在，我很喜欢这样，但刚开始时却深深感到不安。

葬礼过后，人们来到了我们家中，非常感人，因为各个地方的人都赶过来了。我很在意都有谁过来了，甚至还一度数了数人数，这颇有些可笑。于好友们而言，过来表示慰问意义重大。

肯尼迪总统告诉了我两件事。葬礼那天，他引用英国首相麦克米伦的话说，菲尔那年夏天去拜访他时，他觉得菲尔魅力四射，幽默风趣。总统接着说道，"我觉得今天的葬礼合宜而感人，尤其是最后的赞美诗。自从我来到这里后，菲尔在各个方面给予了我很多帮助。我们都会永远怀念他，在此，我对您和孩子们表示深切的同情。"杰姬·肯尼迪写了封长达八页的信给我，是我收到的最善解人意、最令人安慰的一封。就在菲尔葬礼过后不久，杰姬生下了一个男孩，但甫一出生便夭折了。

从菲尔去世到葬礼举行的这段日子里，我备受煎熬，如今它们和当时一样模糊不清。如果说有什么憾恨或失败之处，那就是我太过悲切，没有顾虑到孩子们，也没有去帮助他们，而他们的创伤甚至严重过我。菲尔是他们生活中灿烂的明灯。四个孩子都几个月没有见过他,他刚刚回来,孩子们就又失去了他。

后来,拉莉和露薇坚持认为我应该放下一切。她们催促我和她们返回欧洲,如同母亲在电报中所说的那样。我觉得这毫不现实,即便没有孩子们,也还有太多的事情要处理,譬如、遗嘱、遗产和公司业务。她们的答复是已经为我打包好了行李,准备了护照,我一定要去。我最终同意了。比尔和史蒂夫勇敢地回到了夏令营。唐继续跟着斯科蒂工作,他住在家里,也经常到弗兰德利夫妇家中。葬礼的第二天,我同露薇和拉莉一起出发,到伊斯坦布尔与母亲在租赁的游艇上会合。

这个决定也许有益于我,但对比尔和史蒂夫甚至唐来说,却非常不好。我不知道当时怎么就做出了这样的决定。比尔和史蒂夫跟我一起走不更好吗?我留在家中陪着他们不是更好吗?于我而言,这是最不堪回首的往事。重新做决定很难,重新思考没有做出的决定更难。有时候根本不是你在做决定,你只是在向前走,我当时就是如此——盲目、不费思量地向前走,步入崭新的未知生活。

PERSONAL HISTORY

第十八章

孤身一人时，不论在什么年龄，身处什么样的环境，你都必须重塑生命。1963年9月，我从地中海和爱琴海之旅中归来，重新开始了生活。我体会到了强烈而刻骨铭心的孤寂感；只有工作，照顾子女、母亲和生意，权衡这些事务的轻重，才能稍稍缓解我的孤独。乘游艇巡游让我暂时获得了解脱，它理所当然地将我带到了另一个世界，但在旅行的同时，我的情绪也相当复杂。内心的混乱仍在继续。这些年与菲尔的疾病秘密抗争的最激烈时刻，他的自杀所带来的震惊，失去爱人的痛楚，以及"为什么"和"接下来怎么做"的永恒问题，始终浮现在我的脑海里。旅程中，我没有同任何人亲密地交流此事；大多数时候，我都把苦恼留给自己。我不停地回想起那些可怕的瞬间，枪响，我跳起，冲下楼梯，找到他。这样的场景不断在我脑海里重演，我觉得自己就要疯掉了。我花费了很长时间才克服这种状态。时至今日，枪声或附近的任何巨响都能够强烈地刺激到我。

然而，从另一层面说，生活仍在继续。这次旅行分散了我的注意，这无疑符合母亲的期望，但对被抛下的孩子却并不美好。于我而言，这是此后众多类似旅行的开端，在这些旅行中，我沉醉于四处游览、观察和学习。

旅行结束时发生的一个场景至今历历在目。当时，我正在回家途中，为拜访好友而到斯潘佐斯岛稍作停留。我就要离开时，奇普·波伦询问说，"你不会工作的，对吧？你一定不要工作，你还很年轻，很有魅力，肯定会再结婚的。"我断然说会去工作。奇普的恭维之语其实出自真心：于女人而言，结婚是一个目标，一种生活方式，就当时而言，还是最可行的生活方式。然而，我当时并没有考虑再婚。我也看不出参与工作和继续私生活之间的矛盾。我当时没有意识到，自己是准备做修女了。

9月9日，从意大利返回的第二天，我真的去工作了。9月20日的董事会会议上，我正式当选华盛顿邮报公司的总裁。我常常会被问道，为何会有勇气主掌公司；我总是会回答说，自己从未觉得"主掌"了什么，或成了公司的真正领袖。我完全不知道自己肩负着什么样的责任。我逐步认识到掌控公司的重要性，并愿意为之奋斗，此时，我将自身的工作视为不过问业务的合伙人，自一旁观察公司的运作，努力去了解这个因自身悲剧而继承的公司。我将自身视为孩子们的桥梁，在他们能够掌管公司前，我的责任是支持那些真正经营公司的有才华之人——主要包括主管整个公司的弗里茨·毕比，《新闻周刊》的奥兹·埃利奥特，《邮报》的约翰·斯威特曼、拉斯·威金斯和阿尔·弗兰德利，以及广播电台的约翰·海耶斯。我还要学习必要的知识，因为作为A类股控股人，有时我需要做出重大决策。我天真地以为，在自己倾听学习的同时，整个公司的业务会一如既往地运转。我没有意识到，没有什么事物是一成不变的，问题每天都在出现，或大或小，不断向你涌来。我不知道摆在自己面前的任务的艰巨性，不知道自己会被其中的一大部分吓成什么样子，不知道未来会有多么艰难，也不知道在很长一段时间里我将经历多少个焦躁不安的日日夜夜。我同样不知道，自己最终会多么乐此不疲。

我参与"工作"——就我的定义而言——似乎是唯一的理智之举，因此不应该招致太多的惊愕。在与父亲以及后来与菲尔共同度过的那些岁月里，我从他们身上学到了许多东西，且经常参与到他们的工作中。我很幸运，因为他们都认为与女儿和妻子分享工作的价值非凡。我带给了公司一种精神力量——对新闻和新闻工作的认知和欣赏。我相当了解《邮报》的几位重要记者——我认识拉斯、阿尔、沙尔·罗伯茨和埃迪·福利亚德，和他们友谊深厚——而且一生都在听人们

第十八章

谈论新闻和邮报公司。我对听取谁的意见具备一定的判断力。且不论正确与否，我觉得自己有能力评判他们。另一方面，我对这份工作感到极为生疏，即便设定了限制，工作量也仍旧繁重。其中的差别就像看着别人游泳和亲身游泳一样。9月末，我写信给好友说，"靴子中的双腿在不住地颤抖，但我极力掩饰。"

没有了菲尔，我感到忐忑不安。我极其怀念他的指导。即便是在过去几年的艰难时光里，他也始终能给我依靠。我从他那里学到了许多东西，但在做出决定时仍旧惴惴不安。我真正拥有的能量来自最后非常折磨人的一年，那时，我不得不承担起家庭的重担，但却从没有想过菲尔会彻底撒手而去。

讽刺的是，在我希冀菲尔能够留在身边的同时，菲尔成就的一切只是令我的工作更加艰难。他做的每件事都如此出色，且在外界看来，似乎不费吹灰之力，这更是让我气馁。不只是我神化了他，其他人也都对他极度崇拜，这加深了我的困惑。每个人都会进来，向我诉说菲尔的事情。随着时间的推移，我拥有了更客观的判断力，意识到自己对菲尔的印象与现实相去甚远。他没有我想象中那样完美。他才华横溢，取得了惊人成就，但也存在着种种问题。如果我将自身与才华和成就都被夸大的菲尔·格雷厄姆相比较，而非那个真正的菲尔，那么工作将变得尤其艰难。此外，我没有菲尔那样精力旺盛，兴趣没有他那样广泛，知识没有他那样渊博，也没有像他那样接受过充分训练。我很乐意承认，就《邮报》的管理而言，自己在任何方面都无法与菲尔相提并论。我写信给好友说，让我掌管《邮报》和《新闻周刊》不会像菲尔管理它们时那样，我觉得自己就像是被迫上台的美国总统，对国会议员们说道，"我是你们能找到的唯一总统。"我必须认识到，自己只能够以所有可能的方式来做好这份工作。我不能去扮演他人，尤其是菲尔。

本质上，我所做的就是一步一步向前走，紧闭双眼，然后跳落悬崖。令我诧异的是，我的双脚接触到了地面。我能够做到这一点主要有两个原因。其一是弗里茨·毕比和那群辅佐了菲尔的人都留了下来，为我带来巨大助益；其二便是运气。

于我和公司而言，弗里茨都是救命恩人般的存在。他进入报业，参与媒体工作的时间都相对较短，仅仅在我们公司待了两年半，大部分时间都只是协调各项事务，竭力弥补菲尔患病期间对公司造成的或意图造成的伤害。过去几个月里，他还倾尽全力维系我和菲尔之间的沟通渠道；之后又必须在菲尔去世后收拾残局，处理他所遗留下的法律难题。弗里茨在各个方面对我都十分慷慨，让我觉得舒适、被需要和被尊重。因为他的善解人意、宽容体谅，我们相处得很是融洽。

菲尔去世和我前往欧洲旅行期间，我和弗里茨讨论了各自的角色，确定下了头衔。他建议自己继续担任董事长，而我则继承菲尔的总裁职位。头衔本身不会困扰我，我也不感兴趣，但我的确看出这可能使他成为首脑，而我则成为二号人物，我需要澄清关系。我建议道，不论头衔如何，我和他的关系要像他和菲尔一样。弗里茨适当地问道，这种关系将如何发挥作用。"我不确定，"我回答说，"正如刚结婚时我不知道如何维系婚姻，但也许这会像业务联姻一样运转。"考虑到自己的才疏学浅，我不知道哪里来的勇气，敢提议和他平起平坐。我也不确定，为什么他应允了我的职务，像他那样高明的商人理应觉得这是不合理的，即便我是公司的所有者。也许他明白，或者我解释过，我这几个月来每日都在担忧失去《邮报》，不想要以将其转交给他人而告终。我认为，不论头衔如何，我们之间的关系不会有任何改变。

我能够在这个职位上发挥作用，运气因素也绝不可小觑。公司规模相对较小，且属于私人所有，这些在最初几个月里对我的工作颇为有利。将近10年前，菲尔收购了《时代先驱报》，为《邮报》打下了牢固的根基。《邮报》《新闻周刊》和电视台的营收增长迅速，利润也是如此。各部门的管理保持稳定，当然，如今回想起来，这一点要比我当时看到的清晰得多。借由《邮报》和《新闻周刊》，我们的社论大放光彩，两份刊物对各个选区的选民都异常重要，尤其是政府和总统。我们拥有坚实的地基来打造稳固的财务立足点。倘若公司再大些，已经公开上市，或者不那么稳定，那么，我也许就无法奢侈地花费时间学习了。

就个人而言，我很幸运，能有这样一个要求苛刻、困难重重，但又极富趣味、引人入胜的工作去竭力完成。我经济独立，尽管孑然寡处，但并非真正无依无靠。我有家庭，比尔和史蒂夫仍旧留在家中，拉莉和唐在读大学，母亲就住在附近。哥哥和两位姐妹，以及一群密友给予了我许多帮助。

我永远都不会忘记在那些艰难的日子里，拉莉带给我的鼓励。我回到家，将

第十八章

要去工作时,收到了拉莉寄来的感人至深的家书:

> 对你经营好公司的能力,我无须再重申自己的信心。我们都认为,世上没有人拥有爸爸的才华和想象力,可以像他那样运筹帷幄,但你用另外一种方式,你自己的方式,同样可以做得出色。你有优秀的判断力,有与人相处、赢得他人尊重、识人善任的超凡能力,并且愿意坚持到底,而这是爸爸所不甘为的。
>
> 要记住万事开头难(虽然已是陈腔滥调,但我觉得万分有理),我们会合力演奏乐章,倾尽全力去思考圣保罗(St. Paul)的名言,"凡事感恩"。我发现最后一条建议说起来容易做起来难,但我会竭尽全力。

除了以上这些,我还有另一项重要资本——为公司和《邮报》奉献自身的热情。我非常关心《邮报》,期望能将其留在家族手中,尽管知识不足、惶惶不安,我还是觉得必须去经营好报纸。

于是,我开始认真工作。我几乎完全不知道该做些什么,因此便着手去了解《邮报》《新闻周刊》、电视台和公司本身的日常业务。最初的几周里,我觉得自己就像是漫游在迷雾之中,拼命去抓住最基本的知识:每个人的工作内容、时间、因由、地点和方式。我的无知程度难以言表。我既不清楚自己所置身的报界和新闻业的实质,也不知道它们的运转方式。父亲知识丰富,经验老到,我却对商业知之甚少,对会计工作更是一无所知。我根本看不懂财务报表。记得最初参加财务分析讨论时,我如坠云雾,完全不知所措。仅仅是提及"流动性"(liquidity)这样的术语,我都会目光呆滞,不知所云。

我对职场的基本知识也不甚了然——如何与他人保持职业关系,如何告诉他人他们不喜欢听的话,如何赞美和批评,如何最高效地利用时间。那些人们在工作场所或研究生院不自觉地学习到的东西,是我所不知晓的:如果你的公司需要高管,会有猎头帮助你寻找;已经存在相当完善的绩效奖励体系,除了我以外,似乎每个人都非常了解;存在一套等级体系,允许你与其中的人交涉,你不能绕过主管来解决问题,而应该去借助他们,否则就是在冒险削弱他们的权威。在

《邮报》大楼与人交谈时，我几乎是踉跄前行，不知道不应该总是和遇到的第一个人谈话，因为最后往往会发现这个人是工会头目，也不知道他人会利用我达成私人目的。真的没有人可以让我依靠，教会我需要学习的东西，以及如何学习它们。我陷入了一种例行公事的盲目状态，只是在问题出现时再努力去解决它们。

毫无疑问，我需要向他人征求意见和建议。克莱儿·布兹·卢斯和沃尔特·李普曼这两个人提供的具体建议非常有帮助。克莱儿指导我如何在工作中驾驭自我，她的建议有趣而实用。尽管其中有些建议只适用于她，有些如今看来已然过时，因为大多涉及的都是男权社会中的女性行事方式，但我将她的话都铭记在了心里。她警告我，不要因为害怕浪费时间而把大量时光都消耗在办公室里，时间是不会被浪费的。她还建议我任用男秘书，我照办了，把查理·帕拉代斯留了下来。查理已经为菲尔工作了许多年，表现出色。克莱儿告诉我，要密切掌控自己的信件，当寄信给其他高管或员工要求答复时，我应该让他们一并把我的信寄回来，进而了解他们处理我的信的方式，这样我便能有所收获。

沃尔特·李普曼给予了我更多帮助。我告诉他，手头过量的阅读材料令我深感困扰，不知该如何分类。李普曼认为我的烦恼不合情理，但仍旧写信说：

  就目前而言，我建议你在进办公室前，花费一小时或更少的时间来阅读报纸，将重点放在《邮报》上，至于《时报》，你只需看《邮报》上没有的新闻标题。不要费力去研究各类报道中所有古怪的话题，只记录《邮报》或《时报》中你尤其感兴趣，想要进一步了解的新闻。务必打电话给报道新闻的记者，让他向你阐明观点。如此一来，你可以一石二鸟；一则是毫不费力地了解相关新闻，二则是用最高效的方式认识撰写新闻的记者。

  我不会去绞尽脑汁解决掉所有问题。不管怎么样，没有人是无所不知的，也没有人会期望你无所不知。

我知道，在处理目前问题的效率上，自己远不及大多数人，包括对问题的整体熟知和细节掌控。此外，我天生阅读速度慢，这进一步增加了掌控全局的难度。沃尔特建议的补救措施相当不错，但它需要我以强大的自信去要求记者

第十八章

做简报，而这是我所不具备的——那需要我确信有权向他们施压以提高自己的阅读速度。

奥维塔·霍比（Oveta Hobby）同样是在丈夫去世后继任了休斯敦邮报公司的发行人。我工作后不久，她来到《新闻周刊》探望我。奥维塔之前是我父母的好友，后来又成为我和菲尔的私交。我们亲密地谈论了新闻业高管的责任，她觉得演讲非常重要。我说演讲不会在我的职责范围内，我不会发表任何演讲，因为我根本没有那个能力。她同样固执地说，我别无选择，因为将来我不得不去学习做那样的事情。奥维塔过去知道的东西也不多，但如今已经是博学多才。我有些担忧地意识到，她也许是对的，演讲也许真的会成为我未来生活的一部分。

我觉得自己应该做些菲尔做过的事情，于是制定了相当小题大做的计划表，每周有两天到纽约的《新闻周刊》工作。我的初衷出自好意：这个方案可以让我学到更多东西，让那里的人感到我对他们和他们的工作的关切。如今看来，这并非对时间和精力的明智投资，特别是考虑到这让比尔和史蒂夫单独在家的时间过久。

管理《新闻周刊》尤其困难，因为我在那里是彻头彻尾的局外人。《新闻周刊》的员工将自身视为公司的自治部门，欣然与华盛顿划清界限。那里的人非常欢迎来自《华盛顿邮报》的支持，却不愿受其指挥，只有高管们都喜欢的弗里茨是例外。由于对《新闻周刊》缺乏把控，我在那里紧张不安、战战兢兢。我觉得它是整家公司里最陌生、最古怪的部分，践行着我后来称之为"独有的特殊新闻运作方式"的理念。无论是字面意义上，还是象征意义上，我在《新闻周刊》似乎远不及在华盛顿那样熟门熟路。我不认识在那里工作的大多数人，他们也不认识我，而因为罗宾与《新闻周刊》关系密切，我更加觉得它与我相疏远。

菲尔去世后不久，我在前往欧洲的途中写信给两个自觉不太友好的男人，本·布莱德里和阿诺·德·博什格拉夫（Arnaud de Borchgrave）。我认为他们是菲尔的人，菲尔的好友，且因为各自利益和不同原因都明确而坚定地站到了菲尔一边。本觉得有忠于菲尔的义务，因为是菲尔收购了《新闻周刊》。然而，我认为无论是本，还是《新闻周刊》里的大多数人，都根本不了解华盛顿邮报公司，也不忠于除菲尔外的任何人。当看到事态开始分崩离析时，他们就试图在我和菲尔

373

之间划上一条专业界线，自然地站到了菲尔那边。

阿诺来自《新闻周刊》巴黎分社，是罗宾的好友，这让我更是小心提防他。然而，阿诺在国外为《新闻周刊》发挥着巨大且积极的作用（虽然角色有些模糊不清）。他是闯劲十足的人物，也算得上魅力十足，结交了许多君主、统治者和首脑。他还是位优秀的记者，对杂志的贡献很大，离开杂志社后过得也很好。

在写给他们两人的信中，我说过去的毕竟都过去了，希望我们能共同前进。本不记得收到过这样的信，但我却清晰地记得给他们两人寄过。甚至在那时我就非常清楚，工作中不应该夹杂私人感情。当然，后来我和本的关系成了我生命中最宝贵的工作和私人关系，也是最富有成效的关系。阿诺仍旧与我保持一定的距离，似乎觉得我有意要去"伤害他"。如果情况属实，那我未免花费了太长的时间，因为他在杂志社又待了17年，直到1980年因工作分歧被总编辑解雇。即便在那时，《新闻周刊》总编辑李斯特·伯恩斯坦（Lester Bernstein）告诉我编辑们一致同意开除阿诺的时候，我还询问他们是否决意如此，因为阿诺的确才华横溢。李斯特回答说，"我是来告知你情况，不是要征求意见。"

不过，尽管与《新闻周刊》关系复杂，身为尽职小姐的我还是会在周二一大早赶去纽约，周二晚上在那里留宿一夜，接着周三待在《新闻周刊》办公室里，直到傍晚再返回。这让我得以出席确认当周封面报道的编辑会议。我竭尽全力去学习杂志的运作方式，但却往往陷入沮丧。在与他人接触时，我常常感到有些许的怠慢或难堪，并为此忧心不已。我分辨不清哪些是确有其事，哪些是我庸人自扰。

我在《邮报》要自在惬意得多，这很容易理解。这里不仅是我的家乡，我的势力范围，而且我和《邮报》的工作人员也都彼此熟识，尤其是同好友拉斯·威金斯和阿尔·弗兰德利。我曾为《邮报》做过一些微小的工作，经历了家族掌控这家报纸的30年历史，毫无疑问，我能够轻松面对它。然而，即便是在《邮报》，我的道路也荆棘满地。我的工作生活的全部开端便是如此：从最边缘一点点做起，努力去学习编辑和业务流程，以及它们如何相互配合。这个过程艰难而孤独。我犯下了无数毫无必要的错误，被弄得精疲力竭。除了在黑暗中摸索，我别无他选。渐渐地，我开始变得井井有条起来，习惯了办公室的日常工作，学会了让秘书们处理事务，回复信件，保持同他人的往来，向他们学习，或至少能够迁就他们，同时，他们也开始迁就于我。有些员工在我面前有些忸怩胆怯，不敢亲近我，还有一些员工想要保持同我之间的距离。一些员工欢迎我的到来，但另外一些则视我为无知的闯入者，需要耐心对待，保持礼貌。大多数公司员工可能只是默默地做好工作，根本不关心我的存在与否。

倘若他人对我的到来充满敌意，我会私下解决。某些高管不知道如何与身处他们之间的女人打交道，尤其是这个女人还掌控着公司。我不知道性别歧视或其他类似说法，事实上，许多与我一起工作的男性也不知道。深切的无把握感、自惭形秽感以及取悦他人和受人喜爱的需要，都拖累了我的前进。人们真正想要和需要的是位通情达理、进退有据的领袖，但每当要做出决策时，我会去征求所有能够问及的人的意见，这往往会激怒那些与我关系密切的人，因为他们觉得我应该信任他们的判断，这也合乎常情。

我和约翰·斯威特曼之间的情况便是如此。我们之间的紧张关系从一开始就被激化了，而我却不擅长应对这种情况。我所有的问题似乎都惹恼了约翰。我也许受到了报社的新闻编辑部门的欢迎，但约翰和业务部门却不知道该拿我怎么办。我对他们也有相同的感觉。

我知道，《邮报》的成功在很大程度要归功于约翰，是他制定了发展战略和业务计划，严格控制住了公司的开支，而后者在当时很有必要。约翰掌握财权，控制预算，因而双手几乎介入了所有事务。比尔·罗杰斯是公司律师，每次我批评约翰时，他都会站在约翰一边。比尔不断告诉我，约翰工作出色，我应该心怀感激。我当时没能领会到这一点，但比尔的确是正确的。

如今我已经明白，几乎从1950年约翰加入公司起，菲尔就给予了他绝对权威，且坚定地支持他的全部举措。多年来，随着菲尔逐步减少参与《邮报》的日常运作，约翰的权力日益扩大，尤其是在菲尔病重后。1961年晋升为发行人，特别是菲尔的病情出现明显的起伏后，约翰就成了最终决策者，他不向任何人请教，做决定也很少与人协商。现在，我接手了《邮报》，不厌其烦地询问他问题——为什么要做这件事情？谁来负责它的？事情是如何完成的？倘若约翰能够接纳我提出问题的本意——我想要学习——那么，他也许就能够照顾我、指导我，我们的关系也会有更好的发展。但他不习惯在工作中与女性沟通，尤其是像我这般无知的女性。遭到反对时，他会大发脾气，我们之间的冲突几度令我落泪，因而也让所有事情都万般困难。

尽管我与约翰关系紧张，《邮报》和公司却在持续成长。自收购《时代先驱报》后的这些年里，《邮报》名副其实地蓬勃发展起来，新闻的质量和数量都在提升。到我就任时，它的发行量已经超过了每日40万份，周日时甚至达到了50多万份，远超《星报》。广告业务上，我们如今在华盛顿排名第一。我们的两家电视台也开始发展壮大。约翰·海耶斯管理电视台的方式与约翰·斯威特曼管理报纸的方式大致相同，菲尔也给予了他相似的权力；不过，海耶斯对我要更加敞开心扉。同样因为对电视台太过陌生，我从一开始就没有过多地参与其中，所以也就没有像惹怒约翰·斯威特曼那样惹恼海耶斯。此外，电视台的业绩优于报纸，没有《邮报》所面临的激烈竞争和劳工问题。

我甫一参加工作，就有传言说我要把公司卖掉，之后我一直为此烦心。顺理成章地，菲尔刚刚去世，无数收购整家公司的报价就纷至沓来。大多数人都相信，我会卖掉公司而非接手运营。他们很难明白，我经历了《邮报》从麦克林时代的奄奄一息到浴火重生，始终支持父亲和丈夫以极大的热情和专注将其发展壮大，根本不可能卖掉它。卖掉《邮报》于我而言是不可想象的事情。然而，带着求购意愿的人不断向我涌来。甚至我还在欧洲之时，弗里茨就已经收到了几份报价，其中来自哥伦比亚广播公司的报价经由弗兰克·斯坦顿提供，被我断然拒绝。也许我对这些求购者反应过激了。我不明白我们掌控着诱人的资产，而且看起来不堪一击，相反，我义愤填膺地将收购者视为盘旋于头顶的秃鹫，等待着我这个貌似孤立无助的寡妇颓然跌倒。由于心神不定，我无法冷静地讨论任何与收购报价有关的事情，而且，所有这些收购提议都极不愉快地加重了我的惶惶不安。记得接手公司后前半年的某个时间，我会见了罗伊·汤姆逊（Roy Thomson），他是加拿大一家大型报业集团的老板。他告诉我，他派人遍访美国以找到可收购的媒体资产，令我错愕不已。我记得他说道，"有许多原因会导致人们卖掉资产，譬如经营不善，年迈的拥有者没有继承人，寡妇……"这让我浑身战栗。

第十八章

　　第一份收购邮报公司的报价实际从未正式提交。报价来自《时代明镜》（*Times Mirror*），中间人是约翰·麦肯恩（John McCone），当时的中情局局长，钱德勒家族的好友。一次，麦肯恩与斯科蒂·雷斯顿坐在政府轿车的后座上，麦凯恩知道雷斯顿是我的好友，能够把消息传递给我，于是告诉斯科蒂《时代明镜》有意收购《邮购》。斯科蒂实际上替我作出了答复，说他知道我无意出售，但会代为询问情况。下一位出价人是山姆·纽豪斯（Sam Newhouse），他最为执着，愿意以一亿美元买下邮报公司。我们明确地拒绝了他，但纽豪斯从未接受我们的答复，不断带着更高的报价露面。我关上了这扇门，他就会从另一扇门进来。他开始借助中间人接触我们，其中一个便是克拉克·克利福德。

　　在最早的那段时期，纽豪斯的最后一次收购尝试最为令人惊愕。我执掌公司四个月后，泰德·索伦森（Ted Sorensen）找我吃午餐，探讨为《邮报》工作的可能性。这个构想吸引了我：泰德在肯尼迪政府里位高权重，才能不言而喻。我积极思索着如何吸引他。我们讨论了各种适合他的职位，包括管理部门、编辑部门，甚至还想让他成为专栏作家。他否定了所有提议，直至最后才表明内心的真实想法："我真正想要的是你的职位。"他说，"为什么你不退位让贤，让我来代你管理公司？"我目瞪口呆，但还是说道，如果我的职位是他唯一想要的，那么我们没什么好谈的了。

　　几个月后，泰德打电话问我，是否愿意去参加特别的聚会。我答应后，他建议说在聚会开始前来接我，因为有些事情要同我谈。泰德来得有些早，我们坐在书房中谈话。他没有太兜圈子，说道，"我得到授权，向你报价一亿美元，只收购《邮报》。我会亲自管理它，公司其余部分仍由你掌控。"我大惑不解，说道，"这是纽豪斯的提议吗？"简短地遮遮掩掩过后，泰德承认了，但不同之处在于《邮报》的经营者会是他。当时，纽豪斯对自家报纸严格控制开支，缩减新闻版面，以提高利润率。我说道，"你不是真的相信纽豪斯会让你经营《邮报》吧？"泰德坚称会是如此，料想这会吸引我。我说很惊讶他会参与这样交易，他回答说，"我说过，我想要你的职位。"经过这样一番对话后，我们动身去参加聚会了。

　　这是最后一次出现这样的报价，尽管随后几年里还有许多觊觎公司整体或部分的人，尤其是针对《新闻周刊》——我们肯定已经拒绝了六七次报价。我们回绝得毅然决然，但《新闻周刊》将被出售的谣言仍旧在媒体上喧喧嚷嚷，极大地影响了杂志员工的士气。我上任满一年之际，时代公司三巨头之一、我的老朋友安德烈·海斯克尔（Andrew Heiskell）邀我去"21"餐厅吃午餐。席间，海斯克尔再三强调说："你还留着《新闻周刊》做什么？你完全不懂杂志业务，也不应该待在纽约。"奇怪的是，他的话并没有真正困扰到我。我的确有担忧他说的那些问题，但对弗里茨充满了信心，而且事情似乎也在向前发展，虽然并非一帆风顺，却至少是朝着积极的方向。我告诉他，尽管我同意他的观点，但还是会留下来。

我之所以坚守当下这个无可辩驳的危难局面，原因在于杂志社的那些员工。这并非出于商业利益的决定；相反，我觉得我们不久前才买下杂志社，里面有许多雇员，如今没过几年便甩手而去，实在过意不去。我对杂志社，对杂志社的员工有着强烈的责任感，尽管并非始终能感受到这种情感是相互的。

在执掌《邮报》的最初几个月里，我经历了许多个第一次。我加入了宝华特默西河（Bowater Mersey）公司的董事会，成为其首任女董事。它是我加入的除自家公司外的第一个企业董事会，接下来的几年间，我又加入了许多其他的董事会。我还接替了菲尔在乔治·华盛顿大学董事会的职务。

我开始同整个行业中的众多人士共进午餐，还首次邀请生意伙伴欧提斯·钱德勒参加晚宴，向公众表明我们会恪守承诺，保持在新闻服务领域的合作关系。欧提斯事后写信给我，感谢我精心安排这次聚会，还补充说，"我知道这对你来说并不容易。至少，坚冰已被打破，从现在起，这样的事情于你而言会更加简单。"

为了更好地熟悉公司的其他部门，我参观了我们的两家电视台。在杰克逊维尔，我拜访了格伦·马歇尔，他掌管着 WJXT 电视台。格伦是最早对有线电视产生狂热兴趣的一批人，而约翰·海耶斯则与他不同。我记得，当自己以新身份首次拜访格伦时，他就大谈有线电视之于未来的重要性，以及电缆成为付费电视门径的潜力。我当时刚刚就职，还无法建设性地参与讨论，因此我们未能在早期

第十八章

阶段便涉足有线电视。

我开始定期出席《邮报》的编辑部会议和午餐会，事实证明这极大地帮助了我理解外部世界正在发生的事情。我开始了解新闻业和政治界行话——记者、编辑和政府官员的常用语。记得很早前的一次编辑部午餐会上——我仍旧承受着不自信的痛苦折磨——我们的嘉宾是"龙夫人"（Madame Nhu）——南越总统吴庭艳的弟媳，凶狠毒辣而富有权势。她的所作所为让她在国内声名狼藉，民众对她心怀畏惧，又憎恶至极。这是我第一次在午餐会上提问，当我鼓起勇气提出问题时，几乎紧张得要摔倒下来。我已经不记得究竟询问了什么，但事后因为尴尬和担忧自己显得愚蠢无知而几近窒息的状况却历历在目。

我还清晰地记得以新身份首次出席白宫午宴的状况，那是为欢迎南斯拉夫总统铁托而举办的。我随身带上了选举策划调查表，临走的时候将它交给了肯尼迪总统。他匆匆一瞥，随即将其收入囊中，微笑着说道，"嗯，以后就这么办了。"

很快我便了解了报主和发行人职责的另一面。1963年10月，我接到马克·邦迪从白宫打来的电话，说他正和肯尼迪总统待在办公室里。他们收到风声，拉斯·威金斯准备发表文章批评杰姬乘坐亚里士多德·奥纳西斯（Aristotle Onassis）的游艇出行的计划。杰姬这样做是为了从婴儿不幸夭折的痛苦中恢复过来，总统让小富兰克林·罗斯福陪同前往。拉斯认为，罗斯福成为奥纳西斯的座上宾有悖公众利益，因为罗斯福时任商务部副部长，而奥纳西斯和他有工作上的往来。我告诉马克会和拉斯谈谈，但社论已经发表了。

几十年来，我接到的类似电话不计其数，而这只是个开端。这些电话给予了我丰富的中间人角色的经验，一边是抱怨者、哀求者以及其他形形色色的人，另一边是《邮报》和《新闻周刊》的编辑们。编辑多数时候都是正确的，而拉斯这次则是绝对正确。他坚守自身立场，以编辑身份批评了这次旅行。不管怎样，旅行还是发生了，生活也在继续。

另一种陌生和艰难的初次尝试是成为所有媒体关注的焦点，并接受采访。工作的首个年度，这样的事情发生了几次。一次公开采访中，我表示不觉得在男性主导的领域担任女性高管非常困难，并且，"过不了多久，人们就会忘掉你是女子"。由于我初来乍到，又毫无经验，后一句话说得非常大胆。那时，女性问题尚未浮出水面，而我也仅仅是没有察觉到人们对我的看法。我苦于初学乍练的艰难，因此，他人纡尊降贵的态度带给我的不悦感和成为许多办公室里唯一女性的陌异感，在我的脑袋里混做了一团。我不是要指责男性同事居高临下的态度，只是觉得自己太无知无识了。需要再经历一段时光和妇女解放运动，我才能充分认识到包括自己在内的职场女性所面临的真正问题。

我还第一次经历了劳工问题，且处理得不够妥当。《星报》遭遇了印刷工会的自发罢工。许多人抱怨该报社解雇了工会领导，我们《邮报》的工会明确表示不希望我们支持《星报》管理层。华盛顿的各家报纸有联合起来与行业工会协商的传统，因此，我们决定支持星报。期间，某次晚宴上，我遇到了一位普通朋友吉姆·雷诺兹（Jim Reynolds），他当时是工会的助理秘书。他当然代表工会的利益，但我却没能完全意识到这一点。"你不会支持《星报》的，对吧？"他问道。我回答说似乎我们已经支持了。他说那样做非常愚蠢，还列举了诸多理由。我拿起电话，错误地将这些信息传达给了约翰·斯威特曼。后者理所当然地将其视为我本人的观点，因此也将其视为我的命令，并取消了支持《星报》的计划。整个事件令《星报》管理层大为不悦，并最终不得不向罢工者让步。《星报》总裁克罗斯比·博伊德（Crosby Boyd）过来看我，说他希望这不会是新政策，因为长期以来我们都是彼此支持的。我答应会延续旧传统。这件事让我得到了教训，明白了自身话语的分量——我当时还不知道，自己根本不能说些不代表自身本意的话。后来，我们身处生死存亡的时刻，换了新老板的《星报》也没有支持我们。

我也曾首次遭遇记者因国外独裁者而陷入麻烦的问题，这类事情非常常见，通常牵涉了记者的新闻自由。此次事件的主角是鲍勃·麦凯布（Bob McCabe）——《新闻周刊》驻香港代表。他竟然被关进了印度尼西亚的监狱，我向国务院的乔治·鲍（George Ball）说明了情况，他承诺说会高度重视这件事情，也的确通知了苏加诺总统。这是与独裁者一系列斗争的开端——斗争持续至今——在这种情况下，让政治领袖知道记者拥有组织和高管个人的支持始终非常重要。

我携同弗里茨为《新闻周刊》进行了首次商务访问，对象是克莱斯勒公司。这类访问贯穿了我的整个工作生涯，其所带来的益处难以估量。我相信，临到最

第十八章

后，认识公司的高管有时确实能左右大手笔的广告业务决策。至少，它让你建立起了存在感。

我经历的一次重大考验，是在波多黎各为《新闻周刊》的广告销售会议发表演讲，它同时也是我的另一个第一次。我能够生动地回忆起第一次发表演讲时的恐怖感，当时也很快便发现自己别无选择——发表演讲是工作职责的一部分。父亲、母亲和丈夫都是自己撰写演讲稿，因此，我也不认识演讲稿撰写人。为了这次特别的演讲，我拿着铅笔和便笺簿坐下来，写了些个人想法。写到某个部分时，我觉得必须谈论一下《新闻周刊》了。我被彻底难住了，不得不去请教弗里茨，后者提醒我埃米特·休斯——艾森豪威尔的前演讲稿撰写人，后被菲尔聘到《新闻周刊》担任了专栏作家，他应该能为我提供此类帮助。埃米特接着我的文字继续写作，完成了我们称为"我相信个体"（*I Believe in Individuals*）的演讲稿。我颤抖着双膝发表了演讲。即便照本宣科也超出了我的能力所及，但演讲时的情绪还是帮助我蒙混过关，实际上，演讲获得了不错的反响。

很长一段时间里，学习撰写和发表演讲让我备受折磨。埃米特又帮助了我一两次，但后来就拒绝再帮我，因为我是个很难合作的人。我根本就不知道，演讲稿何时算得上完善完成，何时又需要修缮修正。数年来，没有任何人帮助过我。我找过好几位演讲稿撰写人，但却不知道如何向他们阐明自己需要或想要表达的内容，以及如何估量演讲结果。1968年，梅格·格林菲尔德来到《邮报》，为我提供了帮助，随后的许多年里，她一直是我准备演讲时必不可少的人物。直到18年后，盖恩·奈特（Guyon Knight）加入华盛顿邮报公司，我的演讲问题才得到彻底解决。

不管怎样，工作生涯第一年里的所有这些首次尝试很有意义，我开始意识到，仅仅是一步一步向前挪已经令我获得了进步。我内心仍感到混乱和困惑，也仍不确定没有菲尔生活是否可以继续下去，但我的日子正变得日益坦然和平静，有时甚至还再度有趣起来。

1963年11月22日，我邀请好友阿瑟·施勒辛格和肯·加尔布雷思与《新闻周刊》的编辑们共进午餐，谈谈他们对杂志的"书之回归"（Back of the Book）

381

栏目的看法。我开车到白宫接阿瑟,当时他在那里工作,接着,我们飞往纽约与肯、弗里茨、所有高级编辑和其他相关人员会合,一起吃午餐。我们正在喝酒,突然有人冲到大厅,探进头来说道,"总统中枪了。"

我们感到难以置信——要么是弄错了,要么是没什么大碍——但全都惊慌失措了。我们跑到电视机前,上面的新闻很快表明事态极为严重。肯担任印度大使期间,特勤处工作人员克林特·希尔(Clint Hill)曾陪伴杰姬出访印度,报道援引他的话说,总统受到了致命伤害。肯说道,"如果这话出自克林特·希尔,那么事情就真的很严重了。"总统身亡的噩耗传来后,我们迅速赶往机场以返回华盛顿。肯后来回忆说,汽车里的我们情绪崩溃,而正午时的人群却仍旧生气勃勃,他们还不知道发生了什么事情。

返回华盛顿后,我们一起去了白宫。我原本不愿意去,因为我远没有肯或亚瑟与肯尼迪夫妇来得亲近,但他们都坚持我一同前往,于是我也去了。我们进入了挤满人的房间,泰德·索伦森正在那里维持秩序。我们待了一会儿后,泰德不耐烦地抬起头,要求所有没有特定工作要做和没有权限留在房间的人离开。这些话显然是针对我,于是我便离开了,尽管还有许多人也都离开了。

我们感受到了巨大的损失,无论是对于国家,还是我们个人。后来,以赛亚·伯林恰到好处地总结说,"我感到了不安全。"比尔·沃顿记得,在帮助筹备好葬礼事宜后,他心烦意乱地回到家,接到我母亲的电话,母亲泣不成声。比尔表示,她是如此坦率直接。母亲说,"除了该死的香蕉共和国(banana republic,经济体系属于单一经济 [通常是经济作物如香蕉、可可、咖啡等]、拥有不民主或不稳定政府,特别是腐败盛行,有强大外国势力介入之国家的贬称——译者注),我们什么都不是。"接着,她挂断了电话。

总统遇刺第二天,我又回到白宫东厅,肯尼迪总统的灵柩庄重地摆放在那里。接着,我去拜访了伯德女士,她邀请我一起喝茶。利兹·卡彭特(Liz Carpenter)是伯德女士的新闻发言人,她后来说,是约翰逊总统建议伯德同我谈话的。和所有人一样,约翰逊夫妇也震惊于杰克·肯尼迪的身亡。与此同时,他们还必须怀揣着沉痛的心情,肩负起总统和第一夫人的重担。利兹·卡彭特解释说,"但愿你能够明白总统遇刺后我们有多么惊骇。不仅是因为我们失去了一位

第十八章

可贵的总统,还因为事件发生在得克萨斯州。这真是让人难以承受的重担。"伯德女士这样描述道,"他们眼望生者,心怀逝者。"

伯德女士还谈到了成为第一夫人后的感受:"我觉得像是登上舞台,扮演从未排练过的角色。"这恰如其分地形容了我自己在生活中的新角色,但我却丝毫不能为她提供帮助。我们全都震惊万分,根本想象不出别的政府,以及别的人出任总统和第一夫人。我必须承认,当时没有预料到伯德·约翰逊女士会以其特有的方式,出色地履行好所有职责。

后来,在电话中,利兹·卡彭特还和我讨论了什么样的计划适宜伯德女士执行,并提及了"美化运动"的可行性。长期以来,我的工作都是解决华盛顿特区严重的社会问题,因此担忧美化运动会太过肤浅。利兹明智地说道,伯德女士必须选择自己能够发挥影响力的事情来做。利兹是正确的,美化运动获得了成功。令我高兴的是,伯德女士邀请我担任美化运动委员会(Beautification Committee)的委员,我欣然应允了。

不论是谁来接替肯尼迪,工作都不会简单。显然,一个新时代开始了。12月3日,总统遇刺后不到两周,约翰逊夫妇也尚未搬入白宫时,我、乔和苏珊·玛丽受总统和伯德女士之邀出席晚宴。进入埃尔姆斯(Elms)酒店的门廊时,我们看到了萨姆·雷伯恩的肖像就挂在左边。总统表示非常痛惜雷伯恩和菲尔眼下不在身边,他现在最需要他们的建议。

我对那晚的记忆断断续续。杰克·瓦伦提(Jack Valenti)也出席了,我想我们四个人就是仅有的客人。苏珊·玛丽记得总统的情绪平和友好,还说道,"这很让人吃惊,因为他很快就喝着鸡尾酒告诉我们,他正经历着非常艰难的一天,'肯尼迪的人'一个接一个地找他递交辞呈。"约翰逊还谈到了发生在达拉斯的事情。他描述说,自己和伯德女士坐在医院的房间里,等待着手术室传出消息。他不记得房间的样子,只知道它很小,有许多床单摆在里面。伯德女士两次离开房间,想看看有什么能够帮助独自站在大厅的杰姬。伯德女士回来后报告说,杰姬想要自己待着。他们仍旧待在堆满床单的房间里,这时有人——苏珊·玛丽觉得那是肯尼·奥唐纳(Kenny O'Donnell)——进来说,"总统先生,肯尼迪总统离开了。"接着，约翰逊不再讲述 11 月 22 日的事情，开始谈论起得克萨斯的传闻。那是个不同寻常的夜晚。

1964 年伊始，我的工作有了起色，但在个人层面上仍旧是孤身一人。孤寂的生活需要适应，在经历了 23 年的婚姻后，恢复单身生活很是艰难。每次独自做从前和菲尔一起做的事情，或踏足充满回忆的场所，我都会倍感煎熬。很长一段时间里，我不能看菲尔的任何东西，尤其是他的书信和私人物品。我匆匆忙忙地重新装饰了他的房间，在 R 大街和农场的都是如此。有一段时间，与格伦韦尔比相关的一切都让人非常难受，我甚至想要离开它，但我必须考虑到，孩子们头脑中没有那样的可怕场景。于他们而言，格伦韦尔比没有让人痛苦的记忆；他们热爱这个地方，以及这个地方的一切。因此，我还是会经常去那里，但我重建了那间浴室，让那里的一切都不在原来的位置上，周围的东西也都替换了下来，这样每次走进房子时，我就不会再被过去的幽灵所纠缠。于我而言，格伦韦尔比始终是菲尔的灵魂所在。这里有他的池塘、田地、狗，他在这里钓鱼、打猎。一言以蔽之，这里是他创造的。在这个地方，我们共同度过了太多时光，我的心灵不时被他曾经的存在激起涟漪，更不消说踏足他身故的场所。

在大多数地方，我都是孤身一人，尤其是前往纽约时。人们会热情地招待我，但我讨厌独自待在酒店里。起初，我感到无可救药地害羞，但因为难以忍受独处的时光，于是便开始频繁外出。我很快就开始沉溺于社交生活，乐在其中。我在纽约结识了更多的人，包括杜鲁门·卡波特、帕利夫妇，以及较少来往的约克·惠特尼（Jock Whitney）夫妇和詹姆斯·福斯博（James Fosburgh）夫妇（贝比·帕利的两个姐妹分别是贝特西·惠特尼 [Betsey Whitney] 和明妮·福斯博 [Minnie Fosburgh]），另外还有帕梅拉·丘吉尔·海沃德（Pamela Churchill Hayward）及其魅力超凡的丈夫利兰。

在华盛顿，我同样开始认识越来越多的人——广告商或与《邮报》有往来的商人，新闻业和政府部门（包括两党）里的新老朋友。这是华盛顿最好的时代。回首往昔，我惊讶于自己外出之多。我自己成长过程中，父母就经常不在家，因此，我觉得自己很容易不知不觉地养成相同的习惯，或是抛下孩子四处旅行，开

第十八章

始时是和菲尔一起,如今则是独自一人。不知怎的,菲尔死后,我没有想到要改变这种习惯——我没有意识到应该更加努力工作,好为孩子们抽出更多的时间。

菲尔去世后,参加工作的确让我更加轻易地开始了新生活,但对比尔和史蒂夫而言,生活更加艰难了。实际上,他们相当于在同一时间失去了双亲。直到那时,我还一直是个相当称职的母亲,出席学校典礼,开车送孩子们参加体育赛事,下午在孩子们放学前回家。如今,所有这一切大都已经成为过眼云烟,尽管我还是会尽可能抽出时间陪伴他们,至少会出席学校的某些活动。我诚心诚意地出席比尔和史蒂夫的橄榄球比赛,时机合适时,也会带着孩子们参加活动,尽管这无疑并不足够。他们经历着不同的艰难时光。比尔在圣奥尔本斯过着典型的青春期生活,但在家中,他大多数时候都把自己锁在屋里。史蒂夫正处于最糟糕的时期——已经长大,不适合由保姆来照看;但又不够成熟,无法独立生活。史蒂夫天资聪颖,但和两个哥哥不同,不太擅长运动,以圣奥尔本斯高中的标准来看也是如此。和唐一样,史蒂夫跳了一级,于他们两人而言,这都是灾难性的想法,学校建议史蒂夫跳级时,唐还警告他不要那样做。事实上,圣奥尔本斯也许根本就不适合史蒂夫。

此外,由于菲尔的疾病和离世于我太过痛苦,我发现很难去谈论这个话题,即便是面对孩子们,这定然增加了他们的负担。起初,我根本不会提起菲尔;我只是紧闭心扉,这个错误影响了我们所有人。拉莉后来给我写了封信,稍稍减轻了我对比尔和史蒂夫的负罪感:

> 是的,于比尔和史蒂夫而言,这的确非常可怕,但我仍旧坚信,他们非常幸运(moi aussi[法语,意为"我也一样"——译者注])能有他这样的父亲——即便只有11年和15年的时间。纵使竭尽全力保持客观公正,我也还是觉得他们两人完美无缺,当然,这很大程度上要归功于爸爸,但最重要的是,归功于你和爸爸两人。

在社交场合,我开始被邀请外出约会。我的主要追求者是阿德莱·史蒂文森,他越来越多地出现在了我的生活里。很难确切弄清楚我在他的女性朋友中排

385

名第几。至于我，我始终喜爱他，仰慕他，但却一点也不迷恋他。我不像母亲、女儿以及许多其他女士那样，对他倾心得无法自拔。我常常对他的优柔寡断感到不耐烦。我们的共同好友英国经济学家芭芭拉·沃德（Barbara Ward）说，我必须理解他，给他更多耐心，但我发觉这很困难。或许菲尔对他的矛盾态度影响了我，让我有些厌烦他，但我认为这真的是自己的感觉。不管怎样，我和阿德莱频频见面。来到华盛顿时，他经常陪伴在我的身边，我们也会一起去纽约。我猜想，这是他与女性交往过程中，为数不多的处于积极主动一方的情况。

1964年夏季，《国家问询报》（National Enquirer）报道了我们两人的事情，为各种谣言添油加醋：

> 驻联合国大使阿德莱·史蒂文森涉入了一场风流韵事之中，可能成为本年度最热门的政治新闻。他正在向菲利普·格雷厄姆夫人大献殷勤，后者是《华盛顿邮报》和《新闻周刊》杂志已故发行人的遗孀，也是连锁电视台的老板。
>
> 史蒂文森的好友描述说，倘若格雷厄姆夫人同意在8月民主党代表大会召开前举行婚礼，那么，史蒂文森被提名为民主党副总统候选人的概率会急剧上升。
>
> 史蒂文森不仅将得到迷人的妻子，还会借助她控制美国最具影响力的电视–杂志–报纸联合企业。

我将剪报附上戏谑的字条，一并寄给了阿德莱，开玩笑说，"我敢肯定你不知道什么在等待着你。毕竟，还有什么比娶了电视—杂志—报纸联合企业更有利于你成为副总统的呢？我已做好准备，随时奉陪，但我们最好在大西洋城的会议开始前宣布喜讯。"

那年夏天，帕姆·贝里从伦敦赶来探望我，她非常关注某些竞选活动。于是，7月10日，我、她以及乔·艾尔索普动身前去旧金山，参加那里的共和党代表大会，会议开始后，拉莉也加入了我们。我写信给母亲说，"没有谁对某位当权人物的看法，比我、帕姆和拉莉更加类似于《麦克白》(Macbeth)中挤在大锅边的三位女巫了。"

我们都高度警觉，担忧极端保守人士巴里·戈德华特(Barry Goldwater)获得提名。我们认为他十分鲁莽；他对核问题的观点以及公民权利的看法，令我们深感不安。此外，他已经吸引了所有约翰·伯奇(John Birch)式的共和党员。当时，我们觉得戈德华特非常凶恶，但我如今意识到，我们歪曲了对他的看法，而这是不公平的。

前总统艾森豪威尔发表演讲，抨击了报纸上的专栏作家，这件事让我铭记至今。大厅里所有的与会人员开始发出嘘声，非难媒体。艾森豪威尔的演讲主题开始被其他演讲人采纳。在副总统提名中居于次席的一个人厉声说道："沃尔特·李普曼就是沃尔特·路则(Walter Reuther，工会领袖——译者注)，《纽约时报》就是《真理报》(Pravda)。"这句话博得满堂喝彩，所有人都在疯狂欢呼，只有我们这些媒体区的人在哀恸而缄默地坐着。我感到正在目睹少数派控制大政党。

然而，尽管坚定地支持约翰逊，我还是决心保持《邮报》的独立性，坚守报纸的中立原则。7月末，两党的代表大会召开间隙，马克和玛丽·邦迪(Mary Bundy)来到格伦韦尔比过周末。仅仅几天之后，马克写了份备忘录给总统，说明了我们谈论的事情。我一直不知道备忘录的存在，直到30年后，在约翰逊总统图书馆(Johnson Presidential Library)发现了它。备忘录非常有趣，因为它从内部思考了我和马克在那个周末讨论的问题，同时也洞悉了约翰逊对获取媒体支持，对政府部门与媒体互动的方式的期待：

> 在凯·格雷厄姆家，我和玛丽度过了一个愉快的周末，期间，我告诉凯，如果《邮报》能够公开支持我们，那将会带来巨大助益。我对她说，鉴于她对共和党代表大会和戈德华特本人极为不满，这个提议并无不当之处。她微笑着问我，是不是在代表你说话，我说这是自然；我问她，我还能代表什么人。接着，她告诉我，如果我是个华盛顿人，那么就应该知道，《华盛顿邮报》从未公开支持过任何人。她还告诉我，如果我们白宫的人分辨不出

《邮报》偏爱谁，那一定是因为我们不识字。我回应说，正是由于《邮报》从未支持过任何人，它如今才应该公开立场，因为利害关系实在重大，且是非曲直异常明晰。然而，我没有得到任何承诺。

我强烈地感觉到，凯·格雷厄姆需要你给予一些私人关注。我听到了些傲慢的言论，不是从她而是从《邮报》和《新闻周刊》的其他人那里，大意是哈里·卢斯（Harry Luce），那个狡猾的共和党人，在白宫似乎比那些90%的情况下都支持肯尼迪-约翰逊政府的人更受欢迎。我发现葡萄园劳工的寓言（指《圣经》中的故事——译者注）不太适用于这些人（对于我们大多数人来说，这不是最有说服力的比喻）。

我的建议是，你也许应该在某天邀请凯共进午餐，或者出席非正式的晚宴，就和哈里·卢斯上次过来时一样。如果你邀请她，并让她带上三四个杂志社或报社的员工，我觉得会大有益处。我知道这些人之中有许多你都不喜欢，但我禁不住会想，倘若我们能够动摇商会的观点，我们也应该能够掌控住这些忙碌的自由主义者，尤其考虑到凯是个兼听则明之人……

马克为总统提供了三项选择：筹划一顿午餐，筹划一次非正式晚宴，以后再做打算。林登·约翰逊选择了最后一个。在交给总统前，有人为备忘录附加了手写的字条，说邦迪已经弄清楚过去半年来，我有多少次受邀进入白宫。那些活动包括为欢迎希腊王后费德莉卡（Frederika）举办的午宴，为丹麦首相举办的晚宴，我后悔参加的"女实干家"午宴，以及为报纸发行人举办的午餐会。

凑巧的是，就在马克将备忘录交给总统两天后，我写了封信给戈德华特参议员。在不遗余力地维持《邮报》和《新闻周刊》公正性的同时，我想要确保我们没有冷漠对待戈德华特：

我知道您认识我的丈夫菲利普·格雷厄姆，很遗憾我没能认识您。如果未来几周您有时间，我非常希望能够去拜访您，以便彼此熟络。我会打电话到您的办公室，看看这是否可行。我们同样想要邀请您来《邮报》或《新闻周刊》参加午餐会，倘若可以的话，请您两个地方都来。我认为这有利于

第十八章

我们报道您的竞选活动。如果您只能来《邮报》，我会很乐意把《新闻周刊》的编辑叫过来。

同时，我想要声明，尽可能公正客观地报道竞选活动是我矢志不渝的愿望。当然，我这句话里面囊括了华盛顿邮报公司的三个部分，《邮报》、《新闻周刊》，以及我们在本地和杰克逊维尔的电视台。

当采用"公正客观"这个词语时，我意识到这个目标是多么难以企及，评判它的标准是多么宽泛不一。

在这个问题上，如果您有任何不同的观点，请立即告知，我将感激不尽。我们也愿意同您和您的工作人员以任何形式合作，只要您觉得这有助于确保报道的完整性和准确性。

这些话并非虚应之辞，因为我深信我们这些掌控新闻媒体之人肩负着如实报道此类新闻的神圣责任，而这在很大程度上取决于我们完成它的能力。

这番言论也并非客套的过场话。我凭直觉相信——这种感觉会随经验的增加而日渐准确——新闻栏目必须公正而无偏倚，即便我同时也相信，根本不存在所谓的"客观性"。决定哪些是新闻，哪些不是，涉及判断力的使用，编辑们应当运用最超然的判断力来实现新闻栏目的公正。社论版和社论观点与新闻栏目完全分离，它们有时候甚至毫不相干，当然也就不会彼此影响。

1964年8月末，民主党全国代表大会在大西洋城召开。我经常带着唐四处游走，他从中获益匪浅。唐的前女友也来到了代表大会，但在那里，她却是围绕礼堂的"人链"（human chain，示威活动的方式之一——译者注）成员，代表密西西比州自由党进行示威。不得不承认，这令我有些尴尬。

大西洋城热浪翻滚，湿气弥漫，因此，一周的会议结束时，我们都高兴极了。又热又累的我们奔赴了机场。与我同行的有秘书查理·帕拉代斯、露薇·皮尔森和拉莉，还有几名《邮报》记者和摄影师，他们也将随同我们乘坐公司飞机回去。由于行程匆忙，我们抵达机场的时间比预定的起飞时间晚了一小时，此时，空军一号在门旁停下，而我们的飞机则距离遥远。等它终于靠近我们停下

389

来，包裹和摄影设备都装载上去后，我们九个人就全部登上了飞机，在热得几乎将人融化的机舱里坐了下来。与此同时，机场关闭了，因为载着总统和副总统候选人的直升机抵达了。

我正气得咬牙切齿，拉莉说道，"啊，妈妈，我们去看直升机降落吧。"考虑到机舱内的温度已经到了沸点，我同意了。我们跑到围栏边时，总统和伯德夫人已经从直升机上下来，开始沿着长长的聚集在机场的队伍前行，与栅栏另一边的人握手。我、露薇和拉莉位于队伍的最末端，被两辆汽车和围栏夹在中间。我觉得总统不会走到这么远的地方，但他的确过来了。他经过我时并没有仔细看我，只是机械地同我握手。我汗流满面，脑袋上戴着印花大头巾，身着无袖棉质深蓝连衣裙，脚上穿着软帮鞋，没有穿长袜，因此，他认不出我来我一点也不觉得奇怪。我下意识地喊道，"你好，林登。"而自从11月22日以来，我就只称呼他为"总统先生"。他停下来，看起来很是惊讶，说道，"你好，凯，你在这里做什么？"

"等着送您离开，"我答道。

"你想要我载你一程吗？"他问道。

我大吃一惊，心不在焉地以为他要去华盛顿，便问能否也带上拉莉和露薇。他说，"当然，不过你知道我们是要去得克萨斯吗？"

"得克萨斯！"我惊呼，"我不能去得克萨斯。"史蒂夫在华盛顿盼着我回去，而且已经有客人在格伦韦尔比等我；显然，我必须回家。露薇用力踢了踢我的小腿，坚定地说道，"去吧。"

"来吧，"总统接着说，"你带旅行包了吗？"

"带了，但还是别管它了。我不能让您等着，我很愿意去。"我还没转身，两位特勤处员工已经过来，询问我旅行包在哪里。另外一名特勤处人员，后来知道是总统的首席特工鲁弗斯·杨博拉德（Rufus Youngblood）说道，"跟我来。"我和鲁弗斯成了好友，后来他告诉我，当时约翰逊说，"把围栏那边的那位女性举过来。"幸运的是，鲁弗斯指出有个门可以穿过，并把我领到了门边。露薇听到了全部对话，但对拉莉，我只是在匆忙经过她时，草草说了句，"我要去得克萨斯了。"鉴于两个手提箱里都是在大西洋城湿热的天气里穿过的发臭的脏衣服，

第十八章

我相信没有人曾经在如此准备不充分的情况下开始对得州的访问。

总统拉着我的胳膊，带着我踏上了波音747的舷梯。我退缩在后，等着他先上去，但他坚持把我推到前面，让我先上飞机。我们步上台阶时，有记者询问我的名字，机舱门关闭，我们起飞了。

我匆忙地四处打量进入的这个小隔间，里面只有汉弗莱夫妇、汤姆·康纳利（Tom Connally）夫妇和汉弗莱夫妇16岁的儿子道格拉斯。休伯特刚刚被提名为副总统候选人。我避开他们来到飞机前部，在那里，除了记者团外，我见到了所有听闻过的得克萨斯州的政客和其他工商界的重要人物。来自白宫的工作人员有乔治·里迪、杰克·瓦伦提和比尔·莫耶斯，后面这两人有些心烦意乱，他们为竞选活动和代表大会忙得精疲力竭，如今刚获准休假，就又被突然召集到了飞机上。

我在某位得州官员的身旁坐下，刚刚开始聊起得州的政治事务，伯德女士就从通道过来说，"凯，后面有个人想要见你。"我向后走到总统休息的地方，在总统对面的桌子旁坐下，开始祝贺他代表大会的成功举办，祝贺他获得竞选资格，祝贺他能有汉弗莱这样的人选，还祝贺他从容安排一切的风度。接着，总统开始从自身角度大谈选择副总统人选的过程。"我从未在任何问题上如此大费周章，"他说道，并以打过的200个左右的电话为例证。他强调说，希望整个流程最终能够使得大家在人选上高度一致，然后敦促他去选择某人，而非他去逼迫大家接受自己的选择。我猜测，最终肯尼迪家族和其他重要人物全都恳请他提名汉弗莱，而这正是他所希望看到的。

总统绝望地抱怨他在大西洋城的住房："你知道我最终是怎样住进了没有空调，没有食物，距离市中心15分钟车程的两居室里的吗？一次换下衬衫，两次换下睡衣后，我彻底放弃了。房间就在大街边，窗外都是行人，因此你甚至不能打开窗户，而这个两居室里有15个人。接着，等我想要出去的时候，安保人员已经锁住了门。伯德，这到底都是怎么回事？"他大声地喊了出来。

接着，我们讨论了媒体界的各色人物。林登·约翰逊说，起初他并不信任《新闻周刊》的本·布莱德里，但后来布莱德里和《时代》的杰克·斯蒂尔同时采访了他，布莱德里报道的准确性令他印象深刻；他开始对本另眼相看。总统说，埃迪·福利亚德是他最喜爱的《邮报》记者，也许还是他在那段时期最喜爱的记者。

然后，总统将话题转移到那些会支持他的报纸上，提到了考尔斯报业（Cowles papers）、汤姆·维尔（Tom Vail）在克利夫兰的报纸、奥维塔·霍比（Oveta Hobby）的报纸以及《堪萨斯城星报》（*Kansas City Star*），后两者其后不久的确支持了他。总统推测了一下其他报纸，说欧提斯·钱德勒和《洛杉矶时报》不会支持他。显然，他希望能够得到我们的支持，但我不想要改变继承自菲尔和父亲的原则。总统又谈论了一会儿内阁成员的种种可能性，之后突然说要回卧室，便离开了。我返回了飞机的前部。

我和总统秘书玛丽·拉瑟（Mary Rather）聊天时，一名空军少校走过来，说道，"你准备上一号直升机。"伯德女士跟过来，告诉我如果有人问把行李放在哪里，或者我要去哪里，就回答说"快乐卧室"。我乘机表示想要从奥斯汀直接返回华盛顿，说我觉得总统有些太过激动，还说我非常享受这次旅行，但她已经太累了，而总统需要和汉弗莱商讨大事。伯德女士坚持要我同行，但表示如果她在卧室里消失了24个小时，希望我能够理解。她从未有机会那样做，可怜的人儿。

我们降落时，已经有数百人在奥斯汀附近酷热的空军基地里等候。四位主要人物，林登、伯德女士、休伯特和穆里尔，花了很长时间向欢迎队伍致谢。后来，总统提到要和"有肤色"的人而非几名白人握手，证实了我表示忧心这次邀请太过仓促时，比尔·莫耶斯说过的几句话："别傻了；他有些冲动，但始终知道自己在做些什么。"

握手和合影终于结束了，在夫人们正进入直升机，而候选人们尚未过来时，一位体贴的空军少校借此时机把我也送入了直升机。我很高兴避开了众人的目光，我花了很多时间四处躲闪，以避免和两大家庭一起出现在公共事件或照片中。

汉弗莱夫妇吸引了我，原本我对他们不太了解。我发现汉弗莱先生非常风趣，人情练达又诚实可靠，他的妻子也是如此。乘坐直升机时，两位候选人展开了精彩的对话，汉弗莱先起头，说非常希望自己的父亲出席了周四晚上的代表大会。林登·约翰逊说只敢奢望他的父亲活着见到他进入了国会，因为那是他父亲对他的最高期许了。"我父亲活到那一天了，"汉弗莱回应道。"我1月进入国会，他3月中风，不过我宣誓就职时，他就在现场。我仰起头看过去，他骄傲得神采飞扬，仿佛有圣光笼罩在头顶上。"

在某个时刻，约翰逊说想要让最高法院的亚瑟·哥德堡（Arthur Goldberg）担任司法部长，但最终得出结论："我也许会让卡岑巴赫（Katzenbach）上位，至少先顶替一会儿。我愿意让哥德堡来做这项工作，但他也许会不想要离开法院。那天我和他提起了此事，但刚刚把他的裙子撩起来，我们就被打断了。"这是约翰逊典型的粗鄙之语。

林登·约翰逊低下头打盹时，我感到一阵惊慌，但短暂的小憩就像兴奋剂，让他完全恢复了活力。我们降落时，涡流吹起的尘土飞扬到了牛群的身上，它们从四周的田野望向我们，这时，约翰逊刚好醒来，为我们指明了大牧场和游泳池的位置。他架着电动高尔夫球车，邀请我挨着他在前排坐下。伯德女士坐在我的另一边，汉弗莱一家三口爬上后座，我们蹒跚着出发了。

约翰逊没把我们带到家中，而是沿着私人车道前行，穿过佩德纳莱斯河（Pedernales River），开出大门，然后上了高速公路。路过的车辆放慢速度望向我们。人们挥手示意，总统回以问候。车辆里都伸出了照相机，总统主动停下车让他们拍照。随着人们纷纷下车与总统握手，交通也陷入了瘫痪。特勤处早已习惯了约翰逊的心血来潮，将局势控制得平静而和谐，但我注意到他们是从四周突然出现，且处于高度戒备状态。最终，总统掉转头回家了，并谈论起了乘船出游的事情。伯德女士温柔但坚定地要求约翰逊上床休息，我和汉弗莱夫妇则去游泳了。

只是片刻的休息后，总统再次出现了，询问我们是否想要驾船游玩。我们同意了，让我和穆里尔彻底目瞪口呆的是，我们又回到了直升机上，飞掠过一片类似棕色沙漠的地区，接上了一位朋友，然后飞回到一座巨大的内陆湖边，总统的船就停靠在那里。

"来吧，凯，"总统说道，"你和我坐这条小船。"一行人中，我和总统以及他年轻的秘书维姬（Vicky）登上了一艘轻便的快艇，在总统的要求下，维姬在后面滑起了水橇，其余的人则登上了大摩托艇。此刻已是黄昏，湖水非常寒冷。总

393

统以极快的速度驾驶着快艇，不时地弹起、落下，仿佛水面是混凝土做成的一样，只是在这时，他的速度才会短暂降低。两艘特勤处的船紧跟我们，并努力绕开滑水橇者。

总统最终将快艇交给了特工，我们也坐上了其余人所在的大船，在船上，总统再次开始回顾汉弗莱的提名过程。他还说自己能够得到提名，很大程度上要感谢菲尔，还谈论了菲尔是怎样始终认为他约翰逊比其他任何人都更优秀。他还吐露说，很多人，尤其是保守派，曾极力劝说他提名罗伯特·麦克纳马拉担任副总统，却没有意识到，麦克纳马拉比他们想象中要自由主义得多。约翰逊说，他们想当然地以为，麦克纳马拉做过福特汽车公司（Ford Motor Company）的总裁，就一定是个保守派。

晚餐时的讨论内容广泛，并且不离政治。第一晚，我们谈论了厄尔·朗（Earl Long）夫人对路易斯安那州代表团的忠心耿耿，就在此刻——对话进行到一半时——总统从桌下拿起电话，想要打给厄尔·朗，但失败了。接着，他又提到了下一年的财政预算，说尽管必须增加，但他仍旧想要确保预算在1000亿美元以下；这是他千方百计都要达成的目标。

经历这样漫长的一天——更不消说活动如此繁忙的一周了——我们都要瘫倒在地了，然而，晚餐过后，林登·约翰逊建议大家沿着小径散步，去拜访他的奥里奥尔堂兄和杰西婶婶。他们就住在小径尽头的木屋里。杰西婶婶是约翰逊家族上一辈人中最年轻的一位，也是唯一在世的一位。奥里奥尔几乎全聋了，总统不得不使劲敲门，像报丧女妖一样大喊大叫，直到他们醒来打开门。

他们穿起外套时，我们等了一小会儿；接着，我们全都坐到了阳台上，那是杰西婶婶睡觉的地方。我们和这位老妇人聊天时，总统竟然躺在床上睡着了，秘书告诉我们，这是他每次回家都会遵循的习惯。休伯特继续与杰西婶婶交谈，套出了两个故事——一个是约翰逊的父亲在约翰逊出生时宣布说，"他会是个参议员"；另一个与杰西婶婶的一次生日聚会有关，聚会上许多人都带了礼物，而总统只带了个小蛋糕，但等她切开蛋糕时，她欣慰地看到里面有张百元钞票。

在回牧场房子的路上，伯德女士面向我说道，"凯，恐怕我不能教你怎样在早上按铃叫早餐了。过去房间里有套简易装置，但如今已经被全部替换，我不知

第十八章

道该怎样用它。"她询问走在我们后面的特工，我应该怎么做。"问问接线员吧，夫人，他能帮你接通到世界上的任何地方。"我笑了，询问接线员是否能为我接通像厨房这么简单的地方。

周六和前一天过得大致相同。两位候选人探讨了竞选策略，汉弗莱自愿去农场干活，他在那里觉得非常自在。再次乘船出游之后，我们赶回来参加乡村烧烤野餐会，不过已经有些晚了。聚会是为庆祝约翰逊生日举办的，因此他必须参加。约翰逊一路上都在喃喃诉苦，抱怨伯德女士为他惹上这件麻烦事。他言语非常粗鲁，我坐在前排，不由自主地说道，"她也为你惹来了今天的地位。"这更是激怒了他。他继续责备她，不停地抱怨，直到我听到自己说了句，"唉，闭嘴吧，嗯……总统先生。"说完后，我极为尴尬。我半是敬畏他，又半是觉得仿似真的了解他。短暂的平静过后，休伯特打破了沉默，以其与生俱来的温和说了几句话，缓和了紧张氛围。

烧烤野餐会上，总统最终以长篇大论、严肃庄重的国际事务讲话结束了活动。半路上，我对此次演讲发表了几句评价，他说不想要那些记者都认为，这些人不过是他不加重视的山野村夫，但他讲的的确比原本计划的冗长太多。我觉得这次演讲异常精彩。

那天晚上，晚餐很晚才开始，有几位邻居也加入了进来。谈话再次涉及了大量的主题，约翰逊尽管滔滔不绝，但看起来却心事重重，我问他是否忧虑越南的局势。这个话题还没有人提到过。"是的，非常担心。"他回答说，但却没有再详加阐述。某个时刻，他转向汉弗莱说道，"上帝处理事情的方式很有趣。我想这是因为我总是想要做好事情。"

晚餐过后，约翰逊和汉弗莱以及其他在牧场的员工熬夜筹划竞选方案，直至深夜两点。我们原本打算第二天早上九点离开，但这个早早离去的计划延后了，因为我们全部都被安排到了弗雷德里克斯堡的教堂中，距离牧场大约30英里。这次活动并未公开，但仍旧有许多记者和照相机出现在那里。教堂非常狭小，约翰逊夫妇领受圣餐后，他们不得不离开前排的座位，站到外面去，直到其他人领受完圣餐，他们才进去完成了整个仪式。

我们回到牧场后，总统再次驾驶汽车，开往了自己出生的地方，后面跟着愈发绵长的车队。这是一次安排好的行程。我们下车后,他拿起对讲机,告诉特勤处特工只让摄影师跟着我们。接踵而来的便是大约一个半小时的合影时间,先是在房间里,然后是在这个古老家族的墓地,接着是在遍地牛群的田野,最后是在看管人的农舍中。这是一次非同寻常的表演,尤其是汉弗莱在踏入牛的栖身处时说道,"哦,总统先生。我刚刚踏上了共和党的舞台。"

电话预订的午餐25分钟内便准备妥当。过了两个小时,又打了数个电话后,我们14个人终于全都坐了下来,开始享用墨西哥的辣椒烧肉和玉米粉蒸肉,席上的话题围绕力图保留对外援助的《德克森修正案》(*Dirksen Amendment*)展开。

我们原计划在奥斯汀搭乘飞机,如今得到消息,飞机会飞来牧场接我们。临行前,我要求和总统单独待上两分钟。他把我带进卧室,让我坐在椅子上,而他则躺到了床上。接着,我以菲尔继承者的口吻和一种后来再未有过的方式开始了谈话,如今,这种说话方式让我觉得非常尴尬。我告诉他,我觉得他认为我的观点不同于菲尔,但其实我和菲尔的理念大体一致。尽管我非常崇拜和爱戴肯尼迪总统,但私下里菲尔和他相处得比我要好。我还说非常敬佩约翰逊帮助通过的法案,我支持他,并想要确认他知道这一点。《邮报》有一项政策是反对为竞选捐款,但其实没有被严格执行。菲尔的确没有提供过政治献金,但我提供过。我想我忘记了自己已经身处不同的位置,因为我告诉总统,自己和母亲都想要为他的竞选捐款。后来,我开始信奉报纸必须完全中立,也决心不再为总统竞选活动提供政治献金。不管怎样,总统说很感激我们过去提供的帮助,还亲切地补充说我们以后要多来往。他没有提及帮助宣传的事情,说理解我经营独立报纸的用心,然后和我亲吻告别了。

面对外界,我在整个竞选运动中保持中立立场,但私下里,朋友们都知道我完全是约翰逊的支持者。我对约翰逊支持实际上让我与拉斯·威金斯产生龃龉。那年秋季的某个时候,我和拉斯与总统待在一起。沙尔·罗伯茨在记录《华盛顿邮报》历史时写道,我告诉总统《邮报》不会支持他。沙尔说,"当眼泪从约翰逊的眼中喷涌而出,她补充道,'哦,我们百分之百支持你。'威金斯被她的话语所震惊;他知道这位老板仍旧有许多东西要学习。"这些话并不完全符合实情。从一开始,我就明确向约翰逊表示,我们不会支持他,但他应该能够从报纸的字里行间看出,《邮报》支持他的施政方针。不过,拉斯感到困扰合情合理,因为我说出了支持约翰逊的话。

不管约翰逊对我说了什么,我们坚持中立的做法深深地伤害了他。他想象不到,既然连自由主义的《华盛顿邮报》的支持都无法取得,那么,他又如何取得许多共和党报纸,甚至右翼媒体的支持。我敢肯定,他一度猜想,故人菲尔的报纸,他的大本营报纸,这家他曾经慷慨相待的报纸,会支持他。他一定认为,在向我展示了巨大的善意,额外的特别关照后,我必会回心转意,改变报纸的方针。然而,我不仅仅是承继了《邮报》的中立原则,还信仰它。当然,菲尔1952年为艾森豪威尔打破了这项原则,但那只是为了共和党的提名,而非选举本身。我可以改变原则去支持约翰逊,但拉斯不想要这样做,而我当时也没有太多独立的思考——也不想要在工作关系建立之初,就为这样的重大问题与拉斯产生分歧。

秋季竞选活动已经如火如荼,斯科蒂·雷斯顿建议我跟随每位候选人的媒体飞机飞上几天,亲身体验竞选的真正氛围。我决定就这样办,于是和沙尔·罗伯茨加入到了总统在印第安纳波利斯的记者团。在那里,我们遇到了《新闻周刊》的查克·罗伯茨(Chuck Roberts),我们三人驾车到市中心,总统会在那里的陆海军纪念碑旁的讲台上演讲。林登·约翰逊在最高层,我们和其他数位媒体人在下面一层。我四处走动,享受着这激动人心的场面,这时,我感到肩膀被人拍了一下,转过身发现是特工鲁弗斯·杨博拉德。我穿了件鲜艳的粉红色羊毛大衣,因而总统注意到了我。

"格雷厄姆夫人,总统想要见您。"鲁弗斯说道。

"想要见我,在哪里?"我问。

"就在上面,"他说道,指着高处的讲台。

"我不能去那上面!"我大声道。林登·约翰逊几乎孤身一人站在我们之上数米高的讲台上。

鲁弗斯温柔地说,"格雷厄姆夫人,您必须去。"

我向上爬了几步台阶,等头部与讲台持平时,和总统打了个招呼。

"你想要和我同行吗？"总统问道。这距离那次在牧场度过的周末未过多久，为了《邮报》的利益，我不想要与他太过亲近，于是小心翼翼回复说，"不，总统先生，感谢您的盛情邀请，但我会和记者团一同离开这里。"

总统以惯有的口吻，调笑道，"飞机上有你的男友？"

我大呼冤枉，只是想要感受竞选氛围，了解记者们的报道方法。

"好吧，"他回应说，"到克利夫兰的酒店来找我。"

我小心地迈下台阶，回到沙尔和查克身边，很快我们便去了克利夫兰。媒体飞机有趣之极，跟随在总统车队身后的巴士也是如此。毫无疑问，如果你要全程跟随竞选活动，拖着疲惫的身体经历一站又一站，整件事情会很快变得无聊透顶。但于我而言，由于经验有限，奔波过程始终新鲜刺激。这和如今记者团的情况大不相同，现在记者们与候选人和竞选主管的接触非常之少。

我们到达克利夫兰后，我直接去了约翰逊的房间。总统躺在套房里的床上，杰克·瓦伦提也在那里。他们正在讨论伯德女士横跨南部各州的竞选旅行该如何展开。我在房间时，总统为某件事情大动肝火，我成为了尴尬的旁观者，其中的场景久久不能忘却。他突然攻击杰克，狠狠地将其击倒在地，因为我这个有些陌生的人看到了一切，紧张气氛被加剧了。整件事情非常残忍野蛮，无论之前还是后来，我都未再碰到过。林登·约翰逊的火爆脾气我有所耳闻，但从未亲身见到过；然而，杰克已经习惯了这些愤怒举动，仍旧处变不惊，而我却惊恐不安。我马上逃离了现场。

我们接着去了路易斯维尔，次日又抵达了纳什维尔，并依照计划在新奥尔良结束行程。在新奥尔良，总统的竞选团队与伯德女士及其扈从会合，后者也已经乘坐火车完成了南部的竞选活动。

为了坚守不偏不倚的原则，我还搭乘了戈德华特的媒体飞机，先是飞到纽约，接着晚间又到了洛杉矶，并从那里出发去圣迭戈开展竞选活动。我不认同戈德华特许多观点，但他本人的确魅力四射，在短暂停留的竞选地，观看他向聚集的群众演讲也非常有趣。

菲尔逝世一周年纪念日后的一个月，拉莉带着年轻的情郎雅恩·维茅斯

第十八章

（Yann Weymouth）找到我，兴高采烈地说，他们已经订婚了，打算几个月后结婚。雅恩在麻省理工学院读建筑，而拉莉即将升入拉德克利夫学院（Radcliffe）的大四。我觉得他们都太年轻了，但将这种忧虑埋藏在了心里，觉得表达出来不仅无济于事，可能还会伤害到我同拉莉和雅恩的关系。我甚至写信给母亲，试图更大程度地消除自己对于这桩婚姻的顾虑。信中的部分内容同时表达了我的焦虑和对那个时代的女性的态度：

> 我担心拉莉太过崇拜她父亲，也许在她眼里，没有谁能够和她父亲相媲美。
>
> 雅恩非常出色，她不仅爱他，还在各个方面仰慕他——精神上和道德上。他指挥若定，她紧紧跟随——给予了我们女孩以力量和意志——于她而言，这的确是少有而幸运的事情。

总统以压倒性优势赢得了选举。11月的大部分时间，我都在处理公司的事务，同时埋头筹划即将于感恩节举办的婚礼。某天夜里，白宫发生了一段小插曲，当时似乎并没有什么，如今看来却非常有趣。我、乔和苏珊·玛丽受邀参加纪念约翰逊夫妇结婚30周年的小型派对。我们三个是仅有的半局外人，因为聚会上都是约翰逊夫妇的好友和同事，包括瓦伦提夫妇、利兹·卡彭特及其丈夫、艾贝·福塔斯夫妇，以及为数不多的其他几个人。

总统的情绪非常糟糕，也许是随着晚上的聚会而逐步崩溃。苏珊·玛丽回忆说，当时咖啡桌上堆满了包装精美的礼物。总统看了一眼，说道，"这些垃圾都是什么？把它们丢掉，伯德，我们去吃点东西吧。"我们在楼上漂亮的椭圆形家庭餐厅用餐，墙上的法国壁纸是杰姬修缮白宫时，狄龙夫妇出资购买。很遗憾，乔喋喋不休地谈论着越南的战事，丝毫无益于总统的情绪。

晚餐没有持续太长时间，吃完后，我们返回了家庭起居室。然而，约翰逊早早离开，去了紧挨着客厅的卧室，而我们其余人则端坐着聊天。我们正在和伯德女士道别时，卧室的双扇门被猛地推开，总统对我怒目而视，厉声道，"过来！"我满怀希冀地看向身后，想知道他有没有可能指的是别人，但显然他找的是我。

399

"你也过来！"他冲艾贝·福塔斯喊道。

我们进入了总统的房间，凌乱的床铺上放着早间版的《邮报》，上面的大标题写着，哥伦比亚特区的行政长官沃尔特·托布里纳（Walter Tobriner）——实际上，已经被任命为市长——任命了新的警察局长。林登·约翰逊铁青着脸。他说已经嘱托托布里纳，不要在未经与他商议的情况有任何动作，因为他想要任命一位"超级"警察局长来解决华盛顿的犯罪问题。华盛顿是总统唯一可以插手此类事情的地方，因为其他地区都是州政府做主。

约翰逊总统将我等同于了《邮报》，认为文章出现在次日早晨的报纸上完全是我的错误。《邮报》赞同托布里纳的做法，约翰逊口中的"这个愚蠢的混蛋"先发制人，掠取了他任命自己看中的人权力。约翰逊冲我咆哮道："托布里纳是你的人……"

总统冲我大声叫嚷的同时，不断脱下衣服，还将衣服丢到椅子和地板上，外套、领带、衬衫。最后，他要脱下裤子了。我万分惊慌，怔在那里不知所措。我记得当时暗自思忖：美国总统一边脱去衣服，一边咒骂的这个人不可能是我。总统突然怒吼道，"转过身去！"我顺从地转过身，大感宽慰，他则继续愤怒地独白，直到我依照他的命令转回身，发现他已经穿上了睡衣。他向我们两人道了声粗鲁无礼的晚安，我和艾贝急忙转身离去了。

那一年，于我而言，最后一件重大事务就是拉莉和雅恩的婚礼。婚礼在华盛顿的海军教堂（Navy Chapel）举办，而婚宴则在家中举行。费利克斯·弗兰克福特写信给拉莉，说觉得菲尔会想要让他将新娘交给新郎，然而到了那时，费利克斯因为中风坐到了轮椅上。因此，是唐陪着拉莉走过通道。拉莉穿着漂亮的梅因布彻（Mainbocher）婚纱，是她祖母送给她的。这桩婚姻只维持了几年，但带来了两个不同寻常的孩子，凯瑟琳（Katharine）和帕梅拉·维茅斯（Pamela Weymouth）——我两个最大的外孙女。

第十九章

　　于丧失配偶的人而言，紧接着的一年会极为痛苦，我也不例外。不过，第一年过后，悲伤就不会再那么不堪忍受，容许你去适应外面的世界，那个不论你发生了什么，都会照常运转的世界。

　　我在工作上遭遇的困难仍旧巨大。我依然不知道如何在业务环境中与他人交涉，对于大家接纳我的程度一无所知。在公司内部，不管我说了什么或做了什么，甚至我的肢体语言，都向大家传达了强烈的信息，而我对此知之甚少。此外，我终生都在与引人注目的人物为伍，因此可能也或多或少忽视了全公司许多安静、谦逊但努力工作的员工。我花了一段时间才明白，某些人可能拥有重要的能力，但这种能力并非总是显而易见。我逐渐意识到——这个过程也许缓慢——成绩才是最重要的，有时候，人们需要在帮助下才能取得进步，而为了让企业正常运转，我们需要各种各样的人。

　　我犯下了许多过错，因此也承受了极大的折磨，这部分是因为我觉得，只要工作勤勉，就不会犯下错误。我真的相信，换其他人来坐这个位置，就不会有任何过错产生。我不知道任何人都会犯错，即便是经验丰富之人。我确信男性同行不会做而我却会做的事情是，夜晚清醒地躺在床上，反思一天发生的事情，一遍遍地回想某些场景，思索着倘若情况不同，我该如何处理；这让人备受煎熬。

然而，尽管时常心神不定，惴惴不安，我还是逐渐开始享受起来。而且不知不觉地，在某个时刻，我似乎开始重新定义工作和正在做的事情。实际上，在新工作生活开始后的最初几个月里，我的面色又开始红润起来，下颌开始放松，而且，我曾经称之为"最初的女童子军式决心"正在转变为充满激情的兴趣。总之，正如在《新闻周刊》的演讲中所说，我"有了坠入爱河的感觉"。我热爱工作，热爱《邮报》，热爱整个公司。我写信给弗兰克·沃尔德罗普说，"我想，说爱上了这个公司有些怪异，但我的所作所为正应了麦考密克上校的说法——报纸是有生命之物。"

我还逐渐吸纳了许多经验。蒙台梭利教学法——从工作中学习——再度成为我惯用的学习手段。这些年来，我最优秀的学习工具就是同来自《邮报》和《新闻周刊》的各类编辑记者参加的旅行。身为传媒公司的主管，这些旅行——如今30多年后，它们的数量几乎与我的年岁一样多——是我获得的诸多机会中最丰富多彩，最教益匪浅的部分。

当然，我曾经多次同菲尔前往欧洲，但我作为高管的首次旅行是截然不同的体验。以前，我只是作为配偶外出，常常会被排除在最有趣的活动之外。这次，我和奥兹·埃利奥特及其当时的妻子迪尔德丽（Deirdre，或叫迪尔）的旅行是一次环球冒险，并乐在其中。唯一的遗憾是我不得不再次离开比尔和史蒂夫，这次是六周，已经太过漫长了。

我虽然贵为总裁，但仍旧是个女人。我记得收到《新闻周刊》驻香港的通讯记者鲍勃·麦凯布的信后非常气恼，他问我是否真的要在旅程中参加全是男性的午餐会和大量简报会。"我当然想去。"我回答道，有些愤愤不平。"自从参加工作以来，我从未注意过身边的人是男性还是女性。我既然接手了这份工作，就想要学到尽可能多的东西。"

然而，有些女性独有的麻烦是不可避免的，1965年1月末，我在旧金山遇到奥兹·埃利奥特时，他脸上惊恐的表情就是例证。我当时正在搬一个颇为惹眼的红黄相间的大箱子，上面写着"肯尼思"（Kenneth），那是纽约著名美发师的名字。20世纪60年代中期，佩戴假发或者在脑后戴上像瀑布垂下的"长假发"，而将自己的头发梳到前面非常流行，这样既能让你的头发膨起，又能省去旅途中做头发的麻烦。我的箱子里装有长假发，别在毡制的人头模型上。见到我时，奥兹语气坚定地说道，"别指望我会帮你搬那东西。"我大笑，意识到自己看起来多么滑稽，说道，"别担心，我会自己搞定的。"问题解决后，我们上了飞机。

第一站是日本，我们先是到《朝日新闻》（*Asahi*）参观，它当时是日本规模最大的报纸，发行量有好几百万份。接着，我们去了大型广告公司电通集团（Dentsu）。在那里，我看到了"欢迎菲利普·格雷厄姆夫人"的巨大标语和大约80个人，其中大部分都是年轻女性，我踏步进来时，她们还鼓掌欢迎；日本的礼仪举止真是让人大感震惊。我们和首相佐藤（Sato）短暂会面，接下来的几天里，我们还同宫泽喜一和中曾根康弘分别会面，两人都在后来成了首相。我有些难为情地承认，那次会面留给我的记忆是，中曾根康弘入选了我和迪尔·埃利奥特在全球旅行过程中编选的性感男士名单。

2月1日，我们觐见了天皇和皇后。我们得知，这次是天皇首次准许女性凭自身头衔与其正式会面。尽管这次会面排场宏大、激动人心，但整个拜访过程还有着音乐喜剧性的一面。在被护送进入会面地点前，礼貌的皇室侍从向我们简单介绍了情况，我们询问他是否该与天皇握手、鞠躬或者做些其他什么。

"天皇陛下很愿意同你们握手。"奥兹回忆说，侍从回答时的口吻暗示我们应该像对待上帝一样对待天皇。介绍完情况后，我们列队进入了可怕的觐见室，里面摆满了厚重的家具，椅子上套有豪华的锦缎织物。天皇和皇后出现了，我们全都僵硬地坐着。我和天皇坐在双人坐椅上，对面是奥兹，每个人身旁都有翻译。接下来是长时间的沉默，我们依照指示，等待皇室成员先讲话。天皇有紧握双手的习惯，还喜欢上下晃动，他晃动得太频繁了，坐在对面的奥兹甚至回忆说，"每次他从双人坐椅上拔起，凯就会沉下去。"

天皇以一个问题开始了谈话："格雷厄姆夫人，这是你第一次来日本旅行吗？"问题被恰当地翻译了出来。我答道，"是的，我第一次来，埃利奥特也是如此，但奥兹在战争时期来过这里……嗯，呃……我是说许多年前。"我感到奥兹在竭力忍住发笑。谈话的内容既不扣人心弦，也无关紧要；相反，它做作而浮夸，甚至让人觉得煎熬。经历了漫长的沉默后，我主动开口说，"陛下，我们知道您对海洋生物很感兴趣。"接着，我告诉他，奥兹是纽约自然历史博物馆的董事会成员。这个话题也不了了之了。

我们急着想知道会面何时会结束，然而天皇突然转向他夫人，他们同时起身，我们又都再次握手。奥兹后来回忆说，天皇似乎很不习惯于握手，他望着上下起伏的手，想要确定它已经被收回。会面就这样结束了。穿条纹裤的家臣向我们保证，会面非常成功。

不管到了亚洲的哪个地区，越南都是我们探讨的主要话题。在香港停留一站后，我们飞往西贡，去近距离审视这个将会在未来十年吸引我们如此多注意力的地区。我们降落的机场似乎被平均分成了两个部分，一半属于民用交通，一半留给军用直升机和战斗机使用——和平与战争的奇妙混杂。西贡当时被越南南方民族解放阵线（Viet Cong）包围，只有很少的"安全"道路可以进出该城市。越南南方民族解放阵线偶尔也会直接来到机场，而且，就在我们抵达前几周，一颗炸弹在卡拉维拉酒店（Caravelle Hotel）第五层爆炸了。酒店里住着许多美国媒体界人士，也正是我们所下榻的地方。我住在第四层，心中感到些许宽慰。

这次访问的时间是1965年2月初，当时美国顾问的数量逐渐增加，但仍旧相对较少。我们尚未直接介入其中，但《新闻周刊》有两到三位通讯记者驻扎在那里，《邮报》也有一位。我们抵达后的第二天，陆军军官向我们简单说明了情况，接着，我们和威斯特摩兰（Westmoreland）将军及其夫人共进午餐。整个旅途中，我通过家书来记录所见所闻和亲身体悟。我在信中谈到了威斯特摩兰："他是那种不善言辞的军人，很独特。倘若说他很聪明，那是纯就技术军士而言，因为他丝毫不善于与人交流。他紧张、拘谨，甚至有些畏缩。"

用完午餐后，我、奥兹、鲍勃·麦凯布和《新闻周刊》的比尔·图伊（Bill Tuohy）全都立刻乘坐直升机离开，去参观附近的一座基地——大约有25英里远。基地距离柬埔寨边境很近，位于黑女山（Black Lady Mountain）山顶，是南方民族解放阵线控制的地区的边缘地带，美国人用它来与这片区域的飞机进行无线电通信。我们进入直升机时——贝尔（Bell）公司制造的休伊（Huey）直升机——我惊讶地发现，我们要坐在狭小驾驶舱里平放的长椅上。驾驶舱的门都已经被卸掉，因此，你的双脚就在驾驶舱的边缘。我就在驾驶员身后，竭力保持表面的镇静，仿似这种事情于我已司空见惯。我们起飞时，直升机的侧门也被抛

第十九章

在了身后，我屏住了呼吸。更让我震惊的是，我看到后面的士兵全都配备了荷枪实弹。

我们飞得很低，大约在750米的空中，下面是稻田和田野。据陪同我们的陆军公共关系部的少校所言，下面仅有的那些房屋全都属于南方民族解放阵线的支持者。政府官员居住在全副武装的小村庄里，周围全是战壕和带刺的铁丝网。选定时机后，我们降落在了狭小的停机坪上，停机坪只足以容纳两架直升机。这座山由特种部队掌控，他们是我们的顾问，也大都是海军陆战队队员。我们见到了一位斯蒂夫·坎永（Steve Canyon，美国长篇冒险漫画中的人物——译者注）式的人物——索特林（Saudlin）中尉。甚至在那时，他就觉得美国和南越的关系令人沮丧，还认为至少需要5年的时间才能论定此事的结果。

山顶上驻守着13名美军，100名左右的南越士兵。整个地区都布下了带刺铁丝网和机关枪阵地。我们的向导声称，尽管会遭到袭击，士兵在这里其实非常安全，这一地区也的确出奇的平静。就在几个月前的感恩节期间，哥伦比亚广播公司于山顶上做了期广播节目，并给这里的士兵送来了烤火鸡。早前，一只活火鸡被运到这里，它有幸免于沦为人们口中之食，还成了大家的宠物。越南人在它的脖子上系上了有特别用途的围巾，如今，它大摇大摆地四处闲逛，仿似整个地区都是它的地盘。

我们准备离开时，驻扎在此地的士兵解释说，我们从山顶起飞时，直升机会在拉升前急速下坠。我很感激这一提醒，虽然不足以平复我紧张的神经，但却使我弄清楚了胃部的下沉感；我看到枪手们都低身靠向武器，直至我们安全地将地面甩在身后。

我想要亲眼看到南越的更多地方，只有这一强烈的兴趣抵消了搭乘直升机的恐慌感——平日里，我连乘坐电梯都非常厌恶。我回转头参观了湄公河三角洲的两座村庄，据说那里的安抚政策已经奏效。我们还去了建和省省会槟知市，接着又驾车去了附近的小村庄阮平，在那里见到了乐观而决断的省长周上校（Colonel Chou）。周上校谈论了他在这个小村庄积聚力量的方式。我们得知，越南南方民族解放阵线20年来一直在建造基础设施，发展人口，且美国顾问和南越军事领袖依然觉得他们在不断取得进步。只有一位美军上校警告说，南方民族解放阵线似乎无处不在,并且愿意为袭击付出任何代价。

我不确定该对我们的所见所闻和所作所为作何反应。当然,我们的旅程受到了带我们游逛的公共关系官员的限制。更重要的是,我感到对这场冲突的历史和其中涉及的问题知之甚少,这就意味着我需要保持多听少问的常规行事方法。我还倾向于接受拉斯·威金斯在重大问题上的观点,这些重大问题也是《邮报》一直在仔细斟酌的,此外,我知道威金斯强烈支持美国插手越南的事务。我习惯于倾听生活中的男子们的观点,这导致了我离开越南时持有的观点与到达时没有什么区别——即,也许我们从一开始就不应该介入那个地方,不管介入的程度多么轻微,但既然介入了,我们便毫无选择了,只能帮助南越对抗共产主义游击队。

后来,沙尔·罗伯茨描述威金斯时写道,"他并非毫无头脑的鹰派人物;他对支持全面战争的人非常反感。"实际上,拉斯在任何事情上都充满智慧,采取某一立场前,他会深思熟虑。《邮报》落下了强烈支持美国介入越战的名声,而拉斯在林登·约翰逊的整个任期里,都支持他的战争政策。这不是因为拉斯盲目赞同约翰逊的一切主张,而是因为他相信美国必须利用自身力量在全世界范围阻止合法政权被篡夺。然而,越南的困局的确让拉斯深为忧虑。他强烈感到,1963年,我们提前获知同盟政府首脑吴庭艳将被暗杀的消息造就了严峻问题,使我们落得了背信弃义的盟友形象。事实上,他一直在寻找美国插手越战的替代方案,这个方案将不会损及美国政府的国际地位。

我在越南问题上所持的立场与拉斯相似,时间的推移也没能带来太大的变化,直到我的儿子去那里服役,这让我对这场战争有了个人观点和局内人的视角。后来,菲尔·盖林(Phil Geyelin)来到《邮报》接手了社论版,我们也逐渐开始转变社论版的立场。

我们于2月10日离开越南,在柬埔寨和泰国作短暂停留后,动身前往印度,在那里度过了眼花缭乱的几天。我们采访了身穿白袍的人口部长,或者至少可以说袍子曾经是白色的,现在则变成了肮脏的灰色;这次采访最为令人错愕。他坐在布满灰尘的办公室里,身前凌乱的办公桌上摆满了各种各样的计生工具,他还不断拿起宫内避孕器(IUD)的插入器把玩,一会儿挥舞,一会儿往手掌上敲打。我永远都不会忘记他的讲话,"许多女士抱怨说使用宫内避孕器会造成头痛,但我并不认为头痛源自避孕器。相反,我觉得头痛源自姻亲。"

我们自新德里飞了一整夜,越过在燃烧中把整个沙漠点亮的油田,到达了贝鲁特这个仍未被炮火侵袭、美丽非凡的城市。在整个采访过程中,黎巴嫩人从未停止过争论埃及强人贾迈勒·阿卜杜·纳赛尔。我们自黎巴嫩前往埃及,在那里采访了纳赛尔本人,然而这次会面引发了极不愉快的误会。在中东地区,纳赛尔以带领东方对抗西方而闻名,埃及也从冷战中获益颇丰。东德总统瓦尔特·乌尔布里希特(Walter Ulbricht)一个月前刚刚访问了开罗,我们采访期间询问纳赛尔,他是否迫于苏联的压力才邀请乌尔布里希特。纳赛尔否认了,尽管这很可能就是真相。

不幸的是,我们采访完几天后,新发行的《新闻周刊》的报道与我们的观点截然相反。事实上,那篇报道与我们的采访没有丝毫关系,也没有被我或任何当时在贝鲁特参与采访的《新闻周刊》员工审阅过。我们曾试图将采访的部分内容先用电报发回去,但报文没能及时抵达收录。几天之后,《邮报》准确地报道了这次采访,但到此时纳赛尔已然暴跳如雷,称我们是一心想要诽谤他们的骗子,任凭我们如何解释都无补于事。最终,我学会了坦然接受大多数这样的无心之失和误解,不再介怀它们。

我们经由罗马和伦敦飞回家中,在这两个地方,我们主要是休息和参加聚会。在罗马,我和一位迷人的意大利记者有过短暂的恋情。事后,帕姆·贝瑞写信给我,鼓励我在罗马的小小放纵,信中说,"你应该多些女人味,不时地随性轻佻些。不管从哪个方面讲,这都对你大有裨益。我一直担心你会渐渐在工作中丧失自我。然而,上周四你走进考利街时,我看到你容光焕发,尽管不知道原因为何。"

这次旅行中,我一如既往地努力工作。整个过程非但没有让我疲惫厌倦,反而令我力量倍增,我带着前所未有的充沛精力和高涨热情回来工作了。

那年夏季,我进行过一次纯粹以娱乐为目的的旅行——玩得很尽兴。杜鲁门·卡波特告诉我,他将会与马雷拉·阿涅利(Marella Agnelli)巡游世界。马雷拉是闻名世界的美女,也是菲亚特公司老板吉亚尼·阿涅利(Gianni Agnelli)的妻子。她租下了一艘巨型帆船，准备航游亚得里亚海，穿行希腊群岛，并正在邀请杜鲁门和一群我也认识的亲朋好友加入这次奢华的世界之旅。我一直与世俗的生活保持距离，但并不远离，因而，我告诉杜鲁门自己适应不了那样的场合，只会感到局促不自在，但最终，我接受了马雷拉的邀请，尽管有所保留。

这次旅行与我以前所有的经历都大不相同，它反映了我的新生活。它不是菲尔会愿意去做的事情，没菲尔在身边，我也不会去做这件事情，甚至在那时，我身上的清教徒思想令我对此事极为忧虑。我和杜鲁门决定经由伦敦抵达和马雷拉会合的地点，以便顺道去拜访布鲁斯夫妇和帕姆·贝瑞。阿德莱·史蒂文森之前提议，我和他同他妹妹巴菲·艾夫斯（Buffy Ives）在艾夫斯位于瑞士的家中度夏。如今，我可以告诉他，因为要参加马雷拉安排的旅行，所以去不了瑞士了，这让我大舒一口气。抵达伦敦后，我的心沉了下去，因为我发现阿德莱也在那里，还和布鲁斯夫妇一起待在格罗夫纳广场的美国大使馆里。不过，由于那一周宾客云集，一切事情都轻松欢快。阿德莱的好友玛丽埃塔·特里（Marietta Tree）也在伦敦。7月13日，到那里后的第三个夜晚，我们全都外出去做了不同事情。阿德莱去为英国广播公司（BBC）做广播节目。我吃完晚餐后回来，发现他正在楼上的书房里同人谈话。夜很深了，我又看不到与阿德莱交谈的人是谁，不想要去打搅他们，于是便蹑手蹑脚地经过书房，回到了大厅尽头自己的卧室里。我还在看书时，门突然打开了，阿德莱直接闯进来，不断责备我没有去见他和埃里克·塞瓦赖德（Eric Sevareid）。原来，他一直边和埃里克聊天，边等我回来。

阿德莱在我的房间至少待了一个小时。他离开时，把领带和眼镜都落下了，因此我静悄悄地来到大厅，把它们都放在了他的卧室门口。第二天，我在黄昏时分回到了大使馆，为我开门的男管家看起来愁容满面，他直接问我，"你听说史蒂文森理事的事情了吗？"

"没有，"我回答，"怎么了？"

"他死了，"男管家答道。

我崩溃了，不敢去相信这一切。他原本和玛丽埃塔在伦敦难得一见的夕阳下散步，谁知心脏病突然发作，倒在了地上。我还愣在那里时，埃里克·塞瓦赖德过来了，玛丽埃塔和大使馆公使菲尔·凯撒（Phil Kaiser）也刚刚从医院回来；他

第十九章

们之前一起和阿德莱上了去医院的救护车。埃里克告诉我,他觉得阿德莱看起来一度非常疲劳——就在前一天晚上谈话期间,阿德莱好几次闭目后靠。我反复思量,觉得后来看到的他不是那个样子,同时也为把眼镜和领带放到他门口而内疚。

阿德莱曾经同我和其他许多人说过,他想要辞去在联合国的职务,好好休息一下,然后回去打理私人生意,但我却不知道他已经有多么疲惫。从许多方面来讲,他都是个郁郁寡欢之人。几天后,埃里克·塞瓦赖德在《CBS 晚间新闻》(CBS Evening News)上说,阿德莱曾经告诉他,"有时候,我真的想就坐在阴暗处,手持酒杯,望着人们翩翩起舞。"

我们在伦敦时,马雷拉的父亲也去世了,她不得不在意大利多逗留一周,因此,我们的行程计划也随之改变。我和杜鲁门飞到雅典,坐着马雷拉华美的西尔维亚(Sylvia)号帆船,在一片孤寂的壮丽景象中出发了。船上储藏了许多我最爱喝的意大利酒。杜鲁门随身带着《冷血》(In Cold Blood)的长条校样,是即将首次刊登在《纽约客》上的四章内容。我们坐在帆船的后甲板上,周围的空气芬芳怡人。我们开始一节一节地细致讨论小说内容,谈论了好几个小时——为什么他要这么写,凶手是怎样的人,堪萨斯州的花园之城(Garden City)是什么样的,侦探和法官的性格如何,以及他自己在堪萨斯的生活。

我们最终与马雷拉和其他宾客会合,开始了新的旅程。旅行路线有一部分是根据芙芮雅·丝塔克(Freya Stark)的著作《来西昂海岸》(Lycean Shores)规划。我们的目标是一路抵达当时几乎尚未开发的土耳其南部海岸。帆船不足以容纳我们所有人,更糟糕的是没有空调,待到酷热来袭时,船上的生活变得难熬起来。然而,马雷拉本人却平心静气,随遇而安,并且,整个旅程让人放松愉悦,是那个动荡年代里令人欢畅的插曲。

我刚刚来到《邮报》工作时,觉得所有事情都会一如既往地延续下去。令人意外的是,《邮报》的社论版质量在我的治下开始下滑。我没有意识到,《邮报》不像过去那样完美无瑕了。我对阿尔·弗兰德利担任总编辑,拉斯·威金斯担任主编的组合信心十足,认为社论版乃至所有版面在他们的带领下会顺利发展。事实上，菲尔去世将近一年后，我给阿尔写了封私人信件，说道，"不用我说你也肯定知道——但我还是想要说出来——这一年来你的工作极其出色，非常了不起。"

斯科蒂·雷斯顿第一个提醒了我，让我意识到《邮报》没像它理应或可以做到那样好。有一次，他来格伦韦尔比拜访我，问道，"你不想让留给后代的报纸比你继承时更加出色吗？"这个问题也许没什么值得大惊小怪的，但却让我吃了一惊。我没有考虑到，《邮报》如今的进步无法与之前相提并论，或者说，我们在60年代所做的工作不够优秀。

很难回想起，我最终是怎样认真关心起社论和新闻版面的现状，但存在许多的信号，并且，我确实开始思考报纸的发展方向了。我私下里和两个人谈论了《邮报》的未来，分别是沃尔特·李普曼和斯科蒂。实际上，我觉得自己很需要斯科蒂，他是我的至交好友，帮助我带领报纸发展前进；1964年的夏天，我多次会见斯科蒂，商讨他加入《邮报》的可能性。斯科蒂曾经为菲尔僭越发行人职责，干预其他事务而担忧，因而我们达成协议，他和我工作时不会发生那样的事情。最终，在弗里茨的帮助下，经过与沃尔特和拉斯·威金斯商议后，我为斯科蒂安排了定义含混的工作，让他担任社论版顾问，同时继续专栏写作。这完全不契合实际，但我不想引起拉斯和阿尔的不悦，我仍旧挚爱并感激他们。

斯科蒂十分正确地拒绝了这份工作，坚定但友善，而且极富建设性。我们在没有他的情况下继续工作，但逐渐地，我必须承认存在着一个问题。怎么讲呢？我当然对《邮报》的新闻报道的质量没有高深的辨别力，但却观察到了高管们普遍存在的优柔寡断态度，随之而来的是古怪的决策，尤其是人事管理方面。我嗅到了肾上腺素缺乏的气息，此外，经由小道消息，我探听到了本地新闻部陷入懈怠的言论。有人向我报告说，夜里九点之后，你可以在本地新闻部随意挥舞死猫，保管砸不到任何人。

再就是阿尔本人的问题了。鲍勃·曼宁（Bob Manning）为政府工作，他带着取代阿尔·弗兰德利的想法找到我，说自己是那个能让《邮报》重新焕发活力的人。我立即拒绝了这一提议，但这个插曲也埋下了不信任的种子。到1965年，阿尔已经担任总编辑长达10年，人们都在议论他的日渐衰老。阿尔看起来的确在变得愈发疲惫，也愈发听不进别人的意见，这令他很难再胜任自己的工作。他自己也一定有了些担忧，因为他决定每年休假两个月——他和珍在土耳其买了座房子，想要在那里生活一段时间。阿尔是我的好友，但总编辑是负责报纸每天的出版的关键人物，休假两个月的想法令我非常担忧。

所有这些都是明显的警告信号，但我还是为如何安排他们大伤脑筋。许多年来，阿尔利用极匮乏的资源完成了出色的工作，而且，他和珍都是同我私交甚笃的好友，令他不快于我而言是不可想象的事情。我尝试着向他建议，《邮报》可以任用一些有活力的新人，他似乎无视了我的感受，且很明显没有将我的观点放在心上。于是，我想到让他和其他人谈谈，尤其是沃尔特·李普曼，弄清楚他们对报纸的看法，以及他可以为报纸的进步做何努力。阿尔答应了，但那时沃尔特去了缅因州，他们无法碰面。

与此同时，我了解到《新闻周刊》两次有意提拔本·布莱德里，令他搬去纽约，但他都回绝了。尽管在前往《新闻周刊》的各类旅行中，我和他多次往返纽约，而且还和他开过会，一起吃过午餐，但我还是不太了解本。我仍旧将他与菲尔的恶劣做法联系在一起，那时我觉得他有所偏袒。然而，我知道他把华盛顿分社管理得有声有色，很多优秀的人才在为他工作，且受到广泛的敬重。我知道他极具价值，因而忧心公司会失去他，尤其是他英俊而讨喜，某些电视广播公司很可能会想将他招致麾下。

我想知道本志向何在，因此邀请他共进午餐。我之前从未做过这样的事情。在那个年代，我仍旧觉得女性邀请男性吃午餐，且由女性来付账，是件有些尴尬的事情；于是，1964年12月，我带着本去了F大街俱乐部，在那里我可以签单（那个年代还没有信用卡），避免了谁来付账的场面的出现。如今回想起来，这么做真是怪异。

我们的谈话随意散漫。我问他为什么不去纽约的《新闻周刊》总社工作，尽管我知道他和妻子托妮同六个孩子住在一起，要搬到另一座城市住非常麻烦——六个孩子中四个是托妮与前夫生的，两个是他们生的，本早前一段婚姻生下的儿子没有和他们住在一起。本告诉我，他喜欢打理华盛顿的分社，不急着离开。

"但长远来看你想要做什么工作？"我问道。

"好吧，既然你问了，"本以其特有的别致语言回答，"我愿意将余生奉献给《邮报》的总编辑职务。"

我目瞪口呆。这不是他意料之中的问题，也非我所期许的答案——甚至是能够接受的答案。然而，考虑到目前的种种忧虑，这无疑是个值得商榷的想法。我告诉本，我们可以讨论这个提议，但不是现在，或者近段时间。然而，本看到了机会所在，继续穷追不舍。我告诉他后会有期，他说道，"我们什么时候再详谈呢？接下来我们要怎么做？"他的固执让我大为惊讶。

我利用这段时间向斯科蒂咨询意见，他与本没有私交，但认为那个想法也许可行。沃尔特·李普曼很了解本，他反应积极，认为本能够为报纸做出巨大贡献。我受到他们的支持的激励，把那个构想告诉了弗里茨，他衷心地赞成此事，然后是奥兹，他当然也赞成了。

接下来的几个月里，我和本又见了好几次面。他明确表示不想放下热爱的工作，到《邮报》无所事事地坐着，只为等待阿尔在两三年后退休。不过，他愿意先加入《邮报》，然后等上一年的时间。我不喜欢这样的前景。我一方面在想，"这个家伙还没得到总编辑之位呢，怎么如此厚颜无耻地咄咄逼人。"但另一方面又在想，"也许这正是我们所需要的，也是我所期许的。"

本不断施压，而我则一再拖延，直到1965年的初夏，我终于向拉斯和阿尔提议，将本从《新闻周刊》调过来任副总编辑。他们起初都反对此事。拉斯表示，本应该像其他人一样从记者做起，然后逐步晋升。阿尔有机会在两到三年内成为美国报业编辑协会（American Society of Newspaper Editors）会长，他非常想要担任此职，所以不急着卸任总编辑职位，以免错失良机。本实际上告诉阿尔，他想要一年之内升任总编，阿尔回答说，"小子，着什么急？"在同意保留分歧的情况下，本最终加入《邮报》。

1965年7月7日，拉斯和阿尔宣布，本将会加入《邮报》担任副总编辑，主要负责国内和国际新闻报道。本很年轻，只有43岁，已经在《新闻周刊》华盛顿分社担任社长四年。梅尔·埃尔芬（Mel Elfin）被任命为新的分社社长，为分社稳健出色地服务了20年。在《邮报》，本·吉尔伯特——最后一批一流的老前辈之一，晋升为负责本地新闻和行政管理的副总编辑。

第十九章

本按计划应该在9月1日接任新职位，但他在8月2日就报到了，没有休假：周六离开《新闻周刊》，紧接着的周一来到《邮报》。7月20日，我写信告诉本，我从阿尔那里得到了好消息，他告诉我说本抽出半小时学得的东西比别人花费几个月学的都多。事实上，本在《邮报》可谓旗开得胜。

本向来魅力四射。他有着不合传统的英俊相貌，风趣，精明又机智，懂政治——所有这些都对他大有助益。还有一点非常重要，本始终工作勤奋。他决心学习，于是便夜以继日地工作，周六也不休息，很快他还发现，拉斯将所有精力都放在了社论版，而阿尔的确已经失去了干劲儿。实际情况中，本控制了所有的螺丝和螺丝刀，是真正经营报纸的人。本认为阿尔不懂得报纸基本要素——譬如，各类生产部门和工会；他觉得正是阿尔的无知损及了《邮报》的发展。从一开始本就明白，要做好总编辑，知道各个部门如何协调合作非常重要。

我所希冀的是，时机选择问题能够悄无声息地解决。我找不到赶走阿尔的方法，只希望这个问题会自然消弭。然而，涉及本的事情很少能够不起波澜。那年秋季，阿尔和珍从土耳其度假归来，我和阿尔重新谈论起了《邮报》的未来。他告诉我，遵循我的建议，他已经约好和沃尔特·李普曼共进午餐。沃尔特也打来电话，问道，"你想要我谈到什么程度？"我回答说，你觉得能谈到什么程度就谈到什么程度，并建议他"跟着感觉走"。我想表达的意思是——觉得沃尔特也是这个意思——和阿尔谈一谈《邮报》的不足之处，以及我们所能够采取的改善措施；我心中再无他想。午餐后电话铃响了，打电话的是沃尔特，他说，"嗯，谈话进行得非常顺利，我就那么毫无保留地说完了。"自从高中起，我还没有听过这样的话，于是焦急地问道，"沃尔特，你说'毫无保留'是什么意思？"

"哦，"他回答说，"我告诉他行政工作会耗竭人的精力，从事这类工作的人是时候放下担子，回去重新写作了。"

我瞠目结舌。我完全没想到沃尔特会和阿尔谈到那些。本才刚来《邮报》三个月，我无意这么早便驱逐阿尔出局。我觉得即便是干劲十足的本也仍旧会认为这需要一整年的时间，而我设定的时间甚至更长。在我不知情的情况下，本必定还从其他方面施加了压力，而且直接同阿尔谈论了现状。10月12日，《星期日泰晤士报》(*Sunday Times*)的通讯记者亨利·布兰登(Henry Brandon)写信给他的编辑丹尼斯·汉密尔顿(Denis Hamilton),反映了本急不可待的心理:"本告诉我,阿尔仍旧坐着那个位子,而他被派去清理那些不可冒犯的人物的日子已经无法忍受,在接下来的两个月里,他将会持续施压要求作出决策。

本也许施加了压力,但我却无法面对着亲密的老友,唐突地要求他下台。然而,沃尔特的确已经谈得"毫无保留",且那时我很清楚这对所有相关人士来说是最佳方案,于是便继续推动变革。我所谓的勇气也不过如此。

我刚刚挂断了沃尔特的电话,阿尔便来到我的办公室,看起来沮丧苦恼,面色苍白,说道,"这是你想要的结果吗?"开弓没有回头箭。这件可怕的事情的确是因我而起,因此,我坦然说道,"是的,很不幸事情的确如此。"道义完全站到了阿尔这一边,他悲伤地说道,"我真希望那些话是由你亲口说出。"我不记得自己是否做过解释,但我们两人当时的痛苦感受却历历在目。

最终,连本本人都为事情进展之迅速而惊讶不已。11月15日,公司声明本将接替阿尔成为《华盛顿邮报》的总编辑。公告的部分内容声称,阿尔"请求解除行政职责,重新回到早期报道、撰写国内国际新闻的事业中去"。阿尔成了报纸的副总编辑,继续担任副总裁和公司董事会成员。

与阿尔和珍的紧张关系令人不快,但他们都尽力保持风度,甚至在某个周末还来到了格伦韦尔比。令人称奇的是,阿尔最终重建生活,成了杰出的记者。他还拥有公司的许多股票,非常富有,因而能够在伦敦买下一套公寓,同时还保留下了土耳其的房子以及乔治敦的豪宅。最重要的是,他在国内愈发感到不自在,最终跑到国外去写作和报道新闻了。在国外,他完成了几篇最优秀的新闻作品,并因为报道中东的"六日战争"(Six-Day War)而赢得了普利策奖。最终,我们重修旧好,这主要多亏了阿尔和珍,他们本可以永远对我心怀不满,但心胸宽广的他们没有那样做。后来,阿尔写信告诉我,他对这次人事变动只有两大遗憾:"第一是我没有智慧去亲自发动它;第二是,我手段笨拙,事后没能找回自我。"我相信这是他身上的一种难能可贵的品质,尤其是他本质上已经遭到了解雇。

意想不到的是,11月2日,就在公布本就任总编辑前,阿尔寄给我一篇名为"《华盛顿邮报》何去何从"的备忘录,开头写道,"凭借着幸运和管理,《邮报》具备了成为世界上最优秀报纸的全部条件。"他以所谓的"最后忠告"结束了这份长达七页的备忘录:"从我们现代的位置到成为'最优秀'需要做出一些异常艰难的决策,其中最艰难的决策同意图、目标和针对开支的态度有关,当然,这些决策必须要由你做出。做出这些决策不会轻松,不会平静,也无法在一夜之间完成。"他所说的千真万确。

PERSONAL HISTORY

第二十章

　　本立刻着手壮大《邮报》。他和《新闻周刊》的几位至交好友一直批评《邮报》的文章缺乏创见，行政管理温温吞吞。本下定决心要有所革新。本是伯乐，也善于培养人才，他雇用了一些闻名遐迩的记者，很快便将斯坦利·卡诺（Stanley Karnow）、乔·卡夫（Joe Kraft）、沃德·贾斯特（Ward Just）和迪克·哈伍德（Dick Harwood）招致麾下。巴特·罗恩（Bart Rowen）被从《新闻周刊》调配过来，担任财经编辑，并开始拓展商业记者之外的工作。明星政治记者大卫·布罗德（David Broder）从《纽约时报》转投过来，这成了一个信号。本还聘用了尼古拉斯·冯·霍夫曼（Nicholas von Hoffman），他开创性地报道了旧金山海特-黑什伯里区（Haight-Ashbury，20 世纪 60 年代为嬉皮士聚集吸毒的地方——译者注）的吸毒场面，叙述栩栩如生，本甚至受此激励飞到旧金山亲自观察那个嬉皮士的世界。尼克（尼古拉斯的昵称——译者注）性格乖张而见解独特，他需要有编辑自愿前去冒险，而本正是这样的人。

　　由于严重的劳工问题引发的危机，纽约至少有三家报社倒闭，而《邮报》从中获得了巨大好处。哈里·罗森菲尔德（Harry Rosenfeld）来自《先驱论坛报》，成了国际新闻夜间编辑，还有后来的戴夫·拉文索尔（Dave Laventhol），他们共同壮大了我们的编辑队伍。自 1966 年至 1969 年，我们增加大约 50 个新职位。我们的编辑预算上升 225 万美元，在 1969 年达到了 700 多万美元。

在那些年里，也有一些人离开了，其中的某些人标志了团队的真正变革。长期担任本地新闻夜间编辑的约翰·芮丝琳、首席摄影师休·米勒（Hugh Miller）以及报道政治和国内新闻的杰出记者埃迪·福利亚德几乎同时决定退休，为此，我举办了告别派对，庆祝他们加起来共同为《邮报》效力的 130 年。之后其他人的离开令我十分忧虑。我对失去优秀人才深感悲伤，总是认定他们的离开是因为我所做的事情或者因疏忽未去做的事情，而没有想到他们是遇到了无法拒绝的好机会。

也许本做管理者的天赋不及伯乐强，但他不知怎的用潜移默化的方式妥善管理了公司。重点在于，他激励手下的人才，这最终纠正了他所犯的一切错误，并继续向前。他迅速摸清了门道，包括如何与约翰·斯威特曼交涉预算问题。由于约翰比本更加了解他自己的预算，第一年里本碰了个灰头土脸。然而这样的事情之后再未发生。第二年，本对预算的了解已经与约翰不相上下，再加上我的暗中支持，局势开始改变。约翰尊重那些知道自己在谈论什么的人，那些想要《邮报》变得更好的人。本非常急切想要推动报纸发展，当然，这种紧迫感代价不菲。

本的到来意想不到地改变了我的生活。他是第一个被我委以重任的人，我同他的关系和同其他大多数先于我来到《邮报》的人的关系迥然不同。我是控股的老板，但对于那些已经在此工作的人而言，我仍旧只是个新人，是资历浅薄的合伙人。即便他们大都友善而大方，但扮演的始终是领导者和导师的角色，而我只是个追随者。然而，我和本是搭档，在追逐共同目标上非常齐心协力。某些人也许会将他视为难以理喻的选项，但他完全适合于我。

本的灵感源源不断。他始终在提出关键问题——"为什么不在马里兰州郊区建造、创办或购买印刷厂？""为什么优秀的报纸要让步？"他交给我的备忘录络绎不绝，谈论的都是《邮报》应该采取的措施——有些正确，有些错误；几乎全都耐人寻味。本坚忍不拔，精明干练，大多数时候，我不仅放手让他去做他觉得正确的事情，还在很大程度上都认可他。我们出现分歧时，我不会与他针锋相对，因为他过往的成就是如此的辉煌。随着时间的推移，我学会了如何与他沟通，他也学会了如何与我沟通。有些事情是我们想要讨论的，还有一些事情我感到他无意多说，此外，我很快就弄清楚了哪些事情是他没有时间或兴致去做的。在最初的那些年里，我们的友谊逐步形成。我们愈发喜爱对方，非常享受这种互补性、建设性的美妙职业关系，而且情感上也很单纯。最重要的是，我看到了《邮报》的持续进步。

《新闻周刊》的壮大与《邮报》一样充满戏剧性。奥兹·埃利奥特对最前沿的议题拥有敏锐的嗅觉，因此，《新闻周刊》在60年代开始显得卓然出众，成为热门杂志，它捕捉重大趋势，评述种族问题和新兴的性道德观念，并在同行们意识到其重要性前便展开报道。从商业角度来看，这本杂志尚有不足之处。弗里茨对编辑部门和业务部门的管理者相当宽宏大量，允许他们在相对自由的氛围中工作，不必严苛地遵循开支预算。我对《新闻周刊》可以或应该赚取多少利润毫无概念，而那些管理者往往不满我的提问，将任何提议都理解为干涉。那时，《新闻周刊》几乎没有企业员工入驻，只有我和弗里茨以及我们之间的电话是例外。当我们有意往那里派人时，《新闻周刊》的高管们大都抵触这个想法，感觉受到了威胁。

只要奥兹·埃利奥特任总编辑，吉布·麦凯布任发行人或总裁，《新闻周刊》就可以不断发展壮大，不论是编辑质量还是广告业务。然而，总编辑的几次变动，包括奥兹的离去和归来，造成了剧烈动荡和恐慌氛围。混乱持续了一段时间，许多有才华的员工都离开了。

在媒体报道和外界传言中，我常常成为替罪羊，承受外人眼中我们犯下的所有过失的罪责——无论是员工层面还是编辑决策。《新闻周刊》的编辑们不高兴时，我还会成为他们的攻击对象，因此，我就是内部和外部所有怨言的众矢之的。这种混乱无序助长了杂志将被卖掉的谣言——谣言不可避免地登上了报刊，也顺理成章地动摇了员工。我相信，谣言四起的部分原因在于财务分析师们认为，我们这样对股东负责的公司没有理由保留这个相对盈利较少的部门，尤其是在我们公开上市之后。但我自始至终都相信，《新闻周刊》是公司的重要资产。

我最初着手工作时，广播电视部门是公司的第三部分，主要由两家电视台组成（如今增加至了六家）——位于华盛顿特区的WTOP，拥有特许经营权且受到广泛喜爱；以及位于佛罗里达州杰克逊维尔的WJXT，正借由调查性报道在业内崭露头角。约翰·海耶斯负责电视台的运营,工作之出色令人赞叹,然而,1966年,林登·约翰逊任命他为驻瑞士大使。我们想要在公司内部找到继任者,但失败了,于是,我和弗里茨聘用了拉里·伊斯雷尔(Larry Israel)。他曾是西屋广播电视集团(Westinghouse Broadcasting Station Group)的主管,上任时带来了一整个团队,其中最重要的人物是吉姆·斯奈德(Jim Snyder),他成了 WTOP 电台(WTOP-Radio)的新闻总监,接着又马不停蹄地上任为 WTOP 电视台(WTOP-TV)的新闻总监。在电视新闻领域,吉姆就是本·布莱德里的翻版——魅力四射、动力十足、富有创见、专心致志、顽强坚毅,且善于培养人才。

拉里·伊斯雷尔做了一些富有成效的工作。在他的领导下,我们于 1968 年买下了迈阿密的一家电视台,为纪念菲尔,电视台的呼号被重新命名为 WPLG。1973 年,我们还买下了哈特福德(Hartford)的一家电视台。此外,拉里建议在强制令颁发前取缔电视台的香烟广告,还提议将我们的调频(FM)电台捐赠给霍华德大学(Howard University,成立于 1867 年,是一所综合类的私立大学,为全美著名的黑人大学——译者注)。尽管我们当时没有理解调频电台的价值,也全都低估这份礼物的分量,但它却是一次独一无二行动。当时,美国的黑人个体和团体没有一家广播电台;我们捐赠的广播电台便是第一家,后来在霍华德大学的管理下,它成了华盛顿地区首屈一指的存在。拉里热爱广播事业,驱使我们在节目制作和新闻报道上保持了极高的水准——电视台在这一方面有了长足的进步。然而,他对如何经营电台却知之甚少,对管理业务也不甚敏感,甚至不懂得怎样激励员工。好几次会议上,我看到他对员工大喊大叫。我对此深感不解,但武断地认为这能够发挥作用。事实证明我错了。

身为华盛顿邮报公司的总裁,我管理着旗下的三家分支机构,并在工作中依赖弗里茨——他花费了大量时间留在纽约管理《新闻周刊》——以及各个分支机构的不同人员。不幸的是,我和弗里茨拥有共同的弱点:我们都不是称职的管理者,而管理方面的问题似乎层出不穷又棘手难解。

我一直非常关注优秀管理的构成要素,包括行业内外。和学习许多其他事情时一样,我开始热忱地补充管理学方面的知识。我高度热情地学习所有东西,这一定已经将周围的人都逼疯了,但我还是急切地想要了解更多。我走访了几座城市，去观察报社的运作方式。我在得州仪器待了一天，那个时候该公司以其计划流程而享有盛名。我访问了施乐和国家现金出纳机公司（NCR）的总部。我出席了为期一周的生产流程实践培训班，主办方是美国报纸发行人协会（ANPA）。

我还参加了 IBM 公司举办的七日课程，这些课程专为公司高管设计，旨在帮助他们了解计算机及其功能。如今很难想象，于高管们而言，30 年前去理解这项当时相对简单的科技是多么困难——它可以怎样帮助他们，如何将它引入公司。身为大城市的报纸，我们受到来自印刷工会的束缚，情况因此也更为复杂，但我知道计算机技术非常重要，于是决定参加这个在纽约恩迪科特的乡间别墅举办的课程。我们班里共有 10 名学员，其中囊括了美国最具权势、最富才华、最有智慧的几位管理者——当然，全部都是男性。他们有的是在波士顿、芝加哥和夏洛特经营大银行，有两位是保险公司的主管，还有新泽西（New Jersey）班伯格零售商店（Bamberger's stores）的老板，菲利普斯—范·霍伊森衬衫公司（Phillips, Van Heusen Shirt Company）的老板，以及一家大型印刷公司的老板。

我发现在这个新环境中，博学多才的男性们远比我精明老练，于是心中的苦恼立刻上升到了恐慌的程度。然而，我开始觉察到他们几乎和我一样忧心忡忡，且同样为被困于此地整整一周而懊悔不已，因此，我的忧虑也有所缓和。我们迅速团结到了一起，就像远洋客轮上的人们一样关系紧密。

这一周里，我最美好的记忆是某个晚上，我们学生们都聚到了一间用来做卧室的小房间里。课程进行期间禁止饮酒，但好几位男士——比我大胆——在手提箱中塞满了瓶装酒。我们 10 个人围站在床边，于晚餐前偷偷摸摸地喝了些酒。看着这些功成名就的大人物笨拙地围在一起，用纸杯鬼鬼祟祟地喝酒，真是有一种奇异的滑稽感。一周结束之际，我已经将所学的知识全都记了下来，至少是可以拿来开玩笑了。

然而，我与约翰·斯威特曼之间却没有什么事情可以拿来开玩笑。我对报纸经营的编辑方面比业务方面更感兴趣，这引发了一些纠纷。此外，我和约翰沟通的方式也直接导致了我们的不睦。我对他不能接纳我耿耿于怀。另一方面，我从不曾了解，他在报社的地位因为我的到来而起了多少变化，而且，我似乎无力克服对他的恐惧。我大多数时候都对他言听计从，哪怕只有细微的冲突迹象也会立刻退却。

我们曾为一件微不足道的小事而出现争执，如今记忆犹新。在《邮报》交换台工作了 50 年之后，首席电话接线员莫莉·帕克即将退休。她认识我所有的家人，与我的孩子们关系亲密。孩子们年幼的时候，经常用我们的直线电话打到报社与她聊天。她也总是会为他们抽出时间。我在家中为莫莉举办告别晚宴，还为她买了枚小钻石别针。我告诉了约翰这件事情，他非常生气，质问我是否意识到这开创了先例。在我看来，莫莉·帕克 50 年的工龄基本上不会导致开创先例的问题。我惭愧地承认，即便是在职场上工作了数年之后，我还是会因为约翰发怒而伤心落泪。这样的反应让人难以接受，我最终摆脱了它，但没能持续几年。

我一生之中都只盯着失误或能改善的事情，却看不到做对了什么，某种程度上讲，约翰就是我的这种秉性的受害者。我也会用这种品质苛求自己，大部分时间都会过度批评自己；我发现其他人只有在他们或他们的工作成为批评目标时，才会意识到这一点。在他人看来，我总是挑错，做事后批评。我知道这让我难以相处，尤其是对于约翰这样的人。直至后来，我才开始欣赏约翰，对他产生深厚的感情。

我曾经问约翰，经营报纸的人理应具备的最重要品质是什么。"良好的判断力，"他回答；"不要担忧你的经验问题。"在他人看来，我一直在寻求许多外界人士的帮助和建议，而非依靠自己的员工。这样的指责无可厚非，但我只是不知道不同专业领域的人们的行事方式截然不同。而我了解到这一点时已经花费了太长的时间。此外，听取他人的建议是我的学习方式。于约翰而言，在菲尔手下工作和同我共事有云泥之别。

我一边辛勤学习管理，一边操劳于其他领域。那几年里，我们完成了几宗并购，这让我觉得公司正在商业领域大步前进。第一宗并购出现在 1966 年，事实证明这次交易非常划算，甚至可以说是多年来的利润中心。经历了一系列错综复杂，有时甚至令人恼火的讨价还价后，我们掌控了《巴黎先驱论坛报》(*Paris Herald-Tribune*) 三分之一的股份，另外两家股东是惠特尼通信（Whitney Communications）和纽约时报公司。《巴黎先驱论坛报》后更名为《国际先驱论坛报》(*The International Herald Tribune*)，是非常卓越的报纸，在全世界的影响力远不是其相对较少的发行量所能代表的——发行量大概只有20万份。它的受众是世界各地的政府首脑和决策者们，最重要的是，它十分有利于我们的记者被国外的人所知晓，进而取得采访权。它还让世界各地的读者更加熟悉《邮报》和《时报》。尽管局面一度十分棘手，这次并购仍旧是华盛顿邮报公司踏出的微小但意义重大的一步。

尽管工作始终举步维艰，我的社交生活却愈发丰富多彩起来。生命的这一时期，我同帕梅拉·贝瑞的友谊日渐深厚。她常常来华盛顿出席政治会议，而我和她同在英国时，常常会连续数个小时讨论政治局势。爱德华·希思（Edward Heath）当选首相的那年，我们一起关注了英国领导人的竞选活动，参加工党的新闻发布会，还花了一下午的时间跟随希思，他当时在伦敦郊区贝克斯利选区开展竞选游说。希思的保守党（Conservative Party）赢得选举后，身在现场的我也感到兴奋至极。依照英国惯例，他在24小时内搬进了唐宁街（Downing Street）10号，与此同时，哈罗德·威尔逊（Harold Wilson）搬离了那里。

我和爱德华·希思成为了好友，这种关系后来演变成了花边新闻的素材，而始作俑者就是读者广泛的八卦专栏作家"苏西"（Suzy），《纽约每日新闻》的撰稿人。她声称我在伦敦每晚都要和希思见面，并延长逗留时间好继续我们的烛光晚餐。伦敦的通俗小报，甚至是历史悠久的《曼彻斯特卫报》（*Manchester Guardian*），以及华盛顿本地的《女装日报》（*Women's Wear Daily*），竞相以醒目的大标题报道此事。我和希思都礼貌地否认了此事，但没有当着唐的面，他当时就在伦敦，当他从某份伦敦报纸上读到自己母亲与首相间的所谓的风流韵事时，一定会大感有趣。

那些年里，我最亲密牢固的好友是波莉·威斯纳。1965年，悲剧降临到了她的头上，她的丈夫弗兰克长期经受病痛折磨，在他们位于马里兰州加利纳的家庭农场中自杀了，与菲尔的做法如出一辙。我们的生命遵循着如此相同的轨迹，这让人有些毛骨悚然。弗兰克死后，波莉离群索居了很长一段时间，最后终于找到了优秀的伴侣——第二任丈夫克莱顿·弗里奇。

我和波莉，经常还有乔·艾尔索普，那几年间一起旅行了很多次，常常都是为了寻求心灵的静养。有一次，我和波莉到瑞士滑雪，我们边步行穿过冰河，边讨论老之将至，还评价了一些好友，譬如爱丽丝·朗沃思和埃夫里尔·哈里曼，他们都比我们年长20多岁。我告诉波莉，自己已经知道如何去优雅地应对衰老："我们必须多读书，不喝酒。"波莉沉默了许久，脚步踏在冰上嘎吱作响。最后她问道，"我们什么时候开始这样做？"

1966年，我们第一次在全都单身后一起旅行，目的地是我母亲钟爱的温泉疗养地——萨拉托加温泉（Saratoga Springs）。我们在那里时，杜鲁门·卡波特打电话给我说，他要举办舞会来使我振作起来——他说那将会是"你去过的最令人愉悦的聚会，亲爱的"。我最初的回答是，"我很好。谢谢你的好意，但我不需要振作。"然而，杜鲁门径自谈论着他的计划，丝毫不理会我说了什么。他解释说一直很喜爱广场酒店的豪华宴会厅，以及《窈窕淑女》（My Fair Lady）中阿斯科特的那场戏，在那场戏里，他的好友塞西尔·比顿（Cecil Beaton）让每个人都穿上了黑色和白色的服装。他决定也要让出席舞会的人都身穿黑色和白色服装，并佩戴面具，直到午夜时分再把面具摘下。我将会成为主宾。

整个构想都让我大惑不解，不知道杜鲁门是不是认真的，因此，我就没有再细想下去。然而此后不久，我和波莉同杜鲁门一起在"21"餐厅吃午餐，我意识到这次聚会更多的是为了他自己而非我。我想他已经厌倦了写作《冷血》，需要做些事情来重新振作。而我不过是个幌子罢了。

不管怎样，激动的氛围开始逐步累积。杜鲁门的"黑白舞会"在外界传播了开来，并成为了那时我的社交生活的巅峰——某种程度上说是一生的巅峰。八卦专栏立刻展开行动，报道11月28日的盛会有哪些人收到了邀请，哪些人被忽视。舞会开始前几周，报纸杂志用整个版面来报道自纽约和世界各地赶来的年轻名媛——她们的穿着、发型、面具。杜鲁门花费了数个小时的时间来罗列受邀人名单。他一度说道，"我决定，所有不带女伴出席舞会的男子要么得富甲一方，要么得才华横溢，要么得英俊迷人，当然最好是三者兼备。"名单上的宾客来自纽约、堪萨斯（《冷血》的背景城市）、加利福尼亚、欧洲、亚洲、南美；来自舞台、银幕、文学界、艺术界；有商界高管和媒体界人士——全部都是杜鲁门的好友。宾客包括珍妮特·弗兰纳（Janet Flanner，《纽约客》的热内 [Genêt]，驻巴黎记者）、戴安娜·特里林（Diana Trilling）、克劳黛·考尔白（Claudette Colbert）、

第二十章

法兰克·辛纳屈（Frank Sinatra）及其新婚妻子、米亚·法罗（Mia Farrow）、格连威·威斯考特（Glenway Wescott）、桑顿·怀尔德（Thornton Wilder）、凯瑟琳·安·波特（Katherine Anne Porter）、维吉尔·汤姆森（Virgil Thomson）和安尼塔·卢斯（Anita Loos）。我得到准许，可以邀请 20 对来自华盛顿的夫妇。

我有一件法式礼服——由巴尔曼（Balmain）设计——由波道夫·古德曼仿制。它是由素雅的白色绉绸布料制成，蓝灰色的珠子装饰在衣领和袖子周围。面具在波道夫专门定做，以配搭衣服，设计者是当时仍在做帽子的候司顿（Halston）。我提醒候司顿，我有 1.72 米，不想要那种高高竖起的面具，这也是我给予他的唯一设计方向。我还告诉他，我和杜鲁门将会迎接宾客，因此我不能佩戴那种需用抓着手柄的面具。我还在纽约时，就开始去美发师肯尼斯的美发店做头发了，但那里的人都不认识我；我没有专门的发型师，也从没有化过妆。我当然也不知道该如何自己化妆！舞会的前一天晚上，我正准备离开肯尼斯的美发店，这时我认识的一位女士说道，"我们要忙死了，格雷厄姆夫人，好多参加'黑白舞会'的人都要做头发。你听说过舞会的事情吗？"

"听说了，"我回答，"听起来也许好笑，但我就是舞会的主宾。"

她屏息静气，问谁会为我做头发。我不知道，而且我根本就没有为化妆做预约。她立刻行动了起来，坚持要肯尼斯亲自为我做头发。实际上，她直接把我带到了肯尼斯身边，我得到了第二天的最后一个预约。我坐在那里，看着他把发卷一个一个卷到美丽的马里莎·贝伦森（Marisa Berenson）头上。最终，轮到我了，所有的等待都是值得的：看着最美的自己，我激动不已。当然，在聚会上，与那些挤满舞厅的精致美人相比，我最美丽的样子依旧像是个被遗弃的孤儿。

杜鲁门已经筹备好了一切，巨细靡遗。他在舞会前安排了许多套宴席，并为所有人都指定了一套，这样就完全掌控了场面。我和他去了帕利家喝了点东西，接着便出发去广场酒店了。我们必须穿过早已聚集在门口的一群人，包括近乎200 台架设在大厅的摄影机和照相机。这让人既激动又害怕。我从来没有见过这样的阵势，更不消说成为其中的受关注对象了。

杜鲁门只要求我安排好一件事情——为我们两人准备晚餐，这样在等待前去舞厅迎接客人的时候，我们就能够在酒店房间用餐。我得知他最想要的是鱼子酱

425

和香槟,于是决定从"21"餐厅订"一份禽肉和一瓶酒"。我从未经历过这样的生活,之前也没有购买过鱼子酱,得知价格后,我决定购买 0.25 磅。这个分量只够我们每人吃上两三匙。此外,鸡肉也非常干硬。我懊恼不已,但幸运的是杜鲁门非常兴奋,没有发脾气。

晚上 10 点钟一到,我们便下楼迎接宾客了,有些人已经提前到达。到了 10:30,宾客们蜂拥而至。我站在杜鲁门身边,他把每个人介绍给我。这是最让人眼花缭乱的时刻,客人来去匆匆,我几乎没有时间和他们打招呼或望上一眼。杜鲁门面向我,郑重其事地说,"这位是杰克。"那个人就是杜鲁门的好友杰克·丹菲(Jack Dunphy),他总是身居幕后,从不与杜鲁门一起出现在公共场合,但这次被说服来参加舞会。

说来奇怪,一旦人们成功熬过了外面媒体的拷问,就似乎遗忘了镜头和矜持,舞会变成了真正亲密无间、轻松自在甚至温馨惬意的聚会。彼得·杜辛(Peter Duchin)魔幻般的音乐和简单但可口的食物极大地帮助营造了那种氛围。有些场景让人难以忘怀,譬如琳达·约翰逊(Lynda Johnson)、玛格丽特·杜鲁门·丹尼尔和爱丽丝·罗斯福·朗沃思的会面——全部都是总统之女——还有劳伦·白考尔(Lauren Bacall)和杰罗姆·罗宾斯(Jerome Robbins)掀起风暴的舞蹈。

杜鲁门邀请了好几位年轻人,包括玛丽埃塔·特里的小女儿佩内洛普(Penelope),当时刚满 16 岁。他知道佩内洛普将会成就非凡,于是不顾玛丽埃塔的反对邀请了她。苏珊·玛丽·艾尔索普记得,那天晚上动身前往舞会前,她和玛丽埃塔以及洛尼·特里(Ronnie Tree)一起坐在特里家的书房中。此时,佩内洛普这位女学生穿着黑色紧身衣进来了,在那个时代,只穿这样的衣服令人吃惊,还有些前卫。她手中拿着黑白相间的面具。苏珊·玛丽回忆说,她看起来体态优雅,华美之极。她的家庭女教师跟着她进了书房,眼含泪水,不知所措。佩内洛普得到准许,可以去参加舞会。当晚,始终眼光敏锐、善于观察的编辑戴安娜·弗里兰(Diana Vreeland)雇用了佩内洛普,使她成了纽约薪酬最高的模特。

为什么我会成为主宾?谁知道呢?我和杜鲁门是好朋友,但我们的关系没有他和贝比或马雷拉来得亲密,她们两位也许是世界上最著名的美女了。在讨论她

第二十章

们两人谁更美时，杜鲁门曾经说道，"如果她们同时摆放在蒂芙尼的橱窗里，马雷拉会更贵些。"杜鲁门还是斯琳·凯斯（Slim Keith）、帕梅拉·海沃德（Pamela Hayward）和李·拉齐维尔（Lee Radziwill）的好友。然而，到最后，他和许多好朋友都闹翻时，却从未对我像对她们大多数人一样恶言相向。我觉得他想要保护我。杜鲁门知道，我不像他的许多朋友那样过着令人艳羡的生活；他为我举办这样的舞会，也许主要是想让我近距离地体验一次那样的生活。我也觉得自己适于这样的盛会，因为就其中的生活而言，我真的像是初入社交界的中年女子，甚至是灰姑娘。我不认识这些人中的大多数，不了解他们的世界，他们也不认识我。杜鲁门觉得需要为舞会找个理由，找位主宾，而我来自不同的生活圈子，不会与他那些更加魅力四射的好友争风吃醋。杜鲁门的传记作者杰拉尔德·克拉克（Gerald Clarke）推测道："她可以说是这个国家最有权势的女性，但在华盛顿之外仍旧不为大众所熟知。杜鲁门将她置于聚光灯下，是终极的皮格马利翁（Pygmalion，塞浦路斯王，善雕刻，热爱自己所雕的少女像——译者注）式行为。这象征了她已经走出已逝丈夫的阴影；她将把自身的形象呈现给世人。"

对此次聚会的报道——包括国内国外——延续到了聚会结束后好几周，让杜鲁门大感满足。朗沃思夫人说这次聚会是"最美妙绝伦的观赏性运动。"《纽约时报》以此为标题大张旗鼓地报道了此次盛会。《邮报》的立场有些暧昧，将新闻放在了女性版的首页。舞会后第二天，我接到戴安娜·弗里兰的电话，请求我恢复之前的装扮——头发、妆容和礼服——摆好造型让塞西尔·比顿再拍摄些照片（舞会之前，他已经为我拍摄了一些照片），因为她觉得经过肯尼斯的改造后，我漂亮了许多。阿瑟·施勒辛格配合这些照片写了些溢美之词，次年1月发表在了《时尚》杂志上。

我对所有这些关注的感受相当复杂。公开露面和高调姿态令我有些惧怕，也许还会损害到我——这合乎情理，因为我一直在努力构建严肃端庄的专业人士形象。然而，奇怪的是，聚会本身在很大程度上免于被描述为玛丽·安托瓦内特（Marie-Antoinette，法国国王路易十六的妻子，热衷于舞会、时装、玩乐和庆宴，修饰花园，奢侈无度，有"赤字夫人"之称，死于法国大革命——译者注）的最后狂欢。这或许是因为女权运动尚未涌现，最严重的城市种族问题还没有浮出水

427

面,越南战争也还未能成为主导社会的紧迫议题。这是此类派对能够举办而又不会受到广泛责难的最后时刻。当然,某种程度上说,它还是遭受了批评。皮特·哈米尔(Pete Hamill)在《纽约邮报》上评价了此次聚会,将聚会上的几段对话与发生在越南的恐怖事件并置一处。我在贵格会的好友德鲁·皮尔逊也作为我的客人出席了舞会,因为我喜爱他的妻子露薇。皮尔逊撰写了措辞严厉的专栏——这件事情发生前,他曾向露薇承诺,如果自己去了舞会,就不会给予它负面评价——指出杜鲁门的派对"遮蔽了堪萨斯的悲剧,而为他赢得声誉的正是那场悲剧",此外,马雷拉·阿涅利应该用购买晚礼服的钱救济意大利的洪灾。

于我而言,这次聚会只是单纯地令人愉悦,由于与我的真实生活不同,这种愉悦感更胜其他。我受宠若惊,即便这可能不是我的风格,但在那个奇妙的夜晚,我的性格改变了。

1966年,唐·格雷厄姆尽管花费了大量时间从事《深红》的编辑工作,还是以优异的成绩从哈佛毕业。他决定主动参军,而非等待被征入伍。这个决定令我惊讶。我原本猜想他会继续修读研究生课程,这是得到准许的做法,可以免除兵役。唐的大多数好友都反对战争,唐自己的态度则有所保留。我问他为什么会做出那样的决定,他平静地回答说,"富人留在学校,而穷人应征入伍。我无法接受这样的事实。"他前往越南的可能性令我担忧,但我无法辩驳那样的思想。

1966年8月22日,我一大早驾车送唐到华盛顿联合车站;我们告别后,他登上了火车,前往北卡罗来纳州的布拉格堡。这个场面让人恐惧,我回想起了24年前菲尔离家参军时的情景。唐对军队的观感和菲尔相似;完全缺乏逻辑性的军队生活,随处可见的粗野行为,意在催生恐惧的军规,都让他沮丧不已。

大学时期,唐爱上了同为《深红》编辑的玛丽·威斯勒(Mary Wissler),他们决定结婚。我委婉地质疑了这个决定,理由是他们都才21岁,还很年轻,而且参军的事让他们变得感情用事。然而,唐态度坚决。我们全家人,还有唐和玛丽的好友一同参加了1967年1月在芝加哥举办的婚礼,那是玛丽成长的地方。

仅仅六个月后,唐便奔赴越南战场。这场战争后来演变为遭受大众批评、令人痛苦万分的磨难,而当时就是这种变化的开端,并侵入了我的个人生活。唐被派往第一空降战斗队（First Air Cavalry），在越南的一年里，他寄来的信件让我对那里发生的事情有了千真万确的了解。到达越南仅两周，他便写下第一封信，表达了内心的疑惑：

  尽管一想到步兵对这里的人的所作所为，我就感到厌恶……我无比崇拜他们，可以在一个他们讨厌的国家，为一个既不关心又不相信的理由，坚持一场他们痛恨的战争。

他写信给玛丽说，不论战争的结果如何，"最悲惨的不会是我们，而是那些一贫如洗的越南人，不管发生什么，他们都只会继续忍受磨难。"

9月，他写信给我：

  我能从此处隐约看清的事实是，许多糟糕的政策正在被实行，因为美国政府不可能在未承认先前犯下严重错误的情况下改变政策。试想麦克纳马拉现在总结说，连续轰炸并未奏效，没有带来实质性成果，因而必须停下来。约翰逊能否转变态度说，"好吧，我们失去了几架飞机，几百名飞行员，以及几百万美元，但我们断定自己做错了？"

1968年1月，他写道：

  我敢说这些听起来似曾相识——也许爸爸给家里写信时，同样谈论这些事情。我认为这里发生的许多事情，对亲历过"二战"的人都不陌生。但有一件事肯定缺失了——我从未听闻任何人关心战争如何结束，或者是否会结束，或者说，事实上，没有人期待战争能够在自己海外服役期截止前结束。

"一年服役期，"他补充说，"是保障我们'旺盛斗志'的原因，也更是上述问题出现的原因。"

有一段时期，《邮报》只有一位记者留在越南，就是沃德·贾斯特。早在

1967年10月中旬,他就在"瞭望"栏目发表文章,指出越南发生的任何事情都让人难以置信。唐阅读了文章,并认同其中的观点,还写信给我说,"在越南的美国军队中,的确充斥了太他妈多的自我欺骗。"据他所知,越南的平民伤亡情况骇人听闻,他补充道:"极其可怕的是,我们正在对那些真正无辜的局外人造成难以估量的伤害,他们从未希望我们为他们或北越人民战斗。而即便这场战争会带来积极的结果,我确信,我们对待这里的人们的方式将使得所有与美国交好的政府都不会被南越所接纳。"

与此同时,随着电视将战争的画面进入美国的千家万户,大后方开始沸腾了。许多年轻人感到,抗议这场战争与加入战争为国效力一样爱国。唐听闻遍及全国各地的反战游行后,非常忧心后续影响:

> 我意识到,那些我所认识的保守或对政治漠不关心之人,和我有着相同的感受:认同激进分子的逆耳忠言(战争是邪恶的;我们对待越南人的方式残忍而可怕),并因为参加反战游行之类活动而激动万分。与此同时,在越南,我和有着与先前完全不同体验的人聊天——他们目睹了战友的死亡,也知道自己会死,他们不想现在就死去。他们很难顾及我们对越南人做了什么。
>
> 我们将支离破碎地从战场中走出。我想知道接下来会发生什么。

在自己的家庭里,我正见证和亲历某些那样的支离破碎。我的二儿子比尔选择了与唐相反的示威抗议方式,以反对战争。比尔和史蒂夫都是改变这个国家的一代人。他们留长发,尝试毒品,过着全然不同的新生活。

1967年秋季,在"停止征兵"周期间,比尔因为在奥克兰征兵中心门前示威而被捕。一张照片上,他举着一只手和警察对抗,警察坚称这是威胁动作,但比尔声称是自卫,因为他显然不会试图去攻击全副武装的警察。法官威胁说要将所有示威者送进监狱。我们公司的律师比尔·罗杰斯答应借助旧金山的合伙人为比尔辩护。我不想让比尔留下案底,最终,比尔·罗杰斯将他从监狱中救了出来。但在大四那年,比尔再次被捕,原因在于斯坦福大学科学研究院的一场静坐抗议活动，期间出现了一些防卫举动。这一次，示威者们雇用了律师来代表他们全体，我无法插手其中。

于我而言，这件事情非常古怪且令人不安——一个儿子在越南打仗，一个儿子在家示威反对战争。从某种程度上来说，这是他们的个性所致，但更重要的是他们有三岁的年龄差。理念的不同没有影响到他们之间的关系，也没有影响到我同他们任何一人的关系。然而，他们两人的态度确实加深了我对这场战争的怀疑，最终也影响了我对《邮报》该持何种立场的看法。

身为《邮报》主编，拉斯·威金斯负责监督整个社论版和新闻报道的运作。他把大部分注意力都放在了社论版上，尤其是在本入职负责新闻报道后。我基本上仍旧顺从拉斯对政府的支持，但开始担忧起我们对待战争的态度，并产生了诸多疑问。巨大的压力向我扑面而来，压力主要来自好友比尔·富布赖特（Bill Fulbright）和沃尔特·李普曼；鲍比·肯尼迪也向我施加了些压力，我同他并不相熟，但偶尔会见面。富布赖特指责《邮报》对政府政策阿谀奉承，他邀请我到国会山共进午餐，试图让我转变我们的社论方针。我倾听他的讲话，但多少还有些成见。我仍旧相当信任拉斯对这场战争的看法。

我还收到了来自读者的抱怨。1966年3月，在内心开始充斥更多疑虑前，我写信给一位《邮报》读者，辩护说，"的确，我们大体上赞同白宫在越南战争上的立场。然而，《邮报》显然有大量的空间容纳针对这一议题的不同看法。我们绝没有和白宫接触，也没有和其中的任何人讨论过我们的社论。"

1967年6月，我写信给另外一位女士：

> 对于艰难而令人沮丧的越南战争，我们怀揣着与所有人同等程度的关切和忧虑，我们的立场也因之成形。我相信主编拉斯·威金斯一直在虚心反思我们的轰炸政策。然而，只要我们50万人的部队还驻扎在越南，他们就需要我们所能提供的一切帮助。

尽管如此，我愈发为《邮报》的立场感到不安。我还看出，新闻版面与社论版在战争问题上的分歧日益扩大。1966年的一篇社论文章明确指出，"我们在南越是为了维护一小部分人自治和自决的权力。"一个月后,沃德·贾斯特在电讯稿中写道,"在美国,我们依照自身的理解来捍卫自由,但那些被捍卫之人却看法不同。"20世纪60年代末至70年代初,思考越南战争消耗了我们办报的大量时间和精力,尤其是在社论版的讨论会上。拉斯自己撰写了大多数关于越南问题的社论,至少一直写到了1966年末。

我和本都知道,拉斯下定决心在65岁退休,而1968年末他就会年满65岁。因此,我们开始寻觅人选在那之后接替他管理社论版。不知怎的,受人敬重、老练精明的《华尔街日报》(*The Wall Street Journal*)记者菲尔·盖林,向本透露说他有意于这个职位。在1962年,菲尔·格雷厄姆曾试图让盖林来《邮报》工作,但他决定留在《华尔街日报》。与此同时,他在那里愈发得不到满足,如今,他的好友本来到了《邮报》,他也就更加积极地想要跳槽过来。

本提出了聘用盖林的想法,我很是认同。1966年8月,菲尔·盖林和妻子谢丽来到马撒葡萄园岛拜访我,当时我正在度假。我和他走了很长一段路,探讨着《邮报》的种种事务,尤其是首都报纸的社论版理应扮演的角色,以及他对华盛顿问题的了解程度,我们的关系可能会呈现出来的样子。我还建议盖林去和沃尔特·李普曼聊聊,盖林后来告诉我,李普曼就社论版的问题提供了简单却重要的意见:"谨防可预见性。"

我们相当详尽地谈论了我所谓的"禁止制造意外规则"。我把同每位共事过的编辑说过的话告诉了他——我不想要在报纸上读到任何未经我们讨论过的重大内容,或突然的观点转变;我希望能够完整地参与到事务中来,自始至终。身为主编,他将享有真正的自主权;我不奢求在每一细节达成一致,但希望能够保持沟通,以便于我们了解彼此的想法。我警告他,我不想要一觉醒来总是看到自己不认同的社论文章。我记得还告诉他,如果这种事情真的发生了,有人会付出代价。他开玩笑说,他认为付出的代价的人不会是老板。

最重要的是,我们讨论了越南问题。盖林曾经为《华尔街日报》两次前往越南,最终,他也愈发反对越战,认为我们不可能取得胜利。然而,令我大感宽慰的是,他的观点比较温和,不会让我感到不适。我们一致认为《邮报》理应摒弃既有的积极支持战争的社论立场,但不可鲁莽冒进;我们必须逐步转换观

第二十章

点。他打了个比方，说改变方针就像是让巨轮调头——你必须先减慢速度，尔后才能转向。

1967年1月，盖林以社论撰稿人的身份加入《邮报》，但显然已被选定为拉斯的继承人。社论版员工间的紧张氛围开始加剧，编辑讨论会上大家为越南问题吵嚷不休。到此时，几乎所有社论版员工都开始改变针对越战的立场，只有拉斯是例外。1965年至1966年，赫布洛克为越战创作的漫画非常温和，但如今也开始用画笔严厉批评政府的政策决议。在我看来，沃德·贾斯特自越南发回的报道洞察深刻、不偏不倚又准确翔实，而随着他对战争的认识愈发清醒，这些文章的措辞正变得日渐尖锐。

然而，拉斯仍旧一反常态地固执于自身立场。越南问题总会引发大家的激烈情绪，幸运的是，拉斯始终态度温和、心怀宽广，即便有情绪也不会人身攻击，这就让讨论会得以正常进行。拉斯和盖林你来我往，使得《邮报》的立场变化进两步退一步，但最终报纸的确开始转变针对越战的社论立场。期间发生过一段有趣的花絮：1968年7月，盖林将梅格·格林菲尔德带到《邮报》担任社论撰稿人，拉斯——苦苦挣扎于越战辩论之中——告诉盖林，"小伙子，你犯了人生中的一个错误。她是站在我这边的。"

在越南问题上的确存在不同立场。随着时间的推移，约翰逊总统似乎感到自己持一种立场，而我和《邮报》持另外一种立场，除了他的好友拉斯——约翰逊曾经说，拉斯的一篇社论的价值抵得上驻扎在越南的一个师。这场战争毫无疑问妨碍了我和林登·约翰逊的友谊，但甚至在战争升温前，我似乎还一直站在他那边。他不再亲自打电话给我，到1966年，我们的关系已经明显疏远。我没有再收到任何亲密或友好的邀约，而尽管我会不时应邀出席国事活动，他在迎宾队列前的问候也都生硬冷淡，甚至当我不存在。因为与美化运动委员会的关系，我经常会见到伯德夫人，且因为我刚刚着手工作，非常繁忙，所以不完全清楚总统是怎样逐步疏远我的。

然而，这种疏远是千真万确的。比尔·莫耶斯和罗伯特·金特纳先后私下拜访我，后者曾在白宫短暂任职。比尔和罗伯特都想要提供帮助，他们带来了相同的奇怪故事：总统听说我把编辑们召集到了一起，告诉他们总统想要邀请我到白

433

官,好对我施加影响,要他们不必介怀此事。我根本无法相信自己会做这样的事情。我不太相信这些话,但同样的故事听了两遍后,我无法再轻视了。我决定写信给总统,将事情和盘托出。1966年5月16日,我写信向他说明了自己的真实感受:

> 我从我们的两位共同好友那里得知,华盛顿的小道消息让您相信我说过某些话……我既难过又迷惑,这样的虚假消息怎么就被编造了出来。我十分冒昧地占用您的时间来向您保证,我绝不曾思及那些被归于我的名下的话语,更遑论亲口说出。因为倘若我真的说了,那就太傲慢、愚蠢和无礼了。
>
> 我想要您知道,我唯一考虑的是在牧场时直接告诉您的事情,即支持您努力为国家所做的一切,信任您完成这些事的能力和勇气。由于我负责两家出版物,它们其中一者可能会因为各类事情激怒您——有时情况甚至更糟糕。我一直为给您增添麻烦而感到歉意,不论因由为何。我只希望在其他时刻,我们的支持能给予您微小的快乐和帮助。
>
> 您肩负了太多的难题,我甚至犹豫着是否要用这样的无稽之事来打搅您。我觉得我们过去经历了那么多的事,不应该遗留下这样可怕的误会。菲尔不会想要看到这一切。
>
> 您忠实的朋友敬上。

这封信看起来有些奉承讨好,但我不是有意如此。我非常敬佩约翰逊总统,尽管在越南问题上我最终与他意见相左。倘若他因为我们在越南问题上的社论方针,或者我们与菲尔时期相对立的更加客观的新闻政策而愤怒,我似乎不会觉得有问题。许多我介怀至今的事情是,误会阻碍了正常的工作关系。《邮报》与任何一位总统之间的问题,即便没有那些虚假杜撰、居心叵测的流言蜚语所造成的不必要麻烦,也已经足够复杂。约翰逊曾是我的好友,但我知道他足够猜疑,会让这些捕风捉影的传闻激怒自己。

第二周,林登·约翰逊回信给我,让我感觉像是被抽了一耳光:

第二十章

我当然很高兴收到你的来信……信中所言是我极为认同的。我和妻子都很喜欢你，正如我们喜欢菲尔那样；我们这些和他关系密切的人仍是十分怀念他。

虚假的言论和文章如此之多，试图分辨它们将会是无休止的工作。与你的某些专栏作家同事所认为的恰恰相反，我对大多数流言蜚语都不闻不问。然而，我的确觉得有义务去更正那些有严重影响的不实之言。我对美国政府负有这样的责任，更不消说我的家庭了。许多无稽之谈假借事实名义登上了报纸；更多的无中生有的事情成了酒会的消遣。有可能的话，揭露这些谎言总是有益的，我们两人都肩负着这样的责任和权力。

显然，约翰逊发觉与后菲尔·格雷厄姆时代的《邮报》交涉非常困难。毫无疑问，总统正被我们的报道，尤其是对越南的报道，弄得狼狈不堪。于约翰逊而言，忠诚，且是由他定义的忠诚，意味着一切。得克萨斯的报纸是忠诚的，还有他们的发行人。菲尔·格雷厄姆曾经是忠诚的。为什么我会允许《邮报》那样报道和评述约翰逊的政策？据约翰逊周围的人所言，约翰逊认为有时是我在操纵报纸对抗他的利益，有时则是我纵容手下人如此。他派遣助手，尤其是杰克·瓦伦提和乔·卡利法诺（Joe Califano），来接洽或指责我。和我通完电话后，杰克回去对他说，"总统先生，凯说她没有写那些文章，也没有命人去写那些文章。"约翰逊回答说，"好吧，上帝作证，如果我他妈的能有一家报纸，就会任用那些会依照我的意愿做事的人。见鬼，我宁愿在那里的是一群猎犬，至少我还可以训练他们。"杰克提醒约翰逊，他还没有告诉奥斯汀车站的记者，他们可以报道些什么，总统回答道，"我不去奥斯汀了。上帝作证，凯·格雷厄姆就坐在她的办公室里。她应该知道那些混蛋记者究竟在写些什么。"这是政治家对发行人的典型看法——所有的政治家都认为，发行人就是坐在办公室里不停地发号施令，告诉记者写些什么，什么时候写。

林登·约翰逊尤其厌恶在《邮报》上读到预测他将会做些什么的文章。我和他在此类事情上的一次早期交锋是，我们听闻他将任命沃尔特·华盛顿（Walter Washington）为华盛顿特区的"市长"。总统亲自打电话说，我必须明白，如果我们报道了这则消息,沃尔特将不会得到任命。当天,卡利法诺给本打了好几次电话,恳求他不要报道这则新闻,以免毁掉沃尔特的机会。这是本优秀的一面,也是本执拗的一面——他没有办法不去报道这则消息。我没有尝试去阻止他。消息刊出后,总统的确将提名搁置了几周,接着按照原定计划宣布了任命。据杰克·瓦伦提所言,"这类泄密行为就像是有人给他泼苯酚。他视它们为对他个人的冒犯。"

总统从未接受,或彻底明白的事情是——大多数人也都不明白——为办好报纸,编辑们必须拥有自主权。我过去称之为自由权,而非特许权。我自始至终都认为,自己从未对抗过林登·约翰逊;我只是依照自身的理解,在报社做好工作,而他则是在做他的工作。

有两三次,约翰逊总统派人请我去谈重要事务。第一次是他想要让约翰·海耶斯出任驻瑞士大使。竞选期间,海耶斯曾帮助约翰逊处理广播讲话问题,这是他获得的回报。卡罗尔·基尔帕特里克(Carroll Kilpatrick)与我和拉斯一同前往,会面变成了从容悠闲的非正式谈话,内容集中在越南问题上。

期间,总统谈到了最近暂停的轰炸,说觉得这是错误的决策,因为胡志明(Ho Chi Minh)会将其视为软弱和踌躇的表现。他直视着我,问到如果我和儿子走在街上,有人扇了我一耳光,接着退后一步,又扇了我另一边脸,而我儿子的双手被绑在身后,这时我儿子会做何感想。"嗯,"总统说道,"这就是轰炸暂停期间,我们身在越南的军队所感受到的。"林登·约翰逊相信,最终的效果只会非常糟糕:它延长了战争,削弱了军队士气,并让我们很难再收回土地。他显然在担忧这场战争和我们的人员伤亡状况,据报道,我们已经不幸失去了 2500 名士兵,并且现在每过一周就会失去 50 人,而敌人的伤亡数量则是我们的数倍多。约翰逊询问我们,这场战争最终会如何收场,拉斯说战争很可能会没有正式的结局,但总统信心满满地表示,它不久即会结束。

1967 年夏,我去欧洲旅行,期间游玩了希腊群岛,并乘坐查尔斯和杰恩·怀特曼(Jayne Wrightsman)租赁的游艇沿着达尔马提亚海岸北上。母亲知道我们将会前往南斯拉夫,在一次旅行中,她和首席大法官厄尔·沃伦以及德鲁·皮尔逊

第二十章

曾经同铁托会面,因此询问我是否有意去见铁托。她已经写信给铁托,告知我正赶来。铁托两年来没接受过采访,得知他同意见我后,我下船去了罗马,在那里花费了两天时间来为约定好的采访做准备。

比尔·派帕尔(Bill Pepper)是《新闻周刊》罗马分社的社长,他过来找我,我的儿子比尔当时正在欧洲旅行,也来陪我了。我们飞到贝尔格莱德,从那里北上到某个地方,接着乘摩托艇去了铁托避暑度假的布里奥尼岛。我们在铁托的办公室刚坐下来,他就开始以非常快的语速说话,显然是正式发言。那个年代,磁带录音机还没有普及。我向比尔·派帕尔瞥了一眼,意识到自己最好马上开始记笔记。我连续记了两个小时,期间铁托谈到了许多话题。采访一结束,我们就返回了贝尔格莱德,我在那里埋头苦干,竭尽全力概述这次采访,接着将报道寄给了《邮报》,他们将它放到了头版,还署上了我的名字。与许多报纸的情况不同,《邮报》的编辑完全可以自由选择是否采用发行人的文章,并且,他们经常忽视我从此类旅行中发回的稿件。

离家数周后归来,我发现在自己离开期间问题已经堆积如山。我着手工作,还在一周内多次于晚间外出。之后,我回到格伦韦尔比与比利、史蒂夫、拉莉和雅恩团聚,希望能够享受周末宁静的家庭生活;然而,它却爆发成了另外一场危机。我们在打网球,我正要发球时,抬头望见太阳,接着便因惊厥而晕倒过去。那些亲眼看见这一切的人受到的惊吓一定远多过我,因为我根本就不知道发生了什么。我醒来后,比利和雅恩安慰我,说我刚刚失去了知觉,他们叫来了救护车,我会被送到乔治·华盛顿大学医院接受检查。医生检查了所有的可能性,包括脑肿瘤,这是最糟糕的状况,但在医院住了六天后,我被告知只是大脑出现了某些异常状况,造成这种状况的原因则多种多样,譬如出生时受到的损伤,或早前因肺结核留下的伤疤。医生让我服用抗癫痫药物大仑丁(Dilantin)——药性强烈的药物,但没有人告诉我这一点。我坚持了一年的时间才稍稍感到有些适应它,但身体却从未能习惯它。我经常会出现短暂发作的症状,譬如突然感到昏眩或心悸。我十分担忧,害怕无法再次旅行,甚至感到无法再得心应手地参加体育运动和其他激烈活动。

后来,我再没有出现过癫痫症状,于是不断与神经科医生协商,希望能够停用药物。神经科医生每次都是进行脑扫描，然后告诉我问题依旧存在，我必须继续服用药物。最终，大约 15 年后，我找到了一位医术高明的神经科医生，他说，"我不能保证你停药后不会再发病，但我宁愿看到你发病，也不希望你继续服用药物。"因此我停止了服药，立刻便感觉好多了，之后也再没有发过病。

第一次发病几周后，我再次外出了。最早的一次是去参加丽兹和乔治·史蒂文斯（George Stevens）夫妇家举办的小型非正式聚会。吃过晚饭后，鲍比·肯尼迪开始与我探讨《邮报》在越战问题上的立场。他语调平稳地谈论着越战的无可救药，以及为什么我不为此做些事情。他的谈话令人愉快，但我的脑袋却开始砰砰作响，我觉得自己就要昏厥了。我知道必须得离开了，于是快速对鲍比说道，"我感到非常抱歉。这与我们的谈话无关，但我必须得走了。"接着我便急匆匆地离开了。我特别不希望他觉得我是在逃避越战话题，因而写信给他，说自己并非想要结束谈话，但倘若不离开的话，恐怕我会出现身体上的问题。他的回信很俏皮："我希望你现在好多了。我经常会对别人产生这样的影响，不过，他们都很快就恢复了。"

于这个国家和我个人而言，1968 年至关重要。我们对战争的投入正愈发深切地将社会撕裂开来。3 月 16 日，鲍比·肯尼迪宣布将参加民主党总统候选人预选。在非公开的采访中，林登·约翰逊告诉卡罗尔·基尔帕特里克，他一点也不为肯尼迪的参选惊讶或担忧；事实上，他说自己始终都认为肯尼迪会参加竞选，因为这位参议员在约翰逊所有的立法提案中都找到了些条目来加以批判和否定。约翰逊依然认定自己在越南问题上的立场是正确的，还引证说所有亚洲领袖都希望他要坚持下去。

然而，与基尔帕特里克的对话仅仅过去两周后，总统在电视上发表越战评论，同时宣布不再竞选连任，令全世界为之震惊。他说道，"在这个大选年里，党派分歧日渐加重，我认定总统不应该再卷入其中。"林登·约翰逊闻名于世的干劲儿正日渐衰微，这让他退出了竞选。

越南战争在诸多方面都耗竭了约翰逊的精力。人们的看法，以及战争对约翰逊在国内取得的成就的掩盖，令约翰逊苦涩不已。就在约翰逊退出竞选一个月

第二十章

后,卡罗尔·基尔帕特里克在从密苏里州独立城飞回的飞机上与他共度了数个小时。约翰逊去密苏里州是为了拜访杜鲁门夫妇。在当时写作的备忘录中,卡罗尔汇报说,林登·约翰逊在面对全国广播公司的记者雷·谢勒(Ray Scherer)时,"斥责全国广播公司对他过度怀揣偏见……'我的境遇与被刺杀的肯尼迪之间的唯一区别是,我还活着,且承受着更多的磨难,'他说道,'我觉得我对媒体的了解远胜过媒体对我的了解。'"

在家里,随着竞选活动的逐步升温,政治话题的讨论也愈发激烈。唐自遥远异地关注着某些议题,与拉莉以及我母亲的谈话让他颇觉有趣。拉莉和母亲都躺在医院的病床上,拉莉是因为要生下第二个女儿,而母亲则是因为生病。"她们两人都想要谈论什么?"唐写信给我,"当然是鲍比·肯尼迪。外婆显然反对他,而拉莉则支持他。我看以后的家庭聚会要热闹起来了。也许我待在这里的时间要延长到全国代表大会之后。"

母亲将要接受乳腺癌手术。我非常担忧,毕竟她已经 81 岁了,由于患有关节炎,她基本上只能坐在轮椅上活动。然而,她依旧精力旺盛,且保持着遇事易情绪激动的旧习惯。手术的前一天晚上,我坐在她身边,想要用聊天来转移她的注意力,让她不要想手术的事情。鲍比·肯尼迪的话题刺激到了她的情绪——母亲对他的厌恶到了无孔不入的地步。母亲没能冷静下来,而是不断地提起鲍比,恶毒地攻击他。我非常喜欢鲍比,很难忍受母亲连篇累牍的激烈抨击。最后,我断然说道,我们必须换个话题了,谈话这才告一段落。次日早晨,哥哥陪在她身边,而她也慢慢从麻醉状态苏醒过来。仍旧昏昏沉沉的她睁开一只眼睛,清晰地问道,"为什么凯那么喜欢鲍比·肯尼迪?"

那年春季,美国作为越战的大后方正经历着巨大骚乱和动荡。4 月,马丁·路德·金遭暗杀,举国哗然。暗杀事件当天夜里,华盛顿的局势持续恶化。我待在报社,后来我们几个人爬到房顶,俯瞰整个城市里的大火——尤其是临近《邮报》大楼的第 14 大街。最后,华盛顿特区全部将近 3000 名警察加入到了大街上超过 1.4 万人的国民警卫队士兵中。林登·约翰逊的助手乔·卡利法诺后来说,他们在白宫得到消息,斯托克利·卡迈克尔(Stokely Carmichael,黑人权利发起人——译者注)正在第 14 大街和 U 大街组织暴徒,准备进军乔治敦,并将

439

其焚毁。乔回忆说,约翰逊收到消息后,笑了笑,说道,"妈的,我等这一天已经有35年了。"暴乱期间,约翰逊保持了幽默感,同时对华盛顿这片精英统治下的孤立土地投以一贯的鄙夷。

6月5日,卧室的电话一大早便响了起来。本告诉我鲍比·肯尼迪被枪杀了,还补充说,"我们得停止印刷,重新制版加入这则消息。吉姆·戴利(Jim Daly)拒绝停止印刷,我认为您最好赶过来看看。"戴利是《邮报》的总经理,因送报逾期和订户抱怨的问题深受折磨。我赶到印刷厂,在后台找到了发行主管哈里·格拉德斯坦,询问他有没有好的替代方案。我们最终决定,既然现在已经是凌晨四点,过了通常的递送时间,我们不如就继续下去,将已印刷好的报纸交付出去,再以特刊弥补所有的发送路线。当然,这么做耗资不菲,但如果我们想要将这则爆炸性消息告知读者,就必须如此做。我依此而行的决定招致了我与约翰·斯威特曼的新一轮摩擦。我应该事先与他协商,但身处现场的我完全忘记了这类管理上的程序。事实上,约翰当时正在赶来报社,到达后他冷冰冰地说,"我听说您已经下达命令了。"我说是的,那一次我们都让步了。我猜想约翰也会做出相同的决定,因为事出关键时,他总是不吝啬金钱的,此次事件显然就非常关键。

鲍比身亡时,另外两个人的人际关系也出现了变化——这次与我没有直接关系,但牵涉到了《邮报》。赫布洛克画了幅漫画,其中有一个耻辱榜,罗列了所有投票反对枪支管制的参议员。漫画的标题是《谋杀》(Murder)。菲尔·盖林觉得,在鲍比·肯尼迪遇刺当天刊登赫布洛克的漫画太过激了,于是决定去掉标题,只有漫画。赫布洛克怒不可遏,反应十分激烈。这次事件不仅导致两人至少半年"互不理睬",还令赫布洛克逐渐摆脱编辑的控制,变得越来越独立。他开始——如今也依旧如此——跑到新闻编辑部,与一群他喜爱和信任的人探讨他的判断。于盖林而言,这种做法令人恼火,但那个时候,赫布洛克地位超然又受人敬重,可以无所顾忌地炫耀自己的独立不羁。

第二天,6月6日,我去了"复活城",陪同我的是沃尔特·方特罗伊(Walter Fauntroy)教士,即黑人牧师兼城市领袖。我们去探访那片泥泞、寒冷的地方,进军华盛顿的黑人和民权领袖就驻扎在那里。6月7日,我飞回纽约,准备出席次日在圣帕特里克举办的鲍比的葬礼。葬礼仪式非常让人感动，接下来的程序同样令人心痛——乘坐送葬火车返回华盛顿，以便将鲍比安葬在阿灵顿国家公墓（Arlington Cemetery）。那天的记忆烙印在了我的脑海里——我望着在铁轨旁战成一列的送葬者，而火车站里都是哭泣的人们；我悲伤地攀到山上的那块墓地，而鲍比的哥哥就埋葬在旁边。

于我而言，鲍比是个性格复杂的人物。他可以非常强硬，就像担任杰克·肯尼迪的竞选主管时那样，也许是不得不如此。我们偶尔会有争执，曾经因为《邮报》刊登了一篇谈论杰姬·肯尼迪的文章，他还把我气哭了。在乔·艾尔索普家吃晚餐时，鲍比抨击我和《邮报》的文章，刻薄地说道，"你也失去了丈夫，你应该更能理解。"他的言论让乔直摇头，咕哝着说，"这就像是年轻的侄子攻击年长富有的婶婶。"我们都已经让这件事成为过去，并变成了好朋友。和许许多多的其他人一样，我看着他成长、改变，并成为举足轻重的政治人物。他与人接触时，举手投足都有着超凡的个人魅力，虽然不同于杰克·肯尼迪，但却是一样地令人赞叹。我对鲍比在某些议题上的立场有些担忧，但他热情激昂且口齿伶俐，拥护许多我所深切信奉的事情。

1968年夏季的大部分时间都被这样或那样的政治事件占据了。缺少了约翰逊和肯尼迪，总统竞选活动呈现出了另一番图景，休伯特·汉弗莱、尤金·麦卡锡、理查德·尼克松、罗纳德·里根、纳尔逊·洛克菲勒和乔治·华莱士（George Wallace）全都参与了角逐。在发表了著名的"你们再也无法任意践踏尼克松了"（you won't have Nixon to kick around anymore）演讲后，尼克松又重新回归政坛。他有许多形象问题要解决，因而整个初选时期都在细心经营此事。7月中旬，尼克松来《邮报》参加编辑部午餐会。与会者包括唐·格雷厄姆，他一周前刚刚从越南平安归来，还有数位记者和编辑。洛克菲勒一周前就来过这里，他带了一班随从出席午餐会。尼克松独自赴会。他首先说来到《邮报》非常高兴，很荣幸参加此次聚会。我提到记忆中首次和他见面是在1946年。"不，凯，"他满怀信心地说道，"是在1947年。我们是在你父母绝妙非凡的房子中见的面。有许多身份显赫之人在那里，我想象不出我这个贫穷的国会议员在那样一群人中是要做些什么。"

我们坐下来吃午餐，尼克松什么都不吃，理由是要留心体重。我劝他喝点冰咖啡，他取了一杯，但一口未尝。午餐过后，至少有两个人做了笔记；两份备忘录，一份来自编辑艾尔·霍恩，一份来自沃德·贾斯特，都被保存了下来，让我得以回想起我们都谈论了什么，当时尼克松又说了什么。他非常自信将会在初选中赢得提名，还评论说洛克菲勒在共和党获胜的机会甚至比麦卡锡在民主党获胜的机会更小。他已经在考虑竞选伙伴的人选，但心知这取决于大选时，他需要赢得哪个州的支持。他提到了几个可能的人选——斯皮罗·阿格纽（Spiro Agnew）不在其中。他提出观点，说汉弗莱如果能够摒弃在政府中的作为，反其道而行之，就能表现得更加出色——事实证明尼克松是正确的，但汉弗莱与约翰逊划清界限时已经太迟，没能产生太大影响。

至于越南战争，尼克松觉得局势已经有了很大的变化，因为他是新近掌权的人，在1968年，多米诺骨牌理论（domino theory，比喻一种连续反应理论，作政治用语，指一个倒下会引起全部倒下，牵一发而动全身——译者注）不会再像过去那么奏效了。他还认识到，公众显然想要结束这场战争，但新总统不得不坚持一段时间，以寻求某种"体面的解决方式"。

整个午餐会中，尼克松的表现成熟睿智，我们都被深深地折服了。梅格·格林菲尔德当时刚刚加入《邮报》，她说自己必须回家躺在床上，好好回想今日的所见所闻。盖林后来回忆此次事件时说，这是尼克松一生中少有的没有感受到他人的威胁的时刻；他兴高采烈，世俗惯例全都置之不顾。然而，一旦到达迈阿密，面对洛克菲勒和里根微不足道的挑战，尼克松就开始感到威胁了，担忧这两个人会以某种方式联合起来，阻碍他的前进。盖林认为，尼克松就是在此时再次变得卑劣了。我出席了共和党全国代表大会，目睹尼克松赢得提名，在他竞选加州州长失败后，这是一次惹人注目的回归。

后来，我和史蒂夫一同飞到芝加哥，刚好加入到民主党全国代表大会的紧张氛围中。汉弗莱击败反战候选人麦卡锡，赢得提名，但混乱的大会令即将参加秋季竞选的他元气大伤。很少有人能够迅速遗忘外面大街上示威者的暴力行径（我和尼克·冯·霍夫曼一起近距离地目睹了这些暴力场面），或者那个在全国各地播出的画面——戴利市长示意切断游行队伍时，做了个斩断喉咙的手势。

在《邮报》，我们坚持中立政策，至少理论上是如此。实际上，我们在社论中指出，"如果你信奉这一点或那一点，那么，你会想要投票给甲或乙"，并以此来间接支持汉弗莱。尼克松获得候选人提名时，《邮报》发表社论说，"在针对越战的公开看法上，他展现出了令人钦佩的深刻理解和冷静克制；在某些全国性的社会弊病上，他有着令人称道的洞察力。"然而，社论还指出，"在私下里，他显示出了对原则令人不安的漠视态度，更遑论正确的决策力了，这些可以从他对战争、法院、开放住房和枪支管制等问题的讨论中看出。相较于我们如今对他应有的了解来说，他仍旧相当陌生。"

我们还发表社论，探讨了尼克松选择竞选伙伴的问题。在题名为"斯皮罗的危险"（The Perils of Spiro）的社论中，我们说道，"假以时日，尼克松提名阿格纽为竞选伙伴的决定，也许会被视为自罗马皇帝卡利古拉任命爱马为执政官以来，最古怪反常的政治任命。"那时还在撰写社论的沃德·贾斯特写作了此文，还说道，"你可以心怀警惕地看待阿格纽，或者充满骄傲地指向他，但此刻我们宁愿带着惊骇的表情旁观他。"

母亲始终都是政治评论家，她在选举前写信给我，随信附上了尼克松寄给她的套用信件，收信人一栏写的是"我信仰犹太教的同胞们"，内容意在表达犹太新年问候。母亲在信中附言："我真的认为他给予了《华盛顿邮报》许多耍弄幽默的机会，比编辑部意识到的还要多。"

休伯特·汉弗莱成了我的好友。我非常欣赏他，觉得他会成为理想的总统。然而，汉弗莱从来都不是林登·约翰逊的爱将。约翰逊认为他太多嘴多舌，甚至还常常对杰克·瓦伦提说道，"那些来自明尼苏达的人，就是学不会闭嘴。"林登·约翰逊觉得，正是汉弗莱的多嘴多舌让他深陷困境，因为汉弗莱泄露的信息最终毁掉了他的总统任期。他认为汉弗莱并非有意泄密，只是太过兴奋活跃，在需要倾听的时候依旧喋喋不休。

当然，约翰逊评价中肯，汉弗莱的确是过分热情，但他也能言善辩，几乎可以同时让人欢笑不已又痛哭流涕。他经常即兴发表精彩评论，但后来往往会变得滔滔不绝，直到令人神魂颠倒的效果全部消失，观众从着迷变成了坐立不安。休伯特的可取之处在于幽默感。他的有趣让人觉得不可思议，而且，我发现他始终都是绝佳的伙伴。

然而，尽管汉弗莱具备迷人的品格，理查德·尼克松还是赢得了选举，这也是美国大选中最势均力敌的角逐。菲尔·盖林就尼克松的获胜在《邮报》发表社论，说他"完全争取到了考验自身的机会，还博得了部分人的鼓励、合作、美好祝愿和开明思想，因为这些人的安全和福利被他置于了非常重要的位置"。

甚至连赫布洛克都给予了尼克松短暂的蜜月期。在贯穿整个竞选期间的漫画中——实际上也贯穿了尼克松的整个政治生涯——赫布洛克都为尼克松画了微微一层胡须，这层胡须似乎还随着时间的推移逐渐长长，在某个时刻甚至变成了髯须。拉斯·威金斯送给赫布洛克一把剃须刀，提议说也许是时候给尼克松刮刮胡子了。某天的编辑部会议上，我们讨论了尼克松的胡须，赫布洛克指向当天报纸上尼克松的漫画，画上的胡子明显又浓长了许多，成了这个人物的突出特征。赫布洛克声称，有浓密胡子的脸与其他任何特征都一样，譬如大耳朵、高鼻梁，是可供漫画家把玩的对象。实际上，赫布洛克在大选之后创作的漫画清楚地表明，他意识到处理美国总统与处理候选人的画像的方式应该有所不同。他将自己的办公室画成了理发店，墙上还写着标语："本店为每位美国总统免费剃须一次。店主赫布洛克。"

大选年持续延期的同时，《邮报》也发生了许多事情。1968年6月，拉斯不出意料而又妥当谨慎地向我提出，他会在年底65岁生日时正式退休，"不需要任何大张旗鼓的公告或关注"。拉斯在给我的信中解释说，他个人不喜欢过分的喧闹，还觉得这种做法于报社更好。

我写信给拉斯，说真的无法想象没有他在场的《邮报》。我刚刚开始接手工作时，拉斯对我的帮助最大："你所做的最美好的事情，就是认真对待我——当时很多人当都没能做到这一点——但又不会太过认真，做得恰到好处。"事实上，拉斯离职的时间比预期的还要早，因为在九月底，约翰逊总统任命他为驻联合国大使。自拉斯来到《邮报》起，已经过去了21年，看着他离去我心痛难忍。

拉斯的离开导致了公司组织结构和《邮报》新闻社论管理方面的一系列变动。本的非政治性和无党派性使他很适合处理重大新闻，同时，他对社论也从来

第二十章

不感兴趣,因此,当拉斯离开而他成为执行总编辑时,我们一致同意现在由菲尔·盖林主管的社论版向我而非他汇报工作。我当时和梅格·格林菲尔德还不太相熟,起初很奇怪为什么盖林去哪里都要带着她。梅格很快就在公司站稳了脚跟,来到《邮报》仅 10 个月后,我给盖林寄了个便条,说一直在考虑给他找位 2 号人物的必要性,想知道梅格是否合适——"或者你有性别歧视吗?又或者她愿意吗?"就在梅格入职一年后,盖林任命她为社论版的副主编。盖林欣赏梅格在写作和编辑方面的惊人智慧和超凡能力,以及不同寻常的工作本领,因此,我也为盖林送上了赞扬。盖林让梅格做副手颇有先见之明——远远领先于女性地位上升的潮流。于盖林而言,梅格是名副其实的拍档;他曾经将他们的合作描述为"两个人在钢琴旁演奏'四手联弹'"。

这些年管理层多次出现的人事变更,其责任常常被归咎于我,但有时这并非事实。本成为《邮报》的执行总编辑后,他原来的总编职位空了下来,此时就发生了本聘用员工后又将其解聘的事例。本请来了吉恩·帕特森(Gene Patterson),即《亚特兰大宪政报》(*Atlanta Constitution*)的前总编辑,他因为独立思考、坚忍不拔、直言不讳的编辑风格而享有盛誉,我们都很欣赏他的品格。然而,三年的时间里,脾性不合、职责重叠和编辑部政治这些因素的结合,致使本相信工作运转已经难以为继。他公开宣扬对吉恩的怀疑,吉恩立刻便辞职了。离开《邮报》后,吉恩总结感想时说道,"总编辑之于本·布莱德里正如乳头之于公猪。"本听到这句话后放声大笑,但它的确阐明了吉恩长久以来的疑虑:"这个职位根本无事可做。"

令人不可思议的是,我们三人仍旧是好朋友,这是吉恩高雅品格的突出体现。霍华德·西蒙斯(Howard Simons)时任副总编辑,吉恩离开后,他立刻升任总编辑,并调整自身以适应本的个性和行事方式。他愿意且能够依照本的要求做好这份工作——去完成那些本不做或不愿意做的事情,这既可能是因为本厌烦那些事务,也可能是因为他的注意力在别的地方。很难在组织结构图中准确地描述这种关系,但他们的合作关系运转良好。

幸运的是,霍华德的才能弥补了本的不足。他尤其对科学(science)、医学

（medicine）、教育（education）、宗教（religion）和所有看似无用之物（shit）感兴趣，还不敬地将它们简称为 SMERSH（取各词汇首字母组成，原为苏联反间谍机构名称——译者注）。他发掘并带领一群记者开始更近距离地审视这些领域，对它们进行全面报道。他是伟大的幕后推手，培养了许多自己搜寻来的青年才俊。此外，他有种古灵精怪的幽默感，许多年来带给了我们无数欢乐。

逐渐地，对于《邮报》和《新闻周刊》上的报道，我找到了自信去传达构思、批评和赞美。倘若我告知编辑的报道思路最终得以采用刊出，并产生影响，那么，我会获得巨大的满足感。霍华德注意到了我在这些细微之事上取得的快乐，不时拿"布兰达·斯塔尔"（Brenda Starr，美国连载漫画的主人公，是一位迷人的热爱冒险的记者——译者注）新闻报道奖逗弄我。有一次，我真的以布兰达的风格告知本一则消息，他后来很后悔没有信任我。杜鲁门·卡波特向我透露说，他知道杰姬·肯尼迪就要嫁给亚里士多德·奥纳西斯了——如果属实，这将会是条爆炸性新闻。我自南美（我在那里旅行）打电话给本，告诉他我敢肯定杜鲁门的话是真的。本回电报说，"你很棒，布兰达，可我退缩了。消息得到确认，但所有人都充满疑虑，我也觉得这是根太细的芦苇，不能将《邮报》的声誉系之于上。"当然，杜鲁门的消息完全属实，《邮报》也错过了我的独家新闻。幸运的是，我和本没有因为这样的事责怪彼此。

霍华德的灵感同样源源不断——有些很好，有些则不然。他总是让我多做准备，多思考报纸的未来。他寄给我的备忘录不计其数，都是关于如何提升《邮报》品质的构思。他的措辞从不故作斯文，曾经将"阅后即食"用作文章的引语。正是霍华德建议尝试出版周刊，与周五早晨的《邮报》一同派送——大体上，它就是《邮报》的"周末"版面，这是如今依旧非常重要的栏目。

霍华德经常在备忘录称呼我为"妈妈"，这是他和本两人对我的昵称。对此我并不厌烦；事实上，我喜欢这个称呼。本和霍华德的组合融洽地工作了许多年，只是在"水门事件"之后才开始解体。

1968年秋季，拉斯离开《邮报》，我失去了一位老友和重要人物；同年年底，约翰·斯威特曼告诉我，他想要放下日常负责的发行事务，其实就是想退休。尽管和他存在种种分歧，但我完全清楚他过去和现在为报纸所做的一切，他举足轻重的地位——1950年他到来时，《邮报》还在亏损，如今我们已经通过兼并重组成为体系稳定、实力强大的媒体集团。我和弗里茨都努力想要劝阻他，但他心意已决。后来，他告诉我他很疲惫了，已经受够了这一切，只想要获得自由。

我意识到他是经过深思熟虑后才做出决定，我们任命他为公司的董事会副董事长，这是新设立的职位，负责所有分支机构未来发展的规划。我还请求他帮我找个能替代他的人。约翰说我能够也应该成为发行人——当时我是公司的总裁，在《邮报》则没有头衔。我的第一反应是说我不行，我们必须找别人，但约翰非常坚决。我惴惴不安地决定接受这个头衔，父亲和菲尔之前都拥有过它，并开始为《邮报》寻觅新的业务主管。然而，我对如何着手寻找合适的人选一无所知。我仍旧不了解猎头公司，对这个行业也知之甚少。我甚至不清楚这个职位要求怎样的才能。我征询了报业内的一两个熟人的意见，之后又求助于鲍勃·麦克纳马拉。鲍勃推荐了保罗·伊格内修斯（Paul Ignatius），他曾经担任海军部长（secretary of navy），以筹备越战给养而闻名。与保罗共事过的人向我形容保罗的品质时，大都采用了"富有想象力""会精打细算"和"利润导向"等词语——我们对这些全都非常感兴趣。保罗还负责过多个建设项目，而由于为《邮报》建设新办公楼是我心中最重要的事情，我认定他就是合适人选；他不了解报纸业务，但可以学习。因此，我聘用了保罗。1969年1月，他走马上任，担任《邮报》的总裁和华盛顿邮报公司的执行副总裁。几乎从一开始，他的任职就麻烦重重。于我们两人而言，这都是极为痛苦的一段时期。我知道他不会依照安排先实践六个月，因而告诉弗里茨我们犯了错误。弗里茨正确无误地指出，我太操之过急，必须给保罗一个机会，于是，我们让保罗一直留任到了1971年。

事实上，约翰的离开宣告了我将会经历一段极为艰难的时期。问题似乎自各个方面喷涌而出，我当时觉得管理公司几乎是不可能的任务。在《邮报》，出版印刷工作每况愈下，日益严重的劳工问题更是使之雪上加霜；在《新闻周刊》，编辑和经营全都陷入困境；在电视台，利润和利润率的状况甚为堪忧。

所有这些都不是凭空而来。我觉得自己能够一次处理一个问题，只要我集中精力处理这一问题时，其他问题全都能静止不动——然而事实并非如此，整个公司都在不断运转着。我焦躁不安，害怕自己无法胜任工作，害怕我所欠缺的所有品质累加起来会成为压倒一切的缺陷，损及公司的利益。我担忧公司会衰落，这种担忧始终纠缠着我。

我因为自己做出的决策和不作为而备受折磨——我的委任之罪和疏忽之罪。一路走来犯下的许多错误中，最折磨我的是那些难以磨灭的一类，譬如办公楼和劳工合同这些至少有迹可循的过失。最痛苦的一次经历与建造《邮报》的新工厂有关。我们选择了贝聿铭为设计师，但浪费了将近四年的时间来规划和设计一座精雕细琢却不能用来印刷报纸的建筑。最后，不只是我们，连贝聿铭都失去了信心。我们决定中断已经造成的巨额损失，停止对这个必然会成为败笔的建筑的继续投入。原初的建筑由一家不太著名的公司建造，除了过于草率地再次求助于他们，接着又催促他们匆忙开始工作外，我认为放弃贝聿铭的公司的决定于我们而言正确无误，尽管已经浪费太多的时间和金钱。这是个正确决策，但我还是对它厌恶至极。自1972年大楼落成起，我就对这座自己工作其中的建筑充满了矛盾情绪，它外表平庸、不够雅致，还充斥着妥协。无数个日夜里，它的每一处细节都让我回忆起了当初的决策过程，以及我在其中扮演的角色是多么拙劣。我仍有许多东西要学习。

不过，尽管我工作混乱且自我怀疑，《邮报》和公司的许多事务却仍旧进展顺利。在本的领导下，《邮报》取得了一项突破性成就——创建"风格"（Style）专版，取代之前的"妇女版"，并在报纸上将其称为"为了女性，关于女性"。新专版是本的创意，戴夫·拉文索是首要的实施者。戴夫概述了它应该囊括的内容——人物而非事件，私人生活而非公共事件——以及瞄准的受众：华盛顿的男女两性、黑人白人、郊区居民和城市居民、决策者和家庭主妇。试水时，这个专版被称为"测风气球"（Trial Balloon）。我们多次开会讨论重新命名专版的事情，最终本想到了"风格"，"生活风格"的简称。他认为"生活风格"一词太过造作，于是"风格"被接纳了。

"风格"专版首次出现时，我持谨慎乐观的态度。我不喜欢其中的一些内容，但愿意保留最终判断。然而，很快地，我对这个新专版的定位愈发感到苦恼，但又不知道如何就我希望改善的内容提出建设性的批评意见。我往往无法冷静地思考问题，只会不停地抱怨。本的优点是能够坚守信念，即便这意味着要顶撞我，

第二十章

我们之间少有的一次剑拔弩张时刻就与"风格"有关。他曾经劝告我:"给我们些时间,就要成功了。"还有一次,他目光犀利地说道,"别在我面前指手画脚。"如此严厉的措辞令我感到震惊,尤其是在他向来脾气温和的前提下。这让我很不舒服,但也得以冷静了下来;我意识到自己用力过猛。我已经有所改善,但仍旧倾向于只看到欠妥之处,而忽视了正确之事。

正确之事是我们打破了旧有的模式,创造了至关重要的全新模式——适应曙光初现的新时代的模式,其中女性和男性的兴趣融合到了一起,他们都不想要再听到女人端着茶杯围坐在桌边的事情,或者正如本所指出:"我们已经确信,传统的女性新闻已经让我们所有人厌烦透顶。再看一次迪安·腊斯克夫人出席某国大使馆国庆典礼的照片(一共101张照片),我们就会刎颈自杀。"

情况开始好转。"风格"历经数任编辑,每一任都为它增添了些元素,直至最终,我们在1976年迎来了魅力超凡的南方人谢尔比·科菲(Shelby Coffey)。他是天生的作家,最重要的是,他还是天生的编辑。撰稿人喜爱谢尔比,"风格"在他手下真正开始起飞,一大批才华横溢的作者写出了精彩纷呈的故事。《邮报》最杰出的人才汤姆·薛尔斯(Tom Shales)就是由谢尔比聘任和培养,最初他只是普通记者,后来逐步成为《邮报》的电视评论员。

本还聘请了萨莉·奎因(Sally Quinn),她渐渐成长为一流的作家。起初,萨莉接受过菲尔·盖林的采访;萨莉担任阿尔及利亚驻美大使的社交秘书时,盖林和她见过一面。盖林将她引荐给本,本告诉盖林,"她很好,但从未写过任何东西。"盖林的回答是,"嗯,人无完人嘛。"就这样,萨莉加入了《邮报》,毫无经验,只是借由与《纽约时报》记者沃伦·霍格(Warren Hoge)的关系对报纸有一些间接的认知。她讲述了第一天上班便被要求报道一次聚会时惊慌失措的事情。她打电话给沃伦说,"截稿日期就要到了,我的神经也要崩溃了。"沃伦建议她假装是在同好友讲电话,随意聊聊这次聚会。那篇处女作最终的效果就像是在闲扯。萨莉说,"人们喜爱这篇报道是因为它有趣,通俗易懂。我觉得像是来到了家中。最初的几个星期过后,我意识到这就是我本应做的工作。"

亨利·基辛格的名字曾出现在"风格"专版,他谈到对此事的感受时,赌气地对我说道,"玛克辛(Maxine,玛克辛·柴郡[Cheshire],八卦专栏作家)让我想谋杀，但萨莉让我想自杀。"他的意思是说，萨莉能够让他人无拘无束地谈话，然后让他们落入自己的话语的陷阱里。随着她的不断进步，她为各色人物撰写的小传成为了华盛顿人的谈资。有时，她几乎是用写作的力量击垮了某些人。

1983年，谢尔比离开"风格"出任公职，玛丽·哈达尔（Mary Hadar）成为了继任者。哈达尔取得了不同于谢尔比的巨大成功。她令"风格"的内容更加平衡，易于阅读，同时还带来了一批明星作者。许多极具天赋的人加入进来报道聚会，风格简洁，立刻为"风格"增添了光彩。"风格"现在由大卫·冯·德赫利（David von Drehle）掌管，他同样善于培养人才。"风格"不仅适用于我们，它的理念还被全国各地的报纸成功采纳。

PERSONAL HISTORY

第二十一章

1969年，我成为《邮报》发行人兼公司总裁，手中的事务比以往任何时候都更多。我部分地进入了工作状态，但除了少数几次外，未能让这种状态扎根固定。我获得了些经营意识，但仍旧比大多数公司的总裁更依赖他人。参加工作整整五年后，一篇谈论我的文章写道，"格雷厄姆夫人承担责任的时刻远多于维护权威。"的确如此；我没有始终以最冷静、最恰当的方式掌控或处理与公司所有员工的关系。我的愿景远超我的能力范围。事实上，尽管20世纪60年代中期至70年代中期这段时间硕果累累，我自己却在许多方面感到失望。

我似乎把不足当成背包一样随身携带。每当想起自己的无把握和紧张不安，我看过的第一部音乐喜剧《流浪国王》(*Vagabond King*)中的一个场景就会反复浮现在眼前。有那么一个时刻，突然登上王位的流浪汉首次身穿皇袍出现在世人面前，缓慢地、诚惶诚恐地迈步走下台阶，忐忑不安地盯着两旁的弓箭手队伍，他们张开弓，表情神秘莫测。我仍旧觉得自己像是王位的觊觎者，时刻经受着考验。我觉得自己一直在参加考试，只要答错一个问题就会全盘皆输；类似《新闻周刊》的报摊发行量这样直接明了的问题，都会让我彻底丢盔弃甲。

给我做自己想要做的工作造成最大阻碍的是不安全感。它部分来自我特殊的经历，但更多的是源自社会定义女性角色的那种狭隘方式，就这个意义而言，它是与我同时代的大多数女性的共有特征。一直以来，我们所接受的教育使我们相信，自己将来的角色就是妻子和母亲，我们来到这个世上是为了让男人快乐和舒适，对我们的孩子也是这样。

我接受了许多同时代人的观念，认为女性在智力上不如男性，我们无法胜任任何管理、领导和经营工作，只能照养家庭和孩子。一旦结婚，我们就被局限在了料理家务、相夫教子和操持后勤上。很快，这样的想法——确切说，这样的生活——让我们付出了代价：我们大多数人就真的变成了劣等人。我们愈发无力赶上时代的潮流。在群体中，我们长期保持沉默，无法参与到交流和讨论中去。不幸的是，这种无能为力往往致使女性——就像致使我——谈话时絮絮叨叨，无法言简意赅，容易杂乱无章、本末倒置、事无巨细、长篇大论，还经常道歉。

传统上，女性还因为被夸大的取悦他人的欲望而遭受折磨，许多女性现在也仍旧如此。这一典型症候根深蒂固地灌输在了我们这一代女性身上，许多年来，它禁锢了我的行为举止，在某些方面这种禁锢甚至延续至今。当时，我并不清楚事情的前因后果，且完全无法做出可能令周围人不愉快的决定。多年来，不管发布了什么样的命令，我都会以"如果你觉得可以的话"结尾。如果我觉得自己做了让别人不开心事情，就会焦虑不已。这一切的最终结果就是，到了中年时期，大多数女性进入了一种她们曾竭尽全力避免的状态：我们令丈夫觉得厌烦。我们沉沦至此，他们也应负上一定的责任，但他们却漫步到更嫩绿的草地上了。

最初参加工作时，我仍旧受到旧观念的束缚，言行举止仿佛将它们视为亘古不变的真理。着手工作后，我比共事的男性要"矮上一截"。我没有生意经验，没有管理经验，对政府、经济、政治以及其他我们涉及的事务知之甚少。我对塞缪尔·约翰逊所描述的女部长形象感同身受——"女性说教布道就像狗用后肢走路。它做得不好；但你会惊讶于它竟然完成了。"由于自视低人一等，我无法辨别清两件事情：一方面，因为我是女人，所以男性态度倨傲；另一方面，我得到这份工作仅有的原因是出生时的幸运和丈夫去世的不幸，这个观点是合乎逻辑的。

在那个年代，成为掌控公司的女性——即便是家小型私人公司，就像我们当时那样——是罕见而令人惊讶的，我不可避免地惹人注目起来。在 1963 年乃至职业生涯的最初几年，我的情况无疑是独一无二的。甚至在我们公司也没有女性

第二十一章

管理者，只有极少的女性专职人员——也许没有哪位女性的职位和我相差是在四个级别之内的。《邮报》的情况并不特别；相反，这是那个年代的典型状况。商界基本上将女性拒之门外。至少整个 60 年代的大部分时间里，我基本上生活在男性的世界中，除了秘书外几乎一整天不和女性说话。然而，我几乎丝毫没有意识到自身的反常，也理解不了我们公司和其他地方职业女性所面临的困难。许多年里，我认为自己的阻碍完全应归咎于缺乏经验和未经训练，而没有考虑过女性身份问题。

1966 年初，我受邀去克利夫兰的女子城市俱乐部演讲。那里的人写信给我，建议我将"女性地位"作为演讲的话题。我给俱乐部主席的回信，反映了我当时对于在男性世界工作的看法：

> 我也许是不可避免地背负了这一话题，在这一点被提出前，我必须坦白。我对这个话题真的不感兴趣，也并不了解，但也许我正应该如此。如您所知，我自己的身份完全是场意外；我彻底地过着男性的生活，因而没能够太多思考这个话题……如果您真的希望我谈论妇女地位的话题，我会努力做好准备的！

《女装日报》对我的采访揭露了更多我的守旧想法，而此时已经是 1969 年了。整体而言，采访文章读起来合情合理，只有职场女性的话题是例外，对此我是真的麻木迟钝。在描绘我与编辑们关系时，文章无意识地采用了被视为理所当然的男性至上主义方式：

> 凯·格雷厄姆参与了一些次要事务，没有施加决定性影响，她宁愿让坚定自信的男性团队来扮演主角。这是她生活的小小切面，其中果断强势的男性发挥了主要作用……
>
> "做每一个决定，我都依赖弗里茨和其他男性的判断。"
>
> "我觉得女性身份对于这项工作来说是劣势，除非你是职业女性，而我不是。"

"我们这一代女性的确工作不够认真。现在的女孩子们对待事业要更加严肃。"

"我会极力推荐女性来担任高管吗?我还没有真正面对过这样的问题,但觉得这要看是否妥当。我不看好由女性担任报纸的总编辑。"

"我想这是男人的世界……在当今社会,男性比女性更擅长行政工作,处理某些状况也更具优势。我想男性来做我的工作会比女性更加出色。"

《女装日报》的报道刊登出来当天,好友埃尔希·卡珀——《邮报》的资深记者兼编辑,怒气冲冲地闯入我的办公室里说道,"你真的那么认为吗?因为如果是真的,我退出。"她指的是报道中的最后一句话。她的话令我深感震惊。我明白她的意思,但于我而言,理解妇女问题的真正本质只是在后来才开始,且过程极为漫长。工作中,我仍旧是形单影只的女性,没有可以探讨这些问题的对象,在报业的高层当然也没有。我着手工作后加入了被称为广告局(Bureau of Advertising)的同业协会,该协会成为了多年来诸多只有我这一位女性成员的组织中的第一个。身为绝无仅有的女性,会议是尤其煎熬的事情,因为它们往往持续数日,常常还在度假胜地举行,进而带来社交性质的问题——晚餐时和谁坐一起,如果事先没有准备该怎么做,男性们成群结队地离去时该怎么办?

广告局每年都会前往底特律与来自汽车工业的高级职员开会,这也是我遇到的最难堪的情形——不必多言,当时团队中全都是男性。数年来,我始终惹人注目,处境尴尬。每次进入房间,我都会深感不适和羞怯。一个又一个演讲者发表演讲时羞怯地说道,"女士和先生们"或者"先生们和格雷厄姆女士",这总是引发台下的咯咯窃笑。这让我颇感不适,迫切希望能够被遗忘掉,或至少不被挑出来。

广告局的一次会议上,我的好友主持讨论会,议题于我完全陌生。令我惊恐万分的是,他决定沿着圆桌逐一询问每个人的观点。我坐在他右边,他从左边开始提问,这让我有时间在倾听他人观点的同时,去思考自己该说些什么。当他沿着圆桌从头至尾提问,除了我之外的所有人都发表了观点后,他停了下来,仿似我不存在一样。或许他觉得自己是出于好意,认为我已经没什么好补充的了。大

第二十一章

家沉默了一会儿,接着我们全都笑了。我战战兢兢地说了几句,事情就这样过去了。当时,我不知道自己的心情是因为没有被要求发言而感到宽慰多,还是因为被忽视而感到烦恼多。

我经常观察到,有时男性对女性视而不见,不予理睬。我曾向《新闻周刊》高管彼得·德罗(Peter Derow)提起这种现象。后来,我发现他正在为首席执行官们举办一场活动,他们是《新闻周刊》的客户或潜在客户,这是典型的宣传活动——我没有收到邀请。我礼貌地询问为什么他没有将我纳入活动中,毕竟举办地就在华盛顿,尤其我还是本公司的首席执行官。"你还记得你告诉我,会议上的男士经常对你熟视无睹吗?"彼得回答道,"这就是原因。"奇怪的是,我仍旧因为缺乏信心而让这件事就这么过去了。

每次身处全是男人的房间,我都会备受折磨,唯恐显得愚蠢或无知。然而,我必须承认,尽管我也许会因为是大多数会议上的唯一女性而感到惊慌失措,但随着时间的推移,自我的另一部分却同样爱上了这一点。事实上,我当时向好友坦言,"第一个踏入会议室既让人受宠若惊,又颇为有趣。"

我认同男性和女性分属不同角色、不同领域的传统观念,其中极端的一例微不足道却又基本普遍。在华盛顿和其他地方举办的大型社交晚宴上,男性和女性用餐完毕后会自动分开,男性通常会留在餐桌旁,喝着白兰地、抽着雪茄,讨论严肃的事务,而女性们则退回到起居室或女主人的卧室,去卫生间或者闲聊,内容大都是关于孩子和家庭——在当时的人们看来,这些是"女人的"兴趣。我记得听闻过茜茜·帕特森的一个故事。晚餐后,茜茜被其他女子簇拥着离开,她对女主人说道,"让我们赶紧结束这个流程吧。我没有家务问题,女儿也已经长大。"然而,她还是和我一样接受了这一古老风俗。我参加工作后,白天要同许多男性讨论政治、商业和国际事务,但很长一段时间里,晚上用餐完毕,我都会不由自主地随同其他女士离开,即便是在自己家中。最终,某天晚上在乔·艾尔索普家,事情突然转变了。我工作了一整天,出席了社论问题午餐会,不仅深度参与其中,而且对世界局势极其感兴趣。然而,我被要求等待上一小时再加入到男性的谈话中。那天晚上在乔家中——乔尤其内疚让男性们围坐在桌边——我告诉他,如果我在女性们被忽视时悄悄离开,我相信他会理解的。乔不仅没有

455

理解，而且还很生气。他辩白道，分开的时间不会长达一小时之久，只够男士们去趟洗手间而已。我坚称这些是无稽之谈，我喜欢傍晚的时光，希望能够读会儿书，此外，我不是在告诉他要怎么做，而只是陈述自己想要怎么做。乔无法接受我要离开的想法，承诺说如果我留下来，他会让所有人——男士和女士——留在桌边。

我这么做，并非出于什么信念上的立场；相反，我只是想到了更好地利用晚餐后时间的方法，回到家中阅读《邮报》的初版。然而，显然我的工作经历最终还是与日益壮大的女权运动的影响结合到了一起。

我无意掀起革命，但随着我无心的建议成为新闻四处散播，我的举动的确引发了一场微弱的社会变革。在这些社会议题上，我向来被视为保守派，因而我的立场特别引人注目。男性进行重大讨论时要求女性离开，此种行为的不合情理变得显而易见，这样的惯例逐渐在全城动摇瓦解。

我对女性问题的观点不存在某个关键性的转折时刻；相反，我才刚刚开始专注于涉及女权运动的真正问题。无论我的学习有多么缓慢——无疑因太过缓慢而达不到许多女性的要求——我的认知最终愈发深刻，并涉足其中。回首往昔，倘若不是当时的时代背景，我绝对无法理解为什么自己没有更早认识到问题所在。

与梅格·格林菲尔德一起思考问题令我获益匪浅。我和她看待女性问题的角度不同，态度却惊人地相似。在女权运动开始之前，梅格就已经"身先士卒"。最初来到《邮报》时，她在自己办公室门口贴上了标语："妇女解放之时，就是我离去之日。"但在办公室里，她面临着与我相同的诸多偏见。我们试图一同阐明我们的观点。她曾经在谈论其他事务的便条中附言说，"我一直想要在妇女解放运动中找到自己的位置，任何位置都行，但即便稍稍接近运动的精神实质，我都会感到恐惧。我是无可救药的汤姆叔叔（美国小说《汤姆叔叔的小屋：卑贱者的生活》[Uncle Tom's Cabin; or, Life Among the Lowly] 中的主人公，用以指想讨好或侍奉白人的黑人男子——译者注）。你知道有什么可以一读的著作吗？"我们的确找到了一堆书，包括西蒙·德·波伏娃（Simone de Beauvoir）的《第二性》(The Second Sex)，阅读它们，并提高自身的认知。她持续思考那些问题，发

第二十一章

自内心地赞同《邮报》的一篇社论，它也许是那个时代《邮报》首次就女性问题发表的评论。1969 年 8 月，在题为"宝贝，没有什么大进步"（Not Such a Long Way, Baby）的文章中，我们讲述了体育专栏作家埃丽诺·凯恩（Elinor Kaine）的故事，在某家橄榄球场，她被禁止进入记者席。她无法报道比赛，因而将此事诉诸法庭。《邮报》的社论写道，"尽管维珍妮牌（Virginia Slims）女士香烟已经出现，但正如电视广告所指明的，'宝贝们'的处境几乎没有什么大的改观。"讨论完薪酬和其他方面的不平等后，这篇社论指出，"几年前，妇女解放运动仅仅由女性的核心领导层发起，如今它正在蔓延开来。无数先前屈从于男性附庸角色的女性，如今意识到学校、企业、教堂和政府全都在压榨和剥削她们。"社论的作者是位思想开明的男性，他建议采取法律和社会方面的补救措施，同时得出结论，"也许我们应该首先树立'女性是人'的极端激进理念。"

我与葛罗莉亚·斯坦能（Gloria Steinem）的友谊也极大地影响了我的思想。她很年轻，50 年代的思潮塑造了她，这个年代的思想体系完全不同于我的那个年代。我见证了蓬勃发展的妇女解放运动，她是其中一位卓越出众的领袖。起初，我只是远远观望，女权主义先驱不可避免地采取极端立场来阐明女性实质平等（essential equality）的重要观点，而这让我反感，我现在也怀疑这种行为的必要性。我无法理解所谓的战斗性，也不喜欢焚烧胸罩这类象征性活动，它们在我看来无异于仇视男性。我记得《纽约》杂志的一期封面令我厌恶，封面上年轻的艾比·洛克菲勒（Abby Rockefeller）挑衅地高举拳头，它是一篇女权主义报道的插图。这类事情让我忽视了真正的问题，觉得整个运动有什么地方出了问题。

随着时间的推移，葛罗莉亚比其他任何人都更多地改变了我的心态，帮助我理解了这场运动的领导者乃至极端分子所要表达的思想。我还记得她第一次尝试与我严肃谈论这些问题时的场景。我的回应是，"不，谢谢，那不适合我。"然而，她坚持要谈谈。印象中，她鼓励我摒弃我的陈旧观念中的某些谬论。她说，"那是经过我们的子宫的通用汽车——你知道吗，它从我们的父辈行驶到我们的儿子。然而，那里存在着真实自我，只要没有被过分压抑，只要我们没有因为过于胆怯而听不到它的声音，它就能给予我们指引。"我十分肯定，不论自己有着什么样的真实自我，它一直都被彻彻底底地压制着。然而，葛罗莉亚不断告诉我，倘若我能够理解妇女解放运动的本质，我的生活也会随之好转。最后，我不可避免地恍然大悟，她是多么正确啊！后来，葛罗莉亚为了创办《女士》(Ms.)杂志找我赞助，我拿出2万美元作为种子基金帮助她开展工作。

比葛罗莉亚的话语更有效的是我在职场的个人经历，以及许多场合下我作为唯一女性的累积影响——我走进的房间、任职的董事会、出席的会议。在公司内部，我看到女性被如何对待的例子数不胜数。《邮报》和《新闻周刊》无疑都是以传统方式运作，认为男性白人才是管理业务和编辑新闻的天选之民。两家机构都是完全由男性来主导业务、广告和出版领域，在编辑领域他们也占据了压倒性优势。我相信全世界在很大程度上都是如此运转的。

莉斯·皮尔（Liz Peer）是个例外，她不仅幸存了下来，还获得了很好的发展。1959年，刚刚自康涅狄格学院毕业后，她便到《新闻周刊》求职，但被告知如果想要写作职位的话，她就不要白费心机了。然而，她坚持不懈，在邮件柜台谋得差事，周五晚上为奥兹·埃利奥特复印文件，因而被称为"埃利奥特女孩"。1961年至1969年期间，莉斯是《新闻周刊》给予写作试用机会的唯一女性。《新闻周刊》忽视的女性人才还包括艾伦·古德曼（Ellen Goodman）、诺拉·艾芙伦（Nora Ephron）、苏珊·布朗米勒（Susan Brown-miller）、伊丽莎白·德鲁（Elizabeth Drew）和简·布莱恩特·奎因（Jane Bryant Quinn），所有这些人为杂志做的都是研究员这样的传统女性工作。1962年，莉斯·皮尔终于成为撰稿人，1964年又成为巴黎分社的通讯记者。她后来说，她曾经犹犹豫豫地询问，晋升到巴黎工作是否意味着加薪，奥兹愤愤地回答，"你什么意思？想想我们给了你多少荣誉。"莉斯告诉我，她发现少数群体心理中最具破坏性的部分是他们开始认同多数群体的观念：他们缺乏才能，缺少智慧，可塑性差，难堪重任。"这全然符合我的认识。

令我惊讶的是，所有这一切正在变成我自身的一部分。尽管仍旧思想简单，我开始理解女性问题的严肃性和复杂性。显然，我的地位非常有利，不仅能够思考职场女性的问题，还可以为她们做些事情。随着认识的逐步加深，我也开始意识到自己的责任。我的确在努力做些事情以提升社会对女性的关注，增加与她们尤其相关的事务的社会敏感性。

第二十一章

身为管理者,我很清楚这些问题但却不知道如何依靠大男子主义的高管们改变现状。我认为自己和其他女性管理者肩负着独特的责任,必须埋葬这种由来已久的偏见——首先拒绝接纳它们,然后无论在何时何地遇到它们,都要驳倒它们。男女两性都需要修正态度。女性接纳这种含混不清的假定和谎言的时间已经太久。男性也必须帮助打破这些臆断来的观念,因为他们也是受害者。

我竭尽全力去教导周围的男士,提升他们的认知,尽管自己也只是才刚刚有所觉悟。我让公司的高管传阅《纽约》杂志上的一篇文章,"女性职业的贫民窟"(The Female Job Ghetto)。我收到了人事主管分发的备忘录复印件,内容是介绍《邮报》的某些新人。我回给他一张便条,指出在我看来带有偏见的微妙做法。这份备忘录中,人事主管提及男士时使用的都是他们的姓,而提及女士时使用的却是她们的名。"这便是需要我们的敏感性的范例,"我写道。"用哪种称呼都可以,但要统一。我更喜欢通篇都用名。这看起来似乎微不足道,但其中反映出来的态度却并不简单。毫无疑问,备忘录的撰写者是玛丽(Mary),但她是为琼斯(Jones)工作的。"

在公司里,我经常聆听女士们的抱怨。埃尔希·卡珀告诉我,她总是接到平庸的任务。梅丽尔·西克里斯特(Meryl Secrest)负责"风格"专版,她告诉我指派给她的采访对象都是女性,从没有出现过男性。我们谈过话后,我写信说会永远守在那里倾听她的观点,但支持编辑的决定;"我认为编辑们必须决定一些问题,譬如怎样分配和使用记者。"恐怕我没有要求编辑自己改变做事方式。

《新闻周刊》正在寻找"书之回归"的编辑,我推荐了《纽约时报》才华出众的艺术评论员艾琳·萨里嫩(Aline Saarinen),但立刻遭到编辑们的否决,他们傲慢地解释说这个职位根本不可能任用女性。他们的理由是夜里的截稿时间太晚,周末时的压力太大,工作要求强大的身体素质。我必须羞愧地承认,我就这样顺从地接受了他们的思维逻辑。

我是公司的老板,却很难改变白人男性掌管下的种种事务。不过,我认为自己还是取得了一些微小的进展。我和本总是在谈论报纸使用的语言。在1970年这个"女性年"(the year of the woman)里,我成为首次被职业新闻工作者协会西格玛德尔塔切(Sigma Delta Chi)接纳的五名女性之一。在入职仪式的晚宴上,我发表演讲，谈论了我们在报纸上指称女性的方式，开玩笑说在报道我成为这家组织的成员时，《邮报》编辑部使用的标题可能会是"新闻记者兄弟会叩响了上班族老奶奶的门"。

事实上，就在一周前，本同意了《邮报》关注女权问题的委员会提出的数项请求。这家委员会的成员全都由女记者组成。本向新闻编辑部散发备忘录，内容涉及的是渗透在新闻文章中的无意识偏见。他警告说，"诸如'离异女子''老奶奶''金发女郎'（或'棕发女郎'）和'家庭主妇'等词语，应该在所有报道中避免使用"，如果是男性，与此相对应的词语也不应该使用。他在备忘录中还写道：

> 诸如'活泼''小巧玲珑''笑靥如花'和'可爱'等词语早已经是陈腔滥调，仅凭这一点就应该将其废弃，以免妨害我们为报纸的描述增添光彩的努力……涉及女性成就的报道……理应在撰写过程中避免任何居高临下的姿态。

对女性问题的看法逐渐聚流成河，到70年代之初全面爆发。职业道路上的女性开始借助法律诉讼维护机会平等权益。1970年3月，《新闻周刊》46名女性向平等就业机会委员会（EEOC）投诉，宣称遭受歧视。无独有偶，同一天，《新闻周刊》刊登了首篇关于妇女解放运动的封面报道，题名为"妇女的反叛"（Women in Revolt）。当时，《新闻周刊》只有一位女撰稿人，且被判定资历太浅，不足以撰写封面报道，因而自由撰稿人、《新闻周刊》作家彼得·戈德曼（Peter Goldman）的妻子海伦·杜道尔（Helen Dudar）被聘用来完成文章。我相信，此事让《新闻周刊》本已受挫连连的女员工更是怒火中烧。

当时我在外地，弗里茨·毕比和奥兹·埃利奥特一同打来电话，告诉我投诉的事情。"我应该站在哪一边呢？"我问道。弗里茨迅速回答说，"这是真事，我们没有开玩笑。"我没以为这是玩笑，我的问题也不是玩笑。接着，我们讨论了应该采取怎样的应诉措施，因为这些女性已经雇用了埃莉诺·霍姆斯·诺顿（Eleanor Holmes Norton）为代理律师。

第二十一章

回到家后,我更加积极地介入到了诉讼案中,而身为管理层的一员,我陷入了四面楚歌的困境。随着局势因为诉讼的激化而愈发紧张,我写信给读者辩护说,"我同意周刊的传统往往看来更加歧视女性。我们曾经制定计划,以扩大女性的工作机会,现在也仍旧在做着这样的事情。如果《新闻周刊》的这群员工能够在提起诉讼前同我们协商,我相信此事会处理得更好也更加轻松。"当然,事后我发现,她们也许已经与低层领导以及我不认识的人反复商议过这些问题了。最终,我们开始挽救这种局势,但做得并不足够。1970年8月,我们达成了谅解备忘录,但两年后我们遭遇了新一轮争端,编辑们被指控没有履行备忘录上的规定。这一次我们处理得更加成功。我认为第一次的失败原因并非我们不真诚,而是缺乏了解。

《邮报》同样遭到起诉。1972年,在早期的投诉绝大多数被忽视后——只采取了极少的行动——《邮报》的59名女职员显然不满于管理层的回应,联名给我、本、菲尔·盖林以及霍华德·西蒙斯写了封信。我们曾在《邮报》宣称,"让女性的平等与尊严彻底而自发地实现",如今这封信利用公司本身的数据来阐明该项政策的落实程度。女职员们指出,自两年前这项政策声明发布起,《邮报》的实际做法一直在倒退。由于新开辟的"风格"专版取代了旧的妇女版,四名女职员失去了工作。除我外,梅格是《邮报》高级管理层中唯一的女性。

这些事情发生期间,本一度在新闻编辑部任命了一个委员会来向他报告该采取什么措施来实现平等就业。他赞同委员会的报告,建议为女性和黑人设立多个新职位。当时,黑人正面临着相似但又不尽相同的歧视。我说要万事小心。这个回答老派守旧,但不无道理:

> 白人男性可以接纳其他白人男性,却不愿吸收黑人和女性的脾性,不会因为突然补入额外人员而有所改变。
>
> 我担心这只不过是另一种错误做法,因为正确的做法需要时间、努力和态度的转变。

不论决定去做些什么,我们都应该在报纸的经营部分付诸同等的精力,那里甚至比本地新闻部需要更多补救措施。我们绷紧神经让埃尔希·卡珀出任人事主管，以聘用更多女性和黑人，那年的早些时候，她提议用请愿书来代替诉讼。结果，她的人事安排对《邮报》产生了重大影响。

和所有商业及出版公司，事实上是所有白人男性统治的机构一样，我们在这段时期有许多东西要学习。在《邮报》和《新闻周刊》，我们处理女性问题的程序和方式有许多是正确的，也有许多是错误的。20世纪60年代末之前，我们的意图始终良善，但成就寥寥。盖林鼓励聘用黑人，也雇用了一位黑人记者，但无论是系统目标还是实现它们的方式都没能落实到位。到70年代，许多黑人和女性加入进来，但《邮报》和《新闻周刊》最初在处理这些新员工时缺乏敏感性、谅解力和技巧，这也是美国主流企业共有的问题。雪上加霜的是，我们最初在雇佣"合格的"女性和少数族裔时，付出的努力并不充分。才能不足的女性和黑人成了沉重负担，我们既不知道如何带动他们发展能力，也不知道怎样令他们离开。

最终，两家刊物的状况都得到显著提升，但如果没有那些诉讼和国家立法，这一切将会发生得更加缓慢。我自己对这些诉讼感受复杂：有些情况确实不公，有些则不然。然而，每当对抗出现时，你都会被驱使着大步向前，而这往往会带来改善。讽刺的是，在两家出版机构中，我们处理女性和黑人问题的方式要好过其他报纸和杂志，它们甚至没有足够的女性和少数族裔来挑战管理层。

由女性和其他少数团体问题掀起的骚乱中，梅格自始至终都是我的重要顾问。在处理各种诉讼、平等就业机会委员会的投诉和各类对抗过程中，她给我写了份振聋发聩的备忘录，反对定额制的构想：

> 我之所以自命不凡地寄给您这份备忘录，是因为强烈地感受到那会是个错误，而且不会只是个小错误。
>
> 大家都赞同我们应该做远比现在更多的事情，将平等和机会带给《邮报》的黑人和女性，不仅要成为公平的雇主，还要由此成为更优秀的报纸。据我所知，没有人（包括那些接受定额制想法的人）对采纳所谓的"定额"体系特别热心或满意。在我看来，该体系得到赞同的主要理由是：之所以这

样的体系现在应该强制实施,是因为它显然是可以让我们采取行动,或让某些拖后腿者行动起来的唯一途径。

难道真的要承认,除了这种剥夺我们依据最佳直觉而行动的权利,使我们屈从于某些基于合约和协议的机械命令的技术手段外,我们无法完成那些自认为理想和公正的事情吗?

当然,这些有实际的考量。但依我判断,原则问题更应该考虑,它们至少和实际因素同等重要……我们正在发生几乎不可察觉的转变,原本我们关注于根除和补偿过去的歧视所造成的影响,后来,我们意识到在做这些事情时不可能保持完全"色盲",结果在规定对待他人的方式中,我们默许了种族和性别歧视的合法标准的建立……

"原谅这场闹剧吧,"梅格总结说,"但我愿意相信《华盛顿邮报》会被视为那些罕见的机构之一,意识到了将性别和种族问题重新纳入法律框架的巨大代价,经受住了追赶潮流和便利的诱惑——拥有拒绝法律化的先见之明。"

70年代初,职场之外还存在许多愚昧落后的男权至上主义者的庇护所,其中在华盛顿有全国新闻俱乐部(National Press Club)、烤架俱乐部(Gridiron Club)和联邦市议会(Federal City Council)。烤架俱乐部举办了一次周年晚宴,由记者和编辑组成的俱乐部成员表演了政治滑稽短剧和歌曲,水准颇有些普林斯顿三角(Princeton Triangle)俱乐部的意味,观众席中有政府首脑、商业领袖和其他知名人士,以及来自全国各地的报业人士。自然而然地,这是全部由男性参加的聚会。事实上,这里和其他的某些场所一样,黑人比女性更容易被接纳:卡尔·罗恩(Carl Rowan)已经成为烤架俱乐部的成员。

这一次,女记者们开始示威封锁年度晚宴,举办反烤架俱乐部的聚会,并劝说政府官员不要出席晚宴。俱乐部感受到压力,意识到必须做出改变,1972年,俱乐部高层决定邀请一些女性作为嘉宾。19名女性收到了邀请,而我便是其中之一。其他人包括尼克松夫人、阿格纽夫人、爱丽丝·罗斯福·朗沃思、众议员雪莉·奇泽姆(Shirley Chisholm)、玛莎·格里菲思(Martha Griffiths)、伊迪丝·格林（Edith Green）、参议员玛格丽特·蔡斯·史密斯（Margaret Chase Smith）、玛格丽特·米德（Margaret Mead）、巴巴拉·塔奇曼（Barbara Tuchman）和科丽塔·斯科特·金（Coretta Scott King）。

一时间，围绕受邀人的争议之声四起。奇泽姆夫人发表新闻稿作为回应，题名为"猜猜谁不会来吃晚餐！"（Guess Who's Not Coming to Dinner！）。数位男士也直截了当地拒绝了那年的邀请，包括参议员（当时也是总统候选人的乔治·麦戈文 [George McGovern] 和埃德蒙·马斯基 [Edmund Muskie]）。另一方面，爱丽丝·朗沃思表示无论如何都不会错过晚宴，还说，"只有疾病能够阻止我出席晚宴。如果我没去，那一定是因为病得站不起来了。"

这么多年被拒之门外后，我接到邀请后的第一反应非常兴奋。我已经准备好接受邀请，这时却收到《邮报》和其他报纸的多位女编辑联名签署的信，请求我不要出席，直到该俱乐部接纳女性会员为止。然而，当时该俱乐部没有空缺职位，而此次邀请表现出来的态度在我看来就是开端。此外，我真的很想去。不过，我还是邀请了数位给我写信的女士来家中吃晚餐，以商议此事。前来做客的人有梅格、玛丽莲·伯杰（Marilyn Berger）、莉斯·皮尔、莎拉·布斯·康罗伊（Sarah Booth Conroy）和埃尔希·卡珀。她们摆出了许多有力的观点，但一锤定音的还是萨莉·奎因，她说道，"如果有家乡村俱乐部因为你是犹太人而将你拒之于外，却说很愿意邀请你去吃晚餐，你会去吗？"这句话坚定了我让此次邀请成为遗憾的决心，而我也的确感到遗憾。

我和梅格计划在这个重大事件当晚共进晚餐。她工作到很晚，等离开《邮报》大楼时，抗议者已经在街对面的斯塔特勒酒店划出了纠察线。标语牌上写着："签下名字，姐妹们"，"我是免熨烫俱乐部（No-Iron Club）的会员——支持永久自由的出版社"，以及"这是最后的晚餐"。梅格看到朱迪斯·马丁（Judith Martin，如今的"礼仪小姐" [Miss Manners]）推着婴儿车走在纠察线旁。她打电话向我描述现场的景象，我们都觉得加入抗议队伍太难为情了，但决定去看看打白领结穿燕尾服的男士和少数接受邀请的女士如何避开抗议者的夹击。

为了不惹人注目，我们跳进了梅格破旧的福特野马（Mustang）跑车，而非我那辆更容易被人认出的轿车，开始了巡游之旅。我们竭力表现出很随意的样

第二十一章

子，绕着街区行驶，途经斯塔特勒酒店好看看我们都错过了什么。有大批媒体在此处报道新闻，我们担心镜头会捕捉到自己，知道拍出来的照片会很可怕，甚至已经想象到与之相配的标题，但我们还是抵受不住诱惑。因此，梅格继续开车，而我则竭尽全力团起身子，避开他人的眼光。与此同时，梅格尽力将整辆汽车隐蔽起来——我们始终跟在公共汽车后面，使其部分遮挡住我们。我们看到一个非常滑稽的场面，豪华汽车、白领结与燕尾服、婴儿推车以及抗议队伍混合在了一起。绕了许多圈，又看了许多次后，我们返回了家中，边吃晚餐边喜不自禁，非常满足于看到了那样一幅图景。直到 1975 年，烤架俱乐部才改变政策，允许女性加入；那也是我第一年出席他们的年度晚宴。

联邦市议会是另外一个切题的例子。讽刺的是，它在很大程度上是由菲尔创立的，许多《邮报》的高管都是其往届或现任会员。我起初只是模模糊糊地知道自己不是其中一员，直至某天受邀随同议会成员前去视察特区在建的地铁系统。我环视整个团队，才忽然醒悟到不仅在场的没有女性，议会之中也没有。我完全可以肯定，菲尔创办议会时有过女性会员，因为我可以记起一位。我询问是什么原因导致了现在的结果，只是在这时才意识到根本没有人邀请过我加入议会。我记得当时自己更多的是义愤而非尴尬——这样的反应更加有助于实现女权运动的目标——还坚持让他们转告议会的负责人，必须接纳女性成员，否则《邮报》便会报道此事。此次视察过后没多久，我和其他几位女士便收到了加入议会的邀请。

各地女性的声音开始渗透进我的大脑，影响我的思考，其中一例便是我写给时任甘尼特公司董事长，后成为美联社多年主管的保罗·米勒（Paul Miller）的信。我提出了自认为非常严肃的问题，觉得它足以成为下一届美联社成员会议上的议题——董事会的成员不仅全部都是白人男性，而且是以商业而非编辑为导向。我表示个人不愿意再继续参加维持这种现状的会议，或出入这样的社交场合。显然，我的情绪感受非常强烈，但最终天生的谨慎占据了上风，信件从未被寄出。我如今很后悔没有将信寄出去。许久之后，我自己当选为董事会成员——首位女性——并任职三届。所有事情，包括出席会议的员工，全部照旧——白人男性。任职董事会期间，我反复提出这个议题，但它却被普遍地视为可爱的玩笑,即便美联社的女性员工已经开始起诉这家通讯社。我曾经告诉他们应该结束纠纷,但不过是枉费心机。只是在许多年后,情况才开始有所改善。

我始终认为,随着时间的推移事情会逐步改善,整个社会环境会对女性更加友善,尤其是当时越来越多的女性参与了进来,人们不再只是关注我们单个个体。然而,事情并不如人意。原因之一是职业女性的数量从来没有变得更多——如今依旧如此,至少在高级管理层是这样。

在那些年里,女性的问题始终萦绕在我的脑海里。我花费了很长一段时间才摆脱某些早前根深蒂固的观念,也的确领悟到职场中平等待遇这样的基本问题的重要性,包括晋升机会、薪酬公平以及近来才有的儿童保育。女权运动最终给予我个人的影响,就是帮助我理清了思路。于我而言,最重要的不是这场运动的核心信息——男女平等——而是女性有权选择更适合自己的生活方式。我们所有女性都应该有一套价值体系;我们来到人世不是为了抓住男人,守着他不放,取悦讨好他。最终我意识到,倘若女人能够理解这一点,照此行事,男女两性都会从中获益。

在60年代末70年代初这些特殊的年份里,我因为诸多个人和工作上的事情而弄得焦头烂额,讽刺的是,恰恰在此时我的个人声誉开始显赫起来。我很惊讶自己突然登上了杂志。它大体上起始于阿瑟·施勒辛格发表在《时尚》杂志上的一篇文章。同年(1967年)晚些时候,我登上了《商业周刊》的封面,再后来,还是那一年,我出现在了《华盛顿人》(*Washingtonian*)杂志的封面上,朱迪思·维奥斯特(Judith Viorst)为我写了篇满是溢美之辞的人物评论。这是一种完全新奇而陌生的体验。甚至连母亲都大感震惊,向我要走了一打这样的杂志。

我不习惯接受采访,对这些文章也感到局促不安。事实上,我通常会拒绝采访请求,只有觉得这对公司有利时才会予以配合。我坚决拒绝电视台的采访,理由是保护个人隐私。我不想要那样的曝光度,且会因为做那样的事情而感到窘迫和不安,即便努力了也并不擅长。

然而,尽管有着种种顾虑,我还是很高兴看到这些评价积极的文章。此外,我的确做了一些正确的事情。譬如,我很早就养成了回复读者来信的习惯,无论

第二十一章

是批评抑或赞美,并保持至今。人们需要感觉到他们能够反作用于刊物和广播,有人在倾听他们的建议和抱怨。我有着一丝不苟地去回应、去解释甚至去抚慰的冲动,因而这些年来留下了一系列来往信件,反映了那个时代日益增长的压力和紧张气氛。通常情况下,我会优先支持编辑和记者,保护他们免受攻击,尤其是当不满来自政府部门时。与此同时,我还努力防止公司陷入紧张状态。

有时候,与记者或编辑交涉就像与圈外人交涉那样困难。编辑们往往建立起了本谓之"防御性收缩"的姿态——这样的自然反应有其优点,因为它常常被用来保护记者。他们受到了太多毫无依据的指责,因而变得铁石心肠,有时甚至对于最合乎情理的论据都充满了戒心。因此,他们需要非常肯定自己并非固执死板,而是认真倾听那些令人信服的批评和意见,并建设性地回应他们。毫无疑问,倘若受到攻击的是我们所有发行人和编辑,那么,我们会和公众一样反应激烈。我知道,那些从未登上报刊的记者不能充分感知写作对象的感受。我常常会希望,那些以非难采访对象为乐的记者能够亲自体验那种被抨击的感觉。我承受了相当多的无端责难,因而更加竭尽全力去监督我们的公正性,体察读者的合理控诉。

有时候,我不得不为不喜欢、不得体或觉得不公正的事情辩护。譬如,倘若尼古拉斯·冯·霍夫曼没有来到报社,那我的人生会轻松许多。我记得尼古拉斯在一篇专栏中说道,事实上所有的二手车经销商都是骗子。这篇文章导致了针对《邮报》广告的抵制活动,代价高昂,我们损失了一大笔钱。我记得自己一度举手认输,写信给读者说,我承认尼克的某篇专栏文章不应该登上报纸。尼克的确有些极端的观点,其中一部分令我和某些读者反感,但也有着极具天赋的敏感,能够代表需要被倾听的特定群体的声音。当时,冯·霍夫曼在美国记者中间几乎是孤军奋战,他告诉了我们那些感到被驱逐,认为主流媒体无法代表自身观点的年轻人心中的所思所想。我坚定地认为,冯·霍夫曼的天地在《邮报》。

那几年间,我还因为赫布洛克的漫画承受了许多压力。漫画招致了大量读者来信,而我始终在为赫布洛克辩护。半个世纪以来,赫布洛克是《邮报》最宝贵也最不留情面的人才。他的漫画极具穿透力,有时让我震撼得透不过气来。他的强烈情绪渗透进了每一幅漫画中。我会尽力安抚怒不可遏的读者,提醒他们,

467

"漫画的本质就是以夸张来阐明观点。"我还经常提醒读者,伟大的漫画家也是艺术家,会拥有艺术家所有的怪异性情。赫布洛克无疑是伟大的漫画家,我写信给一位读者说,"在我们看来,他已经借此获得了某种特权。倘若有人不认同他独特的才华,不断告诉他应该更加小心谨慎、手下留情或权宜变通,审查和控制他的作品,那么,他就无法保持一贯的温文尔雅。"我又写信给另外一位读者,总结道:"你要么忍受他,要么离开他,而后者于我而言不可想象。"

越南战争以及《邮报》和《新闻周刊》对战争所持的立场同样引发了部分读者的惊恐不安——自然,这些读者来自政治派别的两个极端。大体上,我试图阐明我们的立场,提醒读者我们并不能支配政府政策或过分影响任何人。1968年4月4日,《邮报》转变了整体上支持战争的立场。此外,在林登·约翰逊宣布不再竞选连任后,我写信给《邮报》的读者说,"我们只是认为让战争自动扩大的政策已经执行,且失败了。我们建议重新思考在越南问题上的政策。我只能推断出总统得出了相同的结论。我确信,在得出结论的过程中,我们和他都没有受到任何颠覆分子的影响。"

1970年,《邮报》成为第二家开始雇佣监察专员的报纸,他的工作是接收和审查针对报纸内容的投诉意见。即便更正错误也能招致麻烦,尤其是当试图更正某个重大错误,却只是让原本的问题更趋恶化时。某种意义上讲,我们媒体人都是监察专员,都在努力减轻某些人声音得不到倾听的无助和无望感受。

最重要的是,我知道这些年来自己在关心公司方面做得很好。我对我们所做的一切都怀揣着极大的热情,这种热情曾被准确地形容为(带有性别歧视的意味)"一半是家庭主妇,一半是拉拉队长。"我努力创造一种氛围,让众人能够自由地工作,在这个环境中好的创意总能够被倾听。我认为自己分担了所有的高潮与低谷,成功与失败。

我们的成功的确有目共睹。新闻报道方面,我们迅猛发展,社论方面,两类刊物和电视台都取得了一些成功。没有什么比几场胜利和创新带来的进步感更能够鼓舞士气了。我们的进步并不巨大,但却是清晰可见。

PERSONAL HISTORY

第二十二章

伴随着公司变化的是国家的进一步变革，其中最重要的莫过于理查德·尼克松在 1969 年的就职典礼，以及执政的开始。尼克松与整个新闻界长期存在隔阂，而《邮报》首当其冲。他曾经两次愤怒地取消订阅《邮报》。不过，至少在他执政初期，我们之间虽算不上友好，却也彬彬有礼。基本上，我对他持保留意见。尼克松入主白宫仅仅两周后，我写信给肯·加尔布雷思说，"尼克松的团队仍是一团谜，没有人知道他们的主张。显然，大选前他们没有表达什么，但这很正常，不是吗？"

3 月，尼克松总统打来电话，建议我邀请亨利·基辛格出席编辑午餐会，好让他向我们简要介绍政府对待越南问题的态度。紧接着第二周，基辛格来参加午餐会了，会议成了他和我以及《邮报》的长期友谊的开始。《邮报》所有的高级编辑和记者都在现场，此外还有《新闻周刊》华盛顿分社的几位员工。我们全都兴致勃勃地注意到，尼克松派遣了基辛格而非国务卿比尔·罗杰斯来到《邮报》。比尔曾经是我的好友，公司的法律顾问，他的离开影响重大。

"我们接手了一个烂摊子，"在回答新政府是否会表现得像约翰逊政府那样强硬时，亨利说道。他着重指出，林登·约翰逊在没有总体方针的情况下派遣了 50 万人进入越南。越战是午餐会的首要议题，不过我们也谈论了军备控制和核

469

扩散问题。亨利显然才华横溢，那天的午餐会上，他风趣又健谈。

我与尼克松的关系迥然不同。1969年，尼克松入主白宫后，我两次前往那里，一次是出席首席大法官厄尔·沃伦的欢送晚宴，他离开了最高法院；一次是参加为美联社董事会举办的晚宴，这次晚宴本地发行人也收到了邀请。令人难以置信的是，尼克松执政第一年的6月，我收到他的来信，祝贺我成为荣获"新闻界杰出女性奖"的四位女士之一。尼克松的信无疑是由员工代笔，上面说道，"对于你的杰出事业和模范作用而言，这是恰如其分的赞誉。我们国家很少有女性能获得同辈人如此高的评价。我们很高兴向你表达敬佩之情。"

这种敬佩态度并未能持续太久。不管林登·约翰逊对整个媒体界或我个人的观感如何，我开始意识到自己对他的怀念。尼克松政府和媒体间的氛围很快变得剑拔弩张。就在那年秋季，针对"东部权势集团精英媒体"（Eastern establishment elitist press）的责难揭开序幕，《邮报》也被拖入了战场。11月中旬，尼克松就越南问题发表了措辞强硬的演讲，暗指大多数美国人都支持他的做法，只有媒体在吹毛求疵。

人们在华盛顿举行了前所未有的大规模反战集会，以此来回应尼克松。被问及作何感想时，尼克松说他一直在看橄榄球赛。《邮报》将这个回答比作玛丽·安托瓦内特的"何不食肉糜"。接下来的一周，副总统阿格纽给予了《邮报》特别关注，在演讲中表示我们是"趋向垄断化的典型"。他强调说，自己不是在暗示分拆华盛顿邮报公司，而是"仅仅指明公众应该注意到，这四个极具权势的声音都听从同一个主子"。阿格纽将我们的新闻广播电台连同《邮报》、《新闻周刊》和电视台全都计算在内了。他断言公司的所有分支都听从我一人指挥，首次听闻这一观点时，我为他的缺乏了解错愕万分。

我对华盛顿邮报公司的捍卫，我们这些年来的言行举止和发行物，都是出自本能的直觉。我坚信我们的使命，因此这不难做到。我坚称公司的各个分支绝对没有机械地打印出相同的社论文字，以此来回应阿格纽的诽谤。恰恰相反，每个分支机构都自主经营，彼此间进行着激烈的竞争，甚至在许多议题上意见相左。此外，我指出，以任何客观的标准观之，《邮报》和WTOP都是生存在美国传媒业竞争最激烈的城市。

第二十二章

在群情激愤的大环境里，阿格纽的言论有肥沃的土壤助其滋长蔓延。不仅仅是越南战争和民权问题在将整个国家撕裂，让我们心生困扰，一场社会变革也在悄然发生。阿格纽无疑让我们所有人都忧心忡忡——也许还超过了他的言语本身的力量——他在敏感的领域，触动了众人的神经。一旦得到积极的回应，他必然会继续慷慨陈词，火上浇油。我们愈发感觉到，他是受了尼克松本人的怂恿。

临近11月末，菲尔·盖林与白宫新闻发言人赫布·克兰共进晚餐，并在事后寄给我一份他们对话的备忘录。谈话期间，盖林询问克兰，我们所承受的敌意是不是白宫的一致行动，总统在多大程度上操纵了此事。克兰回答："总统为他们指明了行事的方向……但无法事先了解演讲内容。"盖林询问克兰，如果阿格纽再次做这样的演讲，责任是否应该由尼克松来负？他还问道，克兰是否承认，我们也许有理由知道政府如此表态对于我们电视台和电台经营许可证的续签意味着什么。克兰觉得阿格纽的演讲确保了我们能够得到许可证，因为有太多的人在关注着事态的发展。当然，这一切都发生在"水门事件"之前，也是后续事件的先兆。

这次交流过后不久，12月17日，《新闻周刊》驻华盛顿分社社长梅尔·埃尔芬（Mel Elfin）邀请阿格纽来家中共进晚餐，一同受邀的还有我、分社的几位记者以及纽约总部的编辑。当晚的主要议题集中在阿格纽为何对媒体穷追猛打，以及相反的情况，为什么媒体会揪着阿格纽不放。在备忘录中，梅尔和鲍勃·肖甘详细记载了当晚发生的事情。他们写道，"我们筹备晚宴纯粹是为了阿格纽。事情的结果并不出乎意料。在半私人、半社交场合中，这个人的言行举止与在公众场合并无不同，得知这样的事情大家也许会感到安心，也许又不然……令人感到有些不快甚至出离真实的是，我们的交流竟然异乎寻常地亲密。"

当晚，阿格纽首先谈起的事情是，"这届政府的真正麻烦在于糟糕的公共关系。"我们询问阿格纽，演讲稿是否向总统请示过，他回答说，"除了实质性的外交政策内容，我不需要向任何人请示任何事情。"记者们几乎异口同声地做出回应，大意说如果他期望我们相信这是事实，为什么他不能相信《新闻周刊》《华盛顿邮报》和我们的电视台不需要向凯·格雷厄姆请示任何事情。这似乎是整晚唯一切中要点的讨论，梅尔注释说，副总统"似乎做出了微小的让步，尽管有些

471

不情愿,但还是承认也许不够了解华盛顿邮报公司的运作方式"。然而,梅尔记录道,整个晚上所谈论的事情似乎仅仅是:

> 为副总统的盛大谢幕演说做准备。我们长谈阔论时,阿格纽肯定一直在脑子中排练那些话,因为他不停地看表。突然有一阵沉默,接着斯皮罗说话了。来自过去的卡利古拉的爱马奔驰而至,为这个夜晚提供了绰号和象征,仿似公民凯恩(Citizen Kane)的"玫瑰花蕾"(Rosebud)。"我想要你知道我的感受,"副总统说道,以他最坦率的方式,"将我称为卡利古拉的爱马是智识上的不诚实。"接着,他眉飞色舞,仿似击出了恰到好处的一拳,神气活现地步出房间,闯入了黑夜……

尽管存在这些令人不安的紧张关系,政府与整个邮报公司的员工仍旧有许多来往。我努力保持各个沟通通道的畅通,此外,尼克松政府执政的第一年,一切事情仍旧礼貌而专业。我们邀请了多位政府官员来参加编辑午餐会,包括司法部长约翰·米切尔(John Mitchell)。米切尔来访后不久,《邮报》就因为肯·克劳森(Ken Clawson)与他关系紧绷起来。克劳森是名记者,后加入了政府部门,他在报道中错误地引用米切尔的话。在头版出现错误的相同位置,我们刊登了更正启示,司法部长给我写了封表达满意的信,说道,"现在你明白我为什么会说《邮报》是全国最优秀的报纸了吧。"我真该将这封信裱起来。

我与约翰·埃利希曼(John Ehrlichman)也有些工作,甚至社交上的往来。身为一家旨在控制特区犯罪问题的委员会的主席,我首次见到埃利希曼是去找他寻求援助,以资助更多警察。当时,我觉得他乐于助人,甚至还很风趣。1971年初,在《邮报》上名为"国会活动"的普通每日专栏里,我们因打字错误将埃利希曼称作了"白老鼠助理"(White Mouse aide,理应为白宫助理 [White House aide]——译者注)。他将文章剪下来寄给我,还附上便条说,"一段时间以来,我都在怀疑《邮报》将总统视作老鼠。现在看来,你们已经将中伤之词加诸于我们旁人头上——真是可耻!当这一切都成为记忆时,也许迪士尼乐园会有我一席之地。"我针锋相对地回复说,我知道我们不仅将他称为老鼠助理,"而且还是白老鼠助理，因而带有种族歧视之嫌"，还问他是否有意启动全面的平等调查。

随着时间的推移，我与亨利·基辛格见面的次数越来越多。他当时仍旧单身，晚上偶尔会邀请我出去轻松一下。许久之后，他和南希·玛金（Nancy Maginnes）结婚了，我担心他会自此步出我的生活。我不认识南希，也不知道我们会相处得如何。然而，逐渐地，我们三个人形成了一种亲密的友谊，并闪耀至今。人们常常问到，在牵涉到《邮报》的情况下，我是如何与亨利这类人建立起深厚友谊的。这因人而异，但可以肯定的是，在《邮报》和《新闻周刊》与亨利交涉时，没有人比我更加从容不迫，因为我们是好友——事实上，我们的友谊可能给他招致了一些麻烦。

尼克松仍旧让我感到高深莫测。1970年初，我写信给林登·约翰逊说，"我常常想起你。我必须承认，华盛顿现在是个全然陌生的地方。这是我印象中最不可捉摸的政府团队。"1969年1月，林登·约翰逊和伯德女士离开了华盛顿，自此之后，我就很少与约翰逊联系了，但多年来，不论我们之间有过怎样的过节，现在全都烟消云散了。他回信说，收到我的来信非常开心。复活节期间，他给我寄来一大束鲜花，我感到冰冻期已然结束。我立即打电话问他，是否可以尽快来到华盛顿，如果能来的话，我是否可以为他做些事情——在家中准备晚宴，或者在《邮报》举办编辑午餐会。他很快回信说，两件事情他都愿意参与，日期也定好了。

4月，约翰逊夫妇来到R大街出席晚宴，受邀嘉宾包括他的昔日好友和我的家人。约翰逊是当晚的主角，晚餐前在起居室接待来宾，向拉莉和唐详述他们父亲的故事，他还随身携带了菲尔写给他的信件和备忘录，读给两个孩子听，告诉他们菲尔对他多么意义重大。此时的约翰逊状态正佳，体贴温柔。

然而，这个夜晚虽然美妙，却还是无法与次日的午餐会相提并论。《邮报》和《新闻周刊》的高级编辑和记者全都聚集到了报社。对话持续了四个多小时之久。两位《邮报》记者，迪克·哈伍德（Dick Harwood）和海涅斯·约翰逊（Haynes Johnson），后来在合著的作品《林登》（Lyndon）中动情而翔实地描述了这次午餐会。他们着重指明，就在来华盛顿前一个月，约翰逊再次心脏病发作。他的头发几乎已经全白，而且还很长，他解释说这是因为牧场距离理发店太远，只得自己剪发。尽管看起来气色不佳，但当他谈论起总统任期里的事情时，任何疾病的迹象似乎都消失无踪了。"渐渐地，他的举止和情绪都有了改变，"哈伍德和约翰逊写道，"他开始谈论起越南，然后突然就变得精神矍铄，坚定自信。"

由于正在写回忆录，林登·约翰逊心中最关注的是他在历史上的地位。他非常关心人们会如何评价他和他的政府，也为这次午餐会做了准备。他让汤姆·约翰逊（Tom Johnson）——有线电视新闻网（CNN）的总裁，当时还是林登的行政助理——带来了一些最机密的文件，以便同我们一起审视检讨以前做出的某些决定。汤姆带了两个公文包，装满了越南战争的最高机密文件。他后来回忆说，"无论是在白宫担任总统的那些年，还是在退休的日子里，我都不曾经历过这样的场合。"

林登说话时，会把手伸向背后的汤姆，汤姆完全清楚他想要哪份文件，直接将文件交到了林登张开的手上。林登就像接力赛跑运动员，伸手到背后拿接力棒，却不回头看，同时也没有闲下来。梅格坐在林登和汤姆之间的某个位置，经常要来回摆动身子，为林登伸出的手让出空间。

汤姆注意到，林登将午餐会当作了发泄情绪和挫败感的场所，入主白宫期间，有些事情始终在阻碍他达成他为之不懈努力的目标。他从一份翔实的大事年表入手，上面记载了他为何在1967年下令停止轰炸，如何决定退出1968年的竞选。他清楚细致地阐明了每一个决定的背景，几乎具体到每一分钟，采用了典型的约翰逊式语言。他谈论与媒体界爱恨交织的关系，表示认同阿格纽对新闻自由的许多批评。他追忆起了童年往事以及整个政治生涯。随着谈话的发展，尤其是谈到自己出身背景时，他变得正如海耶斯和哈伍德所说，"愈发口语化，愈发像个得克萨斯人。""他的情绪过于汹涌，"他们回忆道——我也有同感。他拿出了十足的约翰逊手法（Johnson treatment，约翰逊惯于采用的对人软硬兼施、进行讨价还价的手法——译者注）来对待我们："他猛敲桌子，使劲地来回踱步，扮鬼脸、舔嘴唇，打手势，猛地坐回椅子上，从尖锐的话题突然转向轻松的故事。从在桌边坐下的那刻起，他没有停止过谈话，直到数小时后，伯德女士打电话到《邮报》，又送来便条提醒他应该回家休息了。"

到这时已是黄昏时分，林登·约翰逊变得更加严肃和达观了。他骄傲地讲

第二十二章

述着在国内取得的成就,还谈到了三个对他人生影响最大的人:他的父亲;富兰克林·罗斯福,"他就像是我的爸爸";以及菲尔·格雷厄姆。约翰逊遗漏了萨姆·雷伯恩,他本应该在这个名单之中。"菲尔过去常常数落我,责骂我,告诉我错在哪里,"林登回忆说,"而就在我准备回击时,他会大笑起来,让我知道他是爱我的。他让我变得更加优秀。"

最后,他起身准备离开,我们也都站了起来时,他讲了最后一个故事,流露出了友好的情谊。故事的主角是萨姆·雷伯恩。政治生涯的最开始,雷伯恩还是个无名小辈,在得克萨斯州的小镇上寻找居住的地方。每个人都拒绝了他——所有重要人物,包括银行家、报纸编辑、法官。只有一位老铁匠准许他留宿一晚。许久之后,雷伯恩功成名就,又回到了那座小镇,这一次所有人都想要招待他。他拒绝了他们所有人,并要求见老铁匠。他们两人促膝长谈,直到深夜,最后,雷伯恩表示必须要去睡觉了,老铁匠说道,"萨姆先生,我真想和您聊个通宵。"林登·约翰逊总结说,这就是"他对《邮报》这些好友们的感受"。房间里的所有人——他们并非都是约翰逊的崇拜者——自发地报以热烈掌声。我以前从未见过这样的场面,后来也再没有目睹过。这是一次真情流露的告别。

我的社会生活愈发忙碌的同时,私人事务的繁多甚至有过之而无不及。尽管如此,记忆中,那几年间的平静日子里仍旧有许多大大小小的乐事。某种程度上说,家庭问题增加了。整个60年代中期,因为衰老,母亲的身体状态迅速恶化。长期的饮食过量和酗酒过度,加上锻炼过少,已经使她体重过重,且患上了关节炎。最终,心理医生成功地让她减少了饮酒量,但已为时过晚,她无法再恢复行走能力;不过,对于重新掌握兴趣爱好和追求而言,这还不算太迟。她又恢复了活力,施展着她的权威、批评和争辩。这次恢复相当成功,生命的最后几年,她的状态一直很好,充分地享受生活,且直至临终心智能力都完好无损。

1970年劳工节的周末,我去芒特基斯科看望母亲。9月1日,母亲的女佣叫醒了我,说她有些担心,因为我母亲没有按铃叫早餐。我察觉到女佣知道事情有些不妙,于是跳下床,冲进母亲的房间,却只看到她躺在床上一动不动,全身已然冰冷。我早前就已经预感到她会离开人世,但当预感变为事实,我还是感到了痛彻心扉的打击。母亲已然离开,不再等着我去爱,去愤恨,去效仿,去反抗。

475

我一直感到困惑，不明白自己为什么可以在其他场合落泪，却唯独面对死亡不会。我会为肤浅的书籍和电影落泪，会因为苦恼和气愤落泪，却不会在深受打击时落泪，这似乎不合人性。不只是母亲离世时我没有哭泣，菲尔和父亲，还有姐姐、哥哥以及后来许多亲密好友去世时，我同样如此。我想自己之所以对母亲的去世有这样的反应，部分原因在于我无法相信她真的离开了。她历经了漫长而非凡的一生，在许多领域留下了与众不同的印记——当然也在她的孩子们和（外）孙子女们，甚至最大的两个曾外孙女身上，留下了印记。随着时间的推移，我愈发钦佩她，敬仰她。

哥哥漫长的婚姻最终破裂，那些年里，他成为了另一个让我忧心忡忡的人。他似乎总是在生病，接受过的背部和颈部手术不计其数，还开始服用止痛药，酗酒问题也更加严重。他感到无可名状的孤寂。后来，他也康复了过来，愉快地生活了许多年。

儿子史蒂夫仍旧是我的心病。自从年长四岁的比尔进入大学后，留在家中的史蒂夫就倍感孤独。他是他们那一代人的典型代表。在圣奥尔本斯中学，他所在的班级首当其冲地接触到了毒品，而对于这种反映在自己家中的社会变革，我们这些家长很少有人知道如何应对。不幸的是，由于我们家的房子最大、最缺乏监管，它成为了史蒂夫和好友们聚会的场所，他的房间也成为当地出售大麻的小店。我回到家会发现窗户全部被打开，好让烟雾散出来，掩盖住吸食大麻的迹象。我请求他停止如此，还威胁说如果被抓住，他和他的朋友们会发现自己登上了《邮报》的头版。但这并未起到什么效果。

我的社交生活日益丰富。这部分与我在行业内新结识的好友有关，部分与长期生活在两座城市有关——华盛顿和纽约。我的社交生活大部分都是工作性质的，但也有一部分是纯粹为了娱乐。我的内心仍留有一丝疑虑，不相信自己会被遥不可及和富有魅力的人所接纳。我不附庸风雅，也不趋炎附势，但儿子比尔后来告诉我，他记得有时会觉得家中出入的名人太多了。我想自己身处的位置，就在自己成长的环境与孩子们现在生活的环境之间。

高端时尚于我无疑是陌生之物。贝特西·惠特妮和贝比·帕利曾经建议我让候司顿担任我的服装师——离开波道夫古德曼的帽子部门后，他创办了自己的设

第二十二章

计公司。我真的聘请了他，我们之间友谊也发展顺利：14年的时间里，他一直为我设计衣服，直到他的公司闭门停业。我觉得自己比以往任何时候都要好看。

鲁迪·塞金是我在这段时期的好友。每年夏季，我都会去万宝路度过一个周末。万宝路是我父母帮他创办的音乐节和音乐学校。我记得观看过卡尔萨斯（Casals）演奏舒曼的交响曲，它是我听过的最激动人心的音乐。我们还会出席排演活动，这是作客万宝路最精彩的事情。于我而言更重要的事情是，即便只是每年夏季短暂的相聚，我和鲁迪还是建立了深厚的友谊，且历久弥坚。我喜欢听他年轻时的故事，他的老师们，在阿道夫·布斯（Adolph Busch）家中的成长经历，以及与阿道夫女儿伊连娜（Irena）的爱情，那时他只有15岁，而她只有4岁！于鲁迪而言，我每年夏季在万宝路度过的那个周末根本不够。他总是为我的生活缺乏音乐而感到惋惜，悲伤地摇着头，感慨我参加的音乐会和听过的唱片的数量寥寥可数："你怎么能忍受这种没有音乐的生活？"我觉得正是为了部分弥补这种缺乏，我在那里时才会如此全身心地沉浸其中。

这些年里，我还对让·莫内有了些了解。自从20世纪40年代初我和菲尔首次见到他起，他就始终是我的好友。直至离世前，他带给我的喜悦从未消失过。他精力充沛，风趣幽默，颇有男子气概。我尤其喜爱他使用英语的方式，以及对美国政治局势富有洞察力的评论。我记得他在和鲍比·肯尼迪吃完午餐后，告诉我他深受震撼，说道，"总统拥有权威，鲍比拥有力量。"

我还和克雷·费尔克（Clay Felker）建立了友谊。我们很快就成为了莫逆于心的知己。我从未见过像他那样的人，我欣赏他的思想，他对编辑事业的迷恋，甚至还有他对纽约市和《纽约》杂志（杂志由他成功创办）的忧心忡忡。我从未能习惯克雷对他人那种古怪的疏远态度，但却依然愈发喜爱他。他改变了我在纽约的生活，使其从严肃拘谨的晚宴变为了多姿多彩的活动——带我到具有民族特色的餐馆和剧院。他经常来华盛顿，我们偶尔会到格伦韦尔比度过周末。某个这样的周末，我把他介绍给了鲁珀特·默多克（Rupert Murdoch），觉得他们肯定会成为朋友。他们的确成了朋友。然而，这段友谊成为了克雷的一大不幸，因为那个周末他毫无顾忌地与鲁珀特交谈，甚至谈到了与杂志社董事们之间的极大矛盾。最终，鲁珀特收购了克雷的公司。

1971年春，弗里茨·毕比找到我，要我做出重要决策。他认为公司的现状要求我们必须公开上市，就像其他几家更大的公司所做的那样，譬如时代明镜报业和奈特瑞德（Knight-Ridder）报系。如果不这样做，他觉得我们将不得不售卖公司的部分资产，这部分资产必须足够巨大，例如在杰克逊维尔的电视台。弗里茨说，我们的资金极度短缺。菲尔当初分发股票期权时相当随意，而因为我们是私人企业，我们被迫依照普华国际会计公司评估的价格回购股权。到这时，股票的价格已经远超当初的预期，且我们必须花费现金回购离职和退休员工手中的期权。

我真希望当时能够对整件事情有更深刻的理解。我之前学习的东西集中在了编辑和管理方面，且仍旧对商业知之甚少。我在这一问题上完全听从了弗里茨的意见，认定我们只有两个选择：要么上市，要么卖掉WJXT。我不确定成为上市公司要具备那些条件，但知道要承担私人企业所没有的责任和规章制度。我还知道我们将必须向股东公开信息。然而，考虑到这也许有益于驱使我们以更严格、更注重利润的方式经营业务，我决定让公司公开上市。我的全部直觉告诉我，我们应该向前进，而非向后退。

我不明白的是——鉴于被收购的威胁尚未到来——我们存在着被任何一家大公司收购的风险，它们已然伸出触角，且始终保持着友好和殷勤的姿态。谢天谢地，弗里茨和他在拉瓦斯律师事务所的合伙人乔治·吉莱斯皮（George Gillespie）非常清楚这一点。他们开创了新局面，其中我们会以两类股票公开上市——大约100万美元的A类股，它们全部由格雷厄姆家族的直系亲属掌控；1000万美元的B类股，掌控者包括公众、我哥哥以及为员工创建的利润分享基金。我控制了大部分A类股，四个孩子持有了余下的部分。人们购买B类股时知道这家公司是由家族控股的。

1973年，沃伦·巴菲特的公司伯克希尔·哈撒韦（Berkshire Hathaway）购买了邮报公司大约10%的B类股。后来，巴菲特告诉我，他觉得我们并非真的必须公开上市，但很高兴我们那样做了。事实上，我也很高兴我们上市了，尽管至今我仍旧厌恶上市公司必须承担的某些责任。沃伦的到来只是我们上市所产生的积极效果之一。在利润率方面，它给予了我们某些恰当的约束，尽管有时候我会

第二十二章

担忧对股价的过分重视。它还让我尚未为《邮报》工作的孩子们在财务管理上有了一定的自由性。

股票公开发行的日期定在了 6 月 15 日。我们在美国证券交易所的大厅举行了仪式，我以 24.75 美元的价格购买了第一股，就这样，我们以每股 26 美元的价格公开上市了。华盛顿邮报公司历史上的这一重大举措，恰好碰上了与尼克松政府之间紧张关系加剧的时刻。正如事实所呈现出来的那样，6 月成为了我生命中最具戏剧性的一段时期，但这与公司上市无关。

1971 年 5 月，《邮报》再次和白宫出现争执，事情微不足道，矛盾却异常尖锐。特里西亚·尼克松将会和爱德华·考克斯于 6 月在白宫完婚。我们派遣了朱迪斯·马丁去报道这场婚礼以及之前的各项活动，但几乎就在婚礼前一个月，白宫将朱迪斯拒之门外，声称几年前朱迪斯在报道朱莉·尼克松的婚礼时，毁掉了在广场酒店举办的私人招待会。白宫的发言人说道，"非常坦率地说，第一家庭对朱迪斯·马丁感到很不自在。"

我成功地与白宫的几位人士保持了某种关系，但却从未试图联络过 H. R. 哈尔德曼（H. R. Haldeman）。他令我不寒而栗，且我相信这种感觉是相互的。某天晚上，在乔·艾尔索普家的晚宴上，我坐在了哈尔德曼的旁边，这是我们仅有的一次非正式会面。我建议说，如果他有什么问题想要讨论，可以打电话给我，而他真的打来电话的那一次就和特里西亚的婚礼有关。令人惊讶的是，有人为他准备了"立场声明"（talking paper），阐明了他需要谈论的要点，文件仅仅是在几年前才遭曝光：

> 您可能已经知道，就委派朱迪斯·马丁报道特里西亚·尼克松婚礼一事，我们的人和您的下属已经进行了多次沟通。
>
> 我只是想要您知道，白宫决定拒绝给予朱迪斯·马丁报道婚礼资格，这绝不是要蛮横地指定报道人选，或者进行任何形式的惩罚。
>
> 这是个原则问题，与打断政府官员的记者招待会的性质相同。在报道朱莉·尼克松婚礼的大约 350 名记者中，所有人都遵守了规定的基本准则，只有两人是例外……破坏规则的两人是朱迪斯·马丁和另外一位来自《邮报》

479

的记者……

我肯定您会理解此次事件背后的逻辑,并认为我们在此种情况下采取的行动合乎情理。

我相信您同样会明白,尼克松一家希望以尽可能有益且积极的方式来操办和报道这场婚礼,因为它完全是私人事务,而非政府事件。婚礼对整个家族,尤其是对特里西亚意义重大。

哈尔德曼是在5月13日给我打的电话。我们的通话似乎丝毫未能避开白宫的录音系统,因为内容广泛的谈话内容被录了下来,还被转录成文字,出现在尼克松图书馆(Nixon Library)里。文字记录的结尾写道:

凯:我想知道有什么办法能让事情平息下来……然而,如果你能想到任何更加荒谬的事情,我甚至不知道拉里·斯特恩安排她做那件事情时是否知情——你知道,上次事件发生时他还不在这里——我觉得他甚至没有想到这一点……我只是不想要让事态扩大……你知道,它对你们和我们真的不重要,对吗?

哈:是的,它可能无关紧要,可能。

凯:我的意思是(笑声)它真的没什么所谓……我真的只是一边想,一边便脱口而出了;我想知道是否有办法让我们……通常来说,总有办法让双方都摆脱困境。倘若我们就从此处考虑,除非你只想要维持现状……我只是担心它会变得荒谬可笑……

哈:好吧。

凯:所以,情况是他们已然招惹了事端,我觉得他们也无法让步了……我会努力让员工们冷静下来,这是我所能做的全部,也许我会回来找你拍桌子瞪眼,但并不是真的在乎。

看到这些话被白纸黑字地记录下来,我感到极为不安。我确信如果是在后来,自己处理整件事情的方法会全然不同,但我当时的确处境尴尬。我对"风格"专版某些措辞尖锐的聚会报道深感忧虑,也知道朱迪斯的笔杆子可以有多么凌厉。我私下确实想过,既然我们有那么多更严肃的事情要忙,为什么还要去

第二十二章

招惹这样的麻烦。我认为朱迪斯是位能干甚至出类拔萃的记者，但不确定是否会希望她来报道我自己女儿的婚礼。譬如说，她已经将特里西亚比作了香草冰淇淋蛋卷。大多数情况下，我不介意为我们自己辩护，但当我怀疑自身立场的正义性时，情况就变得矛盾了。

最后，《邮报》没有获得报道这次婚礼的资格，但却因而有了针对此次事件的最佳报道——其他报纸的记者将笔记全都给了朱迪斯，以此来表达抗议。朱迪斯得以随意使用城市中任何一位记者收集的素材。相关报道刊登在了《邮报》的头版上，没有署名。

同一天，即 6 月 13 日，《纽约时报》刊登一篇远比这重要的越战研究报告，他们一直在调查越战，且不断发表相关文章。讽刺的是，同样是在 6 月的那个周六，我还在参加另外一场婚礼，并首次听闻了这个后来被称为"五角大楼文件案"（Pentagon Papers）的事情。

我、唐和玛丽周末前往格伦韦尔，出席斯科蒂和萨莉·雷斯顿夫妇的次子吉米（Jimmy）的乡村婚礼。婚礼举办得轻松随意，我们和斯科蒂谈笑时，他告诉我和唐，从次日起，《纽约时报》将会发表一系列高度机密的涉及决策制定的历史文件；正是这些决策令我们卷入了越战。文件被称为"五角大楼文件"，不过其正式名称为"美国对越南政策的决策过程研究"（History of the United States Decision-Making Process on Vietnam Policy）。

为约翰逊总统所不知的是，1967 年年中的某个时间，国防部长罗伯特·麦克纳马拉在离开五角大楼前委托撰写了这份研究报告。麦克纳马拉后来表示，他发起这项研究是"为了将原始资料留给学者们，以便于他们能够重新审视当时的重大事件"。

我和唐不清楚《时报》掌握了什么，但知道不管它是什么，都极其重要，且那里的编辑和记者们已经为此工作了一段时间了。此外，不论它是什么，重要的是《纽约时报》独家拥有了它。回到格伦韦尔比后，我打电话给《邮报》的编辑询问此事，他们立刻四处打探，但一无所获。从初春起，本就听到传闻说《时报》正致力于某个重磅炸弹级新闻，但却无法查出任何相关细节，直到他在报纸上亲自读到它。

周日早晨，我派人到沃伦顿（Warrenton）购买了十份《时报》，因为有许多人留在我家过周末。《时报》基于"五角大楼文件"，刊登了长达六页的新闻报道和评论文章，我们大部分人都将一整天的时间花费在了仔细研读这些文章，以及讨论其内容和可能的影响上。

文章表明，"五角大楼文件"原来在很大程度正是麦克纳马拉所设想的那样——美国在印度支那（Indochina，通常指印度支那半岛东部的越南、老挝和柬埔寨三国——译者注）所扮演的角色的厚重历史，麦克纳马拉期望它能够"包罗万象又客观公正"。我们得知，长达一年半的研究得出了一份3000页的叙述性记录，以及4000页的附件，共计47卷，涵盖了自二战起到1968年5月在巴黎召开越战和平谈判期间，美国在印度支那的种种作为。

后来我们知道，就是否发表这些绝密文件的问题，《纽约时报》内部陷入了艰难的斗争，斯科蒂和其他一些编辑据理力争，要求刊出它们。斯科蒂始终相信，这个问题不仅仅关乎合法性，还牵扯到了更高级的道德准则：美国人民被一场巨大的骗局所蒙蔽，《时报》必须将其公之于众。《时报》的律师们——罗德-戴-罗德（Lord, Day and Lord）律师事务所——激烈反对将文件发表，他们最终拒绝了受理这一案件。然而，《时报》一往无前，6月中旬的那个周日开始发表手头的爆炸性消息。

本·布莱德里因为被别家抢了独家新闻而苦恼万分。他一直勤奋工作，想要提高《邮报》的声誉，不仅是要同《时报》一较高低，还希望《邮报》能够得到重视，能和其他报纸身处同一层次，可以相提并论。如今，《时报》一记重拳击打在了我们身上，而本虽然羞愧苦恼，却没有屈服，倾尽全力想要为《邮报》取得五角大楼文件。与此同时，他收敛骄气，重写了刊登在《时报》上的那些文章，与原版报道形成竞争。

次日周一，我来到纽约，之后与几位好友共进晚餐，包括《时报》总编辑阿贝·罗森塔尔（Abe Rosenthal）。我们坐下来喝餐前酒时，我祝贺阿贝发表了那些文件。稍后不久，我们的正餐端上来之前，阿贝得到消息称政府要求《时报》暂停刊登文件。事实上，司法部长约翰·米切尔和主掌司法部国内安全事务的助理司法部长罗伯特·马迪安（Robert Mardian），已经取得总统批准，发布通知称

《时报》倘若不遵从命令，政府将会设法下发禁止令。阿贝立刻离开了，我用酒店领班的电话打给本，告诉了他发生的事情。

与此同时，《时报》"谦恭地"拒绝停止发表后续报道，致使报社被告上了法庭。巧合而古怪的是，斯科特听闻政府的反应时，正在和萨利单独宴请鲍勃·麦克纳马拉，后者的妻子住进了医院。斯科蒂询问麦克纳马拉怎样看待《时报》违抗政府命令，麦克纳马拉以其一贯的客观态度考虑这一问题，尽管起初对文件刊登感到不悦，但他仍旧鼓励《时报》继续前行。他甚至还和斯科蒂一同审阅起《时报》拟议中寄给政府的信件，以回应米切尔的通知。正是鲍勃建议修改一个拟定好的句子，将"《时报》会遵守法庭的裁决"替换为"《时报》会遵守最高法院的裁决"。事实上，最终达成的折中方案是，"《时报》同意遵守法院的最终判决"。斯科蒂后来回忆说，倘若没有麦克纳马拉的介入，任何法院的不利判决都会导致《时报》停止刊登文件。因而，在截止日期前半个小时，承蒙前任国防部长的好意，《时报》从一场无心但有潜在危害的错误中被挽救了出来。

继续刊登文件的决定还意味着，在与同一家公司合作了75年之后，《时报》必须仓促寻找新的律师团。他们幸运地找到了耶鲁大学的法律教授亚历山大·贝克尔（Alexander Bickel），以及作为诉讼律师与贝克尔合作的年轻律师弗洛伊德·艾布拉姆斯（Floyd Abrams）。周二早晨，《时报》发表了系列文章的第三部分，还报道了政府试图阻止文章发表的事情。同样在周二早晨，经过律师们一整夜的工作，《时报》出庭面对法官穆瑞·古尔芬（Murray Gurfein），后者不过才当上法官两天。古尔芬要求《时报》主动暂停刊登文件，《时报》拒绝了。接着，他发布临时禁止令，并在当周周五安排了一场听证会。这是美国有史以来第一次在事前向媒体下达禁令。

6月16日，《邮报》刊登了最后一篇改写自《时报》的报道，这一天也是我的生日，我与波莉·威斯纳以及鲍勃·麦克纳马拉在乔·艾尔索普家中共进晚餐，庆祝生日。那一天还是《时报》可以自由刊登文件的最后一天，以及我们获得文件的日子——于《邮报》和我而言都是意义重大的一天。

我们的编辑和记者一直在竭力谋求这份文件。国内新闻编辑本·巴格迪肯（Ben Bagdikian）猜测出，向《时报》泄露"五角大楼文件"的人是丹尼尔·埃尔斯伯格（Daniel Ellsberg），因而一直在发疯似的打电话给埃尔斯伯格。最终，16日当天，埃尔斯伯格的好友打电话给巴格迪肯，要求他用公用电话回拨过来。巴格迪肯与埃尔斯伯格通了电话，后者表示会在当晚把文件交给巴格迪肯。接着，巴格迪肯回到报社，咨询吉恩·帕特森的意见——本·布莱德里不在——想要确保倘若得到文件，我们会在周五早晨开始刊登。吉恩表示可以，但认为巴格迪肯应该向布莱德里请示。巴格迪肯自机场征求了布莱德里的意见。布莱德里的回答有可能是杜撰的，但的确像是他的口吻："倘若我们不刊登，《华盛顿邮报》就该换新的执行总编辑了。"

然后，依照指示，巴格迪肯带着空手提箱飞向了波士顿。次日早晨，他返回了华盛顿，随身携带的文件被形容为"一堆杂乱无章的影印文档，次序完全被打乱，几乎不带页码"。他带去的手提箱太小了，因此他将文件装入了大纸箱中，然后坐头等舱飞回了华盛顿，身边的纸箱也占了一个座位——《邮报》完全不介意支付这笔额外的开支。

巴格迪肯径直去了本·布莱德里的家，当时还匆匆从玛丽娜·布莱德里身边跑过；本后来说，"十岁的玛丽娜站在外面，看护着她的柠檬水。"本·布莱德里在家中已经召集了数位记者——其中有查尔默斯·罗伯茨、莫里·马德和唐·奥伯道夫（Don Oberdorfer）——和两位秘书来帮助整理一团乱麻的文件，在场的还有来自社论版的菲尔·盖林和梅格·格林菲尔德，以及霍华德·西蒙斯。查尔默斯还有两周便退休了，但他和莫里最了解整件事情，查尔默斯还是报社速度最快的写手。他们在本家中与罗格·克拉克（Roger Clark）和托尼·埃塞耶（Tony Essaye）会合，自从比尔·罗杰斯离开他的公司任职国务卿后，我们的首席律师就变成了克拉克和埃塞耶。

我们要整理现有的4400页文件，并决定报道那些内容，这项工作艰难乏味，且不是能够在一天之内完成的。此外，我们还承受了额外的压力——我们了解到《时报》已经被禁止继续披露文件，而华盛顿邮报公司即将上市，需要满足许多条件。

我很高兴我们找到了文件，并将它们控制在了手上，但6月17日这天我过得相当平淡。我计划好当天下午在家中为哈里·格拉德斯坦举办大型派对，这个

第二十二章

可爱的人就要离开《邮报》了。他来到《邮报》时的职位是发行经理,而如今已经是副总裁兼业务经理了。《邮报》的所有业务员工都参加了这次聚会,包括弗里茨,他来到华盛顿就是为了此事,但早先一步去了本的家中,以核实那边的情况。事实表明,一场激烈的法律辩论正在那里进行着。

本来回奔波于记者们工作的房间和律师们交流意见的客厅,感觉到律师们似乎极力主张不要发表文件,或至少也要等待针对《时报》的禁止令有了裁决。此外,我们的处境与《时报》截然不同。法院对它们下发的禁止令意味着,倘若发表文件,我们的做法会被视为挑战法律和藐视法庭。比此事更加棘手的是我们在商业上的微妙境遇。上市过程中,公司应该与其承销商进行协商——我们的承销商是拉扎德兄弟公司领导的团队——发行股票当日,各方就股价达成共识,并签订协议。我们的协议声称,一周之内,承销商将会自公司买下所有股份,然后再转身将其卖给已经确定出价的买家。协议中有一项基本条款:倘若有任何危机发生,譬如战争或全国紧急状态,又或者公司被指控有罪,承销商将会解除合同。最后一点正中我们的要害。《时报》被责令停止刊登期间,倘若我们公布"五角大楼文件",就等于将自己暴露在那样的可能性之下。

此外,弗里茨曾在原始招股说明书中宣称,我们会发行一份致力于维护社会和国家利益的报纸。现在,他担心承销商会声称我们所做之事背弃了国家利益,而这实际上也是政府一直想要加诸在我们身上的罪名。对编辑事务和编辑人员,弗里茨有着不同寻常的敏锐洞察力,无论是《邮报》还是《新闻周刊》,但在此次事件中,身为律师,他不得不为公司的未来担忧。此外,他还担心我们可能被控违反《反间谍法案》(*Espionage Act*)。他认为政府最有可能起诉华盛顿邮报公司或《华盛顿邮报》,而如果公司获判重罪,那么,我们将会被剥夺拥有和经营电视台的许可证,令已然岌岌可危的财务困境雪上加霜。

因此,尽管在本家中的一个房间里,查尔默斯为次日要刊登的报道奋笔疾书,莫里正细细通读资料,而唐·奥伯道夫在整理约翰逊执政后期的那部分内容,但在另一个房间,律师们同弗里茨和编辑们早已陷入激烈的争辩之中。克拉克和埃塞耶反对刊登,主张交由《时报》来处理新闻自由问题。弗里茨似乎与律师们站在了一边。

485

本感到被夹在了中间：编辑和记者们坚定地站到了一起，主张刊登文件，并在新闻自由问题上支持《时报》；律师们站在另一边，他们一度提出了折中方案，即《邮报》不会在周五刊登文件，但会通知司法部长：它有意于周日刊登。霍华德·西蒙斯完全支持刊登文件，他将记者们召集起来直接与律师们理论。奥伯道夫表示折中方案是他听过的"最狗屁的主意"。罗伯茨说《邮报》将会"卑躬屈膝"地去拜访司法部长；如果《邮报》不刊登文件，他将会以辞职的方式提前两周退休，并公开谴责《邮报》的怯懦之举。莫里·马德说道，"如果不曝光文件，《邮报》身为出版机构，其所面临的处境只会更加糟糕，因为如此怯懦畏缩会致使这家报纸在新闻报道上的信誉彻底破产。"巴格迪肯提醒律师们，他向埃尔斯伯格承诺会曝光文件，并强调说，"维护出版权利的唯一方式就是出版。"

在双方吵得不可开交时，本离开房间，打电话给最亲密的好友爱德华·威廉斯，后者如今也成为了我的好友。爱德华正在芝加哥处理离婚案，本联系到《芝加哥太阳时报》（*Chicago Sun-Times*）的编辑，请求他派遣送稿生传信到法庭，说明本需要立刻同爱德华交谈，因为正如本后来所说，"此次情势之紧急是我前所未遇的。"

爱德华是出色的律师，富有政治眼光，也非常通情达理。两人谈了也许有十分钟。据本所言，谈话期间，本尽可能客观地告诉了爱德华事情的来龙去脉，然后便等待爱德华的回应。最后，爱德华说道，"好吧，本，你得刊登文件。"

当天，吉恩·帕特森的工作是管理新闻编辑部，假装什么事情都没有发生。然而，新闻编辑部里的人很快就嗅出《邮报》内部出了大事（和他们追踪外部新闻时一样灵敏）。没有人能够漠视查尔默斯、莫里、唐·奥伯道夫、巴格迪肯、霍华德以及本的缺席。显然有事情发生了。吉恩来参加我的聚会的路上，顺道去了本的家中，接着才步行上山来到我家。我正招待客人时，他把我拉到一边，第一个提醒了我接下来会发生的事情，说觉得是否刊登文件的决定将会落在我身上，他知道"我完全清楚《邮报》的灵魂已然岌岌可危"。

"天啊，事情真的会变成那样吗？"我问道。是的，吉恩说，他的确这样认为。

第二十二章

到此时，关键时刻逐步临近。报纸再版的截止日期迫在眉睫。格拉德斯坦的聚会上，吉姆·戴利两次找到我，担忧我们何时能够拿到报道，并将其付印，还询问我是否收到本那边的消息。我漠不关心到有些不可思议，只说相信他们就要完成了，我们会及时拿到报道文章。

那是个美好怡人的六月天，为哈里举办的派对从室内一直蔓延到了阳台和草坪上。我祝酒致辞，慷慨激昂地陈述哈里对《邮报》和我个人的重要性，这时有人使劲拉了拉我的衣袖，急切地说道，"有人打电话找你。"

我抗议说必须完成祝酒辞，但得到的回答是，"他们要立刻和你通话。"我终于意识到事情的紧急性，于是仓促地结束了致辞，在书房的一角拿起了电话。我坐在小沙发上，旁边是开着的房门，保罗·伊格内修斯站在我附近。电话另一端的人是弗里茨。他告诉我，律师和编辑们正在为次日是否刊登文件的事情僵持不下；他概述了双方的观点，并总结说，"恐怕得交由您来决定了。"

我询问弗里茨本人的态度；他非常有编辑头脑，也正直稳重，因此我信赖他的回答。他说，"我想我不会。"我惊讶万分。接着，我要求花些时间来细细斟酌："我们不能讨论一下此事吗？《时报》花了三个月时间才做出决定，为什么我们就要如此仓促地拿定主意？"

此刻，本和编辑们正在本家中处理各项事务。我询问他们为何要如此匆忙，建议至少拿出一天的时间来仔细考虑。不行，本说道，维持住曝光的势头以及获取文件后不做一天的耽搁，这两点非常重要。他还强调说，到这时外界传闻已然知道我们拿到了文件。公司内部和外部的记者都在盯着我们。

我可以从编辑们慷慨激昂的观点中看出，倘若不发表文件，我们将会在编辑方面陷入巨大麻烦。我清楚地记得，当我说准许刊登可能会毁掉报纸时菲尔·盖林的回答。"是的，"他认同我的说法，"但能毁掉报纸的不只有这一种方式。"编辑们逐一对我说道，"你必须刊登它。"而与此同时，站在我身边的保罗·伊格内修斯不断重复道——每说一次都更加坚定——"等一天，再等一天。"

弗里茨不刊登的回答的确令我倍感撕裂。我很了解他，我们在任何重大问题都未曾出现过分歧；而且，毕竟他是律师，我不是。然而，我也听到了他是怎样回答的：他没有声嘶力竭，没有强调与上市相关的问题，也没有提及不言自明的一点——我的这一决定是将整个公司押到了赌桌上。他只是说估计自己不会。我感觉到，尽管那样说了，他还是为我做出相反决定留下了余地。我惊慌失措，又忐忑不安，深吸一口气后说道，"干吧，干吧，干吧，我们开始吧，把文件发表了。"我挂断了电话。

决定就这样做出了。但当天夜里，弗里茨之后又过来拜访我。罗格·克拉克仍旧忧心忡忡，他想到了新的问题：我们会被额外指控与《时报》合谋，他想要知道我们获取文件的渠道。此时，巴格迪肯已经去了报社，带着查尔默斯的最后一篇报道去排版。起初，巴格迪肯坚称文件来源不能泄露，但在克拉克的一再要求下，他交代出了埃尔斯伯格。埃尔斯伯格被断定为向《时报》提供文件的人，这让克拉克对合谋指控更是担忧。这一次弗里茨真正发挥了作用。我完全不知道合谋指控会让我们处境更糟还是相反，但弗里茨说，既然我们已经下定了决心，就应该坚持向前。

那时，我们的律师已经成为坚实后盾，为我们提供各种支持。此外，弗里茨罗斯从纽约请来了克拉瓦斯律师事务所的威尔·吉尔帕特里克（Roswell Gilpatric），同他进行非正式商议，同时，本找来了爱德华·班尼特·威廉斯。我们的律师事务所——罗亚尔—凯格尔—威尔斯（Royall, Koegel & Wells）——在华盛顿分部的两位年轻律师前往纽约找到了诉讼律师威廉·格兰登（William Glendon），我们不认识这个人，他对此类案件也相对缺乏经验。

周五下午大约3点钟，我坐在本的办公室里，恰巧司法部法律顾问办公室（Office of Legal Counsel）的助理司法部长威廉·伦奎斯特（William Rehnquist）打来了电话。伦奎斯特向本宣读了与传达给《时报》的相同的消息。本告诉伦奎斯特，"我相信你会明白，我必须谦恭地拒绝你的要求。"他还拒绝了延迟发表后续文章，以等待纽约的《时报》案件的判决结果。政府立刻起诉《邮报》，与控告《时报》的方式如出一辙，将报头发行栏中的所有人都列为被告，还加上了首篇文章（6月18日刊登的文章）的作者查尔默斯·罗伯茨。

此案依照常规交由吉哈德·格塞尔（Gerhard Gesell）法官审理，他是位思想开明的杰出法学家。1954年我们收购《时代先驱报》时，他曾给予援手，那时他还在卡文顿—伯林律师事务所工作。他也曾是我和菲尔的好友，当时我们都很年轻，不过后来各奔东西，我就再没有见过他和他的妻子佩吉。事实上，菲尔在精神沮丧的那段时期里，曾经解聘过他，正是这一点促使吉哈德接手了此案。

6月18日晚，8点5分，格塞尔做出裁决，拒绝下达命令禁止《邮报》继续刊登后续文章，并说道，"此前，法院未能得到确凿信息可以表明，刊登"五角大楼文件"会在哪些方面损及国家利益。"政府立刻将此案呈交上诉法庭，上诉法庭在凌晨1点20分做出裁定，推翻了格塞尔的判决。弗里茨和律师们一起出庭，辩称我们已经在街头分发了数千份报纸，还有许多报纸正在印刷。因此，凌晨2点10分，法院同意了我们的请求，宣布禁止令不适用于当晚的报纸，我们完成了既定的印刷量。

退休后，吉哈德·格塞尔向我透露说，"如果有谁要在我的墓碑上刻些文字，他们可以说，我是听审'五角大楼文件案'的29位法官中，唯一一个没有勒令停止印刷哪怕一分钟的人。独此一家。我始终为此感到骄傲。"中止格塞尔审理此案的同时，上诉法庭还要求他在6月21日周一举行一场全面、细致的听证会。整个周末，格塞尔努力掌握此案的背景资料，好在听证会上理出头绪。由于法院大楼正在修建中，格塞尔在自己家中和几位司法部的官员开了个会议，让他们从"五角大楼文件"中选出10项最具危害性的内容，周一的听证会会被限定在那个清单里。司法部律师一度告诉格塞尔，被告——意指我们《邮报》所有被起诉的人——不应当出席听证会；它必须秘密进行。格塞尔语气坚定地告诉他，"我们不会那样做。倘若听证会变成了那样的形式，我就驳回此案。我甚至不会举行听证会。"他建议那位律师打电话给白宫——或者，如格塞尔所说，"给予你如此指示的任何部门抑或任何人"——告诉他们，如果那是先决条件的话，他就不受理此案。律师的确给某人打了个电话，回来后表示可以让被告出席。最终，司法部的律师们离开了，留下了五角大楼文件。后来，格塞尔叙述说：

他们走了才两三分钟，就有人敲门，来的是两位身穿制服的男子，制服上还佩戴了巨大的白色饰带，携有枪支。两位男子说，"我们是来取文件的。"我说，"我没有必要给你们文件，我还要看呢。"他们说，"你这里没有任何安保措施；我们不能让你拿着这些文件。"我说，"我有世界上最好的安保系统。我把文件放在沙发枕头的下面，你们是不会得到它们的。如果想要保护这个地方，你们可以整夜留在这里，但文件我要留着。"接着他们便离开了。

周一，我、弗里茨、本、唐、玛丽·格雷厄姆以及其他一些人，前往法院出席听证会。外面聚集了一大群媒体界人士。法庭的所有窗户都被遮住了。案件审理过程中，政府一度安排前中情局探员出庭作证。他曾经在五角大楼工作，试图证明目前的局势有多么严峻，以及部分文件的曝光将会泄露美国的某些战争计划。格塞尔不相信此人，要求负责战争计划的将军出庭作证。一位衣服上挂满勋章的将军（将军的典型形象）适时出现，格塞尔回忆说，在宣誓所言属实后，将军陈述道，"法官，如果有谁认为这些便是我们的作战计划，那么，我真的希望他们这样想，因为这些文件已经完全过时了。"

接着，政府试图抓住清单上的另一个要点，声称曾有加拿大外交官潜入越南，向美国人传递情报，而这触犯了加拿大的叛国法律。政府的意思是，倘若信息泄露出去，这便是死罪，那个人会被处死。此时，我们的记者们的知识储备帮助了我们。他们不仅写了证词，还找出证据证明，这个所谓的最高机密早已被曝光了。查尔默斯·罗伯茨很快向我们的律师递交了数本已出版的图书，书中不仅有那位加拿大外交官的姓名，还记述了他所做的事情。这一争论到此为止。

最终，格塞尔拒绝授权政府下发针对《邮报》的禁止令，准许继续刊登文件。然而，当天晚些时候，哥伦比亚特区美国上诉法院（U.S. Court of Appeals for the District of Columbia）延长了临时限制令，并安排了一场由九位上诉法院法官听审的听证会，日期设在 6 月 22 日。我同样出席了那天的听证会。法庭维持了格塞尔的判决，确认了《邮报》根据"五角大楼文件"刊登后续文章的宪法权利。但与此同时，法庭再度延长了限制令，为政府上诉留出余地。

《纽约时报》刊登第一篇报道当天，在佛罗里达州一家酒店的浴池里，美国副司法部长欧文·格里斯沃尔德（Erwin Griswold）及其妻子正在享受日光浴，前一天晚上，他向佛罗里达州律师协会（Florida State Bar Association）发表了演讲。他读到《纽约时报》关于"五角大楼文件"的报道后，立刻转向妻子说道，"嗯，看来近期我会有案件在最高法院受理了。"许久之后，格里斯沃尔德告诉我，他断定此案会被呈交给最高法院的可预见的最早时间是 11 月。从佛罗里达州回来后，他收到便条让他打电话给司法部长。格里斯沃尔德由约翰逊任命，但

第二十二章

在尼克松执政后继续留任，他说在和米切尔和其他司法部官员开会时，他始终建议不要再打这场官司，因为问题在于你没有任何可以立足的根基。然而，没有人认同他的主张。

6月25日，周五，最高法院同意了《时报》和《邮报》的复审请求。与此同时，由于《时报》在法院的遭际不同，仍旧被禁止刊登文件，而《邮报》未被禁止，最高法院——至少在最终判决宣布前——将两家报纸置于了相同的禁令下，这标志着最高法院首次禁止了新闻报纸文章的刊载。最高法院受理此案的决定意味着格里斯沃尔德只有24小时的时间来准备辩护状，而他甚至还没有亲自过目过"五角大楼文件"。他立刻开始将精力放在浏览文件上，安排了同三位政府官员的会面，分别询问他们倘若文件全部曝光，可能会出现什么样的麻烦。即便和这些人谈过之后，他还是觉得没有什么有力的论据。

周六早晨，格里斯沃尔德回到办公室准备辩护状。周六司法部无人可以帮手，他和秘书用油印机复印了辩护状。接着，他们装订好辩护状，在上面盖好"高度机密"的印戳，动身前往法庭了。格里斯沃尔德额外准备了两份辩护状复印件，分别交给了《时报》和《邮报》的辩护人。他回忆说，当时负责保护文件的警卫询问他打算怎样处理这些复印件，等他回答完后，警卫说道，"啊，这是叛国罪；你是要将它们交给敌人。"格里斯沃尔德因此目瞪口呆，还差点和警卫争吵起来，坚持说将辩护状复印件提供给另一方是他的专业职责。围绕此案的安保工作极其怪诞，政府官员甚至将我们的辩护状都当作高度机密带走了！

6月26日，周六，两个案件——《纽约时报》和《邮报》的案件——首次相遇，一同在最高法院接受审理。我们没有人完全清楚法院与法院间审理案件时的细微差别——国家安全、预禁令、知情权——直到真的来到最高法院。我和弗里茨及《邮报》的其他几个人前往法院出席这次不同寻常的开庭。政府一方由格里斯沃尔德辩护，报纸一方由亚历山大·贝克尔为《时报》辩护，威廉·格兰登为《邮报》辩护。

6月30日，周三正午时分，我待在《邮报》的新编编辑部里，我们收到消息法院将会在2点30分开庭宣判。新闻编辑部里的所有人屏息静气，等待着宣判的消息。2点30分，首席大法官沃伦·伯格（Warren Burger）准时宣布了判决结果。同时，国内新闻副主编玛丽·卢·比蒂（Mary Lou Beatty）通过与最高法院连线的公开电话听到了判决结果，吉恩·帕特森在电讯室也听到了结果，他随后跳上了桌子，欢呼道，"我们赢了，《纽约时报》也赢了。"两家报纸可以自由刊登文件了。

表决结果为 6:3，最高法院判定政府未能履行举证责任，证明进一步曝光"五角大楼文件"会危及国家安全。于《邮报》而言，我们一直认为自己所从事的是公众事业，因而为这样的结果欢呼雀跃，觉得对媒体不做事前审查的原则得到了维护。

我们还为《邮报》及其工作人员感到骄傲。我在写给全体员工的备忘录中说，"当我说于《华盛顿邮报》而言，这是多么伟大的一个时刻时，我知道自己代表了所有人。"本·布莱德里同样自豪不已。他告诉全体员工，"每个人在这场战斗中所展现出的勇气、活力和责任，以及你们全都参与其中的感觉，比我生命中的任何事情都更深刻地打动了我。你们是最出色的。"

我们获胜了，但这场胜利赢得不够彻底。从根本上说，我们是在挑战行政部门阻碍报纸刊登我们认为理应公之于众的资料的权力。在法庭上，我们质疑政府认为"五角大楼文件"的内容于公众而言太过敏感的论点。这个案件中，我们曾据理力争，反对法院下达预禁令，但事实上我们还是受到了限制。法院的判决既有局限性又含糊不清，我们为此感到失望。尽管判决支持两家报纸刊登文件，但正如我后来所言，"它没有坚定地重申《第一修正案》（First Amendment）所确保的权利，而这是所有发行人翘首以盼的。"

最高法院的判决为整个新闻界，尤其是《邮报》和《时报》，带来了巨大的鼓舞，但潜藏在细节里的独立意见（Separate Opinions，是指在审判机关对外公布的判决意见中，与多数法官之意见相对的意见——译者注）中的某些观点令我们深感忧虑，它们还与事后可能出现的刑事诉讼有关。我们很清楚，司法部长米切尔认为刑事诉讼的做法仍旧可行，司法部也还在继续调查，将控告那些与"五角大楼文件"有牵连，以任何形式触犯联邦刑事法律的人。借由内部得来的两条古怪消息，这一威胁的方方面面我也看得更加清楚了。其中一条消息来自肯·克劳森，当时他还是《邮报》的记者。

第二十二章

最高法院宣布判决几天后,克劳森告诉我他从副司法部长理查德·克莱因迪恩斯特(Richard Kleindienst)那里得到了一条消息。为了确保我们的行事严谨负责,我们曾经一度独立地决定,不刊登欧文·格里斯沃尔德的秘密辩护状中指明会对国家利益造成严重损害的条目。我们甚至缺少"五角大楼文件"的某些部分,而这些部分是最能引发政府不满的;还有一部分我们觉得没有新闻价值。然而,克莱因迪恩斯特想让我知道,只是同意不刊登文件中政府感到会危及国家安全的部分并不足够;更确切地说,《邮报》必须废弃其所掌握的文件中与此类信息相关的部分。克劳森强调说,克莱因迪恩斯特告诉他,《邮报》一直是"司法部重点关照"的对象。据克劳森所言,克莱因迪恩斯特的确提到了一些法规——一旦被判定触犯了某些法律,可以剥夺犯罪者对电台和电视的所有权。他还告知克劳森,我们的招股说明书将不得不包含我们被指控触犯联邦法律的相关内容。这是明目张胆的威胁,意思是我们交出掌握的文件将有助于避免遭受刑事诉讼。如今,克莱因迪恩斯特已经不记得传达过这样的消息。

第二条类似的消息来自吉恩·帕特森,乔·艾尔索普给他打过电话。我不知道乔为什么没有直接告诉我,但觉得他确实认为我被一群极端分子误导了,想要帮助我。乔告诉吉恩,他已经同司法部的高官X先生会面过。他想要为《邮报》转达X先生以及政府的感受。乔谈论了局势的严峻程度,说政府确实在考虑对《纽约时报》《邮报》和其他报纸提起刑事诉讼。他提及尼克松以及政府中的许多官员时断言,"他们对《邮报》恨之入骨。以我对尼克松的了解,他是想要摧毁《时报》的勇气,还有你们的勇气……我想他有一半的可能会提起诉讼。"*

7月3日,周六早晨,我和本在办公室里与爱德华·班尼特·威廉斯会面——不是因为他的律师身份,而是因为我们俩都信任他——讨论倘若情况属实,我们该如何就已听闻的消息作出回应。我们决定借由比尔·罗杰斯间接应对此事,向他强调说我们知道有几卷文件包含了克莱因迪恩斯特最为担忧的信息,但我们手头并没有它们。我们还告诉他,在刊登余下文件中的任何内容时,我们会秉承一贯的政策,大体上不会曝光基于截获通讯、信号情报(signal intelligence)和密文得来的信息。最终,政府没有采取进一步的公开行动,但我们依然生活在遭受反击的威胁下,并感到压力随着时间的推移不断增加。

回首往事，你很难理解为什么尼克松及其手下人员会对"五角大楼文件"的曝光如此不安——文件中的历史决策基本上都是在他们掌权之前就已经做出。没有任何内容会引人责难尼克松。我认为政府的反应是对国家安全保密工作极端多疑的例证。当然，他们的偏执妄想早就显而易见了。1989年2月的"伊朗门事件"（Iran-Contra）期间，格里斯沃尔德在《邮报》发表评论文章"不值得保守的秘密"（Secrets Not Worth Keeping），表达了相同的观点。他说政府存在大范围的保密级别定级过高行为，且"分级人员的首要关切并非国家安全，而是政府这样或那样的不堪举措……刊登政府过往的，甚至不久前的行事决策，几乎丝毫不会危及当前的国家安全。这是'五角大楼文件案'所带来的教训"。事实上，"五角大楼文件"中只有极少的部分真正牵扯到了国家机密，而丹尼尔·埃尔斯伯格——文件的原始提供者，从一开始就保留了那一部分内容。

1971年末，我在丹尼森大学发表演讲，围绕"五角大楼文件"的刊登谈论了许多问题。时至今日，我仍旧坚持当时的言论——我们从一开始就认为，"五角大楼文件"的内容只不过是公众需要掌握的信息，有利于他们形成观点，并做出更加明智的决策。总而言之，我们相信五角大楼文件对于充分了解美国卷入越战的方式大有助益，文件的曝光不会如政府所声称的那样损害国家安全，相反，它有利于美国的国家利益——实际上，这也是负责任的报纸应尽的义务。

如今，我坚信25年前的那次演讲得出的结论：

发人深省的现实是，"五角大楼文件"披露的程序恰恰是政府处理大多数事务所遵循的程序。我们可以由衷地相信"不再有越战"的誓言，但直到公开政府体制，并将其运作方式暴露在大众的监督之下前，那个诺言只会是空洞的说辞。

毋庸置疑，《邮报》同尼克松政府先前的那些细小芥蒂，那些在大环境下逐渐累积为紧张关系的微小摩擦，如今已经彻底转变为巨大的仇怨。"五角大楼文件案"将政府与媒体间持续不断、日复一日的冲突带到了新的高度。我当时说道，统治者与记者也许就是天生的敌手，但尼克松政府如今尤其兴致勃勃地登上了擂台。派遣司法部官员向法庭提起诉讼，而不再仅仅用副总统来做传声筒，这

第二十二章

样的做法表明他们已经改变了斗争的性质。

我们全都愈发担忧起新闻自由问题，以及尼克松政府的专横态度——政府掌握全部权力，可以决定美国人们理应了解哪些信息。我们还认为，正如本后来所说，如果媒体成为被攻击的对象，受害的将会是公众。

我们都觉得五角大楼文件案极为引人注目，而不管事实是否如此，它都的确掀起了某种潮流。案件从开始到结束，仅仅持续了令人难以置信的两周半时间，但它引发的涟漪效应却巨大无匹。发表"五角大楼文件"对于提升《邮报》的影响大有助益。本后来说道，"那是《邮报》历史上的一个关键时刻。它标志着《邮报》成了最高水平的报纸。我们心照不宣的目标，就是让世人将《邮报》与《纽约时报》相提并论，这是他们之前不会去做的事情。五角大楼文件案之后，他们这样做了。"

自我的角度观之，我和《邮报》几乎是不由自主地被推入了国人的视野之内。在我的职业生涯中，我们第一次成为了举足轻重的参与者。无数双眼睛盯着我们；我们所做的事情于媒体、于国家意义重大。某种意义上讲，我获得一定程度的自信。这是我第一次庄重地现身于国家舞台。我频频出现在公众面前，被媒体报道、拍照和采访，这既让我感到坦然麻木，又在某种程度上赋予了我自信。这样的压力、密集活动以及迅速变换的流程，是我的另外一种不同寻常的学习经历。

整个事件也将我们《邮报》中的许多人更加紧密地团结到了一起，尤其是我、本、霍华德·西蒙斯、菲尔·盖林以及梅格·格林菲尔德。编辑们始终表现出色。自60年代末，这些人合作无间，工作中其乐融融。他们彼此信任，互相激励，我和他们也亲密融洽。我们的团队是驱使我前进，照亮我生活的强大力量。

我甚至从本那里得到了更多自信。我和他之间早就达成了真正的默契，彼此尊重，互相赞赏，但直到五角大楼案之前，我们从未经受过任何形式的大张旗鼓的考验。本后来说，不刊登五角大楼文件于《邮报》而言可能是真正的灾难，很多人都会离开报社。他反思说自己可能不会离职，"但会深受打击，我们刚刚开始看到曙光的目标和抱负将消失无踪"。

当时，我和本之间的交流很大程度上说明了我们的关系的成熟，以及对彼此的信赖和欣赏。本养成了一个习惯，圣诞节时会写封信代替鲜花寄给我。我总是会以同样的方式回复他，但这次就在年中最高法院宣判当天，我给他写了封信：

> 圣诞节，我们总是会给彼此写情书，但这封关于过去两周多所发生的事情的情书比圣诞节的要更精彩，也来得更早。从来没有过这样的表演，简直难以置信。事情之所以能够发生，是因为你和手下的人付出了110%的努力……它美妙极了，也非常有趣。它还是一次旅行——和你共事一如既往地令人愉悦。

本立刻回信给我：

> 与你共事远不止是一件乐事——它是一项事业，一种尊崇，一次充满意义的挑战。
>
> 我不确定明天是否还能再次应对好这样的事情，但非常欣慰地知道，报社上下所有人将会满怀勇气、信仰和气度去迎接下一个挑战。

实际上，刊登"五角大楼文件"让未来的决策变得更加容易，甚至成为可能。最重要的是，它令我们做好了处理"水门事件"的准备——我推想；不幸的是，尼克松同样做好了准备。

* * *

最近亨利·基辛格告诉我，他认为尼克松一直憎恨《邮报》。亨利谈到尼克松时说，"他深信《邮报》就是跟他过不去。他是在什么时候有了这样的想法，我不知道，但我遇到他时，他就已经有了这样的想法。他想要与媒体对抗。他真的厌恶媒体。只要一出现不利于他的文章，他就会四处分发便条……禁止你和《邮报》或者这个、那个记者交谈。没有人真的把它当回事，因为这样一来你可能就无法开展工作了，但他就是反感媒体。这是巨大的错误。"

PERSONAL HISTORY

第二十三章

1972年6月17日，周六早晨，霍华德·西蒙斯打来电话说，"你不会相信昨天晚上出了什么事。"他说得对。他告诉我有辆汽车闯入了一座房子中，房间里的两个人正在沙发上做爱，接着汽车从另一边直接冲了出去；我几乎没有相信他，只是兴致勃勃地听着。更劲爆的是，他讲述了一则离奇的新闻：五名男子带着橡胶手套闯入了民主党全国委员会总部的大楼，并当场被捕。

当时，尼克松总统正在佛罗里达州比斯坎湾。他的新闻发言人罗纳德·泽格勒（Ron Ziegler）将此事斥为"三流的入室盗窃未遂案"，并补充说，"某些人也许会想要针对此事大做文章。"当然，我们全都丝毫没有想到报道文章会走得有多远；这件事情起初——待到笑声散去——看来只是有些荒诞不经。

正是乔·卡利法诺最早打电话给霍华德说明此事，当时，卡利法诺不仅是我们的律师，还是民主党全国委员会的律师。霍华德立刻采取行动。他通知完我以后，试图联络本，当时本在西弗吉尼亚州的小木屋里，身边的电话无法使用，接着，他打电话给本市新闻编辑哈里·罗森菲尔德，后者继而联系了巴里·苏斯曼（Barry Sussman）。巴里是哈里的三名副手之一，专门负责哥伦比亚特区的新闻。

自1935年起，艾尔·路易斯就是《邮报》的警务记者，熟知整个警察部门的所有人，因而他被派去报道这则新闻。一如既往地，他首先直奔警察局获取被捕人员的名单——结果证明人名全是杜撰的。在那里，艾尔意外遇到代理警察局长查理·莱特（Charlie Wright），他和莱特私交甚好。他们两人一同前往水门大厦，抵达后，艾尔随同莱特径自走进了大厦。艾尔看到的是一片繁忙的景象，移动犯罪研究室（mobile crime lab）的工作人员试图从前门提取指纹，其他人则正在移去天花板上的瓷砖，以寻找窃听装置。路易斯脱下外套，在那里待了一整天。

这起非法闯入的新闻出现在了周日发行的报纸的头版上，题名为"五人因密谋在本市民主党办公室安装窃听器被捕"（5 Held in Plot to Bug Democrats Office Here），署名是艾尔·路易斯。《邮报》的多名撰稿人参与撰写了这篇报道，其中就有鲍勃·伍德沃德（Bob Woodward）和卡尔·伯恩斯坦（Carl Bernstein）。卡尔还单独撰写了一篇报道，以介绍嫌疑犯的背景信息；他发现其中有四人来自迈阿密，这四人在那里一直从事反卡斯特罗活动。菲尔·盖林撰写的社论次日出现在了《邮报》上，题名为"不可思议的任务"（Mission Incredible），开篇引用了哥伦比亚广播公司的电视节目"不可能的任务"（Mission Impossible）中的话："一如既往，倘若你或你的团队里的任何人被捕或被杀，部长将否认知悉你们的任何行动……"

当然，我们所看到的不过是冰山一角。若非伍德沃德和伯恩斯坦为调查和报道所做出的非凡努力，我们也许永远都不会知晓这座冰山究竟怎样巨大。伍德沃德和伯恩斯坦现在早已经是大名鼎鼎的人物，但在当时，这两名年轻人从未合作过，伍德沃德甚至刚来到《邮报》不久。某种程度上讲，他们是天生的搭档，因为他们的性格和才能完全互补。两人都很聪明，但伍德沃德正直尽责、勤奋努力、动力十足，而伯恩斯坦则不修边幅，散漫无纪。不过，伯恩斯坦的文笔更加出色，富有想象力和创造性。在其他方面，他们的关系像油和水一样互不相容，尽管——也许正因为——两人的搭档怪异奇特，但合作的成果却是美妙震撼。

巴里·苏斯曼对这场拙劣的入室盗窃的细节知之甚少，想要让鲍勃·伍德沃德参与报道此事。伍德沃德刚从海军退役便加入了《邮报》。他已经被哈佛大学法学院录取，但选择了从事新闻工作，并以此为终生职业。他非常渴望为《邮报》工作，于是哈里·罗森菲尔德告诉副手安迪·巴恩斯（Andy Barnes）试用伍德沃德两周——无薪——每天晚上审阅他的稿件,看看他能做些什么。两周时间里,鲍勃撰写的17篇报道无一刊登。试用期结束之际,巴恩斯满怀信心地宣布,伍德沃德聪明正派,但缺乏成为新闻记者所需要的技能。简言之,他毫无希望,且培养他要耗费太多的精力。哈里告诉伍德沃德先去历练一番,一年后再回来。于伍德沃德而言,这无疑是当头棒喝,然而,他没有将哈里的临别赠言视为彻底的拒绝。鲍勃可能始终心怀希冀,因为在他看来重要的是,"尽管两周的记者工作失败了,但我知道自己热爱这份工作"。

鲍勃离开后,去附近马里兰州的《蒙哥马利郡看守者》(*Montgomery County Sentinel*)找了份工作。不久之后,他就开始和《邮报》的大都会区记者争夺独家新闻。几个月后,他再次给哈里打起了电话;某天,他打到了哈里家里,影响了哈里的假期,还发现了哈里正趴在梯子上粉刷地下室。哈里不胜其扰,觉得对于尚在度假的自己来说,这超出了合理范畴,因而变得暴躁起来,还向妻子安妮抱怨说,这个自命不凡的年轻人总是打来电话,对他纠缠不休。安妮平静地问道,"哈里,他不正是你总说想要找的那类人吗?"当然,安妮完全正确,哈里最终也决定雇佣伍德沃德。1971年9月,劳动节后第一天,伍德沃德开始在《邮报》工作了;鲍勃后来对我说,"我们全都不知道,这一天霍华德·亨特(Howard Hunt)和戈登·里迪(Gordon Liddy)搭上了前往洛杉矶的飞机,非法闯入了丹尼尔·埃尔斯伯格的心理医生的房子。"

从一开始,鲍勃就表现出众,编辑们对于派谁前往法院报道非法闯入事件毫无异议。另一方面,自1966年秋季,卡尔·伯恩斯坦就开始在《邮报》工作了,但表现却并不惹人注目。他是优秀的撰稿人,但在整个本地新闻编辑部,他的不良工作习惯早已"闻名遐迩",同样赫赫有名的还有他顾盼流连的目光。事实上,本·布莱德里正准备解雇卡尔,而这是阻碍卡尔参与此次报道的一个因子。卡尔因为一张不负责任的报销单和其他无数不端行为而声名狼藉——包括租赁汽车后将其弃置在停车场,呈交给公司数额巨大的账单。然而,在鲍勃修改艾尔·路易斯的笔记时,卡尔一直在注意着鲍勃的一举一动,他立刻被这则奇怪的新闻所吸引,并迅速参与了进来。本和霍华德都想要炒掉卡尔,是哈里解救了他,说他正在全力调查"水门事件",工作勤奋,而且发挥了很大的作用。此外,正是卡尔首次将窃贼口袋里崭新的百元大钞与尼克松的竞选经费联系起来。

伍德沃德和伯恩斯坦无疑是此次报道的关键记者，我们甚至开始将他们合称为"伍德斯坦"，但《邮报》有许多员工从报道之初就参与了进来。身为执行总编辑，本是优秀的领导者，负担起了重重责任。他定下基本准则——推进，推进，推进，明确要求所有人深挖下去，面对持续不断的指责和来自各方面的共同恐吓威胁，不屈不挠地进行追踪报道。

霍华德·西蒙斯凭借着在报社半自主的决定权，极大地推动了调查的开展，尤其是他的姿态，伍德沃德后来形容说，这是一种刨根问底、誓要弄清真相的态度。哈里·罗森菲尔德评价霍华德说，"当年轻人四处乱撞时，他会——倘有需要——站出来，指明方向。"事件初期，正是霍华德在报道这则新闻。

哈里本人是个老派守旧、性格坚韧、举止独特的编辑，也是"水门事件"中另一位真正的英雄。从一开始，他就认为这则新闻会在本地引起轰动，预见到《邮报》的新闻记者能够借此声名鹊起。在这则新闻固定成为《邮报》的头版前，他负责跟进，确保它始终刊载在大都市区专版的首页。

最后，巴里·苏斯曼从哥伦比亚特区编辑的日常职责中抽身而出，将全部时间都用在了指导"水门事件"的例行报道上。他是负责此工作的不二人选。伍德沃德和伯恩斯坦在《总统班底》(*All the President's Men*)中说道，"苏斯曼能够捕捉事实，并将其锁定在记忆之中，以便随时调取。超越了《邮报》的任何编辑……苏斯曼成为了"水门事件"相关知识的汇编集，在图书馆调取不到的资料可以从他身上获得……"水门事件"是一团谜，而他便是拼图的收集者。"

在社论方面，菲尔盖林和梅格·格林菲尔德起到了无法估量的作用。他们和罗杰·威尔金斯(Roger Wilkins)一起，借由社论坚持不懈地挖掘新闻报道版面揭露出来的事实的含义。最初的数个月里，《邮报》的社论始终认为已知事实暴露出来的问题非常严重，完全早于白宫承认该事件需要特别关切，而且，当人们认为整个案件已经陷入僵局时，《邮报》也不改初衷。在保证问题始终暴露在公众面前的宗旨上，这些社论发挥了巨大的作用，而且显然影响了人们思考"水门事件"的方式。

赫布洛克造成的影响甚至更加直接。这个"三流窃案"发生几天后，《邮报》

刊登了一幅漫画，漫画中保安正将其中一名窃贼扔出民主党全国委员会总部，理查德·尼克松、理查德·克莱因迪恩斯特和约翰·米切尔则在一旁观望，漫画的标题是"谁会想到做这样的事情"（Who Would Think of Doing Such a Thing）；后来，赫布洛克还画了幅举世无双的作品，其中尼克松竭力抓住两卷磁带的末端，磁带上写着"我是……骗子"的文字，嘴里还衔着一段剪下来的磁带，上面写着"不是"。赫布洛克始终保持着无情的战斗性。他远远走在我和新闻编辑部的前面。窃案发生六天后，赫布洛克在新闻编辑部里找到我，让我看了他的一幅漫画，画中两名男子正在调查象征窃听案和尼克松基金丑闻的脚印——脚印直达白宫的前门。说明文字写道："奇怪，它们似乎全都与这个地方有关系。"我大笑着说，"你不会刊登它的，对吧？"次日，即1972年6月23日，这幅漫画登上了报纸。所有这一切都发生在1972年的竞选活动如火如荼之际：窃案发生仅仅两周后，民主党就提名乔治·麦戈文为该党的总统候选人。

从一开始，伍德沃德和伯恩斯坦便敏锐而巧妙地追踪着水门大厦窃贼们的行踪，还为此耗费了许多力气。从进入法院，听到詹姆斯·麦考德（James McCord）提起"中情局"那刻起，鲍勃就迷上了这个案子。卡尔找到了霍华德·亨特的通讯簿，两人在其中发现了"卡尔森"（Colson）的名字和"白宫"的字样，开始和赫布洛克一样，相信此案与白宫有牵连。他们还发现，窃贼之一的伯纳德·巴克（Bernard Barker）向戈登·里迪和总统竞选委员会（Committee to Re-elect the President）的另一名律师共用的办公室拨打了无数个电话，而总统竞选委员会的首字母缩写很快从CRP变为了不祥的CREEP（意为谄媚者——译者注）。伍德沃德和伯恩斯坦整装待发了。

8月1日，"水门事件"过去一个月后，伯恩斯坦和伍德沃德联合署名的首篇重要报道发表了，文章阐述了五名窃贼和总统竞选委员会的关系。三周之后，8月22日，共和党全国代表大会在迈阿密举行，尼克松总统风光无限地再度获得总统候选人提名。接下来的一周，尼克松明显试图宣布"水门事件"已经终结，声称总统的法律顾问约翰·迪安（John Dean）已经彻查非常闯入事件，并说道，"我可以直接断言，他的调查表明没有任何现任的白宫工作人员和本届政府人员牵扯到这件极为怪诞的事件中。真正使人痛心的是，你们试图掩盖这一点。"同样地，我们后来才从约翰·迪安的证词中得知，直到总统做出那段声明前，迪安对于"自己的"调查闻所未闻。真是不可思议。

9月15日，联邦大陪审团（federal grand jury）起诉原初的五名窃贼，以及两位前白宫助理霍华德·亨特和戈登·里迪。就在同一天——只是两年后此事才曝光——尼克松要求他的两名助理，白宫办公厅主任鲍勃·哈尔德曼（即H·R·哈尔德曼——译者注）和约翰·迪安，以经济报复来威胁《邮报》："它就要惹祸上身了……关键是《邮报》将会因为此事惹上糟糕至极的麻烦。他们有家电视台……而他们就要续签经营许可证了……这里就要有好戏上演了……这场游戏必须玩得粗暴野蛮些。"至于我们的律师，尼克松说："选举过后，我不会希望自己身处爱德华·班尼特·威廉斯的位置。我们会好好招呼这个混蛋，相信我。我们会的。我必须这么做，因为他是个坏蛋。"

两周后，伯恩斯坦和伍德沃德发表了影响重大的文章，刊登在《邮报》头版。他们查出莫里斯·施坦斯（Maurice Stans）的保险箱中有一笔秘密基金。莫里斯是前任商务部长，时任总统竞选委员会财务主管。秘密基金由五人掌管，用于收集民主党的情报，约翰·米切尔便是这五人之一。新闻报道由此触及了新的高度；米切尔本人被牵涉其中，不仅包括他在竞选委员会担任新职务期间，还包括他过去任职司法部长时，因为伍德沃德和伯恩斯坦调查发现，米切尔自去年便开始授权调用这笔基金。

总统竞选委员会狡诈地否认了这篇报道——活灵活现。委员会的新闻助理告诉伯恩斯坦，"这项指控没有丝毫的事实依据"，为了查明真相，伯恩斯坦直接打电话给米切尔，米切尔当时身在纽约的酒店里，亲自接听了电话。卡尔告知了他那篇报道的内容，他高声惊呼，"天——啊！"感情如此强烈，卡尔甚至觉得这是"某种原始的呐喊"，心想米切尔也许是在电话那头晕过去了。卡尔给米切尔朗读了报道的前两段，米切尔打断了他，仍旧叫嚷着说，"这些都是胡扯，你要把这篇文章登在报纸上？它们都已经被否认了。如果文章刊登的话，凯蒂·格雷厄姆的奶头会被大型绞干机绞住。天啊！这是我听过的最令人作呕的事情。"

伯恩斯坦目瞪口呆，给在家中的本打电话，将米切尔说过的话和盘托出，还讨论着将其附加在已然完成的文章中。本告诉卡尔可以引用所有原话，除了提到

第二十三章

我的"乳头"的那句。那句话被改成了,我"会被大型绞干机绞住的"。本觉得卡尔不必事先请示我。后来,卡尔告诉我,"凯瑟琳,这个主意太好了,根本不必同你商量。"我认可本的做法。事实上,在报纸上读到那句话后我错愕不已,但更令我震惊的是得知了米切尔的原话。话里的威胁和含义充满了人身攻击和无礼冒犯。次日,我偶然碰到了卡尔,便询问他是否还有其他事情要告诉我。

米切尔这次确实是乱发脾气,尤为古怪的是,他叫我"凯蒂",从来没有人这样称呼过我。鲍勃后来注意到,米切尔的评论代表了尼克松班底的错误看法——我在发号施令,主导"水门事件"文章的刊载。他觉得这很有趣。不管怎样,这段言论载入了"水门事件"的历史,是我同这次事件主要的公开联系。后来,在"水门事件"结束前,我收到了加利福尼亚的一名牙医送来的绝妙礼物。他用平时拿来补牙的金质材料精心制作了一架小绞干机,配有微型把手和传动装置,转动起来就像是普通的旧式洗衣机的绞干机。此后不久,阿特·布赫瓦尔德(Art Buchwald)送给了我一个精巧的金质乳房,用来配那架绞干机。我偶尔会用项链把它们穿在一起,戴在脖子上,后来有记者威胁说要将此事告知玛克辛·柴郡,我便不再这样做了。

10月,整个事件的节奏开始加快,《邮报》刊登了两篇文章,政府为此对我们勃然大怒。第一篇刊登于10月10日,文章将原初的非法闯入描述成了大规模的全国范围的政治间谍和政治破坏活动的一部分,活动的目的是保证总统获得连任,策划者是白宫和竞选委员会的官员。总统竞选委员会的主要发言人将这一观点斥为"无中生有,荒唐不堪"。

在白宫发布清晨简报时,尼克松的新闻发言人罗纳德·泽格勒指责说,"正在刊登的那些报道依据的不过是道听途说之言,含沙射影之事,它令无辜之人牵连受罪……无须多言,本届政府绝不容忍个人的破坏、间谍和监视活动。"当日下午,取代约翰·米切尔接任竞选委员会主席的克拉克·麦格雷戈(Clark MacGregor)召开新闻发布会,期间没有接受任何提问,只是宣读了一份准备好的声明。他说:

> 如今，《邮报》的可信性已经掉落在乔治·麦戈文之下。
>
> 借由影射、谣传、未经证实的指控、匿名消息源和耸人听闻的大标题，《邮报》恶意地试图制造白宫与"水门事件"之间存在直接关联的假象——《邮报》知道这项指控是虚假的，数次调查也已经证实了它的荒谬。
>
> 《邮报》的做法本质是伪善的，它那著名的"双重标准"如今已经褪去了所有的遮掩。

这一声明和泽格勒的言论成为了猛烈抨击我们时，仅有的两套说辞。

毋庸置疑，我极度反感这些言语攻击，事实上还觉得它们难以理解。我一直记得《战争与和平》中的一个场景：一名士兵遭到携有刺刀的敌人的追杀，心想，"他真的想要杀死我，杀死这个被母亲深爱着的我吗？"

参议员鲍勃·多尔（Bob Dole）加入了抨击者的队列，声称读到的"水门事件"报道是"乔治·麦戈文及其抹黑同伙《华盛顿邮报》策划的一系列毫无事实依据和实质证据的指控"。多尔还煽风点火地补充说："考虑到麦戈文目前的竞选活动面临的困境，麦戈文先生似乎已经特许《华盛顿邮报》的编辑们开展媒体攻击，而编辑们也和他们的候选人一样，步伐稳健地沿着卑鄙的竞选之路前进着。"

本保持着一贯的冷静，深知这种言语攻击的相互配合用意何在，很快便响应记者们的呼声，发表了自己的声明：

> 克拉克·麦格雷戈的新闻稿和《华盛顿邮报》的关于总统竞选委员会的种种报道孰是孰非，时间自会做出裁决。就目前而言，我们只需说明，本报针对这些活动所做的调查性报道中，没有任何一项事实被证明属于伪造。麦格雷戈和其他政府高官声称这些报道是"一派胡言"，《邮报》居心不良，但这些白纸黑字记录下的事实却没有受到相反证据的挑战。

10月24日，多尔再次发起攻击，在巴尔的摩的演讲中——据伍德沃德和伯恩斯坦统计——57次提及《邮报》。其中有：

第二十三章

本次竞选活动中,最臭名昭著的政治丑闻是《华盛顿邮报》厚颜无耻的行径,尚没有取得知识阶级的特权(benefit of clergy,初次犯罪可免予判刑——译者注),他们便处理起了麦戈文竞选活动的内务……

《邮报》在客观性和可信性两方面的声誉已经跌落谷底,它们几乎已经从纽约证券交易所的行情板上一同消失了。

在文化和社交上,麦戈文的幕僚与《邮报》的高管和编辑有着千丝万缕的联系。他们属于相同的精英阶级;他们在同一个高档社区比邻而居,并在乔治城的聚会上亲密攀谈。

这并未起到作用,次日,《邮报》刊登了第二篇影响重大的文章。文章以伍德沃德与主要消息源的会面为依据,指明第五个有权支配用于从事阴谋活动的现金基金的人正是总统的办公厅主任 H. R. 哈尔德曼。当记者们将总统的会议秘书德怀特·查宾(Dwight Chapin),与秘密基金联系了起来时,他们不得不设法向美国人民解释查宾的身份背景,以及他每天都能见到总统的事实。要确认秘密基金同白宫中的当权人物的关联殊为不易。然而,第二篇报道——连同横跨两栏的大字标题,"有证据表明尼克松的高级助手与秘密基金有关"(Testimony Ties Top Nixon Aide to Secret Fund)——全然不同。这一次是哈尔德曼,他是华盛顿仅次于总统的最有权势之人,也是总统的至交密友和左膀右臂。这篇文章将会把"水门事件"的线索直接引向白宫的前门。

报道文章指出,联邦调查人员完全清楚哈尔德曼参与其中,而他们获知此事的来源就是联邦大陪审团审理案件时取得的宣誓证言。在这篇世人瞩目的文章里,记者们不幸犯下了长达数月的报道中仅有的几个错误之一。文章的实质内容真实无误;错误不在事实,而是假设。伍德沃德和伯恩斯坦推想,总统竞选委员会前任财务主管和哈尔德曼的前任助手休·斯隆(Hugh Sloan)必然已经告知大陪审团秘密基金的事情。事实上,斯隆与伍德沃德和伯恩斯坦谈论过秘密基金的事情,而他唯一没有向大陪审团说明此事的原因就是尚未被问及此事。次日早晨,斯隆通过律师否认了《邮报》的报道,舆论哗然,罗纳德·泽格勒在白宫进一步谴责《邮报》,明确否认了那篇报道,指责《邮报》怀有政治动机,还抨击本·布莱德里是反尼克松分子。

《邮报》感受到了广泛的消极影响。哈里·罗森菲尔德直至截稿日期时还在编辑那篇特别报道，他相信与哈尔德曼有关意味着尼克松才是真正的罪魁祸首。哈里说道，"倘若哈尔德曼在做这件事情，那么，尼克松肯定就在做这件事情。哈尔德曼与尼克松之间没有明确的界限。"哈里为记者们在报道中犯错而愤怒不已。他和霍华德·西蒙斯商量着挽救之法，同时还疯狂地寻找着不知去向的伍德沃德和伯恩斯坦。令人啼笑皆非的是，这两人原来是去见出版社，讨论他们计划撰写的关于"水门事件"的著作了。终于找到他们后，这两名记者和罗森菲尔德直接去了法院大楼，罗森菲尔德在了解到更多信息前，拒绝收回那篇报道。次日，我们的确收回了报道中部分内容——斯隆告诉了大陪审团哈尔德曼与秘密基金的关系——但报道的实质内容没有改变。

我感到身陷四面楚歌之境。总统竞选委员会和政府部门上上下下的人对我们持续不断的攻击开始奏效，并发挥影响。不夸张地说，这几个月里，要求《邮报》停刊关门的言论激烈而令人心神不宁。然而，无论被披露出来的真相多么不可思议，证明其准确性的真凭实据始终是支撑我们坚持下去的东西。

许多朋友们都为我们的报道困惑不已。乔·艾尔索普一直在规劝我。此外，大选前夕，我在某个大型招待会上偶然碰到亨利·基辛格，这次会面让人有些难堪。"怎么回事儿？你不觉得我们会赢得连任？"亨利询问我，看起来很是气恼。我向他保证，我和其他人一样能够读懂压倒性的民意调查结果，丝毫不曾怀疑尼克松会再度当选。亨利后来告诉我，他从未参与过任何牵涉到威胁媒体的正式讨论，但知道尼克松意图在大选过后寻衅报复。也许这就是他提醒我的方式。不管怎样，亨利的激烈言辞背后蕴藏的含义加剧了我的紧张不安。

读者们也在写信给我，指责《邮报》用心险恶，新闻工作糟糕，缺乏爱国精神，为了向人们报道新闻而不择手段。对于在《邮报》工作的我们而言，那是一段尤为孤独的时期。其他组织开始报道"水门事件"，但我们遥遥领先，他们望尘莫及；伍德沃德和伯恩斯坦独享了大多数消息源。新闻通讯社和美联社发出了我们的报道，但大多数报纸甚至没有刊登它们，或者将它们隐藏在了最末几个版面。霍华德过去常常打电话给全国各地的编辑朋友，说他们错过了某某重大新闻。一则独家新闻通常只能保持 24 小时,之后大家便会蜂拥而上展开报道,因此,我私下里有时会禁不住去想,倘若这则新闻如此价值非凡,那么,其他人都去了哪里。

总统将全部怒火都倾泻到了《邮报》身上,这种情况始终令人恐慌不安。有时我会怀疑,面对这样一个完全对立、蓄意伤害我们的政府,我们是否能够再承受四年的煎熬重压。后来,我写信给以赛亚·伯林说,"每每想及要再忍受白宫那帮家伙四年的捶打,我就感到难以言表的沮丧。"我禁不住会去猜想,待到事情尘埃落定时,我们所有人的境遇——包括《邮报》——会是怎样。在这样的重重围困下,我们最好的做法就是继续调查下去,四处搜寻确凿证据,抓住细节,准确无误地报道我们的发现。

正当孤立无援的压力累积到极限,大选即将来临之际,我们取得了突破。哥伦比亚广播公司依照沃尔特·克朗凯特(Walter Cronkite)和戈登·曼宁的意思,决定在晚间新闻节目中播出两则"水门事件"的长篇报道。曼宁之前是《新闻周刊》的编辑,当时是新闻节目制作人。大体上,"水门事件"的报道尚未出现在电视上过。首先,电视台很难以新闻采访原声剪辑的形式报道"水门事件"——即便有拍摄画面的机会,数量也极少,而且,这是一则极其错综复杂、难以理解的新闻,充满了不为公众所知的人名。报道中存在许多不同的线索,因而理清头绪并非易事。此外,当时的电视台和电台弱点明显,都要依赖政府机构来发放经营执照,而这一点我也将很快亲历到。三大电视网公司全都拥有本地电台或电视台,大部分利润也都来源于这些电台和电视台,因此要与政府较量就得拿出超乎寻常的勇气来。不过,克朗凯特在自己的节目中拥有至高无上的权威,他决定放手去做。曼宁在《新闻周刊》时结识了本,他想要本帮忙制作哥伦比亚广播公司的节目,但本告诉他,我们没有档案,没有书面记录的证据,帮不上什么忙。曼宁大吃一惊,将信将疑。

10 月 27 日,周五晚上,第一篇报道播出了,占去当晚 22 分钟联播新闻的 14 分钟——超过以往任何单条新闻的时长——内容主要援引自《邮报》的报道,以及政府针对《邮报》的指控的各类回应。我永远都不会忘记那种喜悦和如释重负之感:"CBS 新闻网"(*CBS News*)成为了我们的后盾,它将整个事件串联起来，细致地向全国观众解释发生了什么，哪些事情得到了证实，哪些还没有。克朗凯特对我们大加赞扬，节目背景中《邮报》及其许多标题的静止画面发挥了巨大作用。选举前夕，新闻节目持续播出了 11 天。

同样观看了《CBS 晚间新闻》的还有白宫的强硬派，查克·寇尔森（Chuck Colson），他被指派来监督广播网。寇尔森曾经说过，如果工作需要的话，他甚至可以利用自己的祖母；这句话令他名声大噪。他一早就打探到了此次节目的风声，给弗兰克·斯坦顿打过电话，之后还直接去找了比尔·佩利。在哥伦比亚广播公司，斯坦顿一直致力于保护新闻自由和新闻部门，但佩利从没有接到过愤怒的总统或总统跟班的电话，因此，寇尔森的电话让他退缩了。佩利随即叫来新闻部主管理查德·萨朗特（Richard Salant），对他施加压力，痛陈已经播出的新闻报道招致的麻烦，还要求必须终止计划于次日晚间播出的第二篇报道。"CBS 新闻网"内部经过一番争论后，萨朗特妥协了，在重播已经在电视网播出的内容的基础上，将第二篇报道从 14 分钟缩减至了 8 分钟。

最终，报道的时长已经无关紧要：哥伦比亚广播公司已然让《邮报》全国皆知，甚至违背了比尔·佩利惶恐万分的意志。

哥伦比亚广播公司的第一篇报道播出后，我在格伦韦尔比和许多客人度过了一天，包括帕姆·贝瑞（当时已经是哈特韦尔夫人）、克雷·费尔克、迪克·霍尔布鲁克（Dick Holbrooke），最有意思的是，还有尼克松的商务部长彼得·彼得森（Peter Peterson），以及他当时的妻子萨莉。萨莉是自由派民主党人，表达观点时直言不讳，因此，这个周末里出现了许多异常尴尬的时刻，尤其是当萨莉断然宣称会投票给麦戈文时——白宫其实早已知晓此事。她还公开发表评论，谴责本届政府，一度说道，"尼克松根本没种。"我们全都困窘不安，但同样值得注意的是，彼得没有为他的老板辩护。

正在打网球的时候，彼得被叫去接听白宫接线员打来的电话，电话是哈尔德曼打的。后来，政府解雇了彼得，而在我家中找到他无疑就是其中的一个因由。然而，在格伦韦尔比过周末并非就是决定因素；亨利·基辛格在政府内部似乎就没有遭受非难，尽管"水门事件"期间，他还是时常来到我家——但没有来《邮报》。

第二十三章

在我们报道"水门事件"的过程中，彼得始终是我的好友。事实上，他告诉我，《邮报》10月底发表了一系列报道后，我的名字出现在白宫幕僚会议上的次数之多前所未有。彼得已经听闻了太多他们意图对付我的言论，某天，他亲自来到我的办公室里，说道，"凯，我不知道真相是怎样的，但的确有许多愤怒的人觉得你是在故意找茬。我希望你正在执行严格的新闻标准。倘若你错了，问题会非常严重；他们会揪住你不放的。"我很感激彼得勇敢提醒我的心意，并向他保证，自己明白他话里的含义——我们一直行事谨慎。

我们的确很小心。我们始终倾尽全力以做到严谨负责，尤其是在肩负着报道"水门事件"的重担时。从一开始，编辑们就决心以超出过往的严谨态度报道此次事件，更加关注于公正和细节。他们制定了一些规则，所有人都要遵从。第一，匿名人士提供的任何信息都必须至少有一个其他独立消息源作为佐证。"水门事件"刚发生时，我们尤其需要依靠大量秘密的消息源，但在每次刊登前，我们都会仔细复查每一段资料；只要可能，每篇报道我们都会有三个甚至更多的消息源相互佐证。第二，我们不刊登任何其他报纸、电视台、电台等媒体报道过的消息，除非我们的记者独立地证实和确认了这则消息。第三，交付印刷前，每篇报道的每个字眼都必须要有至少一位高级编辑审校，报道刊登前，首席编辑要进行审核。任何新闻工作者都知道，这样的审查方式极为严苛。

然而，尽管知道每个人都是慎之又慎，我仍旧忧心忡忡。不论怎样小心，出错、被设计、被陷害的可能性始终萦绕不去。本再三安慰我——次数也许远高于他的实际感受——说一些消息提供者是共和党人，尤其是斯隆，此外，几乎独家报道这次事件给了我们许多便利，不必匆忙刊登，因而能够全神贯注地核查每一件事。我们曾经多次推迟报道，直至完成所有审核程序。有时，某件事情仅仅是由于看起来站不住脚，便没有被刊登。因为证据不充分，我们会扣留某篇报道，但事后却证明报道中的内容千真万确，这样的例子不胜枚举。

当时，"双重消息源"的政策令我稍稍有所安心。本进一步向我保证，伍德沃德拥有秘密消息源，如果对某事没把握，他便会去找那个人，我们从未被这个消息源误导过。那是我第一次听说"深喉"（Deep Throat），甚至在霍华德·西蒙斯开始如此称呼他之前；"深喉"是根据当时一部流行在特定圈子里的色情电影

509

的名字命名。这就是为什么，我时至今日仍旧相信存在这样的一个人，他肯定是男性，而且既非杜撰，也非如人们所猜测的那样是多个人物的合称。"深喉"的身份是我所知道的本保留至今的唯一秘密，当然，鲍勃和卡尔也都保守着此秘密。我从未要求他们向我泄露秘密，只是有一次开玩笑地问起，而且至今都不知道那个人是谁。

哈里·罗森菲德后来说，这种对细节的关照和对自身严格标准的执行，帮助我们制作了"我所经历过的持续时间最长、错误量最少的新闻报道，以后应该也难有超越"。

我们10月份的报道和哥伦比亚广播公司播出的节目所产生的影响持续发酵——影响了尼克松及其政府，也影响了我们自己。大量证据表明，一场运动正愈演愈烈，其意图便是瓦解公众对《邮报》和其他任何被视为对政府怀揣敌意的新闻媒体的信心。即便是在最好的情况下，调查这个由罪恶、金钱和阴谋编织的复杂网络都已经太过艰难，而如今，总统和政府明目张胆的威胁和百般阻挠只会令事情更加棘手。《星报》记者援引查克·寇尔森的话说："等大选的事情一完结，我们就真的要让《邮报》见鬼去了……准备好版面吧，因为我们就要用新闻来填塞它了……而这只不过才刚刚开始。此后，我们会变得真正强硬起来。他们会在L大街上哀求，希望从未听闻过'水门事件'。"

我尤其厌恶那种将整个争端个人化的报道，它们暗指是某种私人恩怨破坏了《邮报》和政府的关系。我已经听闻了许多千篇一律的流言蜚语，涉及的是我对尼克松的看法，正是参议员多尔的推波助澜使这样的谣言一度甚嚣尘上，他指控说我告诉好友自己痛恨尼克松，还四处宣扬此事。多尔进一步说，这就是为什么《邮报》要撰写那么多"水门事件"的负面新闻。

说我们故意责难尼克松，对他和共和党人怀恨在心，这样的假设和想法令我深深为之憎恶。许多人误解了《邮报》的角色，认为我们从"抨击总统和共和党人"或"榨干他们最后一滴血"中获取了某种享乐，这样的想法我听过不止一次。这根本不是我们的目的或意图，我们也从中没有获取任何乐趣。我写信给某个人说，"这是我们所拥有的唯一政府，倘若不必报道此类事情，我们会快乐许多。"

令人难以置信的是，我仍旧不时会和约翰·埃利希曼联系，因此，大选前一天，我写信给他说：

> 不久前你越过藩篱为我带来一则消息，我非常感激。下面是我想要传达给你的消息。
>
> 过去几周里各种各样的指控漫天飞舞，其中有许多令我深感困扰，因为它们普遍误解了《邮报》刊登这些报道的目的。不过，它们之中没有哪一个比参议员多尔的控诉更让我心神不安……他说《邮报》在特定实质性问题上的立场由我主导，目前的局势源自一则简单的事实，即我"仇恨"总统。
>
> 这样的"秘闻"有太多的漏洞，让人不知道该从哪里着手纠正它们。然而，我首先要阐明事实：我根本无法想象曾经发生过这样的事情，或曾经表达过如此幼稚且愚蠢的观点，因为我根本就不是这样认为的。
>
> 我希望你知悉这一点。此外，我还想要你知道，谎言不止于此。还有传言声称，出于某种原因，社论在公共问题上采取的立场以及新闻的选择，都是建立在发行人个人的主张和好恶上。这并非事实，即便那些归于我身上的好恶——不包括我对总统的所谓的毫无缘由的"仇恨"——可能是真实的。
>
> 《邮报》上刊登的内容不是我个人主张的反映。而且，我还要说，过去几个月里，我始终为报纸的表现而感到由衷的骄傲——这个时间段也许会引发争议——但这并不是因为它满足了我个人的喜恶爱憎。骄傲源自我的信念——编辑和记者们践行了最高标准的职业责任和职业道德。
>
> 在这一点上，我知道我们存在分歧。我给你写这封信，是因为觉得在这些方面，我们之间已经有太多显著而坦诚的分歧，不需要再覆盖一层有害无益且危险消极的私人仇怨。我，身为其中一方，没有怀揣这种仇怨，也不希望看到错误的引证持续存在下去（自我的角度观之，似乎是这样的）！

我写给埃利希曼的话全都是肺腑之言。我隐约记得曾经对斯图·艾尔索普说过，随着时间的推移，我对尼克松的观感不可避免地滑向了消极，但对于身为政治家的尼克松,我没有这样的私人感情,也无法想象曾经说过类似多尔在演讲中引用过的话,更遑论我对总统的观感会影响《邮报》的编辑与记者。

《邮报》社论版主编及其副手和撰稿人确实不同意乔治·麦戈文的观点和政策,但社论版在没有为谁背书的情况下,似乎言辞含糊地支持了麦戈文,其中部分原因在于它太不赞同尼克松了。候选人麦戈文曾经只是试探性地利用过"水门事件"的报道。讽刺的是,他同样认为《邮报》对自己的报道不够充分、准确和公正——无论在何时何地,几乎所有候选人对每一家报纸都会有这样的感受。

尼克松总统毫无悬念地以绝对优势再度当选,赢得了 61% 的选票,并在 50 个州中的 49 个州获胜——证明了"水门事件"的影响力是多么微不足道,也证明了白宫中以及其他地方与总统有来往的那些恼羞成怒、怀恨在心的人多么势力庞大。然而,尼克松并不安心于到手的胜利,并投身于团结国家的工作,而是立刻挟私报复,巩固权势。他在同政府官员举办的庆功晚宴上发表演讲,数次提及《华盛顿邮报》。他要求政府中的所有高层官员辞职,然后着手替换任何可能暗中不支持他的人——即便是"优秀的共和党人"。彼得·彼得森成了首当其冲的受害者,选举过后,他被客客气气地解雇了。当时,《华尔街日报》刊登了一篇文章,公开了萦绕于我们所有人心中的疑虑——彼得森可能是被白宫的核心集团捅了刀子。文章引用白宫内部人士的话说,"你怎么可以信任一个和凯·格雷厄姆共进晚餐的家伙?"汤姆和琼·布雷登为彼得举办了欢送会,《邮报》的萨莉·奎因对此进行了报道。彼得受够了政府的百般责难,在欢送会上发表了极为不敬的祝酒答谢辞。他说自己被带到"戴维山"(Mount David),在忠诚度测试中被盘问可疑好友的事情。奎因记述说,"最终,彼得森告诉来宾们,他没能通过体能测试。他的小腿太胖了,无法在立正时让脚后跟发出咔嗒声。"

就在选举过后,《邮报》与总统之间的不愉快氛围达到了极致,"水门事件"的报道也干涸断流了。没有新内容可供报道的事实助长了一种观点,即整个报道从一开始就怀揣着政治目的——《邮报》为影响大选,而对总统展开的毫无根据、心存偏见的攻击。

菲尔·盖林说,唯独这一次,本真正要求他考虑着就这一主题撰写些社论:

第二十三章

"他告诉我，'倘若你只是应景地写篇社论，谈谈调查究竟出了什么样的问题，为什么没有取得进展，是没有什么害处的。'"

社论的确发表了。至于新闻方面，哈里·罗森菲尔德对伍德沃德和伯恩斯坦纠缠不休，讨债般逼迫他们深入挖掘，让报道延续下去，他们自然照办了。在报道停滞不前时，本针对这段时期表达了一些观点，并记录在了文件里；后来，我还为这份文件添加了些注释。本的评论反映了他始终如一的态度："低调姿态就是一坨屎。"

那年秋季，选举过后，我开始发表更多演讲以捍卫整个媒体界，尤其是《邮报》，部分原因是为了回应一场逐步升级的运动，我们感到这场运动的意图就是玷污《邮报》的声誉。最早的几次重要演讲中，有一次演讲的对象是旧金山联邦俱乐部（San Francisco Commonwealth Club），那是相当保守的团体。梅格率队撰写演讲稿，其内容强调了捍卫新闻自由的重要性。我对演讲之后的提问环节有些恐慌，担心会被问到"水门事件"的细枝末节，担心自己不知道所有参与其中的人或与之相关的各类事件。梅格给了我一份这些复杂事件的年表，年表由民主党全国委员会整理记录。我把它带在了身上，准备在飞机上仔细阅读。搭上这架长途飞行的飞机后，我坐下来开始浏览文件，但很快就睡着了。着陆时，我醒了过来，一名男子从我身旁的通道经过时弯下身子说道，"你好，格雷厄姆夫人，需要我帮你拿行李吗？"我抬起头与参议员多尔四目交接，立刻便被吓得怔住了，担心他已经看到我在研读民主党准备的文件；他曾指责我们报道"水门事件"的原因在于我痛恨尼克松，而此时距离那次指责还没过去多久。不过，他要么是没有注意到文件，要么是出于礼节，总之对我非常友好，陪伴我下了飞机，也的确帮我拿了行李。我们愉快地交谈着，最终我鼓起勇气说，"顺带提一下，参议员先生，我没说过我恨尼克松。""哦，你知道，"他漫不经心地回答说，"竞选期间，他们会把这些东西放到你手上，而你只能照着念。"他的回应让我错愕不已，如此轻描淡写地否认了对我们《邮报》所有人，尤其是我，造成严重影响的事情。

与此同时，政府授予了《华盛顿星报》一次独家采访的机会，它掀起了一场针对我们的（勉强称得上的）抵制活动——确切地讲，就像匿名白宫助理告诉《时代》杂志，"要排挤《华盛顿邮报》"一样。《时报》报道说，他们的想法是"我们怎样才能最大程度地损害《邮报》？"我们拨出的电话不会有人接听，在任何方面都不会获得工作性质的待遇；政府官员不会来出席编辑午餐会，当然也不会来我家吃晚餐。一种极为荒唐、卑劣和不可思议的报复方式出现了，政府拒绝接纳我们魅力四射、颇受敬重和爱戴的资深社会新闻记者桃乐丝·迈卡多，不让她报道各类聚会，让她独自冷坐在记者室里，还一次又一次地阻挠她参加社交活动，而她当时已经68岁的高龄了。这一策略产生的效果适得其反，因为在华盛顿新闻团体的同行中，桃乐丝很快变成了女英雄式的人物。事实上，《星报》仗义勇敢地刊登了社论，支持我们并反对禁令，声称倘若《邮报》不能报道这些聚会，《星报》也不想得到任何偏袒：他们的社会新闻记者伊莎贝尔·谢尔顿（Isabelle Shelton）会和桃乐丝一起坐在记者室里，拒绝参加所有桃乐丝无法出席的活动。我写信给纽伯尔德·诺伊斯（Newbold Noyes），感激他"发表了我作为竞争者所能够想象到的最具善意的慷慨、落落大方的声明"。我还在信中说，"有一点至关重要……考虑到正在发生的一切，我们要让当权者知道，我们重视新闻行业的道德标准，并且会同舟共济，彼此扶持。他们离间和击败我们的意图异常明晰。"

几周之后，大卫·布罗德在《邮报》发表文章称，现任司法部长理查德·克莱因迪恩斯特表示，"他认为《华盛顿邮报》在报道'水门事件'过程中有夸大其辞和扭曲事实之嫌"。克莱因迪恩斯特还说他已经告诉我，政府禁止《邮报》记者出席白宫的某些社交活动所造成的不公，根本比不上《邮报》在报道"水门事件"时对政府造成的不公。布罗德的文章中引用了克莱因迪恩斯特的一段话："我告诉她，'不要太过烦恼。你掌控着一家伟大的报纸。继续干吧，照你喜欢的方式经营它。但倘若总统有些不快，进而对你做了些不体面的事情作为回应，请不要感到惊讶。'"

实际上，政府正在做一些手段卑劣的事情作为回应。暗中破坏媒体的信誉正开始成为蓄意为之的政策，而事实也证明，政府有绝佳的理由这么做。此外，尽管没有太多确凿的证据，我们《邮报》的这些人非常清楚自身就是尼克松和政府报复的对象。

第二十三章

11月13日，寇尔森再次攻击《邮报》，点名批评本·布莱德里："意图颠覆一场政治活动的全部进程，而它只不过是场虚幻的白日梦，一部发行量与《飘》相当，粗鄙程度不输于《波特诺伊的怨诉》（Portnoy's Complaint）的小说作品……如今，布莱德里先生视自己为自封的领袖……率领着一小撮边缘又自大的精英人物，以怪僻的世界观侵蚀着美国新闻业的健康主流。"后来，我们从"水门事件"的起诉书中得知，这次事件仅仅过去两天后，寇尔森与霍华德·亨特有过一次电话交流，主题就是必须给正遭受审讯的被告更多的金钱。

我们后来还得知，尼克松曾一度有意让理查德·梅隆·斯凯夫（Richard Mellon Scaife）收购《邮报》。据记者尼克·莱曼（Nick Lemann）所言，斯凯夫是位"右翼匹兹堡百万富翁"，而正是莱曼发现了埃利希曼某次与总统会面时记录的笔记。1972年12月1日，埃利希曼与尼克松会面时记录一些笔记，这些笔记作为证据出现在了尼克松档案馆（Nixon Archives）里："《邮报》。斯凯夫将会出价收购它。（资产）。倘若她（60%，她控制了这么多份额的A类股）拒绝，流通股SH（股东）会提起诉讼。总统不能和他说话。"

12月4日，白宫演讲稿撰写人帕特·布坎南（Pat Buchanan）的助手肯尼斯·卡奇吉安（Kenneth Khachigian）寄给布坎南一份备忘录，详尽细致地阐述了要针对《邮报》做些什么："寇尔森今早打来电话，说明了总统想要实施的方案。"备忘录继续写道：

> 他们想要一篇长文，揭露《华盛顿邮报》针对RN（理查德·尼克松——译者注）说过的最恶劣的话，诉诸人身的诋毁。
>
> 文章应该追溯至50年代，指明他们对RN恶毒的敌对。主线理应是：《邮报》1972年积怨已久的报复行为是挫败感的终极体现。经过了对RN年复一年堆砌如山的嘲弄和谩骂，公众却是以倾倒一切的态势支持着RN——这是《邮报》所无法容忍的；愈发尖锐的态度以及对"水门事件"不负责任的报道，正是由此而来。
>
> 寇尔森说文章需要具备"屠夫般的品质"——也许可以交由《纽约时报》杂志发表。

显然，《邮报》和尼克松政府之间的敌对氛围先于"水门事件"而出现。1969年和1970年，我同副总统阿格纽展开激烈较量，它成为了这种怨恨情绪的一部分。1970年的多份备忘录后来曝光了出来，它们尤其阐明了政府对《邮报》的厌恶和伤害我们的意图。

例如，尼克松1970年发表国情咨文后，政府审查了论调相左的社论和专栏，之后，白宫中的某位幕僚给约翰·埃利希曼寄去备忘录，说道："以下报纸和专栏作家是不受欢迎的。他（尼克松）强调说，我们不应该让工作人员浪费一丁点时间在他们身上：《纽约时报》《华盛顿邮报》《信使报》（Courier）《路易斯维尔信使日报》《纳什维尔田纳西人》（Nashville Tennessean），《波士顿环球报》（Boston Globe）的马丁·诺兰（Martin Nolan）以及《快邮报》（Post-Dispatch）的理查德·达德曼（Richard Dudman）。"

接下来的一个月里，哈尔德曼为助手杰布·马格鲁德（Jeb Magruder）草拟了一份备忘录："现在，我们必须全力以赴，采取一切有效手段让他们工作起来，在反击行动中炮轰这些杂志和电视网……将此次行动集中在名单中的少数几个地方，包括全国广播公司、《时代》《新闻周刊》《生活》《纽约时报》以及《华盛顿邮报》。不要将你们的炮弹浪费在其他刊物上。"

还有一位匿名人士寄给了马格鲁德一份谈话文件，阐述了意图针对《邮报》采取的行动：

1. 安排某个人去《华盛顿邮报》激怒凯·格雷厄姆。每天打电话或写信，立场姿态是我痛恨尼克松，但由于你持续不断的批评太过幼稚、荒谬和鲁莽，你正在损害我们的事业，也毁掉了你的信誉。

2. 莱恩·诺夫茨格（Lyn Nofziger）应该和白宫的人制定计划，写封联名意见书给《邮报》，说我们居住在华盛顿特区，看特区的报纸，但幸运的是我们阅读家乡的报纸；然而，令我们深感震惊的是，相较于全国的其他地方，华盛顿人民阅读到的新闻报道充满了偏见，诸如此类……

两个月后，1970年5月，尼克松亲自披挂上阵。他寄了份备忘录给哈尔德曼：

第二十三章

我想要你和克莱因以及泽格勒谈谈，阐明对付《纽约时报》和《华盛顿邮报》的一些要求严苛的指示。我会详细说明这些指示，接下来的60天里，我希望它们能够被精准地执行。

关于《华盛顿邮报》，我重申两周前下达过的命令，这个命令仍未被执行。无论何种情况，泽格勒都不得接见《华盛顿邮报》的任何人，白宫中的所有工作人员都不得接见《华盛顿邮报》的任何人，或回复他们的任何电话。他们应当被当作普通记者团的成员对待。这包括基尔帕特里克、奥伯道夫和其余所有人。我知道常常会有争论，而焦点不过是奥伯道夫十次中给予我们的那一次正面报道。我现在重申这项命令，我希望它能够得到彻底贯彻执行——冷酷无情地对待《邮报》，对他们所有人都要采取这种对待方式……倘若有任何例外情况，你们应当直接向我提出，我会逐一给出意见，但无论情形如何，我们的任何工作人员都不能够擅自违背命令。与此同时，我想要让《华盛顿星报》《华盛顿每日新闻》《纽约每日新闻》《芝加哥论坛报》，以及目前的《洛杉矶时报》和其他能够与《纽约时报》及《华盛顿邮报》竞争的报纸继续获得特殊待遇，只要泽格勒和克莱因还判定它们符合我们的利益。他们不会同意这项政策，但这是我经过深思熟虑做出的决定，我想要它得到执行。

所有这些就是"水门事件"逐步展开时的背景状况。不过，我们直至那时所承受的压力，与后来的相比根本微不足道。1972年10月27日，哥伦比亚广播公司的第一篇报道播出当天，寇尔森给另外一位白宫幕僚寄去了备忘录："请帮我核实一下，华盛顿邮报公司何时需要续签旗下电视台的许可证。我要制定接下来的计划。"于政府而言，巧合且幸运的是，佛罗里达州续签电视台许可证的截止日期是1973年1月初，而寇尔森非常清楚，这些许可证就是政府可以伤及我们的直接方式。"水门事件"期间，公司遭受的所有威胁中——破坏我们的信誉的种种做法，心胸狭隘的怠慢行为，以及对我们的竞争对手的偏袒——最具实际效果当属对我们在佛罗里达州的两家电视台的许可证争夺。1972年12月29日至1973年1月2日，杰克逊维尔有三份不同的申请书入档，迈阿密有一份申请书入档，而这并非巧合。我们很容易便能得出结论，这四份申请书根本就是精心安排的。佛罗里达州有30多家电视台需要续签许可证，我们是仅有的遭遇竞争的电视台——创造了某种形式的纪录，尤其是对于我们这种新闻报道和公共服务在美国名列前茅的电视台。

到了此时，我们《邮报》已经陷入了重重围攻，我和公司的大多数人都认为，这些诘难是那些支持尼克松甚至与总统竞选委员会有关的人纯粹出于政治动机而发起的。白宫是否鼓励甚至主导了这些责难？从此后浮现出来的所有威胁言论和备忘录来看，我很容易断定，尼克松及其共谋者就是幕后主使，但我们却从未发现直接指明这种关系的书面记录。也许我们不必寻找记录，因为许多重要人物都与白宫或总统竞选委员会关系密切。

毫无疑问，竞争者的动机复杂多样——水中血战（blood in the water），胜利唾手可得的想法；尼克松掌控了联邦通信委员会（FCC），可以想见他们会觉得时机正好。由于我们的新闻机构在杰克逊维尔尤其强势和活跃，某些竞争者会有所不满，即便不是真正的厌恶，此外，管理这座城市的保守团体并不乐见我们的蓬勃发展。我们能够看出，为什么某些组织不喜欢这两家电视台的所作所为：在推动佛罗里达州通过"公司所得税法案"和"阳光法案"（sunshine law，指通过法律建构官员财产公示制度，它所涉及的不仅是社会对于公权力的监督与制衡，也关联着政府治理类型的转换——译者注）过程中，两者发挥了举足轻重的作用。

同样毫无疑问的是，某些竞争团体误解了联邦通信委员会复杂的决策流程，低估了牵涉其中的法律成本。竞争团体们几乎没有任何电视广播经验。当然，这些团体会担保说：为了增添多样性，少数团体需要参与其中，他们将从分得的少数份额中获取巨大收益。这些团体有一个共同特征：它们都竭力将自身描绘为有公共意识的本土小团体，而对手则是大型的跨州企业集团。这就允许挑战者以合理正当的姿态现身，与之相对的便是我们在两个城市被打上的"外来者"烙印，即便我们已经在杰克逊维尔经营了20年，而且我丈夫的家族长期以来都是迈阿密的杰出市民。具有高尚愿景的宣言数不胜数，请求将这些电视台交由当地人经营，但意味深长的是，纽约的拉斯特克拉夫特广播公司拥有的电视台却未曾遭遇任何挑战。

第二十三章

在杰克逊维尔，佛罗里达电视广播公司是竞争者之一，其最大股东是乔治·钱皮恩（George Champion）。钱皮恩与尼克松过从甚密，1972年尼克松竞选连任期间，钱皮恩一直是佛罗里达州最主要的竞选资金募捐者。艾德·鲍尔（Ed Ball）也是该公司股东之一，他势力强大，是1972年"民主党支持尼克松"（Democrats for Nixon）全国委员会副主席的亲密生意伙伴，也是佛罗里达州最富有的金融家。

另一家抢夺许可证的组织是跨佛罗里达电视公司，公司成员包括格伦·赛达姆（Glenn Sedam），他是总统竞选委员会前任法律总顾问，也是1973年总统就职典礼委员会（Presidential Inauguration Committee）的法律副总顾问。

第三家组织是圣约翰广播公司，由一群仓促聚集在一起、对广播一无所知的商人组成。

在迈阿密，尼克松的密友克伦威尔·安德森（Cromwell Anderson）是一家竞争团体的领导人。1969年末，他参与了针对WPLG的经营许可证的抢夺，七个半月后，许可证申请被撤销，依照联邦通信委员会的规定（当时适用，如今该规定已经失效），《邮报》—《新闻周刊》电视台（Post-Newsweek Stations）同意向申请者支付6.7万美元的诉讼费。如今，他又率队发起了另一场申请。安德森曾是尼克松的邻居，向尼克松出售过比斯坎湾的资产，还为他引见了比比·雷博佐（Bebe Rebozo）。迈阿密的这家团体的另一位成员是爱德华·克劳顿（Edward Claughton），1972年共和党全国代表大会期间，阿格纽曾经住在他家。1972年9月，安德森开始采取行动对抗我们在迈阿密的电视台。恰巧在同一月，尼克松（后来我们从磁带中获知）表示，《邮报》将会在续签许可证上遭遇"麻烦至极的问题"，白宫最初公开的录音带里，这一段内容被剪去了。令我伤心的是，菲尔的旧友乔治·司马萨（George Smathers）以及乔治的兄弟弗兰克与迈阿密的竞争者们结成了同盟。

正当抢夺许可证的斗争全面展开时，诺姆·戴维斯（Norm Davis）去WPLG担任了吉姆·莱纳（Jim Lynagh）的副手。他们两人决定和竞争者们见上一面，一探虚实。然而，他们听到的却只有尖锐的辱骂和讽刺，主要针对的都是我，其中还有人称呼我为"母夜叉"。"他们甚至根本就不认识您，"诺姆回忆说，"他们谁都没有见过您,但在他们心中,您就是在幕后操纵一切的邪恶女人。"

我的大部分时间、精力和情感能量都被这类威胁活动所占据,不断听闻不同团体的某些有权有势之人抱怨,他们还扬言要加入竞争者的队伍。我不止一次飞抵杰克逊维尔,和这类人会面,以竭力平息针对我们电视台的消极情绪。

凡是有益于电视台的事情我都愿意出力,因此,当在杰克逊维尔仅余的几位好友之一、谦逊的共和党公民领袖罗杰·梅因(Roger Main)打来电话时,我高兴之极。他是圣卢克医院协会的主管,协会年度晚宴的演讲人突然不能出席;而令我惊讶的是,他请求我帮助邀请克莱因迪恩斯特前来演讲,如果克莱因迪恩斯特不行,就邀请众议员格里·福特(Gerry Ford)。克莱因迪恩斯特始终对我相当友好,这样的政府官员为数并不多,因而我决定试一试,结果他应承下来了。罗杰·梅因邀请我出席在杰克逊维尔市政礼堂举行的这场晚宴,我欣然应允了——借此见见整个协会的人。然而,这个夜晚过得并不轻松。只有罗杰和另一位好友埃德·莱恩(Ed Lane)对我称得上彬彬有礼。我费尽心思,熬过了接待会和晚宴,但在晚宴后,协会的重要人物向我道别,带着克莱因迪恩斯特去了别的聚会,由此可见,为对方找来演讲人并没能为我赢得多少尊重。

竞争者的时机选择令他们具备了强大的潜在破坏力,他们出现之时不仅"水门事件"正是紧要关头,而且距离五角大楼文件案和我们公开上市也才刚刚过去一年半。更为重要的是,弗里茨一直辛苦经营,试图在康涅狄格州哈特福德市拿下第四家电视台。我们自然很担忧,卖家旅行者保险公司(Travelers Insurance Company)会在这些责难面前踌躇不决,令交易无法达成,不过旅行者公司信守了诺言,没有犹豫。那家公司与弗里茨的关系异常牢靠,交易最终完成了。

自"水门事件"的角度观之,这些责难出现的时机正值大选过后,报道资源枯竭断流之际,此时,我们都在为线索的丢失焦虑不已。其他人也都在等待结果。在压倒性的选举胜利过后,政府的权力和愤怒一并达至了极点,而我们则虚弱不已。争夺许可证期间,我们的公共立场始终是坚信会成功续签。实际上,我们的自信有理有据:在每家电视台,我们都有强大的地方管理层,而且重视新闻的独立性和编辑的判断力。佛罗里达的两家电视台都因其正直和高品质的节目制作而享有无可挑剔的名誉。我们符合甚至超过了联邦通信委员会制定的优秀电视台的全部标准。我个人觉得我们无须忧心的一个理由是，我想象不出联邦通信委员如何夺走我们的许可证，同时又不会让全国的每家电视台感到人人自危，或者至少不会让他们感到紧张不安——包括尼克松的好友和仰慕者——因为我们将这几家电视台经营得如此出色。然而，我们尽管相信这些挑战毫无依据，但还是惶惶不安。其中最恶劣的影响便是我们的股价应声下跌，竞争者出现的最初两周，股价自38美元降至了28美元，之后又一路降到了16、17美元，公司市值缩水了一半多。公司财务也受到了直接影响，在两年半的许可证争夺过程中，我们累积支付了100多万美元的诉讼费用——对于我们这样的小公司而言，这笔费用远远超出了我能承受的水平。

那些努力经营电视台的人因为这种悬于头顶的威胁、充满敌意的环境而遭受的负面影响，同样无法忽视。我们竭力安抚他们，让他们一如既往地努力工作，但在如此情形下，做出决定异常困难。在两家电视台，我们都无法再轻易招募到员工，因为人们对于几个月后谁能持有许可证心怀疑虑。我们还很难播出夹带主张的评论，知道它们会被利用来对付我们。

数个月来，华盛顿邮报公司始终受公众瞩目，我对此当然很不适应，受关注的方式也并非我们所希冀的。我们并不渴求出名，它是被强加给我们的。当时，《新闻周刊》召开了一次销售会议，我说如今的情形让我想起了一个老故事。有名男子被涂上了柏油，贴上了羽毛，还被人用杆子抬出了城；有人问他感受如何，他说，"撇开出名一事不谈，我宁愿走着出城。"

1973年初，我愈发焦虑不安，觉得除了编辑外，还应该见见伍德沃德和伯恩斯坦。令人惊讶的是，到此时——报道已经持续了七个月——我和这两位记者还未曾谋面。于是，1月15日，我、鲍勃以及霍华德坐下来吃了顿午餐（卡尔出城了）。午餐后，依照一贯的作风，鲍勃下楼直接去了新闻编辑室，详尽地记录了我们说过的话——甚至记下了我们吃过的食物，主菜是火腿蛋吐司，后来，我们因此将聚会称为"火腿蛋吐司午餐会"。

我对整个"水门事件"的忧虑显而易见。"真相会水落石出吗？"我焦急地问道。"我是说，我们最终会知道事情的来龙去脉吗？"伍德沃德记下了这些问题，还写道这就像是在委婉含蓄地询问，"你们这两个小子对我的报纸都做了些什么？"他当时告诉我，他们无法肯定事情最终能否水落石出，"沮丧的表情浮现在了她的脸上。'永远不会吗？'她问道，'不要告诉我永远都不会。'"

同样是在这次午餐期间，伍德沃德告诉我，他没有对任何人提起过"深喉"的真实身份。"告诉我，"我立刻说道，接着，在他僵住的同时，我笑了，碰了碰他的胳膊，说我不过是在开玩笑而已——我并不想要背负上这个秘密。他坦言已经做好准备，如果我坚持的话，就会向我透露名字，但内心祈祷着我不会向他施压。这次午餐会让我安心了许多——或者，至少我表现出了放下心来的样子——但我还是有些不安。回首往事，我惊讶于自己甚至没有惊慌失措。

1973年1月8日，"水门七犯"（Watergate Seven）的审讯开始了，气氛异常紧绷。寇尔森在华盛顿四处游说，拜访我们的广告商或投资人。我在华尔街的好友安德烈·迈耶（André Meyer）与政府关系密切，他打电话让我去见他。我见到他后，他嘱咐我万事小心——就像电影中的情境——还提醒我，"不要孤身行事。""哦，安德烈，"我说，"这真的太夸张了，我不会出事的。"

"我是认真的，"他说，"我和他们谈过了，所以现在提醒你不要单独一人。"安德烈从未解释过他的忧虑源自何处，但我完全意识到了他有多么郑重其事。许多个夜晚里，我忧虑不安，彻夜难眠，尽管忧心的不是我的人身安全。不只是名誉，《邮报》连最基本的生存问题都岌岌可危。之前，我一直忍受着白宫的怒火，但却从未见过像如今这样的暴怒和激愤远远地冲着我们而来。有时候，我们似乎真的应该担心某种匪夷所思的卡夫卡式（Kafkaesque，人在遥远而荒诞的、强制性的外力面前孑然无助——译者注）情节会出现——我们正在被引向一条令《邮报》声名扫地的道路。

焦虑的感受愈发强烈，也愈发频繁。毫无疑问，由于报道屡屡遭到言辞激烈的否认，我们忧心忡忡。看起来，即便是我们也长时间地低估了政府掩盖和歪曲事实的能力。最终，一系列有利于我们的事件曝光了出来。审讯开始三天后，霍华德·亨特承认了被指控的其中六项罪名。四天后，其他窃贼也相继认罪。1月30日，里迪和麦考德被判有罪，但坚称没有大人物涉案，也没有收受任何金钱。事实上，亨特一直催促窃贼们认罪服刑，还向他们保证会照顾他们。

第二十三章

临近 2 月底时，我们《邮报》的五人收到民事传票，要求我们到美国地方法院（U.S. District Court）出庭，证实我们在民主党向总统竞选委员会提起的民事诉讼案件中提供的资料。传票要求我们准备好完整的资料，包括"水门事件"的档案、文件、信件、照片、录音带、手稿、笔记、复印件和全部报道的最终定稿。本·布莱德里指出，他们要求我们带上"除口袋里的线头外的全部东西"。我的名字被拼错了，但我确实被传讯了，随同我一起的还有伍德沃德、伯恩斯坦、霍华德·西蒙斯和另一位记者吉姆·曼（Jim Mann）；吉姆撰写过"水门事件"的早期几篇报道。我们的律师决定将记者的某些笔记交给我。布莱德里安抚伯恩斯坦和伍德沃德说，我们会把这场官司打到底，还补充道：

倘若法官想要把任何人送入监狱，那么，他将不得不送格雷厄姆夫人进去。还有，天啊，格雷厄姆夫人竟然说她会去！这样一来法官可能会感到愧疚。你能想象她的豪华轿车停在女子拘留中心，我们的女士走下来，进入监狱支持《第一修正案》吗？这个画面会登上世界各地的每一家报纸。可能会掀起革命。

伍德沃德一度见到"深喉"，后者告诉他，这些传票是尼克松对《邮报》大发雷霆的结果，尼克松将使用竞选时留下来的 500 万美元"挫挫《邮报》的锐气"。"你们会受尽折磨，但终点的曙光已经显现了，""深喉"说道。

最终，传票被撤销了，但我们已然为此耗费了巨大的精力和财力。这段戏剧性的插曲颇为紧张激烈。我写信给好友："对此事的震怒消失在了荒唐之感中。"我还提到说，《邮报》的某位没有被传唤的编辑据说正因为"传唤嫉妒"而痛苦。

此次诉讼案中，政府还对爱德华·威廉斯的律师事务所造成了沉重的打击。当时，这家律师事务所只有 25 名律师，其中有五人是卡车司机工会的代表律师。民主党对总统竞选委员会提起诉讼后，卡车司机工会的主席告诉爱德华，这场诉讼展现出了相当拙劣的判断力，也会令律师事务所的判断力遭受质疑。爱德华回答说，"没有谁可以指点我们选择什么样的客户。"结果，卡车司机工会转走了它的业务。

与此同时，我们身边聚集了越来越多的支持者，尽管我们可能都没有意识到。其中一名重要支持者是美国地区法院法官约翰·西里卡（John Sirica），他说很不满意在自己法庭上揭露出来的"水门事件"的整个过程。同样至关重要的是，参议院以70票赞成、0票反对的结果，决定成立委员会来调查"水门事件"以及其他可疑的竞选舞弊行为。

我代表《新闻周刊·国际版》（Newsweek International）出访远东地区，在香港时接到了一个重要电话。霍华德·西蒙斯打电话告诉了我一个惊人的消息，詹姆斯·麦考德写信给西里卡法官，指控说"水门事件"审理过程中有人作伪证，有人向被告施压，要求他们认罪并保持缄默，政府高官的确牵涉其中，此外，"我的好几位家人都担心，倘若我揭露这件事的真相，我的生命会受到威胁。"麦考德同意坦白对原初窃案所知道的一切，以获取宽大处理。

真叫人欣慰！或者，正如本后来写道的那样，"瞧！这是此案乃至整个事件的首个真正的转折点，从那一刻起它改变了'水门事件'丑闻的报道，也改变了后续报道的本质。"麦考德的信确认了我们的报道，令我们说过的话听起来更加可信，也在某种程度上改变了报纸以及我自身的形象。突然间，人们发现有证据支持我们的报道，证明我们所言非虚。过去漫长的几个月里，我们不断寻找真相，如今新闻界陆陆续续地加入进来，开始成群结队地掘地三尺以搜寻线索。《邮报》不再是孤身一人了，尽管我们仍旧冲在最前线。在报道"水门事件"上，我们遭遇了越来越多的竞争对手，有其他报纸，也有新闻杂志，包括《新闻周刊》，它开始制作一期又一期的封面报道。

后续发生的诸多事情，都源自麦考德的信——《邮报》的知名度的提升，我更加引人瞩目的公众形象，更多的演讲和采访邀请。这一切在当时令我惊讶，后来又让我担忧。麦考德的信公之于众时，我尚在亚洲之行途中，因而我的行程如同受到了炮火的洗礼，整个远东地区的新闻媒体访谈邀请蜂拥而至。不过，鉴于此行的目的是推广《新闻周刊·国际版》，我欣然接受了越来越多的演说机会。

3月底，我结束亚洲之旅回到美国，政府掌控的局势也开始分崩离析。亨利·基辛格回忆说，此后不久，他开始意识到"水门事件"是真实的，不会自动化为乌有。由于一直无法弄清我们的报道是否准确，亨利曾经最担忧"水门事

第二十三章

件"对于外交政策的发展，以及政府开展外交政策的"灵活手腕"的影响。早些时候，他和乔·卡利法诺共进午餐时问道，"你们民主党人现在会做些什么？"乔回答说，"我们要查清楚'水门事件'的真相。"接着，亨利去找了哈尔德曼和埃利希曼，问道，"他这话什么意思？"两人的回答是："那不过是胡思乱想。"

然而，许多事情正在白宫的幕后进行着，8月30日，约翰·迪安被解除法律顾问一职，同时多人宣布辞职。新任司法部长艾略特·理查德森（Elliot Richardson）获得授权，任命了一位特别检察官（special prosecutor）。当晚九点，尼克松出现在了电视上。新闻编辑室里的电视机并不多，因此，我们许多人，包括伍德沃德和伯恩斯坦，挤到了霍华德·西蒙斯的办公室收看尼克松的演讲。整个"水门事件"期间，有许多次我都只想要和好友们待在报社，经历最紧张炽烈的时刻，而这便是其中之一。伯恩斯坦和伍德沃德记录下了一切事情，甚至记述说：尼克松出现了，坐在了他的桌子旁，桌子一边放着家人的照片，另一边放着林肯的半身像，此时我说道，"天啊，这太过分了。"

在演讲中，尼克松承担起了"水门事件"的责任，但没有接受人们的指责。他诉诸惯用的套话："于我而言，最简单的做法就是谴责那些我委以重任去开展竞选活动的人，但那是懦弱之举……是体制导致了这样的现实……在这个案件中，体制包括毅然决然的大陪审团、诚实的原告、勇敢的西里卡法官以及自由激情的媒体界。"电视讲话结束后，尼克松不必要地顺便访问了白宫记者室，说道，"我们曾经各执一词，以后你们倘若觉得我错了，请尽管继续痛骂我。"

这一切在新闻编辑室掀起了轩然大波。霍华德·西蒙斯对员工们说，"现在还不是洋洋得意的时候。"我深以为然。"水门事件"不再是《邮报》的孤独舞台，我们为自己曾经的表演深感自豪，但这个事件如今正踏步向前，演变为国家的悲剧，我们没有丝毫夸耀自身角色的冲动，尽管完全有理由为洗脱冤屈感到宽慰。

PERSONAL HISTORY

第二十四章

我们在"水门事件"中深陷困境之际,我个人也厄运连连,因为挚爱的同事弗里茨罹患癌症,身体每况愈下。1973年4月的最后一天,弗里茨病重住院。他在病床上收听了尼克松的讲话。他的妻子莉亚妮后来告诉我,演讲中,尼克松承认负有某些责任时,弗里茨一度举起手臂,拳头指向前方。据莉亚妮所说,"他的脸上浮现了骄傲的笑容,'谢谢,谢谢!'他满腔热情地喊道,'太好了!万岁!'这是弗里茨最后一次向《华盛顿邮报》致意!是的,他完全清楚发生了什么!他在那里眉开眼笑了一小会儿——为整件事,也为你们所有人感到兴奋和激动。"次日早晨,弗里茨去世了。我们的报道被证实和弗里茨去世两件事情同时发生,令我的满足与喜悦混杂了深切的悲伤与失落。

第二天的新闻发布会上,罗纳德·泽格勒向《华盛顿邮报》全体人员道歉,并为早前批评伍德沃德和伯恩斯坦的报道,而特别向他们两人致歉。泽格勒的声明令我们所有人惊讶不已,同时也表明了他是在多大程度上受命于人。鲍勃立即打电话给他表示感谢,泽格勒回复说,"我们都有分内的工作要做。"我向打来电话的记者发表了声明,说我们感激并欣然接纳了泽格勒的道歉。"声明措辞大方;做法得体。我很愿意接受它。"

弗里茨去世后仅一周,《邮报》凭借报道"水门事件"的功绩赢得了普利策

527

奖。伍德沃德和伯恩斯坦受到表彰,赫布洛克和罗杰·威尔金斯也被特别提及。原来,普利策奖的评委们在此事出现戏剧性变化前几周召开了会议,并没有将普利策奖投给"水门事件"的报道,或是伍德沃德和伯恩斯坦。不过,《邮报》的其他三位员工赢得了提名,大卫·布罗德被提名评论奖;鲍勃·凯瑟(Bob Kaiser)和丹·摩根(Dan Morgan)被共同提名国际报道奖;比尔·克莱本(Bill Claiborne)因为报道监狱暴动而被提名地方新闻报道奖。

麦考德的信被公之于众后,当时担任评委会委员的斯科蒂·雷斯顿和纽伯尔德·诺伊斯(Newbold Noyes)指出,《邮报》没有因为"水门事件"的报道而获得表彰是说不通的。我们进入了公共服务奖的角逐,但还没有取胜,或者说似乎近在咫尺,主要原因在于评委会的地区编辑对整个事件心存疑虑。斯科蒂和纽伯尔德阐明观点后,评委会询问本,是想要《邮报》参与公共服务奖的角逐,还是调查性报道奖的角逐。本选择了公共服务奖,《邮报》也赢得了这一奖项。然而,普利策奖评委会同时也取消了已经投票表决给予《邮报》的三个奖项中的两个,只有大卫·布罗德保留了评论奖。

不过,尽管尼克松发表了引人瞩目的讲话,《邮报》赢得了普利策奖,相关报道也得到了进一步的肯定,但整个"水门事件"远没有结束。某些欢庆举动还是为时过早了。哈尔德曼和埃利希曼辞职后,我们声望大增,但在白宫我们仍有一位不依不饶的敌人,即使弱小了许多。许多人依旧站在尼克松的一边,认定整个事件被严重夸大了。世界上某些地区的观点保持不变:许多外国人没有把握住"水门事件"的实质,尤其是在欧洲和阿拉伯国家,那里的人们将这位总统视为处理外交事务的天才;在很大程度上,他的确如此。

有许多事情我们和公众仍旧茫然不知,但我们正前进在查明真相的路上,一项新指控也为我们提供了一臂之力:1973年春季,联邦大陪审团以共谋、作伪证和妨碍司法公正罪起诉前司法部长约翰·米切尔和前商务部长莫里斯·施坦斯,指控他们阻碍证券交易委员会调查国际金融家罗伯特·维斯科(Robert Vesco),以换取维斯科为尼克松1972年的竞选提供的20万美元的秘密捐款。此外,电视直播的参议院"水门事件"听证会,以及保守派——包括巴里·戈德华特——与自由派同等(甚至超过自由派)激烈程度的最早的弹劾呼声,同样加速了"水门事件"的调查进程。

《邮报》坚持不懈的追查，加之后来其他报纸和媒体以及国会和法院的介入，"水门事件"的冰山终于完全呈现在人们面前。新发现源源不断地被披露出来，越来越多阴谋诡计和政治骗局的证据被公之于众。数位记者遭到窃听的事实被暴露了出来。许多人告诉我们，《邮报》大楼被安装了窃听器，我甚至还遭到跟踪。这其中的某些说法显然是恐慌氛围下的反应过度。在整栋办公楼、我的办公室以及几名重要编辑的办公室里，我们彻底检查了电话机，却一无所获。我可以肯定自己的电话从未被窃听过，也不相信自己曾被跟踪过，但恐慌氛围四处弥漫，这样的猜疑也并非毫无根据。

1973年6月，伍德沃德和伯恩斯坦发表文章称，1971年和1972年，白宫一直保有一份"政敌"名单。我们之中几乎没有人为这件事情的曝光感到惊讶。到了此时，许多人——其中有我的几位好友——将登上名单视作了一种荣誉。这份名单正是管理这个国家的那一小撮人独特心态的反映。我不记得自己的名字是否位列其中，但很清楚不管名单上有没有写我的名字，我都是他们的"政敌"。

一个月后，"水门事件"中发生一件波及深远的事情——一个转折点，一个关键性时刻。在向参议院调查委员会作证时，哈尔德曼的另一名助理亚历山大·巴特菲尔德（Alexander Butterfield）透露说，白宫有一套声控录音系统。因此，总统在椭圆形办公室的绝大多数谈话都被录了下来，总统本人显然遗忘了这一事实；或者，他也许认定没有人知道此事，因而这个系统的存在不会为公众所知。然而，总要有人安装这套系统，并管理它，而这个人正是亚历山大·巴特菲尔德。伍德沃德后来说，它是"这个系列事件中另一个不可思议的一环，我们的大幸，尼克松的厄运。错误的决策，错误的行为。但彻底揭发该事件完全取决于那条脆弱的线索，而它本有可能被千百次地切断。"

倘若没有录音带，事实真相就永远不会浮现出来。事实上，我认为这些录音带真正拯救了我们和《邮报》，它们没有被毁掉是非常幸运的事情。录音带被发现后，人们为了拿到《邮报》的第一版，竟然开始在我们办公大楼外的小巷里等候，为"新鲜出炉"一词赋予了额外的含义。如今，所有人都在关注这一报道。

尼克松为什么不摧毁录音带？谁知道呢！他似乎认为它们很有价值，他也能够守护住这些秘密，而且很长一段时间以来，他的确在费尽心机地保留它们。7月25日，总统宣布不会将录音带交给司法部长艾略特·理查德森任命的特别检查官阿奇博尔德·考克斯（Archibald Cox），因为这将会危及"政府的三个分支机构的独立性"。

莫名其妙的是，这段时期我仍旧试图与副总统斯皮罗·阿格纽保持关系。如今回想起来，考虑到他当时对我们的猛烈抨击，我这么做似乎有失尊严。两个因素导致了我的行为：其一是一种理性的观念——与痛恨或不认可我们的人交流比不交流好；其二是我守旧而累赘的习惯，即取悦他人的愿望。有人寄给了我一张有趣的照片，照片上是纽约某处的一间旧棚屋，棚屋墙上写着"斯皮罗·阿格纽喜欢凯·格雷厄姆。传递下去"。我觉得这很滑稽，就真的把它传递给了副总统，说道，"我觉得这句标语……会像逗乐我一样逗乐你。寄给我这张'涂鸦'照片的人说，棚屋后来被烧掉了，因而证据也就被毁掉了！生命或涂鸦里的事情，常常兜了个圈后又回到了原地。我保证会保守这个秘密。"

更加古怪的是，阿格纽回信说，"我对涂鸦上的观点挑不出任何毛病。要尊敬一家将人形容为卡利古拉之马的报纸很难，但我觉得你很迷人。"多么令人尴尬啊！

围绕在阿格纽身上的另一个戏剧性事件开始展开。我写给他那封故作认真的短笺后仅仅10天，阿格纽宣布接到通知，他因涉嫌触犯刑法而正接受调查；两天后，8月8日，他召开新闻发布会，言不由衷地依照惯例否认了那些罪行。

随着调查的深入，《邮报》于9月22日发表文章说，尽管声明不会辞职，但实际上副总统已经进入辩诉交易（plea-bargaining，指在法院开庭审理之前，作为控诉方的检察官和代表被告人的辩护律师进行协商，以检察官撤销指控、降格指控或者要求法官从轻判处刑罚为条件，来换取被告人的有罪答辩，进而双方达成均可接受的协议——译者注）程序。《邮报》记者理查德·科恩（Richard Cohen）和其他几个人一直在报道阿格纽的新闻，阿格纽的律师试图借由向他们发传票，以弄清楚这些危害严重的泄密消息的源头。后来，我用极其直白的语言描述了阿格纽所为之事："抛开那些法律术语，他就是想要知道政府内部谁在告发自己，以便私下对付他们，或是让总统解雇他们。"

第二十四章

我们的律师研究出了保护科恩和《邮报》的方法——将科恩所有涉及阿格纽的笔记都交由我掌管。后来，在交给法庭的书面陈述中，我声称自己肩负着保管这些笔记的完全责任。事实上，我已经做好了为保护这些笔记和消息源而进入监狱的准备。这一次，入狱的可能性似乎更加契合实际。我正在旅行，转机时接到电话，得知阿格纽拒绝申辩担任马里兰州州长时的逃税罪指控，这意味着我脱离困境了；我如释重负。1973年10月10日，斯皮罗·阿格纽辞去了副总统一职。

与此同时，尼克松总统的麻烦与日俱增，阿格纽的危机没有给他带来一丝助益。8月15日，尼克松再次发表电视讲话，这是他就"水门事件"发表的第五次重要声明。声明中，尼克松称"水门事件"演变成了"回顾强迫症"，并建议国家让法院处理此事，而将自身的注意力放在"远为之重要的事情上"，试图以此来转移大家的视线。

一周之后，8月22日，尼克松任命基辛格为国务卿，接替辞职的比尔·罗杰斯，同一天，他还接受谴责，承认白宫的"不正之风"导致了非法闯入和包庇掩盖之事。事态迅速发展。8月29日，西里卡法官命令总统将涉及"水门事件"的录音带交给他，供他私下检查。尼克松及其律师团不服判决，向上申诉。哥伦比亚特区美国上诉法院宣布支持西里卡后，法院和总统开始剑拔弩张起来。接着，尼克松想出了奇特的主意，将私人准备的录音带内容摘要交给联邦法院和参议院的调查人员，并交由参议员约翰·斯滕尼斯（John Stennis）核实其真实性。特别检察官考克斯义正辞严地拒绝了这一提议。第二天，10月20日，考克斯维持判决，在录音带问题上不与总统妥协。

当晚，布赫瓦尔德夫妇筹办了网球聚会，以庆祝阿特的生日。我们许多个人要么已经抵达室内网球场，要么正在赶过来的路上，这时，我们却听闻了后来被称为"周六夜大屠杀"（Saturday Night Massacre）的惊人消息。总统勒令司法部长理查德森罢免考克斯；理查德森拒绝了，结果自己被解雇。理查德森的副手比尔·鲁克尔斯豪斯（Bill Ruckelshaus）同样拒绝罢免考克斯，因而自己也被解雇。最终，司法部的第三号人物罗伯特·伯克（Robert Bork）同意并执行了罢免考克斯的命令。到了此时，所有记者都离开阿特的聚会，回去工作了。

当晚发生的这些事情太过戏剧性，也太出人意料，我们全都惊愕不已。如今很难再理解当时一切事情为何发展之迅速。随着利昂·亚沃斯基（Leon Jaworski）接替考克斯担任特别检察官，众议院司法委员会（House Judiciary Committee）召开会议，考虑弹劾尼克松。最终，众议院通过了诸多弹劾决议，迫使总统将考克斯要求的录音带交了出来。

然而，《邮报》仍旧受到抨击，且这种抨击正变得愈发公开化。待到此时，充分的热身准备已经使我韧性十足，而这在一年前是难以想象的。我不是骁勇善战的斗士。大体上，我厌恶争斗，宁愿逃避它们，但倘若别无选择，我也能够采取行动。我更愿意先发制人，而非采取礼貌性的守势，尤其是在回复那些写信抱怨我们的报道的读者和其他人时。例如，最初我也许会对那些写信批评赫布洛克画笔太过刻薄的读者报以同情，但到了"水门事件"的后期阶段，我已经对那些抱怨赫布洛克对总统不公的人耐心全失。有一封读者来信措辞尖锐，我回复说，"许多人以个人名义抨击我们的报道有失偏颇，也正是这些人在面对真相时，辞去了政府职务。"1973年10月，我写信给佛罗里达州的一个人，故作严肃地感激他寄给我从迈阿密报纸上复印下来的广告，广告暗示我们应该被关进监狱。我询问他，"倘若我们只是在夸大细微的过失，那么，为什么大多数白宫官员都被解雇了？"

我甚至一度私下里和克莱儿·布兹·卢斯唇枪舌剑了一番。我个人钦佩她，但却不赞同她极其保守的观点。她有时在演讲中会夸大其辞。在报纸发行人协会（Newspaper Publishers Association）召开的大会上，她发表重要演讲，说之前已经完成了演讲稿，但却始终放不下心来，上床睡觉后还会反复琢磨。当晚，她说她已故丈夫亨利·卢斯（Henry Luce）的鬼魂来找她，让她说出"水门事件"的真相。接着，她便开始抨击《邮报》的报道，指责我们雇佣总统的"敌人"。她的演讲结束后，我对一位好友说，菲尔·格雷厄姆晚上来找过我，让我告诉她"闭嘴吧"。

12月28日，我难得和梅格以及菲尔·盖林在《邮报》大楼外吃午餐，那是家意大利餐厅。这个时候，我接到亚历山大·黑格（Alexander Haig）的电话，他当时是白宫办公厅主任。他从尼克松在加利福尼亚的家中打来电话，那个地方也被称为"西部白宫"，因为总统经常会待在那里。电话安放在狭窄阴暗的走廊的楼梯上,我清楚地记得自己坐在那里,仓促地从钱包里中掏出纸条,忙乱潦草地记起了笔记。

黑格慷慨激昂地抱怨着伍德沃德和伯恩斯坦的两篇头版文章。第一篇文章说"坦诚行动"(Operation Candor)已经终止,总统最亲密的两名忠诚顾问,如今已经不再信任他;"坦诚行动"被用来形容总统为自己辩护的企图。第二篇文章说,总统的顾问团一直在将白宫呈交给特别检察官办公室的文件和证据提供给哈尔德曼和埃利希曼的律师团。黑格怒不可遏,声称这两篇文章"无中生有,恶意诽谤",还说第二篇文章是"东拼西凑,剽窃得来"。

1974年1月末,克拉克·麦格雷戈在家中为新任副总统杰拉尔德·福特及其夫人举办晚宴,这很能说明麦格雷戈的地位,至少是在当时的地位。我出席了晚宴,有趣的是,尽管福特是尼克松的新任副总统,福特夫妇却很愿意与我共进晚餐。黑格也坐在了我的旁边,白宫每有新事情曝光出来,他都会对我礼遇三分。

接下来的一周,2月6日,众议院全体成员以410票赞成、4票反对,通过了弹劾调查程序,并赋予了司法委员会更宽泛的传唤权力。事实证明,总统已经无法将所有对媒体,尤其是对《邮报》的憎恨局限在白宫范围之内。他出席了爱丽丝·罗斯福·朗沃思的90岁寿宴,告诉等候在外面的记者说,爱丽丝永葆青春的方法无疑是"不为华盛顿的景象所烦扰",还补充说,"倘若她花费全部时间用来阅读《邮报》或《星报》,现在早已经离世了。"

2月下旬,黑格邀请我、梅格和本到白宫共进午餐——显然是在试探。我们在1974年初的全部感受,与早前那些年月里所经历的紧张、忧虑和苦恼截然不同。待到此时,毋庸置疑,因为已经洗脱冤屈,我们全都情绪高昂。然而,因为对尼克松政府的所作所为产生的错愕沮丧,我们的满足感很大程度上被削弱了。

我去乡村过了个周末,回来后,梅格带着难以置信的语气问我,"你听到最新消息了吗?"接着,她继续告诉我,尼克松之前为拟建中的尼克松图书馆向国家档案馆捐赠了一些文件,但转让契据上的日期被填早了。有一项法律限制了此类礼物的免税额度,而契据上的日期错误地写在了该法律生效日期之前。过去四年间,尼克松申报了将近50万美元免税款。我还记得自己当时的回应是"妙极了"。我知道这听起来是心怀嫉恨，但事实是，在被谩骂胁迫如此之久后，我们自然很愿意看到这样的事实被挨个揭露出来，希望它们远远超出我们的报道范围，甚至我们最疯狂的想象。梅格表示，"倘若你下次发表讲话说，'这当然没有令我们满足。我们只是在做分内之事'，老天爷就要劈死你了。"

1974年3月1日，我们再次高兴地看到一切事情得到进一步地证实，大陪审团宣布七名前尼克松政府及竞选委员会官员涉嫌密谋掩盖水门窃案，对他们提起诉讼。

接下来会是什么？5月9日，众议院司法委员会就是否弹劾总统召开正式听证会。我的某些好友，包括安德烈·迈耶，认为《邮报》试图从总统身上"榨干最后一滴血"，但我认为我们是在以理性且公正的态度关注和报道弹劾程序，还答复安德烈说，"我完全不明白为什么有人可以将此曲解为'榨干最后一滴血'，不论他多么地居心不良。它所牵涉到的更多是国家的现在和未来，而非当前这位总统；这位总统无关紧要了，而这个国家却仍旧至关重要。"私下里，我认为弹劾是正确的，但我的个人观点并没有夹带到《邮报》不断刊登的报道里。

5月中旬，有消息透露说，尼克松的录音带里的一部分被剪去了，其内容涉及的是尼克松同哈尔德曼和迪安商讨针对华盛顿邮报公司的电视台经营许可证进行经济报复一事。各家报纸广泛报道了这件事情，包括我们《邮报》。最终，我收到了乔·阿尔索普寄来的深表悔悟的来信；整体而言，乔一直支持总统，在政府是否牵涉到许可证争夺问题上，我和他还有过激烈的争论。乔在信中写道：

> 你完全正确，而我真是大错特错。伯恩斯坦和伍德沃德撰写了引人注目的文章，报道了总统威胁报复《邮报》的事情，我读到文章后的第一反应便是上面那句话。我无法表达出我有多么钦佩你们所有人展现出的巨大勇气，尤其是你和本。最终是否会有幸福的结局，我说不清楚，而且有时还会心存疑虑。但事实是，白宫中已经形成了一套异常危险的体制，倘若让它继续运转下去，整个国家都会岌岌可危。你和《邮报》的其他领袖及记者几乎单枪匹马地摧毁了这个体制……因此，我向你致以最热烈的祝贺和真诚的歉意；在真相未明前，我假定了这位卑劣的总统是无辜的——事实证明这全然错误。

第二十四章

乔的这封信落落大方，我相信他写信时心中一定带着对某些无可挽回的损失的无尽悲伤和哀恸。

"水门事件"继续向着两年前我们所有人无法想象的结局发展。等到1974年的夏季，已经有太多的事情遭曝光，太多的宪法程序被启动——大陪审团、法院、国会委员会——但即便如此，尼克松仍旧在指责媒体界令他陷入困境，这不得不让人感到惊讶。尼克松一度声称，倘若他是自由派，并"从越南迅速撤军"，媒体界就永远不会大肆渲染"水门事件"。尼克松信誓旦旦地向支持者拉比·巴鲁克·科尔夫（Rabbi Baruch Korff）宣称，"水门事件"将会被铭记为"美国历史上最广泛也最浅薄的丑闻"。然而，该事件却不断爆出新内情，全然不似尼克松所言。

7月8日，美国最高法院历史性地开庭审理"美国诉理查德·尼克松"案，听取控辩双方的论据。此案利害攸关的地方在于，法院是否会命令尼克松交出白宫录音带。次日，众议院司法委员会主席彼德·罗迪诺（Peter Rodino）透露说，对于某些录音带上的内容，白宫交出的与委员会发现的有诸多不同之处，这说明尼克松曾经积极掩饰录音带上的内容，且这种掩饰还会持续下去。

1974年7月24日，最高法院一致裁决，尼克松无权保留刑事审判所需的证据，勒令他交出亚沃斯基先前下令索取的其余部分白宫录音带。情势以摧枯拉朽之势迅猛发展。7月27日、29日和30日，众议院司法委员会相继采用了三项弹劾条款，指控尼克松总统妨碍司法公正、未能维护国家法律以及拒不提供委员会下令索取的资料。

社论方面，《邮报》没有像许多其他报纸那样公开主张总统辞职。身为独立报纸，我们相信只要向民众提供必要的信息，他们就能够明智而审慎地做出决策，而这个过程不应被省去。

最终，8月5日，期待已久的"确凿证据"出现了。白宫交出了三份新的录音带文字记录，记述了尼克松与哈尔德曼在1972年6月23日，原初窃案发生六天后的对话。录音带的内容表明，总统亲自下令进行掩盖活动，并指示以各种手段掩饰自己知情，但不为联邦调查局所知的相关细节，借此隐瞒他的助理们涉入非法闯入案的事实。这是一项戏剧性的进展，且显然到了最后关头，于是我离开

8月里度假的马撒葡萄园岛，立刻飞回了华盛顿。

尼克松起初表示不会辞职，认为应当准许宪法程序的启动和运转。众议院司法委员会的全部十名共和党员之前投票反对弹劾，但如今他们宣布至少会赞同妨碍司法公正这一条款。我们将尼克松可能辞职作为头条新闻予以报道，但没有做出预言，尽管社会各界都在如此猜测。

8月8日，尼克松总统宣布将于次日递交辞呈。我当天一直待在《邮报》。我们许多人一起观看尼克松登上电视，宣布决定辞职。菲尔·盖林在我们办公室对面的麦迪逊酒店吃晚餐，他在餐巾纸上写下了评论辞职的社论草稿。草稿打印出来后，他将草稿寄给了我，还附上便条说，"你可能会想要看看这篇文章。"

8月9日，《邮报》以尼克松执政这几年为主题策划了22页专题报道。在办公室里，我和其他几个人一同观看了尼克松离开白宫前的古怪讲话。他在白宫东厅语无伦次地同工作人员谈论着自己的母亲，仿似心中非常记挂她。整件事情的超现实之感萦绕着我们所有人。经历了如此漫长迁延的岁月，看着这样一件无人预料到的事情发生是非常怪异的。这一切既令世人震惊，又令世人困惑。奇迹发生了，这个国家即将以完全民主的方式撤换总统，而撤换程序早在两个世纪前就已经确立，如今则被应用于这个史无前例的情景中。

在报社，我们接到了许多令人不快的电话，许多读者表达意见说，他们正想象着我们开香槟庆祝的场景，因为这是我们从一开始就期盼的结局——简言之就是"你心满意足就好"的那种态度。我最大的感受便是解脱，同时也混杂了焦虑。直到作为确凿罪证的录音带出现前，没有什么是确定不疑的；直至卸任前的最后几日，尼克松总统似乎都能够坚持下去。如今，对于整件事情将如何收场的不安终于消失无踪了。

看完尼克松的讲话后，没等他离开白宫，我就立刻返回葡萄园岛继续度假了。这座小岛远离日常生活的喧嚣，赋予我安和平宁之感；踏入我在岛上静谧的房子后，我打开电视机，听到了称呼"福特总统"的声音。这着实令人心神一颤。在这时，也只有在这时，我感受了纯粹的解脱。我真的感到肩上的担子被卸去了。都结束了。尼克松离开了，福特当上了总统，千真万确，"我们国家的漫长梦魇"结束了。解脱感源自我们有了一位友善、开明、诚实且不胁迫人的总统。

第二十四章

尼克松刚刚离开华盛顿时，我最后一次触碰了"水门事件"。鲍勃·伍德沃德带着最绝妙的礼物来到了我的办公室——一架老式木制衣物绞干机，上面有六个人的签名。这几年来他们六个人努力工作，让报道始终得以延续：本、霍华德、鲍勃、卡尔、哈里·罗森菲尔德和巴里·苏斯曼。我喜欢这份具有象征意义的礼物，它恰如其分地代表了我们在"水门事件"中感受到的压力。一位古董商人打电话给鲍勃，说假若鲍勃有意将这架年代久远的绞干机送予我，他就愿意出售。鲍勃小心翼翼地询问多少钱。"10，"商人回答说。"10什么？"鲍勃问道。"10美元，"商人答道。鲍勃匆忙敲定了交易，而我则收到了这架极为钟爱的木制绞干机，20年过去了，它仍旧摆放在我的办公室里。

我9月份回到了华盛顿，心想在"水门事件"的持续重压下度过了整整两年后，生活终于可以重返正轨了。我丝毫未能意识到，想象中的那种"正常"已经全然不同了。我想要远离公众的视线，同时希望《邮报》也能不再那么引人注目。但现实状况远非如此。首先，争夺电视台经营许可证的威胁仍旧悬于我们的头顶之上。1974年底，最终结果才得以揭晓：11月26日，迈阿密的申请者遭到拒绝；1975年1月，杰克逊维尔的一份申请被撤销。其余两份的申请分别于1975年4月和7月遭到联邦通讯委员会的否决，评审员裁定由于"圣约翰广播公司在提交申请书过程中存在明显的欺骗行为，没有任何调查结果可以证明批准其申请有利于公众利益"。此外，我们很幸运地发现，这些申请者似乎对借由政治关系获得胜利信心十足，因而从未真正认真对待此事。

于我们而言，相较于尼克松的辞职，这才是"水门事件"的真正终结。到此时，我们已经在前两个许可证争夺案中，同以权谋私行为斗争了两年；在后两个许可证争夺案中则斗争了两年半。我们付出了高昂的代价，不只是在金钱上，还包括忧虑、分心和地位受损。

1974年12月5日，我和本受邀前往福特执掌的白宫出席晚宴。我和新总统坐在了同一张桌子旁，他的任职象征了整个悲哀的"水门事件"的结束。关于福特升任总统一事有一则趣闻，有一批T恤衫印上了福特的照片，旁边还附有说明文字："我是靠《华盛顿邮报》得到这份工作。"我们的分类广告部门引用了这句标语。到此时，福特已经完全、无条件、绝对地赦免了尼克松，我认为此事的时机并不成熟，觉得至少应等尼克松承认了某些罪行。我怀疑还有更丑恶的罪行没有被揭露；如今看来，它们永远都不会浮出水面了。我可以肯定福特为将整个灾难性事件抛诸我们脑后，承受了巨大的压力。不过，尼克松的幕僚们付出的代价甚至高于尼克松。辞去总统职务的确代价高昂，但他的幕僚们却大都身陷囹圄；尼克松后来还回归政界，成了元老式的人物，甚至先后在罗纳德·里根和乔治·布什任职总统期间为外交方针出谋划策。

1973年末，我们——《邮报》和某些《邮报》员工——开始荣获各类奖项。我写信给某个人说，"这是个幸福的烦恼。"我荣获了两项最重要的媒体奖，约翰·彼得·曾格奖和伊莱亚·佩利许·洛夫乔伊奖。我认为其中某些奖项应该颁给别人，尤其是本，而这些奖项之所以颁给了我，我想是因为反性别歧视主义在发挥作用。

幸运的是，谁得了什么奖并没有影响到我和本的关系。实际上，1974年初，一篇传媒产业业务通讯提名我为"杰出的报业经营者"，而本则被排到了第二位。我觉得这尤其讽刺，因为身为报纸经营者，除了艰苦努力外，我仍旧一无所长。然而，我意识到当时"水门事件"占据了所有人的心思，因而撰写那份报告的编辑们未能着眼全局。

事实上，我和本的友谊因为"水门事件"而变得坚不可摧。自始至终我都非常倚重他。他是雄心勃勃的领袖，魅力更胜以往，不论我们受到何种打击，他始终保持沉着冷静、勇敢无畏。伍德沃德后来说，"始终觉得布莱德里是我们的领袖。他就是那个插下旗帜的家伙。"本的品格向来高尚不凡，我不时会去拜访他，因为每一次拜访都能让我信心满怀。此外，我还总是能够从他那里学到新东西。

有谣言说我打算赶走他，因为在报道"水门事件"时，他做得太过火了。这种谣言漫天飞舞时，否认它于你毫无助益；即便这个人一直留任，流言蜚语还是会被不时挖出。还有无数言论在评价我们的关系时，都牵涉到了性别歧视。我们的关系总是会被莫名其妙地描绘得异常夸张。例如，《波士顿环球报》刊登了一篇关于本·布莱德里和阿贝·罗森塔尔的文章后，我写信给汤姆·温希普（Tom Winship）抱怨说，"为什么只要女发行人和男总编辑共事，他就会被指责为操控他人，而她就会被断言为任人摆布？"事实上，我始终喜欢与本共事，而这段时期——尽管有那么多的紧张不安——也许是所有时光之中最意义非凡一段。

为了保持我们年末互相写信的旧习惯，在1974这个重要年份，我写了封信给本。这封信总结了我许多最内在的感受，涉及的是我们所共同经历的种种：

> 今年我不要再等你先写信了，因为在穿衣服时，我回想起了过去一年的事情，等穿上鞋子时，我便禁不住拿起便签本写了起来。我想到了你昨天下午说过的话——到了一年的这个时候了。
>
> 我和你必须做的第一件事情就是将神话和现实区分开来，因为今年之后，神话将开始滋长蔓延，而现实则会暗淡褪色，甚至在我们的内心里也是如此。
>
> 现实不带一丝矫饰，却显然难以言表。现实更加讨人喜爱，因为它是世俗的、人性的。你我如今被许多人视为英雄，也被许多人视为小人。我认为英雄都只是无聊的平凡人，通常也过着无聊的平凡生活。然而，当你告诉世人，你只是在毋庸置疑的危难局势中做着分内之事时，他们会说，哦，是啊，诸如此类。
>
> 所以，什么是现实？
>
> 当然，它们太错综复杂了，因为我们已经彼此熟识，我们的生命已经互相融入，带着普鲁斯特式（Proustian）的偶然，既近且远，远超他们的想象。
>
> 说关系近是因为我想起了沃尔特和海伦·李普曼首次造访《邮报》的事情。我和菲尔在巴黎见到你和珍，这显然是收购《新闻周刊》的缘起。紧随其后的是那些恐怖的岁月，当时我对那段经历的看法和如今截然不同。之后是菲尔的离世。你必定记得那时我们对彼此还很陌生，没有真切的了解，也谈不上怀揣好感。
>
> 后来发生的事情真是难以置信！它不可能再度出现了。那时，我们还是一家很小的公司，私人所有，然后不可能的事情就发生了……我只是带着家庭情感，带着对报纸尤其是这家报纸的热爱（对业务经营、广播和《新闻周刊》一无所知，对第三者甚至只有极为负面的印象，而这仅仅与我头脑中的

愚蠢想法有关），接管了这家独特而魅力超凡的企业。

两年后你来敲门，带着惯有的轻率、幽默、粗鲁、敏锐和远见卓识，任凭直觉的指引，肆无忌惮又咄咄逼人地闯了进来。尔后，因为这种行为模式于我并不陌生，其优点和缺陷我都清清楚楚，所以便软弱地点头答应了（我想自己对《哥伦比亚新闻学评论》[Columbia Journalism Review] 所说的那些冒失之语有些言过其实了，更该死的是它们还会被报道出来）。在这样的图景里，存在着某种真理的内核。

接着是另一件事情——学习的岁月里充满了跌跌撞撞、乐趣、成就和进步，还混入了地板上一个个又大又臭的鸡蛋——发生，被清理掉，或者仅仅是被隐藏在地板下，直至污迹渗透出来。令人心驰神往和铭记于心的是，只要你有足够的势头和运气，每个人都会看到地毯上不断蔓延的图案，不论它是源自东方美学的设计，还是来自鸡蛋的污渍，并说道，"多么漂亮的地毯啊。"很快，我就会告诉自己，"它真的是我们制作的地毯。"更有趣的是，它的确是我们的作品。让我们永远记住这些污渍、未竟的工作，以及它们的全部效果和乐趣——天啊，那些乐趣。这是不公正的，还有谁会感到乐趣？这是我给你的圣诞节致谢，孩子——甚至重要过"水门事件"，尽管那也是。

你不为人知的品格——而我知道的——是风度、慷慨、优雅和正派，以及谅解他人的软弱……

正是由于这种种事情，"水门事件"才如此影响了我，影响了你，并依照其应然的方式演变下去。

如果我当时真的想起了什么东西，那就是架在峡谷之上的高高的钢丝，在它的上面，我无法扯动你的燕尾服后摆，说道，"我们正确吗？因为倘若错了，看看下面吧。"这就像是在惊险的着陆过程中试图与飞行员讲话。我没有那样做，你也没有回答"我们正确吗"、"为什么"这些让人焦虑不安的问题……

1974年里，最容易被遗忘的一件事情也许就是我们并非完全正确；我们是正义之士，也是受到眷顾的蠢材。我们能够逃脱灭顶之灾，仅仅是因为某人不但疯狂到给自己录了音，还录下了如何如何掩饰罪行的对话。嗯，谁能

第二十四章

料想到这一点呢？你我都不能。

感谢这样的现实。它永远不会出现在任何著作或蹩脚的电影里。它太精彩了，远非书籍和电影所能想象……

那年年末，本在寄给我的信的结尾写道："有生之年，我们也许再也不会经历像1974这样的一年了。"他的话千真万确。

1974年的初春，"水门事件"已经有了相当大的进展，但距离最终的戏剧性结果仍旧有数月的时间。此时，伍德沃德和伯恩斯坦已经出版了《总统班底》——他们撰写的关于"水门事件"的第一本著作。单单是平装本的版权就卖出了100万美元。讽刺的是，他们获取100万美元时，报业协会正举行大罢工。我清楚地记得，当时看到了一则新闻报道，画面中两人正拿着文件离开大楼，后来，我的尖酸评论引起了一阵骚动。我说他们是大罢工期间仅有的两个赚到100万美元的人。

从一开始，拍电影的事情就被提上了议程。伍德沃德和伯恩斯坦将《总统班底》的电影版权卖给了罗伯特·雷德福（Robert Redford），后者有意饰演鲍勃·伍德沃德。这立刻引发了关于选角问题的大量滑稽有趣的猜测，无论是在《邮报》的新闻编辑室，还是在其他地方。在协会会议上，我对一群发行经理开玩笑说，编辑们向我保证，"我的角色将由拉蔻儿·薇芝（Raquel Welch）扮演——假若我们的身材相仿。"

就许多方面而言，拍电影的主意让我有些惊慌失措。雷德福信誓旦旦地说想要拍一部关于《第一修正案》和新闻自由的优秀电影，但我还是不由自主地为把《邮报》的形象和名声交到电影公司手上而忧虑不安；电影公司的利益并不必然与我们相一致。我想象不出他和制片人们如何在大银幕上借由戏剧性故事，来表现新闻自由这样的复杂主题。

必须有人来设定基本准则，规范他们的行为。我尤其担忧这部电影以及我们在其中的形象对政治领域造成的影响。当时，《邮报》里的许多人已经成为了公众人物，因而无法控制他人使用我们的名字，但从一开始，我们所有人，包括我们的律师，就屡次讨论过是否应该使用《邮报》的名号。公司经营部门的许多人都不同意使用。本赞成使用《邮报》名号，并在新闻编辑室获得广泛支持："不管最后他们用什么称呼，反正不是《邮报》就是《军号》(*Bugle*)。"

为了帮助安抚我紧张的神经，使我确信制片人全然是一番好意，1974年5月，鲍勃和卡尔带着雷德福夫妇到我家吃早餐，此时电影的拍摄计划正在构想之中。我本应该很高兴见到雷德福，对他充满兴趣，但我们相处得并不融洽，可以肯定，这部分原因在于我的防御性姿态——我的全部忧虑的结果，不论是契合实际的，还是随意臆想的。他知道我多么希望保持自己和《邮报》的低调姿态。另一方面，我和该片导演艾伦·帕库拉（Alan Pakula）成为了要好的朋友，友谊保持至今。

后来，雷德福在接受采访时描述了我们的这次早餐会议：

> 场面很是冷淡，这是我所能找到的最贴切的描述。她彬彬有礼，但有些紧张。格雷厄姆身上确实有着一种沉默寡言的名门望族气质，不论与本·布莱德里或其他出身市井的人有过多少接触，她都无法掩饰住这种气质……她说不想要让自己的名字或《邮报》的名号被使用进去。我告诉她这不可能。她是个公众人物，而《邮报》就其本身作为而言也是如此。我尊重她不想要让隐私被侵犯的意愿……但我们对她的私生活并不感兴趣。此外，我很费解，既然她想要保持低调，为什么还要不断地发表演讲，领取奖项？

本将这篇言辞尖锐的访谈文章寄了一份给我。我回应说，"我不想显得神经过敏，但它加重了我的猜疑，不是吗？他说中了我的矛盾心理，过去和现在我都是如此。"

我原本就忧心使用《邮报》名号可能造成的影响，然而某天，我翻开杂志看到这部电影将会在《邮报》的本地新闻编辑部拍摄。几分钟后，我给鲍勃·伍德沃德打了电话，为这个将新闻编辑室用作电影拍摄背景地的主意向他大发雷霆。我想到了这件事情的种种恶劣影响，尤其是员工们在那样的环境下根本不可能安心工作。鲍勃说他从来没有看到我如此怒不可遏过。最终，我们没有允许电影在

第二十四章

新闻编辑室里拍摄；雷德福的人也独立地得出结论，这同样会扰乱他们的工作。作为替代，他们在好莱坞精确复刻了《邮报》的新闻编辑室，包括本的秘书办公桌上的贴纸，根据报道，这仅仅耗资45万美元。此外，为了更具真实性，整个新闻编辑部桌子上数吨重的各类文件和垃圾被收集起来，运到加利福尼亚当做道具。我们的确在一定程度内做了配合，包括允许电影摄制人员拍摄《邮报》大楼的入口、电梯和某些生产设备，还让他们在停车场拍了一场戏。

我一度从雷德福那里得到消息，说他们决定放弃拍摄电影中我的角色的一场戏。他们告诉我没有人了解发行人的角色，而且太过枝节没必要做出展现。雷德福以为这样我便能放下心来，我的确放心了，但令我惊讶的是，我被彻底遗漏掉了，除了那句提及我的身体器官的著名之语，这样的做法伤害了我的感情。

我再次收到雷德夫的消息，他打电话说要寄送影片的初剪版本给我们观看，而且我们仍旧可以要求修改，我当时觉得这不过是在做做样子而已。1976年3月，我们一行人前去杰克·瓦伦提在美国电影协会（Motion Picture Association）的放映厅观看影片。我们都很紧张，三五成群地坐在放映厅里。放映结束后，大厅里鸦雀无声。最后，雷德福站了起来，说道，"天哪，大家都说点什么吧。你们一定有什么想法需要表达的。"大厅里变得嘈杂起来。

事实上，我很喜欢这部电影。事后，我给雷德夫写了封信，并让伍德沃德转交：

> 我们同你和其他人观看电影时，我突然意识到电影的影响力是如此巨大，我们是如此紧张，我甚至从未告诉你我对它的看法。从各个方面来说，它都异乎寻常地优秀。
>
> 你真的做到了你之前告诉我你所努力追求的一切，我以为这是不可能完成的，但你做到了。它证明了许多东西，无视了我的理性推断。我的观点是这个故事无法被直接讲述，因为倘若你这样做了，所有人都会觉得厌烦。而倘若你进行戏剧化的处理，《邮报》会因之受到伤害。我对《邮报》以及我们所有人的生活的那些担忧无疑有些夸张了，但却是真真正正存在的。我为那些担忧感到遗憾，因为恐怕我让它们介入了那种我所享受和珍视的简单直接的关系。

因此，我想要你确切地知道，我非常钦佩你为创作《总统班底》所做的一切。

影片刻画的卡尔和鲍勃的形象与我对他们的观感惊人的一致。他们执着能干、幽默和善又难以捉摸，聪明才智超越了这个时代。顺便说一下，他们还理智得体地经受住了成名的考验。

影片的确告诉了人们，《邮报》是什么样子的；我原本以为你们无法做到这件重要的事情。

我们非常感激你的远见卓识，感激所有难以想象的艰苦工作、资金投入，感激你的专业热情以及为打磨细节倾注的心血——所有这些东西也是我们为之不懈追求的——最重要的是，感激你的热爱与关怀，正是它们让影片成为了我们未来永远的骄傲。

戏剧性的事情接踵而来。4月，《总统班底》在肯尼迪中心的艾森豪威乐剧场举行了全球首映，剧场就在水门大厦隔壁。福特总统寄给了我几张总统包厢的票，还附带了包厢内冰箱的钥匙；冰箱内放有供我和我的客人们享用的香槟酒，这些是他的一点心意。

这部影片对我们《邮报》的人的影响可谓振奋人心，然而它又有点像是诱发龃龉不和的祸源。也许问题不仅仅在于电影，还在于"水门事件"本身的结果。有时上帝给予了我们太多福佑，必须索取一些代价。我之所以称其为龃龉，是因为影片中许多角色的刻画对现实生活中的许多人际关系造成了负面影响。影片将一切都归功给了本，主要原因在于这能够令故事情节更加明朗，也在于本的扮演者是贾森·罗巴兹（Jason Robards）。这当然不是本的错。影片令霍华德·西蒙斯的感受异常苦涩。他的角色被大大贬低了——原因仅仅是为了令影片清晰易懂。影片中，他在"水门事件"中的大多数作为都被归于本和哈里·罗森菲尔德的名下。巴里·苏斯曼被彻底遗忘了，他因之受到的伤害甚至定然超过了被删去角色的我。后来，艾伦·帕库拉解释了我为何会被排除在外，他指出我在书中本就被塑造得无关紧要。

"水门事件"加强了我和本的关系，但其他人就没有那么幸运了。霍华德和本之间大度而富有成效的关系永远地改变了。梅格后来贴切地描述说:"我们拥有过许多快乐时光。大家彼此信任,情意深重……这样的情谊因为复杂微妙的事情分崩离析了……所有人的心里都有了芥蒂。每个人对此都有自己的说辞。每个人都声称自己是无辜的。"

作为新闻报道,"水门事件"在许多个方面都是记者们梦寐以求的——尽管最初几个月我们孤军奋战之时,事情似乎并非如此。事件的报道具备重大戏剧冲突的全部要素:悬念、正邪对峙、是与非、法律与秩序、善与恶。

"水门事件"——在此处,这个词语涵盖了所有非法和不当之行径——是前所未有的政治丑闻。单单是规模之大、触角之深,就使其与过往的政治丑闻处在了不同量级。这不仅是因为它绝无仅有地牵涉到了如此之多与总统关系亲密之人,还因为其中数额巨大的金钱被以秘密和非法的手段筹措、藏匿及花费。这的确是一种新形式的政府腐败。

即便是在今天,有些人仍旧认为整个事件不过是微小的过失,许多政客都会参与这样的事情。我认为"水门事件"是前所未有的企图颠覆政治秩序的尝试。它是政府对权力和权威无孔不入、不加区别的滥用,这个政府热衷于遮蔽和欺骗,对民主政治的合理约束毫无敬重之心。依我看来,整件事情是真真正正的民主体制的堕落——从解雇那些与尼克松有细微分歧的优秀共和党员,到安装窃听器,非法闯入埃尔斯伯格的心理医生的房子,再到形形色色的卑鄙伎俩,败坏媒体声誉和打压媒体的尝试。当时,我在演讲中说道,"这个阴谋并非因人的贪婪而生,而是因人的傲慢与恐惧,这些人已经开始将自身的政治利益与国家的生存与安全相提并论。"

《邮报》在整个事件中的作用仅仅是报道新闻。我们着手调查在自己眼前发生的事件,和其他大众一样,我们难以相信整个事件的演变发展。《邮报》的出发点从来不是"逮住"尼克松,或者正如我们常常被指控的——"扳倒尼克松"。于我而言,指责《邮报》追踪报道"水门事件"的原因在于自身的民主党倾向是非常离谱的。全国性政党的总部发生了极不寻常的入室盗窃案,这是极为重要的新闻,不管是哪个政党在执政,或者谁在参加竞选,我们都会给予它同等的重视。我经常会被问到，为什么我们报道泰德·肯尼迪（Ted Kennedy）在查帕奎迪克（Chappaquiddick）发生的灾祸时，没有像报道"水门事件"那样倾尽全力。事实是，我们倾尽全力了，更重要的是，肯尼迪家族当时对我们的愤怒也许与尼克松政府不相上下。整个"水门事件"期间，我惊讶于某些常见的说法，譬如我们不顾后果地追踪报道，进而引发"水门事件"相关人员的拼死挣扎，令总统陷入动荡混乱的境地。在我们报道的事情都被证实的情况下，怎么还会有人得出这样的结论？

最终，尼克松成了他自己最大的敌人。《邮报》没有仇敌名单；总统却有。尼克松似乎将《邮报》视为无法遏制的自由主义者，无休止的反政府主义者。事实上，《邮报》支持他的许多政策和规划，然而，他的偏执妄想，他对媒体的憎恨，他的阴谋诡计，全都导致了他的倒台——恰当的宪法程序，包括大陪审团、法院和国会，推动了这一进程。在见证真相最终大白于天下上，伍德沃德和伯恩斯坦是关键人物，但其他人物和组织的作用也不容小觑：西里卡法官，参议员萨姆·欧文（Sam Ervin）和参议院水门事件委员会（Senate Watergate Committee），特别检察官考克斯和亚沃斯基，众议员彼德·罗迪诺（Peter Rodino）领导的众议院弹劾委员会（House Impeachment Committee）。《邮报》是"水门事件"的重要组成部分，但也仅仅是一部分。

我在整个"水门事件"中的角色的定义既复杂又简单。"水门事件"无疑是我职业生涯中最重要的经历，但我基本上只是参与外缘工作，很少直接介入其中。大部分情况下，我都是身居幕后。我就是那个故意唱反调的人，始终在询问问题——我们的所作所为是否公正、实事求是和准确无误。我经常同本和霍华德交谈，就像同两位顶级社论作家盖林和梅格所做的那样，因此对大体情况有所了解。"水门事件"之前我就形成了习惯，经常出席每天的晨间编辑会议。会上通常会讨论各类问题，制定编辑方针。

我所做的主要事情就是支持编辑和记者；我信任他们。随着时间的推移，我越来越公开地做这些事情，在向全国各地的团体发表演讲和评论时，为我们的人辩护——事实上，有时甚至是面向全世界。我更大的责任是对整个公司——不只

第二十四章

是《邮报》——和股东负责。

大家常常认为我勇气可嘉,因为我在"水门事件"中支持了编辑们。事实是,我始终觉得自己根本别无选择。一个人可以选择时,才谈得上勇气。在"水门事件"中,从来没有出现过一个重大的抉择时刻,可以让我或任何人提议停止报道。"水门事件"是逐步展开的。待到报道已经发展至某种程度,我们恍然大悟事实真相时,已然涉水进入河流深处。一旦来到水流中心的最深处,我也就再也不能回头了。

两年的重压生活令人难以置信。只是在其他媒体加入我们后,只是在"水门事件"引发的大量独立调查和诉讼案件得到确认,并丰富我们的报道后,这种压力才稍稍有所减轻。待到整个公司的生存显然已经岌岌可危时,我们当然会严阵以待。"水门事件"大有毁掉《邮报》之势。《邮报》和华盛顿邮报公司生存了下来,部分是因为记者、编辑和高管们在整个危机过程中展露出来的高超才华和坚韧品格,部分是因为运气。

事实上,"水门事件"中运气的作用至关重要——而且,运气站在了我们这边。倘若没有运气,最终结局于我们而言会完全不同。从警卫发现水门大厦的门上贴着纸条,到警察派往犯罪现场的是正在当地巡逻的破旧便衣警车,而非可能惊动窃贼的巡逻警车,再到消息源愿意甚至迫切渴望透露消息和提供帮助,我们都是幸运的。很幸运原初窃案发生在华盛顿,是一则本地新闻;很幸运那些接受调查的人进一步犯下错误和误判形势,使自身处境更趋恶化;很幸运我们有跟踪报道这则新闻的资源;很幸运伍德沃德和伯恩斯坦都是年轻的单身男子,因而愿意且能够一连许多个月里每周工作7天,每天工作16到18个小时——至少比已婚男性可能引发的负面影响要小;很幸运尼克松行为怪癖,竟然在白宫安装了一套录音系统,若非如此,他可能已经完成了这届任期。

同样很幸运的是,在令人瞠目结舌的重压下,我们没有一个人临阵脱逃。1973年的夏季,本承受了巨大的压力,他要为手下的每一个人负责,要为公正负责,要为准确性负责,他的眼睑开始下垂了。医生告诉他,这也许是重病的征兆,表明有脑肿瘤或动脉瘤。经历了10天提心吊胆的折磨后,结果出来了,是神经方面的问题。在极端压力的情境下,一个人的行为表现看起来越是冷静,他

547

就越是有可能付出身体患病的代价。

在《华盛顿邮报》的历史上,"水门事件"是个转折性的时刻——对于我们《邮报》的许多人和整个新闻业而言都是如此。任何一件如"水门事件"这般重大的事情都会改变你,我觉得它改变的不只是我和《邮报》,还有新闻工作整体。这种影响既有消极的一面,又有积极的一面。

对于《邮报》,"水门事件"考验了我们整个组织:我们的才华和技能;组织和调动资源以开展长期而重大的调查,同时继续报道日常新闻的能力。最终,"水门事件"表明,借助记者艰苦细致的追踪性调查工作,借助编辑在此种情况下依旧保持的质疑精神、严苛要求以及尽可能的沉着冷静,借助社论作家始终保持相关问题在读者心中的重要位置,我们可以取得什么样的成就。

"水门事件"产生的更重要的影响是,它让《邮报》一跃成为全国乃至全世界瞩目的焦点。《邮报》在世界范围内变得赫赫有名。一方面,《邮报》形象的变化让人欣喜;另一方面,正如我给伦敦《星期日泰晤士报》的丹尼斯·汉密尔顿写信时所说,"处理起其他事情既让人烦恼不安,又让人心思涣散。"媒体的称赞是令人陶醉和引人注目的事情,但幸运的是,这个世界总有办法让一个人谦逊起来。倘若这个世界没有那样做,我也下定决心要提醒我们所有人,有必要控制住"自矜的魔鬼":"当我们带着些许敬畏甚至钦佩倾听自身的声音时,我们自身的声音就会消退。倘若它没有,各种严酷的现实就会出现在我们面前,公然反抗我们的狂妄,恢复我们的平衡。"这是我在写给卡尔和鲍勃的信中所说的。

我开始越来越多地成为人们谈论和写作的对象。我尤其感到苦恼是人们说我"有权势"(powerful,也有力量大的意思——译者注),譬如在标题、报道或其他地方称我是"美国最有权势的女人",这让我觉得自己像是个举重运动员或者健美运动员。实际上,我对这种将我与权势相联系的观点非常惊讶。有些人荒谬地认为,我比庞奇·苏兹贝格(Punch Sulzberger)或比尔·佩利(Bill Paley)这类掌控更加强大的公司男性更"有权势",这尤其让我困惑不已。

我还会担心——为《邮报》和我们所有人,包括我自己——如果你的个人形象抬得过高,那么,你就会成为众矢之的。某人或某件事情会令你跌落凡俗。因

第二十四章

此,我只接受自己认为专业性的采访,尽力避免谈论私人问题。

我非常确信,《邮报》记者和编辑的工作禁得起批判性的审视。我曾经对杜鲁门·卡波特说,事情看起来似乎会是"要么我进监狱,要么他们进监狱"。另一方面,我必须承认自己感到了恐惧。我畏惧那个人及其宠臣的权势,畏惧那位自认为有权隐藏在国家安全斗篷里面的总统。我为华盛顿邮报公司的未来忧心忡忡,尤其是在弗里茨死后,我成了董事长兼发行人,肩上的担子沉重异常。

"水门事件"还改变了人们看待新闻业和新闻记者的方式,以及新闻记者的工作方式。"水门事件"期间,我们——至少在《邮报》——养成了某些很难被打破的习惯。当时,社论作家约翰·安德森(John Anderson)在某些关于社论版的笔记中深刻地探讨了这一问题:

我们已经习惯了高度紧张的状态和戏剧性的故事。晨间编辑会议变得像是着了魔,我们会为每天的事务翻来覆去地讨论数小时。我们围坐在盖林的办公室里,面前是摊开的报纸,很快地,这样的会议占去了整个上午的时间。《邮报》在"水门事件"上取得的胜利众所周知,但我们付出的巨大代价却鲜少有人注意。当"水门事件"最终以尼克松的辞职而告终时,我们所有人的生活似乎瞬间索然寡味了。此后很长一段时间里,新闻报道偏离正轨且质量参差不齐,因为有半数的员工,尤其是大都市区的记者,都跑去追逐琐碎的丑闻了。我们花了几年的时间,才重新开始连续而有序地报道地方教育委员会和县议会的事情……

大批年轻人蜂拥着进入新闻业,有些人怀揣着高尚的目的,有些人希望成为伍德沃德或伯恩斯坦。当然,"水门事件"很大程度上证明,全国性媒体的确可以左右重大事件。显然,媒体的报道促使西里卡法官质疑他在法庭上听到的事情,促成了国会的责难,也引起了公众的关注。然而,我们并非有意要形成如此重大的影响。没有人——尤其是媒体界本身——认为我们不会行差踏错,有失偏颇。我从不曾认定,媒体人士做的一切事情都正确无误,但我们尽力将自身观点限定在了社论版。

在"水门事件"中,媒体与总统间自然而然的敌对关系被颠覆了,而这同样影响了新闻工作。我对某些过度介入其中的倾向感到有些担忧,觉得我们应当尽快克服这种冲动。"水门事件"之后的媒体界必须警惕一种浪漫主义倾向——将自身想象为崇高的身处困境的斗士,在极端不利的局势下守卫着一切伦理道德。"水门事件"脱离了常规,我觉得我们不应该到处寻觅阴谋诡计和遮掩罪行的活动。另一方面,我不相信我们"过度报道"了"水门事件",尽管尼克松的支持者直至最后一刻还在如此宣称。

"水门事件"在震惊国家和政府的同时,也突出了自由、强大且充满活力的媒体界至关重要的作用。我们见证了政府权势之巨大,可以揭露想要揭露的事情,可以只给予大众经过审查后的事实陈述。我们再次汲取教训,知晓了报纸拥有的不透露消息来源的权利有多么重要。

媒体界的公信力经受住了时间的考验,击溃了某些人的名誉,这些人花费了大量的时间来假惺惺地否认罪行,并通过抨击我们的表现和动机来打压我们。我曾在1970年发表演讲时——先于"五角大楼文件案",也先于"水门事件"——说道:"自长远角度观之,政府寻求的廉价解决方案最终会令其付出高昂的代价。"的确,他们付出的代价不菲。

PERSONAL HISTORY

第二十五章

倘若我曾有被"水门事件"以及随之而来的对《邮报》的赞誉冲昏头脑的倾向,那么,整个公司普遍存在的管理问题和《邮报》尤为突出的劳工问题,则让我牢牢扎根于现实,后者还让我品尝到了挫败的苦楚。这些问题根深蒂固、纷繁杂乱,还占据了我全部的精力。我曾经希望从保罗·伊格内修斯(Paul Ignatius)那里取得切实的帮助,但未能如愿。保罗非常友善和蔼,但他来自一种截然不同的文化,从未真正掌握沟通方法。

我决定给《邮报》找位新总裁,1971年10月,我们宣布了保罗的辞职;我把这件事情视为全体管理人员的失败,因为我们错误地将一个人放在了不合适的位置上。尽管我从未独立做过任何重大决策,尤其是撤换高管,尽管我在这些年里受到的大部分批评都理所应当,但这些决定却总是被视为我个人的过失。由于公司近来开始惹人注目,而我又是女性,我们在编辑方面的成功令我享有盛名,而在我们纠正错误而非犯下过失时,我又受到了过度批评;两种情况都让我感到不满。当时,如果女性解雇男性,所有人都会认定错在女方,事实上,我被视为——且被公开嘲笑为——难以相处、反复无常、专横残暴、脾气暴躁的女人;而那名男子则会被视为受害者。新闻业的高管也会因媒体的批评而苦恼,至少我是如此。

不管怎样，我逐渐对这个行业和自身寻求的目标有了些许了解。我再次到公司之外物色人选，并聘任了约翰·普雷斯科特（John Prescott）为《邮报》新总裁——实际职务是总经理，我们将头衔提升为"总裁"是因为保罗曾经担任海军部长。于《邮报》而言，约翰看起来是最佳人选。他拥有出众的新闻业从业履历，20年前开始在《巴尔的摩太阳报》工作，之后在《底特律自由新闻报》（Detroit Free Press）担任了四年的劳工关系经理——就我们濒临危境的劳工关系而言，他所能够带来的影响尤为重要——他在《迈阿密先驱报》（Miami Herald）工作了两年，这家报社不雇佣工会成员且经营良好。他还担任过奈特瑞德报系在北卡罗来纳州夏洛特市和费城的总经理。

1972年初，约翰走马上任，在此之前，他造访《邮报》，与高管们会面。事后，约翰写信给我，相当准确地评价了他的所见所闻，以及应立刻着手采取的措施。我迫不及待地想要开展工作，因而对他以行动为导向的计划欣喜不已。我愈发意识到我们身处的重重困境，并担忧多个方面的问题：糟糕的劳工合同似乎为我们戴上了枷锁，印刷状况进一步恶化，管理危机接连不断。我向约翰描述说，每天晚上印出报纸就像是"扭转或大或小、纷至沓来的惊险灾难，上演一幕幕千钧一发的最后一分钟营救。"

尽管有些小挫折，约翰还是开始掌控局势。他做的某些事情让我感到困惑和担忧，但我很高兴他完成了大量的工作，其中一部分工作还与我们长远的成功息息相关。六个月内，他断然调整组织结构，将员工安排到更加合适的岗位上，并寻找出存在问题的地方——一场颠覆过往的变革。约翰请来了年轻的印刷专家吉姆·库珀（Jim Cooper），后者熟悉机器运转的技术细节。他曾经在南部印制研究所（Southern Printing and Production Institute[SPPI]）工作，那是家帮助训练主管从事出版工作，以应对罢工状况的组织。约翰还为我们请来了拉里·华莱士（Larry Wallace），一名能力出众、个性强硬的劳工谈判专家，他策划扭转了我们的劳工合同的不利方面。此外，约翰让他的助手取代了我们的出版总监——不太明智的举措，但很难从外面找到愿意踏足我们这个众所周知的马蜂窝的人。

随着弗里茨的去世，我的学习历程告一段落——前10年间的艰难跋涉，摸索道路，以及应对各类情境和问题。我一直没意识到弗里茨在小心翼翼地保护着我。如今我再次孤身一人，但境遇已经完全不同。我成为了这家不断发展壮大的上市公司的董事长，同时留任《邮报》的发行人。如今，我肩负了华盛顿邮报公司的全部责任，以及这些责任所蕴含的意味。全新的学习历程在前方等待着我：如何成为上市公司的首席执行官，并向股东负责；如何将我学习到的微不足道的管理知识应用到公司经营中去；如何在履行财务责任的同时保证编辑质量。我感到自己仿佛躺在漂亮的钉子床上，面对所有问题都缺乏信心。我愿意为这份工作投入时间精力，这证明了我良好的意愿，但结果才是我真正在意的。我不知道该如何或何时思考发展问题，首席执行官的工作职责是什么，我们应该创造多少利润，目标要定得多高。也许我的标准太高，太不切实际：我以菲尔最佳状态时处理问题的轻松自如来评判自身，或者以其他一些想象出来的他人期望我拥有的理想人格来要求自己。

我在公共场合仍旧缺乏自信，害怕与行业内和华尔街人士交流，尤其是与财务分析师交谈，那是极端煎熬的苦刑。我们是上市公司，倘若我经营不善，过失就会全然暴露在大众面前。坦白讲，我甚至不知道自己无知的程度，或者摆在我面前的是怎样的难题。我所确切了解的是，我不确定自己是否能够满足他人的要求。

雪中送炭的是，好运再次降临到了我的头上。弗里茨去世约一个月后，沃伦·巴菲特买进了我们公司的股票，成为了股东，进而开启了我人生中的崭新阶段；这是我的一大幸事。沃伦的到来不仅使我步入新的学习历程，还标志了一段远超报主与大股东关系的友谊的开端。

实际上，沃伦曾在 1971 年短暂出现在我的生活中。当时，他和他的生意伙伴查理·芒格（Charlie Munger）来拜访我，商议合作买下彼得·弗莱希曼的《纽约客》的可能性。计划最终流产，我也再没有见到沃伦，甚至没有对他留下特殊印象，直到两年后他写了封信给我。时至今日，我们仍旧戏谑地称这封信为"亲爱的格雷厄姆夫人之信"。

依据证券交易委员会的规定，任何人购买一家公司 5% 及以上的股份，都必须依法通告该公司高管此次购买行为。沃伦告知我，他借由伯克希尔·哈撒韦公司购买了超过 23 万股的华盛顿邮报公司 B 类股，并计划购入更多。那封信解释了为什么他要买入这些股票：

此次购买行为表明了我们大规模的投入——显然也量化了我们对身为商业公司的《邮报》和身为首席执行官的您的赞誉。开具支票的行为将信念和空谈区隔了开来。我认可《邮报》由格雷厄姆家族掌控和管理。这一点合乎我的意愿。

几年前，我管理的一家合伙企业大笔购入华特迪士尼制片厂的股票。相对于其盈利、资产价值和管理能力来看，这家公司的股票便宜得有些荒谬。单单是这一点就足以令我心跳加速，打开钱包，不过这笔投资还有额外的考量。在自己的领域里，迪士尼绝对是最出类拔萃的——胜利来得易如反掌。任何不能展现自身最大努力的事情——任何可能让消费者感到缺斤少两的事情——都是华特·迪士尼所无法接受的。他将充满活力的创造力融入了与盈利相关的纪律性之中，在娱乐业取得了独树一帜的成就。

我对华盛顿邮报公司也有同感。相较于其所拥有的财产的内在价值，它的股价被严重低估了，尽管这在今天的证券市场是司空见惯之事。不过，这种低估的双重吸引力在于，华盛顿邮报公司已经成为了高质量新闻报道的代名词。看到投入邮报公司的资金逐年递增比拥有某家园艺公司的股份更让人感到满足，园艺公司的股票尽管便宜，却不具备任何崇高的使命。

此外，你们与股东沟通时展露出来的代理意识令我印象深刻。这些沟通是真实的、完整的、有意义的，因为你们将办报的正直标准带到了企业报告这个更加新颖的领域。

您也许还记得两年前我和查尔斯·芒格到您的办公室讨论《纽约客》的事情。当时我向您提起，20 世纪 40 年代中期还在伍德罗·威尔逊高中（Woodrow Wilson High）就读时，我就凭借投递《邮报》赚到了第一笔资金。我每天投递 400 份左右的《邮报》，但我的诚信记录还是有些污点，因为我同时还在韦斯切斯特投递《时代先驱报》（数量要少得多，我的顾客很有辨别力）。这也许是最初的细微迹象，向洞察敏锐的华盛顿人预示了两家公司最终将融为一体。

我理应指明,伯克希尔·哈撒韦公司名下没有电台或电视台资产,因而联邦通信委员会不会因为我们将问题复杂化。我们唯一的传媒资产是在奥马哈(Omaha)的太阳报集团,集团由奥马哈大都会区数家资产价值(但不是编辑质量)微不足道的周报组成。上个月,我们因为报道孤儿乐园(Boys Town)未披露的财产而荣获普利策奖,此后整个集团,包括印刷工人在内有70名员工,步入了正轨。顺便提一下,去年《新闻周刊》和《时代》利用几乎相同的篇幅报道了这件事情,但《新闻周刊》的报道工作显然要出色许多。

您知道了吧,《邮报》在奥马哈拥有一位相当狂热的粉丝。我已经准备好等资金到位后,增加我们的持股量,那个时候,我会随信寄去修订后的13-D文件。

诚挚的

沃伦·巴菲特

我对这个刚刚买下公司一大部分股权的男人一无所知。沃伦当时的为人与现在毫无差别,不过那时他还只是个小投资者,没有什么名气。我知道他购入我们公司的股票是因为公司符合他的投资理念,而且我们的股票非常便宜:由于经济衰退,当时所有股票都在以低于其价值的价格出售,而我们的股价还要低于其他股票,因为我们在商界相对籍籍无名,也因为我们在佛罗里达的电视台的经营许可证正遭遇竞争——也可能还因为弗里茨的去世和我的继任。但我同沃伦私下没有任何交情。

我对股票市场的运转方式同样知之甚少,以至于需要其他人来提醒我,一位不知名投资者买下了公司如此大的一部分股票;我没有考虑任何收购吞并的问题;A类股掌控在我们家族手中,沃伦购入的是B类股,这样的体系让我感到安心。沃伦认定我不会感到受威胁,因而也就觉得没必要平息任何担忧。然而,周围的人以及我认识的商界的人,包括拉扎德公司的老板安德烈·迈耶,都在强烈警告我,这让我愈发担忧。他们传达的信息非常明确:"他对你不怀好意。"

我倾尽全力搜寻关于这个男人的一切信息。最终,我们只是在"亚当·斯密"著作的《超级金钱》(*Supermoney*)中找到了一章对他推崇备至的内容。收到沃伦的来信后不久,我们《邮报》的几个人狼吞虎咽地阅读了这章内容。我打电话给周围所有可能直接或间接认识沃伦的人,他们全都正面评价了他:他从未做过任何怀揣恶意的事情,为人正直,才华横溢,风度翩翩。菲尔对我的一大影响,就是不吝于去接触形形色色的个体。他曾经鼓励我和孩子们,对他人要保持好奇之心,不要在不了解他人的情况下妄自揣摩他们的为人和动机。他强调了摆脱成见的重要性,不仅因为它们并非一贯正确,还因为倘若准许它们支配你的行为,你就会错失许多东西。与沃伦接触的过程中,我遵从了这一建议,还回信告诉他,我倾尽全力致力于有效管理我们旗下的各个公司,感谢他对我们的信任,还说期望我们能够无愧于他将我们与迪士尼公司相提并论的溢美之词——这个愿望并没能够完全实现。

待到此时,我很好奇甚至焦虑不安地渴望见到他。我确认那年夏季会前去加利福尼亚,于是便写信给他,建议在那里会面,因为我知道他将会待在拉古纳海滩的度假别墅。我计划去会见《邮报》在《洛杉矶时报》的通讯社合作伙伴,后来,《洛杉矶时报》为我和沃伦提供了会谈的房间。我们在洛杉矶见面后,沃伦的外表令我感到惊讶。他完全不像是我见过的华尔街人士或商业大亨;相反,他给人的印象是吃玉米长大的中西部人,但身上融合了两种非凡品质,我一生之中都为这两种品质所吸引——智慧和幽默。从一开始我就喜欢上了他。后来,我写信给好友说,"倘若我断言过谁是正人君子,那这个人一定就是巴菲特。"

我们会面时,沃伦执意将迪士尼与邮报公司类比,因为当时似乎没有人关注我们公司。他告诉我,不只是华尔街没有看到邮报公司的价值,甚至连我和《邮报》的同事们都没有意识到我们公司的真实实力。他说总有一天,市场会认清邮报公司的价值,尽管没有人可以预测具体的时间。

正是在这第一次会面,沃伦看出了我对商业和金融的无知,并进一步了解到我以为像欧提斯·钱德勒这类人会比我懂得多。他后来告诉我,他觉得我的认知就是,"四周都是身高8米并想要将我生吞活剥的人。"我不觉得对他有多了解,但还是出于本能地信任他,并邀请他带着妻子到纽约的《新闻周刊》和华盛顿的《邮报》共进午餐,以及到我家吃晚餐。他接受了,我们定下了日期。

我被这个男人深深地吸引住了。我们会面后不久，我写信给鲍勃·阿布德（Bob Abboud），他当时就职于芝加哥的第一国家银行，还是芝加哥大学的理事会成员，同时也是警告我远离沃伦的几个人之一：

> 我已经见过那个危险人物，并不幸被他征服。你一直在提醒我，他们总是会在一开始就迷住你。他做到了。
>
> 别担心，我还没有神魂颠倒到会做出我们不应该做的事情。我不想被收购，即便对方是魅力四射、健壮结实的内布拉斯加人。但倘若他真的不怀好意，我情愿受罚，因为那样的话，我也就配不上自己的身份了。

接下来便是渐渐熟识沃伦的时期，我们开始互寄书信——总是鼓舞人心又富有教益——并将这种习惯延续至今。他告诉我，我们的会面加深了《华盛顿邮报》是他"最钟情的投资"的感觉。他始终如一地坚称，股票市场终有一天会认可我们，并说他知道"管理层必然感到灰心丧气，倾注了全部心血来提升利润，取得了惊人的成效和明显的增长势头，却在股票市场遭受冷遇。这种情况不会持续下去"。

沃伦还在写给我的信中谈论了唐·格雷厄姆；我和沃伦首次见面时，唐一直在洛杉矶陪着我：

> 长远来看，你还有一项优势，这是我在首次购入你们的股票时所不知道的。在我看来，似乎迈耶家族的基因100%完整地遗传了三代人。唐拥有成为一流管理者的必备素养，这些素养也让我终生受用。因为他比我小15岁左右，所以，他完全有时间赶超我。

沃伦对我们公司的信心显而易见，因为他本人一直在购进我们的股票。1973年9月，他掌控了41万股，价值超过了900万美元。

我最为担忧《邮报》的事情是，它的管理问题和劳工问题已然盘根错节；印制情况仍旧一团乱麻，工会在大楼管理问题上与我们针锋相对，他们非常清楚我们的弱点和自身的长处。我们的印制问题可以追溯到许多年前，牵涉到许许多多的人和事，甚至连阐明它们都非常困难，更遑论解决它们了。

大城市的报纸全都受到了工会组织的严重掣肘，只有少数是例外。《邮报》内部有13家工会。不同的蓝领工会管辖不同的工种——排字工、印刷工、照相凸版工、铸版工、邮寄工、机械工、纸张搬运工，等等。各工种中队伍最庞大的是排字工或者说排版工，国际印刷工会是他们的代表。我们的大部分劳工问题，当然还有我们的大部分开支，都集中在了排字工人工作的排字间。早在20世纪60年代中期，排字工人就开始消极怠工，70年代初，消极怠工的人数和程度都有所增加，特别是在合同谈判期间。消极怠工是一种挑衅行为，排字工人借此以各种方式故意拖延报纸的出版：慢条斯理地排版，让整套印版掉在地上，在分类广告或任何其他地方插入淫秽或反对管理层的字句，以及广泛地以游击战的方式对抗管理层和编辑，后两者不得不下到大楼四层排字工人的地盘排版页面。倘若排字工人消极怠工，印刷工作就要延后，读者便会迟迟拿不到报纸——有时会拖得很晚。在竞争激烈的时代，消极怠工直接瞄准了我们的发行量。

那段时期里，《邮报》正身处成长阶段，试图赶超《星报》，因此，我们一直在以极为目光短浅的方式容忍着这些怠工行为。20世纪60年代里，设在《邮报》的工会凭借工资增长和巨额加班费而让自身收入大幅度攀升，这为劳资双方集体谈判的整个进程增加了额外的压力。

我们曾与排字工人协商出了一份待遇极为丰厚的合同，其中包含了被称为"重制"的类目。那段时期，广告业务大都来自国内的大型广告商，内容已经确定了下来；《邮报》会收到一种底板——圆柱形的硬纸板，可以用它制作出铅版。然而，于我们而言不幸的是，工会合同里有一则存在了几十年的条款，规定文字内容必须由我们的排字工重新排版、校对、更正和再版。尽管难以置信，但这样的流程就是会发生，然后，所有重新做好的东西都会被丢弃。这些待制的版面成倍地积压下来，因为没有人有时间或意愿去做这样愚蠢的工作。它被恰当地命名为"重制"或"复制铅版"，并被称为累积"待办事项"。

工会自然强烈反对我们设计方案以解决此问题，也拒绝让我们出钱买断这

第二十五章

些"复制铅版",因为这种东西让他们掌控了排字间,也意味着我们必须雇佣所有来找工作的排字工,不论数量多寡——理论上来说,的确有需要做的工作。这是他们捞取金钱的美差,获取工作的永恒保障。只要我们还有待办的重制工作,任何排字工都可以来到《邮报》,声称要为我们工作。我们无力阻止不必要的排版工人的大量涌入,因而拥有了大量只是无所事事、喝酒游戏的排字工。有个人叼着橘子到处游荡,橘子里还装满了伏特加酒。还有个人整天穿着纳粹制服来上班。排字间里的风气极为糟糕,工作表现更是不堪。有许多排字工人在意自己的手艺,也尊重《邮报》,但局势显然已经失控。将报纸印刷出来成为了繁重异常的工作,重担主要落在了耐性极强的印制副经理尼尔·格林沃尔德(Neil Greenwald)和排字间领班厄尼·史密斯(Earnie Smith)的肩膀上;两人都个性强硬、能力出众,但却是工会仇视的对象。

最糟糕的是,1972 年《星报》买下《每日新闻》后,400 名排字工来到《邮报》,要求获得工作,由于再版条款的存在,我们无奈接收了他们。一夜之间,我们的排字工人数量从 400 名增至了 800 名。

毫无疑问,我们对排字间的管理糟糕至极,但我们正步入行业的新旧技术过渡阶段。具体而言,我们正处在热排向冷排或者说照相排版转变的时期。热熔金属印刷直接继承自 18 世纪本·富兰克林(Ben Franklin)给《穷查理宝典》(*Poor Richard's Almanack*)排版时采用的技术。不过,本是将凸起的铅字逐一排到一起,而我们的排字工使用的是整行铸排机——19 世纪末的绝妙发明,如今已经行将淘汰。通过敲击复杂键盘上的按键,排字工人将字模装入整行铸排装置上——热铅倒入字模中制成整行的印版。印出的报道需要校对,如果有任何更正,整行文字必须逐一替换——耗费大量劳动的程序。只要这个系统还在采用,罢工期间要正常印刷就是不可能的事情,因为整个热熔金属排版的程序太过复杂了。计算机和照相排版技术的到来使得自动排版成为可能,速度比原来快了 150 倍,因而也令整个程序更加简单、安全和成本低廉。如今,即便没有行业工会,管理层也可以在出现罢工时进行印刷。权力的平衡在倾斜。不过,工会势力盘踞很深的大城市报纸很难转向冷排技术,因为印刷工会在大型报业的实力更加强大,他们抗拒改变,知道这于他们而言意味着什么。

因此，如何处理数千份重制版面成为了折磨着我们的难题。围绕这一难题的争论在于，我们应该如何清除掉这些积压的工作，是一次支付给工会一笔钱，还是最终完成制版。在华盛顿的几家报纸中，《邮报》积压的重制版面数量最多；从 1962 年算起，我们已经积累了 2000 多页的重制版面。《星报》只积压 580 页的重制版面。1971 年，华盛顿的三家报纸——《邮报》《星报》和《每日新闻》——提议以将近 170 万美元买断这些版面，《邮报》会提供其中的 150 万美元，折合下来每页接近 70 美元。工会拒绝这一提议后，我们实际上还设立了单独的工作间，试图完成巨量的积压版面，但需要重制的版面源源不断地涌入。排字工人自然缺乏动力去完成它们。

排字工人仍旧是我们的首要难题，也是我们关注的焦点，不过，我们在与其他工会交涉时同样困难重重。印刷工人工会是个难以应付的蓝领工会，全是白人（有一个例外），也全都是男性。这家工会拿下了加班条款，印刷工人能够挣得丰厚的薪水，尤其是在他们以各式各样的怠工行为故意拖慢印刷工作时——往新闻用纸中丢小飞镖，破坏新闻用纸，拖延给印刷机更换卷筒纸的时间。有时，他们只留下几个人照看开动着的印刷机，其他人则打盹休息，外出喝酒，甚或是跑去《星报》工作。然而，《邮报》印刷工人的收入在 10 年间增加了一倍多，而且我们的工资标准全国最高——或者说，某些工种的工资标准是第二高的，仅次于纽约市的几家报社，还有大量的附加福利。加班费占据了全部支出工资的很大比例，而且还在不断增长。

印刷工人和排版工人一样，也有许多善良、勤劳之人，但《邮报》的印刷间人满为患，而来自纽瓦克市、纽黑文市和堪萨斯城的暴徒已经渗透进印刷工会。这几个城市的报社一直在罢工，印刷工人也已经被非工会人员取代。我们的合同令《邮报》几乎丧失了雇佣员工的选择权，因此他们来了。他们从我们报酬丰厚的合同中获利，而且不幸的是，还开始操纵工会。

印刷工人由吉姆·杜根（Jim Dugan）统领，他起初是个强硬、能干的领袖。先前合同谈判的成功无疑让他权力欲极度膨胀——更不消说每次出现细小的摩擦，他都能占到便宜。这些琐碎协议由《邮报》经理与工会主管在办公室的闲谈场所达成，还附带着示意、点头和握手。我们一再地让步妥协，以至于杜根总是

第二十五章

满怀信心，觉得印刷工人不仅能够保住这些年来从管理层获取的利益，而且还能获得更多。由于他的强势影响和我们的软弱回应，印刷间的局势每况愈下。为什么我们要一次次地做出妥协？因为印出次日的报纸，不要在与《星报》的竞争中丧失地盘，是始终存在的重大需求。杜根有理由相信我们会一直弱势下去。显然，我们的前途并不平坦。

铸版工负责浇铸安装在印刷机上的金属板，他们组建了独立的蓝领工会，成员全部为白人男子。他们非常担忧报纸一旦采用了照相排版、冷排或塑胶凸版技术，便不再需要他们的本领。铸版工的领袖查理·戴维斯（Charlie Davis）是个粗野固执之人，他们与印刷工人结盟，后又并入了印刷工会。

说也奇怪，杜根和戴维斯都称得上是我朋友。我认为他们在许多方面误导了我们，或者至少是误导了我。在大楼中四处行走时，我会和他们两人说话。他们表现得迷人、友好且有趣，也花费了许多时间与我们交谈。但杜根和戴维斯对我们都不怀好意。

在《邮报》的印制领域，我们竭力鼓励各个监管者，他们处境微妙，因为他们既是工会成员，又要管理工会成员。工会的对抗活动日益增多。1972年，吉姆·库珀加入《邮报》，许多工会似乎都将他的到来视为管理层的战争挑衅。只要吉姆或者任何管理人员走进印刷间，印刷工人就会停止工作。这令人难以置信，却是千真万确。

自1936年起，报业协会就存在于《邮报》了。它在此处设立的分会是白领工会，监督办公楼里其余所有人。它是办公楼里规模最大、实力最强的工会，代表了范围广泛的群体，上至收入最高的记者、编辑和广告推销员，下至职员、发行和分类人员、程序分析员，以及当时被称作"细节"部门的人员，这些人负责收集广告，并将它们来回拿去制版和校对。这些子团体各自有着迥然不同的利益，却由同一家工会代表。更糟糕的是，他们在谈判中由来自办公楼外部的工会高管代表，其关注点在于获取全国最有利的协议，而毫不关心《邮报》员工的具体利益。

《邮报》的报业协会拥有全国最高或次高的工资标准，而且受到极其严苛的规定的限制。我们同样几乎无法解雇任何人，除非有证据表明该员工撒谎、作假

561

或偷窃——即便是有了证据，处理起来也不会简单。连一目了然的不称职都不能构成有效理由，更不用说平庸或懒惰了。例如，妇女版的一名记者因为急着去度假，便从美术委员会的刊物上剽窃了一整篇文章。我们试图解雇她，但报业协会将此事拿去仲裁，声称这种行为很普遍。经历了漫长的听证会后，我们终于能够解雇她了；但这一事例表明，即便面对确凿的明目张胆的违规行为，我们都必须大动干戈。当时，报业协会的领袖是布莱恩·弗洛雷斯（Brian Flores），很长一段时期里，他不断要求空前大幅度地增加薪水和福利，且总能如愿。

从管理层的角度来看，我们与报业协会的交涉糟糕到了无可救药的程度。1971年秋季，报业协会合同到期后，我们一度没完没了地举行会议，我、弗里茨和保罗·伊格内修斯与吉姆·戴利不断沟通，探讨某些他想要制定的意义深远的提案。戴利只是表面上控制着谈判。出席会议的还有许多人，每个人都可以随意发表意见，提供建议。整个过程变成了无休止的自由论战。我想唯一不在场的便是报业协会的实际谈判人拉里·肯内利（Larry Kennelly）了。

谈判期间，我们在回应关于带薪休假、四天工作制、假期及其他各类要求时，遭遇了重重困境。接下来的时刻错综复杂而饶有趣味，但绝不容易解决，尽管轻松了许多。我们在烟雾缭绕的房间里坐了几个小时——弗里茨和保罗不停地吸着雪茄。最终，我们感到本地新闻编辑部的人根本听不进管理层的一面之词，于是决定寻求首席编辑们的帮助，请他们撰写声明阐述我们的立场，然后呈交给报业协会。我们选择了本、霍华德、菲尔·盖林和梅格，在新闻和编辑部门，他们拥有巨大的权威，也知晓一些可能有利于管理层的事情。我们之所以找他们，还因为他们是我们的好友。

他们四个人应承了下来，然后退避到附近皮克里酒店的酒吧里，那是家受人喜爱的老式酒吧，名叫"老马厩"（Old Corral）。他们在长长的黄色纸张上写下了声明，字字句句浸润着马丁尼酒的气息。他们费力耕耘，还加上了梅格称之为"陈词滥调"的内容。接着，三个男人要求梅格将声明全部打出来，她照办了——这是在妇女解放运动之前。然后，他们依次走进董事会会议室，而我们几个人正聚在里面商讨问题。我抬头看向鱼贯而入的他们，立刻发觉他们四个全都已经酩酊大醉。梅格记得，我当时笑逐颜开，说道，"梅格喝醉了。"她说其他人就

第二十五章

在她身后，突然也大笑起来，此时我说，"天啊，他们全都醉了。"菲尔·盖林颇有些愤愤不平，努力着想要快速清醒过来。他将声明交给我。我浏览了一下，马上停下来，感谢他们付出的努力，并将他们送出了门外。

本素来讨厌合同谈判的事情。不可避免的紧张氛围和激烈争吵往往会将本地新闻编辑部撕裂开来，妨碍他的发展计划。他把精力都放在了推动报纸发展上，因此常常会对业务部门失去耐心，将这些紧张时期视为发展的绊脚石、本地新闻编辑部嫌隙龃龉的源头。管理层下定决心扭转局势，而报业协会的领袖试图离间本和《邮报》业务部门的关系。很长的一段时间里，我都对编辑们抱以同情，也总是更加容易和他们，而非与经营主管人员产生共鸣。随着时间的推移，我对问题的理解更加深入，明白了编辑们必须学会成为管理者。在我们早期迅猛成长的阶段，他们没有被要求这样做，实际上也没有这样做。

《邮报》中唯一没有牵涉工会的部分是发行投递部门。在那里，菲尔、哈里·格拉德斯坦及其手下的杰克·帕特森（Jack Patterson）设立了分销机构来负责不同的城镇和郊区，分销机构报纸卖得越多，挣的钱就越多。不断有人尝试将分销人员组织起来，但迄今为止这些努力都被成功化解，因为背后总会有一帮意见不同的分销人进行干扰，试图组织起其他人成立工会。

有一件事情我非常清楚，《邮报》的生存与未来依赖于阻止发行部门成立工会。我知道，一旦出现罢工，即便我们能够不依赖于行业工会，自行解决印刷问题，但倘若没有办法派发报纸，我们还是会难以为继。我们从《星报》那里吸取了教训：卡车司机工会将送报的卡车司机组织了起来，司机运输和派送更多报纸的积极性被打消，这自然挫败了《星报》企图增加发行量的努力。

我们竭尽全力阻止分销人员组建工会，但面对排版工人日益增加的怠工行为，我们感到愈发吃力。由于报纸出版延迟，分销人员蒙受了巨大的损失。我常常深夜跑到巷子处，站在那里与等候报纸出版的分销人员攀谈，倾听他们的声音。大多数时候，我任由他们对我发牢骚，以此来让他们知道我关心他们。记得某个节日前夕的深夜，我很喜欢的一个熟人正怒气冲冲地开车离开小巷，他将头探出卡车窗外，说道，"好吧，如果你不是女修道院院长，到这里来，亲爱的。"他直言不讳地责备了我一番。

从排字间到印刷间,《邮报》完全失去了控制力。约翰·斯威特曼离开后,我们失去了解决迫在眉睫的劳工问题的力量和诀窍。令情况更趋复杂的是,华盛顿的所有报社过去常常联合起来谈判。为处理工会问题,约翰·普雷斯科特和《星报》同等级的高管宾·刘易斯(Bin Lewis)会见了工会领袖,坦率地阐明了情况——我们的成本已经太高,因而前景暗淡。宾正派能干,是《星报》的庞大家族的一员,他精明地让约翰充当发言人的角色,《邮报》也因此成为了工会怨恨和攻击的目标,而《星报》则没有受到多少伤害。普雷斯科特和拉里·华莱士不断遭到骚扰,而吉姆·库珀则受到了冷战的折磨。工会给吉姆贴上了"臭名昭著的工贼"的标签,并对所有和他讲话的人处以罚款,尽管几个月后这种沉默对抗的冷遇被撤销了——库珀改善了铸版部门的工作环境。

我焦虑不已。一个又一个夜里,两个问题始终萦绕心头:我们怎样才能印出明天的报纸,会延迟多久?成本在急剧增长,利润在持续下滑,与此同时,一大部分职工心怀不满和敌意。我意识到必须开始设法应对,重新掌控我们自己的印制部门,便试着向各类人士请教对策。我会见了山姆·卡格尔——在旧金山结识的昔日好友。他的工作就是代表工会进行谈判。我还从哈佛大学请来了劳动经济学家约翰·邓洛普(John Dunlop)教授,和我们一起评估我们的处境,帮助制定出一些长远的应对策略。邓洛普建议设立经常性的讨论小组,以便定期讨论双方关心和感兴趣的议题,如此一来,合同谈判开始后,对于次要问题的愤怒就不会影响到当前重要问题的协商。他还强调了广泛的良好沟通的重要性,于是,我邀请全体工会主管与我们共进午餐,商讨些无关紧要的问题——譬如,新办公楼的建设。

我咨询过的所谓的专家提出了许多理论,但基本现实是,我们缺乏最重要的东西:清楚自己在做什么的称职而机敏的管理者。没有这个必要因子,我们不会取得多少进步。我努力改善管理状况,同时和约翰·普雷斯科特一起决定,《邮报》必须开始为印制工作做好准备,以防印制部门出现罢工问题。因此,早在1972年我们便开始实施一项计划,培训《邮报》未加入工会的员工操作某些印刷报纸所必需的机器。这并非什么新奇的做法,数家其他报社已经在做这件事情了。我们所试图完成的是在缺失工会劳动力的情况下印刷出报纸,进而获得谈判桌上的平等地位——实际上是如有必要的话，对抗罢工活动。

我、约翰·普雷斯科特和肯·约翰逊（Ken Johnson）——年轻的夜班编辑，当时已经转入印制部门工作——代表《邮报》，杰克·考夫曼和宾·刘易斯代表《星报》，双方达成协议：如果罢工最终不可避免，两家报纸都应该为1973年秋季出版报纸做好准备工作。接着，约翰在肯·约翰逊的帮助下，制定并实施了培训计划。1973年，他设立了"应急程序委员会"（emergency-procedure committee），每周举行一次会议，有时是两次。我们派遣了许多个人前往俄克拉荷马市的培训中心南部印制研究所，吉姆·库珀曾经在那里工作过。我们在华盛顿郊区租赁了一大块场地，并开设了印制培训课程。

所有这一切的目的是让我们在跑之前先学会走路，同时这也是那年秋季即将发生之事的全部背景状况。一年之中，广告业务会依照惯例逐步增长至最高峰，这意味着更多版面的报纸，随着我们步入这样的时刻，我们也进入了往常灾难频发的时期，排字间、印刷间和收发间有了更多机会来扣留报纸，刁难管理层。消极怠工行为甚至变得更加普遍，这意味着我们的分销商正毫无酬劳地空等三四个小时，我们的送报员正纷纷退出，订户的怨言正蜂拥而至——而印刷工和排字工正在分销商面前挥舞着他们的加班费支票。

我们一直试图与排字工人协商出一份合同，后者的怠工行为正愈演愈烈。拉里·华莱士到来后，我们与国际印刷工会的谈判呈现出了更加坚定的新基调。约翰·普雷斯科特最近发出公开信，威胁说要针对任何被发现有怠工行为或阻碍报纸印刷的人采取惩戒性措施，包括解雇和开除。信函发出后，局势变得愈发紧张和对立。要证明怠工行为并不容易，但一位监督员最终做到了。排字工人迈克尔·帕迪拉正在为广告加标示，而经过八个小时的工作后，他的稿件上只有两处标示，因而遭到解雇。帕迪拉并非一贯的闹事者，而是有经验的排字工，平日里表现尚可。

我们的这一举动引发了与工会的激烈对抗。其他排字工人拒绝工作，待在排字间里等待随后两批轮班工人的到来。我们面对着一大群转来转去的排字工人，数百名壮汉，这些人没有一个人在工作——事实上是拒绝工作，除非帕迪拉被重新雇佣。我们找来联邦警察驱逐他们。参加这场自发罢工的大部分排字工人随即离去了，只有 12 人例外，他们立刻遭到逮捕，并因藐视罪而被拘留。

这一切发生之初，我正在旧金山开会，但马上便飞回了华盛顿。面对这次在我们看来是非法罢工的事件，我们觉得除了竭尽全力出版报纸外别无选择。我们决定测试一下"应急程序"，尝试着不依赖工会，而是依靠新培训的主管人员和非工会员工印出报纸。

11 月 4 日晚，我们全都留在了《邮报》大楼里。这是个戏剧性的时刻，有传言说排字工人和印刷工人都携带了枪支。巧合的是，沃伦·巴菲特及其妻子苏西就待在与《邮报》大楼隔街相对的麦迪逊酒店里，他们来此是为了切近考察华盛顿邮报公司，以及出席次日晚上在我家为他们举办的宴会。他们整夜注视着窗外的骚乱、灯光和电视摄像机。于这位新股东而言，目睹《华盛顿邮报》正在发生的一切并不是什么吉利的开端。

办公楼内部，我们开始工作了，吉姆·库珀和肯·约翰逊负责带领指挥。令所有人倍感宽慰的是，我们完成了制作报纸的复杂程序，以照相排版技术排出了 40 页的版面。我们准备印刷时，杜根正和其他工会主管会面。杜根不断给约翰·普雷斯科特打电话，询问他打算什么时候开动印刷机，并要求他再多等等，说道，"也许我能够说动这些家伙。"某个时刻，普雷斯科特和华莱士受邀到斯塔特勒酒店与工会主管会谈。可能就是在这个时候，约翰首次变得犹豫不决，因为等这两人返回后，吉姆和肯找到我说，"约翰萌生了退意。如果他真的退缩了，那会伤透我们的心的。"

卡车正在小巷中耐心地等待着，于是，我径自找到约翰，以尽可能坚定的语气说道，他已经走到跳板的尽头，必须毫不犹豫地跳下去。最终，约翰告知了杜根我们开动印刷机的时间，我们在各个方面也都进展顺利，直到自己酿成了灾祸。巡视《邮报》办公楼过程中，约翰在后门见到了杜根及其手下的印刷工。杜根一直密切关注着我们在大楼内的进展，知道我们已经准备就绪，即将开动印刷机。

"你在这里做什么呢？"约翰问道。

"哦，这些印刷机是我们的，"杜根回答。"如果有谁要去开动它们，我们就会修理他。我们要进去。"

第二十五章

杜根规劝约翰说，工会无法忍受陌生人开动"他们的"印刷机，而且工人希望回来亲自操控它们。约翰相信了他，让印刷工人走了进来。他们涌入印刷间，对着顶替罢工者的工人大吼大叫。受到惊吓的员工——操作印刷机的主管和广告推销员——自然避之唯恐不及，远远躲开了这帮彪悍的印刷工人，后者立刻坐了下来，拒绝让任何人开动印刷机。他们划破了许多包裹在印刷机滚筒上的橡皮布，还扯下了所有卷筒纸，整晚的工作都无法继续了。

约翰悲伤地对杜根说道，"你告诉我，你们来这里是为了操作机器。"

"好吧，我撒谎了，"杜根直白地回答道。

他们耍弄了我们。我们整个晚上的努力都付诸东流了。事实上，我们被迫投降了，只做了些稍稍保全面子的事情。我们同意恢复帕迪拉的工作，只是在他的档案中加入了申斥信。听说必须将帕迪拉带回后，我们强硬而忠诚的排字间领班厄尼·史密斯不禁失声痛哭起来。作为交换，印刷工人最终印出了10万份左右的非工会会员制版的报纸，不过事先铸版工人已经刮去了报道中描述我们的成就与作为的第一段落。

我们让印刷工人返回了印刷间，这是极其严重的错误，但令人惊讶的是，他们印刷出了完全由非工会员工利用冷排技术排版的报纸。工会和管理层都从这次非法罢工中吸取了不少教训。尽管如此，排字工人回来工作后故态复萌，又开始了消极怠工和妨碍出版。

那天早晨6点左右，我拖着疲惫的身体回到家中，沮丧不已。只是在这时我才想起，有40位客人今晚要来我家参加为巴菲特夫妇举办的正式晚宴。由于整夜未睡，我考虑着取消晚宴，不过似乎照原定计划继续进行要更加容易些。沃伦仍旧记得初入华盛顿社交圈的经历，当时他坐在芭芭拉·布什（Barbara Bush）和简·马斯基（Jane Muskie）中间。

次日，我们在《邮报》安排了午餐会，这样沃伦便能同时见到业务部门和编辑部门的各个人物。席间谈到了收购的话题，有人提到说，由于会计方式的影响，商誉摊销（amortization of goodwill，指由于科技进步及同行业竞争，商誉不可能流芳百世，因而会在购并过程中将商誉成本在可用年限中摊销的一种会计方法——译者注）问题不利于我们这样的公司。霍华德·西蒙斯向来讨人喜欢，却

567

又爱作弄他人,他望着我说,"好吧,凯瑟琳,商誉摊销是怎么一回事呢?"谈话停顿了片刻,沃伦回忆说,"我看到你脸上的表情,仿佛他是在让你解释爱因斯坦的相对论。是我充当英雄的时候了。于是,我插话进来,言简意赅地阐明了商誉摊销的原理。"沃伦解释完后,我望着霍华德说,"确实如此。"

我想就是从此刻起,我真正懂得了沃伦对于我的重要意义。午餐会后,我和他共处了一个小时,期间他提到说会停止购入我们的股票,因为他察觉到入股行为困扰到了我。他形容说,"吃入"我们公司用的是"婴儿的牙齿",但又补充道,"如果它们看起来像是獠牙,我就会拔掉他们。"我甚至不知该作何回应——过了些许时间后,我表示赞同他的做法。沃伦的合伙人查理·芒格曾建议沃伦,下次拜访时再谈论这些事情,但沃伦迫切希望自己不是以威胁者的形象现身,尤其是因为他想要受邀进入董事会。

午餐会过去几天后,沃伦写信给我说,"倘若你能够完全融入某个才华横溢、背景不同的团体,同时又不会削弱自身的威信——还能够乐在其中——那么,你就取得了某种成就。"他还随信附赠给了我一盒喜诗公司(See's)生产的糖果,和一份关于商誉摊销的备忘录。喜诗公司同样是他名下所有。

我们在这场自发的罢工活动中失败了,而且这次失败令我心烦意乱,但最后的结果并非全然消极。我们终于开始着手解决纠缠不休的消极怠工问题,而且建立起了在缺失工会情况下印刷报纸的信心。我们知道——且他们也知道——我们能够印刷出报纸。我们还发表文章,准确无误地说明了发生的一切,向读者和工会重新展现了我们的坦诚。然而,失败终究是失败。在让帕迪拉恢复工作和阻止我们开动印刷机上,工会取得了巨大的胜利。于未来影响重大的是,杜根出于某种理由将自己看作了此次事件中的英雄,觉得自己权势巨大——能够发号施令——因为我们出版报纸的企图挫败于他。这次经历似乎让他感受到,只要做法够凶狠凌厉,我们就会屈服——危险的一课。杜根从未停止过考验我们,考验我。后来,我们撰写了一篇报道工会的文章,他认为文章内容难以接受,打电话告诉我说他的人不准备开动印刷机。我告诉吉姆,《邮报》只有一位总编辑,那个人就是本·布莱德里,本编辑了什么,他最好就印什么。我强调说,争论到此为止。

12 名排字工人遭到逮捕，并被指控留厂罢工的事情余波不止，引发了许多灾难。全城各地都贴满了标语："拯救《华盛顿邮报》的十二斗士。"我详尽地回复了收到的所有来信，其中有许多暗指我们挑起了某种非理性的战争，还指责我们"冷血无情"。一名排字工人愤世嫉俗地教训说我们将金钱等同于成功。我愤愤不平地回信说：

> 倘若《华盛顿邮报》的管理层不将利润等同于成功，那么，我们两人都不会在这里讨论成功的所有其他标志，譬如报纸的卓越品质和出版方式，也不会论及全体出版员工的福利……自 1969 年起，《邮报》的利润率逐年下滑，严峻程度迫使我们必须同心协力、毅然决然地扭转局势……

时间缓慢地行进至 1974 年，我陷入了重重窘境，一边是愤怒的广告商人，一边是牢骚满腹的工会成员。我们公布了公司 1973 年的年报后，我给《邮报》的全体雇员寄了封信，说 1974 年于公司而言至关重要，我们必须扭转形势，着手提高利润率。某些员工写信说，他们觉得我的信令人作呕。在向证券分析师演讲时，我提到说《邮报》力图恢复 15% 左右的平均利润率——不是特别高的目标，尤其是要考虑到其他公司通常都达到了 20% 的利润率，甚至更高。工会称这是贪得无厌，而那个时候，本地新闻编辑部的大多数人对于商业和利润都知之甚少，因而四处张贴我的讽刺画——将我画成大法官，手上拿着天平，一端已经被金子压得倾倒下来。与此同时，排字工人继续消极怠工，3 月末，他们以 740 票反对 18 票赞同的结果，否决了我们提议的合同：保证他们拥有终生工作，以换取自动化技术的应用。

报业协会也开始为迫在眉睫的合同谈判酝酿变革。我们与他们有过几次糟糕的谈判，其中一些与任何劳工合同的具体细节都牵涉甚少，而关系的更多是少数团体和女性员工的不满，以及年轻记者的不安全感——他们要在报社中争得一席之地，吸引编辑们的注意。双方都惶恐不安地等待着四月初合同截止日的逼近。拉里·华莱士立场坚定且耐性十足的谈判手段令布莱恩·弗洛雷斯大为光火，这种手段是他前所未见的。拉里曾直截了当地说,"我们将会给你们每周35美元的整体报偿,你们自行决定将它纳入工资还是福利。"弗洛雷斯回答说,"我们不要被'打包'。"后来,我们拿出了最终提案,在那个工资和物价管制且高通货膨胀的年代,这个提案可谓相当优厚公正,但报业协会的谈判委员会没有将我们的提案交予工会成员——包括一项生活费增长的内容。布莱恩手握罢工表决权,因而立即号召罢工。

报业协会罢工时,我正在底特律发表演讲。当晚我便赶了回来。我们决定继续出版工作,仍旧依靠新闻部门的主管人员和非协会员工,只是他们这次要做撰稿和编辑工作。行业工会的全体人员都留下来履行各自职责——不管多么不情愿,尤其是仍在进行谈判的排字工人,态度比以往更加恶劣。

相当有悖常情的是,报业协会声明不会设立罢工纠察线,其领导人认为纠察线会阻碍行业工会的人出版没有他们参与编辑的报纸。《邮报》的报业协会分会领导鲍勃·利维(Bob Levey)说,"编辑质量的缺失将会显而易见,而这本身终会演变为经济制裁。"我觉得报业协会放弃纠察线的真正原因在于,他们害怕因此而不得不一直罢工到排版工人的问题解决,可能导致罢工时间远超预期。

然而,报业协会撤走了办公楼里的所有成员——大约900名雇员参与了罢工。罢工持续期间,我们,包括由于工作关系未加入报业协会的编辑和其他人员,用通讯社的稿件和照片填满报纸的各个版面,而且全都竭尽所能地撰写文章。"风格"专版可以用到的通讯社稿件很少,因此甚至连我都写了两篇文章放在里面。其中一篇谈论的是伊朗大使的妹妹、国会成员霍马·霍玛由恩(Homa Homayoun)。我采访了她,还在打字机上吃力地敲出了文章。接着,我和梅格一起采访了亨利的新婚妻子南希·基辛格(Nancy Kissinger),她刚刚抵达华盛顿。我们和她在我家后院露台上进行访谈,后来,我们开始撰写文章,想要描述她的穿着,却谁都记不起来她穿的衣服。本急需我们的稿件,径自来到我的办公室,开始一张一张地夺走梅格打印出的稿件,并不断催促我们。我们最终及时完成了稿件,它被刊登在了"风格"的头版。

我们还临时顶替了其他职位。对于未加入报业协会的主管人员及其手下员工而言,需要完成的工作艰难繁多,耗时累人。我花了几天时间在发行专线室接听

第二十五章

投诉电话。我和本、霍华德、梅格、丽兹·希尔顿（我长期以来的助理）以及其他一些人，一起学着编辑分类广告，在上面耗费了数个小时——第二年，这项技能甚至变得更加有用了。我们惊讶于这项工作的辛劳，没有丝毫的停歇。你记下一则广告，挂断电话，新电话的指示灯便已然亮起。当时，电动打字机已经应用于填写复杂的分类表格，但由于我的打字速度跟不上，只能用笔记下广告，再将其交给其他人打印。我尽量避开内容冗长复杂的广告，例如，打来电话为多辆车刊登广告的二手车经销商。但在某天，罢工即将结束时，我接到了梅赛德斯经销商的电话，其他人都很忙碌，我别无选择。我告诉他，"听我说，我是新来的，所以请说慢些。"我们费尽力气地列出了他要销售的六辆车的名单，接着他狐疑地说道，"我觉得你最好再复述一遍。""好的，"我说，然后迅速、准确地复述了广告。"嗯，"他说，"你听起来是大材小用了。你可以成为任何人。你能够成为凯瑟琳·格雷厄姆。"我惊愕了一会儿后，才回答说，"实际上，我正是她。"后来，我私下里见到了那位经销商，我们大笑着回忆了这个古怪的时刻。

有一次，我们在分类广告部门度过了一个漫长的早晨，我听到本询问梅格，"这里的上厕所时间是什么时候？"停顿片刻后，梅格回答说，"我不知道，我想是在周三。"

记得某天上午九点，我接听到了一则广告，某人打来电话说要以100美元的价格卖掉一匹矮种马。拉莉的两个女儿都喜欢骑马，偶尔也会来农场，因而我打电话给拉莉说，"我刚刚接到登广告卖矮种马的电话。我应该买下它吗？""妈妈，"拉莉惊呼，"你疯了吗？你在哪里？在做什么？"

我们都是临时顶替的，但接听广告的表现却毫不逊色。有人听到国际新闻编辑菲尔·福伊西用日语接了个电话。罢工期间，沃伦·巴菲特的合伙人兼好友比尔·鲁安（Bill Ruane）来到公司考察，以决定是否要投资《邮报》。访问过后，他写信给我：

> 倘若有任何人怀疑你们创造利润的决心，我真希望他昨天晚上能和我在一起。面对这场正在进行的斗争，你们仍旧为完成额外一版分类广告而心满意足，向我证明了你们正在追逐华尔街也必须给予的奖赏。

然而，罢工期间的每一个轻松时刻都对应了一个黯淡时刻。在排字间，对于编辑们的敌意转变成了实实在在的行动。那里的工人在编辑身后卸下巨大的金属盘，好惊吓他们，抛掷铅条砸他们脑袋，还始终慢吞吞地插入铅字，同时不时抬起头来问道，"下一个是什么？"他们谈论露骨的话题，想要以此吓跑女编辑。他们还会更换铅字，因而"本报记者"的署名可能会变为《华盛顿邮报》老鼠员工"。

经过两周的埋头苦干，我们全都已经精疲力竭。我记得当时只有17位非报业协会编辑。他们以及其他几位非协会员工但也非正规撰稿人或编辑，取代800名正在罢工同时有幸厌倦了无薪赋闲在家的生活的协会成员，完成了报纸的组版工作。报业协会的记者们一直在讨论"缺少他们的卓越才华"的话题。于他们而言——以及于我这个深切地关心编辑重要性和编辑质量的人而言——不幸的是他们的卓越才华丝毫未被怀念。《星报》的调查显示，报业协会罢工期间，大多数《邮报》读者认为报纸没有丝毫改变。在那些察觉到变化的读者中间，大多数人觉得《邮报》变得更出色了！尽管我们不得已将某些低质量材料和通讯社稿件加入了报纸，但许多人根本没有注意到《邮报》正遭遇罢工，此刻，我们和报业协会如梦初醒。报业协会曾经真切地认为，没有他们我们根本出版不了报纸，但我们证明了我们能够出版，而且也做到了。我们每天编辑出版一期报纸——缺失了报业协会的"卓越才华"，但仍旧相当令人满意。罢工者回来上班后，恰巧周日版报纸也出版了，后来证明那是《邮报》有史以来分类广告版面最多的一期报纸。

报业协会主席发来了一封措辞强硬的信件："许多会员说，他们不明白为什么向来和善的《华盛顿邮报》——尤其是格雷厄姆夫人——不肯给我们一份公正的提案。答案是向来和善的《华盛顿邮报》不复存在了。"他还敦促会员要求他们的好友和邻居取消订阅《邮报》。报业协会主管们还寄信给广告商，指责我们是政治自由派，不愿意提供"体面的工资、工时和工作条件。"

为了反击这种宣传活动，我们将提案直接寄到了报业协会成员家中，以确保他们及其配偶知道提案的内容。阅读完提案后，他们都对弗洛雷斯怒不可遏，因为他表示不存在生活费增加的内容。提案寄发出去后，谈判重启了。最终，4月

24 日，经过一次通宵达旦的激烈谈判后，报业协会以 347 票赞成、229 票反对的结果接受了与我们与最初提案并无本质区别的合同，并同意次日回来工作。

我们全都精疲力竭，但很高兴罢工结束了，报业协会的人很快就会回来上班。罢工期间，每天下午 6 点钟左右，我的办公室会举办餐前酒会，而晚餐则是在办公楼的九层提供。随着酒会的消息传播开来，前来饮酒的人越来越多，因而报业协会投票复工的当天晚上，酒会上聚集了一大群如释重负的人们。在我知晓这一点前，我们已经在外层办公室排成了一个大圆圈。优秀的广告经理卢·林姆博（Lou Limber）是希腊人，他带着我们表演起了《痴汉艳娃》（Never on Sunday）中一段悲伤的跳舞场景。我和卢站在圆圈的中心——我的两排牙齿紧咬着手绢。我们知道还得再出版一期报纸，因而后来大都成群结队地去了餐厅，但仍有几个人留下来继续喝酒。正享用晚餐时，国内新闻编辑玛丽·卢·比蒂（Mary Lou Beatty）犹犹豫豫地走近我说，"格雷厄姆夫人，很抱歉告诉您，巴迪·汉弗莱斯（Buddy Humphries）径直摔倒在了您的榕树上，把它全毁了。"以牺牲榕树来换取这个夜晚非常值得，巴迪也仍旧是出色的广告销售。

显然，有些人憎恶普雷斯科特和华莱士——还有我——以及我们为让报纸盈利所做的一切。那个时候，许多年轻的报业协会成员才刚刚开始成熟，对管理和经营的认知微乎其微。他们大多数人觉得，利润是肮脏邪恶之物，追求利润是贪婪之举。他们不懂得如何才能良好地维持和发展业务，以支付他们丰厚的薪水和福利。这种态度受到了工会领袖的推波助澜，令我深觉苦恼。我自己认为罢工的根源在于，人们获取了优厚的酬劳，却没有得到恰当的管理和良好的沟通。

报业协会罢工的结束令我们欢欣鼓舞，但这种愉悦感却没能持续多久。就在罢工进行时，乔·奥布莱顿（Joe Allbritton）来到华盛顿收购了《星报》，令我感受到了强烈的威胁。许多年来，《星报》一直在走下坡路。早在 1970 年 1 月，《华盛顿人》杂志就刊登了长文"《明星晚报》：位居次席，不思进取"。然而在 1974 年 4 月，时至今日依旧声名显赫的得州富豪奥布莱顿，从拥有《星报》的杰克·考夫曼和三个家族手中买下了报纸。杰克还把一家位于华盛顿的价值非凡的电视台，和两家分别位于查尔斯顿（Charleston）和林奇堡（Lynchburg）的电视台卖给了他。《星报》固然正在亏损,但电视台的价值却不可估量。

华盛顿星报公司显然境况不佳,但乔的入主代表一股活力被注入我们的主要竞争对手身上——更不消说伴随他的巨大财富而来的资金和资源。乔见识不凡,富有魅力。依照典型的南方传统,他立刻来《邮报》拜访我们了。竞争态势的恢复令我感到不安,但我的的确确认为这是有益的。乔是值得尊敬和敬畏的对手,我努力和他保持着友好关系。我写信给朋友说,"乔是一切可能情况中最有利的一个……我知道他精明、专注且为人正派,也知道未来我们要面临更加艰难的竞争。"

乔的确让竞争变得激烈起来,至少一段时期内是如此。我为这件事情紧张不安,甚至会指着郊区某些街道上的《星报》邮箱让沃伦看——在我焦虑不安的眼光里,它们的数量远超《邮报》邮箱。沃伦经常取笑我超出理性的忧虑。沃伦询问说,既然我们为这条街上《星报》邮箱的数量忧心忡忡,那么,为什么不去查查发行审计局(Audit Bureau of Circulation)给出的数据,那里的数据可是显示《邮报》发行数量领先。

于我而言,幸运之处在于沃伦如今更多地出现在我身边,他不仅不是威胁,还成了一位好友兼意义非凡的顾问。在如此多令我忧心的事务上,沃伦增加了我的信心,开拓了我的眼界。待到1974年的春季,沃伦已经源源不断地寄给了我许多包含宝贵建议的备忘录,还不时提醒我注意那些我不曾察觉到的问题。起初,我并没有意识到拥有这样的良师益友多么值得庆幸,但却愈发依赖于他的建议,喜爱这种状态。实际上,他正在教授我思考商业问题的基本方法,而这恰恰是我期望已久的。

沃伦对我总是很有耐心——尤其是考虑到,随着时间的推移,我开始每天给他打两三次电话寻求建议;下至我生活中最琐碎的小事,上至公司的重大决策。尽管如此,他始终和蔼可亲、幽默风趣、乐于助人。而且,他总是守候在那里。

我们对彼此的了解不断深入,且极为享受对方的陪伴。由于我和沃伦待在一起的时间越来越多,人们不禁皱起了眉头,而那时我不算太大的年纪令我们的关系成了不小的话题。此外,和他在一起的确始终能令人感到开心和有趣。某个周末,他和苏珊来格伦韦尔比拜访我,我和沃伦在农场的田野上走了很长一段路。

第二十五章

在穿越屋后的田地时,我粗心大意地陷入了齐膝深的泥沼,那是雨后的积水形成的。后来,沃伦寄给了我一本童子军手册,还附上便条说,书上没有讲述在重新评定自身状况前,一个人要在沼泽中行进多远这样的高深问题——"对于一本旨在成为权威作品的著作,这是相当严重的疏漏。"

1974年6月末,我到洛杉矶参加分析师会议,顺便去沃伦和苏珊位于拉古纳海滩的居所中拜访他们。我的来访让沃伦一家乐不可支,因为尽管自1962年起就开始在拉古纳海滩度假,沃伦却从未亲近过海水,这次他竟然买了大遮阳伞和女式游泳衣,好让我能够惬意地享受海滩。后来,他说这件事成了他们家无穷快乐的源泉,就因为他想要向我展示这种不可思议——相较于他的家人习惯了的做法——的灵活标准。

两天的拜访紧张忙碌又让人心情愉悦,期间,我们谈论了许多问题,包括他进入华盛顿邮报公司董事会的可能性。当年早些时候,汤姆·莫斐(Tom Murphy)——大都会通讯公司(Capital Cities)才识卓越的董事长,同时也是沃伦的好友;该公司是广播印刷公司,在业务经营上成绩斐然——询问我为什么不邀请沃伦进入董事会,还强调说他想要让沃伦加入他的董事会,但沃伦坚持要等待《邮报》的邀请。这件事情就像是晴天霹雳;我第一次了解到沃伦的心中有这样的想法。我觉得自己很愚钝,竟然没有意识到沃伦想要加入董事会,但我不清楚该如何运作此事,甚或是这件事情是否可取;倘若可取,其他董事又会怎样看待这件事情。我的反应表明了我有多么茫然不知所措,身为公司董事长对这个新职位又是多么地无知。

拜访沃伦的时候,加入董事会的话题浮现了出来,我表示愿意促成此事,但要等待恰当的时机。对此沃伦一反常态,不耐烦地回答说,"怎么才算是恰当的时机?"只是在此时我才意识到,自己一直不敢迈出这一步,而我现在必须当机立断了,于是建议说9月的下一次董事会会议是个好时机。我们取得了一致意见。

沃伦开车送我返回洛杉矶机场时,我告诉了他一些于我非常重要的事情。我说我乐于接纳他想要告诉我的任何事情,但他必须态度温和;我不会接受任何严厉的斥责,那只会让我愤怒地躲避,无法做出回应。因此,我希望他能够依照我所说的态度提出批评意见。我根本不必担心,他当时已经完全了解我了。

这次拜访过后，我给沃伦写了封信，阐述了第一年过后我们之间形成的友谊，并清楚地记录了他直接影响我和公司的开端：

我有种奇怪的感觉，仿佛我们已经在一起度过了好几个星期。一方面，我们谈论了那么多的话题，囊括了广泛的知识领域；另一方面，我们开怀大笑，拥有过那么多的乐趣。先说说后者吧，我喜欢以那种特别的方式认识你们两人——只有在他人自己的领域里观察他们才会有的认识。直到今日，它仍旧存在于我天性的习惯之中——我极其享受这种角色转换……

你们两人与我认识的任何个体都迥然不同，直至如今我都困惑不已。我和菲尔刚刚结婚时，我妹妹问了他一大堆问题——他出生在哪里？（南达科他州）他在哪里长大？（佛罗里达和密歇根）他在哪里上的学？（迈阿密公立学校和佛罗里达大学）"天啊！"她说，"你是国家的脊梁。"

我并不必然要将你们置于脊梁的位置，但你们都是这个国家非比寻常的产物——全世界只有这里能够诞生你们这样的人。这就是我热爱美国，热爱一切生命的原因——惊喜、独特、个性十足。

倘若说我有任何信仰的话，那就是犹太-基督教文明是建立在个体的神圣性基础上的。它衍生出了各种各样的东西——它令创始者去建立民主，塑造民主社会。它还产生了我能接受的某种基本原理——每个人都要发挥独特的潜力去实现自身目标，并且要做到最好……

沃伦，这就是你所做的，或者说正在做的事情。你的热情、专注和紧迫感几乎吓倒了我，但你所拥有的其他品质——正直、快乐、趣味和亲切——幸运而愉悦地纾解了它们。

我经历了那么多精彩的时刻，但必须选择早餐时间作为最精彩的。它还奇妙地具备了象征意义。第一天早晨，所有人都表现出了招呼客人的礼仪。苏珊不停地翻着煎蛋（或者将盘子放入洗碗池中），仿佛一生之中从未做过其他的事情。你正摆出极其夸张地假装吃煎蛋的姿势，仿佛很少错过每天的美味丰盛的送别早餐。谢天谢地，在苏珊毫不避讳地坦承梦游症前，我们只需要象征性地伪装一下。你重新开始用汤匙喝阿华田（Ovaltine），而我则愉快而毫不畏惧地奋力享用那几道菜，还一边食用一片片美味肥腻的熏肉，一边背诵着永无休止的传记文章……

长时间的交谈启发了非常多的新思路，改变和调整了我原有的想法。我期盼在9月重新开始谈话，希望到时候我能够休息充分，焕然一新，且拥有自己的想法。

我要停下笔了，因为，你不会相信，飞行员说我们的左边就是内布拉斯加州奥马哈市。可以吗？

爱你的

凯

在回信中，沃伦保证说会竭尽全力地帮助我，这意味着他会对我坦诚相待。他说，"如果这要求我批评你回答问题，或处理任何事情的方式，我会不留情面的，但这种批评永远都是私下的，温文尔雅的。"

1974年9月11日，沃伦和唐·格雷厄姆进入了华盛顿邮报公司的董事会。接下来的许多年里，没有谁对我的帮助可以与他们两人相提并论。我需要我所能得到的一切帮助。对于公司经营方面的许多事务，我仍旧感到不自在，没有自信，易遭批评。在这方面，沃伦的确影响了我。我郑重其事地开始接受商业教育——他实实在在地把我带到了商学院，而这恰恰是我所需要的。我是多么幸运，可以尽可能地得到沃伦·巴菲特的指点，要知道许多人愿意为此付出一切。这对我们两人来说都很辛苦——沃伦承认我需要他所谓的"一点点补救工作"——但于我而言，它绝对至关重要。

沃伦看出我对商业术语和措辞极为陌生。他后来告诉我，我在用"神职人员的方法"处理商业问题，似乎觉得倘若我"没有学过拉丁语，就没有办法将其应用到神职工作中去。"他没有要求我盲目地相信任何东西，而是拿出铅笔，将事情阐释清楚。他认为倘若我们能够祛魅许多正在谈论的事情，那会大有助益，因而他总是带着尽可能多的年报来参加我们的会议，指导我通读它们，描述不同的商业类型，阐述他对现存企业的主要观点，指明为什么这家公司经营优秀，而另一家则管理糟糕。他在向我传授他高度成熟的哲学理念的同时，还教会我具体做法。他告诉我，欧提斯·钱德勒收集古董车，而他收集"古董财务报表……因为就像地理学和人类学一样，在相去甚远的时间节点上为企业排快照是件非常有趣的事情，能够反映出是什么因素导致了变化，以及是什么将特定的发展模式与另外观察到的其他模式区分开来"。

沃伦是位伟大的导师，他的课程"奏效了"。我告诉他，看来我极有可能变得"能够添砖加瓦"——在此种情况下，"要么这个帝国土崩瓦解，要么我真正成为不论何种范畴上的最有权势的女人。特里比与斯文加利紧紧潜行于后……"尽管我所学到的东西没有期望的多，但我的知识原本就匮乏至极，因而仍旧获益匪浅。此外，他让我记住，宁愿做优秀公司的差劲主管，也不要做差劲公司的优秀主管。实际上，沃伦最喜欢的是优秀公司的优秀主管，不过，我领会到他的深意了。

我开始学习商业课程几周后，沃伦寄给了我迪士尼公司的年报封底，上面画着躺在婴儿车里的儿童，经过一天的迪士尼乐园之旅后，他显然累坏了，脑袋靠在一边，睡得很熟。沃伦在封底上潦草地写道，"这是你读完第10份年报的样子。"我觉得自己是个乖巧勤勉的学生，但正如沃伦所言，"就兴趣而言，我不认为自己抓住了主矿脉。它更像是某个出生在虔诚的宗教家庭的孩子进入了希伯来语学校，只因为他觉得这是必须要做的事情。"

沃伦将我置于他的羽翼下，这令公司的高层主管颇为不悦，他们有自己的问题，而且似乎有些畏惧这个新来者，以及我所给予他的关注。沃伦一直将我视为未被开发的资源，从这个角度观之，我也许将沃伦看作了皮格马利翁，但其他人，至少在最初的时候，将他视为了拉斯普金（Rasputin）——试图操纵我，或者借由我来管理公司。这种看法之中也蕴含了性别歧视的意味。汤姆·莫斐可以咨询沃伦，没有人会质疑他，但倘若我咨询沃伦，其中似乎就有了凶兆和阴谋的内涵。

我向来有直言不讳的冲动，但很快就发现，"沃伦认为"这几个字是绝对的毒药。另一方面，论及华尔街和金融的话题时，我的观点显然必定源自与沃伦的交谈。不过，随着沃伦加入董事会的时间越来越长，大家逐渐地接纳并喜欢上了他。有好几位董事找他征求意见，还有好几位同样成了他的好友。

我觉得，沃伦是个钟情于生意，尤其是报纸生意的人。身为好友，他不会过

第二十五章

度定性我们的关系。他和他的行事风格恰恰是我所需要的。我在学习的同时也收获了乐趣——寓教于乐，我最喜爱的结合体。

有一次，我和他一起前往内布拉斯加州，他递给我一张白纸，让我绘下美国地图，并标出奥马哈的位置。我勇敢地从缅因州画起，一直画到了特拉华州，接着图画便变得轮廓不清了。然而，我还是画出了概貌，并努力将内布拉斯加州放入其中。它很像是哥伦布时期的一张美洲地图。沃伦准备将它放进口袋，但我很清楚这样的东西不能保留，于是将其夺了过来。

这次旅途中，我们几乎是心血来潮地决定顺路去拜访《奥马哈世界先驱报》（*Omaha World-Herald*）。我和沃伦一同来访的事实引发了收购的谣传，该报拥有者彼得·基威特（Peter Kiewit）立刻公布了已做好的安排——将该报交付给信托基金，以避免任何诸如此类的收购。

我还从沃伦的合伙人查理·芒格那里获得了许多快乐，他原本同样来自奥马哈。他的嗓音和表面的作风习气与沃伦惊人相似。他创办了芒格—托尔斯—奥尔森律师事务所（Munger, Tolles & Olson），但将更多的精力用在了投资以及担任沃伦的合伙人上。令他们两人都颇觉有趣的是，我给查理留下了隽永而讨人喜爱的印象——每次找他商讨投资的事情时，我都会煞有介事地记笔记，像是拜倒在博学多识的教授脚下的女学生一样。我这么做尤其是因为如今要对家族基金负责。查理的经典妙语便是他经常提醒沃伦的一句话，"我们四处投资的主要风险不是破产，而是发疯。"

我和沃伦的文化背景差异总是能令他的家人欢乐不已。我们之前的生命轨迹几乎截然相反，但却又有着诸多共同之处。在许多方面，我们深深地影响了彼此，尽管沃伦对我的生活的影响于接下来发生的一切至关重要，而我对他的影响则大都流于表面。很早的时候，我就给查理·芒格写信，谈论这种相互间的影响：

在这段新建立的友谊中，谁将影响谁？沃伦可能已经到了加利福尼亚州的海边，而我则坐在弗吉尼亚州的此处，手捧着本·格雷厄姆（Ben Graham）撰写的入门读物，以及美林（Merrill）、林奇（Lynch）、皮尔斯

579

（Pierce）、芬纳（Fenner）和史密斯（Smith）合著的《如何阅读财务报告》（*How to Read a Financial Report*）。沃伦告诉我必须尽快读完本·格雷厄姆的著作，他不想要因为这本书从奥马哈公共图书馆借出太久而支付一笔数额很小的罚金。

我觉得自己对沃伦的影响主要局限于他的生活方式。我常常认为自己改善了他的饮食习惯以及穿着品味。在遇到我之前，垃圾食品、花生、冰激凌和火腿三明治是他惯吃的早餐；汉堡和牛排几乎构成了他的饮食结构的全部内容。来我家吃晚餐让沃伦有了前所未有的经验。他后来说道，"你在餐桌上对我的指点，就像是我在会计账簿上对你的教诲。"我们都曾愉快地回忆起某次晚餐时的情景，当时他勇敢地享用起了龙虾，这类东西他之前从未见过。我婉转地建议他将龙虾翻过来，从正面开吃，他的表现也随之变好了些许。沃伦后来坦言说，"要没有你的提醒，数周之后，我也许还在费尽心机地想要打开那只海洋生物完全无法穿透的背面。"我让他看到了另外一种可能性，让他觉察到经年不变的快餐和樱桃可乐，乃至墨守成规的全白色衬衣，也许并非最佳选择。我也许还在一定程度上影响了他的消费习惯。他吝啬至极。有一次，我们一起待在机场，我向他索要10美分硬币，想打个电话。他开始往外走，好找地方把25美分的硬币换成零钱。"沃伦，"我惊呼，"25美分的也可以啊！"他不好意思地将硬币交给了我。

除了让他认识一些新食物，熟悉稍微多样化的衣着外，我还将他引荐给了新闻界和政府部门的各类人士。最初结识沃伦那几年，我觉得他天资出众，定然会像我父亲和我丈夫那样最终厌倦赚钱，转而想要出任公职，参与国际事务。在这件事情上，我判断失误了。他所热爱的是生意——思考、阅读、谈论与生意有关的一切。他对于公共问题感觉敏锐，但我无法想象他在政府部门任职的样子。沃伦只有在不受约束，完全掌控自身生活，不必被迫去出席不喜欢的会议或晚宴，会见不感兴趣的人，做乏味的事情时，才会是开心的。

沃伦为我做了许多事情，但其中最为重要的是他消除了我的不安全感。就像本始终让我对《邮报》编辑事务感到放心一样，沃伦及其积累的大量类比资料和奇闻逸事——我称之为"巴菲特思想"——还有他始终如一的支持，让我倍感安慰。我们刚刚结交时，我写信给他说，"当你写信说你持有了华盛顿邮报公司的大量股票时，我没有意识到尽管股票分红也许不会令你发大财，但我在精神上的收益却是它的三倍。"沃伦不仅精通商业，也非常熟悉通信行业，这是我在当时乃至现在都力所不能及的。他从来不会用虚妄的乐观主义来安慰我，而是让我看到现实的一线光亮——不论有什么样的事情困扰着我，他都能觉察到希望。他始终平易近人，拥有他就像是拥有了私人商业问题心理医生。

沃伦还通晓人情世故，因而我自然而然地开始向他倾诉私人生活的问题。他的意见总能帮助到我。某天，我因为被好友伤害而给他打了个电话。"不要忘记，"他告诉我，"她的情谊基数始终为零。"意思是说，你永远都要从零开始，毫无旧情可言。

他对我知之甚深，凭直觉便知道如何与我有效沟通。有一次，他告诉我在戴尔·卡耐基课程上，有个人曾对他说，"记住，我们不是要教你如何避免双腿抖颤。我们所做的仅仅是教你在双腿抖颤的情况下继续讲话。"这正是他当时所采纳并传授给我的意见：他教会我如何在双腿颤抖的情况下讲话。沃伦概述我们之间的师徒关系时说，我像是在狂欢游乐园里照哈哈镜般晕头转向。他将为我找到一面更好的镜子视为己任，这面镜子会消除歪曲的形象。他后来告诉我，他认同查理·芒格的"猩猩理论"——理论的基本内容是，"假如一位聪明人和一只猩猩进入同一房间，这个人随意阐述观点，而猩猩则仅仅是坐在那里吃香蕉，那么，等到谈话结束时，这个人的解释会变得更为精辟。"沃伦说他就是我的猩猩。事实的确如此。我和他在一起时，能够听到自己的言论，因而总是会对自己的言语有更加清晰的认识。

大约在沃伦加入董事会的同一时期，公司内部的数项事务骤然紧张了起来。尤其是在劳工问题上。我们经历了噩梦般的春季，《星报》决定单独同排字工人召开协商会议，还独自与国际印刷工会签署了协议。这让我们的联盟遭遇重创，我为此深感苦恼。夏季和春季一样糟糕，印刷工人和排字工人双双停工，给我们带来了许多麻烦。面对排字工人诸多轻佻琐碎的要求，我们与他们的谈判彻底破裂了——譬如，要求在我生日当天放假，并声称如果我们不在谈判桌上讨论此事，就不是真心诚意地想要谈判。

最终，1974年9月22日，经历了14个月极端折磨、断断续续的艰难谈判后，《邮报》和排字工人签署了为期六年的合同。这是一份具有转折意义的文件，准许排字间逐步实现自动化，并给予了700名《邮报》排字工人终身工作；我们有权借由自然缩减和买断的方式降低人数。最重要的是，合同结束了"重制"的惯例，而到这个时候，每个版面的累积成本已经增加至84美元。我们向工会成员支付了250万美元，以摆脱这些"复制铅版"。在和铸版工人工会的查理·戴维斯交谈时，约翰·普雷斯科特公布了此事，这也是不祥之兆。戴维斯表示，如果他是排字工人，绝不会放弃"重制"。然而，我们其余人全都欣喜不已。

这是个里程碑式的时刻，也是我们向前迈出的基本但巨大的一步。经过多年的不懈努力，我们终于与国际印刷工会达成了这项协议，其中约翰·普雷斯科特的功劳巨大。协议代价高昂，因为我们必须保证数百个工作岗位，而它们从一开始就毫无存在的理由——纽约的报纸开创了这一先例——但于双方而言，这份协议是公平的。意义最重大之处在于，它解决了我们面临的最糟糕的问题，消除了我们身上最痛苦的脓疮——排字工人的持续对抗、仇恨和消极怠工——这反过来帮助我们缓解了酝酿在发行部门分销商中间的潜在的灾难性不满。大部分分销商喜欢我们的制度——让他们成为独立的经营体。只要不必应付因消极怠工导致的长时间等待的问题，他们就能从这项制度中获利丰厚，并受到良好激励。但如今持异议的分销商为我们制造了新威胁：他们想要自己设定报纸的价格。我们制定了协议来化解这一威胁，即将分销商体系转变为代理制，在这一制度下，他们凭借分销报纸的数量获得报酬，而报纸的所有人是我们而非他们。这种激励措施仍旧良性，于他们而言既公平又有利可图。这种代理制度同样被接纳下来，事实上，其他报纸也采纳和效仿了这项制度。

考虑到这些成果，约翰·普雷斯科特似乎拥有着相当漂亮的业绩，但事实上是喜忧参半。我依然觉得我们没能取得足够的进步，与工会交涉时态度仍旧颇为软弱。带着些许的不情愿，我和拉里·伊斯雷尔一同决定为《邮报》寻找更加强硬的掌权人物；自弗里茨去世后，伊斯雷尔就一直担任公司的总裁。1974年初，

第二十五章

我们收购了《特伦顿时报》(*Trenton Times*)，并期望着收购其他报纸，接着，我们"提拔"约翰·普雷斯科特担任新成立的报纸部门的主管，该部门包括：我们在《国际先驱论坛报》的份额，我们的新闻纸制造商宝华特默西河，新闻通讯社，以及新闻纸仓库。我们还从纽约调来了马克·马尔（Mark Meagher），自20世纪70年代中期，他就立足纽约效力公司，担任分管财务和行政的副总裁。如今，他成为了《邮报》的执行副总裁和总经理，直接向我这个发行人汇报工作。

我们的时机选择不当至极，恰好就在与排字工人工会签署新合同当天。由于对普雷斯科特所做的安排，我遭到了严厉批评，但一如既往地，它得到了我信任其判断力的一群人的充分认可，并且，我认为这个决定是正确的。

就这样，马克·马尔开始掌舵《邮报》的经营部门。他发觉整个办公楼都充斥着敌意，且由于人事变动的关系，中层管理者士气低落。整体而言，工会认为管理层并不称职，只是有着足够的能力利用阴谋诡计来陷害他们，使他们成为显然应归咎于管理层自身问题的替罪羊。

马克在报纸行业相对是个新人，但学得很快且工作出色，立刻就让事情步入了正轨。他在劳工问题上付出了巨大努力，信任拉里·华莱士为掌控局势所采取的果断手腕。拉里是一流的谈判专家，但多年来他热衷于在谈判过程中表现得强硬和无所畏惧。马克在劳工关系和平等就业——提拔和雇佣女性及少数团体——两个方面同样表现出色，还为报纸的经营管理带来了新活力。

然而，印刷工人尤其给我们带来了诸多麻烦。多年来，我们向他们的工会不断让步，签署平息纠纷的各类协议，为避免罢工而不惜一切代价地屈服妥协，结果导致了印刷间的彻底失控。我们心知，要迈步向前就必须重新夺回控制权，而为了做到这一点，我们必须废除某些过分的条款和限产超雇（featherbedding，指工会为减少失业，在劳资合同中责成资方限制产量，或超额雇用工人——译者注）条例，它们限制产量，束缚了我们的手脚，妨碍了我们掌控报纸的未来，也威胁到了《邮报》的经济福祉。因此，1975年初，我们通知印刷工人工会在此地的分会，在谈判新合同时，我们将坚决要求修正那些不合宜的条款。

随着1975年的时光缓慢流逝，我们再度培训了所有印制流程必需的主管，以应对缺少行业工会情况下的出版工作。许多曾到俄克拉荷马市接受初次培训的主管当时都并未严肃对待培训；这次，我们派了几个人到《迈阿密先驱报》，重新学习他们的印制技术。

9月17日，我和马克一起去拜访了乔·奥布莱顿，当时他已经对《星报》的情况了如指掌。我们希望他能够明白，在同印刷工人谈判时团结一致非常重要。这次会面中我向乔指出，倘若我们必须同印刷工人和解，它最终将毫无疑问地影响到《星报》的处境。不出意料，乔拒绝了我们，说无法再负担额外的50美分。考虑到当时《星报》每月亏损100万美元，他的决定无可厚非，但在我看来却是目光短浅之举。

在此之后，我思考了我们遭受罢工，而其他报纸继续出版的情况，并得出结论我们不可能"取胜"——很大程度上是因为，没有谁在这种情况下获胜过。只要另一家报纸还在出版，广告商就有接触大众的途径，而遭遇罢工的报纸只能默默无闻地走向覆灭——当然，除非它能够继续出版。我断定我们将会在极为不利的条件下运作，甚至此时不可能在不危及报纸生存的情况下承受一次罢工。

这的确不是承受罢工的恰当时机。《星报》的发展势头正不断转好。奥布莱顿是个优秀的学习者，沃伦·巴菲特回忆说，《邮报》发生罢工是他仅存的希望，千真万确。"如果你拥有《星报》，"沃伦提出，"你取胜的办法就是让《邮报》关门大吉。倘若不如此，你就会一败涂地……如果奥布莱顿祈祷过什么，那么，他定然是祈求你们在相当长的一段时期里停止出版，等待读者养成新的阅读习惯。"

1975年的夏末秋初，我和马克有过多次讨论，我告诉他不要令我们身陷承受罢工风险的境地。我当时讲得很清楚，将合同延长一年或者另外签署一项短期协议要好过忍受一次罢工。马克指出，我们不是在和工会就罢工问题进行协商，而是已经要求监察人员担负起管理职责，我们必须支持他们，采取允许他们去监管的措施。我们达成了一致意见——延长合同中的大部分条款，只改动其中一两条内容，以表明变革即将来临，但要竭力避免罢工。

与九个行业工会的合同——包括印刷工人工会，此时他们已经与铸版工人工会合并——依照预先约定都会在1975年10月1日到期。这个日期逐渐逼临，我们毫无保留地料想了一场艰难而漫长的谈判。而我们等来的结果却是始料不及的。

PERSONAL HISTORY

第二十六章

1975年10月1日，凌晨，床边的电话铃声大作，将我从酣睡中吵醒。我昏昏沉沉地瞅了眼时钟，同时伸手去接电话，心中困惑不已。凌晨4点45分左右。这意味着什么呢？我们一直担心午夜这个截止时间点，《华盛顿邮报》和工会的合同在这个时刻都会到期。事实上，我一直忧心忡忡，早早便结束佛罗里达的会议，回到了华盛顿。我回来后给马克去了电话："我应该回报社吗？""不用，"他回答，"一切都很平静；所有主管都会留在那里，以防有事情发生；有种种迹象表明，谈判会持续到截止日期之后。"于是，我上床睡觉了，心想如果午夜时刻能够平安无事地度过，双方就将继续这场反反复复的谈判。

电话是马克打来的。印刷工人对我们实施了"珍珠港偷袭"，将印刷机运行到了午夜之后，使我们对他们的意图判断失误，接着，大约凌晨4点钟，就在印刷机结束工作前，破坏了九台印刷机的全部72个印刷部件。这些印刷工人隶属报纸与图文传播工会（Newspaper and Graphic Communications Union），他们以各种方式造成严重破坏后——包括放火引燃一台印刷机，野蛮地殴打印刷间领班吉姆·霍弗，后者只是从办公室出来察看印刷机慢下来的原因——走出印刷间，带上了其他行业工会的成员，开始设立纠察线。

没有时间多想。我迅速穿好衣服，没有去叫醒住在附近的司机便跳到了车里，自己开车穿过寂静黑暗的马萨诸塞大道，前往第 15 大街。我拐过街角，来到《邮报》大楼，看到了骇人的景象：街道上灯火通明，人头攒动，消防车、警察、摄像机以及数百名纠察员聚集在大楼周围。

一名警察站在大街中央，阻止车辆进入。我停下车来，说明了身份，表示必须进去，但犹豫着要不要独自将车驶入大楼正门附近的停车场。"把车留在这里吧，"他告诉我。"我会看着它的。"我把车停到路边，从车上下来，开始往大街中央走去，那里的纠察队员看到我走近了。有那么片刻，我担忧他们会阻止我进入大楼，甚至更糟糕的是，伤害我，但我推想他们不会伤害女人——事实证明并非如此。我低着头，费力地穿过纠察线，进入了侧门。

甫一进到里面，我经历了一种全然相反的戏剧性场景——安静、空寂、昏暗的办公楼里看不到一个人。几乎所有的高管和经理都在凌晨 2 点钟左右回家了；彼时一切都波澜不惊，拉里·华莱士报告说谈判会继续进行。马克已经打电话叫他们回来，如今他们正在楼上商议对策。

我走下楼梯去查看空无一人的印刷间；眼前的景象让我既震惊，又悲伤。显然，这里发生了大骚乱。地板上覆盖着齐脚深的积水，四处弥漫着烟味。本后来描述说，这个地方就像是"烧毁的巨轮的轮机舱"。我不记得在整个车间见到过什么人，也许有一两位消防员留在了那里。站在那里目睹损毁破败的场景，令人毛骨悚然。

我向上来到第七层，找到了马克和聚集在一起的主管们。马克向我们说明了发生的事情。前一晚的谈判会议在 9 点 30 分左右结束，随后，杜根交给华莱士一封信，说他的人将终止合同，但"只要有意义的谈判仍在进行"，他们会继续依照合同条款工作。因为联邦调解员已经安排好了未来几次谈判的时间，且拉里也与工会的数位代表沟通过，在我们同印刷工人继续谈判期间，其他工会愿意将已经安排好的与公司的会谈延后几天，所以，拉里和马克都认为那些谈判会继续进行。吉姆·霍弗头上鲜血直流地步入办公室时，马克才初次意识到事情并非如此。

凌晨 5 点过后，我们很快聚集到了马克的办公室里。第一天只是一个开端，此次罢工随后演变成了高度戏剧性的事件，我们经受了长达数月的严峻挑战。我绝不希望罢工发生,曾明确地告诉马克和管理人员尽可能避免罢工。而罢工开始后,我同意马克的意见,后者从一开始便表示,"我们不想要这场罢工不必要地多持续一秒钟。"然而,我们之前所做的全部准备都是为了应对短期罢工,那也是我们最为担心的;我们丝毫没有考虑过发生现在这样的骚乱的可能性。印刷机遭到如此严重的破坏令我们感到震惊——电线被扯断了,必要的操作零件被卸去,机油被排空以拆掉齿轮,新闻纸卷被划破——此外,办公楼里几乎所有行业工会一起罢工也出乎我们的意料。

我们首先要处理好的是陆续过来上班的记者,他们对发生的一切还毫不知情。我们安排让所有穿过纠察线进入大楼的人都到印刷间参观一番。这项安排是本的主意。他看出破坏的范围非常广泛,且预先有过精密的筹划——譬如,灭火器先被破坏,尔后才放火——因而深信记者们需要亲自去看看发生了什么,了解事实真相,以便于他们在知情的情况下做出选择。这些报业协会的成员大都同我们一样震惊。当天下午,他们举办了喧喧嚷嚷的会议,许多人批评了这种暴力破坏活动。布莱恩·弗洛雷斯和协会其余有薪水可拿的高层人员极力督促他们支持印刷工人,否认许多确切发生了的破坏行径。然而,协会以口头表决的形式,压倒性地否决了维护纠察线的动议——除了代表维修建筑设备的工人的小工会外,报业协会是《邮报》所有工会中唯一穿越了纠察线的。有些报业协会的成员决定遵守纠察线,但大多数成员还是留了下来。他们中的绝大多数人都忧虑不安,左右为难,但的确在工作,对此我们心怀感激——尽管我们知道他们的存在根基不稳,但也许随着时间的推移,他们会愈发坚定。

公关工作立刻展开了。幸运的是,我们雇用了泰德·凡·戴克(Ted Van Dyk)来处理危机公关,因而能够迅速发表声明解释发生的事情,之后,我们又在罢工期间定期发布公告,阐释《邮报》管理层的立场和所采取的行动的依据。印刷工人工会开展了自己的公关工作,指责《邮报》对其成员的受挫感负有责任。他们的口径路线是《邮报》正肆无忌惮地试图设法废除先前合同中谈妥的重要条款。

罢工的最初几天尤其混乱,不时被我们为恢复秩序而诉诸的法庭程序和尝试所打断。10月1日当天,我们执行了特别方案。《邮报》周三的那期报纸大约印出了五万份,均已发行出去。我们评估了受损程度以及遭到严重破坏的印刷机是否被毁,同时宣布次日不会出版报纸,且无法预测何时能够恢复出版,不过马克补充说,编辑队伍将照常工作,我们计划"以某种方式,在某个地方"迅速恢复出版。

我们首先要担心的是那些每天要穿过纠察线来上班的员工的人身安全。这样的忧虑驱使我们寻求临时禁止令,以限制纠察队员的暴力举动,其中部分措施是限制任意给定时期内大楼外纠察人员的数量。最初的暴力行为发生24小时后,我们成功取得了法院的禁止令。但尽管如此,一枚烟雾弹还是从窗户处丢到了摄影室,此外,纠察人员会随意地向进出大楼的人员挥拳头。记者凯西·索耶(Kathy Sawyer)的头部被木头击中,发行部经理维·柯蒂斯(Vee Curtis)被重重地打了一拳。于工会而言不幸的是,华盛顿特区警察局长莫里斯·卡利南(Maurice Cullinane)也被揍了一拳,当时他身着便衣,想要进入大楼。警察逮捕了20多个人,大部分都被控妨害治安,只有一人被控携带枪支。

在着手解决安全问题的同时,我们也迅速采取行动,以求尽快恢复出版。我们此前一直有人与郊区多家不承认工会的小报社联系,商讨在遭遇罢工时印刷部分报纸的事宜。到早晨7点钟,我们已经与这些报社通了电话,看看能够做些什么。

10月2日,早晨,我和马克去会见乔·奥布莱顿,提议用《星报》的印刷机印刷《邮报》,这当然也会导致该报因声援我们而被迫停刊。考虑到前一次乔拒绝同我们协商,我心知他很可能不会答应,但觉得必须一试。不出所料,奥布莱顿拒绝帮助我们。

与此同时,在《邮报》,马克的年轻助手罗杰·帕金森(Roger Parkinson)——刚从《新闻周刊》调来的哈佛工商管理硕士,正想方设法将版面——如果我们能在办公楼里制作出来的话——拿到外面的小型印刷厂印刷。罗杰曾是驻扎越南的绿色贝雷帽(Green Beret,美国陆军特种部队的称号——译者注)部队的成员,他想到了利用直升机运送版面,还机智地去黄页中查找"H"(直升机[helicopter]的英文首字母)字母下的电话,并找到了愿意承担飞行任务的企业。之后,他将

第二十六章

注意力放在了直升机的降落点选取上；停车场因太靠近纠察队员而不予考虑，楼顶则更安全些，因而被选为降落点。约翰·坦齐尔（John Tancill）是《邮报》的老守卫，负责管理办公楼，他立刻驳斥了这一想法——楼顶经受不起那么大的重量。

大家最终认定，只有在楼顶上测试着陆才能推翻坦齐尔的说法。罗杰立即行动，先是联系了特区警察，获得他们的批准，后又通报白宫，因为依照规定飞机不能在白宫附近飞行。白宫应允了我们的请求，只是规定由于裕仁天皇（Emperor Hirohito）正在华盛顿，我们不能向南飞过与《邮报》大楼仅有一个街区之隔的 K 大街，那样会过于接近白宫。接下来，我们必须致电国务院，因为苏联大使馆（Embassy of the Soviet Union）就在《邮报》大楼后面。国务院表示我们不能那样做，而我们坚称必须那样做。印刷工人一度前往联邦航空管理局（Federal Aviation Administration），试图阻止直升机起飞。我向运输部长比尔·科尔曼（Bill Coleman）据理力争，联邦航空管理局站在了我们这边。

一切准备就绪后，我们测试了飞机着陆。印制部门的约翰·韦茨匆匆爬上楼顶，将第一晚制作的胶片交给了罗杰，后者又将其转交给了飞行员。飞机起飞的一霎那，我们全都欢呼了起来。我站在屋顶上，惊讶地望着这一切，然后激动不已地拥抱了在场的所有人，因为我意识到这个办法行得通。从那时起，每次直升机起飞降落我都会屏息静气。我并非唯一担忧其中风险的人。最初几天，我们需要电气技师和机修工来修理印刷机，其中至少有一人说过，与穿过纠察线相比，乘坐直升飞机从楼顶进入大楼更加令人恐惧。

我们已经有一天没能出版《邮报》了，不想再错过一天。我们确认了六家同意印刷《邮报》的印制车间。第二天晚些时候，也即我去见奥布莱顿的当天，唐出现在了我的办公室，面色因愤怒而变得苍白，说《星报》不仅不会帮助我们，还会公布一家愿意印刷我们的报纸的报社的名字——无异于邀请纠察队员去痛打那里的人。我立刻打电话给乔，表示倘若事情真是如此，有人可能会因而丧命。乔回答说此事他并不知情，还询问谁可能会做那样的事情。我勃然大怒，"我不知道，乔，但如果你查不出是谁在你那混蛋报社里做这样的事情，我也帮不了

589

你。"这样的大发脾气并无必要,但我们当时全都绷紧了神经。《星报》没有刊登那家报社的名字。实际上,是几家帮助我们的报社自己曝光了身份。

在所有小报社安排直升机着陆点都是极为复杂的事情,有时候就只有一个依靠汽车前灯照明的足球场。在整个流程的另一方面,发行部门必须制定出错综复杂的路线去接取每家报社的报纸,以运回华盛顿及其周边郊区投递。各家报社的印制中心会变得疲劳——他们既要印刷自己的报纸,又要印刷我们的一部分报纸——有些报社可能选择放弃合作或休整一下,这意味着统筹者每天几乎都要从头做起,重新安排降落点和运载方案。

尽管后勤上困难重重,但10月3日,仅仅在停止出版一天后,我们印刷并投递了50万份包含24个版面的限量《邮报》给读者——虽然迟到,但毕竟做成了。报纸由华盛顿地区周遭的六家小报社印出。这个开端可谓步履蹒跚,但却是一场真正意义重大的胜利。

我们知道不可能要求这些报社在印刷自己的报纸的同时,无限期地印刷我们的报纸,因而开始着手修复我们的印刷机,让它们再次运转起来。高斯公司(Goss Company)是我们的印刷机的制造商,令事情更趋复杂的是,他们也正遭遇罢工,因此我们很难买到零件。我私下打电话给机械工工会主席,请求他让工会的机械技师修理我们的印刷机。他正在旧金山出席美国劳工联合会-产业工会联合会(AFL-CIO)召开的全国性会议。我恳求说,我们必须修好印刷机,还告诉他我们希望继续使用工会劳动力,但倘若工会机械技师不能进入大楼,我们就不得不另请高明了。他依旧坚决不允,因此,其他报社——大部分不承认工会,但也有几家承认工会——将机械技师尤其是电气技师和机修工调来支援我们,开始维修受损机器。

我们雇佣了保安,以在车间周围建立起更安全的保障措施,此举鼓励了更多人回来工作,达到了期望的效果。更多的报业协会的成员走了进来,但报业协会却发布公告,呼吁双方恢复谈判,并谴责了拉里·华莱士的策略,还任命了三人委员会监督谈判,要求他们在一周后向成员汇报结果。报业协会禁止其成员做任何本职以外的工作,实质上就是阻止他们以任何方式帮助我们;然而,一些勇敢之人还是帮助了我们。

第二十六章

在长达数月的罢工运动中，尤其是最初几天的混乱日子里，报业协会成员内部展开了激烈讨论，争执不断，多次发布出言不逊的公告，还反复召开会议。协会官员威逼利诱，成员们却依旧投票选择留下，尽管正反双方的票数差距逐步缩小。罢工第一天的压倒性口头表决结果出来两天后，报业协会再次举行投票，结果是244票对186票赞成留下。

10月3日，美国报纸发行人协会在弗吉尼亚州雷斯顿市召开了发行人会议，我应邀出席。他们分别邀请了我和乔·奥布莱顿与协会成员交流。我向各位发行人完完整整地陈述了迄今所发生的一切，我们在谈判中所持的立场，以及为继续出版所做的努力。我随身带了印刷间的照片，以证明发生的事情。出版人同行主要询问了我，现在是不是与《星报》签署报纸合作经营协议（Joint Operating Agreement，指两家竞争激烈的报社把除编辑部门之外的广告、发行等业务合并起来，组建一家公司进行运作，所得利润按协议规定分配——译者注），联合共赢的契机。我回答说不是。他们还询问我是否有意坚持到底，意思是说我是否有意彻底与工会决裂，绝不再让工会成员回来？我回答说不知道事情的后续发展会怎样，但我们期望能在与工会协商的同时继续出版；在此种局势下，我们会竭尽全力。我不断拒绝允诺将甩脱工会，因为我不会在某件可能做不到的事情上拿《邮报》冒险。某些发行人表示，如果我不承诺与工会决裂，他们就不会帮忙。我说如果事情是这样，我只能表示遗憾，因为我们显然迫切需要各个方面的帮助，但我不能承诺去做某件也许不可能做的事情。那个时候，我很少考虑到终极目标——甚至不清楚我们的目标是什么——而是更多地决心修好印刷机，暂时在没有行业工会的情况下用我们自己的车间印制报纸。

我做完陈述后，便离开了会场。《罗利新闻与观察家报》（Raleigh News and Observer）的发行人弗兰克·丹尼尔斯（Frank Daniels）跳进了我的汽车，要陪伴我返回华盛顿。弗兰克是我的好友，有着浓重的南方口音，我永远都不会忘记他的言语，以及语调的变化和蕴意："小心了，他们想要你与工会决裂。"尽管有弗兰克的提醒和会议上的警告，报业的许多同行还是极其愿意提供帮助，还有多家报纸自始至终都勇敢无畏地支持了我们。

10月5日，周日，我们仍旧在出版版面明显缩减了——同时也在亏损——的报纸，且全部由偏远的报社印刷，我们当然要为此支付费用。10月6日，我会见了那些仍旧坚守岗位的员工，以便于告诉他们我们意图采取的行动。我做的第一件事就是陈述自身对于工会价值的坚定信仰，驳斥工会对我们的指责——谈判缺乏诚意和蓄意"打击工会"：

> 我没有奢望所有人的看法完全一致。在正常而有益的紧张氛围中，工会和管理层之间的看法不可能也不应该一致。在合同谈判过程中，这种紧张氛围将得到和平、合法的表达，也将得到和平、合法的解决，它能激励我们的报纸不断提高。它驱使我们向着更美好、更合理、更坚定和更可靠的企业迈进。简言之，这种紧张氛围于我们所有人而言都非常有益。它对《华盛顿邮报》而言是件好事。
>
> 我对此点坚信不疑。多年来，工会主义的价值和重要性的概念牢固地构成了我的家族的传统，构成了那些努力工作以使《邮报》更加伟大的员工的传统，我希望在我反驳工会提出的那些普遍指控时，你们能够耐心倾听。
>
> 一直以来，我们被指责为企图打击工会，以及因为企图打击工会而居心不良地进行谈判。
>
> 我注意到这些指责往往不过是劳资关系紧张之际，别有用心之人抛出的辞令。不巧的是，我对这些指责极其当真，且的的确确地认定它们是针对我个人的攻击。
>
> 它们是错误的。
>
> 我信仰员工组织工会、谈判和罢工的权利。
>
> 我也信仰出版的权利。
>
> 但我不信仰肆意毁坏、恐吓攻击的权利；不信仰任何工会制造灾难，使其他工会成员即便达成谈判协议也无法工作的权利。
>
> 在合同协议上，我们在座的某些人——请不要装模作样——过去对何谓合乎心意、何谓公平正义存在严重分歧，而且将来这些分歧也仍会持续。然而，我们对于以下几点没有分歧：我们反对暴力，发对野蛮的恐吓，反对蓄意破坏其他人和其他工会的工作机会——甚至选择是否工作的权利。

第二十六章

我特别向报业协会成员致辞，表达对他们的感激，表示不会将他们的坚守视作理所当然的事情。我真诚地认为，那些留下来的人做出了艰难而勇敢的抉择。我还告诉他们，我知道倘若他们认为管理层对印刷工人的做法有失公允，他们同样会罢工。我向他们保证，办公楼里的沟通渠道虽然不尽完美，但始终是敞开的，并补充道，"如果你们认为我们做错了，我们会听取意见。在采取其他任何措施前，我们会尝试于办公楼之内，于谈判桌上做出合乎道义人情之事。"

接着，马克发表了演讲，还表示愿意同印刷工人恢复谈判。当然，暴力行径让谈判无限度地复杂化了。我们就工会的破坏行为向法院提起诉讼，大陪审团对暴力活动展开了调查。

当天晚上，一台印刷机修好了。我们有一组员工准备好了操作它——广告经理和其他人，包括一名女子，这本身便是项历史性突破。这个独特的印刷小组由乔·阿卡诺（Joe Arcaro）率领，他深受爱戴，是零售部门的主管。关键性的时刻到来了，但我们这些几乎没受过专业培训的外行人真的能开动印刷机吗？印刷机看起来巨大且复杂，令人望而生畏，我几乎无法相信它能够运转起来。

我们当中的许多人——包括我和本——当晚就留在印刷间里，关注着事情的进展。"上吧，乔，好孩子，"本大声喊道。接着，令人难以置信但千真万确的是，印刷机轰鸣着运转起来了。就在当晚，我们印出了10万份报纸。

更加戏剧性的一幕发生在平台。报纸被运抵收发室，另外一组主管人员将其包扎成捆，然后让报纸顺着斜道滑落至等待的卡车上。大楼后面的平台灯火通明，整个小巷充斥着紧张刺激的氛围。唐·格雷厄姆在现场帮助第一辆卡车装货，驾驶员是位极为勇敢的经销商，和他一起的是位几乎就是骑着"猎枪"的经销商。我和梅格都在现场，等待着，观察着。卡车前后方各有一辆警车。在纠察队员肆意的嘲弄声中，几辆卡车离开了小巷，被安全地护送到了特区线。这是个激动人心的时刻，对于我们这些旁观者而言，它充满了象征意义。

报业协会持续不断地向《邮报》的分会发布公告。第一周里的一篇公告称，许多协会成员将不会前来上班，因为他们无法穿越印刷工人的纠察线，还"因为他们强烈不满于管理层恐吓仍旧工作在大楼内和选择罢工的协会成员的行为"。报业协会提醒其成员，局势并不稳定，变化随时可能发生。10月7日，协会第三次投票选择留下，但这次正反双方的票数差距更小了，分别为 270 票和 251 票。诡异的是，印刷工人实际上成功帮助我们留下报业协会成员继续工作。每当我们极度紧张不安时，他们便会耍弄些手段，进而激怒协会成员，使他们留下来工作。譬如，明星记者朱尔斯·威特科弗（Jules Witcover）步行去停车场取车时，被痛打了一顿，牙齿被打碎了，眼睛附近还需要缝上几针。

同样在 10 月 7 日，我们与印刷工人举行了第一次协商会议，会议由联邦仲裁与调解局（Federal Mediation and Conciliation Service）主持。会议持续了一整天，马克将其描述为"富有助益和建设性的会议"。次日，第二谈判小组同样会在拉里·华莱士的督导下与机修工工会和电气技工工会举行会谈。与此同时，乔·阿卡诺的团队已经将印刷量增加一倍多，当晚印出了 20 万份报纸。16 位来自全国各地多家报社的非工会成员机修工负责维修受损的机器，我们希望很快能有第二台印刷机运转起来。10 月 9 日，我们做到了，并在自家的车间里印制了 28 万份报纸；随着更多的印刷机被修好，我们预计会逐步弃用周边地区的印刷间。

此外，相对于正常情况，我们估计每天损失的广告收入为 30 万美元——广告商正在转投《星报》。一旦印刷机被修复，我们首先需要的是技能熟练的电气技师和机修工，以及具备专业技能的工人，这些专业技能无法被外行轻易掌握，也是我们的主管们所欠缺的，但没有它们，我们就无法印制报纸。

这个过程中，《邮报》的 300 名发行分销商的作用绝对贯穿始终，因为倘若无处分销，我们即便印出报纸也无济于事。分销商们生气勃勃，英勇无畏，更不消提他们的耐心和决心——尽管人身承受了各种各样的暴力。一周内，我们投递到订户和报刊亭的报纸数量便接近了正常水平。最初几周里，唯一没有分发出去的是一万份待邮寄的报纸，以及那些要用汽车、火车和飞机运出城外的报纸。对于这些报纸，负责发行工作的副总裁杰克·帕特森觉得自己需要帮助，于是提议雇佣外人。唐与生俱来的小心谨慎驱使他反对这项提议：他认为印刷工人可能利用这个机会将某人安插进办公楼，对我们不利。听完唐的陈述后，杰克凭着自身的主见和魄力，不顾唐的反对雇用了外人。

为数量庞大的周日版报纸做邮寄准备是非常耗费时间的工作，且都是脏活。

第二十六章

为此,杰克招募了志愿者。我、梅格、霍华德、菲尔·盖林和丽兹·希尔顿,还有许多其他人响应了号召。于是,罢工期间的每个周六晚上以及一周中的其他几天晚上,我们都会在收发室工作。晚上 9 点 30 分左右,印刷机开始运转后,我们就会来值勤,最初这份工作要做到凌晨三四点钟。这是一项艰辛的工作,常常弄得我们污秽不堪,汗流浃背,浑身沾满糨糊。我们必须把每份报纸单独卷起来,用棕色纸包装,贴上地址标签,再将整套东西封好,然后丢入工作台旁边散发臭味、笨重巨大、不易挪动的帆布包里,接着,我们会把帆布包拖到另一处地方,装入卡车运到邮局。这是我一生之中唯一一次后悔将《邮报》大量发行至华盛顿以外地区。这项工作单调乏味,冗长烦闷,我们甚至开始将它视作自己为事业所做的崇高贡献和终极牺牲。许多个周六的晚上,沃伦·巴菲特都与我们一同待在收发室里,他表示这项工作促使他重新思考周日版报纸的价格——多高都不过分。

罢工的前 10 天里,我们的活动强度极高,身体处于极端压力状态下。高级管理层不断召开会议。我们所有人的紧张程度难以言表,而我个人也体验到了前所未有的焦虑。充满不确定性的局势,眼前的重重困难,针对尚在工作的员工的暴力,对《星报》乘机转弱为强的恐惧,全都倾倒而来。我感到绝望,暗自怀疑会不会将整件事情搞砸,进而失去《邮报》。我真的看不出我们应该如何渡过难关。我表述自身焦虑程度的唯一方式,就是形容说像是怀了一块石头。然而,尽管心事重重,我却必须表现出沉着冷静、意志坚决的样子,并给人以乐观自信的印象,好把这种态度传达给其他人。

我承受的最沉重的压力源自同爱德华·威廉斯、本、马克和唐的一次会议。我知道爱德华和本认为自己深切地关心着《邮报》的利益,但至少爱德华显然认为,我们不向印刷工人的要求屈服无异于自取灭亡。爱德华是律师,对一切事务都拥有着绝佳的判断力,但我认为他在这件事情中没有理解清楚问题本质,或者说罢工背后的逻辑,以及我们不做出妥协的重要性。此外,他毫不避讳地表示,我们似乎沉浸在某种错觉之中——我们真的在出版报纸。他说,"上班途中我在车上读了这份报纸。我只读了五分钟就把它丢到了地上。乔·奥布莱顿正在蚕食

595

你们的份额。你们必须妥协，让工会的人回来。"

我不知道本此刻的观点如何，只知道他始终将编辑质量放在首位，因而听到爱德华如此评价他耗费心血打造的这份报纸一定刺痛了他。我还知道他担心那些为他工作的记者和编辑，他们仍旧深感苦恼。此外，也许爱德华说服了他，让他相信我们是错误的。然而，我、马克和唐没有丝毫疑虑；我们只是摇摇头，说我们别无选择，唯有竭尽全力，迈步向前。与爱德华和本的这次会面令我不安，因为我爱他们，敬重他们，而且始终如此，但会面未曾片刻动摇我的信念，也没有动摇唐和马克的信念。

罢工开始后的最初几周，我尤其感到痛苦难忍。某天，我正坐在办公室里沉思冥想，梅格走了进来，并很快察觉到我的情绪非常低落。我知道可以向她倾诉真实感受，我信任她的判断力。我告诉她，我真的认为自己无法再忍受这种紧张氛围了；恐惧令我不知所措，我可能会精神崩溃。她说的话语听起来有些奇怪，但确实让我感到安慰和放松。"别忘了，你有另外的选择，"梅格说道，"你可以放弃。决定权掌握在你的手中。记住这一点，你就能够依照自身的意志坚守下去。"我们两人都没有认真考虑这个额外选项，但它将我从泥足深陷的绝望情绪中解救了出来。不知何故，承认有选择余地减轻了我的恐惧感，不论这个选项看起来多么恐怖。

另一个助益巨大的好友是沃伦，他在罢工的第一周便赶了过来，在整个罢工期间都定期过来陪伴我。他后来坦言说，之所以立刻赶过来，是因为马克·马尔和唐都察觉到我非常紧张，因而建议他赶过来。罢工开始后的第二个周日早晨，《邮报》被送来我家时，沃伦恰好也在。我们像两个孩子一样站在门口，想到自家的车间里印出了将近65万份报纸，只比正常印数少了五万份，我们都惊愕不已。这份88页的报纸看起来也相当值得敬重——尽管比正常页数少了四分之一。

然而，我们的自豪感和满足感寿命短促，因为几分钟后，我们仍面带笑容时，《星报》也被送来了，厚得我们几乎搬不起来，充斥了大量的广告内容。它有192页，是罢工前其周日版的两倍多。"它是个庞然大物，"沃伦回忆说，"这一点毋庸置疑。"

除了源源不断的支持外，沃伦还提供了实质性建议。"听着，"他说，"我会替你留心的。如果我认为你有失败的危险，必须放弃，我会告知你的。"这是极大的安慰：我知道他在此事上的判断会一如既往地正确。他正在关注着所谓的"临界点"。沃伦后来解释说，"只是一天势头衰退不会改变任何事情。如果一年都在衰退，你会失去整个企业。两者间的临界点在哪里？"他所留意的正是那个跨越界限的点。回首过去，他坦承说，"你并没有逼近过那个临界点，没有真正身处失去公司的险境，但这就像是寻找治愈癌症的方法一样；你要么找到治疗之法，要么在六个月后死去。倘若在第四个月找到了治疗之法，你会说这没有什么。"

沃伦后来告诉我，他知道于我而言，"此事生死悬于一线。但同时你不能期许救兵，或做任何仿似你无法掌控自己的事情。但倘若真正了解局势，你就知道不应该控制自己，因而你面对的就是这个糟糕的两难困境"。这解释了为什么即便我身上的压力随着我们的能力和印数的增长而减轻，但基本的紧张情绪却从未退去。这个解释比我阐述得更加清晰。

另一个我能够依靠的支柱是杰克·帕特森。他一直有病在身，腿上长有血块，不能够长时间站立，更不能搬运沉重的包裹。然而，他主管着异常复杂的配送任务——将报纸从所有小型印刷间（后来是从收发室）运送到分销商等待着的卡车上，同时面对针对司机的各类暴力行径，包括被枪杀。

儿子唐也在很大程度上帮助了我，对《邮报》的贡献则更大。马克·马尔肩负着公司在罢工期间的统筹安排的全部责任，且完成得相当出色。不过，由于要统揽大局，全程参与策略制定、协商谈判和对外公关，他将管理报纸日常工作的艰巨任务交予了唐。对于30岁的唐来说，这是一项强行交托于他的重任，但他面对艰难局势应付自如，此外，亲手操作用于印刷报纸的机器让他学到了许多东西。

最后，所有人在大楼里工作，从而让报纸得以出版的员工都是英雄。不过，他们的话语增加了我的压力："我们不介意做这些工作，但请不要让我们失望。"意思是说，"不要让印刷工人回来，不要让步"，不要像《邮报》过去屡次所做的那样。

到10月12日，罢工持续了将近两周时，我们已经能够在自家印刷间里印出全部发行份数。我们修复了四台印刷机，但仍旧在印刷只有 40 页的日报。也许是因为我们重新站稳脚跟的时间比我设想的更早，而且是我初次见到受损的印刷机时所无法相信的，所以，我开始怀揣起更多的希冀。显然，我们在某些方面取得了进展，不论这有多缓慢。我们的印刷团队完成了令人叹服的工作。有一些小小的里程碑事件。10 月 15 日的那期报纸，我们以最新新闻更换了头版，好让读者获悉世界系列赛（World Series，美国棒球联盟和全国棒球联盟优胜者之间的年度比赛——译者注）和福特总统遭遇车祸的消息。

10 月 16 日，我们的报纸页数增加至了 48 页，在没有采用"集中印刷"（collect run）那种技术的情况下，这是我们能够印出的最大页数，而"集中印刷"技术需要更多的员工和更持久的耐印力。我们开始"集中印刷"后，便取得了巨大的跨越发展。广告经理们在操作印刷机，他们知道我们当下不得不将广告商拒之门外，因为我们无法再增加页数了。起初，唐不愿意让他们操作印刷机，因为这项工作错综复杂，对于外行人员而言甚至非常危险，但他们成功了。

10 月 19 日，周日，我们最终确定下来的《邮报》版本包含了 9 个栏目，206 页的内容。我们有 8 名员工负责制作铅版。为了 10 月 23 日的那期报纸，这 8 个人制作了将近 600 个印版交付印刷，包括三个关于佛朗哥病重垂危的报道的修正印版。在非罢工时期，铸版部门通常有 40 名员工。

除了不断与马克、唐以及其他人会面评估工作进展外，我将大部分时间都用在了处理分类广告部门的各项工作，受理发行部门的投诉，以及在收发室熬夜苦干上。许多女性员工在卷筒纸室工作，安装"连续接纸装置"（flying pasters），其作用是在一张巨幅新闻卷纸用完后保持报纸印刷机继续运转。当时，我们评价说这极有可能是"现代报业史上女性首次参与此类工作"。倘若你没有将新的卷筒纸准备妥当，纸张会被扯破，印刷机也会自动停止工作。这个过程需要熟练的技巧，而我很害怕担上扯断卷筒纸的责任；一旦弄断，重新连接起来会极其麻烦。令我感到羞愧的是，我的技巧不够熟练，有时会被派去收拾堆积起来的垃圾。不过，整体而言，我们对各类额外工作越来越精通了，印制报纸的程序也掌控得越来越平稳。

数个月里，我们形成了特定的行为习惯，几乎是蛰居在办公楼里；许多人就

第二十六章

在这里勉强住了下来，大体上生活在各自的办公室里。员工士气高涨——尤其是最初的几周里，因为许久之后我们才意识到罢工可能会迁延数月——而我们也在倾尽全力让高涨的士气保持下去。我们每天在九楼供应三次餐饭。晚上的印刷量完成后，我们还会提供食物和软性饮料；大型聚会是必不可少的节目，出版完报纸的人们可以在聚会上获得放松。依照职业惯例，受雇的食物筹备者晚上会穿着佩戴黑领结的礼服，而当他们端着果汁、牛奶和三明治出现在嘈杂混乱的印刷间时，一切看起来是那样地不协调。

在楼上，我们有一架钢琴，好几个人都用它弹奏过。杰克·莱斯特（Jake Lester）是位电气技师，常常在别人清唱歌曲时用班卓琴为他们伴奏。不论是进行什么样的娱乐，我们的目的都只是放松紧张的情绪，但《星报》的八卦专栏作家言辞尖锐地抨击我们，指责我以音乐和美食取悦破坏罢工者。我为此深感愤恨，他们不了解我们正在经受着什么，我们为了报纸的出版又牺牲了什么。留在大楼里并不是什么轻松惬意的事情。这里的条件很艰苦，让人精疲力竭。每个人都至少做着两份工作：白天从事自己的日常工作，晚上帮忙印制报纸。配偶们处于巨大的压力之下，竭尽全力独自承担起家庭重任——常常还会接到恐吓电话。居住在大楼里的员工很少见到丈夫、妻子抑或儿女。在配偶居住在办公楼的压力下，一些不牢固的婚姻破裂了，同时我必须承认，一些浪漫爱情也在大楼里发生了。

许多人赶了过来，尽其所能地帮助我们。哥哥比尔几乎搬进了与报社隔街相对的麦迪逊酒店，在《邮报》办公楼的上上下下打理各种事务，他女儿露丝及其丈夫同样如此。拉莉带着我外孙女凯瑟琳从纽约赶了过来，凯瑟琳年仅九岁，某个周六的晚上，她站在收发室里的箱子上，帮着包装报纸。

然而，尽管某些活动已经发展成例行程序，忧虑却依旧未去。最大的隐忧是我们能否让报业协会继续工作下去。报业协会领袖抨击了我早前发表的一项声明——公司利润率应该上升至15%。他们指出，我们是华盛顿地区最大的企业，也是该地区唯一进入《财富》500强的企业。布莱恩·弗洛雷斯称呼这家公司为"富有的集团企业"。他们不断鼓动协会成员，试图让他们承认纠察线。只有少数协会成员参与罢工的理由让我可以接受。约翰·汉拉罕（John Hanrahan）就是其中之一，他是优秀的记者，为人和蔼友善，来自工人阶级家庭，根本无法穿过纠察线。他再没有回来。坚守信仰是难能可贵的美德，理应受到尊敬。至于大多数罢工期间没有工作的其他协会成员，我必须承认我真希望他们永远都不再回来。

弗洛雷斯表示，对于穿过纠察线的成员，报业协会计划向他们征收罢工期间所得全部收入125%的罚款，还威胁说要开除他们——这发生在大多数协会成员一再投票反对遵守纠察线的时候。协会领袖千方百计游说华盛顿的各类组织支持他们的立场。譬如，弗洛雷斯向华盛顿红人队（Washington Redskins）发送电报，恳请队员们不要与《邮报》记者讲话，但显然收效甚微。

弗洛雷斯还对我进行人身攻击。我在马里兰州切维蔡斯的圣约之子会（B'nai B'rith，美籍犹太人的互助组织——译者注）约翰·肯尼迪分会领取勇气表彰奖（Profiles in Courage Award，因为《邮报》对"水门事件"的报道）当天，弗洛雷斯在全市范围内发表公告说，"人们不禁认为，肯尼迪的所有肖像都应该面向墙壁，因为奖项被颁给了某种势力的指挥官，这一势力试图彻底摧毁《华盛顿邮报》的工会组织。"他还补充说，"享用您的晚餐吧，格雷厄姆女士，此刻，您的2000名雇员正在罢工或坚守纠察线。他们同样有勇气为信仰而斗争，为自己及家人不惜以极大的个人牺牲来支持斗争。倘若约翰·肯尼迪仍旧在世，我敢肯定他宁愿与他们而非您共进晚餐。"

与此同时，弗洛雷斯进一步向大楼内的报业协会成员施压，要求他们出来；实际上，的确有五名负责国际新闻的协会成员同意罢工。然而，其他协会成员退出了报业协会，以抗议协会执行委员会针对罢工采取的立场。

印刷工人也升级了他们的攻势，包括针对我的人身攻击。10月末，他们散发了题为《华盛顿邮报》掩盖真相"的传单，称《邮报》的所有者企图"侥幸完成本市自'水门事件'以来最大规模的真相遮蔽活动"。我因为雇佣拉里·华莱士而遭受指责，整个罢工活动期间，他们试图将华莱士刻画为工会打手（union-buster）式的人物，说他"不久前才恶毒地打击了《底特律自由新闻报》的工人"。他们断言华莱士向我提交了戈登·里迪式计划，以摧毁《邮报》的工会，依照他们的说法，我赞同了这一计划。

我们还非常忧心持续不断的暴力威胁。办公楼五层的玻璃窗一度被打出了三个洞，显然是威力巨大的气枪发射的金属弹造成的，而数位编辑的办公室就位于那里。纠察线附近的粗暴行为已经司空见惯。许多开车来上班的人发现车胎被遍布在小巷入口的钉子和大头钉扎破了。还有一些人驾车时被跟踪骚扰。最终，为了众人的安全，我们开始用厢式货车将大家送到全城的其他几个地点，他们再在那里取车或搭乘公共汽车。员工的配偶们经常接到粗暴下流的恐吓电话。一名员工的妻子竟然被告知，"倘若我们看到你和孩子走在街上，我们会杀了你们。"一名年长女性是非工会雇员，她被警告说睡觉时最好小心提防，还有一次说她就要人头落地了。有一次，我的司机吉米驾驶着我的汽车穿过纠察线，数名纠察队员将我们拦了下来，来回摇晃汽车。

印刷工人还在其他方面施加压力，包括围堵我们的广告商；对此，我们提起了不当劳动行为诉讼，指控他们进行间接抵制（secondary boycott）。工会还采取了其他的消极行动，包括散发传单号召订户抵制《邮报》，破坏广告商的店铺，将货架上的商品倾倒一地。有一次，多名罢工的印刷工人将汽油倒入了商店的鱼缸里，导致所有的鱼都死了。

随着罢工活动拖延至 11 月，除了持续不断的暴力威胁，甚至暴力举动外，我们还有许多其他值得忧心的事情。本地新闻编辑部甚至变得更加烦躁不安。许多记者深受穿过纠察线的痛苦的折磨。我当时收到了两封信，是仍在工作的报业协会成员寄来的。其中一封是写给我和拉里·华莱士的，由 41 个人署名。他们写信的目的是想要确认，他们坚持工作的举动没有被视为对《邮报》管理层处理劳工关系的方式的全盘肯定，要求我们再次保证将继续"真心实意"地进行协商。我向他们保证我们正在这样做，而且想要所有工会成员回来，除了那些参与暴力活动的印刷工人。

几天后，我收到了第二封信，写信者是报业协会《邮报》分会的 80 名成员。这封信囊括了 20 个他们希望得到答复的具体问题。他们承认印刷间遭到破坏，但指出这一问题如今已经交由司法系统处理。写信者认为，自罢工发生起已经过去了一个月，公司应该采取进一步行动解决纠纷。他们补充道：

> 我们已经遭受了自己协会的惩罚，可能还会让协会出现难以弥补的裂

痕……次年报业协会的谈判开始后,希望您能够善待我们,我们更希望作为强大的协会参与合同谈判,而非依赖您的大发慈悲……

您对以下问题的答复将帮助我们下定决心。我们觉得,您也许可以借由回答来展示诚意,以帮助重建《邮报》摇摇欲坠的劳资关系。

显然,我的回答将会极为重要。我、唐和梅格细致地起草并校对了这20个问题的答案,回答得非常之详尽。自我的角度观之,某些问题无关痛痒又蠢不可言——譬如,保罗·伊格内修斯1971年离职时我们给予他巨额补偿金的理由。尽管如此,这仍旧是我们表达观点的绝佳机会。其中一项重要声明如下:

整个事件中有一个方面至关重要,而你们的来信促使我相信,你们没有考虑到这个方面——上个月印刷间里的暴力行径以及此后发生的各类暴力事件,已经彻底地改变了我们寻求和解的善意,情况变得复杂了。10月1日之前,我们奢望能够渐进地、分阶段地解决印刷间的问题。

现在,我不抱有这种奢望了;我的意思是说,在我看来,允许印刷工人依照原来的待遇返工是公司最不负责任的行为。我无法真心诚意地管理这样的办公楼或公司:那些忠心耿耿为公司工作到精疲力竭的员工却不断遭到来自同事的身体伤害;那些负责公司整个部门的人,那些努力工作以补救公司受到的损害,让报纸顺利出版的人,却不得不被转移到其他地方以远离迫害;在这里,雇佣和配备员工的条例不仅允许限产超雇,还准许任用遭遇挫折时可能会诉诸暴力的员工。10月1日凌晨时分的印刷工人使我们不可能在未来实现某种理想的目标——在印刷间设立管理监督人员。

我们需要于印刷工人公平的合同;我们也需要于我们自己公平的合同。如果我说这一结果是可以轻易实现的,或者这一结果肯定可以实现,那么,我就是在欺骗你们。不过,我们会竭尽所能。我希望你们能明白这一点。

接着,我继续逐一回答了长长的列表中的问题:印刷工人的公司待遇会是怎样的;《邮报》在集体谈判中的新立场是什么;为什么我要定下15%的利润率目标；为什么我们很早就开始培训管理层员工操作印刷机；为什么我们要寻求报业协会的帮助；我们是否曾向其他发行人施压，以使印刷工人进入黑名单；对于被起诉和定罪的印刷工人，我们的立场是怎样的。我们最终完成了全部答案，并将答复寄了出去，还将其粘贴在办公楼各处的布告牌上。这立刻引发了成群的人聚集围观。有人小声嘀咕道，"漏了个问题。"别人问是什么问题，他回答说，"格雷厄姆夫人，您的性生活如何？"

报业协会参与罢工的成员在办公楼外集会，自称"普通成员罢工支持委员会"。罢工持续的数周时间里，他们至少发行了 14 本小册子，企图煽动《邮报》其他的报业协会成员加入他们的罢工队伍。颇具讽刺意味的是，他们质问我们是否在真心诚意地进行谈判，但却从未向印刷工人提出相同的问题。

可想而知，《星报》定然抓住了可以抓住的一切机会。我们一度获悉，某些平常在《邮报》工作的印刷工人——也许多达 40 人——正在《星报》工作。我们听印刷工人工会的人说，这些人挣取的大部分酬劳都将捐给一家重要的罢工基金，但这并未能让我们觉得好受些。

然而，尽管《星报》费尽心机，我们还是压制住了这个竞争对手——至少在出版的版面上是如此。10 月 23 日以及 10 月的最后一周，《邮报》自 10 月 1 日以来首次再度盈利，而这仅仅发生在罢工持续三周后，这是引人注目的成就。不过，同样是在这个月末，《星报》比前一年增长了 200 万美元的收入，增加了 200 万印行的广告——大量广告因为《邮报》无法刊登而涌向了《星报》。那个 10 月《星报》盈利了，这还是它 60 个月来的第一次。据《邮报》当时的报道称，《星报》的经营亏损额保持在每月近 100 万美元的水平上，因而，广告量的增加无疑帮助它抵消了损失。我们知道尽管《星报》当前的收入多于开支，但它却有超过 2000 万美元的债务，不过，我们也知道乔·奥布莱顿本人财力雄厚。

在媒体界，我感到我们正遭受严厉谴责，被形容为英勇的大卫所挑战的歌利亚（传说中的著名巨人，《圣经》中记载，歌利亚是非利士将军，带兵进攻以色列军队，他拥有无穷的力量，所有人看到他都退避三舍，不敢应战；最后，牧童大卫用投石弹弓打中歌利亚的脑袋，并割下了他的首级——译者注），而这部分原因在于竞争对手的宣传造势。我当然认定《星报》正千方百计地想要挫败我们。然而，由于我们身处同一座城市——事实上，在我家族掌控《邮报》的40多年里，我们在许多个方面都曾彼此扶持——我也相信我们理应保持良好的民事关系。因此，12月3日，出席完美国报纸发行人协会的会议后，我从纽约匆匆忙忙地赶了回来，以参加为庆贺乔·奥布莱顿而在五月花举办的招待宴会。我费尽气力穿过迎宾队伍，想要对乔说些祝福的话语。然而，在出离人群的时候，有人向我展示了聚会上四处传阅的漫画，令我大为错愕。绘画者是《星报》当时的漫画家奥利芬特（Oliphant），他借用米切尔的那句名言残忍地描绘了我；在米切尔的话语里，我的乳房会被绞干机绞住拉长，而这次是在印刷机里。我感到这太伤人感情了，什么都没说便离开了。

各类团体开始施加压力，要求我们"通情达理"些。11月中旬，我、马克、唐和拉里·华莱士前往国会山，与众议院的本地议员会面，他们的选民受到的影响最大。这些众议员，两个来自马里兰州，两个来自弗吉尼亚州，还有来自华盛顿特区的沃尔特·方特罗伊，他们希望履行职责，找出罢工的缘由，并介入调解。他们发现印刷工人工会全部都是白人男子（罢工开始前，唯一的黑人印刷工因为受伤离开了《邮报》），于是支持这家工会的热情褪去了许多。

罢工期间，我出席了为数不多的几次宴会，有一次是在华盛顿一位杰出的民间领袖家中，我偶然碰到了夸夸其谈、同情劳工的"专家"亚瑟·哥德堡。他信誓旦旦地告诉我，罢工中的各方都必须做出让步，罢工问题也必须得到解决；他仲裁过航空公司的罢工事件，很想要插手我们的事务。我言辞刻薄地回答说我们做得很好，现在乃至将来都不需要他的介入。

各种麻烦层出不穷。尽管报纸的发行量在增加，且我们是在自己车间里印制出的报纸，但仍有14家"常规分销商"向我们提起集体诉讼，指责我们将独立承包人制度转变为分销"代理制度"。马里兰州的司法部办公室（Attorney General's Office）针对《邮报》展开了反托拉斯调查。

罢工发生时，我们公开上市仅仅四年，仍旧是家规模相对较小的公司。在罢工结果出来前，市场分析师拒绝透露对我们公司的财务业绩的评估数据——他们降低了当年我们每股收益的估值，而这显然会影响股票的买卖。在纽约的财务分

第二十六章

析师会议上，我、拉里·伊斯雷尔和马克·马尔表示，罢工将导致我们经历公开上市后的首次利润下滑。

整场罢工事件中，时间也是一个意料之外的因子。如果某个人从一开始便告诉我，为了印制出每天的报纸，四个半月后我们仍将一边从事日常工作，一边到大楼里的各个部门帮手，我是断然不会相信的。我没有想到我们能坚持如此之久。有时候，保持无知会更好。第一次听到某个人提起感恩节时的情景仍旧历历在目；我当时立即想到，"这不可能；我们不可能到了感恩节时还在这里，承受着如此的压力和不安，做着现在所做的工作。"然而，感恩节来了又走，而当某个人首次提起圣诞节时，我又是相同的想法。

随着我们开始经历越来越多的成功，逐步习惯于印刷出越来越多的报纸，最初的兴奋情绪也渐渐消退了，这个过程得到了疲乏甚至厌倦的推波助澜，两者共同导致了意志和士气的受损。一位操作印刷机的编辑表示，他能够理解蓝领工人的感受了——日复一日地做着沉闷乏味、不受重视却又艰难异常的工作，同时，楼上的白领主管却在主宰着他们的生活与工作。

随着我们变得愈发成功，身上的压力的确减轻了少许，但仍旧毫不清楚罢工会在何时结束，会以怎样的结果收场，因而生活中的焦虑和折磨仍在继续。我无时无刻不在担忧，待到我们这一小群人精力耗竭时，我们最终将被迫妥协让步，尤其是因为我们愈发难以获得额外的帮助，这些帮助规模不大但却必不可少。

某些业界的好友，尤其是私营的地标通信公司（Landmark Communications Company）的董事长弗兰克·巴滕（Frank Batten）和《芝加哥论坛报》的斯坦·库克（Stan Cook），会定期过来与我讨论局势。我记得斯坦鼓励我要坚持到底："你只需持续地施加压力，就像靠在大门上以令其缓缓地关闭。"

尽管事端不断，实际上仍旧有一些轻松惬意的时刻。12月初，菲尔·盖林寄给我一封短笺，说很高兴娜塔莉·帕内蒂（Natalie Panetti）刚刚通知他，除了在报社的日常工作外，他还被任命为助理职员主管（Assistant Supervisor of Stuffers）。娜塔莉是《邮报》的职工服务经理，事实上的工作分派人。盖林在信中说，"我只是想告诉您，这一任命及其所展现出的您对我的信任，令我深感荣幸。晋升流动是伟大报社的标志。我会倾尽所能，不辜负您给予我的这次机会，以更具价值的新方式为您效力。"

对于我们这些在收发室做着似乎无休无止的脏活的人来说，分分秒秒都是一种煎熬；为了将注意力从枯燥无味的事情上转移出来，我们开始在头版上给人们写留言。每当地址栏上出现的名字可能是好友乃至熟人时，我们就会奋笔疾书。我知道在二类邮件（second-class mail）上写留言是违法的，但当时我们没有想到这一点——或者说，即便想到了，我们也不会在意。当这些人拿到周末版《邮报》，看到留言说，"救命，我被囚禁在了《华盛顿邮报》的收发室里"时，天知道他们会怎么想。

当然，整个罢工运动期间，与印刷工人的谈判一直在进行。正如马克所言，我们从一开始就想要保留他们的高薪酬，甚至将他们依靠荒谬的工作规定而挣取的加班费也计算在内。我们只是想要将限产超雇惯例置于自己的掌控下，它已经严重影响了我们出版高质量报纸的能力。简言之，正如拉里·华莱士概述的那样，我们正试图借由集体谈判"重新在一定程度上控制印刷间的作业活动，以使其效率更高，生产力更强大，成本更低，浪费更少"。

我们早前的提案遭到搁置，后来一项会议一度被安排在了11月中旬，印刷工人依照计划将在会议上拿出反提案。会议开始后，他们表示改变了主意，不会提供反提案。我们震惊不已，因为到此时《邮报》已经有了微薄的盈利，很奇怪印刷工人竟然依旧认为他们不必采取任何举措。会谈暂时中止，调解机构要等到他们能发挥作用时才重启会议。与此同时，我们试图与其他工会谈判，但他们执意要求我们先与印刷工人达成协议，我们因而陷入僵局。

在此期间，大陪审团传唤了那些被指控在罢工之初参与暴力和破坏活动的员工。他们和杜根一样，全都援引《宪法第五修正案》保持缄默，表示对印刷间里的暴力活动毫不知情。从一开始，杜根便声称这次暴乱事先未经筹划，"仅仅是感到挫败和不安的工人们的一次情绪爆发"。公诉人考虑给予选择性豁免权，以交换证词，并威胁说如果印刷工人继续拒绝作证，就会以藐视罪起诉他们。

时间进入了12月，我们几乎未能取得任何进展；我们拿出了另外一项提案，印刷工人却置之不理。罢工已经持续了9周，在此期间，我们提供了数项包含优厚福利和一定工作保障的方案,以此作为修改我们无法忍受的工作条例的交换。终于,印刷工人拿出了首个提案——口头而非书面——提议只对工作惯例做细微的修改,却为此索要每周37美元的额外薪水。显然,我们距离达成协议还有很远的路要走。

第二天,即12月4日,因为我们提出了最终方案而变得异常重要。为了让整件事情免于无休无止地拖延下去,我们决定制定出马克所谓的"全面而不可更改的最终解决方案"。我认为这一方案足够慷慨大方。每位印刷工人的基本工资将立刻增长至17318.60美元,比当时美国任何报纸的任何印刷工人的薪酬都高。该方案让印刷工人有机会以更合理的工作时间(每周五天)挣得当时印刷间里的平均薪酬,而如果选择适度加班,他们还能挣到更多。这份合同会终止连续轮班的惯例。我们承诺将保障作业安全性,而且特别强调,印刷机岗位的人员配备将以自然损耗而非裁员的方式逐步减少。还有其他附加优待——加班费、节日奖金,以及供共同分配的40万美元的整体补贴。这本可以是印刷工人会接受的方案——也本可以运作得非常良好——也是我们能够接受的最终方案。

提交最终合同前夕,公司与工会召开了秘密会议,但却一无所成。杜根一如既往地妄自尊大,肆意谩骂。他称呼马克·马尔和拉里·华莱士是骗子,还对他们说,"告诉凯瑟琳·格雷厄姆……拿着她的合同建议书滚蛋。"

我们曾提醒工会,这是我们能够提供的最丰厚的合同;我们这样说既不是威胁工会,也不是在耍弄手段。我们再次强调,解雇破坏印刷间的印刷工人是不容商榷的,它根本不在可谈判内容之列,这一点也是我们自始至终的坚决主张。第六分会以249票对5票的结果否决了我们的方案。

为什么印刷工人不肯接受这个方案?我相信他们的回答会因人而异。也许他们拒不让步是希望我们投降认输——因为我们过去一贯如此。吉姆·杜根本人显然是其中一个因素,此外还有杜根的头号心腹——铸版工人的领袖查理·戴维斯。杜根一直是个能力出众的领袖,但他自认为在1973年非法罢工的那个夜晚击败了约翰·普雷斯科特,因而也随之变得自我膨胀起来。他似乎认定自己是办公楼里的强人,总能在最后关头让管理层屈服退却。他展现出了要修理我们一番,好让华盛顿邮报公司的管理层明白究竟谁才是掌权者的姿态。他不仅不会让步，而且实际上还意图变本加厉，索取更多。正因此，工会在罢工期间自始至终从未动摇过。某种意义上讲，杜根是个囚犯——被自身权力欲望和过去的成功所俘虏，被那些犯下破坏罪行的人所俘虏。他不得不要求我们准许那些损坏印刷机的人回来工作。我们断然拒绝了。

我们的最终方案遭到工会的压倒性多数否决后，问题就变成了何时而非是否宣布我们将聘用替代工人。这是整个罢工事件中最敏感、最令人战战兢兢的时刻。我不知道报业协会、印刷工人和众多罢工者会作何反应。我们讨论了即将举行的与报业协会的谈判，权衡着是冒险在谈判前宣布决定，还是等到谈判结束后。然而，绝对完美的时机并不存在。最终，马克决定尽快行动，将宣布日期定在了与报业协会谈判的前夕，这让我倍感忧虑，但事实证明它是个明智而充满魄力的决定。

12月10日，即印刷工人工会否决最终方案三天后，我和马克走下楼梯，来到现有的最大场地，第五层的新闻编辑室，会见了所有仍在工作的员工。我宣布我们准备聘用替代员工，并概述了我们为达成最终方案中的条款所做的努力。接着，我解释说不雇佣新印刷工人的替代方案，便是继续由这支已经精疲力竭的团队出版报纸，直至无人知晓的某年某月。我还强调说，根据过往惯例，没有任何迹象表明再谈判10周——乃至10个月——会令工会的态度有任何转变。继续谈判下去似乎只会导致更多没有休止的争论，正如我当时对某个人所说，"毫无根据的奢望，延迟了与其他工会的谈判。事实是就印刷工人而言，这已经太迟了。"

我对聚集在新闻编辑室的员工说，我们向第六分会的成员寄了通知函，如果我们提供的合同在周日午夜前（四天后）还不能得到批准，我们将开始雇佣永久性的替代工人。我补充说，印刷工人可以作为个体回归到印刷间的工作岗位上，而那些已经被查明参与了暴力活动的人则是例外。我还试着对其他行业工会的成员直言不讳，强调说我们想要尽快与合同已在9月30日到期的所有工会达成协议。

我知道这一行动符合法律，但我告诉那些当天早晨聚在一起的员工说，于我而言更加重要的考量是这是否合乎人情。最后，我对众人说：

第二十六章

正如你们决定在罢工期间继续工作一样，我的决定来得绝不轻松；此外，和你们的决定一样，它要求我权衡各种责任的轻重。我的结论是，我的良心无法再容忍如今的情势继续发展下去：各个工会的兄弟姐妹中，有许多人已经在此工作了数年的时间，因为必须要遵守办公楼中薪酬最高的行业工会工人设立的纠察线，他们的未来已经变得黯淡无光。为了那些罢工的印刷工人，其他工会的这些成员被迫放弃了成千上万美元的工资收入，而那些印刷工人却能依靠为其他报社工作而继续获取酬劳……是他们不负责任的暴力行径造成了今日之局面……也是他们断然否决了这份全国同行业中工人待遇最丰厚、经济保障最好的合同。

我总结说：

对于聚集于此的我们所有人来说，这是个庄严肃穆的时刻。我们被迫所采取的一切行动的后果，都经过了深思熟虑。我相信我们做出了负责任且正确的选择——为了《邮报》，为了2000名在此地工作的工会成员，为了公司的声誉和我们服务的读者群体。

迎接我的声明是紧绷的沉默。马克随后发言。我们两人回答了一些问题，接着便离开了。次日，《邮报》用整个版面刊登了马克的一封公开信，题目是"为什么《华盛顿邮报》要采取行动结束罢工，恢复正常的经营出版"（Why The Washington Post Has Taken Action to End the Strike and Return to Normal Operations）。这是泰德·凡·戴克的主意。我们还在报纸的分类广告版面刊登了"急聘"广告，为印刷间招募"有经验和无经验"的印刷工人。令我们吃惊的是，次日一大早，大约有700多人在《邮报》办公楼前排队，等待接受面试。最终，我们面试了1000名求职者；我们从中谨慎选择了一些特点突出的新人和罢工期间曾在《邮报》工作过的人，这个过程起初非常缓慢。我们雇佣的第一位员工是个站在队伍中的黑人，他身穿毛皮大衣，脚踩银色厚底鞋。黛安·爱尔摩（Diane Elmore，现在改姓帕特森 [Patterson]）是最早一批新聘请来的印刷工人之一，她原来就职于广告销售部门，罢工期间一直在印刷间工作。由于非常喜爱这份工作，她决定转行。如今，她成了我们在斯普林菲尔德的印刷厂收发室的助理主任。办公楼里原本有多名越南人做着各类临时工作，他们也被聘用，后来还成为了明星员工。

吉姆·库珀完成了一项漂亮的工作，他在我位于弗吉尼亚州的农场中会见了六名印刷间主管，邀请他们回来工作，他们也都是工会成员。他们同意回来，不过，直到谈判陷入僵局，我们开始雇佣新员工后，他们才付诸行动，并最终帮助训练了新员工。他们的回归于我们而言是前进了一大步，但对他们来说却艰难异常；回到工作岗位后的最初几天里，他们明显心神不安，面色苍白，战战兢兢。

我们聘用了两个人来培训新印刷工人，还设立了为期两周的严格的培训课程。我们不得不稍降低标准，以加快进程，但却发现这些人的积极性和素质都非常之高，专业技能提升迅速。我一直担忧纠察员和求职者之间会出现暴力冲突。令我惊讶的是，这样的冲突一次都没发生。"你也许有200名印刷工人在外面设立纠察线，担忧丢掉工作，"吉姆·库珀后来回忆说，"但你还有700个人——许多还是黑人——在外面虎视眈眈地望着这里的工作，这样的工作原本是黑人难以企及的。敢和他们作对的人定然蠢不可及。"

雇佣新员工的消息宣布后，我们身上的压力与日俱增。我、马克和唐被传唤到华盛顿特区市议会接受问询。杜根曾要求会见市议员，还说，"不管怎么样，我过去住在华盛顿，这是事实。"对此，议会主席斯特林·塔克（Sterling Tucker）回复说，"那没有任何意义。"种族问题再次帮助抵消了大众对工会的普遍同情，因为当我们告知塔克这个工会中没有黑人后，他推断该工会有种族歧视，决定不给予这些印刷工人任何形式的帮助。

大华盛顿地区中央劳工联盟的主席要求我同市长沃尔特·华盛顿和吉姆·杜根会面，并指责我们引入破坏罢工者。到这时，我们已经被迫从其他报社借调了一些印刷工人，我写信解释了我们不得不这样做的原因，并强调说，直至12月谈判陷入僵局，我们的员工精疲力竭前，我们从未引进过替代的印刷工人。我还表示，市长的出面不会扭转《邮报》与第六分会之间分歧巨大的基本局面，尤其是考虑到调解机构从一开始就参与其中的现实。这次会面从未成行。

就在此时，1500名示威者展开集会游行，他们经过《邮报》大楼，以展示各个工会团结一致的决心。办公楼里，我们几个人聚在一起，小心翼翼地躲在楼上窗户的后面，观察着逐步靠近的游行队伍。我失望地看到查理·戴维斯行走在队伍的最前面，他们还举着标语，上面写着："菲尔该枪击另一个格雷厄姆。"我错愕不已，离开了窗边。我不敢相信曾和查理关系亲密，逗乐打趣。

诡异的是，印刷工人似乎仍旧没有感受到威胁，甚至在我们开始雇人后都是如此；他们表现得好像自己回来工作只是时间问题。在很大程度上，这样的态度反映了杜根不切实际的判断。从一开始，他就不相信我们能够开动印刷机。甚至当纠察队员听到印刷机工作的噪音后，他还坚称声音是我们伪造出来的。我们变得越来越强大，他却始终否认我们的成功。直至12月末，杜根还在电台和电视台上宣称我们的关于《邮报》发行量的声明具有误导性，缺乏事实根据，还断言我们正在抛售数千份《邮报》。事实上，到此时我们的每日发行量只下降了2.5万份，周日版的发行量仅下降了1.2万份。我们已经达成了一年中这段时期98%的目标。

尽管印刷工人似乎认定时间站在他们那边，但还是向美国劳工联合会－产业工会联合会主席乔治·米尼（George Meany）寻求帮助了。米尼转而给我打了个电话，告诉我说，"凯瑟琳，印刷工人打来电话，想让我和你谈谈。"我坦言他的电话让我心下一沉。米尼能够发起抵制活动和施加其他政治压力——本质而言，就是支持印刷工人工会——进而对我们造成实质性伤害。他询问我是否想要他来《邮报》同我交谈。我通过父亲认识的米尼，他们曾在战时劳工委员会共事。我尊敬他，欣赏他，知道他不可能穿过纠察线，于是回复说我去找他。12月17日，我带着马克来到仅两三个街区之隔的米尼的办公室。我们坐定后，乔治开门见山地问道，"如果印刷工人支付维修印刷机的费用，你会让他们回来吗？"

"不会，"我毫不含糊地答道。"印刷机已经修好了。我们已经雇用了所需人手的一半。现在让他们回来为时已晚。我们不能让他们与非工会员工并肩工作。"

"假如……你会让他们回来吗？"乔治不断提出问题，不断增加筹码。我反复解释说我们已经跨过界线；他们没有对谈判邀请做任何回应，如今我们要踏上另一条路径了。最终，他抛出了最大的难题："倘若他们接受了合同，你会怎么办？"当然，从法律上讲，无论在何时接受合同，他们都有资格获得剩余的工作岗位。我深吸一口气，凭直觉回答说，"我想我会刎颈自杀。"

接下来的时刻是触耳可闻的静默，乔治盯着我，而马克则瘫软在我们两人落

611

座的沙发上,似乎就要滑落下来。不过,我了解乔治,觉得可以对他坦诚相告,而这便是事实。我也知道他会明白我的意思;他很有政治头脑,直觉敏锐。最终,他黯然地回应说,"好吧,罢工最初发生时,我表示愿意帮助印刷工人。我给他们拍了封电报,但始终没有得到回复。此外,我根本无法想象有人会破坏自己的劳动工具。我从来都不认同这样的行为。在我们那个年代,这样的事情根本不会发生。"我们又谈论了一会儿;随后我和马克起身离开了。米尼缓慢地送我们走到电梯处,神情忧郁。我们进入了电梯,他对我说道,"《邮报》是伟大的报纸,我了解并爱戴你的父亲。"

圣诞节前夕,我们取得了第一项重大进展,纸张搬运工——负责将巨大而沉重的新闻用纸推到印刷机旁的工人,当时,唐·格雷厄姆、马克·马尔和其他一些人负责这项工作——与我们签订了合同,是第一家这样做了的工会。然而于公众而言,这实在算不上什么重大突破,因为印刷工人工会和其他工会都对他们不屑一顾。纸张搬运工全部都是黑人,且技术水平低下,与其他行业工会稍有不同,但在我们看来,这是一次突破,令我们倍感宽慰。

与此同时,国家劳资关系委员会拒绝受理工会的投诉,后者指控我们采用敷衍拖延战术,拒绝真心实意地进行谈判。

局势依旧剑拔弩张。印刷工人的妻子开始给我写信。圣诞节前夜——我从未想过直到这一天我们仍会深陷于罢工的苦境——对我们所有人来说都艰难异常。本一年一度的来信尤其打动人心,善解人意。他坦言觉得我不会"再遇到更棘手的麻烦了"。他说得千真万确。他还表示新年愿望就是"结束这场骚动,这样我们就可以回到自己的事业上,出版全世界最优秀的报纸,没有妥协,不受威胁"。我觉得这次罢工令本的境遇尤其艰难。他后来坦承,"劳工运动向来让我难以适应。"这几个月里,我身边的人都和我团结一心,而他却必须每天和那些因自身不支持工会的行为而备受折磨的人共事,不断安抚和劝慰记者们。我还意识到,改变用工现状是我多年来一直为之努力的事情,但对本而言,罢工无异于洪水猛兽,扰乱了他过去 10 年间的精心布局。

给本的回信中,我阐述了自己对于此次事件将如何收场的看法:"我知道结局会很美好,比你所能想象的一切结局都更加美好。我祈祷这件事情能够早日结束，但试图加快它原本进程的做法将会是灾难性的。"

新年前夕，《星报》刊登了所谓的"公平解决委员会执行委员会"的公开信。这封信极力主张举行持续一整天的谈判，并由联邦调解局从中斡旋，倘若谈判失败，则执行强制性仲裁。这个方案得到了乔治·米尼的支持，还有100人签名赞同，包括众多民间领袖和自由派人士，如教士沃尔特·方特罗伊、天主教团蒙席（Monsignor，罗马天主教会授予某些圣职人员的荣衔——译者注）乔治·希金斯、经济顾问委员会（Council of Economic Advisers）前任主席里昂·凯泽林（Leon Keyserling）、华盛顿国家大教堂（Washington National Cathedral）主教约翰·沃克（John Walker）、参议员休伯特·汉弗莱和众议员约翰·布雷德马斯（John Brade-mas）。布雷德马斯后来告诉我，他的署名没有得到他授权。

我认为所有签名者都被利用了，尽管他们中的许多人没有意识到这一点。他们觉得公开信的立场是中立的：我们已经赢得了这场罢工，但现在理应将取得的成果交予仲裁方。他们对问题的实质知之甚少，只是任由自己被工会愚弄欺骗。事实上，这则广告的付费人是报业协会，广告刊登当日，发布广告的委员会成员在召开记者招待会时就澄清了这一点。

我写信给认识的几位署名者，包括休伯特·汉弗莱，表示很失望他们甚至在没有要求倾听我们的观点的情况下，就准许他人署上了自己的名字。休伯特立刻回信说，他以为公开信不过是呼吁《邮报》和工会设法解决纠纷而已，且仍旧认为这封信没有偏颇之处。不过，他补充道，"再三考虑后，我觉得我要是不插手这场争端会更好……这个决定操之过急，我想如果从没做过这个决定，我的处境会更好。"他表示倘若这件事给我带来了烦恼，他向我道歉；而这件事的确伤害到了我。

我还写信给约翰·沃克，并随信附寄了一个包裹；名为邮报工会联合会（Post Unions United）的组织正在华盛顿大都会地区四处邮寄这种包裹，里面装有公开信的复印件，收件方为《邮报》的取消订阅信函，以及收件方为《星报》的预付费订阅卡片。我写道，几乎没必要进行实情调查，"这个问题完全隶属集体谈判的范畴，调解仲裁毫无正当性可言"。沃克主教回复说，他为公开信的不良意图深感不安，正准备退出委员会。

我的挚友乔·劳也是《星报》上那则广告的署名者，他来找我，说担忧我面对工会时的固执会分裂两大重要联盟——自由联盟和劳工联盟。这让我多了些许忧虑。某天下午，我和他在我家谈论了三个小时，他论述了将印刷工人带回来的必要性，我则竭力解释那样做不可行的原因。

我与乔的分歧反映出了印刷工人罢工事件的一个奇异之处。我很难接受自己被视为危害劳工利益的人，也很奇怪地发现平日里与我针锋相对的人都同我站在了同一阵营——反之亦然，许多好友都同我立场相左。长达数月的罢工活动期间，这种奇怪的转换反映在了各种情景里。例如，帕特·布坎南——从不曾支持过《华盛顿邮报》——在当时写道，尽管这家公司是传媒业卡特尔（cartel，通过统一价格、防止竞争来增加共同利润的企业联盟——译者注），理应被分拆，尽管这家报纸的"编辑方针鼓励经济力量向大工会势力转移"，但"它与第六分会的斗争必须取胜"。他还针对我们公司补充道："它也许配得上它所拥有的一切。"

1976年1月6日，我们已经为印刷间雇用了107名永久性替代员工，白人和非白人员工各占一半，女性员工接近10%。除了着手培训新员工外，如今的问题是让其他的行业工会回来。这件事情我们进展甚微。纸张搬运工尽管已经投票决定回来，但由于同自己的联盟之间的小纠纷，并未能上岗工作。一些行业工人单独、自发地回来了，但绝大多数仍在罢工或遵循罢工工会的纠察线。1月中旬，本地印刷工人工会向《邮报》提起反诉，索要2000万美元，声称《邮报》密谋"最终彻底摧毁印刷工人工会"。

新的一年刚过去几天，《星报》就刊登了四篇谈论罢工的文章，标榜说要全面报道这一事件——内容涵盖了资方、工会和报业协会的立场。读完《星报》的文章后，一位读者取消了对《邮报》的订阅，我回信给他说，"如果你要求，我会让发行部门取消你订阅的报纸，但倘若你这样做是因为阅读了《星报》，那这件事将会是一家报纸对另一家报纸所做的最无耻无礼、蓄意为之的阴谋陷害。如果仅仅是阅读了《星报》的文章，我也会取消订阅《邮报》。我随信附上了自己对于此事的看法。如果你仍旧坚持取消订阅，我会尊重你的选择。"

2月10日，印刷工人约翰·克劳斯（John Clauss）的自杀成了整场罢工事件造就的情绪压力和双方承受的损失的缩影。劳工与社区行动联盟协调委员会

第二十六章

（The Coordinating Committee of the Alliance for Labor and Community Action）立刻给我发来电报说，"你对《邮报》印刷工人约翰·克劳斯之死负有责任。"

> 既然你对更高利润的贪婪促使你决定破坏工会，那么，你就应该为这一决定引发的一切不可避免的后果承担起道德责任。
>
> 你在自家的报纸上刊登说，"他畏惧穿过工会纠察线。"怯懦促使你去撒谎，以此来逃避道德责任；这是你对这个人及其家庭最卑劣的侮辱，他们30多年来始终都是坚定的工会成员，有19年都是在《邮报》工作。
>
> 你和你的同伙的金钱、谎言和雇佣的奴才都无法遮蔽事实真相，它已经深深烙印在了工人阶级的灵魂里：你的双手沾着约翰·克劳斯的鲜血。

我起草了回信，但从未寄出去，也许是因为我想要在一个群情激愤的环境中保持理智。我想要指明的是，《邮报》的新闻报道之所以说约翰·克劳斯害怕穿过纠察线，是因为那正是他自杀遗书中的内容。最后，我看不出回应这种过激且毫无事实依据的指责的必要。

2月15日也许是罢工事件最终收场的关键日期。邮件工人最终以129票对58票的投票结果，接受了新合同，并报告说将于次日晚间回来工作。2月17日，《邮报》的照相凸版工人工会投票接受了我们提供的合同，并于几日后返回了工作岗位。排字工人一直遵守纠察线，但没有参与罢工，因为他们有合同在身；他们与照相凸版工人一同返工了。我们仍旧在与三家工会谈判：机修工工会，他们的罢工持续到了3月1日；机械技师工会，大多数成员已经回来工作了；以及建筑设备维修工工会。

鲍勃·凯瑟一直负责报道罢工事件，2月末，他撰写了长篇报道来讲述发生的一切，报道占据了"瞭望"版的大幅版面。这篇报道因客观公正而收获了广泛赞誉。我并不全部认同鲍勃撰写的内容，但认为报纸必须允许自身成为写作的对象，并学会适应这样的现实。

在这漫长的几个月里，新闻界自然为此次罢工事件耗费了许多笔墨。观点从极端肯定到极端否定无所不包。最初,《新共和》(The New Republic)杂志刊登了一篇评价极为恶劣的报道,作者是艾略特·马绍尔(Eliot Marshall)。马绍尔曾是我的幼子史蒂夫在哈佛的同班同学,此时26岁左右。我打电话告诉他,他的某些言论存在显而易见的错误,我可以做证明。他说他感到很抱歉,但他获取资料的消息来源无懈可击——来自《星报》——随后,他向我表示衷心祝愿。我没有联系他的发行人。

1月,《华盛顿月刊》(Washington Monthly)刊登了一篇评论罢工事件的文章,是一系列荒谬绝伦的相关报道的最后一篇,作者系《邮报》前国内新闻编辑本·巴格迪肯(Ben Bagdikian),自从离开报社后,他就靠坐在家中批评我们为生。这篇文章的标题是"《华盛顿邮报》的利润最大化"(Maximizing Profits at the Post)。我给唐寄了份复印件,并附言说:"这真的是让我目瞪口呆,太疯狂了——文章的结论是《邮报》需要更多的戴维斯和杜根。"我单独给本·布莱德里写了份备忘录,言辞激烈地说道,"一想到这个无知狭隘的蠢材曾是我们的国内新闻编辑,我就尴尬不已。当然,这个世界上最危险的毒蛇就是你紧抱在怀里的。"公众同样参与了进来,写信给我和《邮报》的其他人,就罢工事件表达了各式各样的观点。甚至有人写信询问:"你们这些《邮报》的人真是超凡天才!想到怎样将印刷间的毁坏行为怪罪到尼克松头上了吗?"

3月1日,罢工活动基本宣告结束。我们表演了高难度的平衡术,最后留在了钢丝绳上,并抵达了终点。各个工会都回来工作了,只有印刷工人工会是例外。罢工结束后,印刷工人工会的200名成员中有22名员工(包括主管人员)以个人身份返回,43名铸版工人中有28人返回。一些印刷工人出于思想观念和对工会的忠诚没有回来,还有一些显然是因为恐惧。我知道霍特·吉布森(Hoot Gibson)——一名回来的主管,起初就很害怕。我询问他,他觉得会发生什么事情以及工会会怎样对付他,他用西弗吉尼亚口音慢吞吞地拖长声调说,"任何事,任何事情都可能。为什么?他们可以杀了你的狗、你的马。"霍特回来的那天早晨,我和他谈论了许久——我从未停止过对这次谈话的反思——探讨令我坠入这般不堪境地的罪魁祸首。霍特回忆起了早前《邮报》办公楼尚在E大街的时光,彼时"我们都热爱工作,互帮互助"。"过去我们常常早到15分钟,为的就是能在工作前闲聊一会儿。"他回忆道。霍特强调说,报社规模较小时,大家更容易和睦相处。有趣的是,前一天晚上还是我们23个外行打理收发室,第二天晚上就变成了69个人操作相同的设备。

我们小心翼翼地处理复工事宜,不催促那些迟迟没有回来上班的人。我们想要医治创伤,而非制造更多。我们尽力欢迎每一个回到办公楼的工人,不表现出洋洋得意的态度。《邮报》还存在着许多不确定性因素,包括买断某些排字工人工龄的费用,拿回某些罢工期间损失的广告印行,不过,我们已经开始恢复正常经营。尽管年末经历了三个月的罢工,但到1975年结束时,我们实际上扩大了华盛顿地区周日版报纸市场的份额,而《邮报》的总广告印行仅下降了2%。

我们仍旧不得不穿过日益孤立无援的纠察线来上班,让人感到非常不舒服。此外,在数月的时间里,每逢周日印刷工人的妻子和儿女就会在我位于乔治敦的住所设立纠察线,因此我驾车进出时不得不穿过这群悲伤的队伍,它对我造成的困扰不是其他人所能想象的。直到1977年5月,《邮报》的纠察线才遭下令取消。

印刷工人不停地想方设法骚扰我们。他们曾在《总统班底》的首映式场地设立纠察线。此外,1976年7月,美国成立二百周年纪念活动在华盛顿纪念碑前举行,我受邀发表演讲,潜藏在民众中的印刷工人突然现身,大喊大叫,完全盖住了我的声音。我几次尝试继续演讲,但徒劳无益,于是建议大家拉起手来合唱《天佑美利坚》(God Bless America);这项活动原本被安排在了最后。大家全都唱了起来。我有些焦虑不安,害怕他们突然从黑夜中现身,于是尽快离开了现场。

6月,我们采取的行动的正当性开始得到证明。我们要求最高法院向第六分会下发永久禁令,经过五天的听证会后,法官伦纳德·布拉曼(Leonard Braman)发布了"事实认定与法律结论"(Findings of Fact and Conclusions of Law)。法官严厉惩罚了工会,大体上裁定,就第六分会的事例而言,纠察活动中,《第一修正案》所保护的言论自由已经"超出了受保护的沟通方式的边界,言论具有胁迫性和高压性"。

7月,七名前《邮报》印刷工人因为涉及公开暴乱而遭到联邦大陪审团起诉。其中有四人同时被指控袭击领班吉姆·霍弗。一人被指控为黑手党(Mafia)的低级杀手。一周后,又有八人因为破坏财产罪遭到起诉。1977年4月,最初的暴力活动过去一年半后，这15名前印刷工人承认了从一般伤害罪到扰乱治安等一系列轻罪。5月，法官西尔维娅·培根（Sylvia Bacon）宣判了他们的罪行，称他们在罢工期间的行为是"有计划、有目的且非正当的，这些事件的爆发并非自然"。六人被判监禁，其余人则被判缓刑和处以罚款。辩诉交易令量刑变得相当温和，但我很庆幸审判没有激起往日的激烈情绪。杜根遭遇了彻底的失败，但他在某种程度上也是受害者——过往的成功和自身强硬态度的牺牲品。1976年6月，他竞选连任第六分会主席失败。

布莱恩·弗洛雷斯，这个为报业协会出谋划策、主持会议的人，同样遭遇了滑铁卢。报业协会地方分会的领袖试图对穿过纠察线的成员进行纪律处分，甚至不允许这些人自己请律师；他们将遭受工会审判。作为抗议，脱离报业协会的运动爆发了，800名成员中有三分之一的人退出了协会，并组建了华盛顿报纸协会（Washington Newspaper Union），向报业协会的谈判代表身份发起挑战。这家独立协会以微弱劣势惜败，但它的确成功地让国际工会意识到，如果不做出变革，国际工会将失去《邮报》。国际工会的领袖说服弗洛雷斯辞去行政管理职务，找人取代了他。

我们经受了一场非我们所欲求，不受我们所掌控的罢工。《邮报》在这次攸关生死的考验中存活了下来，但没有"毫发无损的胜利"——于《邮报》，于报业协会和行业工会的成员，于华盛顿的公众而言，这是一次惨痛的经历。它分裂了《邮报》，造成了"我们"和"他们"相对立的错误氛围。将近200人失去了工作；一人自杀身亡。它给太多的人及其家庭带来了悲痛后果。

罢工并不是我所期望的。我知道许多人认为，是我故意设局要摧毁工会，但这绝非事实真相。而如果那是事实，事情就不会发展成这样。的确，我和办公楼里的所有专注于出版及时、优质报纸的人，对印刷工人工会多年来的蛮横无理深恶痛绝，但我从未想过替换掉印刷工人的可能性，也从未觉得这种做法可取。

《邮报》的大多数员工仍旧是工会成员。正如我之前所说，"《华盛顿邮报》长久以来与工会相处和睦。"罢工期间，我和马克再三表示，我们相信《邮报》受益于"稳固、健全的工会制度"。我自始至终都相信这一点。无论是作为发行人还是个人，我都深以为然。父亲是唯一成为印刷工人工会第六分会荣誉会员的发行人。我成长于工人运动蓬勃发展的年代，信奉工人运动的价值。我最初的理想就是成为报道工人运动的记者。然而，我同样认为工会必须保持生产效率，此外，某些领域不必成立工会。

我毫不迟疑地坚信，我们别无选择，只能采取已经采取的行动：《邮报》和邮报公司的未来已经命悬一线。我知道我们必须拥有运转良好的印制部门——我们的一切工作都依赖于它。我知道我们必须拿回多年来被逐步削弱的管理权。我始终认为过失是可以划分清楚的，我对某些管理问题负有责任，导致了我们对印刷间控制权的日渐受损；其他问题则是我承继下来的。但不论问题的根源在哪里，我都知道它们必须被纠正。

我同样相信，我们是在以文明正派的方式开展这项工作。我认为，我们提供的解决方案自始至终都慷慨大方。我们想要与工会和解，但同时也希望这种和解是负责任的。我们的目标始终如一：我们要求获得合理的权利，以矫正多年来逐步形成的某些陈规陋习。我们全力以赴，以求公正；我知道这种说法在印刷工人及其家人看来毫不可信。我们并非仅仅要求印刷工人放弃我们反对的过时做法；我们自己也准备好了让出部分利益。我们愿意赎回早前所放弃的权力，而印刷工人工会却不准备做任何让步。这家工会——至少是其领袖杜根和戴维斯——似乎是在说，"你们的可以商量，而我们的还是我们的。"

讽刺的是，正是印刷工人自己使得我们达成渴望已久的目标成为可能。我将罢工视为莫大的悲剧，倘若有工会领袖的英明领导，它就可以被成功避免。我相信，正如我当时给某人的信中所言，"由于不拔一毫，寸步不让，第六分会最终只能是杀鸡取卵，自废武功。"

杜根知道，其他报纸的工会和管理层正在谈判桌上协商，达成满足双方需求的合同；他同样知道，某些当时全国最优秀的报纸，譬如《洛杉矶时报》《迈阿密先驱报》，几乎完全不雇佣工会成员。然而，他仍旧强硬固执，拒绝进行合乎情理的谈判，不肯采取负责任的行动。许多优秀能干的印刷工人因此陷入两难困境，要么退出工会，要么继续追随只会将他们引入歧途、对他们造成如此伤害的领袖。

毋庸置疑，人们往往认为工会是受害者，因而持有正义，而雇主则很可能残忍冷酷，权高势大，因而是邪恶不义的一方。就我们的事例而言，我认为这是尤其严重的误解。我能理解当员工被迫做出艰难的抉择时，他们会忠诚于工会而非公司；我知道他们处境的微妙，在寄给部分印刷工人妻子的信中，我表达了这一点。然而，我也知道它是这些工人自己做出的选择。我觉得这种思想观念，不论工会做出了什么事情都是正义一方，是牺牲个人职业生涯的蹩脚理由。我希望从一开始，印刷工人就向工会领导层施加压力，迫使他们采取负责任的行动。倘若失败，我希望他们能够以个人身份回来上班。不幸的是，许多人跟随杜根坠落悬崖。

某种意义上讲，我们碰巧得到了许多人一生中难以企及的东西——新的机遇。这次罢工并非我们的所希望的，但它却是我们迫切需要的。我当时告诉本，从不循常理的意义上讲，这次罢工是商业领域的"水门事件"，它意外降临在我们头上，但我们却必须对其纠缠到底。由于罢工事件，我们不仅能够而且被迫一次性签订了多个合同，而这原本是我们希望逐步完成的。多年来，我们在合同谈判上屡屡希望破灭，忧虑苦恼于如何扭转印制部门错综复杂的混乱局面，现在，我们意外得到了这个梦寐以求的珍贵礼物——可以重塑一切的白板。我们如今以不同方式解决了两个最棘手的劳工问题——国际印刷工会和印刷工人工会。我们得以以更加有序的方式，着手解决其余问题，包括仍旧存在限产超雇和效率低下现象的收发室。

最重要的是，我们得到机会以更加专业的方式同工会交涉，还夺回了提升印制部门管理品质和管理能力的权力。我们得以引进思想开明的现代管理人才——尤其是唐·赖斯（Don Rice）和后来的汤姆·迈特（Tom Might），在他们的共同带领下，印制车间从全办公楼管理最糟糕的部门变为了管理最优秀的部门。迈克·克勒曼（Mike Clurman）是现任的主管印制部门的副总裁，也是我们新近雇佣的排版工人学徒，能力相当出色。

回顾这次罢工事件，我们意识到和"水门事件"一样，我们大难不死的一个原因不过仅仅是运气，明白这一点让我们保持清醒。诚然，办公楼内外有许多人非常愿意帮助我们，马克·马尔和唐·格雷厄姆的卓越领导，以及不隶属工会的发行部门在配送和投递报纸时的不遗余力和聪明才智。但我们还是需要一些不同寻常的好运气，并且，我们得到了。

最初，印刷机遭到蓄意破坏，乍看起来像是一场摧毁一切的灾难，但最终却是让我们因祸得福。这种破坏行为，以及罢工期间各类不可饶恕的暴力罪行，极大地推动了公众舆论和其他报纸向我们伸出援手；最重要的是，让报业协会成员留下来继续工作。某些印刷工人持续不断的暴行只是令管理层更加不屈不挠。我们下定决心，绝不屈服于这些行为所表露出来的傲慢态度。

当时，我对这些暴力行径既怒不可遏，又困惑不解。为什么他们要这么做？只是在后来，我才多多少少弄清楚了其中原委，尽管我从未接受这些行为。杜根和戴维斯知道，为了占尽优势，他们必须切断我们配送报纸或印制报纸的途径。我们的分销商都是独立的经营者，因此工会别无选择，只能瞄准报纸的印制途径——印刷机。此外，堪萨斯城的一家报社曾发生罢工活动，该报社在罢工发生后第二天，便找到工人取代了参与罢工的印刷工人，工会的人再也没能回去。1975年8月，就在我们报社的罢工活动发生前一个月，堪萨斯城印刷工人工会向《邮报》的第六分会发表演讲，称他们的错误在于留下了完好无损的印刷机。我猜想杜根和戴维斯决心不再犯下相同的错误。拉里·华莱士认为，杜根也许认为自己想出了不重蹈其他工人覆辙的方法。我相信，是工会中来自外地的流氓暴徒策划了蓄意破坏活动，而非在《邮报》工作多年的印刷工人，后者中的大多数人甚至可能不知道破坏行为是有预谋的。实际上，埃弗雷特·雷·福斯曼（Everett Ray Forsman）——没有参与暴力活动的工会主管，目睹了印刷间遭到的严重破坏后，流着泪离开了。

甚至连天气也站在了我们这边。夏末秋初的时候，华盛顿经历了几场倾盆大雨，但整个罢工活动期间，天空都晴朗异常，直升机得以在不着陆的情况下频繁飞进飞出。

1976年2月，《华盛顿邮报》发生的这次罢工事件基本结束，但其反响却延续至今。我们汲取了大量尽管痛心但却极为必要的教训，包括对通晓自身工作、坚强果断且富有同情心的管理者的需求，对劳工关系的理解，对沟通技巧的掌握。我们将习得的经验加以充分利用，公司在效率、灵活性和管理能力上取得了长足的进步。印刷间里的工作效率的提高极为明显，罢工事件前，每台印刷机有 17 名印刷工人操作，罢工事件后，这一数字下降到了 8 到 10 名。印刷机的运转速度提高了；于我们而言，这无异于新买了一台印刷机。印刷间依照该有的样子运转了起来，整个办公楼里的氛围也改善了许多。

身为管理者，我经历了一番磨难后了解到，不论出于何种原因，一旦管理层丧失了基本的管理权，必然会招致麻烦。这次罢工促使我坚定决心，要在公司内部建立更加通畅的沟通渠道，最终出版出更优秀、更强大的报纸。倘若没有这次罢工来奠定根基，我们将不可能发展壮大。我们之所以能从罢工的创伤中迅速恢复元气，是因为《邮报》本身足够优秀，人们钟爱它，还因为我们夺回了对印刷间的控制权，可以准时印刷和投递报纸，而这是我们多年来一直做不到的。

讽刺的是，我从不喜欢与人冲突对抗，却遇到了如此大规模的对峙交锋。母亲为人处事很少转弯抹角或追求低调；她热衷于你来我往的交锋，在其中兴奋陶醉。也许正是这个原因，每当决战时刻我都会掉转身逃跑。我讨厌斗争，始终觉得它令人不快，而且，我总是畏惧失败。另一方面，在这场大战中，我被逼入绝境，除了应战外别无选择。如果我说我发自内心地认为，我们所采取的行动是在履行对于读者的责任，我知道这很可能会被解读为道貌岸然，装模作样。然而，我愿意冒险说出这样的话，因为于我而言，这千真万确。

不过，即便斗争已经结束，我的感受却仍旧复杂矛盾。1976 年 2 月，我写信给好友说，"真是让人难过，取得胜利比斗争时情绪更加莫名低落，难以自拔。"我还说，"同样叫人难受的是，有些人轻信对手散播的谣言，在他们眼中，我突然变成了嗜钱如命的冷酷无情之人。"

经历了这次罢工事件后，我在公众中间变得前所未有地引人瞩目。在《邮报》和公司里，有些人也许对我感受复杂，但在行业内部，我已然成为明星人物。甚至那些公开抨击《邮报》的新闻和社论版存在所谓的自由主义倾向的发行人，都为我们的整治行动鼓掌喝彩。

说我要感谢许多人，实在是太过轻描淡写了。我非常感激马克·马尔，在漫长的几个月里，他展现出了坚毅的品格和各种各样的才能。唐令我觉得骄傲——

作为发行人和母亲都是如此。拉里·华莱士证明了自己卓越的能力和人情的练达；谈判过程中，我对他的信赖一以贯之。行业内人士慷慨相助，为我们解决了许多问题——尽管他们也许是为了共同利益才帮助我们。《邮报》的那125名员工白天在自己岗位上辛勤工作，晚上又要兼职其他工作，肩负着正常情况下由近1500人全职和兼职出版人员完成的工作量，他们赢得了我始终不渝的敬意和友爱。我一直认为这份日报是个奇迹之物，在罢工期间更是如此。

PERSONAL HISTORY

第二十七章

某种意义上讲，我职业生涯里最典型的一段时期结束了。在1971年至1976年这段波澜壮阔的岁月里，我们历经了"五角大楼文件案""水门事件"和印刷工人大罢工这几个重大公共事件。讽刺的是，接下来的五年时间才是我职业生涯里最艰难困苦的日子。有时候我会觉得，这是在为相对安然无恙地度过早前的那些劫难付出代价。

我仍旧视自身为无比幸运的继承者。经过了多年的公共事件的创伤后，我得到了一个相当平稳的平台，可以在上面施展拳脚。公司的主要业务——《邮报》《新闻周刊》和电视台——普遍在发展进步，但我还是倾向于夸大不足之处。近来，我们取得了许多成功，但我从未牢固过的自信心却动摇了，尤其是指出我的错误的文章越来越多，而这些错误都千真万确，清晰可辨。

这些年来，沃伦的建议和我们之间持续不断的交流，对于我所采取的多项举措至关重要。最关键的是，他使我相信回购公司的股票于我们大有好处。我一直怀疑这个想法。赎回股票在今天不过是司空见惯之事，但在20世纪70年代中期，做这件事情的公司屈指可数。我觉得，倘若我们将钱都用来回购股票，我们就没办法发展壮大。沃伦逐一研究数据，向我证明这一举措不仅长远来看于公司有利，甚至短期内也是如此。他再三强调，相较于真实价值，我们的股票非常便宜，这一商业行动比我们关注的许多举措都更加有利。他逐步阐明了观点：如果我们买入邮报公司 1% 的股票，所有股东就能以低廉的价格持有更大份额的股票。我决定就这样做。

然而，我天生谨小慎微，觉得有必要说服周围人，使他们相信此番举措的重要性。于是，我开始劝说高级主管们，包括公司的法律顾问，让他们认可这一决定的正确性。最终，我们达成一致意见，同意将回购方案拿到董事会上讨论，方案最终获得批准。事实上，董事会很快就洞察出了其中的可行性，且根本不想就此停手。接下来的 20 年间，我们回购了 45% 的股份。

我在管理公司上遇到了麻烦，这也许主要是因为我缺乏商业经验，但因为缺少真正的搭档帮助我经营公司，这些麻烦成倍地增加了。拉里·伊斯雷尔自 1973 年起便接替弗里茨担任公司总裁兼首席运营官，罢工事件发生时，他显然没有发挥出应有的作用。征询了大量意见后，我断定这一情形根本不会有所改善，于是我们决定辞退拉里，并于 1977 年 1 月公布了拉里的辞呈。他离职后，我重新接过总裁之位，同时继续担任公司的董事长，直到我们确定出新的首席运营官人选。拉里离职的通告引发了一片批评之声，我则成为了众矢之的。《时代》周刊刊登文章"暴躁的凯收紧了权力"（Krusty Kay Tightens Her Grip）来报道这次变动。文章将我形容为难以相处、反复无常、冲动易怒之人，还受到了幕后操纵——指沃伦。最后，《时代》周刊承认说，"不论存在何种问题，格雷厄姆的公司都会取得创纪录的利润和收益。"

我尤其憎恨这些暗含性别歧视的报道，它们总是将我刻画为难以相处的女人，不论谁离开了公司，都是我一时心血来潮的牺牲品。我仍旧是个异端，身处在男性世界的女性。诸如比尔·佩利、阿尔·诺伊哈思（Al Neuharth）、莫特·祖克曼（Mort Zuckerman）和乔·奥布莱顿这样的男性解雇了一个又一个高管，却没有人将他们的做法归咎于性别。

与此同时，我对报纸质量和编辑水平忧心忡忡。我觉得国内新闻和大都会区新闻记者的素质令人失望，我们所做的工作流于表面。本不同意我的观点，但鲍勃·伍德沃德认可我；某天，伍德沃德一针见血地指出："《邮报》正在变得狗屁不如。"我和本能够安然度过那些艰难的岁月，并经受住我所有的质疑，本居功至伟。在这样的时刻,我仍旧可以发挥牙钻一般的功效,而他则毫不退却,我们之间的平衡得以恢复。有时,他会不顾我的意见一意孤行,有时,他这样做是正确的。倘若他错了,他就会及时纠正错误,或者正视某些徒劳无功的举措。不听从我和他人的意见,既是本的长处,又是他的缺陷。这次,我们在品评报纸质量时出现分歧,我写信给他说,"我们之间的基本信任和融洽关系至关重要,与之相比,我们任何一方在任何时刻遇到的问题都微不足道。因为只要那种信任和情谊尚在——在我看来它们是存在的——所有问题都将迎刃而解。"

我还很是忧心《邮报》的社论版。"水门事件"后,菲尔·盖林似乎陷入了长期委靡不振的状态。我竭力使他相信,尽管我觉得社论版需要恢复生气,我还是信任他做好这件事情的能力。我告诉他,我的工作复杂繁重,时间紧迫异常,因而与他有些疏远;我不再像从前那样频繁出席《邮报》和《新闻周刊》的编辑会议和管理会议。我向菲尔保证,我会设法补救这种局面,倾尽所能地帮助他。

《新闻周刊》也存在问题。这家杂志在营运收入上表现出色,经营状况异常优秀。然而,在编辑方面,1976年起高层管理人员频繁变动,杂志和我个人都深受影响。奥兹·埃利奥特离职后又重返杂志社,当年10月,身为《新闻周刊》总编辑兼董事长的他申请休假,以便去"拯救纽约"。我确信他的心思已经不在此处,不得不放手让他离开,而且不仅仅是休假。我们彼此间的情谊经受住了这次创伤,我对奥兹只有钦佩和感激之情,他离开后成为了纽约市的副市长。自1975年9月起,埃德·科斯纳(Ed Kosner)一直担任主编,他继续负责杂志整体的编辑方针。

奥兹离职后,1975年成为《新闻周刊》总裁的鲍勃·坎贝尔(Bob Campbell)继承了奥兹的董事长职位,而彼得·德罗则接替坎贝尔担任总裁;彼得于1965年自哈佛商学院毕业后,直接加入了《新闻周刊》。我觉得彼得是个才华横溢、胸怀大志、魅力超凡的年轻人,很有管理头脑。我经常和他会面,交谈;我信任他,觉得他是可以依靠的伙伴,视他为公司未来的希望。

尽管我认为自己的知识和经验不足以胜任我的工作,但却十分自信于鉴定他人及其工作表现的能力。实际上,彼得在许多个方面都表现出色,一帆风顺地逐步晋升为仅次于鲍勃·坎贝尔的二号人物。我之前就发现他对政治极感兴趣,这绝非什么好兆头。然而，1977年年中的某一天，他告诉我他要去担任哥伦比亚广播公司的行政副总裁，让我震惊不已。他的离职让我失望至极，可他并没有就此停下，而是继续说他想要待在经营良好、生机勃勃的公司，而非我所掌管的这家状态糟糕的公司。他说觉得我是个不可救药的不称职的领导者，除了离开这里加入充满活力的哥伦比亚广播公司外，他别无选择。他指责我不是专业管理者的话语触到了我的痛处，我必须承认我至少为此断断续续哭了两天。我没有告诉自己，他离开公司的方式不合乎规定；12年来，他在这家公司取得了成功，公司也因为他而发展良好。

尽管羞于承认，但我的确非常担忧失去这个人，还提出只要他愿意留下，我就会让他担任邮报公司的总裁。然而，彼得去意已决，还告诉我接手这个职位会太过消耗他的精力——我记得他当时只有37岁。他表示，问题不在于公司的特定职位或头衔，而是"我是否愿意用接下来十年的时间来让自己和家族学习经营这家公司的方法"。他补充说，留在华盛顿邮报公司需要极大的耐心，他承受不了。

几周之后，彼得带着我们的赞誉离开了——我精心准备了称赞他如何优秀的演讲稿。私下里，我不会立刻遗忘他对我的言语抨击，而且担心他也许说得非常正确。

我职业生涯中最异乎寻常的事件之一便是，仅仅六个月后，我和彼得在纽约共进午餐，他试探我关于他返回《新闻周刊》的可能性。难以解释且愚不可及的是，我不顾他说的那些贬损的话语，立刻同意并欢迎他回来，而这尤其是因为我们尚未找到他的继任者。一个月后，他再次成为了《新闻周刊》的总裁。

在总公司这边，自1977年2月拉里·伊斯雷尔离去直至当年年末，我基本上是孤身奋战，既是董事长又是总裁，同时还继续担任《邮报》的发行人。不过，一方面，沃伦一直在支持我，至少精神层面是如此；另一方面，唐·格雷厄姆正成长得愈发重要。此外，在1976年末，我就已经提拔马克·马尔为《邮报》的总裁。与此同时，马克任命唐为《邮报》的执行副总裁兼总经理，负责报纸的日常工作。1977年11月，我们晋升马克为总公司的总裁兼首席运营官。马克很年轻，就某些方面而言尚缺乏经验，不够成熟稳重，但他为我们完成了出色的工

第二十七章

作，尤其是在罢工期间，而且由于不太清楚自己要找什么样的人，我觉得最好就是留用已经知根知底之人。

20世纪70年代中期，我的精力都放在了如何促进公司发展壮大上。我们从来没有能够条理清晰地处理过扩张和收购事务。我和弗里茨都不知道该如何开展这项工作，事实上，我们手下评定重大议题的员工都相当不够资格。我们采取的策略毫无章法，没有合乎逻辑的出发点，没有对可能的收购方案的持续分析，对于要达成什么样的谈判目标也毫无经验。当然，至少在70年代初，我们仍旧负债累累，利润也没有丰厚到足以让我们大举扩张，因此，某种程度上说，收购扩张的事情仍旧停留在理论层面。然而，当收购机会来临时，我希望自己已经做好了充分的准备。

实际上，我甚至不知道该如何组织团队来为收购扩张制定计划。现实状况是，某个人提出建议，大家把它摆到台面上，然后我们好几个人以毫无逻辑条理可言的方式对其反复思量。1979年年中的某个时刻，《邮报》—《新闻周刊》电视台总裁乔尔·查瑟曼（Joel Chaseman）和马克·马尔以及其他一些人极力劝说我们着手建立有线新闻广播网。我不赞成这个主意，然而他们来势汹汹，于是我让他们将建议提交董事会讨论，结果董事会将其否决。关于这一切发生的年代，我的记忆与他们的不相一致，但我认为这个主意不仅早就被泰德·特纳构思出来，而且已经开始贯彻落实；他毅然决然地投身其中，即使他的电视网络尚未启动。市场纵使能够容下这样的企业——而这是我当时真正所担忧的——也显然容不下两家。事实上，特纳的有线电视新闻网花了许多年的时间才取得成功，而且只是到如今才有多家公司涉足这一领域。

我开始研究所有听闻可以收购的资产。沃伦在收购事务上很能帮上忙，他通晓过去10年间每一笔正在进行或已经完成的交易。我们考虑过的一个收购对象是位于布法罗市的一家电视台。沃伦向我提议，收购同样在售的当地报社会是更好的选择，而如果我们对这家报社不感兴趣，他就要出手了。这家报纸虽然在其市场上占据优势，但也存在强劲的竞争对手和强大的工会势力，而且没有周日版。我们决定放弃后，沃伦收购了它，并在付出大量艰辛的努力后将其经营得相

629

当成功。但直到如今，我仍旧认为这个决定于我们而言完全正确。

我们根本没有准备好去管理一家小报社，这一点在我们经营《特伦顿时报》时遇到的问题上得到了充分体现；我们于1974年春季买下了《特伦顿时报》。我曾将描述和评估这笔交易的备忘录拿给沃伦看，其中引用的某些评估参数令他错愕不已，尽管他当时没有提及这些。显然，我们没能对市场进行深入调查。根据沃伦的说法，备忘录中没有任何一处地方表明，特伦顿并非只有一家报社，其竞争对手是一家充满活力的晨报；然而在评估交易时，备忘录引用的实例全部来自垄断城市。沃伦显然对这样的疏忽大为光火，但因为尚未进入董事会，他只能隐忍不发。

我们报价1600万美元购来这笔资产，比合理价格高出了400万元左右。我保持了足够的理智，因而当最后一刻，出售报纸的家族的一名女性成员想要更多金钱，交易似乎就此搁置时，我说道，"好，我们就止步于此吧。如果他们想要更多金钱，就拒绝他们。我们就借此机会抽身吧。"我是凭直觉说的这番话，但会议上的其他人——包括拉里·伊斯雷尔、马克·马尔和本——起身问道，"你怎么回事？你不想要公司发展壮大了吗？你不想要再进行任何收购了吗？"

我当然想要，但我不愿意买来一堆麻烦。不幸的是，《特伦顿时报》这份午报带给我们的正是一堆麻烦；而在那个年代，我们很清楚华盛顿的午报正遭遇着怎样的竞争。尽管如此，我还是软弱了下来，我们收购了《特伦顿时报》，为我的关注清单又增添了一项烦恼。

事实上，我们从未学着去管理这家报纸，经营方式可谓一败涂地。我们确实也身处经济低迷的阵痛之中。从一开始，发行量和广告印数就出现滑落。我们聘用了一些优秀人才，有些人想要利用这份工作作为进入《邮报》的跳板，可惜，我们为这家报社安置了太多适合为《邮报》而非《特伦顿时报》工作的员工。我们犯了教科书里列明的所有管理错误，包括以过于犀利的"文风"触怒和疏远地方组织，如报道该市的重大社会事件，批评人们的着装、嗜酒行为，等等。我们接二连三地更换发行人，大都不合适；他们并不了解当地居民，只有一人例外。以我们的标准来评判，报纸的编辑排版非常优秀，但以他们的标准观之则糟糕透顶。我们在编辑报纸时考虑的似乎是这里的人们应该阅读什么，而非什么样的报

第二十七章

纸真正适合这一地区。我觉得我们有些傲慢自大：我们高高在上地想要赐予他们小号的《华盛顿邮报》。有些人不以为然地嘲弄它是"《华盛顿邮报》北方版"。

《特伦顿人》（*Trentonian*）是份充满活力的小型晨报，由拉尔夫·英格索尔（Ralph Ingersoll）及其合伙人马克·古德森（Mark Goodson）共同所有。它给予了特伦顿的蓝领工人喜爱的阅读内容。《特伦顿人》是份聪明的报纸，出版费用低廉，出版内容不具攻击性，将重点放在娱乐消遣上。我们创办了一份周六出版的晨报，试图与《特伦顿人》针锋相对地竞争；《特伦顿人》予以反击，创办了周日版报纸，直接与我们对抗。我们也许没有亏损，但也没有接近设定的盈利目标，或者看到达成目标的可能。

这是我们收购的第一家报社，但它与我相隔甚远，且在我们掌控它的大部分时间里都处于管理不善的状态。此时，《华盛顿邮报》已经成为众人瞩目的对象，尤其是在"水门事件"之后，因此，我们在特伦顿的拙劣表现成了重大事件。我们被广泛报道，遭遇的麻烦也被放到了聚光灯下。我一度愚蠢地表示，这是我们的越南战争：无法可施，无路可逃。这是我真真切切的感受，也是我们极不光彩的时刻。

然而，到此时我们已经准备好扩张公司，不断地在整个通信行业寻找着合适的资产。我们接触过或接触过我们的公司有《纽约》杂志、《纽约客》《大西洋月刊》、兰登书屋和西蒙与舒斯特出版公司，前三家都未能成行，后两家出版社则规模太大，不是我们胃口所能容纳得下的——或者说我们认为是如此。我们还与特拉华州威明顿市的报纸失之交臂，并婉言拒绝了竞购《丹佛邮报》（*Denver Post*）。

我们同时拥有华盛顿最大的报纸和电视台，而当时联邦通信委员会正在严查跨媒体所有权（cross-ownership）现象，我们担忧会被视为媒体垄断企业，这种担忧驱使我们完成了一笔重要交易。最高法院将很快宣判一起与此问题相关的案件——一家公司是否能在同一城市或市场，同时拥有报纸和电视台。存在这种状况的公司都对判决结果忧心忡忡。

我们的传媒律师建议我考虑用WTOP交易其他地区同等规模的电视台，最好他们也面临同样的跨媒体所有权问题。律师们担心华盛顿邮报公司在华盛顿特区拥有的影响力太大,而这里正处在国会的众目睽睽之下,等到法院对跨媒体所有权做出不利判决时,恰好我们也要续签经营许可证,届时就无法再交易电视台了。

我和沃伦四处走动,寻觅所有可能价值相当的电视台:洛杉矶、达拉斯、休斯敦、亚特兰大、底特律。只有底特律新闻公司(Detroit News Company)的老板彼得·克拉克(Peter Clark)有意同我们谈判,他在底特律这个经济萧条之地同时拥有报纸和电视台。底特律的市场几乎与华盛顿相当;当时,华盛顿是全国第八大广播市场,而底特律位列第七。主要区别在于我们的市场正在逐步扩张,而他们的已经停滞不前。然而,就某些方面而言,底特律的电视产业优于报纸产业,因而有望最终获利。

我拥有是否用WTOP电视台交换底特律的WWJ电视台(后更名为WDIV电视台)的决定权,而我非常担忧华盛顿的政治氛围,以及《邮报》的竞争劣势,因而决定同意交易。起初,我和沃伦一起到底特律同彼得谈判。他索要600万美元现金外加WTOP电视台,理由是他的电视台规模更大,利润更高。我们表示这个价格太高。彼得来华盛顿见我,我要求沃伦也过来,但沃伦说我能够也应该独立谈判,我们最终以200万美元的价格成交。交易完成了,这是我第一次独立完成的谈判。

然而,我仍旧很不开心。我们即将放弃自己最早的电视台,这家电视台同菲尔和父亲有着千丝万缕的联系,我熟悉它,深爱它;我们已经将它打造为华盛顿最优秀的电视台,而如今,我们的市场变为了底特律,一座陌生的城市,不同于我所熟知的任何地方。待到交接工作真正来临,新闻总监吉姆·斯奈德即将为我们前往底特律任职时,WTOP电视台的员工都对他恋恋不舍,在结束了我们主管下的最后一次播音后,新闻节目主播甚至失声痛哭起来。

底特律的情况比我做的最坏设想还要糟糕。我们用生机勃勃的市场里第一流的电视台换来了萧条市场里庸庸碌碌的电视台。不仅如此,这家电视台还是全国广播公司的成员,而全国广播公司当时正身处困境。我们遭遇了进入新市场惯有的问题:我想要将电视台经营得更好,但地方却抵抗改变,而且底特律居民已经习惯了收看以特定方式播送的新闻,不论这种方式多么糟糕。和特伦顿的一样,

第二十七章

我们再次被贴上了外来者的标签。每当我们行差踏错，或尝试创新时，其他电视台和报纸的评论员就会跳出来评头论足。吉姆·斯奈德患上了严重的心脏病，被迫离职，情况变得异常糟糕起来。我为敲定了这笔交易而痛苦万分，尤其是在最高法院宣布判决，准许那些已经同时拥有报纸和电视台的公司不受新法律约束之后。底特律的电视台逐渐好转，并大获成功，但这一切都发生在我深深自责之后。

我们制定了更庞大的计划，意图收购数家小报社，但从未实现；作为该计划的一部分，我们于1978年购买了《埃弗里特先驱报》(*Everett Herald*)，即一家位于华盛顿州西雅图市以北的一座城市的小型报纸。和《特伦顿时报》一样，我们在收购《埃弗里特先驱报》之前所做的评估极为拙劣。我们为这份报纸支付了垄断报纸的价格，但它在某种程度上与西雅图的报纸处于竞争状态；我们对报纸的后续经营也并不成功，只是最近它才大有起色。我们还配合道琼斯公司在弗吉尼亚州的贝尔岛创办了新闻纸厂。

不久之后，在《新闻周刊》的主导和督促下，我们创立了新刊物——名为《体育透视》(*Inside Sports*)的体育新闻月刊。彼得·德罗和《新闻周刊》的业务部门在此事上充当了先锋。再一次地，我们构思欠佳，执行不力，且管理不善，尽管拥有才华横溢的主编约翰·沃尔什（John Walsh）。它还是让我们损失了比预期多得多的资金，耗竭了《新闻周刊》自身的才华、精力和时间。

《星报》正在发生重大变故，它短时间里引发了《邮报》的一些忧虑，长时间里甚至导致了我们更深的关切，直到《星报》最终以停刊倒闭收场。乔·奥布莱顿为挽救这份严肃呆板、江河日下的报纸煞费苦心。第一次来到华盛顿，他就任命吉姆·贝洛斯（Jim Bellows）为总编辑。贝洛斯是学识出众的天才，他没有直接与我们的长处相抗衡，而是俯下身来绕到我们旁边。《星报》变得更活泼，更有趣，也更斗志旺盛了。吉姆创立了八卦专栏，并将其命名"耳畔"（The Ear），专门用于挑衅《邮报》。《星报》会用"O.P."或另一家报纸（Other Paper）来暗指《邮报》。《邮报》许多人最私密的生活细节都成为了"耳畔"的写作素材。这个专栏对本·布莱德里和萨莉·奎因尤其刻薄无礼，称他们是"有趣的夫

633

妇",报道他们的一切活动;毋庸置疑,我们的本地新闻编辑部有人为他们提供可靠消息。我们全都受到了关注,有些报道属实,有些报道夸大其词,还有一些报道则完全是凭空捏造。

然而,尽管发生了一些好的事情,《星报》却是的的确确地在逐日衰败,当然,这个过程在奥布莱顿涉身其中很久之前便已然开始了。毫无疑问,长期的优势和成功滋生了自大自满、不思进取;报纸的所有者似乎从未想到过,这个世界不是一成不变的。

尽管如此,《星报》家族的冗赘庞杂并非我们开始占据主导,而《星报》江河日下的主要原因。美国国内的社会变革强化了晨报的作用,与此同时,历来强势的午报和晚报则处境艰难。电视网新闻的增加、人员自市区向郊区的流动以及影响晚间报纸投递到户的城市问题,是下午出版的日报遭削弱的主要因素。经济因素也许是最为重要的。随着价格的上涨,尤其是劳动力和新闻纸价格的上涨,各家报纸提高了广告费,迫使广告商在不同报纸中间做出抉择——不再像从前那样四处投放广告。倘若某家报纸具备了一定的优势,通常就会出现滚雪球效应:广告商认识到,借助规模更大的报纸,广告可以投放给更多受众,因此,为了缩减成本,他们舍弃了规模较小的报纸。这种趋势一旦开始,采取任何措施都将无济于事。这正是发生在《星报》身上的事情,而忽视竞争对手令这一状况更趋恶化。相当漫长的一段时期里,《星报》中根本没人将《邮报》放在心上。不过,我们的优势尚未达到势不可挡的程度。此外,我同父亲和菲尔一样,品尝过为生存而战的滋味。我们很清楚为一行广告或一名新订户要付出多大努力。我和唐的身上的旧伤疤仍旧未消。唐尽管年轻,却深知世间事物并非一成不变,成功到来的同时也会种下覆灭的种子。

1977年3月,奥布莱顿达成了出售手下的华盛顿特区广播电台的协议,依据《星报》内部月刊的说法,此举将保障星报通信公司未来20年的现金流。的确,仅仅在一个月后奥布莱顿便宣布,《星报》自他接收以来实现了首个季度盈利。我写信向他表示祝贺,他回复说他明白孤燕不报春的道理,但他终于在隧道尽头看到了一丝光亮,当然,他也意识到这可能不过是美好幻景。

《星报》的实力大为改观,奥布莱顿明智地选择了出售电台和几家小型电视

第二十七章

台,让财务状况获得了极大的改善。我心存忧虑,但此时的忧虑远不及1978年2月初时代公司(Time Inc.)宣布收购《星报》时来得惶恐(奥布莱顿留下了价值非凡的电视台)。如今,我们要面对财雄势厚、精明专业的时代公司,在我们看来,它比得克萨斯州的富豪更具威胁。时代公司的员工尝试新方法,投入大笔的资金,并利用《时代》杂志的驻外记者为《星报》提供国外新闻。此外,他们在宣传推广上投入的资金甚至超过了奥布莱顿。"今日新闻"的主题开始出现在各地的广告牌上。在电台和电视上,电台主播萨姆·伊夫宁和珍妮特·伊夫宁夫妇不断散布新《星报》的消息,他们是"巧舌如簧的私人耳目",和着歌曲《迷醉之夜》(Some Enchanted Evening)在华盛顿四处窥探,挖掘独家新闻。《基督教科学箴言报》发表文章评论《邮报》同《星报》间日益加剧的竞争态势,题名为"星球大战降临华盛顿"(Star Wars Come to Washington)。

时代公司入主后,《星报》新任总编辑做的第一件事情就是掘出关于我的五部分人物传略,这些文章最初由乔·奥布莱顿亲自授意林恩·罗塞里尼(Lynn Rosellini)撰写,希望借此来客观地审视我。最终,奥布莱顿下令毙掉这一选题,因为他认为文章内容过于负面。时代公司派驻《星报》的人重新启用了这些文章,不遗余力地宣扬它们,甚至将系列传略的前两部分刊登在了头版上。我没能平心静气地看待这些文章,也没有再重新阅读它,但却清晰地记得,我被刻画成了具有双重人格的人。并非罗塞里尼撰写的部分内容存在谬误,而是我被描绘得太过负面,以至于我担心不会再有人愿意为我们工作。

我收到了许多表示同情的信件,《星报》也刊登了巴里·戈德华特撰写的支持信,由于我和他的关系并不亲密,这封信显得尤其感人。戈德华特写道:

> 从政期间,我并没能幸运地得到《华盛顿邮报》的善待。事实上,我认为自己因该报编辑和记者的一时兴起而遭受的非难不亚于政界的任何人,但这并非我要谈论的问题。在我看来,这个时刻应该顾及报道的正派得体性,而你们的记者和出版物都没有对此展现出丝毫兴趣。你们可以得体地批评格雷厄姆夫人经营公司的方式,但我认为你们没有任何权利对她的生活方式品头论足,也没有任何权利在这件事情上夸大其词。

时代公司来到华盛顿后,我根本没有时间和兴致再做别的什么事情,但几项兼具公共和私人性质的活动还是让我暂时从对工作的忧虑中解脱出来,获得了些许的快乐和满足。世界银行行长鲍勃·麦克纳马拉致力于让世界银行更多地帮助到第三世界国家。北半球国家为南半球国家的过激言论和数十亿美元援助款的无理要求深感苦恼,而南半球国家则对于自己眼中北半球国家的无动于衷和冷酷无情怒不可遏。鲍勃的想法是让某个组织将这些问题视为个人问题,而非他们所代表的国家的问题来对待,他还推选联邦德国的前任总理维利·勃兰特(Willy Brandt)来领导这家组织;该组织后来被命名为勃兰特委员会(Brandt Commission)。

鲍勃极力劝说我加入该组织,因为它将向我呈现这个世界我知之甚少的一面;我将认识到在美国内部,什么事情是真正可行的;它还将有益于《邮报》和《新闻周刊》更加充分地理解这些议题。我不愿意违背我们的原则,加入对争论议题持有立场的组织,但认为原则也不乏例外情况,而这次便是例外。我接受了邀请。

16人被任命为委员会委员,其中四人是前任或现任政府首脑:英国的泰德·希思(Ted Heath)、法国的皮埃尔·孟戴斯—弗朗斯(Pierre Mendès-France)、瑞典的奥洛夫·帕尔梅(Olof Palme)以及智利的爱德华多·弗雷(Eduardo Frei)。16人中有9人来自发展中国家。我和曾供职于尼克松政府的好友彼得·彼得森来自美国。显然,我是北半球发达国家的女性代表,后来,马来西亚女商人哈提比·艾哈迈德(Khatijah Ahmad)加入了进来,与我互为平衡。

1977年12月,我们的第一次会议在波恩附近的居姆尼希城堡举行。于我而言,这就像是闯入了另一个世界,那里的人说着稀奇古怪的话语,翻来覆去地使用陌生的首字母缩略词,同时调侃着过去的会议和报告、联合国的分支机构以及世界银行和国际货币基金组织(IMF)的功能。我们的座位是依照姓氏字母顺序安排,自然而然地形成了两人小组。两年间,我和泰德·希思的友谊因为座位安排而逐步加深——我的G挨着他的H。

第一场会议的大部分时间里——乃至第一年的大部分时间里——我几乎一言不发,不熟悉的议题和身边的专家令我感到畏惧。渐渐地,通过聚餐、散步和非

第二十七章

正式的茶话会,气氛开始有所改善。而在某些方面,气氛的升温比我意识到的还要迅速。来自第三世界的一位最激进的委员,同时也是出了名的会讨女人欢心的男子,邀请我去他的房间,让我惊讶不已。我谢绝了他的好意,说自己要遵循古老的格言,"不要在工作的时候夹入私人感情"。他回复说,他信奉另一条格言,"永远不要说永远"。气氛自然变得更加友好了。

随着最终会议的日益临近,我们所有人都不知道如何才能撰写出一份报告;这个委员会似乎都是由傲慢自负之人组成,几乎不会对任何问题达成一致意见。然而,委员会主席显然决心要在最终会议上完成报告。在令人恼火的下午会上,满面通红、喘着粗气的勃兰特大发雷霆,发下最后通牒,接着断然离去了,他为我们的推进不力懊恼至极。剩下的委员们决定,由来自南半球国家圭亚那的史瑞达斯(桑尼)·兰法尔(Shridath [Sonny] Ramphal)和来北半球国家的泰德·希思会同勃兰特的助手迈克尔·霍夫曼(Michael Hoffman)拟定终稿。我们再次举行会议,泰德任主持,对草稿的各部分内容加以评定,以达成一致意见。泰德后来回忆说,幸运之至的是,勃兰特抵达英格兰时延误了,泰德趁此机会强行表决,让报告得以通过。

这份报告的影响如何?在某些欧洲国家,报告的影响巨大;在美国则微不足道。我们是经过协商一致后才通过报告。报告中有些内容是我们全都不认可的,但你只能选择签字或不签字,而我们全都签了字。最终,报告与它的初衷完全背道而驰,各个委员基本上依旧代表他们的国家或利益团体。

报告公布前,我同本谈论了它,说尽管我知道这样的东西他不太感兴趣,但我觉得它非常重要,希望他能够确保这份报告得到应有的报道。本的新闻视野并非总是完美无缺,但当我在《邮报》的第25页找到关于委员会报告的新闻时,我万万不敢相信。甚至连《纽约时报》都将它放到了第三页。我非常生气,此后24个小时里都全然无法同本交谈,以免冲他发火。他彻底忘记了我的嘱托。

我恳求《新闻周刊》的编辑们关注这一议题,实际上是敦促他们撰写一篇有关第三世界的封面报道。正因此,我想我是做出了些许贡献的。我知道这不是什么激动人心的主题,但觉得它是我们亏欠于读者的。经历了长时间的刻意拖延后,《新闻周刊》终于刊登了封面报道,就在《勃兰特报告》(*Brandt Report*)公

637

布不久之后。这一期杂志在当年销量最低，编辑们为此而幸灾乐祸，这是心照不宣的秘密。

在担任《邮报》发行人的这段时期里，我将更多的精力放到了华盛顿邮报公司而非报纸本身上。我考虑了很长一段时间，计划将《邮报》交给唐，但仍有许多问题让我迟疑不决：什么时候交接对唐最合适？什么时候对我最合适？什么时候对《邮报》最合适？

到1978年末，我拥有发行人头衔已近十年，而在那之前几年，我就承担起了发行人的实际工作。我认定时机已经成熟。身为家长，我足够客观地认识到，唐已然做好了准备；他向来比实际年龄更加成熟——总是勤勤恳恳、尽职尽责、正派庄重、聪明能干。此外，我需要将精力集中在公司董事长和首席执行官的职责上，这两方面的工作正变得愈发严苛繁重。与此同时，我已经得出结论，《邮报》社论版必须有所变革。我无法替菲尔·盖林解决问题，大家的处境都在变得日益艰难。我觉得菲尔理应退休，而由梅格担任主编；我知道唐也如此认为，但出于两个原因，我不想成为决定此次变动的人。首先，梅格是我的好友，我担心自己做出这样的人事安排会遭人非议——本质而言，提拔我的好友。更重要的是，我从最初接手工作并首次独立做出人事变动——将本带至《邮报》——的经历中领会到，你同自己一手提拔的员工的关系，与你同从前任手中继承过来的员工的关系会有天壤之别。我不想要让唐继承我的主编，即便这个人是我们两人都认可的；我深刻地感受到，他应该拥有任命自己的主编的机会。

于是，我决定在次年年初采取行动。1979年1月10日，在例行的员工扩大会议上，我将《邮报》发行人的头衔交给了唐。宣布完任命后，我继续公开地回答了一些问题，这些问题也是我私下里一直在斟酌权衡的：任命意味着什么，为什么是现在。"关于为什么现在宣布任命，答案非常简单。因为唐已经准备好了，我也准备好了。实际上，我觉得唐比我先准备好。"我对员工说道。唐以一贯的翩翩风度回答说，"母亲给了我一切，唯独没有给我一个容易继承的职务。"

我、父亲、菲尔和儿子全都热爱报纸行业。然而，唐又与我们三人截然不同。首先，就经验和品格而言，他比我们三人接管《邮报》时更具资格。他曾经在《圣奥尔本斯新闻》和《深红》担任编辑。出版报纸显然是他的兴趣所在。他在越南时，我们就已经在信件中探讨了他在《邮报》的未来。那时，他决定推迟加入《邮报》的时间，好更加深刻地了解这个世界。他坚信，倘若毕生都只是在报社工作，那么，你就不可能成为优秀的新闻从业者。

除菲尔外，受唐尊敬的其他人也都建议唐尝试不同的事物，经验不同的生活，因为这对任何工作来说都是最好的准备。唐从约翰·加德纳（John Gardner）和斯科蒂·雷斯顿那里获益匪浅；雷斯顿告诉唐，他觉得重点在于，任何人都理应不能够对某个人说，"你根本不了解我的处境。"1967年12月，唐写信告诉我，"我凭直觉预见到，一旦开始为《邮报》工作，我就不会再为任何人工作了。而在此之前，我还有许多事情想做。"

从越南回来后，唐先是成为了哥伦比亚特区的警察。《邮报》深受爱戴的资深警务记者艾尔·路易斯，听说这件事情后来找我，说道，"我能阻止这件事，这份工作太危险了，我们不想要他东奔西跑，做这苦差事。"我也有些不想要唐做这份工作——它太危险了，让我总是忧心挂怀——但我同样知道，这是唐所期望的，他有充分的理由去做这件事情。异乎寻常的是，他在警察局里比之前两年在军队中表现得更加引人注目。我问他其中的原因，他回答说，"哦，这没什么。在军队里你整天只需要听命行事，但在警队，面对现场的困难情境，你经常会被迫独自做出决定。"

1971年1月，唐开始在《邮报》担任大都会区记者。接着，他到各个部门做了各种各样的工作，从财务部门的普通职员，到发行部门的上门投报经理助理；从推销员到分类和零售广告部的对外销售代表；从助理印制经理，到《新闻周刊》驻洛杉矶分社编辑。

1974年秋，本·布莱德里在体育新闻部遭遇麻烦：两名主管钩心斗角，体育版显然也受到了波及。在没有通知我的情况下，本任命唐为体育新闻主编，以此解决掉了问题。我原本准备让唐更多地涉足公司的经营事务，以此来进一步培养他，因而对本牺牲我的计划来解决自己的问题感到颇为恼火，不过，我也看出它于唐而言是份不错的中层管理工作。因为它把唐对于编辑事务管理的热忱和对于体育运动的爱好结合在了一起，我实在无法不同意这件事情，挫伤他的积极性。

因此，我同意了这次变动，条件是唐只能任职一年，并由他来更换继任者；他明智地选择了乔治·所罗门（George Solomon）。

在掌舵体育版的那一年里，唐比我见过的任何人都更加努力工作。有一次，我发现他凌晨三点还在伏案工作，便问他为何还留在这里。他回答说，因为自己曾在印制部门工作过，所以很清楚凌晨2点到3点之间可以向排字间传达多少最新状况，同时又不影响报纸的准时出版。

唐结束在体育版一年的工作后，成了副总经理，正是凭借这一有利职位，他在印刷工人大罢工期间给予了我和《邮报》巨大的帮助。那时起，我就知道他已经完全能够胜任发行人的工作。我和唐关系本可能会极为棘手，但我们都在努力令它变得平稳柔和。父母做自己的上司并不是什么轻松的事情；而母亲做自己的上司会更加困难些。我们的工作关系能够融洽和谐，唐的功劳占很大一部分。

上任为发行人后，唐顶住了一切可预见的压力和异议，立即任命梅格接替菲尔·盖林成为社论版主编。梅格赋予了这个版面新的活力，并自那时起一直担任社论版和专栏版主编，同时还为《邮报》和《新闻周刊》撰写专栏，成就斐然。

我一直都知道，唐终有一日会成为发行人，但却未能预料到卸下这个职务于我会如此艰难。这次变动带来了巨大的情感痛楚，但我必须让自己坚强起来，因为我知道这么做是正确的。"《邮报》发行人"会成为令我怀念的头衔。我喜欢直接参与《邮报》的事务，对《邮报》有着深深的情感眷恋。早些年，我陪伴着父亲和菲尔，为《邮报》的艰难求生殚精竭虑，担任发行人后又独自经受了许多动荡不安的岁月，这些使我对《邮报》有了不可估量、永不褪变的爱意。然而，我不能因为深爱着它，就一直紧握不放。

我承受了放手后的阵阵痛楚，但身为公司领袖，我留下了难有空闲、充满挑战的工作——董事长兼首席执行官，负责拥有5000名职员、2000名股东和5亿市值的公司的发展完善和财务健康事务。

到1979年秋季，公司的财务状况表现良好，股价始终在轻微上涨，但一如既往地，我们也存在一些问题，包括《特伦顿时报》和《体育透视》持续存在的问题以及盈利的下滑。我对扭转其中任何一个局面都感到力不从心。我和沃伦驾

第二十七章

车前往格伦韦尔比过周末，沃伦尽可能巧妙而温和地向我透露说，他的好友比尔·鲁安和桑迪·戈特斯曼（Sandy Gottesman）将会卖掉价值数千万美元的《邮报》股票。此前，这两名投资者为自己和客户购买了大量的《邮报》股票；鲁安掌管着红杉基金（Sequoia Fund），而戈特斯曼是第一曼哈顿公司（First Manhattan Company）的经营合伙人，这两家公司准备出售手中的全部或半数《邮报》股票。

沃伦仔细斟酌了传达这一消息的恰当方式，而且尽其所能地粉饰美化它。我不得不承认，我的第一反应是失声痛哭。他们都是极其精明的投资者，以卓越的判断力而闻名，但却不再信任我们；其他人肯定会成群结队地离开。我将他们的举动视为对我管理公司的表现的投票表决，显然，他们对我并不满意。

沃伦想方设法地安慰我，解释说比尔认为他已经在《邮报》股票上获取了丰厚的回报，总计起来远高于某些有价证券。他会留下自己的那部分股票。"你不了解华尔街，"沃伦试图让我安心，"那里的人从不做长远考虑，等你的股价达到100美元了，华尔街的人就会来买它们。"我自然认为他只是想让我好受些；股价涨到100美元，想想都觉得荒谬。我没有感到任何慰藉。

当然，与我相比，沃伦看待比尔和桑迪的所作所为的角度全然不同。他视这件事为公司发展史上绝佳的有利因素，几乎等同于并购《时代先驱报》。尽管知道我会为这则消息深感苦恼，他却立刻意识到，公司未来会从他们卖掉股票的行为中获得巨大好处。他极力劝说我，我们应该举办聚会，还说，"别担心。他们卖多少，我们就会买多少。我们会从中获利，而他们只会悔不当初。"我的忧虑并没有平复下来，但我们的确以每股21.91美元的均价买入了桑迪和比尔卖出的股票，而他们在两次股票分割之前买入的对等价格是6.50美元每股。

许久之后的某天，我和沃伦讨论了女性在工作场合放声痛哭的行为，我提醒他那次我们共同驱车前往格伦韦尔比的事情。"嗯，"他微笑着说，"当时我们赚了数亿美元。下次你再失声痛哭的话，记得先给我打个电话。"他继续说道，"凯，你可以这么看。你要是不买进那些股票，我就要放声大哭了，所以，我们总要有个人哭。"

从这一刻起，我真正开始将注意力集中在理清公司的各项业务上。我辞去了在外面的大部分董事会担任的职务——包括芝加哥大学、乔治·华盛顿大学和联合化学公司——接着更加积极地投身到了与媒体和报业相关的组织中：广告局、美联社董事会以及最为重要的报纸发行人协会董事会。

考虑到当时公司里有许多问题需要我处理，我如此积极地参与三家行业组织的事务实在是疯狂之举。然而，由于三家组织都没有女性成员，我的加入正中他们下怀，于行业也颇有助益，同时还能帮助我熟悉媒体公司面临的某些宏观问题。

我于1971年进入广告局，一直任职至1979年，并于1980年至1982年晋升常务董事，菲尔不喜欢这家组织，但我觉得它与我意气相投。当时，它的董事会结构完全失衡：不仅全是白人男性，且以经营人员而非编辑人员为主。

美联社董事会的18位董事由其成员选举产生，任何人想要任职都必须参加竞选，我觉得竞选于我很是困难。之前就有人提醒我，大多数人第一次竞选都不会成功，但我仍旧为自身的落选失望难过。次年，即1974年4月，我准备得更加充分，并赢得选举，成了董事会的第一位女董事。我依照安排任职三届，直到1983年离开。

1973年，我当选为美国报纸发行人协会董事，同样是它的首位女董事，但这次是在强烈反对女性成为董事成员的男子离开董事会之后。我写信给阿尔·诺伊哈思的妻子罗莉·威尔逊（Lori Wilson）说："南方各州的典型白人男子不会消亡，只会世代更替。在报纸发行人协会余下的日子里，他们的'窈窕淑女'和'贤妻良母'观念会始终陪伴我们！"

那些年里，董事会的主席职位每过两年，即一届任期，便会在大小报社的男性主管之间轮换，而且程序极不民主，基本上由现任主席选择或指定继任者。1979年，阿尔·诺伊哈思时任董事会主席，他建议我在伦恩·斯莫尔的任期结束后担任主席。斯莫尔和善能干，经营着伊利诺伊州的一家报业集团，他被选定为了阿尔的继承人。我从来没有想过担任主席，但阿尔坚信我应该谋求这一职位，并指明说，倘若我不去争取，那么在可预见的将来，不会再有其他女性能获得这个职位。逐渐地，我开始有了同感，觉得应该接受——另一个待破除的藩篱——而且这份工作也许会非常有趣。我表示倘若他能促成此事，我乐见其成。于是，伦恩邀请我在1981年他任期届满时接任他，还对外公布了此事。

第二十七章

然而，一场悲剧让准备不足或者说毫无准备的我提前接任了这一职位。伦恩在车祸中丧生，接着，几乎没有任何事先安排，我就接手了一项耗时费神的新工作，于1980年4月成为报纸发行人协会的主席，比我预期的几乎早了整整两年。我要管理一家规模庞大，成员全部为白人男性（我除外），内部分歧巨大的组织——小报社和大报社的观点与利益截然不同——这是一项艰巨异常的任务。起初，我要主持为期两天的委员会会议和代表大会，两次会议中间，我还要与位于弗吉尼亚州雷斯顿市总部的工作人员沟通，这令我望而生畏，不敢想象。此外，我还必须设法解决端倪初现的电子新闻问题和电话公司的挑战。

在公司这边，我要处理的问题纷繁复杂，从《邮报》和《新闻周刊》的发行前景，到新闻纸成本，再到《邮报》通讯社的持续盈利问题。我尽量将精力放在公司的战略规划上，期望各个部门能取得进步，改善它们相互间的沟通方式。公司需要一套更加切合实际的发展策略。多年来，我一直在就发展问题进行思考、尝试，并向各类人士请教，但却收效甚微，或一无所获。我还考虑到了绩效考核、经济及其他奖赏的重要性。人员问题一如既往地存在。

1979年夏初，《新闻周刊》又经历了一次人事变动，令我备受折磨。埃德·科斯纳一直是奥兹·埃利奥特手下的得力副手，但奥兹离开后，他管理起庞大的职工队伍困难重重。埃德是罕见的天才记者，却并非管理者。员工士气降至了谷底。有人向我描述当时的情景，说"杂志就像是患上了神经衰弱"。

我和彼得·德罗花费了很长时间来商议对策，而这次，恐怕我又违背直觉听从了他的建议。首先，我告诉彼得，如果埃德真的深陷困境，我们必须提醒他。彼得的回答是，"绝对不可；他这个人变幻莫测，你直接告诉他，他可能会一走了之。"我愚蠢地屈服于彼得的忧虑，没有直言不讳地和他讲清楚。任何人在面临被解雇的风险时，都有权利知晓此事，而这常常能产生积极效果。

与此同时，有位编辑来找我，通过直接接触，我了解到他极为擅长报纸的编辑出版，我觉得他的技能可以迁移到新闻类周刊。我与这个人共事过，非常信任他，他想要这份工作，我也觉得他是最佳人选。但当我与彼得商议此事时，他劝阻我不要冒险任用没有新闻类周刊工作经验的编辑。我再次听从了他的意见，认定他的判断更加明智。于是，我们回头去找了曾任《新闻周刊》国内新闻编辑和总编辑的李斯特·伯恩斯坦，觉得在找到新主编前，让他任职几年能带来平稳的过渡。李斯特上任后做的第一件事情就是休假一个月，我立刻察觉到这是错误的一步。

　　我和彼得将消息透露给埃德后，他自然又沮丧又恼怒，因为我们谁都不曾将我们的分歧向他和盘托出。我们召开会议，告知了编辑部门的员工此次人事变动。埃德走进来说，"我就此告辞了。"接着他便走出会议室，离开了办公楼。我随即站起身，说很抱歉让这件事发生得如此唐突，又赞美了埃德和李斯特的能力；接着，我也离开了。我只想要逃离此地，电梯门口聚集了一大群人，于是我步下楼梯，从14层走到了公司办公室所在的12层。

　　这是高层编辑人员的人事变动，也给了他人口实来讥讽我是难以相处的女人。我注意到，每当编辑被调换，往往是他手下的人抱怨得最大声，随后也是他们在厉声批评编辑的撤换方式——轻率突然，出人意料，冷酷无情。然而，私下里人们告诉我，为拯救《新闻周刊》，这次举动在当时是势在必行的。在主编一职上，我们又经历了两次不成功的尝试，最终才觅得瑞克·史密斯（Rick Smith）。

　　更多的变动即将来临。我与马克·马尔的关系并不轻松，随着我意识到他又是一位辜负我期望的主管，我们的共事也变得愈发难堪了。马克是个好人，在某些领域能力出众，但也许是由于太过年轻和缺乏经验，无法胜任公司总裁兼首席运营官这一高级职位。1980年7月，我们宣布马克将于当年年底卸任。做出这个决定要更加艰难，因为我个人很喜欢他。这也许称得上是我职业生涯里的低谷；毋庸置疑，这是我所经历过的最痛苦、最沮丧的时期。马克的离去深深地铭刻在了我的内心中，它不仅标记了我个人的失败，还表明了公司的混乱状态。公司的经营状况的确糟糕。我们没能取得任何明显或实质性的进步，《新闻周刊》的管理陷入了困境。这一次，媒体界的的确确地严厉抨击了我，甚至夸大了高层管理人员的更换次数；这部分是因为他们误读了我们的组织结构，将公司和《邮报》混为一谈。

　　公司内部没有谁可以让我交托新总裁的职位；我必须到外面寻找。不幸的

第二十七章

是，我们之前在人事任免上犯下的错误令我失去了信心和勇气，害怕我们无法寻找到合适的替代者。即便在最好的情境下，我不易相处的名声也令招聘工作变得困难重重，有传闻称除了唐没人可以担任总裁，因为没有谁会想要夹在一位母亲和一位儿子之间。但唐还很年轻，一年前才刚刚担任《邮报》的发行人。

如今，彼得·德罗已经成为公司董事和《新闻周刊》董事长，并在鲍勃·坎贝尔退休后成为了《新闻周刊》总裁。正当我开始寻求帮助时，彼得建议我们请咨询公司来研究公司的状况，并在我独自管理公司的时候给予我行政帮助。我认为这个主意可取，于是聘请了麦肯锡公司。接下来的一年里，来自麦肯锡公司的人和来自我们公司的人不断地召开会议，没完没了地讨论我们做了什么，还希望做些什么。我对整个咨询过程愈发感到困惑，似乎麦肯锡公司仅仅是重复我们告诉他们的事情，只做了些微的改变，虽有不同却没有多少助益。

麦肯锡公司在报告中给予我们的最不明智的建议是停止回购股票：过去股价徘徊在20、21美元时可以这样做，但如今股价已经达到了26美元，这么做就不再是个好主意了。我实际上听从了这一建议，尽管沃伦一再对我说，任谁都可以告诉我，这家公司的价值超过了4亿美元，而其股票市值大约只有这个金额的四分之一。也许麦肯锡公司的所有人都不曾停下来做一做这样的运算。后来，唐将麦肯锡报告中提出这一建议的一页称为"5亿美元的一页"，因为那可能正是这页报告给公司造成的损失金额。

于此同时，我委托猎头公司帮助我寻找新总裁。我与猎头公司召开的会议不计其数，会见了各式各样的候选者，却没有一个人看起来合乎我们需求，许多人与我心中设想的人选都相去甚远。他们在我面前不是态度倨傲，就是阿谀奉承，这两种姿态我都不喜欢。寻觅活动持续了近一年，期间基本上是我一人在打理公司，负责财务的副总裁兼财务主管马蒂·科恩（Marty Cohen）以及由各部门主管和其他公司高管组成的管理团队从旁协助。这是艰难的一年，除非管理问题得到解决，否则我没有理由认定情况会有任何好转。

1980年11月，另外一件让人忧心的事情发生了，美孚石油公司（Mobil Oil Company）总裁威廉·塔沃拉里亚斯（William Tavoulareas）以诽谤罪起诉《邮报》，起因是一年前我们刊登了记者帕特里克·泰勒（Patrick Tyler）的一篇报道，

645

详述了塔沃拉里亚斯的几笔商业交易。诉讼案旷日持久，历经各级法院；1982年，一位法官判给原告赔偿金及惩罚性赔偿金205万美元，这项判决被另一位法官推翻，接着又被恢复。最终，联邦上诉法院于1987年3月13日裁定，1979年的报道"大体"属实，称不上诽谤，经历了七年多的时间后，案件尘埃落定，判决站在了我们这边。

诉讼发生之时，来自各个层面的压力、焦虑和疲劳的累加影响立刻损伤了我的身体。1981年3月，我前往纽约为一家广告商组织发表演讲，途中感染了肺炎，在那里的医院住了12天，返回家后身体极为虚弱。

我刚刚返回，便接到时代公司总裁兼《星报》董事长吉姆·谢普利（Jim Shepley）的电话，要求和我会面。这标志了我们人生中的另一个戏剧性时刻——至少是我和唐的人生。吉姆电话中的意思是，时代公司准备对《星报》采取行动，想要探讨签署报纸合作经营协议的可能。

我们家族历来愿意参与竞争，欢迎竞争，也认为各方都会在竞争中变得更好，因而，我、唐以及沃伦同我们的律师和《星报》的代表多次会谈，试图达成协议。我们的协商仍在进行，最近一次会谈过去10天后，时代公司高管召开新闻发布会，宣布《星报》将于两周后停刊。我实际上是在乘车上班途中，借由收音机听到的这一消息。这则公告让我百感交集：首先，事情的结局让我深感悲伤，华盛顿即将失去一家拥有众多忠实读者的优秀报纸，更不消说那些因之不知所措的雇员们；其次，经历了这么多年的挣扎奋斗后，这次最终胜利的现实并没能在我心中搅起波澜，尽管它称得上是苦乐参半。《星报》并非我们痛恨的竞争者，而是我们尊敬的对手。

有传言说有人想要买下《星报》，但这种说法似乎并不可信。鲁珀特·默多克、沃尔特·安纳伯格（Walter Annenberg）、莫蒂默·朱克曼（Mortimer Zuckerman）和阿莫德·哈默（Armand Hammer）都被提到说正在考虑提交收购计划。为防止任何人仅仅为出售《星报》资产获利而收购报纸，时代公司为所有购买者都设立了相当严苛的条件。我们《邮报》继续同《星报》的人以及诸如阿尔·诺伊哈思和阿莫德·哈默等其他人协商，探讨签署报纸合作经营协议的可能，但最终，似乎已经无法挽救《星报》了。

第二十七章

1981年8月7日，128岁高龄的《星报》停刊了。没有人幸灾乐祸。正如唐所言，这于"华盛顿和报纸行业是悲痛的一天"。这座城市和这个国家失去了一份伟大的美国报纸。几天后，《邮报》发表社论陈述说，"没有人想要《星报》停止出版，但它还是停止了。它的消失激起了人们的悲伤、怀旧、愤怒、感伤和忧虑，而这些情感也为《邮报》员工所共有。"

我知道《星报》的停刊会给我们造成麻烦，同时也带来机遇，包括对我们的主导地位的愤恨不平，和失去另一家广受欢迎的声音的恼怒不满。苦涩抱怨是意料之中之事。除非了解报业的财务状况，以及当某种程度的优势地位形成时，这一切的发生终将不可避免，否则，人们往往倾向于指责存留下来的报纸冷酷无情。

将近一个月后，很明显不会有人站出来拯救倒闭的《星报》了，于是，我们买下了它的土地、办公楼和印刷机。我们聘用了《星报》的许多撰稿人，其中最有名的是玛丽·麦格罗里（Mary McGrory）。我们得到了它的大部分发行量。即便在斯普林菲尔德开设了新工厂，我们还是急需它的办公楼和印刷机——时至今日，我们仍旧在那里印刷报纸。不到一年后，统一教会（Unification Church）创办并资助的《华盛顿时报》（*Washington Times*）创刊了。它的发行量和广告量都微乎其微，但报纸的确传达了充满生气的保守声音——教会承担了巨额开支。它的资助者可能认为，他们在国家首都的存在以及同政府部门的接触值得这样的代价。

1981年春季的戏剧性事件不只有《星报》的倒闭。前一年秋季，《邮报》头版刊登了一篇文章，作者是新来的年轻（26岁）聪慧的女记者珍妮特·库克（Janet Cooke）。文章名为"吉米的世界"（Jimmy's World），讲述的是年仅8岁的海洛因吸食者的故事，在社会上引起了巨大反响。报道被通讯社转载，成为全国性乃至世界性的轰动事件。

我们觉得报道的内容很好，文笔也非常出色，于是提交它角逐普利策奖，并最终赢得了该奖项。然而，奖项宣布后的第二天，整件事情开始败露，因为库克描述自身生活的方式前后矛盾、夸大其辞——就算不是弄虚作假。普利策获奖者的传略登上各大报纸后,瓦萨学院打电话告诉我们,库克不仅没能以优异成绩从他们学院毕业,而且根本就没毕业;她在瓦萨学院学习了一年,之后便转到了托莱多大学,并在那里取得了学士学位,而非她所声称的硕士学位。《托莱多刀锋报》的人打电话告诉美联社,他们记录的库克的履历与通讯社报道的内容不相匹配。我们核查了库克自己提交的履历材料,发现它们与她在别处撰写的不相一致——譬如,事实证明她并不会说多国语言。

1981年4月15日,珍妮特·库克终于向《邮报》编辑坦白,那篇报道是她杜撰的。"吉米"原来是个拼凑出来的人物,那些归于他名下的话语也都是捏造的。库克曾经描述的亲眼所见的事情根本没有发生过。本向名单上一长串的新闻机构发电报说:"我痛心万分而遗憾地通知你们,珍妮特·库克——周一获得特稿写作奖(Feature Writing)的《华盛顿邮报》记者,已经表示无法接受这一奖项……她和《华盛顿邮报》一样痛悔这些事件的发生。她已经递交辞呈,并得到了批准。"

我们立刻指派监察专员比尔·格林(Bill Green)写明事情的前因后果,认为这能最客观地理清我们遭遇的难堪的每一细节,帮助所有人明白过失所在。这件事情的确错漏百出。就那篇报道而言,库克几乎没有被问及任何关键问题。她深受信任,文章也写得非常出彩,以至于没有人去核查报道的真实性。编辑们全都彼此信赖,因此这篇报道通过了一个又一个办公桌,直至最终刊登在头版上。她被聘用时,甚至连简历都没有被充分核实。

事发之后,我们进行了所有妥当的处理。我们详细披露了事实真相,尽管这令我们备受折磨,难堪至极。我们以编辑身份致歉,彻查让这件事得以发生的体制规范。比尔·格林提出了几个尖锐问题,譬如库克的种族身份(她是黑人)是否帮助她获得了快速升迁,并得出了一系列的结论:信任记者这件事情做得过度了;年轻记者到处搜寻"水门事件"那样的新闻;对新闻奖项的争夺害人不浅;不该向记者施加过大的压力;编辑们没有充分倾听下面暗潮涌动的质疑声。

珍妮特·库克责怪《邮报》向记者们施加了太大的压力,以获取伍沃德所谓的"超神"新闻,而非朴实无华的报道。她指责我们在记者间制造竞争,大家为文章登上头版而争得头破血流。霍华德大学的新闻学院就库克事件投诉《邮报》。《新共和》杂志以名为"深喉之子"（Deep Throat's Children）的文章评论了此事。

我很体谅唐·格雷厄姆，他当时担任发行人，召开了一场相当棘手的新闻发布会，且处理得非常妥当。我甚至让我们所有人站出来接受批评——我打电话给汤姆·温希普，询问他是否有意就此事召开会议。汤姆·温希普时任美国报业编辑协会主席，而我们退还普利策奖后不久，该组织在华盛顿召开了会议。他说未作此打算，而且到此时此刻已经没有安排这样的会议的余地了。我的回答是，"如果不做此安排，你就会成为业内的笑柄。我个人很畏惧它，但它是当下的重大伦理问题。你最好抽出些时间。"汤姆同意了，将会议安排在了清早，与会者众多。我们的编辑在会上遭到了严厉抨击。我很骄傲唐·格雷厄姆就站在本的身旁，不时将胳膊搭在本的肩膀上。同样在场的还有我们无可匹敌的前编辑拉斯·威金斯，他以一贯的讽刺式幽默说道，"我觉得美国媒体的状况棒极了。我见到的每位编辑都向我保证，他的报社就不会发生这样的事情。"

我们承受了来自各个方面的责难，某种程度上说我们是罪有应得。显然，我们犯下了错误，某些程序没能正确地发挥作用。但我觉得，业内的许多人表现出来的自以为是，认定这样的事情不会发生在其他报社，不仅怀揣恶意，而且目光短浅。后来，我在美国报纸发行人协会的聚会上说，我们力图不让此事重演的努力中包含了一种真正的危险，"我们会变得太过惶惶不安，因而走向另一个极端，不能履行自由媒体理应履行的职责。"

在这段艰难的日子里，还有一件事情加重了我的忧虑，彼得·德罗告诉我他找到了另一份工作——重回哥伦比亚广播公司，讽刺至极。他非常乐意再次训斥我和公司的过失，但这次我已经成长得更加坚强，告诉他一次便足够了。不能再滔滔不绝地数落我的不是，似乎让他颇觉懊恼。

寻找公司新总裁的工作稍稍明朗了起来，也只是在此时，我才对未来变得乐观许多。我面试了形形色色的求职者，起初并不太清楚我是在找什么样的人，但隐约觉得只要亲眼见到，一切便能豁然开朗。搜寻工作持续了很久，我甚至开始称其为"寻找完美先生行动"。随着招聘进程的逐步推进，我意识到自己对于公司的目标的确有所构想,而寻找过程帮助我具体化了这个构想,同时还让我明确了自己正在寻找的总裁理应具备的品质。

最终,1981年7月初,我面试了迪克·西蒙斯(Dick Simmons)——曾担任邓白氏公司(Dun & Bradstreet)总裁——立刻在他身上看到了许多我需要和要求的品质,包括作为管理者久经考验的成绩表现。几天后,我、沃伦、唐和玛丽·格雷厄姆与迪克在我家共进晚餐。接着,我和他在某个周六共处了数个小时,期间的谈话轻松宜人。两周后,我向迪克发出工作邀请,请他担任华盛顿邮报公司的总裁兼首席执行官。"寻找完美先生行动"历经一年多后,终告结束。

PERSONAL HISTORY

第二十八章

自商业角度观之，迪克·西蒙斯的到来促使20世纪80年代成为我和公司表现最优秀的十年。华盛顿邮报公司开始实现目标——保持利润增长，开发新业务，为未来发展奠定基础。我肩上的重担也卸了下来。我不再畏惧讨论计划、决策和收购的会议。长期以来，我和坐在隔着会议室的那个办公室里的人关系紧张，如今这种不睦关系消失了，未来似乎更加确定，也更加光明了。只是在回首往昔时，我才意识到先前那些年是多么艰难。工作重新成为了乐趣。认识不到这一点，我就会陷入这样的状态：我掌控下的事务进展越良好，我就会越不快乐，结局也甚至未能变得更好。不过，迪克一上来就采取的许多举措令那些结局变得更好了。同样重要的是，他帮助我，让我对公司的状况、我们理应做的事情以及我们有望做成的事情有了某种认知。

我和迪克是不同寻常的一对。我们两人的作风和秉性大异其趣，却又相当合拍。日子一长，我们几乎共同承担了公司的两份最高级别的工作。他远不止是首席运营官，还是我的搭档兼好友。真实而坚定的自我意识令他不会被我独特的管理背景所扰乱，也不会因为我一有问题或机会就打电话给沃伦而困扰。我总是努力给予迪克应得的信任，并放手让他决策公司的大小经营事务。反过来，他似乎对我较高的知名度满不在乎。

迪克行事果断，信心十足。1981年10月末，他上任后仅仅几周，我们就宣布将把《特伦顿时报》卖给了奥布莱顿通信公司（Allbritton Communications）。几天后，我们公布说正在商讨出售《体育透视》的相关事宜，这份杂志亏损巨大，且没有显示出任何好转的迹象。我知道出售它是势在必行，因而在迪克迅速采取行动后如释重负。出售这两笔资产令公司当年的收益大幅下滑，但却允许我们将精力放在核心业务的发展上，使它们的利润额全都创下了新高。

迪克还带头寻找发展机会，以完成公司的主要任务，而他涉足的都是与人们的通讯方式相关的产业。1982年，我们首次进入移动电话产业，由此步入电子时代。过了几年，我们在美国建造了一些最早的蜂窝系统（cellular systems）后，舍弃了在这一领域取得的所有成就。这是一次战略性退出，我们认识到那些拥有市场主导地位的公司相对于小规模公司具备压倒性优势，而我们显然就是后者。不管怎样，我们的财务表现相当出色，这主要归功于后来成为公司总裁的阿兰·斯普恩（Alan Spoon）。

1983年，我们收购了名为利基—斯莱特（Legi-Slate）的小型电子信息公司，在联邦立法和监管活动上，这家数据库发布机构如今已经成为全国首屈一指的在线信息提供者。我们还涉足了有线电视节目，尤其是与体育相关的节目，收购了体育频道联合公司（SportsChannel Associates）50%左右的股份。它是电视网，专门向纽约地区的有线电视用户播放重大职业体育赛事。这两笔资产后来也都被卖掉了。

1983年11月，我们成功向全国发行了《华盛顿邮报》周刊版，几乎从父亲买下这份报纸那年起，我就听到有人讨论这项计划。如今，周刊版的发行量已经远超10万份。《邮报》是地方性报纸，意在华盛顿大都会区市场，因此，制作全国性日报版于我们而言向来不可行，但这份周刊精选《邮报》中涉及政治和政府的文章，满足了许多人阅读《邮报》政治报道的愿望。

1984年末，我们收购了一家专注于家教和考试辅导的公司——斯坦利·H.卡普兰公司（Stanley H. Kaplan Company，如今已经更名为卡普兰教育中心[Kaplan Educational Centers]），它对迪克的吸引力远超过我。我承认自己对它缺乏兴趣，这反映在了我对迪克所说的话上，"我对它根本不屑一顾，但倘若你觉得它能赚

第二十八章

些钱，那就购买它吧。"尽管有些波折，但它达到了我们的预期，而且意义和潜力都远超我的想象。

1985 年，我们购入了考尔斯媒体公司 20% 的普通股。该公司拥有《明尼阿波利斯星报》（*Minneapolis Star Tribune*）和其他一些规模较小的资产。我们持有的股份逐年递增，如今已经达到 28%。

我们在其他几个领域都不太成功。早在 1982 年，我们就试图收购《得梅因纪事报》（*Des Moines Register*），我极为敬重这份报纸和这家公司，因而很希望得到它，然而我们并非最高的出价者。就在发行周刊后，我们购买了《国家杂志》（*National Journal*）20% 的股份，它是一份关注联邦政府的杂志，但仅仅涉足三年后，我们就让时代明镜公司收购了它。我们紧盯两份在当地位居次席的报纸，分别是《芝加哥太阳时报》和《休斯敦邮报》（*Houston Post*），但未能走得更远。

作为公司，我们向来在扩张发展上保持谨慎——也许过于谨慎——随着 80 年代的结束，我们没有像许多其他公司那样，遗留下沉重的债务，最终被迫出售优良资产，那些公司让扩张的欲望吞噬了判断力。我们拒绝了《丹佛邮报》，后者被时代明镜公司买下，结果损失惨重。有些时候，有所不为和有所为同等重要。

迪克到来后的最初几年间，我的最大挫折是我们仍旧没有被金融界视为热门资产，这致使我们的股价始终被低估。不过，此事却于我们相当有利，因为我们一直按照一贯的做法回购股票，这后来于我们大有助益。

在所有为公司发展而做出的努力中，我们最引人注目的成就，同时也是我和迪克共同完成的最成功的收购便是有线电视，它始于我们自大都会通信公司收购的 53 套有线电视系统，该项收购最终于 1986 年 1 月完成。整个 1985 年，沃伦都在帮助好友大都会通信公司首席执行官汤姆·莫斐收购美国广播公司（ABC）的电视网。交易达成后，我为他们两人都感到开心，至少在我意识到这对我和沃伦会造成何种影响前是如此。沃伦指出了不言自明的一点——他将加入大都会通信公司—美国广播公司的董事会，因而将不得不退出我们的董事会。待到此时，沃伦已经担任了 11 年董事，从未缺席一次会议。告知我这件事情于他而言并不轻松；他知道我至少也会怅然若失，但向我保证会一直守候在电话机的另一端，我们也还会向往常那样经常见面，他不会从我的生活里消失。即便如此，我还是为这则消息不安难过。

实际上，事情的发展很顺利。沃伦保留了他在我们公司的股份，并继续同我们关系密切。更重要的是，作为补偿性安慰，莫斐准许我们收购大都会通信公司的有线电视网，尽管该公司已经借助投资银行家舍弃了其余所有资产。邮报公司与大都会通信公司协商时，沃伦自始至终保持了适当的距离。我们计算价格，深思熟虑，充分讨论，内部商议，最终以 3.5 亿美元完成了收购，它成了公司历史上数额最巨大的收购案，也正是这笔收购将我们推向了我们在财富 500 强上的最高排名——1986 年和 1987 年间的第 263 位。借由增加新用户和收购其他小型电视网系统，《邮报》—《新闻周刊》有线电视的订阅者自 35 万名增加至了 58 万名。此外，幸运的是，在为大都会通信公司—美国广播公司效力 10 年后，因该公司被迪士尼收购，沃伦重新回到了我们的董事会。

在《新闻周刊》，我们经历了数年的煎熬前行后，终于开始扭转局面。就我而言，最痛苦的失败之处在于这份杂志的业务和编辑工作始终处于管理不善之态，而两者出现问题的原因又不尽相同。我对编辑层面的问题负有直接责任，而为了纠正它，我花费了很长的时间。我仍旧能感受到《新闻周刊》员工强烈的敌意，甚至是厌弃之心。一部分原因可能在于管理层频繁的人事变动，另一部分原因无疑是华盛顿和纽约两地的员工间的竞争。我最终将主编辑职位交予了瑞克·史密斯，他回应说，"别担心，我不会把事情搞砸的。"这时，我知道这个人就是最佳人选。

他确实没有搞砸。他先是担任主编辑，后又成为总裁，在他的强势领导下，大家的士气都提高了——再一次向我证明了，管理层齐心协力能在多大程度上改善局面。《新闻周刊》也遇到了新闻类杂志在新环境下遭遇的问题，但还是取得了巨大的成功和稳固的增长。20 世纪 90 年代中期，《新闻周刊》被公认为最佳新闻类杂志，并涌现出了一批一流撰稿人，如乔恩·奥尔特（Jon Alter）、鲍勃·萨缪尔森（Bob Samuelson）、简·布莱恩特·奎因、艾伦·斯隆（Allan Sloan）、乔治·维尔（George Will）、梅格，不胜枚举。我感到心满意足。

《邮报》—《新闻周刊》电视台也发展得风生水起。我们的电视台涵盖了三大电视网,沃伦曾经指出,"我们取得的一切成绩,与三家电视网中某一家是否此时此刻凑巧风靡无关。"乔尔·查瑟曼证明,他可以在迪克的指挥下将电视台经营得有声有色,电视台的盈利也已经可以与行业最佳一较高下。我们电视台的新闻同《邮报》和《新闻周刊》一样受人瞩目。如今,在比尔·瑞恩(Bill Ryan)的有力领导下,所有电视台(包括我们后来在得克萨斯州买下的两家电视台:休斯敦的 KPRC 电视台和圣安东尼奥市 [San Antonio] 的 KSAT 电视台)一如既往地充当着新闻领域的领军者角色。随着《星报》停刊,《邮报》在 20 世纪 80 年代的大部分时间里占领了《星报》50% 左右的日报市场,70% 左右的周日版市场——已成为美国所有主要大都会区日报中市场占有率最高的报纸。

我们在 20 世纪 80 年代取得的所有成就中,最让我感到骄傲的是公司管理状况的改善,迪克在这一领域的表现尤为抢眼。我曾经说想要就管理水平赢得普利策奖,终于,我可以确信我们正成为真正经营良好的公司。更重要的是,管理的改善开始显露出种种效果。核心业务的盈利大幅度提高,几年后,公司真正开始腾飞:许多年里,华盛顿邮报公司在多个方面一直领先于同行业公司。然而,于我而言,也许更重要的不是公众对我们的利润的认同,而是沃伦对我们的所作所为的看法。1984 年年中,他寄给我、唐和迪克一份备忘录,说他刚刚针对出版公司完成一项调查,将它们在各个领域的表现绘成了图表。他指出,1973 年春,伯克希尔·哈撒韦公司首次买入华盛顿邮报公司的股票时花费了 1060 万美元,而到了 1984 年,这些股票的市值是 1.4 亿美元。他对调查名单中的出版公司逐一分析计算,理清倘若他在同一时间花费 1060 万美元买进列表上其他公司的股票,结果会是怎样。不管是哪家公司,都不能给予沃伦在邮报公司股票上挣得的收益,因而他总结说:"不是感谢万分,而是感谢 6500 万美元至 1.1 亿美元。"这一数字后来甚至变得更高了。

经过这么多年的挣扎努力,我和公司终于一帆风顺起来。尽管我从未完全停止过担忧——并非我天性如此——公司的业务却发展得相当出色,我对迪克也信心十足,因而开始稍微放松自己,再次享受起更加丰富多彩的生活。

身为公司编辑队伍的负责人,我始终强烈感受到有职责去关注能影响到公司及其控股公司的重大国际问题，但在之前我总是力有不逮，无法拿出足够的时间和精力来履行这项职责。自20世纪70年代末起，我同几位编辑和记者——梅格和吉姆·霍格兰（Jim Hoagland）几乎每次都会陪伴左右——旅行了几次，造访了多个国家，以亲自观察我们在自家出版物上阅读到的内容。20世纪80年代初，这类旅行的数量有所增加，主要是因为我缺席时，迪克可以稳妥地掌控全局。

最初进行这类旅行时，应罗马尼亚人之邀，我们采访了他们的共产主义独裁领袖尼古拉·齐奥塞斯库（Nicolae Ceausescu），采访地点就在他和夫人后来被处决的宫殿里。整个采访过程中，齐奥塞斯库一直在抱怨西方国家对待他的态度，而我们则想方设法询问他关于迫害其他宗教和民族、镇压异见者的问题。这次采访至少也可以说是非常地矫揉造作：我们轮流询问预先准备好的问题，他则只是机械地长篇大论。我们的翻译将他的长篇回答缩略为，"他说，'欢迎各位。'"

1978年，我们到西非旅行，其高潮便是参加一座小村庄学校的落成典礼，村庄距离相对富庶的科特迪瓦首都阿比让有几小时的车程。美国大使馆的一对年轻夫妇陪同我们出席典礼，大批的村民出来迎接我们，领头的族长身穿长袍，头戴圆顶礼帽，全然无视40度的高温和令人憋闷的湿气。在室外宴会上，他用法语致辞称，我作为世界上第17号重要人物的莅临让他们倍感荣幸。他显然是引用了《美国新闻与世界报道》（U.S. News & World Report）中的民意调查。从那时起，吉姆·霍格兰便时常以"17号"的称呼调侃我。

1980年，我计划同梅格和吉姆前往中东，并依照亨利·基辛格的建议造访沙特阿拉伯、埃及和以色列。我们不确定沙特王室是否愿意接待两名女性，但大使馆官员——更重要的是当时正在陆军航空队（Army Air Force）接受训练的，且在沙特王室颇有权势的班达尔王子（Prince Bandar）——表示他们会欢迎我们。事先，我和梅格全面了解了在沙特阿拉伯如何着装和举止，因而当飞机着陆时，我们都没有太过担忧。然而，我们得知能够从前门走下飞机本身就代表了真正的进步：仅仅在几年前，帕特·尼克松（Pat Nixon）和南希·基辛格还必须从飞机后门出来。

在沙特阿拉伯几乎见不到女性。访问期间，我们只见过一次女性，那是在时任石油与矿物资源部长的谢赫·艾哈迈德·扎奇·亚马尼（Sheik Ahmed Zaki

第二十八章

Yamani）的家中，他召集了一小群非常西化了的技术专家、政府中层官员和他们各自的妻子。相较之下，当时该国第三号掌权人物、国民卫队（National Guard）首领阿卜杜拉王子（Prince Abdullah）家中的晚宴仿佛出自《一千零一夜》（Thousand and One Arabian Nights）。我们驱车前往阿卜杜拉王子的宫殿，我和梅格故作端庄地穿着长裙和长袖衬衫，尽可能地遮挡住身体的所有部位，接着踏入巨大的椭圆形房间，国民卫队士兵沿着四周的墙壁盘膝而坐，身上的阿拉伯长袍配有全套的军装饰品，斜跨于胸前的皮带上排满了子弹。我们被引领就座时，他们一直盯着我们；我们的座位比他们的高，且围绕着类似于王座的座位，而这个座位甚至高过了我们的，阿卜杜拉王子就坐在上面。后来我们得知，阿卜杜拉不得不事先花费一小时来向这些人解释，为什么必须让两个美国女人出席晚宴。

来到埃及，我们在萨达特总统的家乡采访了他。他讲话时，我们用了好几台小型磁带录音机录音，而埃及方面只有一台大的录音机。有个人像变魔法一样从花园的灌木丛中冒出，更换了磁带，让我们叹为观止。萨达特不断对着我演说，粗暴无礼地评价了他的几个邻国。他会先说，"吉米"——指卡特（Carter，1977年任美国第39任总统——译者注）——"告诉我不能如此谈论侯赛因国王，凯瑟琳。"接着，他会继此发表些尖酸刻薄的评论。他还挖苦了一下亨利·基辛格。不过，这次会面很有趣，之后大家都直接投入工作，将采访详细记载下来，发给了《邮报》和《新闻周刊》。当时，埃及政府官员找到我们，有些难为情地请求我们将采访的录音带复制一份给他们，因为他们的录音机没能录下来；这件事情成了大家的笑料。后来，我们瞠目结舌地发现，尽管我们遵循他们的基本原则，将萨达特所有的惊人言论都略过不提，但一家埃及报纸却一字未漏地刊登了采访的文字记录，包括单独面向我说的那些刻薄言论。我不敢想象这件事可能招致的影响。

在埃及时，我要求会见伊朗国王，当时他正在埃及避难；他们在最后时刻准许我和吉姆前往拜会。国王非常愿意甚至急于长篇大论，并将其公之于众，事实上，他整整讲了两个小时，痛斥英国人和美国人对他的坐视不理。吉姆在撰写的文章导语中指出，"国王后悔在掌权的最后时期，对反对派执行了'投降政策'，说悔恨当初没有使用军队来镇压破坏统治的示威者。国王告诉我们，是他的判断

657

失误，加之美国和英国政府传达出的相互矛盾的信号导致了他的失败。我们对国王的采访最终成为了他的最后一次采访，因为不久之后他便去世了。

在以色列，没有什么可以与我们的最后一次晚宴相提并论。晚宴由外交部总干事主持，它蜕变为了对《邮报》整体，尤其是编辑方针的大肆抨击。梅格一度大声反驳这些攻击，说以色列人必须明白，所有人都会禁不住因犹太人在欧洲承受的苦难和如今面临的危险而谦卑起来——她认识的人也都如此认为——但我们所撰写的文章表达了我们的思考，即必须怎样做才能避免厄运。此言一出，质疑声四起，而且言辞中有了越来越多的敌意。以色列人尤其对梅格恶语相向，因为梅格是犹太人，他们觉得梅格应该不加鉴别地认同他们。

这些旅行中，最匪夷所思的访谈当属会见利比亚的穆阿迈尔·卡扎菲（Muammar Qaddafi）。1988年，我、吉姆·霍格兰和《新闻周刊》的克里斯·迪基（Chris Dickey）前往北非，以切近地审视当地宗教原教旨主义的蔓延状况。我们在最后关头要求采访卡扎菲，并获得了成功。当时，卡扎菲正在阿尔及利亚会见该国和突尼斯的领导人，我们乘飞机抵达了领导人们开会的地方，准备在那里采访卡扎菲。卡扎菲派人告知我们，他想要先同我单独会面，我们全都震惊不已。不过，我还是面无惧色地走进了我们商定好的会面地点，卡扎菲在一个小房间里接见了我，他从皮椅上站起身，礼貌地迎接我。我们相互寒暄，接着，他迅速将话题引到了鲍勃·伍德沃德关于中情局的著作《帷幕》（*Veil*）上。这本书刚刚出版，鲍勃在其中透露说，中情局收集到了卡扎菲的某些怪癖信息，声称很多人知道他喜欢浓妆艳抹和穿高跟鞋，他的助手还曾为他购买泰迪玩具熊。和其他人一样，卡扎菲非常在别人怎样写自己。我尤其注意到了他的眼睛：双眼不停地来回转动，四处张望，就是不直视你。他带了翻译，但似乎很懂英语，甚至还不时纠正翻译弱化他的措辞的做法。

我和卡扎菲的会面持续了很久，吉姆开始变得焦躁不安，最终，他和克里斯决定打断我们。会面结束后，我询问卡扎菲是否可以为他照张相。他同意了，但我的相机却很不巧地卡住了。我懊恼至极，使劲拍了一下相机，它就这样莫名其妙地修好了。我拍了张极为完美的照片，《新闻周刊》在报道中采用了它，为我署名为自由摄影师，还给了我一张87.50美元的支票。我把支票装裱了起来。

第二十八章

所有旅行中，最让我感到吃力的采访是同年晚些时候我们对苏联领导人米哈伊尔·戈尔巴乔夫的拜会。近五年间，我和吉姆一直在筹备针对苏联主席的采访，并历经了三位不同的主席：契尔年科（Chernenko）答应接受访谈，但后来患病去世了；安德罗波夫（Andropov）给予了我们采访成行的希望，但后来同样罹患疾病，不幸逝世。戈尔巴乔夫上任后，我立刻着手策划此事，但却被全国广播公司的汤姆·布罗考（Tom Brokaw）和《时代》杂志抢先一步，令我颇觉沮丧。最终，就在同里根总统举行峰会前，戈尔巴乔夫答应在莫斯科接受我们的采访。我们全力以赴筹备采访工作，直至最后一刻。

我们进入会议室后，戈尔巴乔夫以一贯的强硬魅力领袖的气势登场了，但等我们落座并开始提问后，他的举止风度很快就出现了明显变化。他不再像我在华盛顿的官方活动见到的那样侃侃而谈，语调神态间流露出了怪异的消沉之感，甚至可以用"懒散"来形容他的肢体动作。不过，随着问题越来越令他反感，他开始坐直身子，神色紧张起来。我们问到了政治局（Politburo）内部的意见分歧，以及公开发表异议者被关押拘禁的事情，此时，戈尔巴乔夫已经完全坐不住了。尽管如此，他还是详尽克制地回答了问题，直到我们提出第五个关于人权的问题时，他突然终止了采访。

戈尔巴乔夫很担心留下任何暗示中央委员会意见不合的迹象，他让一名重要的中央委员会官员尼古拉·希什林（Nikolai Shishlin）打电话给《邮报》驻莫斯科分社，表示不希望我们在引述他的话时提及政治局任何人员的名字。鲍勃·凯瑟接到了希什林的电话，后者还说，因为戈尔巴乔夫主席不想要采访中所提问题的文字记录包含政治局任何人员的名字，因而我们必须对某个特别提及了叶戈尔·李加契夫（Yegor Ligachev）的问题重新措辞。李加契夫是保守派，反对改革，他当时被视为戈尔巴乔夫的主要对手。希什林告诉凯瑟，"我们就依照莫斯科的规矩来吧。"凯瑟回应道，既然他要求我们使用苏联官方而非我们自己的采访记录，那么只能由我来做出决定。

我们坚称不可能将李加契夫的名字从采访中删去，希什林再次打电话到分社说，戈尔巴乔夫本人想让格奥尔基·阿尔巴托夫（Georgi Arbatov）——苏联最有名的美国问题专家——向我传达些信息。阿尔巴托夫在《邮报》驻莫斯科记者加

659

里·李（Gary Lee）的公寓中找到了我，我们许多个人都聚集在那里。我和阿尔巴托夫去了另外一个房间，以便于他单独同我讲话。他极力辩称我们亏欠戈尔巴乔夫这个小人情，他接受我们采访可是帮了我们大忙。我说很抱歉，这个小人情不是我的权力范围内可以给的；我们一旦提出了问题，便毫无可能再回头去修改它。我们甚至不会为自己的总统这样做，更何况是另一个国家的了。我态度坚决。

过了一会儿，我们回到了其他人中间，阿尔巴托夫起身离开时，陪同他一起来的希什林望着我说，"别担心，您不会被捕的。"我们始终不清楚，为什么戈尔巴乔夫如此担忧李加契夫的名字被提及，此后不久，鲍勃·凯瑟指出，"戈尔巴乔夫愿意谈论同李加契夫的关系，没有任何敏感避讳的表现。"

某种意义上讲，对戈尔巴乔夫的采访是我同梅格、吉姆及其他人旅行历史中的一个高潮，在 15 年乃至更长的时间里，这些旅行构成了我生命中的重要部分。这些年里，我们飞行了数万英里，足迹遍布南非、菲律宾、中国、韩国、日本、印度以及中东和南美洲各国。唐是《邮报》的发行人，负责报纸的编辑出版，在他的鼓励下，我以绝不妨害其权威的方式继续参与《邮报》的工作。这些旅行就是参与的一种方式。接待某些外国访客则是另一种方式。通常而言，我在国外会见过的人来到华盛顿后，我会邀请他们参加《邮报》的编辑午餐会。我也经常在家中招待客人。大多数时候，我不会为举办晚宴而举办晚宴；这些晚宴几乎全都服务于某种目的。担任主宾的往往是我们在旅行中会见过的人。赞比亚总统卡翁达（Zambia）和津巴布韦总统穆加贝（Zimbabwe）来到华盛顿后都曾被我奉为座上宾，维利·勃兰特、瓦茨拉夫·哈维尔（Václav Havel）和海伦·苏斯曼（Helen Suzman）同样如此。

我家拥有足够的房间和配套设施容纳庞大的团队，我手下的员工队伍也能够轻而易举地筹办好聚会活动，正因此，不时会有中间人委托我招待贵宾。厄瓜多尔总统费夫雷斯·科尔德罗（Febres Cordero）以及约旦国王和王后都是如此。我很愿意做这样的事情，尽管令我有些沮丧的是，媒体开始称我为"杰出的华盛顿女主人"。我极为讨厌这一称呼。在我看过，它不过是再次以性别歧视的方式我评论我的行为，而于我而言，这不过是工作的一部分。

第二十八章

我还强烈感受到有职责与执政党和在野党保持联系。我每天的工作内容就包括了解政府部门里的那些人，并帮助他们了解记者。这些年间，我举办的许多晚宴都有各届政府官员参加，可以称得上是政治性晚宴，尽管它们向来不包含党派性，或者至少也是同时支持两党的。

我和两党的多位总统都是好友，但任何友谊，即便是多年旧交，也会因为你成为重要报纸和杂志的象征以及总统发泄不满的对象而日益紧张——正如我一样。我与约翰逊、尼克松和布什之间都是如此，但奇妙的是，我同里根的友谊却是例外。福特在工作方面非常友好。我与克林顿夫妇很少接触，只是有一次他们来马撒葡萄园岛度假时，我接待了他们；他们两人非常客气，不过他们属于晚辈，所以这没有什么。

那些当上总统后才搬来华盛顿，之前没有在此地生活也不了解这座城市的人（譬如，杰克·肯尼迪、林登·约翰逊，甚至理查德·尼克松），似乎曲解了媒体界同政府官员间的社交来往。两个体系中都有人认为我们不应当在工作场合之外见面。我知道友谊或交情是敏感话题，但我仍旧持有不同见解。对于那些正在报道政府官员新闻的记者来说，保持距离是最好的选择，但于发行人而言，我确信保持开放性才是最好的。我认为报纸负责人的作用理应是同两党合作，让记者得以接触到政府官员。我认为轻松融洽的关系于双方而言都具有建设性和好处：政府敞开大门有利于报纸的编辑出版，同时双方的沟通能够让那些被报道的人知道可以向谁提出意见，向谁诉苦，或者主要同谁交涉。倘若无法顺畅地表达诉求，人们就会坐在那里咬牙切齿。我畏惧无声的怨愤。那些政见不同的人尤其应该能够互相沟通，同时，所有媒体从业者可以听取各方意见至关重要。

吉米·卡特就是外地来的总统，他发觉很难找到适用于华盛顿的工作方法。卡特就任总统刚满一年的某个春夜，我和本·布莱德里为美国报业编辑协会举办了招待会，这家协会正在召开会议。全国各地赶来的记者能有三四十位，因此，我竭尽全力邀请政府官员和白宫员工过来会见他们。汉密尔顿·乔丹（Hamilton Jordan）是卡特的办公厅主任，他在信中礼貌但坚决地拒绝了我。难以置信的是，我甚至从未收到过白宫发言人乔迪·鲍威尔（Jody Powell）的回信。白宫发言人居然无视囊括了如此多顶级编辑的聚会，这样的行为实在太过愚蠢。于是，我打

661

电话到他的办公室，要求和他谈谈。我被告知他正在开会。我说明了这次聚会的情况，并表示他能来出席的话会很有意义。依旧没有回音，他也没有参加聚会。

几年后，卡特离开了白宫，我们又举办了一次这样的聚会。鲍威尔出席了聚会，他和妻子南都很迷人——实际上，他带了个口琴，又唱又跳直到深夜。后来，我也开始了解汉密尔顿·乔丹，他的才华和魅力都显而易见。我为他举办了晚宴，席间我敬酒时说道，"汉密尔顿，欢迎加入组织。"他回答说，如果他能早点加入，吉米·卡特也许会仍旧待在白宫。我不知道事情是否会如此，但的确相信卡特政府错失了一些良机。

鉴于卡特任职总统期间在华盛顿遭遇的内忧外患，罗纳德·里根击败他成为第四十任总统毫不意外。里根和妻子以总统和第一夫人身份来到华盛顿，而在数年之前，我就已经和他们见过面。杜鲁门·卡波特告诉我，他在研究死刑过程中逐渐认识了里根夫妇。自从创作完《冷血》后，卡波特开始对死刑产生兴趣。"亲爱的，我知道你不会信我，但你真的会喜欢上他们。"杜鲁门用假音告诉我说。杜鲁门完全正确：我们相处得非常融洽，建立了令许多华盛顿人大惑不解的长久友谊。

大选过后，里根夫妇第一次来到华盛顿便为活跃在各个领域的华盛顿人举办了晚宴。我因为去外地演讲而没能接受邀请，但决心回请他们；得知他们答应后，我欢欣不已。为总统筹备晚宴是件棘手的事情；你要努力使晚宴的焦点集中在他们身上——让他们度过一段美妙时光——同时在一定程度上忽视他人，包括那些想要出席或觉得自己理应出席的人的脆弱感情和压力；做这件事情时，你需要把握好微妙的界限。

里根夫妇赶来赴宴的当晚，两位服侍我很久的忠实女仆——露西和朵拉，从二楼的窗户探出身来，注视着慢慢停下的豪华轿车。他们看到尚未就职的里根总统走下车拥抱我，亲吻我的两颊。朵拉强装风趣，她转身对露西说，"我希望她能好好享受这些，因为这会是最后一次，以后不会再出现了。"朵拉对华盛顿的人情世故观察敏锐，如果事情依照常理发展，她的话也完全正确，但在这次事例中，她错了。

这是我们的首场晚宴，我们在祝酒辞中也表达了彼此增进了解的益处，我和

第二十八章

总统对此都深以为然。然而，于里根而言，来我家参加晚宴引发了轩然大波。右翼人士大惊失色。一家报纸刊登他拥抱我的照片，《华尔街日报》称"这张照片激怒极端保守派的程度不会亚于吉米·卡特在维也纳峰会上亲吻列昂尼德·勃列日涅夫的著名照片。"霍华德·菲利普斯（Howard Phillips）——"保守派核心会议"（Conservative Caucus）头目，在宗教圆桌会议（Religious Roundtable）上发表评论痛斥里根说，"你不能总让凯·格雷厄姆出席你的鸡尾酒会，对你挤眉弄眼。倘若等到6月华盛顿的权势集团仍旧对罗纳德·里根心满意足，那么，你们就该对罗纳德·里根咬牙切齿了。"

尽管有些波折，我和里根还是在他主政的八年间保持住了好友关系。我和南希一度经常一起吃午餐。起初，只是我们两人一起吃着漫长的午餐，闲言碎语；后来，梅格加入了我们，不是在她家，就是在我家。也许，我和南希最公开共处的一段时光是1985年8月在葡萄园岛度过的一个周末。我难以想象南希待在自由随性、毫不优雅别致的葡萄园岛的样子，觉得迈克·迪沃（Mike Deaver）提出如此建议简直不可理喻。不过，我还是邀请了南希，她立刻答应并过来了，陪同她的还有迪沃夫妇、梅格和沃伦。这是典型的葡萄园岛周末，非常友好随意，有沙滩散步，也有不拘礼节的晚餐。我想南希很享受这一切，我也一样，尽管我花了一整周来筹备安排此事。

1988年11月，大选过后，我和里根夫妇最后一次共进晚餐。当时，他们正准备离开华盛顿前往加利福尼亚。总统身边的安保措施变得严苛了许多。尽管我家大门背对大街，我还是被要求搭起帐篷，以便总统下车后能够脱离外界视线。我把他们领进屋后，被告知不要带他们到客厅，因为此时那里挤满了人，然而，我恰恰忽视了这一点，将他们带到了客厅，他们两人很快就被表达祝福的好友团团围住。这群人制造了小麻烦，有人碰翻了杯子，里面的酒和冰块洒落到了地上。我看到人群中间的美国总统趴在地上捡冰块，惊讶得目瞪口呆。次日通电话时，南希告诉我这让她想起了刺杀事件后发生在医院的事情。总统本来不应该下床，但他去了洗手间，还撒了些水到地上。护理人员进来时，他正趴在地上擦拭水迹。被问及原因时，他说担心给护士造成麻烦。

政府与媒体间固有的疏远关系往往会在总统竞选期间呈现出更为敌对的特点。1988年的大选也不例外。布什和民主党竞争对手迈克尔·杜卡基斯（Michael Dukakis）都承受着惯有的压力，此外还有一些非比寻常的压力。当然，两位候选人都不满于我们对他们的竞选报道。两人都来《邮报》出席过编辑午餐会，但我们与他们各自间的矛盾还是骤然加剧，正如我们的社论对他们的竞选活动灰心失望一样。

我认识乔治·布什已经有些年头了，虽不亲密但很友善。父亲投资过布什年轻时创办的石油公司，我对乔治和芭芭拉都很喜欢，觉得他们是优秀、温和的共和党员，继承了乔治父亲普雷斯科特·布什（Prescott Bush）参议员的传统；普雷斯科特·布什也是我所认识的人。先前的八年间，布什一直担任副总统，但我没怎么见过他们夫妇，不过，我很清楚不论政治上还是私下里，布什都对里根忠心耿耿。

然而，《新闻周刊》抓住了这位候选人的不足之处，刊登了布什的封面报道，题名为"对抗软弱"（Fighting the Wimp Factor），就在这位副总统宣布竞选总统的当周。自那时起，"软弱"的标签就成了布什竞选活动的肉中刺。布什的形象素来完美、正派，但封面上惹眼的"软弱"一词出现在了各地的报摊上，其影响很难消除。

接下来发生的事情就顺理成章了：布什的团队疏远了《新闻周刊》的记者。最终，1988年9月，在这位副总统的住所，我、瑞克·史密斯和伊万·托马斯（Evan Thomas）代表《新闻周刊》同布什、吉姆·贝克（Jim Baker）和布什的办公室主任克雷格·富勒（Craig Fuller）举行了会面。布什声称，整篇报道因为肆意玩味封面上的那个词语，已经完全扭曲了事实真相，为此，他还指名道姓地谴责了相关编辑。他曾经请求家人配合这篇报道，他们如今自然是又气又恼，还劝告他说，除非是遵循严格的礼仪规范，否则再同《新闻周刊》合作只能证明一点：他的确是软弱至极。

我情恳意切地解释周刊复杂的出版流程，直到态度没有丝毫软化的布什表示应该让瑞克·史密斯和吉姆·贝克谈谈。我和副总统走向门外，他和蔼可亲地低声耳语道，"我们会和解的，但不要告诉他们。"瑞克的确同贝克达成了一致意见,成功地缓和了紧张氛围,我们也得以进行必要的背景报道,但此次事件从未能真正平息,还因为其他人的介入而更趋恶化。

当然,我们——即《邮报》和《新闻周刊》的记者及编辑——也会见了杜卡基斯。整个冬季至春季,他在多个领域的表现都让人失望至极,尤其是在国家安全政策上。竞选活动末期,杜卡基斯的竞选主管打电话给我说,这位候选人想要同我们几个人举行非正式会面。我带着来自《邮报》和《新闻周刊》的团队前去,盼望着能见到杜卡基斯之前不为我们所知的一面,并对他个人有所了解。我们围坐在他下榻的酒店房间里,听他讲话,但谈话中没有任何新鲜的东西,也没有透露出任何个人观点。

我不喜欢布什的竞选活动,但还是把票投给了他;我觉得杜卡基斯完全缺乏执掌政府的经验。这是我第一次在总统大选中投票给共和党人。布什当选后,在他主政的四年间,我们的关系即便谈不上敌对,也是出乎意料地冷淡。我很少有机会见到他和芭芭拉,除了偶尔在长长的迎宾队列中。或许我与里根夫妇以及乔治·舒尔茨(George Shultz)友善的关系加重了我们之间的问题,布什夫妇丝毫不喜欢乔治·舒尔茨。这些或冷淡或敌对的关系是华盛顿生活的一部分,人们已经习以为常,但我常常会想,他们这样做是在作茧自缚,在这样的情况中,礼貌性的工作关系会对政客和记者大有益处。竞选落败后,乔治·麦戈文曾给我寄来一封信,我认同信中的一段迷人话语。他回忆起某次晚宴上曾对我们的专栏作家恶语相向,然后写道:

> 我为那次情绪失控深感遗憾,同时也确认了一点,我记恨某人的最长时限是三个月左右。这封短笺只是想要告诉你,如今我已然忘记了竞选时所有的积怨。要记住那些我本应该敬而远之的人真的太难了。

除去少数例外情况,我强烈感受到麦戈文的原则适用于我们所有人。年龄越大,我越是体会到,对仇怨耿耿于怀到头来最受伤害的还是自己。

菲尔去世后的最初几年,我很难将工作与私人生活分开;它们显然纠缠到了一起。数年来,我机械地试图同时照顾到生活的方方面面——最初几年尚未离家的两个孩子,好友们,生意上的熟人,总是做不完的工作,开不完的会议,没完没了的晚宴派对。幸运的是,如此生活了一段时间后,也许是借助于从妇女运动中学习到的经验,我开始享受到更为快乐的私人生活。

于我而言,家人和好友始终至关重要,但在某个时刻,我也开始享受与其他人共处的时光,去更多地接触外界,甚至更多地欣赏男性好友。我的生活中一直都有男人的身影——浪漫情人和亲密好友——我和他们相处愉快。倘若菲尔还活着,我会因为太过爱慕他而根本不考虑其他的恋情。事实上,"女人应当从一而终"的观念曾经跟随我多年,残余伤痕至今仍在。我经常会被问到为什么从未再婚。工作后的最初几年里,我非常抵触这个问题,觉得换成男性发行人就不会被问及如此问题。我常常回答说真的不知道为什么。如今,我仍旧不知道其中的全部缘由,但却逐渐领悟到,我的工作令这件事极为棘手,即便并非全无可能。

强势、聪慧、坚韧和专注的男性对我很有吸引力,但这样的男性通常不会接纳我忙忙碌碌、缤纷多彩的生活。这些男性需要更多的关心和情感投入,而经过一天的工作后,这两样东西我都所剩无几,而我也并不想要找个"王夫"(prince consort,女王的夫婿——译者注)。实际上,我根本就没有去寻找。我全身心地沉浸在事业上,很少去思考再婚的可能。我真的思考这件事情时,却发觉尽管这个想法有些吸引力,但几乎可以肯定永远都不会实现。倘若你已经单独生活了好几年,恐怕你就会开始意识到,改变自己去同某个人生活,适应乃至迁就他的意愿和生活方式是极为困难的事情。我很清楚,我嫁给了工作,且深爱着它。

发挥出效用的婚姻是最佳的生活方式,而这的确需要苦心经营。我喜欢接近那些真正彼此相爱,始终相敬如宾、相互扶持的夫妇,在他们中间你能感受到实实在在的支持关系。在我看来,亨利和南希·基辛格就是夫妻间彼此深爱的典范。亨利喜欢奚落揶揄别人,总是牢骚满腹,但他有一次告诉我,没有南希他会活不下去。斯科蒂和萨莉·雷斯顿做了近50年的模范夫妻。我喜欢观察他们在一起时的样子,知道他们于彼此而言有多么重要。斯科蒂有一次写信告诉我,"我无法想象自己是如何熬过了没有萨莉的这些年,不知道你在失去丈夫后是如何忍受了这一切。"有一点我深信不疑,倘若生活仍旧是菲尔去世前的样子,我

第二十八章

必然忍受不了失去他后的孤寂沉闷。但我得到了崭新的生活，从执掌邮报公司的那刻起，我就再也无法想象出适合我的新婚姻了。

然而，独自生活会遇到一些麻烦，尤其是到乡村度周末、度假和消夏时——这样的时刻，两个人出双入对会更加快乐些。一段时间后，我知道必须想办法独自或同家人度过这些时光。我在马撒葡萄园岛上买下了一座房子，这是改变人生的一步，让我的生活美好了许多，也为我增添了许多欢乐。我第一次见到这座房子时，它已经摇摇欲坠，租住它的人基本上只是为了在其中露营，但我喜欢它的外形，以及它坐落在美丽风景中的样子。从见到它的第一眼起，我就在设想，只要孩子们喜欢这里，这座房子可以作为家庭娱乐中心，或者如果他们想要去旅行，就可以将孙子孙女留在这里陪我。我在1972年买下了这座房子，并在随后一年中翻修了它，从此以后，每年的8月份我都会在来这里，孩子们和孙辈们和我一样喜欢它。每次待在这里都能让我焕然一新。

葡萄园岛帮助我度过夏天，而朋友们则帮助我度过全年。政府的换届会影响到我们这些仍旧留在华盛顿的人的生活，但我们几个密友的友谊大体会保持不变。有一句谚语形容了华盛顿人的人际关系："如果你想要在华盛顿交个朋友，去找条狗吧。"我一直住在这里，这里就是我真正意义上的家乡，因而我觉得这句话并不完全正确。我相信倘若你是作为新政府的一员来到这里，情况会有所不同：在陌生的城市里，交朋友总是需要些时日；毋庸置疑，有些人会试图攀附权贵，利用他们来达到各种各样的目的。

众议院议员吉姆·琼斯（Jim Jones）1986年竞选参议员失败，如今是美国驻墨西哥大使。有报道援引他的话说，他在华盛顿任职期间领悟到了"朋友和利益之交的区别"。但我觉得，有权势者对他人区别对待没有什么错误。有时候，出于共同利益或者仅仅是因为你们必须共事，你和合作的人成为了好友。然而，有些友谊也正是如此开始的，尔后渐渐发展成为了持续一生的真正友谊。我与某些政府官员的深厚友谊，就源自我在《邮报》的职务迫使我去结识他们——我立刻就想到了鲍勃·麦克纳马拉和亨利·基辛格——但随着时间的推移，这种友谊的核心变得与政治或工作毫无关系。还有许多人也是这样的情况：保罗·尼采（Paul Nitze）、道格拉斯·狄龙、马克·邦迪、杰克·瓦伦提、乔·卡利法诺、拉

667

里·伊格尔伯格（Larry Eagleburger）。在商业界，我和埃德·奈伊（Ed Ney）的关系同样是如此。我结识奈伊是因为他是扬罗必凯公司（Young and Rubicam）的老板，但我和他的友谊持续至今。我和赫克特公司（Hecht Company）老板艾伦·布鲁斯坦（Allan Bloostein）也是因为生意关系而相识，但于我而言，我们的友谊同样发展得超出了生意关系的范畴。

乔治·舒尔茨还是尼克松的内阁成员时，就已经成为了我的好友，"水门事件"期间，他是为数不多的仍旧同我保持朋友关系的政府官员之一。我尊敬他，喜欢他。后来，他以里根总统的国务卿的身份重返华盛顿，我们在梅格家的晚宴上重逢。他询问我是否还玩网球，说很想和我打一场，于是下个周末我就带他去打网球，后来，我们养成了每周日打网球的习惯，每次差不多都是固定的四个人。很快地，我们把周六也加了进来，这样的周末网球活动最终持续了六年之久，只是在舒尔茨外出旅行时例外。舒尔茨非常热爱网球，想方设法地避免爽约。有一次，他正参与涉及中东问题的重要谈判，我以为他会放弃这次的网球活动，但他却坚持要打。我很好奇他是如何自会议中脱身出来，便问他对伊扎克·沙米尔（Yitzhak Shamir）说了什么，后者正是他的谈判对象。得知他说的是"我要去打网球"后，我一点也不觉得惊讶。还有一次，比赛进行得正激烈时，我和联邦调查局局长比尔·韦伯斯特（Bill Webster）同时去接一个球，因而撞在了一起。我重重地摔在了地上，很担心摔坏了髋骨，臀部末端立即便鼓起了棒球大小的肿块。回到车上，乔治问我有没有受伤，是否需要带我去急诊室。"我没事，"我告诉他，"但屁股上有个大包。如果没有你的安保人员在，我就让你摸摸它了。"

我们一次次地结伴往返网球场，友谊也逐步加深。我和乔治在一起的时间肯定不亚于华盛顿的任何人，除了他挚爱的妻子、刚刚去世的奥比（Obie）。然而，在乘坐他的车那段日子里，我从未听到他谈论任何工作上的事务，尽管我必须承认，"伊朗门事件"期间显然发生了些不同寻常的事情；他总是闪烁其辞，焦虑失落之情溢于言表。乔治素来是正直谨慎的品质的化身。

我不认为自己同谁是不是朋友会影响到我们的任何出版物或电视台的报道。大多数编辑根本不知道或在意我认识什么人。更重要的是，我知道事情的轻重缓急。凡是我们的出版物和我的好友起了争执，我都会支持记者。有时候，倘若我觉得是我们有失公正，我就会询问事情的来龙去脉，但也只是想要确保我们待人公正。如果出现了真正的利益冲突——即，你和某人建立了友谊，但报纸必须报道这位好友的负面信息——你要么失去朋友，要么足够幸运，拥有的朋友大度到可以原谅你，并最终遗忘此事。

我终于不情愿地迈向了人生第七个十年的末尾，每一次岁月的更迭都让我更加懂得了享受生活。时至今日，我从未介意过衰老；事实上，我没有太多地去思考它。但1987是意义重大的一年——这一年我年满70岁——这次的生日我真的非常介怀。好友露薇·皮尔森试图减轻这件事对我的打击，安慰我说，"70岁不算什么。等到75岁的时候，你才会真正开始感受到岁月的无情，且这种感觉与日俱增。"亲身经历过后，我觉得她的说法千真万确，但当时我并不知道这一点，且为老之将至烦恼不已。我当然不想要将自己的年龄告知全世界，尤其是商界的人，因此，我对举办生日聚会毫无兴致。我、波莉和克莱顿·弗里奇夫妇以及鲍勃·麦克纳马拉计划到旧金山、优山美地和纳帕谷（Napa Valley）四周自驾游；我们刻意安排了时间，如此一来，我的生日就能在旅途中度过。

我没有料想到的是拉莉的执拗。还是很小的幼童时，拉莉就成为了我生命中的重要人物，如今，她联合我的三个儿子，不顾我的真实感受，说服我赞同她和她的弟弟们及他们的配偶举办小型聚会。我很不情愿地顺从了他们的意愿，只是坚持聚会必须只局限于真正亲密的好友和家人。拉莉同意了，但却自作主张定义了什么是"亲密的好友和家人"。令我惊恐（最后是欣喜）的是，我们最终在华盛顿的一家大礼堂召集了600多位宾客。客人们来自我人生的各个阶段，遍布世界各地。拉莉费尽气力用许许多多的玫瑰花束装饰了那间巨大的屋子，盛放的玫瑰花则摆放在了每张桌子上。在接待室，我人生的每个阶段的照片都被放大陈列起来，包括一张我在马德拉中学的成绩单的照片。许多人花费心思制作了一份包含四个版面的模拟版《邮报》，通栏大标题为"凯瑟琳·格雷厄姆反对庆贺生日：拒绝一切喧闹，选择在家中度过平静夜晚"。唐是庆祝活动的主持人，拉莉则安排了八次祝酒。阿特·布赫瓦尔德语出精妙："今夜让人难以置信的宾客数量只能归因于一点——恐惧。"里根总统谈论了友谊,结束发言时举起香槟酒说道,"现在看你的了,孩子。"

尽管于我而言,这次聚会真正地反映出了我的生活里不乏知己好友,但随着年龄的渐长,我开始自然而然地失去了部分朋友,借用乔·艾尔索普过去常讲的话,他们是"去团聚了"。20世纪80年代,我被迫去面对许多人的离世,首当其冲的是哥哥比尔。他是个了不起的人,和蔼可亲,慷慨大方,在业内受人崇敬,人生的大部分时间都沉浸在悲伤之中。

乔·艾尔索普是另一位离去的友人,80年代临近结束时他去世了。在他人生的最后几年,我和他变得前所未有地亲近。或许我们当时都是孤独一人的现实——他和苏珊·玛丽分开了——加深了我们的友谊。我们的家都在乔治敦,来往和电话几乎从未间断。我不仅享受乔的陪伴,而且已经有些依赖这种陪伴。我们需要彼此:他在我的生活中举足轻重,反之亦然。乔与我认识的任何人都不同,他给予快乐,收获快乐。他曾经说,"乏味、空虚、自满是真正的敌人——绝不要去品味它们!"他说得千真万确。

我还失去了至交密友露薇·皮尔森,许多年来,她给予了我太多的支撑。她聪慧风趣,勇敢大度。她的挚友马尔科姆·福布斯(Malcolm Forbes)曾在自己的游艇上为她举办庆祝80岁生日的聚会,游艇当时停靠在纽约港。露薇看起来一如既往地美丽,如雕塑般颧骨突出的脸庞、瘦长的身型和金色的长发似乎从未有丝毫改变。然而,她向我吐露说,她越来越难以照顾自己——双手的关节炎令她烦恼——担心将不得不离开乔治敦的小房子,搬往养老院。两年过后,露薇的健康状况危如累卵,某个打桥牌的周末,她突然与世长辞了,这恰恰是她所希冀的方式。她的离开让我悲痛不已,但死亡于她是种解脱,我不应该心怀怨言。她死去的方式是任何人都会羡慕的——心智清晰,没有太多疼痛,不太早,也不太晚。

我正身处于愈发频繁地失去好友的生命阶段,因此便试着去听从乔·艾尔索普的建议,效仿他的做法,不断地去结交年轻好友。我这样做不仅是因为喜欢各个年龄段的好友,还因为它可以对抗孤独。波莉是我结交了近50年的密友,如今与我仍旧关系亲密,她总是那么体贴善良,活泼风趣,勇敢无畏。这些年来,

第二十八章

我与梅格的友谊日趋深厚,令我心怀无限感激。丽兹·希尔顿是我珍爱的助手,持续不断地支持我直至如今;甚至在菲尔去世前,她就已经开始为我工作了。我同姐姐碧丝和妹妹露丝仍旧关系亲密,空下来的时候就会相互探望。

到20世纪80年代末,华盛顿邮报公司的成功已经毋庸置疑。迪克经营有道的这些年里,公司股票一飞冲天,超乎我最美好的想象,达到了每股300美元,令我大感震惊。我们在各个领域的竞争中全都脱颖而出。我们的内容品质之高前所未有。正如沃伦所言,"我们正是扶摇直上的时候"。

迪克为公司成功所做的贡献有目共睹,不过,还有其他几个因素促成了我们当时的成就。我们成功的部分原因在于我们是家族企业。在《星报》,家族的参与失去了控制——主要是家族的成员过多——但我认为家族掌控的公司具备一些独特的优势,家族成员可以为企业注入非凡的品质。也许,家族最容易孕育品质,因为家族的视野更加宽广,不会急功近利。诚然也有例外,但家族成员能带来稳定性和持续性,家族的所有权也能够防止收购吞并的发生;在这个混乱时期,考虑欠妥的并购、收购行为屡见不鲜,正因此,后一点于企业的平稳经营至关重要。

另一个推动我们走上康庄大道的因素是我们从不把成功视为理所当然。在各个领域,我们的子公司与直接对手从各个层面展开激烈竞争。只要有机会抓住一位订阅用户,我们就会全力以赴留住他。我们从来不会坐视一英寸、一美元的广告轻易溜走。每次新闻被他人抢先一步,我们就会懊恼不已——如今依然如此。

我认为,我们对新闻品质的关注是优秀的经营方法,也是必要的编辑策略。我们最终取得成功的另一个原因是,我们的经营遵循这样的理念——优质新闻与盈利密不可分。从接手公司的那刻起,我就一直信奉和践行这一理念,我相信父亲和菲尔在我之前是这样的做的,而唐如今正在做这样的事情。起初,我如此陈述是为了安抚华尔街,让他们相信我重视盈利。我们投入了大笔资金来提高《邮报》《新闻周刊》和各个电视台的编辑质量,在公司即将上市之际甘冒风险刊登"五角大楼文件",后来又报道"水门事件"。为什么有人想要投资我们公司,我迫不及待地想要给出答案。我必须想方设法让华尔街相信,我不是什么女疯子,只对冒险和编辑问题感兴趣；我非常重视我们经营公司的方式。

于我而言，这一双生概念不止是利润率和商业目标的问题，更多的还是管理问题。我认为只要你把一件事情做好——注重产品品质——好的结果自然会到来。显然，数学运算的思维方式不支持我们的观点；毕竟，在所有数学方程式中，每次只有一个变量可以最大化。但我认为，我们帮助证明了这两个目标的相容性。

我们过去的成绩出色，发展势头良好，同行业的人终于开始认可我们的成功。1987年，通信中心在纽约举办了特别颁奖午宴，我担任主宾。午宴上，沃伦非常体贴，谈论了我领导下的邮报公司。他强调了他所谓的邮报公司成功故事里鲜为人知的一面。当时，我们的每股收益增长纪录优于同行业任何一家著名公司。自1964以来，六家最优秀的传媒公司的平均增长率是1550%；而我们的增长率是3150%，稍稍超过它们的两倍。当然，沃伦没有提到他的睿智建议同这一成绩间的重要关系。沃伦还同与会者开玩笑说，他曾经在我的办公桌显著位置看到一张表格，上面写着，"左边资产，右边负债。"

1988年12月，《商业月刊》刊登关于"五大管理最佳公司"的封面报道，将华盛顿邮报公司与苹果公司、默克公司、乐柏美公司和沃尔玛公司放在了最终名单中。几年后，我获得了《财富》杂志颁发的商业名人堂奖——一项至高无上的荣誉，真正令人感到心满意足。

我们得到认可的大部分成绩都直接功归于迪克。在他任职期间，每股收益的年复合增长率为22.5%，平均股本回报率为26%。除了一切可以被指明和量化的有形成就外，迪克还为公司定下了专业性管理的高标准。正因为如此，我不敢想象他会在某天离开。但几乎从一开始，他就提醒我，他希望在仍旧年轻时退休，然后去教书，去追求其他的一些爱好。

迪克在来到公司的第九个年头临近尾声之际，开始谈及退休问题。距离公司1991年5月召开的年会至少还有一年的时候，他确定下了离职的日期。我劝说他留在董事会，并担任五年《国际先驱论坛报》的总裁，以便与我们保持紧密联系。

随着1991年的临近，我很清楚迪克迫在眉睫的离职意味着我也该退位让贤

第二十八章

了。我总是忧心忡忡，唯恐因惯性使然或迷恋权力而迟迟不能交出职务。我目睹过许多公司因为所有者或首席执行官没有及时退休，而致使公司受损甚至破产；因此，我很高兴迪克的做法也促使我下定了决心。唐·格雷厄姆成为了公司总裁，时任《新闻周刊》总裁的阿兰·斯普恩接替迪克成为了公司的首席运营官；我感觉到这样的领导组合相得益彰。于是，我和迪克同时让出了各自的职位——首席执行官和首席运营官。

1991年的年报里，唐写下了一段话，愉悦可爱、私人亲密、非比寻常。"如果你要寻找客观性，"他在开头写道，"请翻开此页。"他回顾了我接手公司时的情形，以及如此漫长的岁月里，我身为财富500强企业中唯一女性负责人的孤独处境。他着重提到了公司的财务成就，以及自1963年以来惹人注目的编辑议题和重大事件。他回忆了我挥之不去的自我怀疑。"一次圣诞节的午餐会上，"唐写道，"某位宾客询问在座的所有人，他们遗憾年轻时没有做过什么。大多数人说希望成为焦点人物或电影明星。凯回答说希望曾经读过哈佛商学院。"今时今日，我仍旧希望如此。

我不清楚等到退休的时刻不可避免地来临时，自己会作何反应，担心自己会留恋权力，怀念邮报公司最高负责人的地位。幸运的是，这件事情并没有我想象的那般难以割舍。也许，这部分是因为我与唐和阿兰的相处融洽，他们贴心地让我始终了解公司的情况。也许，这还因为我的退休是渐进执行的。在数位董事的建议下，我将公司董事长的头衔多保留了两年半，直至1993年9月才让出这一职位，并成为公司三人执行委员会的主席，这个委员会由我、唐和阿兰组成。

1991年，我让出职务几个月后，本在年满70之际也退休了，完成了编辑方面由我和本到唐和伦恩·唐尼（Len Downie）的平稳过渡。不出所料，负面报道遍及各个媒体，大意是说，唐和伦恩都行事低调，对本地新闻更感兴趣，也更加无趣。这和我刚刚上任时出现的情形一样：人们喜欢对年轻管理者吹毛求疵，将他们与前任做不恰当的比较。然而，过去五年间，伦恩已经逐步从本手中接过主管报纸新闻业务的权力，和唐接手报纸以及我在公司的部分职责一样——成为总裁和后来的董事长前，唐已经担任了超过12年的发行人。

我们在当年的年报中表示，本"为华盛顿的一代人重新定义了《邮报》"，而这是千真万确之事。他的退休是引人伤感的事件——或者，我应该说是系列事件。本气势不凡地完成所有事务后，一切都尘埃落定了。8月31日，在本步出新闻编辑部之前，我们为他举办了小型蛋糕香槟送别派对。结果派对演变成了大规模的集会，许多人自发地演说，讲述传奇人物本的故事——包括本令人动容的故事，许多发生在本身上的独特事件；这些故事并非全部都适宜刊出。所有人都久久不愿离去。三个小时后，唐说当天有位记者把自己的孩子带了过来，这个孩子就要过三岁生日了。借此机会，本走出新闻编辑部，离开了大楼，当然并没有出离《邮报》的生活。他仍旧担任《邮报》的非常任副总裁（vice-president-at-large）——这个头衔总让他忍俊不禁——在行政楼层拥有办公室。他的精力和魅力未曾削弱分毫。他忙忙碌碌，笑容满面，做事高效，还撰写了大受欢迎的迷人自传，我们在其中听到了他的真实心声——同类著作中最出类拔萃的作品。

没有与头衔相伴而生的种种重大责任，我必须竭力去重塑生活，赋予它新的面貌，不仅要能充实我的时间，还要为好友露薇过去常常谈论的"最后一圈"增添些真正的意义。远离权力中心的人很难放弃某些令人享受的事情——知悉内情的资格、机密谈话、最高责任和其他的特殊待遇，这些都是我长期以来担任的职务所附带的。诚然，许多人都被职务所带来的便利宠坏了。我当然就是如此。我相信被迫回归更加正常的生活才是有益身心的。私人娱乐有许多长处，倘若你在身居高位时便取得了某种平衡（这曾是我竭力想要达成的），那事实更是会如此。不过毋庸置疑，我还是在许多方面都被宠坏了——我在生活中能够追求形形色色的爱好，在办公室和家里各有一支团队协助我做任何事情。

在构建新生活过程中，我试图弄清楚需要从旧生活中保留些什么。我知道保持身心活跃异常重要。我又打起了钟爱的桥牌，还想着重新拿起高尔夫球杆，甚至是继续打网球。不过，最重要的是继续工作；我知道自己从未想过停止工作。于我而言，工作是一种养料，如同水和食物，几乎不可或缺。或许这一特质直接遗传自我的父母。我还知道，尽管我仍旧会部分地参与公司事务，但还是需要一些别的东西。

重新构建工作生活意味着寻找新的平衡。起初，我将精力放在继续为公司献计献策上，后来越来越多地参与教育工作，并撰写起了这些回忆录。

第二十八章

为什么敢于撰写书籍？是什么让我们认为其他人会对我们自己过去的故事感兴趣？就我而言，动机是多方面的。我一直在回忆父母，他们的魄力、自律、怪癖和财富，认为他们的故事甚至能够吸引到家族之外的人的兴趣。此外，我觉得菲尔的故事从未被讲述过。他的聪明才智和超凡魅力使他成了好友们中间的传奇，但从没有人完完整整地记录下他和他的成就，以及那基本上未经治疗的躁郁症摧毁他的经过。

在一定程度上，我想要审视自己的人生，因为我的个人历史包含了既出乎意料又不可重现的元素。我意识到了自我美化的内在危险，因而试图尽可能地保持超然客观，不过，我想要如我所见地讲述发生的一切。在这一过程中，我希望能够对一个问题有所领悟，即人们如何被成长方式所塑造，又如何被生活方式所进一步影响。

值得玩味的是，我对教育产生了浓厚兴趣，它曾经占据了母亲晚年生活的大部分时光；也许，这是她留给我的另一份遗产。我和她一样，认为教育不仅是最重要的社会问题，而且还是最有趣的。当然，全国各地正在落实的教育计划数不胜数，投入的资金也不计其数，但我想要做些更纯粹也更直接的事情——也许只是让几个孩子的生活更美好些，不必向官僚机构证明什么，或者受其掣肘。在能力出众、鼓舞人心且意志坚定年轻合伙人特里·戈尔登（Terry Golden）的帮助下，我在华盛顿特区的阿纳科斯蒂亚社区启动了一项幼儿教育计划。尽管该计划的整体发展已经超出我的预期，但它依旧专注于两项安居工程——弗雷德里克·道格拉斯社区家园（Frederick Douglass Community Homes）和斯坦顿住宅（Stanton Dwellings）——主要意在帮助单身或失业的父母参与孩子的教育。我们筹措到足够的资金，为家长们建设了社区服务中心，包括一家最多能容纳 15 名儿童的小型日间托儿所，以及一所能招收 100 名 2～4 岁幼儿的新启蒙学校。我们希望这种公私合力的模式能够复制到特区的其他地区，乃至全国各地。这项计划落实后，我期望能够继续参与教育事业。

完成工作，写作，与旧友保持联系，结交新朋友，这些就是我目前主要在做的事情；此外，我还要与我的孩子们及其家庭相处融洽。孩子们始终关系亲密，即便是在他们彼此间或同我出现分歧时。我没有记录他们成年后的生活，以免侵

675

犯他们的隐私，但很感激能和他们每个人共度那么多的时光。

拉莉出版了两本著作，后成为报纸杂志记者，为《洛杉矶时报》《纽约》杂志和《巡游》撰写了大量稿件。1991年，《邮报》开始定期刊登她的专栏，我为她的写作水平深感自豪，欣赏她为工作付出的不懈努力。她游历世界，采访了比我更多的国家领袖。她的女儿凯瑟琳和帕梅拉也都各自顺利地开创了事业。

儿子比尔曾先后在威廉姆斯和康诺利（Williams and Connolly）律师事务所和洛杉矶公社辩护处（Los Angeles public defender's office）担任律师，后到加州大学洛杉矶分校（UCLA）教授法律，如今创办了投资合伙企业。连沃伦这样苛刻而挑剔的人都钦佩他的行事方法和工作成果，比尔的事业显然非常成功。他还是我所知道的最慈爱的家长。我所有孩子之中，比尔最是喜爱葡萄园岛；他在岛上建了座房子，与我毗邻而居，这意味着我能够时常见到他和他的两个十几岁的孩子爱德华（Edward）和爱丽丝（Alice）。

史蒂夫成年后一直住在纽约，他先是在剧院为迈克·尼科尔斯（Mike Nichols）和刘易斯·艾伦（Lewis Allen）工作，后成了戏剧制作人，制作了山姆·谢泼德（Sam Shepard）、阿索尔·富加德（Athol Fugard）、E·R·格尼（E. R. Gurney）等当代剧作家的作品。他还创办了纽约戏剧工作室，致力于制作鲜为人知的美国作家的戏剧作品。工作室制作了约翰·格尔（John Guare）和其他一些人的早期作品，上演了《吉屋出租》（Rent）的最初版本，该剧如今是百老汇的热门戏剧，曾获得托尼奖（Tony-winner）。之后，史蒂夫成为哥伦比亚大学的英语博士研究生，现在则是伊珂出版社（Ecco Press）的发行人；该社是美国最优秀的文学出版社。1966年，《吉屋出租》和伊珂出版社的作者、诗人乔丽·格雷厄姆（Jorie Graham，比利的前妻）分别赢得了普利策奖，史蒂夫因而在《邮报》颗粒无收的年份里荣获了两项荣誉。史蒂夫的妻子凯茜是位插图画家，也参与了纽约的社区工作。

我很庆幸唐和玛丽住在华盛顿。他们已经养育了四个孩子——莉莎、劳拉、威尔、茉莉——各个孩子的年龄在24岁到14岁之间。玛丽做了几年律师后放弃了这一职业，专心写作和照养孩子，投身于自己充满兴趣的社区工作之中。

正是家人和我提及的各种引人沉浸其中的乐趣，帮助我应对了无法规避的年老和好友离世问题。我将会在年满 79 岁时出版此书。我很幸运，拥有称心如意的生活方式，拥有健康，还拥有如此多的乐趣，但日渐衰老绝非让人开心的事情。即便你身体硬朗，仍旧会有些麻烦——心脏（心房颤动），髋部（关节炎），心智和行动的整体迟缓——令否认衰老成为不可能之事。人们开始搀着你的胳膊，问你是否想要乘坐电梯，拿你当老古董对待。他们仅仅是出于关切你的美好意愿，但我还是很难不去觉得低人一等。

同时，衰老也有着积极的方面。忧虑即便没有彻底消失，也不会再在深夜里纠缠于你。你可以自由地——或更加不受约束——将麻烦事拒之门外，专注于喜欢的人和事。

我心怀感激，因为我仍旧能继续工作，享受新生活；我丝毫不怀念逝去的往昔。倘若你已经日渐衰老，却对过去的生活念念不忘，这是非常危险的。既然过去的事情已经脱离了我的掌控，那么，我愿意活在当下，展望未来。

致　谢

我心知自己并非真正的作家,但从一开始,我就非常希望能够亲笔写作此书。我清楚地记得沃尔特·李普曼(Walter Lippmann)曾经告诉我这其中的困难。李普曼是专栏作家,然而,即便是以写作为生的他,在几周的间断后,也会发觉难以起笔。李普曼的话语在我脑中萦绕不去,我犹豫着是自己动笔,还是寻找合著者。然而,我希望这部著作能够成为私人故事,因而我必须要亲自来讲述它。如果说我的叙述还算成功,那么,这要归功于两个人:研究员伊芙琳·斯莫尔(Evelyn Small),以及编辑罗伯特·戈特利布(Robert Gottlieb)。

伊芙琳来自华盛顿邮报公司(Washington Post Company),在公司的通讯部门工作,负责发布内部简报,以及研究各类讲话。就这样,伊芙琳花费了数年的时间来整理我的文件,这使得我们能够一同抚今追昔。随着时间的推移,她的角色愈发重要。她对我的生活的了解甚至与我自身无异。她校对我写作的文字,润色它们,提醒我重要的细节,妥当地删去赘余的部分,再根据那些我所忽视的研究材料做相应的补充。没有伊芙琳,这本书是不可能写作完成的。四年来,托德·门德洛夫(Todd Mendeloff)也为她提供了卓有成效的帮助。

伊芙琳发掘并再次曝光许多故事,但其中只有很少一部分进入了本书。与之相似的还有我们进行的 250 多次采访,其中涉及的人物包括我儿时的同学、至

第二十八章

交好友，以及与"五角大楼文件"（Pentagon Papers，指美国国防部关于越南战争的秘密文件——译者注）"水门事件"（Watergate）和《华盛顿邮报》（*Washington Post*）相关的个体。但他们全都丰富了我的观点。

1978年，我与罗伯特·戈特利布的首次交流了对一本书的看法，他从《纽约客》（*The New Yorker*）回归克诺夫出版社（Knopf）后，就成为了我的编辑。罗伯特用精湛的写作技巧编辑了我的著作，对重复啰嗦、冗长沉闷和事件排序问题进行了修改，细致入微又不留情面。在页面空白部分，我常常都能看到"我们不需要这一部分"的批注。即便他大刀阔斧地删除了我特别喜欢的故事（在罗伯特看来，这些都是为了节省篇幅），我也很少会激烈地抗议。我也许会为不幸阵亡的段落深感失落，但我、罗伯特还有伊芙琳，我们心中始终有着一致的目标。有时，我会觉得某些关键内容理应保留下来，而罗伯特也会欣然接受我的请求。

《华盛顿邮报》社论版编辑、《新闻周刊》（*Newsweek*）专栏作家梅格·格林菲尔德（Meg Greenfield）是我的好友，在我的工作生涯中，她的帮助令我受益匪浅。我学习了她的编辑技巧和建议，同时，她也阅读了我的手稿，并提供了一些意见。梅格的观念与我类似，我们评判人与事，感兴趣与嫌恶的方式也都一致。从她踏入《华盛顿邮报》的那刻起，我们的友谊便不断成长，经久不衰。

另外，还有五位重要人物阅读了此书的手稿，他们的建议令我获益良多：我的女儿拉莉，三个儿子唐、比尔和史蒂夫，以及好友沃伦·巴菲特。

这次写作让我重新领悟了档案资料的价值。我花费了大量时间来细心研读父母、丈夫以及自己的旧信件和备忘录，我还翻阅了与《华盛顿邮报》与《新闻周刊》的行政人员和编辑们之间的通信记录。那个时代，我们都是用信件联络，这令我深感庆幸。我必须向已故且无可替代的查理·帕拉迪塞（Charlie Paradise）表达谢意，多年来，他曾是我父亲、我丈夫菲尔（Phil）以及我的秘书和助理。查理过去接电话时，常常都会高喊"天堂"（Paradise）。我还要向所有我引用了其信件的人致以谢意。

我衷心感谢查尔默斯·罗伯茨（Chalmers Roberts），他见证《邮报》历史的著作《华盛顿邮报：首个百年》（*The Washington Post: The First 100 Years,* Houghton Mifflin Co., 1997）为我持续不断地提供信息；我还要感谢梅洛·蒲赛（Merlo

679

Pusey），他为我父亲写作了传记《尤金·迈耶》（*Eugene Meyer*, Alfred A. Knopf, 1974）。这两部著作为我的研究和思考提供了素材。

在办公室里，我要感谢丽兹·希尔顿（Liz Hylton）33年来热忱而耐心的工作，包括协助写作此书。她不仅管理办公室，整理所有的文件，安排商业和社交日程，还要照顾我的家庭。在许多方面，她都能称得上是我的密友。过去的两年间，助理巴里·多诺夫（Barry Tonoff）也给予了我巨大的帮助。

盖恩·（奇普）·奈特（Guyon [Chip] Knight）是《华盛顿邮报》的副总裁，负责企业传播（Corporate Communications）工作。奈特才华横溢，十五年来，我与他合作得亲密无间，我所有的公开言论都经历过他的精雕细琢。

此外，我想要感谢《邮报》新闻研究中心的工作人员，我们曾多次向他们请求帮助，而他们总是能够提供及时而准确的信息。

我还想要感谢许多克诺夫出版社的工作人员，他们同样为我写作此书提供了帮助：感谢桑尼·梅塔、简妮·弗雷德曼、比尔·洛维德和保罗·博加兹的关心和支持；感谢卡罗尔·卡森、弗吉尼亚·坦、卡桑德拉·帕帕斯和特雷西·卡巴尼斯的优秀设计和制作；感谢凯西·胡里根、莱拉·阿克、凯伦·缪格勒、艾米·沙伊贝和肯·施耐德的协助编辑。

当然，最终要由我来负责本书的全部内容。我努力做到开诚布公，同时又顾及他人的隐私，尤其是我的孩子们。他们对于我的重要性难以言表，并且，他们也都各自取得了不小的成就。往昔的一切对他们的影响同样深远持久。

我在世的两位姐妹，伊丽莎白·洛伦兹和露丝·爱泼斯坦，也参与了本书的写作，她们关切地同我分享她们的记忆和观点，令我受益匪浅。我的兄长比尔（Bill，尤金·迈耶三世 [Eugene Meyer III]），在其一生之中都在支持着我，虽然我写作本书时他已过世，但他对我的帮助我永生难忘。

写作令我心生惶恐，回忆漫长过往又令我唏嘘满怀，因此，完成本书就变成了一次严酷但沉醉的经历。对此，我乐在其中。整部著作中，我希望感激到了所有理应感激之人，没有忽视他们给予我的巨大帮助。一定有许多名字被遗漏了，但他们会保留在我的脑海里、内心中。

出版后记

凯瑟琳·格雷厄姆的这本书，虽然是个人历史，却只是略小于同期的美国历史，其细节、深度以及对现实还原，或许要超过绝大多数的历史类著作。唯其如此，才获得了普利策奖的表彰，成为《财富》杂志推荐的 75 本必读书之一。

凯瑟琳·格雷厄姆的父亲是前美联储主席、世界银行第一任行长尤金·迈耶，父亲给了她精英级别的教育以及上流社会的社交圈子；母亲是才华横溢的前卫女性，潜移默化地影响着她，让她放开眼界，探寻作为一个女性在事业上的多种可能性。

凯瑟琳·格雷厄姆的前半生一帆风顺，从富家乖乖女到贤妻良母，生活优裕，丈夫事业大成，儿女都出类拔萃。中年时期却陷入肥皂剧般的婚姻危机，丈夫移情别恋之后患上抑郁症，继而开枪自杀。当了 20 年的家庭妇女之后，凯瑟琳·格雷厄姆回归职场，力挽狂澜，把《华盛顿邮报》集团带入前所未有的高峰，并在美国历史上留下了浓墨重彩的一笔。

只有在这本书里，你才能真正认识到媒体的力量。凯瑟琳·格雷厄姆领导《华盛顿邮报》把"五角大楼文件""水门事件"等政坛隐秘大白于天下，屡次引发美国政坛剧变。因此，作为媒体巨擘，从罗斯福、杜鲁门、艾森豪威尔、肯尼迪、约翰逊、尼克松、福特、卡特到老布什，无不是凯瑟琳·格雷厄姆家族的座上宾，有些甚至是非常亲密的至交好友。在本书里，你能看到历届美国政府权力斗争的内幕。

20 世纪 20 年代～90 年代，美国经历了镀金年代、大萧条、第二次世界大战、肯尼迪总统遇刺、水门事件等一系列事件，社会上工会与企业主的斗争愈演愈烈、女权运动方兴未艾、资本市场一如既往震撼人心。在这段历史的激流中，凯瑟琳·格雷厄姆家族是善泳者，虽然屡有波折，结局总是化险为夷。在这本书里，你可以获得深度了解这段历史的上层视角。

这是一个女人的历史，是一个豪门家族的传奇，链接着整个美国的现代史。由一位顶级媒体人操刀，文笔流畅优美，相信会给您一段愉快的阅读体验。此外，后浪图书近期出版的《维多利亚时期的互联网》《码书》《统计思维》等新书也欢迎您的关注。

服务热线：133-6631-2326　188-1142-1266

读者信箱：reader@hinabook.com

后浪出版公司

2017 年 8 月

© 民主与建设出版社，2024

图书在版编目（CIP）数据

我的一生略小于美国现代史：凯瑟琳·格雷厄姆自传 /（美）凯瑟琳·格雷厄姆著；萧达译. -- 北京：民主与建设出版社，2018.3（2024.8重印）
ISBN 978-7-5139-1861-9

Ⅰ.①我… Ⅱ.①凯… ②萧… Ⅲ.①格雷厄姆(Graham, Katharine 1917–2001)—自传 Ⅳ.①K837.125.42

中国版本图书馆CIP数据核字(2017)第303519号

Copyright © 1997 by Katharine Graham.
This translation published by arrangement with Alfred A. Knopf, an imprint of The Knopf Doubleday Group, a division of Penguin Random House, LLC.
The simplified Chinese edition published by 2018 Ginkgo (Beijing) Book Co., Ltd.

本书简体中文版权归属于银杏树下（北京）图书有限责任公司。

版权登记号：01-2024-0030

我的一生略小于美国现代史：凯瑟琳·格雷厄姆自传
WO DE YISHENG LÜEXIAOYU MEIGUO XIANDAISHI:
KAISELIN GELEIEMU ZIZHUAN

著　　者	［美］凯瑟琳·格雷厄姆
译　　者	萧　达
筹划出版	银杏树下
出版统筹	吴兴元
责任编辑	王　颂　王　越
特约编辑	高龙柱
封面设计	墨白空间·曾艺豪
出版发行	民主与建设出版社有限责任公司
电　　话	（010）59417747　59419778
地　　址	北京市海淀区西三环中路10号望海楼E座7层
邮　　编	100142
印　　刷	嘉业印刷（天津）有限公司
版　　次	2018年3月第1版
印　　次	2024年8月第8次印刷
开　　本	690mm×960mm　1/16
印　　张	44
字　　数	698千字
书　　号	ISBN 978-7-5139-1861-9
定　　价	116.00元

注：如有印、装质量问题，请与出版社联系。